Lernfeld 1
Die Berufsausbildung mitgestalten

1 System der dualen Berufsausbildung

LERNSITUATION

Moritz hat gerade ein paar Freunde zum Feiern eingeladen. Ja! Es hat geklappt. Er hat einen Ausbildungsplatz zum Kaufmann für Spedition und Logistikdienstleistung bekommen und dieses schöne Ereignis möchte er erst einmal feiern. Heute war der Ausbildungsvertrag in der Post! Bis seine Freunde kommen, hat er noch ein wenig Zeit und genießt relaxt die Sonne. In einer Woche, am 1. August, soll es losgehen. Ihm gehen einige Gedanken durch den Kopf: Was ihn wohl erwartet? Erst vor vier Wochen hatte er die Stellenanzeige der Wall GmbH – Spedition & Logistik in der Zeitung gelesen und sich beworben. Ja, das Vorstellungsgespräch verlief auch recht gut mit diesem Herrn Schröder. Leider war er so aufgeregt, dass er schon vieles wieder vergessen hat. Er kann sich nur noch erinnern, wie Herr Schröder schwärmte, was er sich doch für einen schönen und abwechslungsreichen Beruf ausgesucht hätte. Aber was sagte er noch, was genau dazu gehört? Da war von der Berufsschule die Rede. Ob die Berufsschule wohl anders ist als seine bisherige Schule? In drei Jahren wird seine Ausbildungszeit beendet sein. Wie war das noch mit der Prüfung? Bis dahin ist ja noch Zeit. Gibt es noch mehr Prüfungen? Er war noch nie so der Prüfungsmensch. Da fällt ihm ein, dass er ja noch seinen Ausbildungsvertrag zurückschicken muss. Aber zuerst einmal nachsehen, was da so drinsteht.

Aufgaben

1. Erklären Sie Moritz, wie die Berufsausbildung in Deutschland grundsätzlich geregelt ist. Begründen Sie dabei, warum Moritz auch weiterhin die Schule besuchen muss, indem Sie die Aufgaben von Berufsschule und Betrieb erläutern.
2. Die Inhalte einer Ausbildung zum Kaufmann bzw. zur Kauffrau für Spedition und Logistikdienstleistung sind genau festgelegt. Geben Sie an, wo sich Moritz informieren kann und welche Inhalte er herausfindet.
3. Benennen Sie Bestandteile von Moritz' Ausbildungsvertrag. Betrachten Sie Ihren eigenen Ausbildungsvertrag noch einmal und stellen Sie fest, welche Regelungen Sie mit dem Ausbildungsbetrieb getroffen haben.
4. Erläutern Sie, welche Prüfungen Moritz abzulegen hat und welche Themenbereiche dafür festgelegt sind.

1.1 Die duale Berufsausbildung in Deutschland

Die Berufsausbildung in Deutschland findet an zwei Lernorten statt: zum einen im Ausbildungsbetrieb und zum anderen in der Berufsschule. Die Ausbildungsbetriebe sind in der Regel Betriebe der freien Wirtschaft und übernehmen den praktischen Teil der Ausbildung. Die Berufsschule, i. d. R. staatlich, übernimmt den theoretischen Teil der Ausbildung. Ausbildungsbetrieb und Berufsschule sind als Kooperationspartner zur Zusammenarbeit verpflichtet und damit gemeinsam für die Ausbildung verantwortlich. Sie sind angehalten, die Ausbildungsinhalte aufeinander abzustimmen.

Die Verpflichtung zur Zusammenarbeit beinhaltet auch, dass Urlaub im Grundsatz nicht während der Berufsschulzeit genommen werden darf. Beurlaubungen vom Berufsschulunterricht sind aus betrieblichen Gründen grundsätzlich unzulässig und der Betrieb muss auch von schulischen Fehlzeiten in Kenntnis gesetzt werden.

Der Ausbildungsvertrag wird zwischen Ausbildungsbetrieb, also dem Ausbildenden[1] und dem Auszubildenden geschlossen und muss lt. Berufsbildungsgesetz (BBiG) schriftlich festgelegt werden.

Trotz der geltenden Vertragsfreiheit schreibt das Berufsbildungsgesetz bestimmte Bestandteile eines Ausbildungsvertrages vor:

- Art und Ziel der Ausbildung sowie deren zeitliche und sachliche Gliederung,
- Beginn und Dauer der Berufsausbildung,
- Ausbildungsmaßnahmen außerhalb des Ausbildungsbetriebes,
- Dauer der regelmäßigen täglichen Arbeitszeit,
- Dauer der Probezeit,
- Höhe der Vergütung,
- Dauer des Urlaubs,
- Voraussetzungen, aufgrund deren ein Ausbildungsvertrag gekündigt werden kann,
- Hinweise auf anzuwendende Tarifverträge, Betriebs- oder Dienstvereinbarungen.

Der Ausbildungsvertrag beinhaltet eine Reihe von Rechten und Pflichten, u. a. den Berufsschulbesuch. Der Berufsschulbesuch findet entweder in einem mehrwöchigen Block oder an ein oder zwei Tagen in der Woche statt. Die Ausbildungszeit beträgt für die Kaufleute für Spedition und Logistikdienstleistung grundsätzlich drei Jahre. Je nach Vorbildung des Auszubildenden oder aufgrund von organisatorischen Gegebenheiten des Ausbildungsbetriebes kann die Ausbildungszeit verkürzt werden. Am Ende der Ausbildungszeit wird eine Abschlussprüfung vor der Handwerkskammer oder Industrie- und Handelskammer (bei den Spediteuren die Industrie- und Handelskammer) abgelegt. Allerdings gibt es auch Berufsausbildungen (ca. 35 %), die außerhalb des dualen Ausbildungssystems in rein schulischer Form (mit i. d. R. angeschlossenem Praktikum) stattfinden. Die Ausbildung des Erziehers/der Erzieherin gehört beispielsweise dazu.

---

[1] *Der Ausbildende ist nicht zu verwechseln mit dem Ausbilder, der Person, die im Betrieb für die gesamte Durchführung der Ausbildung verantwortlich ist. Der Ausbilder kann der Inhaber selbst oder eine beauftragte Person sein.*

1.2 Ausbildungsordnungen und Rahmenlehrpläne

Ausbildungsordnungen

In Deutschland gibt es fast 400 anerkannte Ausbildungsberufe. Für jeden dieser Ausbildungsberufe gibt es eine Ausbildungsordnung, die den betrieblichen Teil der Ausbildung regelt, und einen Rahmenlehrplan, der die Anforderungen und Inhalte der schulischen Ausbildung in der Berufsschule festschreibt.

Die Ausbildungsordnungen werden gemeinsam von Bundesregierung, Gewerkschaften, Arbeitgeberverbänden, den Landesvertretungen und dem Bundesinstitut für Berufsbildung (BiBB) in Bonn erstellt. Sie werden regelmäßig überarbeitet und gelten für alle Bundesländer. Die Ausbildungsordnungen enthalten vor allen Dingen die Dauer der Ausbildung, einen Ausbildungsrahmenplan, der die zeitliche und sachliche Gliederung der Ausbildungsinhalte festschreibt, sowie die Prüfungsanforderungen.

Auszug aus der Verordnung für die Berufsausbildung zum Kaufmann für Spedition und Logistikdienstleistung/zur Kauffrau für Spedition und Logistikdienstleistung vom 26. Juli 2004

§ 4 Ausbildungsberufsbild	Gegenstand der Berufsausbildung sind mindestens die folgenden Fertigkeiten und Kenntnisse: **1. Der Ausbildungsbetrieb** 1.1 Stellung, Rechtsform, Struktur (...) **2. Arbeitsorganisation, Information und Kommunikation** (...) **3. Anwenden der englischen Sprache bei Fachaufgaben** (...) **4. Prozessorientierte Leistungserstellung in Spedition und Logistik** **5. Speditionelle und logistische Leistungen** 5.1 Güterversendung und Transport 5.2 Lagerlogistik 5.3 Sammelgut- und Systemverkehre (...) **6. Verträge, Haftung, Versicherung** **7. Marketing** **8. Gefahrgut, Schutz, Sicherheit** **9. Kaufmännische Steuerung und Kontrolle**
§ 5 Ausbildungsrahmenplan	Die Fertigkeiten und Kenntnisse sollen nach den (...) Anleitungen zur sachlichen und zeitlichen Gliederung der Berufsausbildung (Ausbildungsrahmenplan) vermittelt werden.
§ 6 Ausbildungsplan	Der Ausbildende hat unter Zugrundelegung des Ausbildungsrahmenplanes für den Auszubildenden einen Ausbildungsplan zu erstellen.
§ 7 Berichtsheft	Der Auszubildende hat ein Berichtsheft in Form eines Ausbildungsnachweises zu führen. Ihm ist Gelegenheit zu geben, das Berichtsheft während der Ausbildungszeit zu führen. Der Ausbilder hat das Berichtsheft regelmäßig durchzusehen.

§ 8 Zwischenprüfung	(...) ▪ Die Zwischenprüfung ist schriftlich anhand praxisbezogener Fälle oder Aufgaben in höchstens 180 Minuten in folgenden Prüfungsfächern durchzuführen: 1. betriebliche Leistungserstellung 2. Rechnungswesen 3. Wirtschafts- und Sozialkunde (...)
§ 9 Abschlussprüfung	▪ Die Prüfung ist in den Prüfungsfächern Leistungserstellung in Spedition und Logistik, Kaufmännische Steuerung sowie Wirtschafts- und Sozialkunde schriftlich und im Prüfungsbereich Fallbezogenes Fachgespräch mündlich durchzuführen. ▪ 1. Prüfungsbereich Leistungserstellung in Spedition und Logistik ..., 2. Prüfungsfach Kaufmännische Steuerung und Kontrolle (90 Minuten) ..., 3. Prüfungsfach Wirtschafts- und Sozialkunde (90 Minuten) ..., 4. Prüfungsfach Fallbezogenes Prüfungsgespräch: Der Prüfling soll auf der Grundlage einer von zwei ihm zur Wahl gestellten praktischen Aufgaben aus dem Gebiet Speditionelle und Logistische Leistungen Lösungsvorschläge entwickeln und begründen. Bei der Aufgabenstellung ist der betriebliche Ausbildungsschwerpunkt zugrunde zu legen (...). Das Fachgespräch soll einschließlich der Lösungsdarstellung höchstens 30 Minuten dauern. (...) Dem Prüfling ist eine Vorbereitungszeit von höchstens 20 Minuten einzuräumen. (...) ▪ Zum Bestehen der Abschlussprüfung müssen im Gesamtergebnis in mindestens drei der vier Prüfungsbereiche, darunter dem Prüfungsbereich Leistungserstellung in Spedition und Logistik, ausreichende Leistungen erbracht werden. Werden die Prüfungsleistungen in einem Prüfungsfach mit „ungenügend“ bewertet, so ist die Prüfung nicht bestanden. (...)

Rahmenlehrpläne

Die Rahmenlehrpläne der Berufsschule enthalten die Zielsetzungen für den Berufsschulunterricht.

Dort werden die unterschiedlichen Fähigkeiten und Kompetenzen aufgeschlüsselt, die durch festgelegte Inhalte und kreative Unterrichtsmethoden erlangt werden sollen.

Die Rahmenlehrpläne werden von den Sachverständigen der Bundesländer (z. B. Fachlehrern) erstellt und mit den Ausbildungsordnungen auf Bundesebene abgestimmt und anschließend von den Kultusministern oder Schulsenatoren aller Bundesländer gemeinsam beschlossen.

Die Zielformulierungen und Inhalte werden mit dem entsprechenden Fachministerium des Bundes (für die Speditionskaufleute sowie für alle anderen kaufmännischen Berufe ist das Bundesministerium für Wirtschaft und Arbeit zuständig) im Einvernehmen mit dem Bundesministerium für Bildung und Forschung erlassen.

Auf dieser Grundlage werden dann die schriftlichen Abschlussprüfungen durchgeführt.

Der Rahmenlehrplan ist nach Ausbildungsjahren gegliedert und umfasst für die Speditionskaufleute 15 Lernfelder[1]. Lernfelder sind thematische Einheiten, die unter fachlichen und didaktischen Gesichtspunkten gebildet wurden. Kombinierte Themenbereiche sollen ganzheitlich in einem sinnvollen Zusammenhang in Lernfeldern entsprechend den Geschäftsprozessen und sozialen Prozessen unterrichtet werden. War es bisher üblich, die Auftragsabwicklung von Speditionsaufträgen in einem Fach (Speditionsbetriebslehre) und die Abrechnung von Speditionsaufträgen in einem weiteren Fach (Frachtrechnen) zu vermitteln, so sind diese Bereiche heute zu einem Lernfeld zusammengefasst und können so eher aufeinander abgestimmt werden.

Dabei sollen breite berufliche Kompetenzen, die in Fachkompetenz (fachliches Wissen und Können), Humankompetenz (Selbstständigkeit, Selbstvertrauen, Kritikfähigkeit, Zuverlässigkeit und auch Verantwortungs- und Pflichtbewusstsein) und Sozialkompetenzen (Leben sozialer Beziehungen, rationale und verantwortungsbewusste Auseinandersetzung, soziale Verantwortung sowie Solidarität) unterschieden werden, gefördert und vermittelt werden.

Grundlage für diese Lernfeldkonzeption sind die sich permanent ändernden Arbeitsanforderungen. Für einen Kaufmann bzw. eine Kauffrau für Spedition und Logistikdienstleistung ist es heute nicht mehr ausreichend, über spezialisiertes Fachwissen zu verfügen. Um optimale Kundenzufriedenheit gewährleisten zu können, gilt es nicht nur, eine angemessene Kommunikation mit dem Kunden sicherzustellen, sondern auch durch breit gefächerte Kompetenzen kreative Problemlösungen, alleine und gemeinsam im Team, zu entwickeln und diese dem Kunden präsentieren zu können. Dazu gehört ebenfalls, sich selbstständig in neue Inhalte und Methoden einzuarbeiten.

Ziel der Kooperationspartner ist es, eine allgemeine Leistungs- und Handlungsfähigkeit der Auszubildenden zu erreichen, damit nicht nur die Abschlussprüfung erfolgreich bestanden werden kann, sondern auch kompetent ausgebildete Spediteure ihren Beruf erfolgreich ausüben können.

Die Industrie- und Handelskammer

Die Industrie- und Handelskammer[2] ist ein Organ der Selbstverwaltung der freien Wirtschaft.

Sie vertritt die gemeinsamen Interessen aller Industrie- und Handelsunternehmen in einer Region gegenüber der Bundes- bzw. Landesregierung.

Im Rahmen der Berufsausbildung sind die Handelskammern für die Überwachung und Koordinierung der Berufsausbildung zuständig. Sie registrieren die Ausbildungsverhältnisse und überwachen die Ausbildung. Die Industrie- und Handelskammer entscheidet über die Zulassung zur Zwischenprüfung und Abschlussprüfung und nimmt die Zwischen- und Abschlussprüfungen ab. Jeder, der die Abschlussprüfung besteht, erhält durch sie ein Prüfungszeugnis. Sie berät Betriebe und Auszubildende und ist Ansprechpartner der Auszubildenden bei Ausbildungsfragen oder bei Problemen.

[1] Der Rahmenlehrplan wurde von den Sachverständigen der Länder nach dem Lernfeldkonzept konzipiert. Für alle neuen und neu geordneten Berufe gelten seit einigen Jahren ausschließlich Lernfelder.

[2] Bei gewerblichen Berufen ist die Handwerkskammer zuständig.

ZUSAMMENFASSUNG

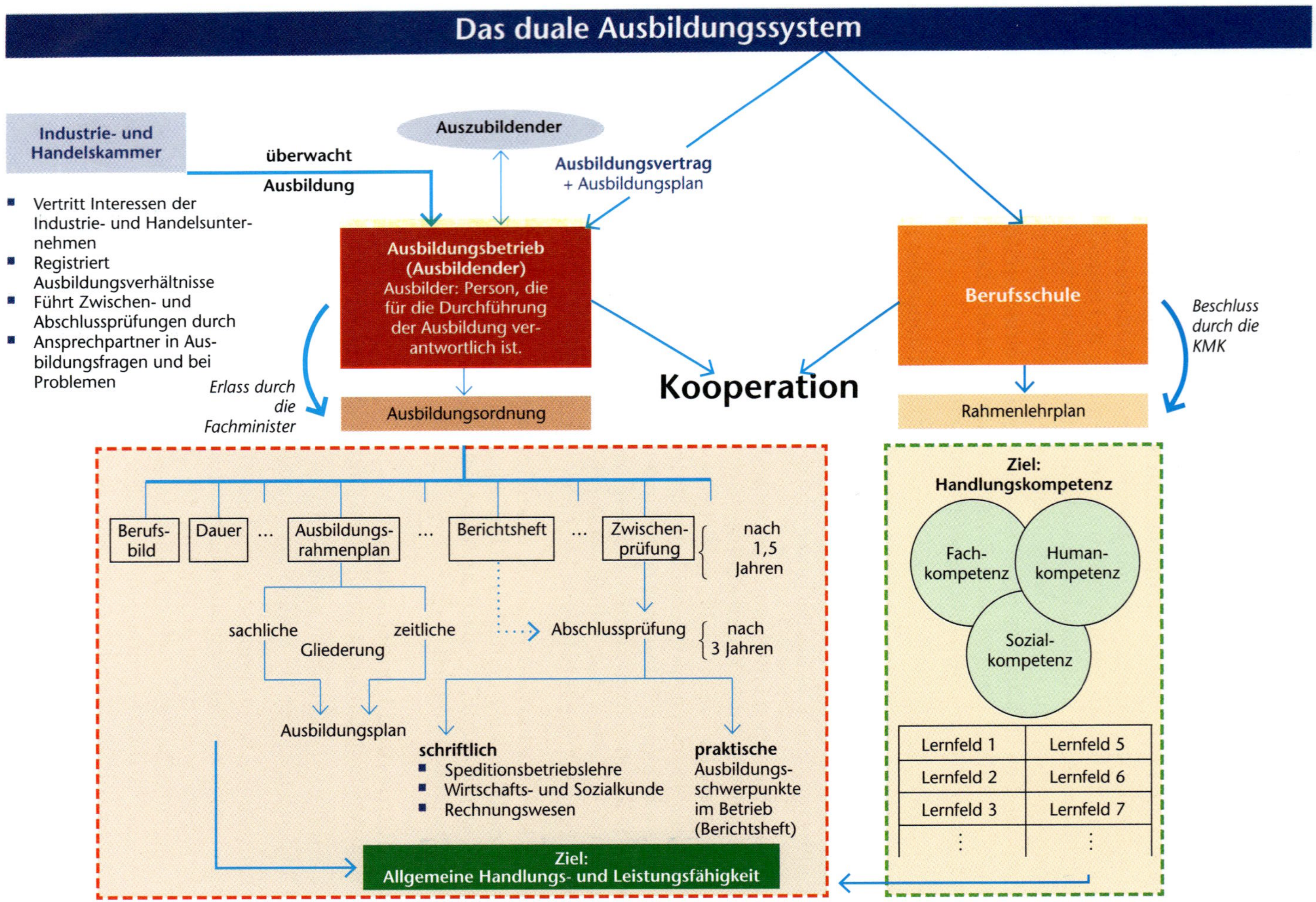

Bearbeitungsvorschläge

Moritz hat seinen ersten Berufsschultag hinter sich gebracht. Er ist zufrieden. Seine Mitschüler sind alle gut drauf und die Lehrer scheinen auch ganz okay zu sein. Aber dieser Stundenplan! Es gibt keine Fächer mehr. Ob er da jemals durchsteigt? Und überhaupt: Welche Rolle spielt die Handelskammer? Was hat die denn mit dem dualen Berufsausbildungssystem zu tun?

1. Erklären Sie Moritz, warum er die klassische Fächereinteilung in der Berufsschule nicht mehr vorfindet und was er sich unter Lernfeldern vorzustellen hat.

2. Erläutern Sie, inwiefern die Handelskammer in das duale Berufsausbildungssystem eingegliedert ist und welche Aufgaben sie übernimmt.

2 Verpflichtungen aus dem Ausbildungsvertrag

LERNSITUATION

María unterhält sich mit ihrem Mitschüler Mario auf dem Schulhof ihrer Berufsschule.

María: Das war ja eben wieder mal eine von Meyers' Sternstunden. Sag mal, Mario, wo warst du eigentlich am Mittwoch? Hast du vergessen, dass wir Berufsschule hatten?

Mario: Nee, ganz und gar nicht. Jetzt so kurz vor Weihnachten ist bei uns die Hölle los. Ich sollte am Mittwoch helfen, einen Sammelcontainer nach Valparaiso zu packen. Mir tut jetzt noch alles weh.

María: Wie jetzt? Gehört das jetzt auch zu deinen Aufgaben?

Mario: Tja, weiß ich auch nicht so recht. Auf alle Fälle bin ich ziemlich sauer. Ich weiß gar nicht, wie ich das Meyer erklären soll.

María: Mir geht's auch nicht viel besser. Ich durfte am letzten Mittwoch sogar noch vor der Berufsschule in den Ausbildungsbetrieb. Das hieß für mich von 06:00 Uhr bis 07:30 Uhr arbeiten, damit ich dann um 08:00 Uhr in der Schule sein konnte. Ich habe schon zehn Überstunden diese Woche. Als wenn nicht jemand anderes den Lkw von ‚Hoviger' hätte abfertigen können.

Und als ich dann zu meinem Chef gegangen bin, um mir meine Überstunden noch vom letzten Monat auszahlen zu lassen, meinte der nur, das würde schließlich zu den Aufgaben eines Spediteurs dazugehören.

Mario: Echt hart. Ihr fahrt auch mit ‚Hoviger'? Was berechnet der euch pro Stellplatz von Hamburg nach Nürnberg?

María: 45,00 €. Wir haben mit ihm eine Sondervereinbarung. An dem Geschäft verdienen wir echt gut. Unser Kunde zahlt 85,00 €. Nicht schlecht, was?

Mario: Nicht schlecht. Sind irgendwelche Nebenleistungen mit drin?

María: Nö, nicht, dass ich wüsste. Das ist ein Übernahmesatz.

Mario: Oh, die Pause ist schon wieder zu Ende. Komm, wir müssen in den EDV-Raum.

Aufgaben

1. Beschreiben Sie die Fahrtroute von Hamburg nach Valparaiso.
2. Erläutern Sie, was unter einem Übernahmesatz zu verstehen ist.
3. Arbeiten Sie die Probleme heraus, die hier dargestellt werden.
4. Tauschen Sie sich in Kleingruppen darüber aus, ob es diese oder ähnliche Probleme auch in Ihrem Betrieb gibt.
5. Klären Sie, inwiefern Ausbildungsbetrieb oder die Auszubildenden durch ihr Verhalten gegen vertragliche Verpflichtungen verstoßen haben. Stellen Sie dabei heraus, welche Konsequenzen sich für den Vertragspartner daraus ergeben können.

2.1 Verpflichtungen aus dem Ausbildungsverhältnis

Durch den geschlossenen Ausbildungsvertrag ergeben sich sowohl für den Auszubildenden als auch für den Ausbildungsbetrieb eine Reihe von Rechten und Pflichten, die im Berufsbildungsgesetz (BBiG) geregelt sind.

2.1.1 Pflichten des Ausbildungsbetriebes (Ausbildenden)

Der Ausbildungsbetrieb hat dafür zu sorgen, dass dem/der Auszubildenden die berufliche Handlungsfähigkeit vermittelt wird, die zum Erlangen seines/ihres Ausbildungsziels erforderlich ist (§ 14 BBiG).

- Damit ein Betrieb ausbilden darf, muss er zunächst einmal in der Lage sein, persönlich und fachlich geeignete Ausbilder zu stellen (§ 28 BBiG) und sie dem Auszubildenden bekanntzugeben (wird meist im Ausbildungsvertrag festgelegt).
  - Von **persönlicher Eignung** kann dann gesprochen werden, wenn die Pflichten als Arbeitgeber oder Ausbilder nicht vorsätzlich verletzt wurden (z. B. durch massive Missachtung des Berufsbildungsgesetzes, Jugendarbeitsschutzgesetzes oder Betäubungsmittelgesetzes).
  - **Fachliche Eignung** bezieht sich sowohl auf berufliche Fertigkeiten und Kenntnisse (z. B. abgeschlossene Ausbildung in dem Beruf, den man ausbildet) wie auch auf berufs- und arbeitspädagogische Kenntnisse, die in der Regel durch eine Ausbildereignungsprüfung nachgewiesen werden sollen.
- Auch an den Betrieb selbst werden bestimmte Mindestanforderungen gestellt. So heißt es im § 27 des BBiG, dass ein angemessenes Verhältnis von Auszubildenden zu Angestellten bestehen soll. Von einem angemessenen Verhältnis kann generell dann gesprochen werden, wenn im Verhältnis von ca. zwei Angestellten ein Auszubildender eingestellt wird.
- Ist ein Ausbildungsbetrieb nicht in der Lage, alle erforderlichen Fertigkeiten und Kenntnisse selbst zu vermitteln, kann dies z. B. durch die Kooperation mit anderen Speditionsbetrieben ausgeglichen werden. Verfügt eine Spedition beispielsweise nicht über eine eigene Luftfrachtabteilung, kann der Auszubildende in der Luftfrachtabteilung einer anderen Spedition diese Fertigkeiten erlernen. Eine andere Ausgleichsmöglichkeit für Teile der betrieblichen Ausbildung ist der Berufsschulunterricht oder betriebsinterne Schulungen.
  Grundsätzlich gilt für das Abweichen von diesen Regelungen, dass entsprechende Genehmigungen durch die Industrie- und Handelskammer erteilt werden können.
- Des Weiteren hat der Ausbildungsbetrieb den Auszubildenden zum Besuch der Berufsschule anzuhalten und freizustellen (§ 14 Abs. 4 und § 15 BBiG).
- Außerdem muss er darauf achten, dass ein schriftlicher Ausbildungsnachweis geführt wird, und hat diesen durchzusehen (§ 14 Abs. 4 BBiG).
- Der Ausbildende hat den Auszubildenden eine angemessene Vergütung zu gewähren (§ 17 Abs. 1 BBiG). Diese ist so zu bemessen, dass sie mit fortschreitender Ausbildung mindestens jährlich ansteigt. Die Höhe ergibt sich i. d. R. auf Grundlage der geltenden Tarifverträge (vgl. Kap. 10). Die Ausbildungsvergütung wird auch für die Zeit der Freistellung oder im Falle einer Krankheit gewährt. Nach sechs Wochen übernimmt die Krankenkasse die Lohnfortzahlung.
- Überstunden müssen gesondert durch Geld oder Freizeit vergütet werden (§ 17 Abs. 3 BBiG).
- Schließlich ist der Auszubildende rechtzeitig zur Zwischen- bzw. Abschlussprüfung bei der Industrie- und Handelskammer anzumelden.
- Ist die Ausbildung erfolgreich abgeschlossen, ist der Ausbildungsbetrieb verpflichtet, dem Ausgebildeten ein schriftliches Zeugnis auszustellen (§ 16 BBiG) (vgl. Kap. 7).

2.1.2 Pflichten des Auszubildenden

Der Auszubildende hat sich zu bemühen, die berufliche Handlungsfähigkeit zu erwerben, die zum Bestehen seines Abschlussziels erforderlich ist (§ 13 BBiG).

- So hat der Auszubildende die im Rahmen seiner Berufsausbildung aufgetragenen Aufgaben und Tätigkeiten sorgfältig auszuführen (§ 13 Abs. 1 BBiG).
- Erledigt der Auszubildende Vorgänge, die seinem Ausbildungsstand angemessen sind und kommt es hierbei zu Fehlern, kann er nur belangt werden, wenn er vorsätzlich oder grob fahrlässig gehandelt hat. Ansonsten kann ihm keine mangelnde Sorgfalt vorgeworfen werden. Generell sind Aufgaben und Tätigkeiten gemeint, die sich aus der Ausbildungsordnung ergeben. Das beinhaltet auch Ablagetätigkeiten, wenn sie nicht das übliche Maß übersteigen; nicht dazu zählen Privateinkäufe für den Ausbilder.
- Außerdem hat der Auszubildende den Weisungen zu folgen, die ihm im Rahmen der Berufsausbildung vom Ausbilder oder von anderen weisungsberechtigten Personen (Personen, die mit seiner Ausbildung betraut sind) erteilt werden (§ 13 Abs. 3 BBiG).
- Die für den Ausbildungsort festgelegten Regeln, z. B. durch eine Betriebsordnung, sind zu beachten und
- Werkzeuge, Maschinen und sonstige Einrichtungen müssen pfleglich behandelt werden (§ 13 Abs. 5 BBiG).
- Über Betriebs- und Geschäftsgeheimnisse ist Stillschweigen zu bewahren (§ 13 Abs. 6 BBiG).

Es sei darauf hingewiesen, dass an dieser Stelle nur allgemeine Aussagen getroffen werden können, da Pflichtverletzungen der einen oder anderen Seite immer einen gewissen Interpretationsspielraum offen lassen, die dann juristisch entschieden werden müssen und vom Einzelfall abhängig sind.

2.2 Beendigung des Ausbildungsverhältnisses

Während der Probezeit, die einen Monat bis vier Monate betragen kann (§ 20 BBiG), wird sowohl Auszubildenden als auch Ausbildungsbetrieben die Gelegenheit gegeben, sich gegenseitig kennenzulernen. So kann der Betrieb herausfinden, ob er den Auszubildenden für diesen Beruf für geeignet hält, und der Auszubildende kann noch einmal für sich überlegen, ob er den richtigen Beruf bzw. Betrieb gewählt hat.

Während der Probezeit kann der Ausbildungsvertrag von beiden Seiten jederzeit und ohne Angabe von Gründen gekündigt werden (§ 22 Abs. 1 BBiG).

Nach Beendigung der Probezeit ist die Kündigung an bestimmte Voraussetzungen gebunden.

Sowohl vom Ausbildungsbetrieb als auch vom Auszubildenden kann das Ausbildungsverhältnis fristlos gekündigt werden, wenn ein **wichtiger Grund** vorliegt. Für den **Auszubildenden** können wichtige Gründe sein:

- Ein Betrieb bildet mangelhaft aus (d. h., das Ausbildungsziel kann nicht erreicht werden),
- der Ausbildungsbetrieb hält den Ausbildungsvertrag nicht ein oder
- verstößt gegen das BBiG, z. B. zahlt er die vereinbarte Vergütung nicht, oder
- der Ausbildungsbetrieb züchtigt den Auszubildenden körperlich oder
- die Eltern des Auszubildenden ziehen in eine andere Stadt.

Für einen **Ausbildungsbetrieb** können Vertragsverletzungen durch den Auszubildenden ein wichtiger Grund sein, der zur fristlosen Kündigung berechtigt. Das könnte z. B.
- undiszipliniertes Verhalten (Abmahnung muss vorausgegangen sein),
- dauerndes unentschuldigtes Fernbleiben vom Berufsschulunterricht oder
- Diebstahl sein.

Allerdings dürfen diese Gründe dem zur Kündigung Berechtigten (Betrieb oder Auszubildender) nicht länger als zwei Wochen bekannt sein, ansonsten ist die Kündigung unwirksam.

Für den Ausbildungsbetrieb besteht nur die Möglichkeit, aus wichtigem Grund zu kündigen, wodurch der Auszubildende unter besonderen gesetzlichen Schutz gestellt wird.

Für den Auszubildenden besteht außerdem die Möglichkeit, mit einer vierwöchigen Kündigungsfrist dann zu kündigen, wenn er die Berufsausbildung aufgeben oder mit einer anderen Ausbildung beginnen möchte (§ 22 BBiG).

Darüber hinaus besteht natürlich die Möglichkeit zu einer Auflösung des Vertragsverhältnisses im gegenseitigen Einvernehmen.

Vorzeitige Zulassung zur Abschlussprüfung

Gemäß § 45 Abs. 1 BBiG kann ein Auszubildender vor Ablauf seiner Ausbildungszeit zur Abschlussprüfung zugelassen werden, wenn dies seine Leistungen rechtfertigen. Beabsichtigt ein Auszubildender vorzeitig seine Abschlussprüfung abzulegen, stellt er einen **Antrag auf vorzeitige Zulassung** bei der Industrie- und Handelskammer, die daraufhin sowohl den Betrieb als auch die Berufsschule um eine Stellungnahme bittet. Dabei muss bestätigt werden, dass die Leistungen der bisherigen Ausbildungszeit mit mindestens „gut" bewertet werden. Im Allgemeinen wird die Industrie- und Handelskammer diese Voraussetzungen als gegeben ansehen, wenn der Notendurchschnitt in der Berufsschule von mindestens 2,49 erreicht ist. Das Fach „Sport" hat dabei keine Bedeutung.

Auf Grundlage der beiden Stellungnahmen entscheidet die Industrie- und Handelskammer über die vorzeitige Zulassung.

Eine weitere Möglichkeit, die Abschlussprüfung vorzeitig anzutreten, besteht in der Einigung zwischen Ausbildungsbetrieb und Auszubildendem über eine Vertragsänderung, die eine verkürzte Ausbildungszeit vorsieht (§ 8 BBiG). Die Vertragsänderung muss der Handelskammer bekannt gegeben werden und darf nicht die Vermutung nahelegen, dass sie deshalb vereinbart wird, damit der Auszubildende vorzeitig die Abschlussprüfung ablegen kann.

Verlängerung der Ausbildungszeit

Das Ausbildungsverhältnis endet mit Bestehen der Abschlussprüfung, d. h. mit dem Tag der bestandenen praktischen Prüfung. Besteht der Auszubildende die Abschlussprüfung nicht, verlängert sich die Ausbildungszeit auf seinen Wunsch bis zur nächsten Wiederholungsprüfung, die i. d. R. ein halbes Jahr später stattfindet, aber höchstens um ein Jahr. Das heißt, auch wenn die Prüfung bereits ein halbes Jahr später wiederholt wurde, kann der Auszubildende auf einer weiteren Verlängerung seiner Ausbildung bestehen. Die zweite Wiederholungsprüfung muss aber innerhalb der Höchstdauer von einem Jahr abgelegt werden (§ 21 BBiG). Anschließend endet die Ausbildungszeit, unabhängig davon, ob die zweite Wiederholungsprüfung bestanden wurde.

Ist eine Verlängerung der Ausbildungszeit z.B. aufgrund einer längeren Krankheit erforderlich, kann ein entsprechender Antrag bei der Industrie- und Handelskammer gestellt werden (§ 8 Abs. 2 BBiG).

ZUSAMMENFASSUNG

Verpflichtungen aus dem Ausbildungsvertrag

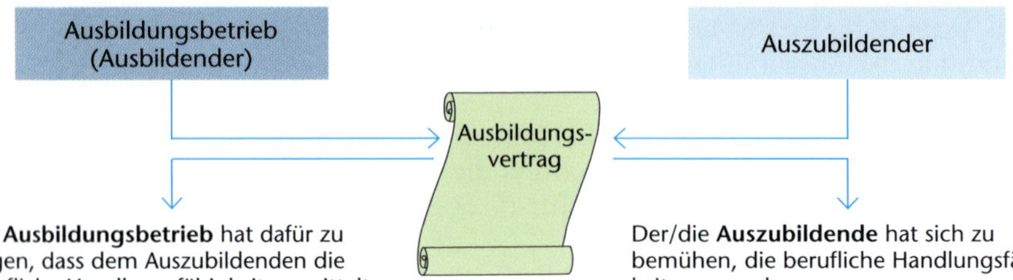

Der **Ausbildungsbetrieb** hat dafür zu sorgen, dass dem Auszubildenden die berufliche Handlungsfähigkeit vermittelt wird. Er ist verpflichtet:

- persönlich und fachlich geeignete Ausbilder zu stellen,
- geeignete Ausbildungsstätte zu stellen,
- zum Berufsschulbesuch freizustellen und anzuhalten,
- Auszubildende zum Führen des Berichtsheftes anzuhalten und es durchzusehen,
- angemessene Vergütung zu zahlen,
- Überstunden auszugleichen,
- zur Zwischenprüfung und Abschlussprüfung anzumelden,
- Zeugnis zu erstellen.

Der/die **Auszubildende** hat sich zu bemühen, die berufliche Handlungsfähigkeit zu erwerben:

- Weisungen zu befolgen,
- geltende Regeln zu beachten,
- Einrichtung pfleglich zu behandeln,
- Betriebs- und Geschäftsgeheimnisse zu wahren,
- die Berufsschule zu besuchen.

Kündigung des Ausbildungsverhältnisses

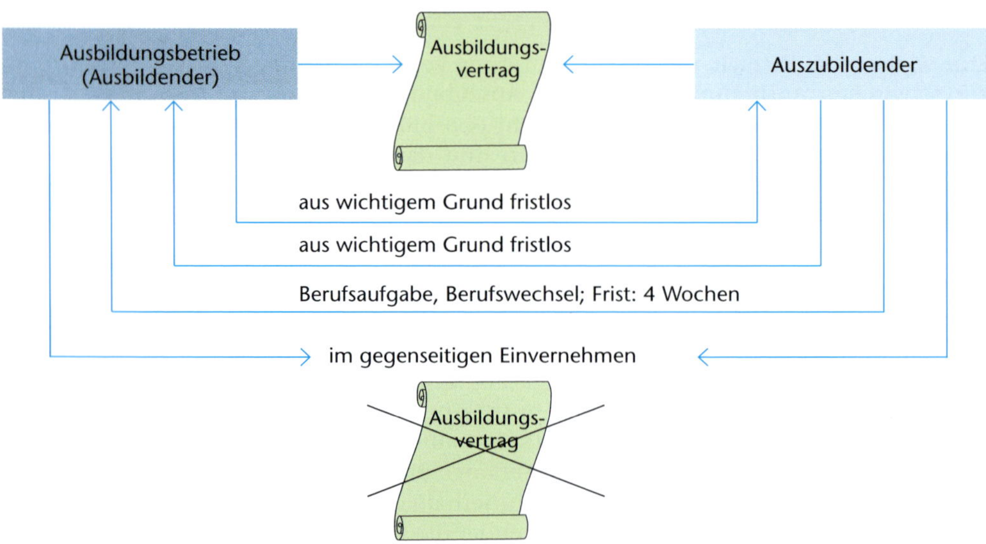

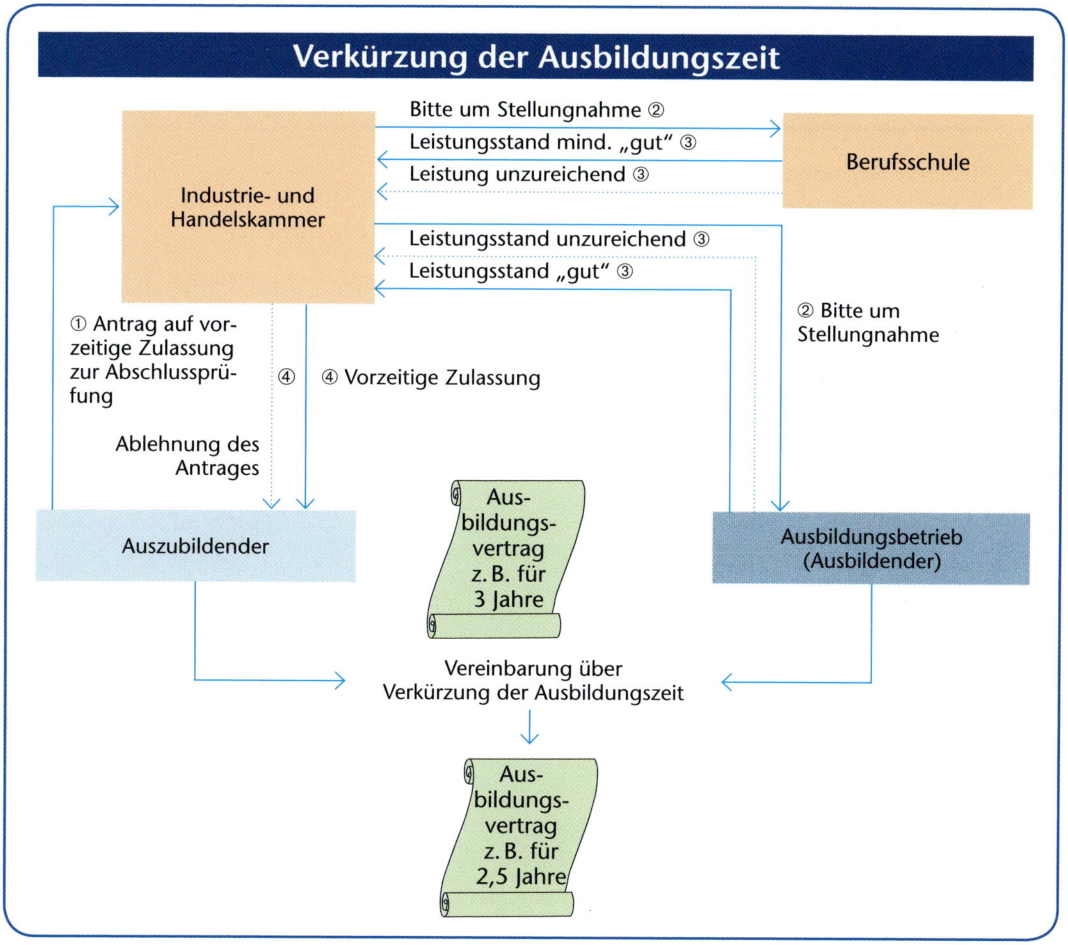

Bearbeitungsvorschläge

Tanja ist Auszubildende bei der Wall GmbH im zweiten Ausbildungsjahr und gemäß ihrem Ausbildungsplan seit einer Woche in der Seehafenabteilung im Export tätig.

Wieder einmal ist es unheimlich hektisch und alle Mitarbeiter sind so beschäftigt, dass Tanja bereits nach wenigen Tagen ihr eigenes Aufgabengebiet zugeteilt bekommt. In all der Hektik vergisst sie, eine eilige Stückgutsendung rechtzeitig an den Packschuppen liefern zu lassen. Als der Kunde am nächsten Tag beunruhigt anruft, weil er noch kein Verschiffungsavis erhalten hat, stellt sich heraus, dass die Sendung nicht mit dem vereinbarten Schiff verladen worden ist. Daraufhin schaltet sich der Abteilungsleiter Herr Permuth ein.

Herr Permuth: Ich glaub' es ja wohl nicht. Können Sie mir mal sagen, wie man vergessen kann, Sendungen zu verladen? Wir müssen die Sendung jetzt per Luftfracht versenden. Wissen Sie, was so was kostet? Nicht nur, dass ich Ihnen die zusätzlichen Kosten von Ihrer Ausbildungsvergütung abziehen werde, nein, ich überlege mir ernsthaft, Ihnen zu kündigen.

Die in Tränen aufgelöste Tanja ruft erst einmal ihre Freundin Sandra an, die gerade in der Importabteilung arbeitet.

Sandra: Wall GmbH Hamburg, Sandra Süßmann, guten Tag.

Tanja: Ich bin es, Tanja.

Sandra: Hey, Tanja. Gut, dass du anrufst. Ich fülle gerade meinen Antrag auf Verkürzung der Ausbildungszeit aus. Meinst du, das klappt? Stell dir vor, ich fall' am Ende durch die Prüfung!

Tanja: Ich hab' gerade wirklich andere Probleme. Stell dir vor, was eben passiert ist. Ich weiß gar nicht, was ich machen soll. Kann heutzutage eigentlich jeder ausbilden? Warum kontrolliert er immer erst, wenn es zu spät ist?

1. Erörtern Sie, welche Pflichten verletzt wurden.

2. Stellen Sie die Bedingungen für eine Kündigung heraus.
   a) Welche Voraussetzungen müssen gegeben sein und welche Fristen müssen eingehalten werden?
   b) Beurteilen Sie, ob Herr Permuth in diesem Fall zur Kündigung berechtigt ist.

3. Beschreiben Sie für Sandras Fall mögliche Verfahren, die Ausbildungszeit zu verkürzen.

4. Erklären Sie, was passiert, wenn die Abschlussprüfung tatsächlich nicht bestanden werden sollte.

3 Jugendarbeitsschutz

LERNSITUATION

Kinderarbeit

Statt zur Schule geht es ins Bergwerk oder in die Fabrik, und weil die Arbeit dort so anstrengend ist, werden viele sehr krank: So sah für viele Kinder noch vor rund 200 Jahren das Leben aus – auch in Deutschland. Statt zu lernen oder Freunde zu treffen, mussten schon Sechsjährige schuften. Viele Firmen stellten besonders gern Kinder ein, weil sie ihnen weniger Lohn zahlen mussten. Heute ist Kinderarbeit in Deutschland verboten. Kinder werden geschützt, haben ein Recht auf Bildung und Zeit zum Spielen. Wichtig dafür war der 9. März 1839, an diesem Montag ist das 170 Jahre her. Damals wurde in einem Teil des heutigen Deutschlands ein Gesetz beschlossen, das verbot, junge Kinder in Fabriken und Bergwerken zu beschäftigen. Anfangs hielten sich nicht viele an diese Regel. Aber die Idee war geboren und konnte sich ausbreiten. In vielen Ländern Asiens, Afrikas und auch Osteuropas aber müssen noch heute Kinder hart arbeiten. Die Idee zum Schutz der Kinder ist also noch längst nicht überall angekommen. Deshalb kämpfen Kinderhilfsgruppen in der ganzen Welt gegen Kinderarbeit.

Quelle: Redaktion KinderZEIT: KinderZEIT-Blog vom 05.03.2009, unter: http://blog.zeit.de/kinderzeit/2009/03/05/kinderarbeit_753, letzter Zugriff am 09.02.2014

Aufgaben

1. Erläutern Sie, warum ein besonderer Schutz von Kindern und Jugendlichen erforderlich ist.
2. Geben Sie an, welche einschränkenden Regelungen zur Beschäftigung von Jugendlichen Sie bereits kennen.

3.1 Gesetz zum Schutze der arbeitenden Jugend (Jugendarbeitsschutzgesetz – JArbSchG)

3.1.1 Entwicklung des Jugendarbeitsschutzgesetzes

In Deutschland begann die Industrialisierung ab dem 18. Jahrhundert und hatte zur Folge, dass Arbeitsabläufe durch den Einsatz von Maschinen schneller und durch eine starke Arbeitsteilung effektiver erledigt werden konnten. Dadurch, dass Arbeitsprozesse in viele kleine, einfache Teilabschnitte zerlegt wurden, konnten diese einfachen Arbeitsgänge auch Kinder erledigen. Die Folge waren extreme Ausbeutung und unmenschliche Arbeits- und Lebensbedingungen. Kinder und Jugendliche mussten genauso hart arbeiten wie Erwachsene, aber für weitaus weniger Geld. Das hatte zur Folge, dass die Kinder auf dem Arbeitsmarkt zu Lohndrückern für die Erwachsenen wurden und ihre eigene Situation noch mehr verschlechterten. In der rheinischen Textilindustrie mussten bereits Kinder von vier Jahren bis zu 14 Stunden täglich und auch nachts arbeiten. Die durchschnittliche Lebenserwartung der Industriearbeiter betrug 35 Jahre. Aufgrund dessen waren junge Fabrikarbeiter als Soldaten nicht mehr einsetzbar. Durch das Jugendarbeitsschutzgesetz von 1839 in Preußen sollte nun regulierend eingegriffen werden. Für Kinder unter 9 Jahren wurde die Arbeit verboten, die tägliche Arbeitszeit für Kinder unter

12 Jahren betrug „nur“ noch 10 Stunden, die Nachtarbeit wurde zwischen 23:00 Uhr und 05:00 Uhr verboten, genauso wie Sonn- und Feiertagsarbeit.

Das Jugendarbeitsschutzgesetz wurde immer wieder verändert und den Gegebenheiten angepasst.

3.1.2 Medizinisch-biologische Begründung

Damit eine gesunde Entwicklung von Jugendlichen auch in den ersten Berufsjahren sichergestellt werden kann, muss deren Arbeitsbelastung ihrer Konstitution entsprechen. Jugendliche haben eine geringere körperliche Leistungsfähigkeit, die Folge ihres Wachstums ist. Die Wachstumsphase reicht bei Jungen ungefähr bis zum 20. Lebensjahr, bei Mädchen bis zum 17. Lebensjahr. Die verminderte körperliche Leistungsfähigkeit lässt sich u. a. dadurch begründen, dass Jugendliche noch nicht über die volle Muskelkraft von Erwachsenen verfügen, sie ermüden schneller und die Dauerbelastbarkeit ist deutlich herabgesetzt. Obwohl nicht äußerlich ersichtlich, erholen sich Jugendliche wesentlich langsamer als Erwachsene und benötigen mehr Schlaf. Der Bedarf nimmt zwar im Laufe der Entwicklung ab, liegt aber selbst bei 17- und 18-Jährigen noch deutlich über dem Schlafbedarf von Erwachsenen. Die geringere Belastbarkeit und geringere Leistungsfähigkeit gegenüber Erwachsenen lässt sich medizinisch u. a. durch das kleinere Herz und die geringere Stabilität des Skelettes begründen. Bei erhöhter Belastung muss das Herz dem zusätzlich erforderlichen Sauerstoffbedarf durch eine Steigerung der geförderten Blutmenge gerecht werden. Das Herz von Jugendlichen besitzt jedoch ein begrenztes Fördervolumen und muss seine Schlagfrequenz entsprechend erhöhen und der eigene Sauerstoffbedarf muss wiederum erhöht werden. Das bedeutet möglicherweise eine Unterversorgung des Herzmuskels mit Sauerstoff, und die Gefahr einer Überbelastung wächst. Das jugendliche Skelett besitzt eine geringere mechanische Stabilität, denn Muskulatur und Bänder sind noch nicht voll entwickelt.

Einseitige Beanspruchung oder Überbelastung können zu Deformierungen (z. B. der Wirbelsäule) oder Krankheitserscheinungen (z. B. Kurzatmigkeit) führen. Schäden des Haltungs- und Bewegungsapparates bilden eine Hauptursache frühzeitiger Invalidität.

Die Tatsache, dass Jugendliche häufig wie Erwachsene aussehen, darf nicht zu der Annahme führen, sie seien ebenso leistungsfähig wie Erwachsene. Aufgrund der besonderen Konstitution im Jugendalter sind Überbelastungen zunächst folgenlos. Mit altersbedingter, abnehmender Fähigkeit, Überbeanspruchungen ausgleichen zu können, zeigen sich aber die dadurch „vorprogrammierten“ Schäden immer deutlicher. Allerdings wird in der Regel kein Zusammenhang mit den Ursachen einer Überbelastung im Jugendalter mehr hergestellt.

3.2 Wesentliche Vorschriften aus dem Gesetz zum Schutze der arbeitenden Jugend (Jugendarbeitsschutzgesetz – JArbSchG) – Geltungsbereich

Das Jugendarbeitsschutzgesetz (JArbSchG) gilt für Beschäftigte, die noch nicht 18 Jahre alt sind. Das bezieht sich sowohl auf Auszubildende, Arbeitnehmer oder Heimarbeiter als auch auf ähnliche Tätigkeiten, die von Jugendlichen ausgeübt werden können. Daraus ergibt sich, dass geringfügige Hilfeleistungen oder Tätigkeiten aus einer Gefälligkeit heraus nicht dazu zählen (§ 1 JArbSchG).

Das JArbSchG unterscheidet generell zwischen Kindern und Jugendlichen. Kinder sind Personen, die noch nicht 15 Jahre alt sind. Jugendliche sind Personen, die 15 Jahre, aber noch keine 18 Jahre alt sind. Jugendliche, die der Vollzeitschulpflicht unterliegen, werden ebenfalls als Kinder betrachtet (§ 5 JArbSchG).

Beschäftigungsverbot

Generell ist die Beschäftigung von Kindern verboten. Ausgenommen von dieser Bestimmung sind Betriebspraktika während der Schulzeit, Maßnahmen der Beschäftigungs- oder Arbeitstherapie sowie richterliche Weisungen. Kinder über 13 Jahren dürfen mit Einwilligungen derer, die für sie Sorge tragen, i. d. R. die Eltern, leichte Tätigkeiten verrichten (§ 5 JArbSchG). Das heißt, die Gesundheit und Entwicklung der Kinder darf dadurch nicht beeinträchtigt werden, der Schulbesuch und die Fähigkeit dem Unterricht zu folgen sowie die Berufsausbildung dürfen nicht nachteilig beeinflusst werden (§ 5 Abs. 3 JArbSchG). Außerdem dürfen sie nicht länger als zwei Stunden täglich, nicht zwischen 18:00 Uhr und 08:00 Uhr und nicht vor oder während des Schulunterrichts beschäftigt werden. Jugendlichen ist es erlaubt, während der Schulferien maximal vier Wochen im Kalenderjahr zu arbeiten. Für bestimmte Veranstaltungen, wie Theater oder Musikaufführungen, gelten Ausnahmegenehmigungen (dazu Näheres in § 6 JArbSchG).

Arbeitszeit

Das Gesetz sieht vor, dass Jugendliche i. d. R. nicht mehr als acht Stunden täglich und 40 Stunden wöchentlich arbeiten (§ 8 JArbSchG). Wenn die Arbeitszeit an einzelnen Werktagen weniger als acht Stunden beträgt, dürfen die Jugendlichen an den übrigen Werktagen der Woche 8,5 Stunden täglich beschäftigt werden (§ 8 (2a) JArbSchG). Ist die tägliche Arbeitszeit beendet, darf ein Jugendlicher erst nach 12 Stunden ununterbrochener Freizeit seine Tätigkeit wieder aufnehmen (§ 13 JArbSchG).

Ruhepausen

Die Ruhepausen müssen bei einer Arbeitszeit von 4,5 Stunden bis 6 Stunden mindestens 30 Minuten betragen. Beträgt die Arbeitszeit mehr als sechs Stunden, stehen den Jugendlichen 60 Minuten Pause zu. Von Pausen wird gesprochen, wenn die Arbeitszeit mindestens 15 Minuten unterbrochen wird (§ 11 Abs. 1 (1 u. 2) JArbSchG). Beispielsweise darf eine 15-Minuten-Pause nicht in drei fünfminütige Arbeitsunterbrechungen unterteilt werden. Auch dürfen die Pausen nicht an den Beginn oder das Ende der Arbeitszeit gelegt werden, denn das Gesetz schreibt vor, dass die Pausen frühestens eine Stunde nach Beginn und spätestens eine Stunde vor Ende der Arbeitszeit gelegt werden müssen. Nach spätestens 4,5 Stunden müssen Jugendliche eine Pause machen (§ 11 Abs. 3 JArbSchG).

Zeiten des Beschäftigungsverbotes

Jugendliche dürfen nur in der Zeit von 06:00 Uhr bis 20:00 Uhr beschäftigt werden, es sei denn, in dem Beruf sind andere Arbeitszeiten erforderlich, dann gelten bestimmte Ausnahmeregelungen (§ 14 JArbSchG). Generell gilt für die Jugendlichen die 5-Tage-Woche. Das heißt, an Samstagen und Sonntagen dürfen sie nur arbeiten, wenn es die Tätigkeit unbedingt erfordert, wie bei Krankenschwestern oder in der Landwirtschaft, im Familienhaushalt oder beim Sport, sowie beispielsweise im Gaststättengewerbe (§§ 16, 17 JArbSchG).

Berufsschule

Alle Jugendlichen, aber **auch** alle über 18-Jährigen, die noch berufsschulpflichtig sind, dürfen bei einem vor 09:00 Uhr beginnenden Unterricht nicht beschäftigt werden. **Nur** für Jugendliche gilt außerdem ein Beschäftigungsverbot an **einem** Nachmittag der Woche, der an einem Berufsschultag mehr als 5 Unterrichtsstunden von je 45 Minuten umfasst (§ 9 Abs. 1 und 2 JArbSchG). Das würde bedeuten, dass an einem weiteren Berufsschultag eine Beschäftigung am Nachmittag möglich ist.

Demnach können über 18-Jährige nach jedem Berufsschultag im Betrieb arbeiten.

Für Jugendliche gilt außerdem, dass bei Blockunterricht an 5 Tagen in der Woche von mindestens 25 Stunden zusätzlich 2 Stunden in der Woche im Betrieb verbracht werden dürfen (§ 9 Abs. 1 Nr. 3 JArbSchG).

Berufsschultage (Teilzeitunterricht) werden mit 8 Stunden täglich, Berufsschulwochen (Blockunterricht) mit 40 Stunden wöchentlich voll auf die Arbeitszeit angerechnet.

Demnach muss auch während der Berufsschulzeit die Ausbildungsvergütung regulär weiterbezahlt werden (§ 9 Abs. 3 JArbSchG).

Urlaub

Jugendlichen muss in jedem Kalenderjahr Erholungsurlaub gewährt werden.

- Wenn der Jugendliche zu Beginn des Kalenderjahres noch nicht 16 Jahre alt ist, 30 Werktage.
- Wenn der Jugendliche zu Beginn des Kalenderjahres noch nicht 17 Jahre alt ist, 27 Werktage.
- Wenn der Jugendliche zu Beginn des Kalenderjahres noch nicht 18 Jahre alt ist, 25 Werktage (§ 19 Abs. 2 JArbSchG).

Alle Berufsschüler dürfen, unabhängig von ihrem Alter, ihren Urlaub i. d. R. nicht während der Berufsschulzeit nehmen (§ 19 Abs. 3 JArbSchG).

Erstuntersuchung

Bevor ein Jugendlicher in das Berufsleben eintritt, muss er zunächst einmal von einem Arzt untersucht werden und seinem Arbeitgeber eine entsprechende Bescheinigung über die Berufstauglichkeit vorlegen. Dies gilt allerdings nicht für leichte Tätigkeiten (z. B. Babysitten) oder Tätigkeiten, die nicht länger als 2 Monate dauern (z. B. Ferienjobs; § 32 JArbSchG).

Nach einem Jahr muss eine Nachuntersuchung erfolgen, ansonsten darf er nicht weiterbeschäftigt werden.

Straf- und Bußgeldvorschriften

Eine verbotene Beschäftigung eines Kindes oder Jugendlichen kann mit einer Geldbuße bis zu 15 000,00 € bestraft werden. Im Falle von körperlichen oder gesundheitlichen Schäden kann dies mit einer Freiheitsstrafe bis zu einem Jahr bzw. einer Geldstrafe geahndet werden.

ZUSAMMENFASSUNG

Gesetz zum Schutze der arbeitenden Jugend (Jugendarbeitsschutzgesetz – JArbSchG)

gilt für die Beschäftigung von Kindern und Jugendlichen

Ziel:
- Schutz vor Ausbeutung
- Arbeitsbelastung entsprechend der körperlichen Konstitution
- Erleichterung des Übergangs in das Berufsleben

Personengruppen

Kinder

Personen unter 15 Jahren

Jugendliche, die der Vollzeitschulpflicht unterliegen

Beschäftigung ist grundsätzlich verboten

Ausnahmen:

- Betriebspraktika
- Beschäftigungs- und Arbeitstherapie
- Richterliche Weisungen
- Kinder über 13 J. = leichte Tätigkeiten mit Einwilligung der Eltern für begrenzte Zeit und in bestimmtem Zeitraum
- Jugendliche während der Schulferien max. vier Wochen

Ausnahmeregelung für Theater- und Musikveranstaltungen

Jugendliche

Personen von 15 Jahren bis 18 Jahren

Arbeitszeit:
- max. 8 Std. täglich
- max. 40 Std. wöchentlich
- 12 Std. ununterbrochene Freizeit
- 5-Tage-Woche

Ruhepausen:
- Arbeitszeit von 4,5 Std. bis 6 Std. = 30 Minuten
- ab 6 Std. = 60 Minuten
- frühestens 1 Std. nach Beginn und spätestens 1 Std. vor Ende der Arbeitszeit

Urlaub:
- unter 16 Jahren = 30 Werktage
- unter 17 Jahren = 27 Werktage
- unter 18 Jahren = 25 Werktage
- Urlaub darf nicht in der Berufsschulzeit genommen werden

Berufsschule:
- Beschäftigungsverbot bei einem vor 09:00 Uhr beginnenden Unterricht (unabhängig vom Alter).
- Beschäftigungsverbot an einem Nachmittag in der Woche bei mehr als 5 Unterrichtsstunden.
- Bei Blockunterricht an 5 Tagen in der Woche von mind. 25 Std. dürfen noch 2 Std. im Betrieb verbracht werden.
- Berufsschultage zählen als 8-Std.-Tag und Berufsschulwochen als 40-Std.-Woche.

Erstuntersuchung vor dem Eintritt in das Berufsleben erforderlich

Bearbeitungsvorschläge

Hannes bereitet sich auf die nächste Sitzung der JAV (Jugend- und Auszubildendenvertretung) vor. Er hat den „Kummerkasten" für die Auszubildenden geleert und findet die folgenden Beschwerden darin:

A. Die Auszubildenden María, 17 Jahre, und Otis, 20 Jahre, mussten letzte Woche an ihrem Berufsschultag um 05:30 Uhr im Betrieb erscheinen, um einen aus Italien kommenden Lkw mit 520 Kisten Tonwaren, je 38 kg, zu entladen, da die Ware noch dringend kommissioniert werden musste, um gegen 08:00 Uhr zur Abfertigung für unterschiedliche Relationen bereitgestellt werden zu können.

Finden Sie für den oben genannten Fall eine Lösung, indem Sie zu den nachfolgenden Aspekten die Regelungen des JArbSchG herausarbeiten und auf den Fall anwenden:

1. Sinn bzw. das Ziel des Jugendarbeitsschutzgesetzes
2. Geltungsbereich des Jugendarbeitsschutzgesetzes
3. Regelungen bezüglich eines Beschäftigungsverbotes (Zeit und Tätigkeiten)

B. Es sind Sommerferien und Markus, 16 Jahre, macht mal wieder Urlaubsvertretung für seine Kollegen, die in die Ferien gefahren sind. Dabei hätte er auch ganz gerne mal in den Sommerferien Urlaub gebucht. In den letzten Frühjahrsferien ist er auch schon für seine Kollegen eingesprungen. Letzte Woche ist ihm der „Kragen geplatzt". Seit Wochen arbeitet er 9 Stunden am Tag, ohne eine Pause gemacht zu haben. Als er zu seinem Chef geht und sich beschwert, meint dieser doch glatt: „Hättest du deine Pausen genommen, hättest du noch länger gearbeitet. Dann mach deine Pause heute einfach, indem du eine halbe Stunde früher gehst."

Finden Sie für den oben genannten Fall eine Lösung, indem Sie zu den nachfolgenden Aspekten die Regelungen des JArbSchG herausarbeiten und auf den Fall anwenden:

1. Ruhepausen
2. Arbeitszeit
3. Urlaub

4 Arbeitssicherheitsvorschriften

LERNSITUATION

Herr Stock, Sachbearbeiter in der Logistikabteilung, besitzt die Übungsleiterlizenz im Bereich Gesundheitssport. Da auch bei ihm durch seine überwiegend sitzende Tätigkeit Rückenbeschwerden aufgetreten sind, hat er sich zum Rückenschullehrer mit dem Schwerpunkt „Rückenschule im Betrieb" ausbilden lassen.

Herr Stock hat in der letzten Woche eine Statistik geführt, die besagt, dass er 85 % der Arbeitszeit sitzt. Ein Belastungswechsel zwischen Sitzen, Stehen und Bewegung findet in seiner Arbeitszeit viel zu wenig statt. Sein Ziel ist, nur noch 50 % zu sitzen, 25 % zu stehen und sich 25 % zu bewegen.

In dieser Woche will er nun seinen Arbeitsplatz, d. h. seine Büroausstattung (Stuhl, Tische, Bildschirm usw.), genauer untersuchen.

Aufgaben

1. Stellen Sie fest, wie viel Zeit Ihrer Arbeitszeit Sie sitzen, stehen und sich bewegen.
2. Wie können Sie Ihren sitzenden Anteil während der Arbeitszeit senken?
3. Untersuchen Sie Ihren Arbeitsplatz, stellen Sie fest, was Sie verändern könnten, und begründen Sie Ihre Entscheidung.

4.1 Grundlegende Arbeitssicherheitsvorschriften

Der Gesetzgeber hat eine Reihe von Vorschriften, Verordnungen und Gesetzen erlassen, die dem Schutz und der Sicherheit des Arbeitnehmers dienen sollen. Einige der gesetzlichen Bestimmungen sind in vorangegangenen Kapiteln erläutert worden. Dies sind u. a. das Jugendarbeitsschutzgesetz, das Arbeitszeitgesetz, das Bundesurlaubsgesetz. Sie alle haben Schutzvorschriften zum Inhalt, die besagen, dass Jugendliche und Arbeitnehmer vor nachhaltigen Folgen für die Gesundheit zu schützen sind.

Viele Schutzvorschriften beziehen sich auf die technische Ausgestaltung des Arbeitsplatzes der Arbeitnehmer und sollen sicherstellen, dass der tägliche Umgang mit den technischen Geräten keine nachteiligen gesundheitlichen Folgen für die Arbeitnehmer hat.

Hierzu zählen z. B.

- Arbeitsschutzgesetz,
- Gefahrstoffverordnung,
- Arbeitsstättenverordnung,
- Bildschirmarbeitsverordnung,
- Lastenhandhabungsverordnung,
- Unfallverhütungsvorschriften,
- Benutzungsverordnung für die Benutzung persönlicher Schutzausrüstungen.

Beispielhaft sollen hier die **Bildschirmarbeitsplatzverordnung**, die **Lastenhandhabungsverordnung** und die **Unfallverhütungsvorschriften** vorgestellt werden, da Auszubildende im Speditionsgewerbe überwiegend im Büro tätig sind.

4.1.1 Bildschirmarbeitsplatzverordnung

Die Auszubildenden im Speditionsgewerbe haben ihren Arbeitsplatz überwiegend an Bildschirmgeräten. Die Belastungssituation bei sitzenden Tätigkeiten führt oft zu Haltungsschäden, starker Beanspruchung der Augen, hohen Anforderungen an das Konzentrationsvermögen u. v. a. mehr.

Die **Bildschirmarbeitsplatzverordnung** bezieht sich auf die Tätigkeit an Bildschirmgeräten und die unmittelbare Arbeitsumgebung.

An einem optimalen Büroarbeitsplatz müssen die einzelnen Teile aufeinander abgestimmt werden können und neben den Erfordernissen für den Menschen muss auch seine jeweilige Arbeitsaufgabe berücksichtigt werden. Das körperliche und psychische Wohlbefinden am Arbeitsplatz und damit auch die Arbeitsleistung hängen von ergonomischen, biologischen und sozialen Faktoren ab. Ergonomische und arbeitsorganisatorische Bedingungen lassen sich relativ leicht beeinflussen, z. B. müssen der Bürostuhl und der Bürotisch dynamisch sein und sich auf unterschiedliche Körpermaße, Arbeitsaufgaben und individuelle Bedürfnisse des Arbeitnehmers einstellen lassen.

Ein optimaler Bildschirmarbeitsplatz sollte folgenden Erfordernissen entsprechen:

Welche Voraussetzungen muss ein optimaler Bildschirmarbeitsplatz erfüllen?

- **Bildschirm**
  - oberste Bildschirmzeile liegt unterhalb der Augenhöhe, die Zeichen sind gut lesbar
  - leicht dreh- und neigbar
  - strahlungsarm und flimmerfrei
  - Blickrichtung parallel zum Fenster
  - keine störenden Reflexionen und Spiegelungen
  - Sehabstand zwischen Ihren Augen und dem Bildschirm, der Vorlage und der Tastatur beträgt mindestens 50 cm
- **Tastatur**
  - getrennt vom Bildschirm
  - vor der Tastatur steht eine freie Tischfläche zum Auflegen der Handballen zur Verfügung (Tiefe 100–150 mm)
  - helle Tasten mit dunkler Beschriftung
- **Arbeitstisch**
  - mindestens 160 cm (bei ausschließlicher Bildschirmarbeit auch Mindestbreite von 120 cm zulässig)
  - mindesttiefe 80 cm
  - Höhe 72 cm (besser höhenverstellbar 68–76 cm)
  - freier Bewegungsraum für Beine und Füße
- **Büroarbeitsstuhl**
  - standsicher (Untergestell mit 5 Auslegern)
  - darf bei leichtem Anstoß nicht wegrollen
  - höhenverstellbar
  - neigbare, verstellbare Rückenlehne
- **Beleuchtung**
  - Beleuchtungsstärke mindestens 500 Lux
  - Blendung und Reflexion vermeiden
- **Raumklima**
  - Raumtemperatur 20 °C bis 22 °C
  - Zugluft vermeiden
- **Lärm**
  - 55 dB(A) bei überwiegend geistigen Tätigkeiten
  - 70 dB(A) bei einfachen oder mechanisierten Bürotätigkeiten

4.1.2 Unfallverhütungsvorschriften

Der Unternehmer soll die Mitarbeiter eines Unternehmens vor Unfällen schützen. Beispielsweise wird der Unfallschutz durch die gesetzlich vorgesehenen Sicherheitsbeauftragten in den Unternehmen geregelt. Außerdem ist der Unfallschutz in der gesetzlichen Unfallversicherung und durch die technischen Aufsichtsbehörden der Berufsgenossenschaften sowie durch die Beauftragten der Gewerbeaufsichtsämter bzw. des Staatlichen Amts für Arbeitsschutz oder des Staatlichen Umweltamts geregelt.

Die Berufsgenossenschaften haben genehmigungspflichtige **Unfallverhütungsvorschriften** beschlossen. Dies sind Mindestnormen für eine unfallsichere Einrichtung der Unternehmen und der Betriebsanlagen und ein unfallsicheres Verhalten.

Der Betriebsrat ist bei Unfallverhütungsmaßnahmen mitbestimmungsberechtigt. Er kann Betriebsvereinbarungen z. B. für das Lager abschließen, die über die gesetzlichen Vorschriften hinausgehen. Außerdem ist der Betriebsrat dazu verpflichtet, dass die Durchsetzung der Unfallverhütungsvorschriften gewährleistet wird (§§ 87–89 BetrVG).

4.1.3 Lastenhandhabungsverordnung

Diese Verordnung gilt für die manuelle Handhabung von Lasten, die aufgrund ihrer Merkmale oder ungünstiger ergonomischer Bedingungen für die Beschäftigten eine Gefährdung für Sicherheit und Gesundheit, insbesondere der Lendenwirbelsäule, mit sich bringen. Manuelle Handhabung im Sinne dieser Verordnung ist jedes Befördern oder Abstützen einer Last durch menschliche Kraft, unter anderem das Heben, Absetzen, Schieben, Ziehen, Tragen oder Bewegen einer Last.

In Deutschland sind von verschiedenen Institutionen Grenzwerte für Lastgewichte ermittelt worden, bei deren Einhaltung keine Schädigung der Beschäftigten zu erwarten ist. Als Übersicht über zumutbare Lasten werden hier Richtwerte des Bundesarbeitsministeriums genannt. Verbreitet ist insbesondere die nachfolgende Grenzwerttabelle, in der zwischen Heben und Tragen unterschieden wird und der Häufigkeit der Arbeitsvorgänge.

Lebensalter (Jahre)	Zumutbare Last in kg			
	gelegentlich[1]		häufiger[2]	
	Frauen	Männer	Frauen	Männer
15 bis 18	15	35	10	20
19 bis 45	15	55	10	30
älter als 45	15	45	10	25

[1] gelegentlich: höchstens zweimal je Stunde und bis zu vier Schritten
[2] häufiger: mehr als zweimal je Stunde oder Transportwege von mehr als vier Schritten
Blau unterlegt: Werte, die aus ergonomischer Sicht empfohlen werden
Weiß unterlegt: Grenzwerte, die im Normalfall ohne Gesundheitsgefährdungen nicht überschritten werden dürfen

Besonderen Schutz bedürfen Jugendliche. Häufiges Handhaben von Lasten für diese Personengruppe sollte ausgeschlossen werden. Wissenschaftliche Untersuchungen empfehlen folgende Grenzwerte:

Geschlecht	Masse der Last in kg	
	selten	wiederholt
männlich	20	13
weiblich	13	9

Alle genannten Werte beziehen sich jedoch immer auf Hebe- und Tragevorgänge, die in der Körperhaltung richtig unter optimalen Ausführungsbedingungen durchgeführt werden können. Die sind jedoch bei den meisten Arbeitsstätten und -abläufen nicht gegeben. Ungünstige Platzverhältnisse fordern oft falsche Körperhaltungen oder Drehbewegungen, sodass Körperkräfte nicht richtig eingesetzt werden können und – insbesondere in Kombination mit Dreh und Hebebewegungen – Überbeanspruchungen auftreten. Die reine Beurteilung der Lastgewichte, ohne die Beurteilung weiterer Rahmenbedingungen, ist in jedem Fall unzureichend.

4.2 Gewerbeaufsichtsämter und Berufsgenossenschaften

Die staatlichen Arbeitsschutzvorschriften werden ständig fortentwickelt. Die Einhaltung dieser Vorschriften kontrollieren die **Gewerbeaufsichtsämter** bzw. die Ämter für Arbeitsschutz, die übrigens Behörden der Bundesländer sind, da das Grundgesetz vorsieht, dass der auf Bundesgesetzen beruhende Arbeitsschutz nur von den Länderbehörden kontrolliert werden darf.

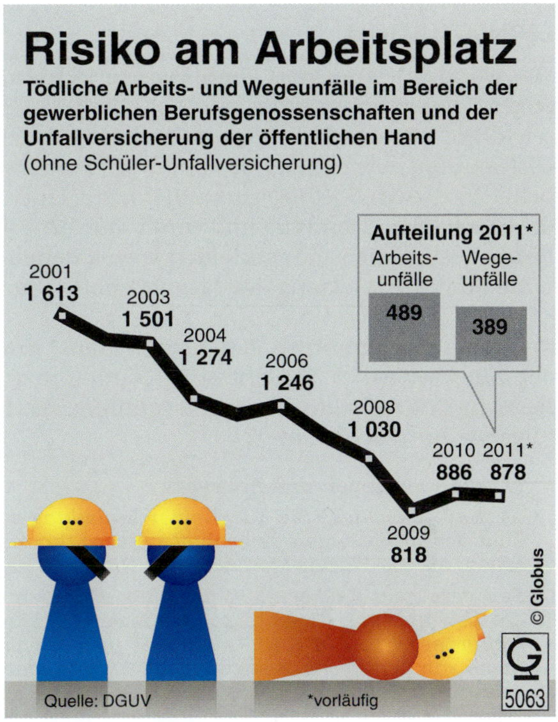

Die **Berufsgenossenschaften** der einzelnen Branchen sind u.a. für die Erarbeitung von Unfallverhütungsvorschriften, die Verwaltung und Trägerschaft der Unfallversicherung sowie für die Überwachung der Unfallverhütungsvorschriften in den Betrieben zuständig.

Im Jahr 2010 ist die Zahl der Arbeitsunfälle gestiegen. Die Deutsche Gesetzliche Unfallversicherung (DGUV) registrierte 954 500 meldepflichtige Unfälle – fast acht Prozent mehr als im Vorjahr. Die Zahl der meldepflichtigen Wegeunfälle stieg sogar um über 25 Prozent auf 224 000. Auch bei den tödlichen Unfällen gab es einen deutlichen Anstieg (siehe Grafik).

ZUSAMMENFASSUNG

Bearbeitungsvorschläge

1. Untersuchen Sie Ihren Arbeitsplatz (Schule, Betrieb) und vergleichen Sie diesen mit dem optimalen Bildschirm-Arbeitsplatz.
2. Überlegen Sie sich Arbeitssituationen, bei denen Sie sich bewegen oder aufstehen müssen.
3. Schildern Sie den Interessenkonflikt der Unternehmen im Bereich des Arbeitsschutzes.

5 Betriebliche Mitbestimmung

LERNSITUATION

Die Worldwide-Transport GmbH ist ein mittelständisches Speditionsunternehmen und enger Kooperationspartner der Wall GmbH – Spedition & Logistik im Distributionsbereich. Die Worldwide-Transport GmbH hat ihren Hauptsitz in Bremen und fünf weitere Distributionszentren über das Bundesgebiet verstreut. Insgesamt arbeiten ca. 100 Mitarbeiter in diesem Speditionsunternehmen. Einer der Gesellschafter, Herr Behrens, leitet die Geschäfte in Hamburg und wird unterstützt von drei leitenden Angestellten. 14 Sachbearbeiter und sieben Auszubildende, von denen zwei unter 18 Jahren sind, sind in erster Linie für die Abwicklung der Tagesgeschäfte verantwortlich.

An einem Freitagmorgen lädt Herr Behrens, ganz im Gegensatz zu seiner Gewohnheit, alle Mitarbeiter der Niederlassung Hamburg zu einem gemütlichen Frühstück ein. Es herrscht eine recht ausgelassene Stimmung, als Herr Behrens die Belegschaft begrüßt und folgende Ansprache hält:

„Liebe Kolleginnen und Kollegen,

es freut mich, dass Sie alle meiner Einladung zu einem netten Beisammensein gefolgt sind. Ich möchte die Gelegenheit nutzen, Ihnen gleich ein paar Veränderungen mitzuteilen, die die Worldwide-Transport GmbH in nächster Zeit zu erwarten hat.

Seit geraumer Zeit erreicht die Auftragslage im Bereich der Seeverkehre nicht mehr die gewünschten Ergebnisse. Mitbewerber können ihren Kunden günstigere Raten weiterberechnen, die wir aufgrund unseres vergleichsweise geringen Auftragsvolumens von den Reedern selbst nicht zugestanden bekommen. Außerdem macht uns die osteuropäische Konkurrenz im Lkw-Verkehr zu schaffen, sodass wir auch in diesem Bereich hart an unserer Gewinnuntergrenze anbieten und uns überlegen müssen, wie wir unsere Kosten verringern können. Aus diesen Gründen hat die Geschäftsleitung einige Umstrukturierungsmaßnahmen beschlossen.

LSL

Die beiden von mir angesprochenen Bereiche werden eingeschränkt. Dafür planen wir, verstärkt in den Bereich der Lagerhaltung von ***Gefahrgütern*** *einzusteigen.*

Insgesamt müssen wir den Personalbestand im Bereich des See- und Lkw-Verkehrs um ca. zehn Prozent reduzieren, dafür werden wir jedoch den Personalbedarf im Bereich der Gefahrgutlagerung um ca. sieben Prozent erhöhen. Die Ausweitung der Gefahrgutlagerung macht es erforderlich, zusätzliche Lagerflächen anzubieten. Wir haben uns entschlossen, selbst eine zusätzliche Lagerfläche von 2 000 Quadratmetern zu schaffen. Angebote sind bereits eingeholt.

Durch die Ausweitung der Gefahrgutlagerung schaffen wir zusätzliche Arbeitsplätze. Dafür soll mindestens ein Büro und möglicherweise ein zweites Büro eingerichtet werden. Die einzige Möglichkeit, dies umzusetzen, ist, den Bereich der Kantine ein Stück weit zu verkleinern, um dort zusätzliche Büros zu schaffen.

Die neue Schwerpunktsetzung unserer Aktivitäten im Bereich der Gefahrgutlagerung macht auch veränderte Arbeitszeiten in diesem Bereich erforderlich. Es ist geplant, diese von 08:00 Uhr auf 06:30 Uhr vorzuverlegen. Dafür haben Sie dann anstatt um 17:00 Uhr um 15:30 Uhr Feierabend. Die Einführung von Schichtarbeit ist ebenso angedacht.

So, jetzt habe ich auch lange genug geredet. Ich freue mich, dass ich mich mit Ihnen diesen gemeinsamen Herausforderungen stellen kann, und wünsche uns allen weiterhin ein nettes Beisammensein. Ach so, ja. Mir fällt noch ein: Bitte seien Sie doch so freundlich, zukünftig das Rauchen in den Büros zu unterlassen. Die Kantine steht dafür natürlich weiterhin während der Pausenzeiten zur Verfügung.

So, dann lassen Sie es sich weiterhin schmecken."

Aufgaben

Eigentlich hat niemand mehr so richtig Hunger. Die Belegschaft ist geradezu entsetzt. Das ist alles einfach so entschieden worden und sie müssen sich jetzt dem fügen? Das Frühstück ist früher beendet als geplant. Stattdessen treffen sich die Mitarbeiter untereinander und planen, ihre Interessen vertreten zu wollen.

1. Erläutern Sie die unterschiedlichen Konsequenzen der von der Geschäftsleitung beschlossenen Maßnahmen, die für die Mitarbeiter entstehen könnten.
2. Die Belegschaft entschließt sich, einen Betriebsrat zu gründen. Prüfen Sie, ob Sie die Voraussetzungen dafür als gegeben erachten.
3. Erläutern Sie mögliche Beteiligungsrechte eines Betriebsrates an den von der Worldwide-Transport beschlossenen Maßnahmen und geben Sie an, welche Regelungen in den unterschiedlichen Fällen gelten sollten, wenn sich Geschäftsführung und Betriebsrat nicht einigen können.

5.1 Interessenvertretung durch den Betriebsrat

Unternehmer sind in ihrer Entscheidungsfreiheit durch Gesetze und Verordnungen in ihrem unternehmerischen Handeln eingeschränkt. So schreibt das Betriebsverfassungsgesetz (BetrVG) die Beteiligung der Mitarbeiter an einer Vielzahl von unternehmerischen Entscheidungen vor. Unterschiedliche Auffassungen von Unternehmensleitung und Belegschaft in Fragen der Lohngestaltung, Arbeitszeiten, Urlaubsplanung oder sozialen Leistungen u. v. a. m. sind natürlich und nicht selten. Einzelne Arbeitnehmer und Arbeitnehmerinnen sind allein nur schwer in der Lage, ihre Interessen durchzusetzen. Daher soll ein von ihnen gewählter Betriebsrat ihre Interessen vertreten. Die Größe eines Betriebsrates ist abhängig von der Mitarbeiterzahl des Betriebes (§ 9 BetrVG).

Das Betriebsverfassungsgesetz (BetrVG) regelt die **Beteiligung der Arbeitnehmer** durch den Betriebsrat in sozialen, personellen und wirtschaftlichen Belangen in unterschiedlichem Ausmaß.

Dabei sind Arbeitgeber und Betriebsrat zur Zusammenarbeit verpflichtet (§ 2 BetrVG), immer mit dem Ziel, im Sinne des Betriebes zu handeln.

Ausgenommen vom Geltungsbereich des Betriebsverfassungsgesetzes sind öffentliche Verwaltungen, für die das Personalvertretungsrecht gilt, und Kleinbetriebe, die weniger als fünf wahlberechtigte Beschäftigte haben.

5.1.1 Gründung eines Betriebsrates

In Betrieben mit mindestens fünf wahlberechtigten Arbeitnehmern, von denen drei wählbar sind, kann laut BetrVG ein Betriebsrat gewählt werden.

- **Wahlberechtigt** sind grundsätzlich alle *Arbeitnehmer,* die am Wahltag das 18. Lebensjahr vollendet haben.
- **Wählbar** (in den Betriebsrat wählen lassen) sind grundsätzlich alle wahlberechtigten *Arbeitnehmer,* die mindestens sechs Monate dem Betrieb angehören.

Zahl der Beschäftigten	Zahl der Betriebsratsmitglieder
5–20	1
21–50	3
51–100	5
101–200	7
201–400	9
401–700	11
701–1 000	13
usw. (vergleiche dazu § 9 BetrVG)	

Die Betriebsratswahlen finden alle vier Jahre zwischen dem 1. März und dem 31. Mai statt.

In diesem Zusammenhang unterscheidet das BetrVG, wer als Arbeitnehmer gilt und wer nicht. Dabei sind leitende Angestellte[1] von den Regelungen des BetrVG ausgenommen. Nach dem BetrVG sind Arbeitnehmer alle Arbeiter, Angestellten und Auszubildenden.

Das heißt gleichzeitig, dass Gesellschafter, Geschäftsführer oder deren Vertreter (z. B. Prokuristen) nicht als Arbeitnehmer gelten ebenso wie Ehegatten, Verwandte oder Verschwägerte ersten Grades, die in häuslicher Gemeinschaft mit dem Arbeitgeber leben (z. B. die Ehefrau des Geschäftsführers oder der Sohn eines Gesellschafters).

5.1.2 Allgemeine Aufgaben des Betriebsrates

Der Betriebsrat hat die Aufgabe, die Beschäftigten in Bereichen wie Einstellungen oder auch Kündigungen, Arbeitszeitfragen, sowie Fort- und Weiterbildungsmöglichkeiten und v. a. m. vor der Willkür des Arbeitgebers zu schützen. Es ist Aufgabe des Betriebsrates, darüber zu wachen, dass Gesetze, Tarifverträge oder entsprechende Betriebsvereinbarungen eingehalten werden.

Betriebsversammlung: Einmal im Vierteljahr hat der Betriebsrat eine Betriebsversammlung einzuberufen und der Belegschaft einen Bericht über seine Tätigkeiten abzugeben. Der Arbeitgeber muss zu den Versammlungen eingeladen werden.

5.1.3 Die Rechte des Betriebsrates

Eine Reihe von verabschiedeten Novellierungen des Betriebsverfassungsgesetzes beinhalteten u. a. eine Vergrößerung der Betriebsratsgremien und die Freistellung einer größeren Anzahl von Betriebsratsmitgliedern von ihrer üblichen Arbeit für die Betriebsratstätigkeit. Unter anderem wurde das Mitspracherecht der Betriebsräte beim betrieblichen Umweltschutz, bei Maßnahmen gegen Ausländerhass und bei der Qualifizierung der Beschäftigten erweitert. Allerdings wurden die Beteiligungsrechte an unternehmerischen Entscheidungen kaum ausgeweitet.

Um dem Betriebsrat die Erfüllung seiner Aufgaben zu ermöglichen, steht ihm ein Instrumentarium an Rechten zu. Diese Rechte sind vielfältig und können in unterschiedlichem Ausmaß wahrgenommen werden. Grundlegend gibt es Mitbestimmungsrechte und, in

[1] Leitende Angestellte erkennt man in der Regel daran, dass sie Einstellungen oder Entlassungen vornehmen dürfen, denen eine Generalvollmacht oder Prokura verliehen wurde und dass sie Entscheidungen im Wesentlichen frei von Weisungen treffen oder ein Gehalt erhalten, das üblicherweise leitenden Angestellten im Betrieb gezahlt wird (vgl. § 5 BetrVG).

einem abgeschwächten Ausmaß, Mitwirkungsrechte des Betriebsrates, die sich u.a. danach richten, ob in sozialen, personellen oder wirtschaftlichen Angelegenheiten Entscheidungen zu treffen sind.

Erzwingbare Mitbestimmung (Der Betriebsrat bestimmt mit)

Die stärkste Form der Beteiligung des Betriebsrates an Arbeitgeberentscheidungen ist das **erzwingbare Mitbestimmungsrecht** des Betriebsrates. Das heißt, ohne die Mitbestimmung des Betriebsrates kann der Arbeitgeber keine Entscheidung herbeiführen. Außerdem steht dem Betriebsrat das Recht zu, die Einführung von bestimmten Regelungen zu verlangen. Der Betriebsrat übt damit ein Initiativrecht aus. Arbeitgeber und Betriebsrat sind gleichberechtigt. Sie können Entscheidungen nur gemeinsam treffen. Das Recht der erzwingbaren Mitbestimmung steht dem Betriebsrat vor allem in **sozialen Angelegenheiten** (§ 87 BetrVG) zu. Das können u.a. sein:

- **Regelungen über das Verhalten der Arbeitnehmer** im Betrieb, i.d.R. festgelegt in einer Betriebsordnung. Das kann beispielsweise allgemeines Rauchverbot in den Betriebsräumen sein.
- **Beginn und Ende der täglichen Arbeitszeit** inkl. Pausen sowie die Verteilung der Arbeitszeit auf einzelne Wochentage. Dazu gehört beispielsweise die Einführung von Arbeitszeitmodellen, wie Gleitzeitarbeitszeit und die Festlegung von Kernarbeitszeiten oder auch die Einführung von Samstagsarbeit.
- **Vorübergehende Verkürzung oder Verlängerung der betriebsüblichen Arbeitszeit.** So könnte die vorübergehende Verlängerung der Arbeitszeit wegen des Auftragsschubs in der Vorweihnachtszeit erforderlich sein. Ebenso kann eine Verkürzung der Arbeitszeit die Folge von Kurzarbeit eines Großkunden, für den sämtliche Logistikdienstleistungen übernommen wurden, sein.
- **Aufstellung allgemeiner Urlaubsgrundsätze** und des Urlaubsplans sowie die Festlegung der zeitlichen Lage des Urlaubs für einzelne Arbeitnehmer. So ist z.B. bei der Urlaubsplanung zu berücksichtigen, dass nicht nur ein Auszubildender seinen Urlaub in den Ferien nehmen sollte, sondern auch einem Vater mit schulpflichtigen Kindern eine Familienreise in den Ferien ermöglicht werden sollte.
- **Einführung und Anwendung von technischen Einrichtungen**, die dazu bestimmt sind, das Verhalten oder die Leistung der Arbeitnehmer zu überwachen. Das könnten in einem Produktionsbetrieb beispielsweise die Erfassung einer bestimmten Stückzahl von Gütern sein, die der Arbeiter X fertigt, aber auch die Videoüberwachung von Lagerarbeiten in einer Spedition, um deren Arbeitspensum zu erfassen oder Diebstählen nachzugehen.
- **Regelungen zur Verhütung von Arbeitsunfällen** oder der Gesundheitsschutz im Rahmen von gesetzlichen Vorschriften. Das umfasst beispielsweise das Tragen von erforderlicher Schutzkleidung im gewerblichen Bereich, ebenso wie die Gestaltung von Arbeitsplätzen nach arbeitsmedizinischen Erkenntnissen und Vorschriften (vgl. Kap. 1.4).
- **Form, Ausgestaltung und Verwaltung von Sozialeinrichtungen.** Das kann beispielsweise die Einrichtung von Aufenthaltsräumen oder einer Betriebskantine sein. Dazu gehört auch die Festlegung des Essensangebotes (vgl. weitere Punkte zu sozialen Angelegenheiten, § 87 BetrVG).

In **personellen Angelegenheiten** hat der Betriebsrat dann das Recht der erzwingbaren Mitbestimmung, wenn es um

- **Personalfragebögen** (z.B. Festlegung der Fragestellung) oder Beurteilungsgrundsätze (nach welchen Kriterien sollen die Mitarbeiter beurteilt werden, d.h., welche Persönlichkeitsmerkmale oder Kriterien zur Arbeitsweise sollen für eine Beurteilung herangezogen werden) geht (§ 94 BetrVG).

- die Festlegung von **Auswahlrichtlinien** geht (§ 95 BetrVG). Ein Betrieb legt Richtlinien bzw. Kriterien fest, nach denen Mitarbeiter eingestellt, versetzt, in eine andere Gehaltsklasse umgruppiert oder gekündigt werden sollen bzw. können. Diese Festlegung bedarf der unbedingten Zustimmung des Betriebsrates.

MERKE
Können sich Betriebsrat und Unternehmensleitung in Angelegenheiten, die der erzwingbaren Mitbestimmung des Betriebsrates unterliegen, nicht einigen, hat die Maßnahme zu unterbleiben oder der Betriebsrat oder der Arbeitgeber ruft die Einigungsstelle an, deren Spruch die Einigung ersetzt.

Einigungsstelle

Die Einigungsstelle wird immer bei Bedarf von Arbeitgeber und Betriebsrat gebildet oder beide vereinbaren die Bildung einer ständigen Einigungsstelle.

Die Einigungsstelle setzt sich aus der gleichen Anzahl von Beisitzern, die paritätisch vom Betriebsrat und vom Arbeitgeber bestellt werden, und einem unparteiischen Vorsitzenden, auf dessen Person sich beide einigen, zusammen (vgl. § 76 BetrVG). Das Honorar des unparteiischen Vorsitzenden wird vom Arbeitgeber bezahlt.

5.1.4 Mitbestimmung des Betriebsrates (Der Betriebsrat muss zustimmen)

Neben der erzwingbaren Mitbestimmung hat der Betriebsrat auch eingeschränkte Mitbestimmungsrechte.

Bei dieser Form der Mitbestimmung darf der Arbeitgeber eine Maßnahme nur mit Einverständnis des Betriebsrates durchführen (Zustimmungsverweigerungsrecht). Der Betriebsrat hat hier allerdings kein Recht zur Durchsetzung eines Alternativvorschlages. Der Betriebsrat kann versuchen, den Arbeitgeber zu überzeugen, er kann ihn aber nicht „zwingen". Die Entscheidungsfreiheit des Arbeitgebers bleibt weitgehend erhalten, wenn keine Formfehler oder andere Fehler begangen werden.

Dieses Mitbestimmungsrecht des Betriebsrates findet vor allem bei **personellen Angelegenheiten Anwendung:**

- **Einstellung, Eingruppierung, Umgruppierung, Versetzung:**
  In Betrieben mit mehr als 20 wahlberechtigten Mitarbeitern hat der Arbeitgeber den Betriebsrat vor jeder Einstellung, Eingruppierung, Umgruppierung und Versetzung eines Beschäftigten zu unterrichten und dessen Zustimmung einzuholen (§ 99 BetrVG).

  Nach dem BetrVG kann der Betriebsrat seine Zustimmung verweigern, wenn der Arbeitgeber dabei gegen Gesetze, Verordnungen oder sonstige Vereinbarungen sowie gegen festgelegte Auswahlrichtlinien (s. o.) verstößt, wenn begründete Besorgnis besteht, dass beschäftigte Arbeitnehmer gekündigt werden oder sonstige Nachteile dadurch erleiden oder eine mögliche Ausschreibung der Stelle unterblieben ist.

  Verweigert der Betriebsrat seine Zustimmung, so hat er dies dem Arbeitgeber innerhalb einer Woche schriftlich mitzuteilen, sonst gilt das Verhalten des Betriebsrates als Zustimmung.

Der *Arbeitgeber* kann bei einer Verweigerung das Arbeitsgericht anrufen, um eine Zustimmung des Betriebsrates zu ersetzen.

- **Kündigung:** Der Arbeitgeber hat den Betriebsrat über jede Kündigung und deren Gründe zu informieren, ansonsten ist eine Kündigung unwirksam.
  Hat der Betriebsrat Bedenken, so muss er den Arbeitgeber innerhalb einer Woche schriftlich darüber informieren, sonst ist das Verhalten des Betriebsrates als Zustimmung anzusehen.

  Das BetrVG gibt unterschiedliche Gründe an, aus denen ein Betriebsrat einer Kündigung widersprechen kann.[1]
  - Bei der Auswahl der zu kündigenden Arbeitnehmer wurden soziale Gesichtspunkte nicht berücksichtigt (vgl. Kap. 12),
  - der zu kündigende Arbeitnehmer kann an einem anderen Arbeitsplatz im Betrieb weiterbeschäftigt werden,
  - eine Weiterbeschäftigung des Arbeitnehmers ist nach Umschulungs- oder Fortbildungsmaßnahmen möglich,
  - eine Weiterbeschäftigung des Arbeitnehmers ist unter geänderten Vertragsbedingungen möglich,
  - bei der Kündigung wurde gegen vereinbarte Auswahlrichtlinien (vgl. § 95 BetrVG) bei Kündigungen verstoßen (vgl. § 102 BetrVG).

Kündigt der Arbeitgeber, obwohl der Betriebsrat einer Kündigung frist- und ordnungsgemäß widersprochen hat, muss dem Arbeitnehmer die Stellungnahme des Betriebsrates zugeleitet werden.

Grundsätzlich kann der *Arbeitnehmer* dann das Arbeitsgericht anrufen, um zu erreichen, dass das Arbeitsverhältnis durch die Kündigung nicht aufgehoben wird.

5.1.5 Mitwirkung des Betriebsrates (Der Betriebsrat wird informiert und berät)

Das Mitwirkungsrecht ist das abgeschwächteste Beteiligungsrecht des Betriebsrates an Entscheidungen des Arbeitgebers. Der Arbeitgeber setzt den Betriebsrat über eine Entscheidung in Kenntnis und hat damit seine Pflicht erfüllt oder der Betriebsrat wird informiert und kann den Arbeitgeber beraten (Informations- und Beratungsrecht). Inwieweit der Arbeitgeber allerdings aus dieser Beratung Konsequenzen zieht, ist allein ihm überlassen. Die Entscheidung trifft der Arbeitgeber alleine.

Das Recht der Mitwirkung steht dem Betriebsrat in erster Linie bei **wirtschaftlichen Angelegenheiten**, wie Betriebsänderungen, Arbeitsplatzgestaltung, oder in **personellen Angelegenheiten** wie bei der Personalplanung zu.

- **Betriebsänderungen:** Der Betriebsrat muss informiert werden und kann beraten, wenn in Betrieben mit mehr als 20 wahlberechtigten Arbeitnehmern Betriebsänderungen anstehen, die für die Belegschaft erhebliche Nachteile bringen können. Betriebsänderungen sind:
  - die Einschränkung des Betriebes bzw. wesentlicher Betriebsteile. So plant beispielsweise eine Spedition Niederlassungen aufzugeben oder entschließt sich, sämtliche Lagergeschäfte aus ihrem Leistungskatalog zu streichen,

---

[1] *An dieser Stelle wird auf die ordentliche Kündigung Bezug genommen. Für eine außerordentliche Kündigung gilt eine Widerspruchsfrist von drei Tagen.*

- die Verlegung des ganzen Betriebes bzw. von wesentlichen Betriebsteilen. Zum Beispiel beabsichtigt eine Spedition, ihren Sitz von Deutschland in die Niederlande zu verlegen oder die Zentrale in Hamburg aufzugeben und nach Bremen zu verlegen,
- ein Zusammenschluss mit anderen Betrieben. Zum Beispiel will ein Großkonzern seine Logistiksparte erweitern und übernimmt ein mittelständisches Speditionsunternehmen,
- grundlegende Änderung der Betriebsorganisation, des Betriebszwecks oder der Betriebsanlagen (...) oder die
- Einführung grundlegend neuer Arbeitsmethoden und Fertigungsverfahren (...) (§ 111 BetrVG).

- **Gestaltung von Arbeitsplatz, Arbeitsablauf, Arbeitsumgebung:** Plant der Arbeitgeber Neu-, Um- oder Erweiterungsbauten (wie den Bau einer zusätzlichen Lagerhalle), ist der Betriebsrat darüber zu unterrichten. Das gilt ebenso für die Planung technischer Anlagen, Arbeitsverfahren, der Arbeitsabläufe oder der Arbeitsplätze. Dabei ist mit dem Betriebsrat zu beraten, inwieweit Auswirkungen für die Arbeitnehmer dadurch entstehen könnten, und diese sind bei der Planung zu berücksichtigen (§ 90 BetrVG).
- **Personalplanung:** Der Arbeitgeber hat den Betriebsrat über den gegenwärtigen und zukünftigen Personalbedarf (z. B. Planung von Ausbildungsplätzen, Neubesetzung von Stellen ausscheidender Mitarbeiter oder Stellenneuschaffung bzw. Stellenabbau), über die sich daraus ergebenden Konsequenzen sowie über Maßnahmen der Berufsbildung (z. B. betriebsinterner Unterricht für die Auszubildenden zur Theorieergänzung der praktischen Arbeit) rechtzeitig zu unterrichten und hat mit ihm über Art, Umfang und die Vermeidung von Härten zu beraten.

Wirtschaftsausschuss

Nach § 106 des BetrVG muss in allen Unternehmen mit mehr als einhundert beschäftigten Arbeitnehmern ein Wirtschaftsausschuss gebildet werden. Der Wirtschaftsausschuss hat die Aufgabe, wirtschaftliche Angelegenheiten mit dem Unternehmer zu beraten und den Betriebsrat zu unterrichten. Als wirtschaftliche Angelegenheiten gelten z. B. die wirtschaftliche und finanzielle Lage des Unternehmens, Aspekte des betrieblichen Umweltschutzes oder die Änderung der Betriebsorganisation oder des Betriebszwecks.

Der Unternehmer hat den Wirtschaftsausschuss rechtzeitig und umfassend über diese Angelegenheiten zu informieren.

Sozialplan bei Betriebsänderungen

Mit Maßnahmen der Betriebsänderungen sind i. d. R. eine Reihe von Nachteilen für die Arbeitnehmer verbunden. Werden der Betrieb oder einzelne Bereiche des Betriebes verlegt, können damit entweder Entlassungen verbunden sein oder Mitarbeiter müssen mit dem Betrieb umziehen oder erheblich längere Arbeitswege in Kauf nehmen.

Unternehmensfusionen bringen i. d. R. Entlassungen mit sich, da Teile von neu hinzugewonnenen Unternehmensbereichen übernommen werden oder zentralisiert werden. Auch neue Arbeits- und Fertigungsmethoden dienen häufig der Rationalisierung, da technisch neue Verfahren aus betriebswirtschaftlicher Sicht effizienter arbeiten können. Viele Arbeitnehmer verlieren ihren Arbeitsplatz und weniger Arbeitnehmer müssen zusätzliche und neue Aufgaben übernehmen. Diese erfordern nicht nur andere, sondern häufig auch erweiterte Qualifikationen. So sind beispielsweise Hochregallager in Speditionen technisch so ausgereift, dass keine Lagerarbeiter mehr erforderlich sind oder diese in erster Linie überwachende Tätigkeiten übernehmen, die ein hohes technisches Know-how erfordern.

Daher können Betriebsrat und Arbeitgeber zum Ausgleich oder zur Milderung wirtschaftlicher Nachteile der Arbeitnehmer einen **Sozialplan** beschließen. Das heißt, Arbeitgeber und Betriebsrat vereinbaren schriftlich in einem Vertrag, wie wirtschaftliche Nachteile für die Arbeitnehmer gemildert bzw. ausgeglichen werden können (§ 112 BetrVG).

Inhalte eines Sozialplans können z. B. sein:
- Einstellungssperren,
- Kündigungsverbote,
- Lohnfortzahlungen bei Umschulungen,
- Lohnausgleich, wenn Arbeitnehmer an einen anderen Arbeitsplatz versetzt werden, der möglicherweise niedriger dotiert ist,
- Ersatz von Umzugs- oder Fahrtkosten,
- Sicherung von betrieblichen Rentenansprüchen über die gesetzlichen Bestimmungen hinaus,
- Zahlungen noch ausstehender Gratifikationen,
- Abfindungen u. v. m.

Kommt eine Einigung über einen Sozialplan nicht zustande, können entweder der Unternehmer oder der Betriebsrat den Präsidenten der Arbeitsagentur um eine Vermittlung bitten. Entscheiden sie sich dagegen oder der Vermittlungsversuch ist erfolglos, so kann Unternehmer oder Betriebsrat die Einigungsstelle hinzuziehen (der Präsident der Arbeitsagentur kann gebeten werden, an der Verhandlung teilzunehmen). Beide Seiten haben nun Vorschläge zu machen, wie die Meinungsverschiedenheiten beigelegt werden könnten. Kommt eine Einigung zustande, so ist diese wiederum schriftlich festzulegen und von den Konfliktparteien und dem Vorsitzenden zu unterschreiben. Kommt wiederum keine Einigung zustande, entscheidet die Einigungsstelle über die Aufstellung eines Sozialplans.

Die Einigungsstelle hat dabei zu berücksichtigen:
- dass beim Ausgleich bzw. der Milderung wirtschaftlicher Nachteile wie Einkommensverlusten, Umzugskosten, Fahrtkosten, den Gegebenheiten des Einzelfalls Rechnung getragen wird,
- dass die Aussichten der betroffenen Arbeitnehmer auf dem Arbeitsmarkt berücksichtigt werden, d. h., Arbeitnehmer, die im selben Betrieb oder einem anderen Betrieb des Unternehmens unter zumutbaren Bedingungen weiter beschäftigt werden können, sollen von Leistungen ausgeschlossen werden. Dass die Weiterbeschäftigung an einem anderen Ort stattfindet, heißt nicht, dass sie nicht zuzumuten ist,
- dass bei den in einem Sozialplan vereinbarten Leistungen darauf geachtet wird, dass der Fortbestand eines Unternehmens nicht gefährdet wird.

5.2 Interessenvertretung durch die Jugend- und Auszubildendenvertretung (JAV)

Jugendliche und Auszubildende befinden sich in einer besonderen Situation. Sie haben es i. d. R. besonders schwer, sich gegen Ungerechtigkeiten oder Benachteiligungen zur Wehr zu setzen. Daher wird ihnen durch das Betriebsverfassungsgesetz eine eigene Interessenvertretung eingeräumt.

Gründung einer JAV

In Betrieben mit mindestens fünf Arbeitnehmern, die das 18. Lebensjahr noch nicht vollendet haben oder Auszubildende sind, die das 25. Lebensjahr noch nicht vollendet haben, kann von diesen Arbeitnehmern eine **Jugend- und Auszubildendenvertretung (JAV)** gewählt werden. In die JAV können sich alle Arbeitnehmer wählen lassen, die das 25. Lebensjahr noch nicht vollendet haben. Mitglieder des Betriebsrates gehören nicht dazu.

Die Wahlen finden alle zwei Jahre in der Zeit vom 1. Oktober bis zum 30. November statt.

Allgemeine Aufgaben der JAV

Die JAV als Interessenvertretung der Jugendlichen und Auszubildenden hat deren besondere Belange beim Betriebsrat zu vertreten (§ 70 BetrVG), der diese wiederum gegenüber dem Arbeitgeber vorbringen kann. Es können unterschiedliche Anliegen sein, die Jugendliche oder Auszubildende an ihre JAV richten. Sei es, dass Ausbildungspläne unzureichend erstellt werden, dass eine Ausbildung in bestimmten Abteilungen nicht gewährleistet werden kann, weil keine Ansprechpartner vorhanden sind oder es zu Konflikten zwischen Mitarbeitern und Auszubildenden kommt, dass besondere Urlaubsregelungen getroffen werden sollen, dass Betriebsaufenthalte im Anschluss an die Berufsschule auf ihre Sinnhaftigkeit überprüft werden sollen, dass Einstellungen, Übernahmen in Anstellungsverhältnis oder Versetzungen bewirkt werden sollen, dass Personenvorschläge zu Ausbildern oder Ausbildungsbeauftragten besprochen werden oder dass die Gestaltung von Arbeits- und Ausbildungsplätzen verändert werden sollen. All dies könnten Themen sein, mit denen sich eine JAV zu befassen hat.

Rechte der JAV

- **Teilnahme an Besprechungen von Betriebsrat und Arbeitgeber:** Die JAV wendet sich mit ihren Anliegen an den Betriebsrat. Das BetrVG schreibt keine direkte Verbindung zwischen JAV und Arbeitgeber vor. Allerdings hat der Betriebsrat die JAV bei Besprechungen mit dem Arbeitgeber hinzuzuziehen, wenn Angelegenheiten besprochen werden, die diese betreffen.
- **Teilnahme an Betriebsratssitzungen:** Die JAV kann zu allen Betriebsratssitzungen einen Vertreter entsenden. Werden Angelegenheiten besprochen, die besonders Jugendliche und Auszubildende betreffen, ist die gesamte JAV zur Teilnahme berechtigt und hat bei sie betreffenden Betriebsratsbeschlüssen ein Stimmrecht (§ 67 BetrVG Abs. 2).

  Der Betriebsrat wiederum soll bei Angelegenheiten, die im besonderen Jugendliche und Auszubildende betreffen, diese Fälle der JAV zur Beratung zuleiten (vgl. § 67 BetrVG Abs. 3).
- **Aussetzung von Beschlüssen des Betriebsrates:** Ist die Mehrheit der JAV der Meinung, dass ein Betriebsratsbeschluss im Gegensatz zu ihren Interessen steht, so kann dieser Beschluss für eine Woche ausgesetzt werden, damit in dieser Zeit eine Verständigung erreicht werden kann (§ 66 BetrVG).
- **Sprechstunden:** In Betrieben mit mehr als 50 wahlberechtigten Jugendlichen und Auszubildenden kann die JAV eine Sprechstunde während der Arbeitszeit einrichten, an der ein Betriebsratsmitglied beratend teilnehmen kann (vgl. § 69 BetrVG).

ZUSAMMENFASSUNG

Mitbestimmung im Betrieb

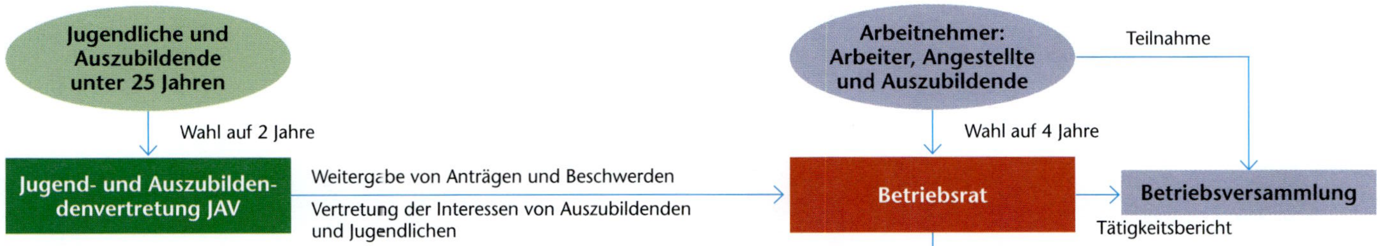

Rechte:
- Teilnahme an Besprechungen des Betriebsrates,
- Stimmrecht, wenn es um eigene Angelegenheiten geht.
- Sprechstunden in Betrieben mit mehr als 50 wahlberechtigten Jugendlichen und Auszubildenden
- Aussetzung von Betriebsratsbeschlüssen bei Interessensgegensätzen

Beteiligungsrechte des Betriebsrates an Entscheidungen des Arbeitgebers

Der Betriebsrat bestimmt mit	Der Betriebsrat muss zustimmen	Der Betriebsrat wird informiert und berät
Soziale Angelegenheiten: ▪ z. B. Arbeitszeiten, Urlaub oder Sozialeinrichtungen **Personelle Angelegenheiten:** ▪ Personalfragebögen ▪ Konfliktfall: Einigungsstelle	**Personelle Angelegenheiten:** ▪ Einstellungen, Ein- oder Umgruppierungen, Versetzungen ▪ Konfliktfall: **Arbeitgeber** ruft das Arbeitsgericht an. ▪ Kündigungen ▪ Konfliktfall: **Arbeitnehmer** ruft das Arbeitsgericht an.	**Wirtschaftliche Angelegenheiten,** z. B. ▪ Betriebsänderungen ▪ Gestaltung von Arbeitsplatz, Arbeitsablauf, Arbeitsumgebung **Personelle Angelegenheiten:** ▪ Personalplanung ▪ Konfliktfall: Arbeitgeber entscheidet allein.

Möglicher Verhandlungsablauf für einen Sozialplan

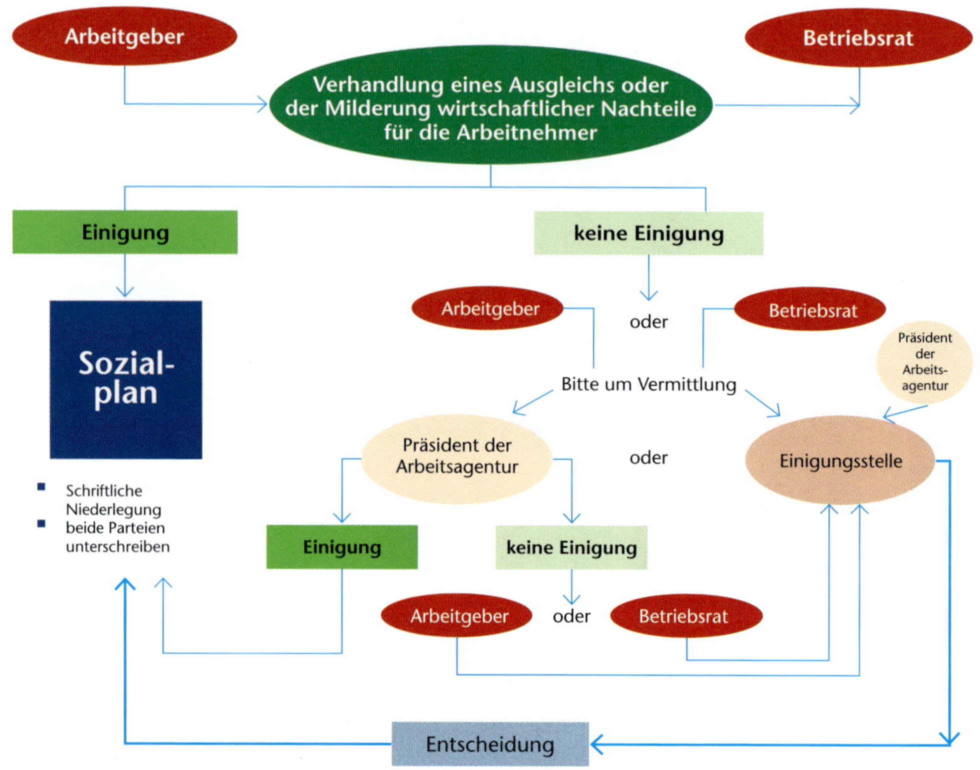

Bearbeitungsvorschläge

Die wirtschaftliche Situation der Worldwide-Transport GmbH hat sich weiter verschärft. Gerüchte über eine mögliche Schließung sind im Gange und die Belegschaft ist beunruhigt. Der inzwischen gegründete Betriebsrat der Worldwide-Transport GmbH hat alle Mitarbeiter zu einer Betriebsversammlung zusammengerufen. Er hat auch mehrere Arbeitgebervertreter eingeladen und von dem Gesellschafter, Herrn Behrens, eine Stellungnahme zu den kursierenden Gerüchten erbeten. Herr Behrens hält folgende Rede:

> *„Liebe Mitarbeiterinnen und Mitarbeiter,*
>
> *vor gut einem Jahr stand ich auch vor Ihnen und habe Ihnen sowohl Rationalisierungs- als auch Umstrukturierungsmaßnahmen begründet, die aufgrund der wirtschaftlichen Situation erforderlich waren. In diesem Jahr sieht es nicht rosiger aus. Das Gegenteil ist der Fall. Die neue Sparte der speziellen Gefahrgutlagerung in unserem Leistungsangebot läuft gut an und ist dabei, sich zu etablieren. Für die übrigen Unternehmensbereiche sieht es allerdings ungünstig aus. Wie Sie alle wissen, ist einer unserer größten Kunden von einem Schweizer Großkonzern aufgekauft worden, der darauf bestand, mit seinem bisherigen Logistikdienstleister, der Maha-Logistik AG, weiterhin zusammenzuarbeiten. Doch die Worldwide-Transport GmbH ist nicht untätig geblieben, sondern hat gehandelt. Die Niederlassungen in Bremen, Hamburg und Hannover werden zusammengelegt.*
>
> *Ich kann Ihnen daher die erfreuliche Mitteilung machen, dass wir demnächst unsere geschäftlichen Aktivitäten nach Bremen verlegen werden. Sie werden in*

modernsten, hellen Büros arbeiten können, die mit modernster Kommunikationstechnologie ausgestattet sind, abgesehen von einer hervorragenden Kantine und Sportanlagen.

Die Zusammenlegung unserer Niederlassungen und die Modernisierung des Gesamtbetriebes haben zur Folge, dass wir den Konkurrenzkampf bestehen können. Leider – und das muss ich hier sagen – lassen sich personelle Veränderungen nicht vermeiden. Nähere Informationen erhält der Betriebsrat, wenn die personellen Einzelmaßnahmen entschieden sind.

Ich danke Ihnen für Ihre Aufmerksamkeit und hoffe, dass wir weiterhin vertrauensvoll zusammenarbeiten."

Es herrscht allgemeine Aufregung. Am nächsten Tag sitzt der Betriebsrat zusammen und überlegt, was zu tun ist. Ihm liegt die folgende Mitteilung der Geschäftsleitung vor:

An den Betriebsrat

Bezüglich der bereits angekündigten Veränderungen, anlässlich unserer Mitteilung auf der Betriebsversammlung, gebe ich Ihnen heute Folgendes zur Kenntnis:

Von den vorhandenen 27 Arbeitsplätzen in Hamburg kann die Niederlassung Bremen 18 übernehmen.
Die Arbeitsplätze in der Verwaltung, zurzeit vier, fallen weg, da die anfallenden Tätigkeiten in der Niederlassung Bremen übernommen werden können. Der Bereich Gefahrgutlagerung wird in Hamburg von der Wall GmbH – Spedition & Logistik übernommen, die aufgrund eigener Umstrukturierungsmaßnahmen max. einen im kaufmännischen Bereich und zwei Mitarbeiter des gewerblichen Bereiches übernehmen kann. Die übrigen Arbeitsplätze müssen wegfallen.

Mit freundlichen Grüßen

Behrens

1. Erörtern Sie das Vorgehen des Herrn Behrens.
2. Beschreiben Sie, welche Konsequenzen sich für die Belegschaft der Worldwide-Transport GmbH ergeben können.
3. Schlagen Sie Maßnahmen vor, die es den Mitarbeitern erleichtern könnten, die Konsequenzen zu tragen.
4. Das BetrVG sieht für solche Maßnahmen einen Sozialplan vor. Beschreiben Sie das Zustandekommen eines Sozialplanes und schlagen Sie Inhalte vor, die vereinbart werden sollten.

Lernfeld 2
Im Speditionsbetrieb mitarbeiten

1 Betriebliche Hierarchie

LSL

LERNSITUATION

Die neuen Auszubildenden Otis Mohrwege, gemäß Ausbildungsplan in der **Seehafenimportabteilung**, und Kim Vollmer, **Luftfrachtexportabteilung**, besprechen mit Kathrin Hockner aus der JAV ihren Ausbildungsplan. Ihnen ist deutlich, wie der Verlauf der Ausbildung erfolgen wird. Otis und Kim wird daraus aber nicht klar, welcher Vorgesetzte welchen Angestellten Weisungen geben darf. Aus der Praxis wissen sie, dass sowohl Herr Permuth als auch Herr Moosgrund Hauptabteilungsleiter sind. Herr Permuth kann den Abteilungsleitern Frau Windig und Herrn Brüsse Anweisungen geben. Herr Wolke und Herr Pflug hingegen müssen den Anweisungen nicht nachkommen. Herr Brüsse wiederum kann den Sachbearbeitern Herrn Möller, nicht aber Herrn Hinrichs Weisungen erteilen.
Daraufhin zeichnet Kathrin Hockner ein Schaubild, aus dem die Befehlskette und die verschiedenen Ebenen innerhalb der Unternehmung anhand der Verbindungen durch Linien deutlich werden:

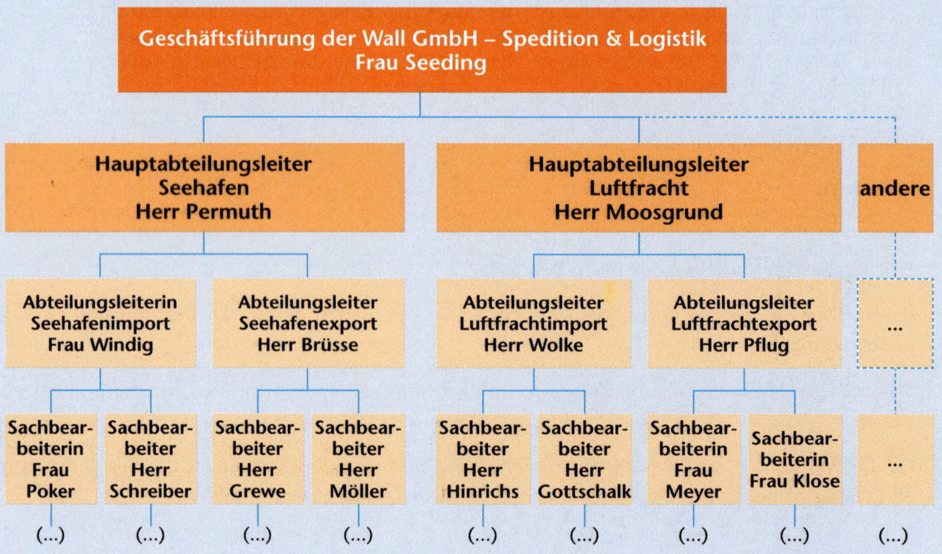

LSL

Aufgaben

1. Der Informationsfluss, die Anordnungs- bzw. Weisungsbefugnis zwischen den Beteiligten bei der Wall GmbH – Spedition & Logistik ist durch Linien gekennzeichnet. Erläutern Sie Kim Vollmer und Otis Mohrwege,
   a) in welche Richtung Informationen und Weisungen laufen und
   b) welche Personen/Funktionen welchen Beteiligten Informationen und Weisungen geben.

2. Überprüfen Sie, um welche Art von betrieblicher Hierarchie es sich bei der Wall GmbH – Spedition & Logistik handelt.

Die Gesamtaufgaben einer Unternehmung sind vielfältig und komplex. Daher werden sie in unterschiedliche Aufgabenbereiche unterteilt, deren Zusammenhang in der Darstellung der betrieblichen Hierarchie in einem Organigramm ablesbar ist. Hierin werden die organisatorischen Einheiten einschließlich deren Aufgabengebiete als **Stellen** bezeichnet. Die **betriebliche Hierarchie** beschreibt den Aufbau des Unternehmens und die Zuständigkeit der Stellen innerhalb eines Unternehmens. Der Rang eines Mitarbeiters in der betrieblichen Hierarchie richtet sich nach seiner Anordnungs- und Entscheidungsbefugnis. Zwischen den Stellen werden Informationen und Anordnungen über den **Instanzenweg** (von oben nach unten) erteilt. Der **Dienstweg** beschreibt in umgekehrter Richtung (von unten nach oben) den Erhalt von Informationen und Weisungen. Als Extremformen der betrieblichen Organisation werden das Einlinien- und das Mehrliniensystem unterschieden. In der Praxis sind Mischformen üblich.

1.1 Einliniensystem (Liniensystem)

Sämtliche **Stellen** eines Unternehmens sind in einem einheitlichen **Befehlsweg** eingegliedert. Informationen und Anordnungen verlaufen nach einer vorgeschriebenen Reihenfolge von oben nach unten über die vorgegebenen **Instanzen** (= Stellen). Die Mitarbeiter haben lediglich den in der Befehlskette geplanten Vorgesetzten und können nur, von unten nach oben über den **Dienstweg**, mit diesem kommunizieren. Der Vorgesetzte hat innerhalb seines Zuständigkeitsbereiches Anordnungsbefugnis und trägt nur für seine Mitarbeiter Verantwortung. Diese straffe und autoritäre Organisation hat zur Folge, dass alle Stellen gleichen Ranges völlig unabhängig voneinander sind.

Die **Vorteile des Einliniensystems** liegen
- in dem einfachen und übersichtlichen organisatorischen Aufbau, der klaren Regelung der Entscheidungs- und Anordnungszuständigkeiten und
- der sich daraus ergebenden eindeutig gegeneinander abgegrenzten Zuständigkeiten.
- Eine Stelle ist durch die jeweils übergeordnete Stelle/Instanz leicht kontrollierbar.

1.2 Mehrliniensystem

Die Einlinigkeit und damit der schwerfällige Instanzenweg sowie die Einheitlichkeit der Auftragserteilung sind beim Mehrliniensystem abgeschafft. Der Befehlsweg der Anordnungen und die Informationsbeschaffung richten sich nach der Art der Aufgaben. Der Mitarbeiter kann sie von unterschiedlichen übergeordneten Stellen erhalten. Die Vorgesetzten können nach ihren jeweiligen Aufgabengebieten bzw. Aufgabenschwerpunkten verschiedenen Mitarbeitern Anordnungen erteilen.

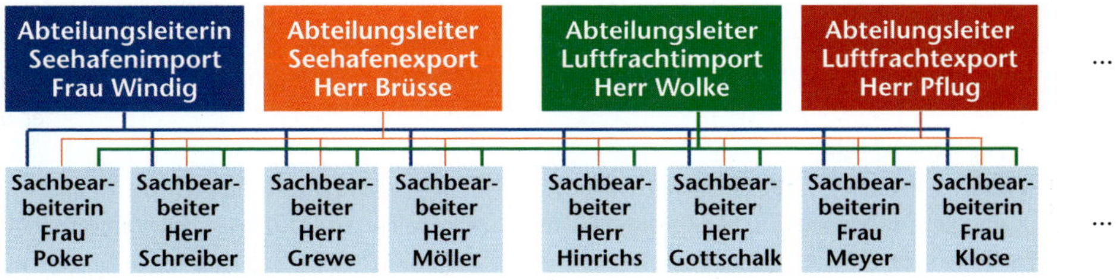

Daraus folgt, dass eine engere Zusammenarbeit in Form von Informationsaustausch bzw. Absprachen zwischen den Stellen auf einer Ebene (hier die Abteilungsleiter) notwendig wird. So könnte Frau Windig, Abteilungsleiterin der Seehafenimportabteilung, Frau Poker mit der eigentlichen Importabwicklung, und Herr Pflug als Abteilungsleiter der Luftfrachtexportabteilung Frau Meyer mit der Exportbearbeitung beauftragen. Zusätzlich könnten beide die Sachbearbeiter, Herrn Grewe und Herrn Möller, sowie die Mitarbeiter aus den anderen Abteilungen mit der Ausführung ihrer auftragsbezogenen Arbeiten mit absoluter Priorität beauftragen. Da ein Mitarbeiter keine zwei unterschiedlichen Aufträge, mit gleicher Priorität, gleichzeitig abwickeln kann und die Mitarbeiter nicht selbst entscheiden dürfen, welchen Auftrag sie vorrangig bearbeiten sollen, wirkt dies insgesamt leistungshemmend. Ohne vorherige Absprachen ergeben sich somit zwangsläufig zwischen den Abteilungsleitern Kompetenz- bzw. Zuständigkeitsschwierigkeiten.

Die **Vorteile des Mehrliniensystems** liegen darin, dass

- die Fähigkeiten und Neigungen der Mitarbeiter, insbesondere der Vorgesetzten, genutzt werden,
- sich die Leitungsstellen auf bestimmte Arbeitsbereiche spezialisieren können,
- durch Arbeitsteilung die Verantwortung und Arbeitsbelastung mit steigender Ranghöhe vertretbar bleiben,
- die verkürzten Befehlswege zu einer höheren Flexibilität im betrieblichen Entscheidungsprozess führen,
- durch direkte Anweisungen keine Informationen verloren gehen.

MERKE
Die Vorteile des Mehrliniensystems entsprechen den Nachteilen des Einliniensystems – und umgekehrt.

1.3 Stabliniensystem (Mischform)

Als Erweiterung des Einliniensystems sind den Leitungsstellen beim Stabliniensystem **Stabsstellen** zugeordnet. Die Stabsstellen haben die Aufgabe, die Leitungsstellen bei ihrer Arbeit zu beraten und zu unterstützen. Sie haben **keine Weisungsbefugnis**.

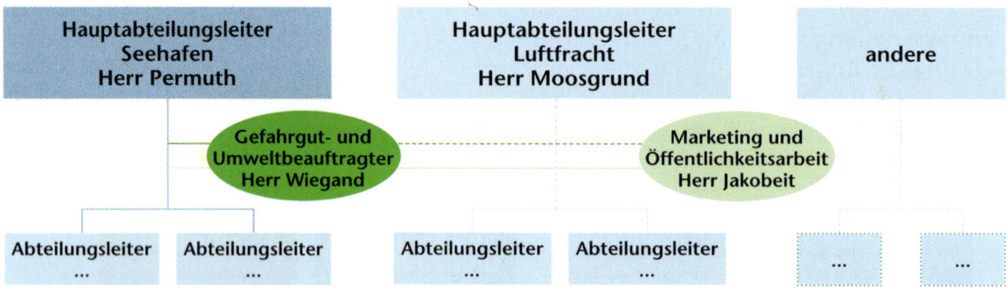

Vorteile und Nachteile

- Vorteilhaft ist, dass der Befehlsweg beibehalten und gleichzeitig spezielle Kenntnisse genutzt werden können. Der für einen Bereich kompetente Stab bereitet Entscheidungen vor, die Linienstelle entscheidet, kann aber aufgrund der fehlenden Fachkenntnisse den Entscheidungsvorschlag nicht im vollen Ausmaß beurteilen.
- Problematisch ist, dass der Stab Entscheidungen herbeiführt, die er im Ergebnis nicht zu vertreten hat.

1.4 Spartensystem (Mischform)

Die betriebliche Organisation ergibt sich aus der Dienstleistungspalette des Speditionsunternehmens. Jeder Dienstleistungsbereich ist quasi ein eigenständiges Unternehmen innerhalb des Gesamtunternehmens, der im Rahmen der von der Geschäftsführung vorgegebenen Geschäftspolitik wirtschaftlich selbstständig und für die Gewinnerzielung eigenverantwortlich ist. Ein solcher Dienstleistungs**bereich** wird als **Sparte** bezeichnet. Die mit sämtlichen Kompetenzen ausgestatteten Funktionsträger sind den Sparten zugeordnet – in der folgenden Grafik die Hauptabteilungsleiter.

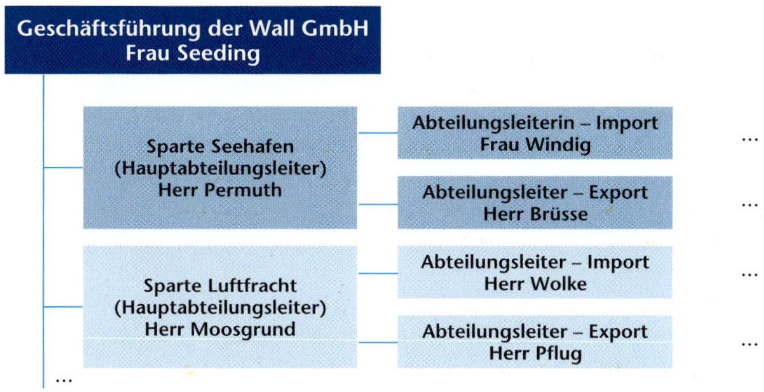

Vorteile und Nachteile

- Die Sparte zeichnet sich dadurch aus, dass sie aufgrund der abgegrenzten Kompetenzen und Verantwortung flexibel auf sich verändernde Marktsituationen reagieren kann.
- Als nachteilig stellt sich die fehlende Koordination der Sparten untereinander dar, d. h., mögliche Synergieeffekte durch Zusammenarbeit der Sparten, insbesondere hinsichtlich langfristiger Gewinn- und Rentabilitätsziele, werden vernachlässigt.

ZUSAMMENFASSUNG

Betriebliche Hierarchie				
Formen	**Einliniensystem**	**Stabliniensystem**	**Spartensystem**	**Mehrliniensystem**
Kommunikationsweg	direkt in einer Linie	direkt in einer Linie, Entscheidungshilfe durch Stäbe	direkt, innerhalb der Sparte	über die verschiedenen Stellen
Kompetenzverteilung	eindeutig, aber schwerfällige Organisation	eindeutig, aber Problem der Entscheidungsvorbereitung und tatsächlicher Entscheidung	innerhalb der Spalte eindeutig	aufgrund des Abstimmungsbedarfs problematisch
Nutzen von Spezialwissen	nein	ja	ja	ja
Die Vorteile des Einliniensystems sind die Nachteile des Mehrliniensystems. **(Dies gilt in Abstufung entsprechend für die Mischformen)**				

Bearbeitungsvorschläge

1. Stellen Sie das in Ihrer Firma bestehende System betrieblicher Hierarchie grafisch dar und beschreiben Sie die Vor- und Nachteile anhand Ihrer praktischen Erfahrungen im Betrieb.
   Vergleichen Sie Ihre Ergebnisse in kleinen Gruppen.
2. Erläutern Sie, welche Form der betrieblichen Hierarchie in Abhängigkeit von der Größe der Spedition Anwendung finden könnte.
3. Beschreiben Sie die Nachteile des Einlinien- und des Mehrliniensystems.
4. Leiten Sie aus der Sachdarstellung und der grafischen Darstellung die Vor- und Nachteile des Spartensystems ab.

Hinweis: Das Lehrerhandbuch enthält weitere Bearbeitungsvorschläge.

2 Rechtsformen von Speditionsunternehmen

LERNSITUATION

Drei ehemalige Auszubildende zum/zur Speditionskaufmann/-frau – Holger R., Max P. und Tanja B. – treffen sich eineinhalb Jahre nach Beendigung ihrer Ausbildung. Alle drei sind in verschiedenen Speditionsunternehmen als Sachbearbeiter tätig. Die drei sind mit ihrer beruflichen Situation unzufrieden.

Holger R., Sachbearbeiter in der Lkw-Disposition Deutschland, langweilt immer derselbe Trott, dieselben Aufgaben, keine Entwicklungsmöglichkeiten, null Aufstiegschancen. Letztendlich findet er den Beruf des Speditionskaufmanns zwar reizvoll, mehr aber nicht. Viel lieber würde er mehr Zeit für seine Hobbys haben.

Max P., Sachbearbeiter für den Export nach Spanien, findet seine Arbeit eintönig. Immer nur Export, immer nur Spanien! Er hätte gern mehr Verantwortung und ein größeres Aufgabengebiet, z. B. Im- und Exportabwicklung für den gesamten südamerikanischen Raum. Mit seinen hervorragenden Sprachkenntnissen (Spanisch, Portugiesisch, Französisch, Englisch) wäre er für diese Aufgabe sehr gut geeignet. In seiner jetzigen Firma ist an Aufgabenerweiterung nicht zu denken, da die Organisationsstruktur starr und unflexibel ist.

Tanja B., Sachbearbeiterin in der Buchhaltung, hat grundsätzlich gegen ihren Einsatzbereich nichts einzuwenden. Allerdings hätte auch sie gerne einen anspruchsvolleren Aufgabenbereich, nicht nur die Lohnbuchhaltung, sondern der gesamte Personalbereich interessiert sie. Zudem hat sie einige tolle Ideen für die Organisation, Akquisition von Kunden, Werbemaßnahmen, mit denen auf die Anforderungen der Zukunft reagiert werden kann.

Die drei beschließen, gemeinsam ein Speditionsunternehmen zu gründen. Holger R. besitzt ein Grundstück am Pinkertweg in Hamburg, sodass die Standortfrage geklärt ist. Tanja B. kann 50 000,00 € beisteuern und Max P. hat gerade einen zwei Jahre alten Volvo (Lkw) geerbt.

Aufgaben

1. Erläutern Sie, worum es in dem Text geht.
2. Geben Sie an, woran die drei bei der Gründung einer Unternehmung denken sollten. (Informieren Sie sich hierzu ebenfalls bei der zuständigen Handwerks- bzw. Handelskammer zur Existenzgründung!)
3. Beschreiben Sie, welche Aspekte Sie bei der Wahl einer Rechtsform als entscheidend erachten.
4. Erläutern Sie, welche Probleme bei einer Unternehmensgründung entstehen können und wie diese von vornherein vermieden werden könnten.

Die **Rechtsform** bzw. **Unternehmensform** entscheidet über die Art und Weise, wie ein Unternehmen rechtlich behandelt wird. Grundsätzlich werden zwei Arten von Unternehmensformen unterschieden, nämlich die Einzelunternehmung und die Gesellschaftsunternehmen, die sich wiederum in Kapital- und die Personengesellschaften untergliedern.

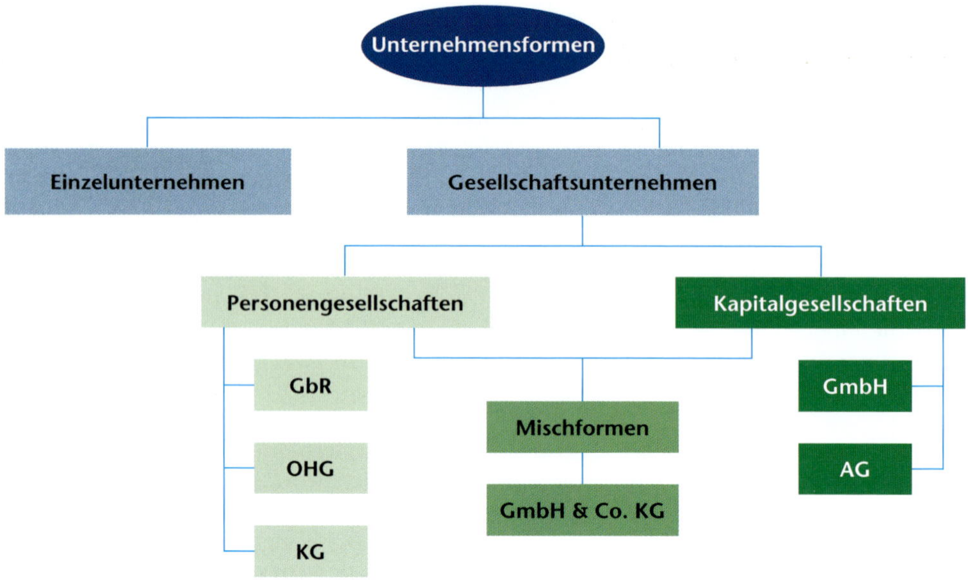

Die Wahl der Unternehmensform bei einer Unternehmensgründung oder einem Rechtsformwechsel hängt von verschiedenen Faktoren ab. Sie können betriebswirtschaftlicher (z. B. Kapitalbedarf, Risikostreuung, Steuerbelastung), aber auch persönlicher Natur sein (z. B. persönliche Präferenzen wie Entscheidungsrechte, übliche Rechtsform der Branche).

Im Speditionsgewerbe ist die GmbH die am häufigsten gewählte Unternehmensform.

Unternehmen nach Rechtsform

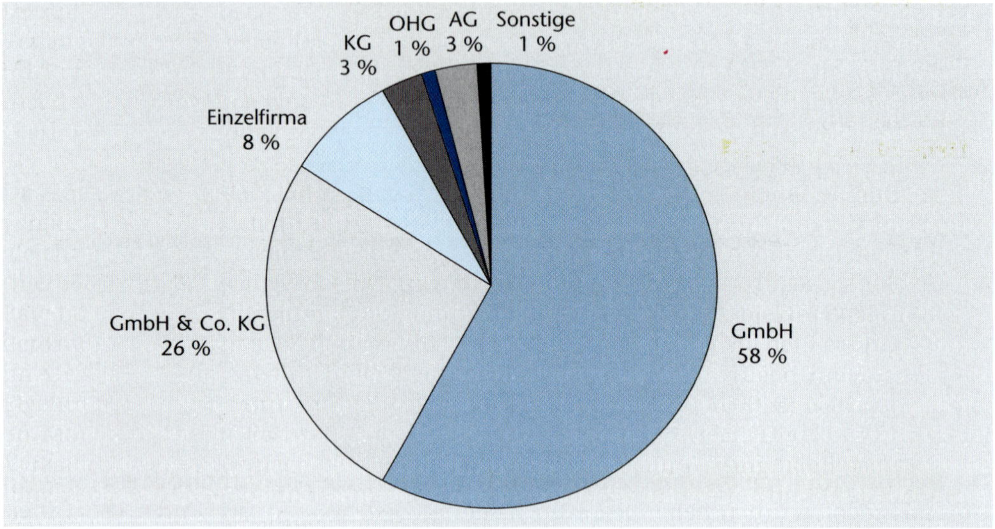

Quelle: vgl. Deutscher Speditions- und Logistikverband e. V. (DSLV), Zahlen, Daten, Fakten aus Spedition und Logistik, Bonn 2010. Bezugsgröße: 2600 Betriebe[1]

---

[1] *Die Erhebung dieser Daten erfolgt alle fünf Jahre.*

Firma

Die Firma ist der Name eines Kaufmanns. Unter diesem Namen betreibt der Kaufmann seine Geschäfte, leistet seine Unterschrift und kann Prozesse führen (§ 17 HGB). Zudem werden mit der Firma die Wiedererkennbarkeit, aber auch Vertrauen sowie gute und schlechte Erfahrungen verbunden. Die Firma unterscheidet ihn von anderen Unternehmen und ist ein großer Werbeträger.

Ein Unternehmen kann sich jeden gewünschten Namen wählen, allerdings muss dieser als Firma Namenscharakter haben, d. h., der Name darf nicht nur aus Zahlen- oder Buchstabenfolgen bestehen, wie z. B. AAA Spedition GmbH, um somit im Branchenverzeichnis an erster Stelle geführt zu werden.

Die Firma eines Kaufmanns kann einen Personen-, Sach- oder Fantasienamen oder aber einen gemischten Namen tragen.

- Eine Sachfirma wird aus dem Unternehmensgegenstand abgeleitet, z. B. BMW.
- Bei einer Personenfirma besteht der Name des Unternehmens aus dem Nachnamen des Kaufmanns.
- Bei einem Fantasienamen hat die Firma weder mit dem Unternehmensgegenstand, noch mit dem Namen des Kaufmanns zu tun, er ist ein Fantasieprodukt, z. B. Schnell & Günstig GmbH.
- Schließlich besteht noch die Möglichkeit, aus diesen Varianten eine Mischform zu wählen, z. B. bei der Wall GmbH – Spedition & Logistik.

Zudem muss jedes Unternehmen einen sogenannten Rechtsformzusatz tragen, damit für jeden gleich ersichtlich wird, um welche Art von Unternehmen es sich handelt (§ 19 HGB). Zum Beispiel steht e. K. für eingetragener Kaufmann oder GmbH für Gesellschaft mit beschränkter Haftung.

Bei der Wahl der Firma muss der Unternehmer weiterhin folgende **Grundsätze** beachten:

- **Firmenwahrheit und -klarheit.** Die Firma muss geeignet sein, den Geschäftsinhaber zu kennzeichnen und ihn zudem von anderen zu unterscheiden (§ 18 HGB). Außerdem soll sie über Art und Umfang seiner Tätigkeit informieren. Die Firma darf Geschäftspartner nicht täuschen oder irreführen. So ist es nicht erlaubt, dass eine nur national tätige Spedition sich als internationale Spedition bezeichnet.
- **Firmenbeständigkeit.** Kommt es bei dem Geschäftsinhaber oder einem Gesellschafter, z. B. durch eine Heirat, zu einer Namensänderung, kann die bisherige Firma fortgeführt werden (§ 21 HGB). Ebenso kann die Firma bei einem Inhaberwechsel fortgeführt werden, wenn der bisherige Geschäftsinhaber oder seine Erben ausdrücklich damit einverstanden sind. Dabei kann der neue Inhaber einen das Nachfolgeverhältnis andeutenden Zusatz an die Firma anfügen, z. B. Hermann Kröger Spedition e. K., Nachfolger Bernd Kruse e. K. (§ 22 HGB). Für den neuen Geschäftsinhaber ist die Fortführung der Firma insofern von Vorteil, da mit der bisherigen Firma ein bestimmter Ruf oder ein bestimmtes Image bei den Geschäftspartnern verbunden ist. Somit stellt die Firma eines Unternehmens einen eigenen Wert (Firmenwert) dar, der auch bei einem Inhaberwechsel erhalten bleiben sollte.
  Allerdings ist es nicht möglich, die Firma ohne das dazugehörige Handelsgeschäft zu verkaufen (§ 23 HGB). Zum Beispiel kann die Firma Hermann Kröger Spedition e. K. nicht an Bernd Kruse verkauft werden, wenn er den Speditionsbetrieb nicht weiter fortführen, sondern in den Lagerhallen eine Diskothek eröffnen will.
- **Firmenöffentlichkeit.** Die Firma eines Kaufmanns muss der Öffentlichkeit bekannt gemacht werden, damit jeder weiß, unter welcher Firma Geschäftsvorgänge getätigt

werden. Dazu ist es erforderlich, dass der Kaufmann seine Firma beim zuständigen Handelsregister zur Eintragung anmeldet (§ 29 HGB).

- **Firmenunterscheidbarkeit.** Ist eine Firma im Handelsregister eingetragen, so ist dieser Name geschützt. Das bedeutet, dass kein anderes Unternehmen im selben Registerbezirk denselben oder einen ähnlichen Namen für sich verwenden darf, um Verwechselungen zu vermeiden (§ 30 HGB). Gibt es an einem Ort bereits die Spedition Hermann Kröger Spedition e. K. und möchte der Sohn Hermann Kröger ebenfalls eine Spedition gründen, dann muss er die Firma so wählen, dass sie sich deutlich von der Firma seines Vaters unterscheidet, also z. B. Hermann Kröger jun. Spedition und Logistik e. K.

  Schließlich müssen auf allen Geschäftsbriefen eines Kaufmanns folgende Angaben stehen (§ 37a HGB):

– Firma und Rechtsformzusatz:	Wall GmbH – Spedition & Logistik
– Ort der Niederlassung:	Hamburg
– Registergericht:	Amtsgericht Hamburg
– Registernummer:	HRB 21214

Handelsregister

Das **Handelsregister** (HR) ist ein Verzeichnis aller Kaufleute in einem Registerbezirk und wird vom zuständigen Amtsgericht geführt (§ 8 HGB). Das Handelsregister ist in zwei Abteilungen untergliedert. In der Abteilung A des Handelsregisters (HRA) werden alle Einzelunternehmungen und alle Personengesellschaften, in der Abteilung B des Handelsregisters (HRB) werden alle Kapitalgesellschaften geführt. Es enthält u. a. folgende Eintragungen:

- Firma,
- Vorstand,
- Prokura,
- Rechtsverhältnisse.
- Niederlassungsort,
- Gesellschafter,
- Geschäftsführer,
- Name des Unternehmensinhabers,
- Unternehmensgegenstand,
- Grund- oder Stammkapital,

Handelsregistereintragungen wirken entweder deklaratorisch (rechtsbezeugend) oder konstitutiv (rechtserzeugend):

- **deklaratorisch:** Ein rechtlicher Tatbestand besteht auch ohne Eintragung ins Handelsregister, diese wird lediglich öffentlich bekannt gegeben, wie z. B. bei der Entstehung einer OHG oder die Ernennung zum Prokuristen.
- **konstitutiv:** Ein rechtlicher Tatbestand besteht erst mit der Eintragung in das Handelsregister, wie z. B. bei der Entstehung einer GmbH.

Jeder kann entweder im Internet unter www.unternehmensregister.de oder www.handelsregister.de oder vor Ort auf der Geschäftsstelle des Registergerichts Einsicht nehmen in die Handelsregistereintragungen (§ 9 HGB). Es ist die Aufgabe des Kaufmanns, die Anmeldung zur Eintragung der rechtlichen Gegebenheiten in das Handelsregister vorzunehmen. Üblicherweise erfolgt die Anmeldung in öffentlich beglaubigter Form. Ein Notar erstellt für die einzureichenden Dokumente ein elektronisches Zeugnis und im Anschluss daran übermittelt er alle Daten an das elektronische Gerichtspostfach des Registergerichts (§ 12 HGB).

Alle Handelsregistereintragungen müssen nur noch elektronisch bekannt gemacht werden und sind somit für jeden im Internet einsehbar. Die Veröffentlichung in mindestens einer regionalen Tageszeitung und bundesweit im Handelsblatt wurden 2010 abgeschafft (§ 10 HGB).

Im Handelsregister stehen alle wichtigen Daten eines Unternehmens, die für die Öffentlichkeit von Bedeutung sind. Es schafft Rechtssicherheit im Geschäftsverkehr. Jeder kann davon ausgehen, dass die Eintragungen in das Handelsregister wahr und richtig sind. Ist eine in das Handelsregister einzutragende Tatsache noch nicht bekannt gegeben, gilt sie auch noch nicht gegenüber einem Dritten.

Beispiel

Die Geschäftsführerin Sophia Seeding der Wall GmbH – Spedition & Logistik entzieht dem Prokuristen Moosgrund am 12.08. die Prokura. Aufgrund eines Missverständnisses wird vergessen, diese Tatsache zur Eintragung in das Handelsregister anzumelden. Exprokurist Moosgrund kauft am 30.08. zwei neue Lkws für die Wall GmbH bei dem Händler Vogt, der von dem Prokuraentzug nichts wusste. Das Rechtsgeschäft ist für die Wall GmbH bindend, denn Händler Vogt konnte auf die Richtigkeit der Handelsregistereintragung vertrauen. Wird eine Tatsache falsch bekannt gegeben, dann ist diese gültig und der Kaufmann muss sie gegen sich geltend machen lassen (§ 15 HGB).

2.1 Einzelunternehmung

Bei einem **Einzelunternehmen** gibt es nur einen Geschäftsinhaber, den Einzelunternehmer. Er allein entscheidet über die Geschäftspolitik, also z. B. mit welchen Partnerspediteuren er zusammenarbeiten möchte, welche Preise er verlangt oder wie sein Unternehmen nach außen präsentiert wird. So ist es ihm allein überlassen, welche Investitionen er tätigt oder welche Mitarbeiter er einstellt bzw. entlässt.

Da er seine Arbeitskraft für sein Unternehmen einsetzt und das gesamte Kapital bereitstellt, hat er auch Anspruch auf den gesamten Gewinn aus dem Unternehmen.

Allerdings trägt der Einzelunternehmer auch das gesamte Risiko. Betreibt er eine schlechte Unternehmenspolitik oder aufgrund nicht beeinflussbarer Faktoren, z. B. einer allgemein schlechten Wirtschaftslage, muss er die Verluste alleine tragen. Dieses kann so weit führen, dass er für eingegangene Verbindlichkeiten mit seinem privaten Vermögen haften muss. Außerdem ist es bei Investitionsvorhaben gerade für einen Einzelunternehmer schwierig, Fremdkapital zu beschaffen, denn seine Kreditwürdigkeit hängt entscheidend von seinen privaten Vermögensverhältnissen und seiner Vertrauenswürdigkeit ab.

Eine Einzelunternehmung kann als Kleingewerbe oder als Kaufmann geführt werden. Führt der Einzelunternehmer sein Unternehmen als Kaufmann, dann ist er verpflichtet, dieses im HR eintragen zu lassen und eine Firma anzunehmen (§§ 29, 17, 18 HGB). Die Firma kann jeden gewünschten Namen führen, sie muss nur den Rechtsformzusatz eingetragener Kaufmann, eingetragene Kauffrau oder dessen Abkürzung wie e. K., e. Kfm. oder e. Kfr. tragen (§ 19 Abs. 1 (1) HGB).

In Deutschland werden die meisten Unternehmen in der Rechtsform der Einzelunternehmung geführt. Im Speditionsgewerbe wurden dagegen im Jahr 2010 nur noch 6 % aller Speditionen als Einzelunternehmen geführt. Dieses mag u. a. daran liegen, dass es für die Gründung einer Einzelunternehmung keine Notwendigkeit mehr gibt. Für die Entscheidung, sein Unternehmen in der Rechtsform der Einzelunternehmung zu führen, sprach vor allem, dass die Gründung einer Einzelunternehmung einfach ist und kein Mindestkapital vorgeschrieben wird. Diese beiden Vorteile bietet auch die Rechtsform der Unternehmergesellschaft (haftungsbeschränkt). Zudem gibt es bei der Unternehmergesellschaft keine persönliche Haftung, sodass der Hauptnachteil einer Einzelunternehmung – die unbeschränkte Haftung – wegfällt.

2.2 Personengesellschaften

Personengesellschaften sind Unternehmen, bei denen mindestens zwei Personen durch einen Gesellschaftsvertrag ein Unternehmen gründen.

Für die Wahl einer Personengesellschaft gibt es unterschiedliche Entscheidungskriterien:
- Es gibt mehr als einen Gründer,
- Aufnahme neuer Gesellschafter,
- Erhöhung der Kapitalbasis,
- Risikostreuung,
- Verbesserung der Kreditwürdigkeit,
- Verteilung der Verantwortung und der Arbeitsbelastung.

2.2.1 Offene Handelsgesellschaft (OHG)

Bei der **offenen Handelsgesellschaft** betreiben mindestens zwei Personen, die durch einen Gesellschaftsvertrag miteinander verbunden sind, ein Unternehmen. Die Gesellschafter sind gleichberechtigt, d. h., sie haben dieselben Rechte und Pflichten und haften gemeinsam gegenüber ihren Gläubigern mit ihrem gesamten Geschäfts- und Privatvermögen.

Gründung

Zur Gründung einer OHG wird ein Gesellschaftsvertrag geschlossen. Dieser führt alle Rechte und Pflichten der Gesellschafter auf und ist formfrei gültig (Ausnahme: ein Gesellschafter bringt ein Grundstück als Einlage ein, dann ist eine notarielle Beurkundung erforderlich). Außerdem muss die Gesellschaft bei dem zuständigen Amtsgericht von allen Gesellschaftern persönlich oder durch notariell beglaubigte Unterschriften zur Eintragung ins Handelsregister angemeldet werden. Die Anmeldung muss die Namen, Vornamen, Geburtsdaten, Wohnorte und die Vertretungsmacht der Gesellschafter sowie Firma und Sitz der Gesellschaft enthalten (§ 106 HGB). Die Eintragung ins Handelsregister hat lediglich eine deklaratorische Wirkung, d. h., die Gesellschaft entsteht bei Geschäftsaufnahme, unabhängig davon, ob die Eintragung ins Handelsregister schon erfolgt ist oder nicht.

Firma

Die Firma kann jeden gewünschten Namen führen, sie muss nur den Rechtsformzusatz „offene Handelsgesellschaft“ oder dessen Abkürzung wie OHG tragen (§ 19 Abs.1 Nr. 2 HGB).

Mindestkapital

Für die Gründung einer OHG ist kein Mindestkapital vorgeschrieben. Jeder Gesellschafter bringt so viel Vermögenswerte ein, wie es im Vertrag vereinbart ist. Gibt es keine Vereinbarung, bringen alle Gesellschafter einen gleich großen Anteil ein. Die Beiträge, die die Gesellschafter einbringen, werden als Einlagen bezeichnet. Diese können aus Geldmitteln, Sachen wie Büro- und Geschäftsausstattung, Rechten wie Patenten oder Wertpapieren, Forderungen oder Dienstleistungen bestehen. Sie werden in Geldeinheiten bewertet und als Kapitalanteile dem jeweiligen Kapitalkonto, das für jeden Gesellschafter geführt werden muss, gutgeschrieben. Die Einlagen aller Gesellschafter werden zum gemeinschaftlichen Vermögen. Somit hat keiner der Gesellschafter Anspruch auf einen bestimmten Teil der Einlagen, z. B. auf einen bestimmten, möglicherweise selbst eingebrachten Lkw, Gabelstapler oder ein Grundstück.

Die unterschiedliche Höhe der Kapitalanteile entscheidet über:
- die Gewinnverteilung,
- das Recht auf Privatentnahme[1],

---

[1] *Privatentnahme: Gesellschafter entnehmen zu privaten Zwecken Geld oder Leistungen aus dem Betrieb.*

- die Berechnung des Abfindungsguthabens beim Ausscheiden eines Gesellschafters,
- die Berechnung des Auflösungsguthabens im Falle einer Liquidation (Verkauf oder Geschäftsauflösung).

Rechte und Pflichten

Die Rechte und Pflichten der Gesellschafter untereinander und gegenüber Dritten sind im Gesellschaftsvertrag geregelt. Sofern keine Vereinbarungen getroffen wurden, gelten die gesetzlichen Bestimmungen. Grundsätzlich ist jeder Gesellschafter einer OHG zur Geschäftsführung bzw. zur Vertretung der OHG nach außen berechtigt und verpflichtet (§ 114, 126 HGB). Eine Ausnahme besteht nur, wenn ein Gesellschafter ausdrücklich im Gesellschaftsvertrag von der Geschäftsführung und Geschäftsvertretung ausgeschlossen wird. Der Ausschluss von der Geschäftsvertretung muss ins Handelsregister eingetragen werden.

- **Geschäftsführung:** Die **Geschäftsführungsbefugnis** bezieht sich auf alle Entscheidungen und Anweisungen, die im Innenverhältnis (gegenüber Mitarbeitern und Mitgesellschaftern) einer Gesellschaft getroffen werden. Normalerweise hat jeder Gesellschafter alleinige Geschäftsführungsbefugnis für alle gewöhnlichen Rechtsgeschäfte, z. B. Mitarbeiter einstellen. Bei außergewöhnlichen Rechtsgeschäften (z. B. Prokura erteilen) müssen alle Gesellschafter gemeinschaftlich zustimmen. Im Gesellschaftsvertrag kann im Innenverhältnis die Geschäftsführungsbefugnis auf einen Teilbereich der Unternehmung beschränkt werden (z. B. ist ein Gesellschafter nur für die Verwaltung und ein anderer nur für die Leitung der Logistikabteilung zuständig).
- **Geschäftsvertretung:** Die **Geschäftsvertretungsbefugnis** bezieht sich auf alle Handlungen, die im Außenverhältnis (Beziehungen zu Dritten) getätigt werden. Hier gilt, dass jeder Gesellschafter **allein** alle gewöhnlichen (z. B. Speditionsverträge abschließen) und außergewöhnlichen (z. B. Kauf von Immobilien) Rechtsgeschäfte tätigen darf. Die Geschäftsvertretungsbefugnis ist im Außenverhältnis nicht beschränkbar, d. h., jeder Gesellschafter kann das Unternehmen nach außen vertreten.

Neben der Geschäftsführung und -vertretung hat jeder Gesellschafter das **Recht** auf:

- **Kontrolle.** Falls ein Gesellschafter von der Geschäftsführung ausgeschlossen ist, kann er sich über die Angelegenheiten der Gesellschaft persönlich informieren, indem er sich eine Bilanz und einen Jahresabschluss aus den Handelsbüchern und den Papieren der Gesellschaft erstellt (§ 118 HGB).
- **einen Gewinnanteil** (§§ 120, 121 HGB). Zu jedem Geschäftsjahresschluss wird eine Bilanz sowie eine Gewinn- und Verlustrechnung erstellt, aus der sich der Gewinn bzw. der Verlust der Gesellschaft ermitteln lässt. Daraus wird für jeden Gesellschafter sein persönlicher Gewinn- bzw. Verlustanteil berechnet. Gibt es keine vertragliche Vereinbarung, dann gilt die gesetzliche Regelung. Diese sieht zunächst vor, dass jeder Gesellschafter eine vierprozentige Verzinsung auf sein eingesetztes Kapital erhält. Bleibt noch ein Restgewinn übrig, so wird dieser anteilig nach Köpfen verteilt. Die Gewinn- bzw. Verlustanteile werden den jeweiligen Kapitalkonten gutgeschrieben bzw. belastet. Reicht der Jahresgewinn nicht für eine vierprozentige Kapitalverzinsung aus, wird eine entsprechend niedrigere Verzinsung angesetzt.

Beispiel

Die Spedition Schnell & Billig OHG hat drei Gesellschafter: Max Schnell, Heinz Billig und Kathrin Kruse. Schnell hat einen Kapitalanteil von 160 000,00 EUR, Billig von 120 000,00 EUR und Kruse von 60 000,00 EUR eingebracht. In einem Geschäftsjahr erwirtschaftete die Schnell & Billig OHG einen Gewinn von 100 000,00 EUR. Dieser soll nun nach den gesetzlichen Vorschriften verteilt werden. Somit ergibt sich folgende Gewinnverteilung:

Gesellschafter	Kapitalanteil	4 % Zins auf eingesetztes Kapital	Kopfanteil	Gewinnanteil
Schnell	160 000,00 €	6 400,00 €	28 800,00 €	35 200,00 €
Billig	120 000,00 €	4 800,00 €	28 800,00 €	33 600,00 €
Kruse	60 000,00 €	2 400,00 €	28 800,00 €	31 200,00 €
Summen	340 000,00 €	13 600,00 €	86 400,00 €	100 000,00 €

Rechnung: 4 % von 340 000,00 € = 13 600,00 €

→ Gewinn abzüglich 4 %ige Verzinsung = 100 000,00 € – 13 600,00 € = 86 400,00 €

→ Rest nach Köpfen = 86 400,00 € : 3 = 28 800,00 € pro Kopf

→ Einzeln für Schnell: 6 400,00 € (= 4 %) + 28 800,00 € (Kopfanteil) = 35 200,00 €

In einem anderen Geschäftsjahr erwirtschaftet die Schnell & Billig OHG statt 100 000,00 EUR nur noch 10 200,00 EUR. Somit reicht der Jahresgewinn nicht für eine vierprozentige Kapitalverzinsung aus und jeder Gesellschafter bekommt nur noch eine dreiprozentige Verzinsung seines eingesetzten Kapitals. (Rechnung: Verhältnis von Gewinn zur Einlage = [10 200,00 € : 340 000,00 €] · 100 = 3 %)

Gesellschafter	Kapitalanteil	3 % Zins auf eingesetztes Kapital	Kopfanteil	Gewinnanteil
Schnell	160 000,00 €	4 800,00 €	–	4 800,00 €
Billig	120 000,00 €	3 600,00 €	–	3 600,00 €
Kruse	60 000,00 €	1 800,00 €	–	1 800,00 €
Summen	340 000,00 €	10 200,00 €	–	10 200,00 €

- **Privatentnahme.** Jeder Gesellschafter kann bis zu 4 % seines eingebrachten Kapitalanteils für private Zwecke entnehmen; mit Einwilligung der anderen Gesellschafter kann er auch einen höheren Betrag entnehmen (§ 122 HGB).
- **Ersatz.** Entstehen einem Gesellschafter geschäftsbedingte Aufwendungen und Verluste, so müssen diese von der Gesellschaft ersetzt werden (§ 110 HGB).
- **Kündigung.** Jeder Gesellschafter kann mit einer Frist von sechs Monaten zum Schluss eines Geschäftsjahres den Gesellschaftsvertrag kündigen. Die Kündigung durch einen Gesellschafter führt nicht zwangsläufig zur Auflösung der OHG (§§ 131 (3), 132 HGB).

Neben der Geschäftsführung und -vertretung hat jeder Gesellschafter die **Pflicht**:
- seine Kapitaleinlage (§ 111 HGB) zu leisten,
- Verluste zu tragen (nach Köpfen oder Gesellschaftsvertrag) (§§ 120, 121 HGB) sowie
- das Wettbewerbsverbot einzuhalten (§§ 112, 113 HGB).

Das **Wettbewerbsverbot** regelt, dass sich ein Gesellschafter ohne Einwilligung der anderen Gesellschafter weder als persönlich haftender Gesellschafter an irgendeinem Unternehmen des gleichen Handelsgewerbes beteiligen noch in der Branche der OHG Geschäfte auf eigene Rechnung tätigen darf. Bei Verletzung des Wettbewerbsverbots kann es von Schadenersatzforderungen durch die anderen Gesellschafter bis zur Auflösung der Gesellschaft kommen.

Haftung

Jeder Gesellschafter einer OHG haftet für sämtliche Schulden des Unternehmens, d. h., sie haften
- **unbeschränkt**, d. h. mit ihrem Geschäfts- und Privatvermögen,
- **unmittelbar**, d. h., ein Gläubiger kann sich sofort an irgendeinen der Gesellschafter wenden, und

- **solidarisch** (gesamtschuldnerisch), d.h., jeder einzelne Gesellschafter haftet für die gesamten Schulden der Gesellschaft.

Beispiel
Der Gesellschafter Schnell von der Schnell & Billig Spedition OHG hat ohne Zustimmung der Mitgesellschafter eine EDV-Anlage im Wert von 500 000,00 € beim Händler Georg Maas e.K. gekauft. Obwohl Herr Schnell aufgrund interner Vereinbarungen seine Geschäftsführungsbefugnis überschritten hat, ist dieses Rechtsgeschäft auch für die anderen Gesellschafter verbindlich. Aufgrund von Zahlungsschwierigkeiten kann die Spedition Schnell & Billig OHG die Anlage nicht bezahlen. Daraufhin wendet sich der Händler Georg Maas nicht an den Gesellschafter Schnell, der den Vertrag abgeschlossen hat, sondern direkt an die Gesellschafterin Kruse, weil sie im Gegensatz zu den beiden anderen Gesellschaftern über ein erhebliches Privatvermögen verfügt. Nach geltendem Recht ist Frau Kruse verpflichtet, die gesamten Verbindlichkeiten für die Computeranlage zu übernehmen. Intern hat sie aber einen Ausgleichsanspruch gegenüber den Mitgesellschaftern Schnell und Billig.

Tritt ein neuer Gesellschafter in eine bestehende OHG ein, so haftet er für alle bereits bestehenden Verbindlichkeiten. Scheidet ein Gesellschafter aus einer bestehenden OHG aus, so haftet er noch fünf weitere Jahre für die bis zu seinem Ausscheiden angesammelten Verbindlichkeiten. Wird eine OHG aufgelöst, so haften die ehemaligen Gesellschafter dann noch maximal fünf Jahre für Verbindlichkeiten dieser Gesellschaft.

Auflösungsgründe
Eine OHG wird aufgelöst durch:
- Vertragsablauf, weil die OHG nur auf bestimmte Zeit gegründet wurde,
- Beschluss der Gesellschafter, z.B. wegen eines Rechtsformwechsels,
- Eröffnung des Insolvenzverfahrens aufgrund von Zahlungsunfähigkeit,
- gerichtliche Entscheidung, z.B. bei gravierenden strafbaren Handlungen der OHG.

Falls im Gesellschaftsvertrag keine anderen Regelungen vorgesehen sind, führen u.a. folgende Gründe zum Ausschluss eines Gesellschafters, nicht aber zur Auflösung des Unternehmens: Tod und Kündigung eines Gesellschafters, Vertragsablauf, Eröffnung des Insolvenzverfahrens über das Vermögen eines Gesellschafters, Beschluss der Gesellschafter (§ 131 HGB).

Bedeutung
Da die Gesellschafter einer OHG gemeinsam die Geschäfte führen müssen und auch gemeinschaftlich über das Vermögen der Gesellschaft bestimmen können sowie für alle Schulden des Unternehmens unbeschränkt, unmittelbar und solidarisch haften müssen, ist es wichtig, dass die Gesellschafter einander hundertprozentig vertrauen können. Diese Unternehmensform ist besonders für risikobereite Unternehmer geeignet, die über ein geringes Eigenkapital verfügen.

Für die Speditionsbranche spielt diese Rechtsform nur eine untergeordnete Rolle. Im Jahr 2010 wurde in Deutschland nur 1 % aller Speditionen in dieser Rechtsform geführt.

2.2.2 Kommanditgesellschaft (KG)

Bei einer **Kommanditgesellschaft** betreiben mindestens zwei Personen, die durch einen Gesellschaftsvertrag miteinander verbunden sind, ein Unternehmen. Im Gegensatz zur OHG sind bei der KG die Gesellschafter nicht gleichberechtigt, denn mindestens ein Gesellschafter haftet **nur** mit seiner Vermögenseinlage. Er ist damit **Teilhafter** der KG und wird als **Kommanditist** bezeichnet.

Mindestens ein weiterer Gesellschafter muss mit seinem gesamten Geschäfts- und Privatvermögen haften. Er ist **Vollhafter** und wird als **Komplementär** bezeichnet. Für den Vollhafter einer KG gelten dieselben Vorschriften wie für den Gesellschafter einer OHG (§ 161 HGB).

Gründung

Ebenso wie bei einer OHG wird bei der Gründung einer KG ein Gesellschaftsvertrag geschlossen. Dieser enthält alle Rechte und Pflichten der Gesellschafter und ist formfrei gültig (Ausnahme: ein Gesellschafter bringt ein Grundstück als Einlage ein, dann ist eine notarielle Beurkundung erforderlich). Außerdem muss die Gesellschaft bei dem zuständigen Amtsgericht von allen Gesellschaftern persönlich oder durch notariell beglaubigte Unterschriften zur Eintragung ins Handelsregister angemeldet werden. Die Anmeldung muss die Namen, Vornamen, Geburtsdaten, Wohnorte und die Vertretungsmacht der Gesellschafter (= Komplementäre) sowie Firma und Sitz der Gesellschaft enthalten (§ 106 Abs. 2 HGB). Zusätzlich müssen die Bezeichnung der Kommanditisten und der Betrag der Einlage eingetragen werden (§ 162 HGB). Die Eintragung ins Handelsregister hat lediglich eine deklaratorische Wirkung, d. h., die Gesellschaft entsteht bei Geschäftsaufnahme, unabhängig davon, ob die Eintragung ins Handelsregister schon erfolgt ist oder nicht.

Ist eine Eintragung ins HR noch nicht erfolgt und die KG hat ihren Geschäftsbetrieb bereits aufgenommen, dann haften die Kommanditisten bis zur Eintragung ins HR für Verbindlichkeiten der KG wie ein Vollhafter, es sei denn, dem Gläubiger war die Beteiligung als Kommanditist schon bekannt, z. B. über ein Rundschreiben (§ 176 HGB).

Firma

Die Firma kann jeden gewünschten Namen führen, sie muss nur den Rechtsformzusatz „Kommanditgesellschaft“ oder dessen Abkürzung wie KG tragen (§ 19 Abs. 1 Nr. 3 HGB).

Mindestkapital

Für die Gründung einer KG ist rechtlich kein Mindestkapital erforderlich. Jeder Gesellschafter bringt so viel Vermögenswerte ein, wie es im Gesellschaftsvertrag vereinbart ist.

MERKE

Für den Komplementär gelten dieselben rechtlichen Vorschriften wie für den Gesellschafter einer OHG.

Rechte und Pflichten

Im Gegensatz zu den Komplementären haben die Kommanditisten weder das Recht noch die Pflicht auf Geschäftsführung und/oder -vertretung. Jedoch müssen die Kommanditisten bei außergewöhnlichen Geschäften ihre Zustimmung geben (§§ 164, 170 HGB) und sie können als Prokurist eingesetzt werden. Weiterhin haben die Kommanditisten das Recht auf Kontrolle, d. h., sie können einen schriftlichen Jahresabschluss verlangen und diesen durch Einsichtnahme in die Bücher und Papiere der Gesellschaft auf seine Richtigkeit hin überprüfen. Außerdem hat der Kommanditist das Recht, den Gesellschaftsvertrag mit einer Sechs-Monatsfrist zum Geschäftsjahresschluss zu kündigen. Des Weiteren haben die Kommanditisten einen Anspruch auf Gewinnbeteiligung. Falls keine anderen vertraglichen Regelungen vorhanden sind, bekommen sie, genauso wie der Komplementär, 4 % Verzinsung auf ihre Kapitaleinlage, der Rest wird im angemessenen Verhältnis verteilt. Das bedeutet, dass der Komplementär einen vertraglich vereinbarten größeren Anteil vom Restgewinn erhält, da er auch ein größeres Risiko trägt.

Beispiel

Die Klug Internationale Spedition KG besteht aus dem Komplementär Michael Klug und den Kommanditisten Henri Hartung und Volkmar Vaske. Alle drei Gesellschafter haben einen Kapitalanteil von 100000,00 EUR eingebracht. In einem Geschäftsjahr erwirtschaftete die Klug Internationale Spedition KG einen Gewinn von 100000,00 EUR. Dieser soll nun nach den gesetzlichen Vorschriften verteilt werden, wobei im Gesellschaftsvertrag vereinbart wurde, dass der Komplementär 70% vom Restgewinn erhält und die beiden Kommanditisten jeweils 15% erhalten. Somit ergibt sich folgende Gewinnverteilung:

Gesellschafter	Kapitalanteil	4% Zins auf eingesetztes Kapital	Kopfanteil	Gewinnanteil
Klug	100000,00 €	4000,00 €	61600,00 €	65600,00 €
Hartung	100000,00 €	4000,00 €	13200,00 €	17200,00 €
Vaske	100000,00 €	4000,00 €	13200,00 €	17200,00 €
Summen	300000,00 €	12000,00 €	88000,00 €	100000,00 €

Rechnung: 4% von 300000,00 € = 12000,00 €

→ Gewinn abzüglich 4%ige Verzinsung = 100000,00 € – 12000,00 € = 88000,00 €

→ Gewinnverteilung 70% von 88000,00 € = 61600,00 € für den Komplementär und je 15% von 88000,00 € = 13200,00 € für die beiden Kommanditisten

Reicht der Jahresgewinn nicht für eine 4%ige Kapitalverzinsung aus, so wird eine entsprechend niedrigere Verzinsung angesetzt. Der Kommanditist hat nur dann das Recht, seinen Gewinnanteil ausgezahlt zu bekommen, wenn sein im HR eingetragener Kapitalanteil vollständig eingezahlt ist (§ 169 HGB). Im Gegensatz zum Komplementär sind für den Kommanditisten Privatentnahmen während des laufenden Geschäftsjahres nicht erlaubt.

Zu den Pflichten des Kommanditisten zählt die Einzahlung der Kapitaleinlage und die Verlustbeteiligung in angemessenem Verhältnis, jedoch nur bis maximal in Höhe seiner Kapitaleinlage (§ 167 Abs. 3 HGB).

Haftung

Der Komplementär einer KG haftet, wie der Gesellschafter einer OHG, unbeschränkt, unmittelbar und solidarisch. Der Kommanditist einer KG haftet dagegen nur bis zur Höhe der Kapitaleinlage, eine darüber hinausgehende Haftung besteht nicht (§§ 171, 172 HGB).

Auflösungsgründe

Stirbt ein Kommanditist, bleibt die KG weiterhin bestehen und die Beteiligung wird vererbt, soweit keine anderen vertraglichen Regelungen vereinbart wurden (§ 177 HGB). Ansonsten bestehen bei der KG dieselben Auflösungsgründe wie bei einer OHG.

Bedeutung

Die Rechtsform der KG ist für solche Unternehmen von Vorteil, bei denen der oder die Vollhafter die alleinige Geschäftsführungs- und -vertretungsbefugnis beanspruchen, allerdings Kapitalgeber benötigen. Es ist für die Komplementäre vorteilhafter, Kommanditisten in das Unternehmen aufzunehmen, als einen Bankkredit in Anspruch zu nehmen, da die Zinsen für einen Bankkredit in jedem Fall bei Fälligkeit zu zahlen sind. Ein Gewinn wird hingegen nur dann ausgeschüttet, wenn tatsächlich ein Gewinn erzielt wurde. Außerdem werden Kommanditisten im Rahmen ihrer Einlage anteilsmäßig am Verlust beteiligt.

Für den Kommanditisten ist eine finanzielle Beteiligung an einer KG im Allgemeinen risikoreicher als die Geldanlage bei einer Bank. Jedoch ist i.d.R. die Verzinsung des

Kapitals bei einer Unternehmensbeteiligung höher als z. B. die Anlage auf einem Sparkonto. Darüber hinaus haben die Kommanditisten ein Mitspracherecht bei außergewöhnlichen Geschäften.

Eine KG ist eine geeignete Unternehmensform für kleine und mittlere Betriebe. In der Speditionsbranche spielt die Rechtsform der KG nur eine untergeordnete Rolle, im Jahr 2010 wurden nur 2 % aller Speditionen in Deutschland in der Rechtsform einer KG geführt.

2.2.3 Gesellschaft bürgerlichen Rechts (GbR)

Die **GbR** oder auch **BGB-Gesellschaft** wird zur Erreichung eines bestimmten Zwecks gegründet (§ 705 BGB). Dieser Zweck kann sich sowohl auf eine unternehmerische Tätigkeit, wie z. B. Arbeitsgemeinschaft mehrerer Speditionen, als auch auf eine nicht ökonomische Tätigkeit, wie z. B. eine Lottotippgemeinschaft beziehen. Deshalb ist sie auch keine Handelsgesellschaft. Sie kann für eine einzelne Zielsetzung (Speditionen haben ein gemeinsames Projekt, z. B. das gemeinsame Chartern eines Trampschiffs, um den gesamten Laderaum auszunutzen) als auch auf Dauer (Gemeinschaftspraxis von Ärzten oder die Zusammenarbeit eines Verschiffungsspediteurs im Ausland mit dem Hausspediteur des Importeurs im Inland) angelegt sein. Weiterhin wird zwischen der Innengesellschaft und der Außengesellschaft unterschieden. Bei einer Innengesellschaft tritt die GbR nach außen nicht in Erscheinung, wie z. B. bei einer Lottotippgemeinschaft. Bei der Außengesellschaft nehmen die Gesellschafter am Rechtsverkehr teil.

Gründung

Die GbR wird i. d. R. durch einen formfreien Gesellschaftsvertrag gegründet. Sie kann aber auch durch schlüssiges Handeln entstehen. Oftmals wissen die Gesellschafter nicht, dass sie eine GbR gegründet haben. Das ist insbesondere dann der Fall, wenn sie nur als Innengesellschaft besteht, z. B. eine Erbengemeinschaft oder zwei Personen verreisen gemeinsam und buchen nur auf einen Namen.

Firma

Einer GbR ist es nicht möglich, eine Firma zu tragen, da häufig eine ökonomische Zielsetzung nicht verfolgt wird. Sie wird somit nicht ins Handelsregister eingetragen.

Allerdings ist eine GbR – zumindest wenn sie nach außen tritt – rechts- und parteifähig. Das bedeutet im Wesentlichen, dass dieses Unternehmen als Gesellschaft handeln und Träger von Rechten und Pflichten sein kann und somit auch Gesellschaftsvermögen besitzen kann.

Mindestkapital

Für die Gründung einer GbR ist kein Mindestkapital vorgeschrieben. Jeder Gesellschafter bringt so viel Vermögenswerte ein, wie es im Gesellschaftsvertrag vereinbart ist. Gibt es keine Vereinbarung, bringt jeder Gesellschafter einen gleich großen Anteil ein (§ 706 BGB).

Rechte und Pflichten

Grundsätzlich sind alle Gesellschafter einer GbR gemeinschaftlich zur Geschäftsführung nach innen bzw. zur Geschäftsvertretung der GbR nach außen berechtigt und verpflichtet. Das bedeutet z. B., dass für einen Geschäftsabschluss alle Gesellschafter gemeinsam zustimmen müssen. Allerdings kann im Gesellschaftsvertrag eine andere Vereinbarung getroffen werden (§ 709 ff. BGB).

Außerdem haben die Gesellschafter folgende Rechte und Pflichten:

- **Rechte:**
  Im Gesellschaftsvertrag kann vereinbart werden, dass ein oder mehrere Gesellschafter von der Geschäftsführung und -vertretung ausgeschlossen werden. Sie haben ein Kontrollrecht und können sich über die Angelegenheiten der Gesellschaft persönlich informieren, indem sie sich eine Übersicht über den Stand des Gesellschaftsvermögens aus den Büchern und den Papieren der Gesellschaft erstellen (§ 716 BGB).
  Außerdem haben sie einen Anspruch auf Gewinnbeteiligung am Ende eines jeden Geschäftsjahres (§ 721 BGB). Jeder Gesellschafter erhält unabhängig von seinem Kapitalanteil einen gleich großen Gewinnanteil, es sei denn, im Gesellschaftsvertrag wurde eine andere Vereinbarung getroffen (§ 722 BGB).
- **Pflichten:**
  Grundsätzlich muss jeder Gesellschafter an der Erreichung des Geschäftszwecks mitwirken und die im Gesellschaftsvertrag vereinbarten Einlagen leisten (§ 705 BGB). Zudem sind sie entsprechend der Gewinnverteilung am Verlust beteiligt (§§ 721, 722 BGB).

Haftung

Die Gesellschafter einer GbR haften unbeschränkt, unmittelbar und solidarisch mit ihrem Geschäfts- und Privatvermögen.

Auflösungsgründe

Eine GbR endet durch:

- die Kündigung durch einen Gesellschafter (§ 723 BGB),
- die Erreichung des vereinbarten Zwecks (§ 726 BGB),
- den Tod eines Gesellschafters (§ 727 BGB),
- die Eröffnung des Insolvenzverfahrens über das Gesellschaftsvermögen oder über das Vermögen eines der Gesellschafter (§ 728 BGB).

Bedeutung

Im Gegensatz zu Fuhrunternehmen wurden im Jahr 2010 im Speditionsgewerbe weniger als 1 % aller Speditionen in Deutschland in der Rechtsform einer GbR geführt.

Ein Grund liegt darin, dass noch Rechtsunsicherheit über die GbR besteht, die fortlaufend durch die Rechtsprechung weiterentwickelt wird. Nicht zuletzt aus diesem Grund werden andere Unternehmensformen wegen ihrer eindeutigen gesetzlichen Regelungen gewählt.

2.3 Kapitalgesellschaften

Der wichtigste Entscheidungsgrund für eine Kapitalgesellschaft als Unternehmensform ist der Wegfall der persönlichen Haftung der Gesellschafter. Bei den Kapitalgesellschaften wird nur das Gesellschaftsvermögen zur Haftung herangezogen. Das Gesellschaftsvermögen ist das von den Gesellschaftern aufgebrachte Kapital. Ein weiterer Unterschied zu den Personengesellschaften besteht darin, dass die Gesellschafter häufig nicht an der Unternehmensleitung beteiligt sind, diese Aufgabe übernehmen angestellte Manager.

Die Kapitalgesellschaften haben eine eigene Rechtspersönlichkeit, sie sind sogenannte juristische Personen des privaten Rechts (s. dort), während für die Unternehmensformen der Personengesellschaften die Eigentümer, also natürliche Personen stehen.

2.3.1 Gesellschaft mit beschränkter Haftung (GmbH)

Gründung

Zur Gründung einer GmbH bedarf es mindestens einer Person (§ 1 GmbHG). Es muss ein Gesellschaftsvertrag abgeschlossen werden, der notariell beurkundet und von allen Gesellschaftern unterschrieben werden muss (§ 2 GmbHG).

In dem Gesellschaftsvertrag müssen folgende Mindestinhalte enthalten sein (§ 3 GmbHG):

- Firma und Sitz der Gesellschaft,
- Unternehmensgegenstand,
- Betrag des Stammkapitals,
- Zahl und Höhe der Nennbeträge der Geschäftsanteile eines jeden Gesellschafters,
- eventuell zusätzliche Verpflichtungen der Gesellschafter (außer der Kapitaleinlage).

Eine GmbH muss zur Eintragung ins HR angemeldet werden. Die Anmeldung darf erst erfolgen, wenn das Stammkapital mindestens zur Hälfte **und** auf jeden Geschäftsanteil mindestens ein Viertel des Nennbetrags eingezahlt worden ist (§ 7 GmbHG). Die noch nicht eingezahlten Einlagen müssen als solche in der Bilanz ausgewiesen werden und mit einer Sicherheit ausgestattet sein, z. B. durch eine Bankbürgschaft (s. dort).

Für die Anmeldung werden u. a. folgende Unterlagen benötigt: der Gesellschaftsvertrag, die Legitimation der Geschäftsführer (= Arbeitsvertrag), eine Gesellschafterliste, die die Namen, Vornamen, Geburtsdaten, Wohnort, Höhe der jeweiligen Stammeinlage sowie die jeweiligen Unterschriften enthält (§ 8 GmbHG).

Die Gesellschaft entsteht erst durch die Eintragung ins Handelsregister (konstitutive Wirkung). Werden im Namen der GmbH schon vor der Eintragung Geschäfte getätigt, dann gibt es im Haftungsfall keine Haftungsbeschränkung. Der im Namen der Gesellschaft Handelnde haftet dann auch persönlich (§ 11 GmbHG).

Firma

Die Firma kann jeden gewünschten Namen führen, sie muss nur die Bezeichnung „Gesellschaft mit beschränkter Haftung" oder eine allgemein verständliche Abkürzung dieser Bezeichnung wie GmbH oder GesmbH enthalten (§ 4 GmbHG).

Mindestkapital

Für die Gründung einer GmbH wird ein Mindestkapital in Höhe von 25 000,00 € vorgeschrieben. Dieses Mindestkapital wird als Stammkapital bezeichnet und wird von den Gesellschaftern aufgebracht. Es wird in der Bilanz als **gezeichnetes Kapital** geführt. Jeder Gesellschafter hält einen oder mehrere Geschäftsanteile an der GmbH, dessen Nennbeträge auf volle Euro laufen müssen. Die Höhe der einzelnen Nennbeträge kann variieren. Alle Nennbeträge der Geschäftsanteile zusammen müssen das **Stammkapital** ergeben.

Statt Geld- können auch Sacheinlagen geleistet werden, z. B. kann bei einer Speditionsgründung von einem Gesellschafter auch ein Lkw eingebracht werden. Dann muss der Gegenstand der Sacheinlage, also der Lkw, und der Nennbetrag des Geschäftsanteils, auf den sich die Sacheinlage bezieht, im Gesellschaftsvertrag festgehalten werden (§ 5 GmbHG).

Zudem kann eine Nachschusspflicht im Verhältnis der Nennbeträge der Geschäftsanteile vereinbart werden (§ 26 GmbHG). Beispielsweise wird ein Nachschuss an zusätzlichem

Kapital erforderlich sein, wenn eine neue Lagerhalle gebaut werden soll, das vorhandene Kapital hierfür nicht ausreicht und eine ausschließliche Fremdfinanzierung nicht möglich ist.

Organe

Da Kapitalgesellschaften juristische Personen des privaten Rechts sind, können sie nicht selbst handeln. Deshalb benötigen sie zur Wahrnehmung ihrer Geschäfte entsprechende Organe, in denen natürliche Personen die Entscheidungen treffen. Je nach Größe der Gesellschaft, die sich nach der Mitarbeiterzahl richtet, gibt es bei einer GmbH zwei oder drei Organe, die Gesellschafterversammlung, die Geschäftsführung und eventuell den Aufsichtsrat.

Das oberste Gesellschaftsorgan ist die **Gesellschafterversammlung**. Ihre Aufgaben bestehen im Wesentlichen in:

- der Feststellung des Jahresabschlusses und der Ergebnisverwendung,
- der Bestellung, Abberufung und Entlastung der Geschäftsführer,
- der Aufstellung von Kontrollmechanismen für die Geschäftsführer,
- der Bestellung und Abberufung von Prokuristen und Handlungsbevollmächtigten (§ 46 GmbHG).

Beschlüsse werden auf der Gesellschafterversammlung mit einfacher Mehrheit gefasst, wobei jeder Euro eines Geschäftsanteils einer Stimme entspricht (§ 47 GmbHG).

Bei der GmbH wird die Geschäftsführung und -vertretung durch einen oder mehrere **Geschäftsführer** vorgenommen. Dabei kann die Geschäftsführung nach innen beschränkt werden, jedoch ist eine Beschränkung der Geschäftsvertretung nach außen nicht möglich. Die Geschäftsführer können entweder die Gesellschafter oder angestellte Geschäftsführer sein.

Die Geschäftsführer haben die Aufgabe, das Unternehmen zu leiten. Darüber hinaus haben sie die Pflicht,

- für eine ordnungsgemäße Buchführung zu sorgen (§ 41 GmbHG),
- die Vorbereitung und Erstellung des Jahresabschlusses vorzunehmen (§ 42 und 42a GmbHG),
- die Gesellschafterversammlung einzuberufen (§ 49 GmbHG),
- die Beschlüsse der Gesellschafterversammlung auszuführen,
- auf Verlangen der Gesellschafter Auskünfte zu erteilen (§ 51a GmbHG).

Die Geschäftsführer müssen die Gesellschaft mit der Sorgfalt eines ordentlichen Geschäftsmannes führen. Verletzen sie diese Pflicht, so müssen sie gegenüber der Gesellschaft für den entstandenen Schaden haften (§ 43 GmbHG).

Für eine GmbH kann ein Aufsichtsrat bestellt werden (§ 52 GmbHG). Er ist erst zwingend vorgeschrieben, wenn die GmbH mehr als 500 Mitarbeiter hat. Er hat die Aufgabe, den oder die Geschäftsführer zu überwachen (vgl. Zusammensetzung des Aufsichtsrats bei der AG; s. dort).

Rechte und Pflichten

Die Rechte und Pflichten der Gesellschafter untereinander und gegenüber Dritten sind im Gesellschaftsvertrag geregelt. Sofern keine vertraglichen Vereinbarungen getroffen wurden, gelten die gesetzlichen Bestimmungen (§ 45 GmbHG).

Neben der Befugnis als Geschäftsführer der GmbH tätig zu sein, hat jeder Gesellschafter das Recht auf:

- Teilnahme und Stimmrecht auf der Gesellschafterversammlung (§§ 46, 47, 48, 50 GmbHG),
- einen Gewinnanteil (§ 29 GmbHG). Der Jahresgewinn wird entsprechend den jeweiligen Gesellschaftsanteilen **oder** den Vereinbarungen im Gesellschaftsvertrag verteilt,
- Auskunft über Gesellschaftsangelegenheiten und Einsichtnahme in die Bücher (§ 51a GmbHG),
- einen Anteil am Liquidationserlös (§ 72 GmbHG).

Jeder Gesellschafter hat die Pflicht:

- auf jeden Geschäftsanteil eine Einlage in Höhe des Nennbetrages einzuzahlen (§ 14 GmbHG),
- bei verspäteter Einzahlung Verzugszinsen zu zahlen (§ 20 GmbHG),
- nach Beschluss laut Gesellschaftsvertrag weitere Einzahlungen (Nachschüsse) zu leisten (§ 26 GmbHG).

Haftung

Bei einer GmbH haften die Gesellschafter nur mit ihren Geschäftsanteilen. Für Haftungsfälle kann das gesamte Gesellschaftsvermögen zur Haftung herangezogen werden.

Auflösungsgründe

Eine GmbH wird gesetzlich (§ 60 GmbHG) aufgelöst durch:

- Vertragsablauf, weil die GmbH nur auf bestimmte Zeit gegründet wurde,
- Beschluss der Gesellschafter mit Dreiviertelmehrheit der abgegebenen Stimmen,
- Eröffnung des Insolvenzverfahrens,
- Ablehnung der Eröffnung des Insolvenzverfahrens mangels Masse,
- gerichtliche Entscheidung, z. B. wegen gravierender strafbarer Handlungen der GmbH.

Im Gesellschaftsvertrag können andere Auflösungsgründe vereinbart werden, z. B. wird in einem Gesellschaftsvertrag vereinbart, dass mindestens ein Gesellschafter auch als Geschäftsführer in der GmbH tätig sein muss. Es kommt zur Auflösung der GmbH, wenn kein Gesellschafter bereit ist, als Geschäftsführer tätig zu sein.

Bedeutung

Die GmbH eignet sich insbesondere für kleinere und mittlere Betriebe, in denen die Gesellschafter langfristig an das Unternehmen gebunden sind und in denen auch häufig ihre Mitarbeit gewünscht wird. Den Gesellschaftern ist es jedoch wichtig, dass die persönliche Haftung ausgeschlossen ist.

Im Jahr 2010 wurden in Deutschland 63 % aller Speditionen in der Rechtsform einer GmbH geführt. Somit ist sie die am häufigsten gewählte Unternehmensform, was vor allem an der Haftungsbeschränkung und an dem relativ geringen Stammkapital liegen mag.

Unternehmergesellschaft (haftungsbeschränkt)

Seit November 2008 besteht in Deutschland die Möglichkeit für kleinere, wenig kapitalintensive Unternehmen, eine haftungsbeschränkte Unternehmensform zu wählen, jedoch darf diese nur maximal drei Gesellschafter und einen Geschäftsführer haben.

Für die haftungsbeschränkte Unternehmergesellschaft (§ 5a GmbHG) (Mini GmbH) wird nur noch ein minimales Stammkapital von 1,00 € benötigt. Zudem ist die Gründung der haftungsbeschränkten Unternehmergesellschaft nach einem vereinfachten Verfahren möglich. Dazu muss ein Musterprotokoll verwendet werden, das von einem Notar notariell beurkundet werden muss und es dürfen keine vom Gesetz abweichenden Bestimmungen aufgenommen werden. Zusätzlich gibt es eine Vereinfachung der Handelsregistereintragung, die ebenfalls nach einem Muster vorgenommen wird. Die Gründungskosten fallen geringer aus als bei der klassischen GmbH, da diese Kosten in Abhängigkeit von der Höhe des Stammkapitals berechnet werden.

Die Firma kann jeden gewünschten Namen führen, jedoch muss sie den Zusatz Unternehmergesellschaft (haftungsbeschränkt) oder UG haftungsbeschränkt führen, um diese GmbH-Variante deutlich von der klassischen GmbH zu unterscheiden.

Allerdings haben haftungsbeschränkte Unternehmergesellschaften die Auflage, ein Viertel ihres Jahresgewinns anzusparen, damit ihre Kapitalsausstattung verbessert wird. Wenn sie 25 000,00 € angespart haben (Höhe des Mindestkapitals der herkömmlichen GmbH), kann die haftungsbeschränkte Unternehmergesellschaft ihre Rechtsform in eine klassische GmbH umändern.

Diese neue Unternehmensform ist nicht nur für Unternehmensneugründungen gedacht, sondern auch für Einzelunternehmen bzw. Personengesellschaften.

2.3.2 Aktiengesellschaft (AG)

Eine AG ist ein Unternehmen, das Aktionären (Anteilseiwgnern) gehört, die i. d. R. aber nicht im Unternehmen mitarbeiten. Der Aktionär als Eigentümer von Aktien ist Miteigentümer an der AG. Die Geschäftsführung und -vertretung wird von angestellten Managern, dem Vorstand, wahrgenommen.

Gründung

Zur Gründung einer AG bedarf es mindestens einer Person, i. d. R. sind aber mehrere Personen an einer AG-Gründung beteiligt. Zwischen den Gesellschaftern (Aktionäre) wird ein Gesellschaftsvertrag geschlossen, der bei der AG Satzung heißt und notariell beurkundet werden muss. Die AG entsteht durch die Eintragung in das Handelsregister (konstitutive Wirkung).

In der Satzung müssen im Wesentlichen folgende Inhalte enthalten sein (§ 23 AktG):

- Namen der Gründer,
- Nennbetrag der Nennbetragsaktien (s. u.) oder Anzahl der Stückaktien (s. u.),
- eingezahlter Betrag des Grundkapitals,
- Firma und Sitz der Gesellschaft,
- Unternehmensgegenstand,
- Höhe des Grundkapitals,
- Stückelung (Aufteilung) der Aktien,
- Aktienarten,
- Anzahl der Vorstandsmitglieder.

MERKE
Die Aktionäre müssen alle Aktien gegen Bar- oder Sacheinlagen übernehmen (§ 2 AktG).

Firma

Die Firma kann jeden gewünschten Namen führen, sie muss nur die Bezeichnung „Aktiengesellschaft“ oder eine allgemein verständliche Abkürzung dieser Bezeichnung wie AG enthalten (§ 4 AktG).

Mindestkapital

Für die Gründung einer AG wird ein Mindestkapital in Höhe von 50 000,00 € vorgeschrieben. Dieses Mindestkapital wird in Aktien aufgeteilt und als **Grundkapital** bezeichnet, es wird von den Aktionären aufgebracht. Das Eigenkapital einer AG unterteilt sich in das Grundkapital, das in der Bilanz als **gezeichnetes Kapital** gesondert aufgeführt wird, und in die Kapitalrücklagen. Bei der Neuemission von Aktien ist der Ausgabekurs häufig höher als der Nennbetrag der Aktie. Der Unterschiedsbetrag zwischen Ausgabekurs und Nennbetrag, das Aufgeld, wird getrennt vom Grundkapital in der Bilanz als Kapitalrücklage ausgewiesen. Wird eine Aktie mit einem Nennwert von einem Euro zu einem Ausgabekurs von zwanzig Euro verkauft, dann wird ein Euro als gezeichnetes Kapital und neunzehn Euro als Kapitalrücklage geführt.

Aktienarten

Aktien sind Urkunden über die Beteiligung an einer AG. Eine Aktie stellt einen Anteil am gesamten Unternehmen dar. Der aufgedruckte Wert (Nennbetrag) entspricht dem Anteil am Grundkapital und stellt nicht den tatsächlichen Wert des Unternehmens dar. Wirtschaftlich gesehen entspricht eine Aktie einem Anteil am Gesellschaftsvermögen, das i. d. R. höher ist als das Grundkapital.

Es werden folgende Aktienarten unterschieden:

Nach der Form und dem Mindestbetrag

Aktien können entweder als **Nennbetragsaktien** oder als **Stückaktien** ausgegeben werden. Entscheidend für die Größe der Beteiligung sind entweder die auf den Aktien aufgedruckten Nennbeträge oder die Anzahl der Aktien. Der Mindestnennbetrag einer Aktie beträgt einen Euro. Ein Verkaufspreis am Ausgabetag von Aktien unter ihrem Nennwert (unter pari) ist verboten (§ 9 AktG). Aktiennennbeträge können auch auf einen höheren Betrag lauten, müssen allerdings immer auf volle € lauten (§ 8 AktG). Die Summe aller Nennwerte entspricht der Höhe des Grundkapitals. Beispielsweise hat eine AG 25 000 Nennbetragsaktien mit einem Nennbetrag von 2,00 € ausgegeben, welches einem Grundkapital von 50 000,00 € entspricht. Bei den Stückaktien gibt es keinen Nennbetrag. Hier wird das Grundkapital auf entsprechend viele Aktien aufgeteilt, z. B. wird das Grundkapital in Höhe von 50 000,00 € in 12 500 Stückaktien aufgeteilt, sodass der auf die einzelne Aktie entfallende Anteil 4,00 € entspricht. Auch bei der Stückaktie darf der auf die einzelne Aktie entfallene Anteil nicht weniger als einen Euro betragen.

Nach der Übertragungsweise

Die übliche Aktienform sind **Inhaberaktien**, sie lauten auf den Inhaber und können durch Einigung und einfache Übergabe veräußert werden. **Namensaktien** sind auf den Namen des Eigentümers ausgestellte Aktien. Deshalb können sie nur durch Einigung, Indossament und Weitergabe weiterveräußert werden. Die Weitergabe von Namensaktien muss der AG mitgeteilt werden, was dann in das Aktionärsbuch eingetragen wird. **Vinkulierte Namensaktien** schließlich müssen auch per Indossament und Weitergabe übertragen werden, allerdings dürfen diese nur mit Zustimmung der AG verkauft werden.

Nach den mit den Aktien verbundenen Rechten
Stammaktien sind mit den normalen Aktionärsrechten ausgestattet. **Vorzugsaktien** sind mit besonderen Rechten ausgestattete Aktien, z. B. erhalten die Aktionäre einen erhöhten Gewinnanteil. Dieses kann jedoch mit einem eingeschränkten Stimmrecht verbunden sein.

Nach dem Ausgabetermin der Aktien
Alte Aktien sind die Aktien, die vor einer Grundkapitalerhöhung ausgegeben wurden, z. B. bei der Gründung einer AG. Sie beinhalten das Recht, in bestimmtem Umfang junge Aktien zu kaufen (Bezugsrecht). **Junge Aktien** werden dementsprechend anlässlich einer Grundkapitalerhöhung ausgegeben.

MERKE
Eine Aktie kann also gleichzeitig eine Nennbetragsaktie, eine Namensaktie, eine Vorzugsaktie und eine alte Aktie sein (andere Varianten sind möglich). Die überwiegende Aktienart sind Nennbetragsaktien, Inhaberaktien, Stammaktien und alte Aktien.

Organe

Bei einer AG sind drei Organe zwingend vorgeschrieben, die die AG in allen Rechtsgeschäften vertreten:

Hauptversammlung (§§ 118 bis 137 AktG)
Die Hauptversammlung ist eine Versammlung der Aktionäre, die gewöhnlich einmal im Jahr stattfinden muss und vom Aufsichtsratsvorsitzenden geleitet wird. An der Hauptversammlung nehmen normalerweise auch die Vorstands- und die Aufsichtsratsmitglieder teil.

Die Aktionäre einer AG als deren Eigentümer haben auf der Hauptversammlung das Recht, die allgemeine Geschäftspolitik vorzugeben. Dabei hat jede Aktie eine Stimme. Letztlich ist damit die Möglichkeit eines einzelnen Aktionärs mit nur einer Aktie auf die Geschäftspolitik einer AG Einfluss zu nehmen, relativ gering. Deshalb werden die Stimmrechte häufig zu einem Stimmrechtspaket gebündelt, indem z. B. ein Kreditinstitut bevollmächtigt wird, das Stimmrecht im Namen der Eigentümer auszuüben. So erhalten Kleinaktionäre eine beträchtliche Macht, sofern ihre Interessen durch das Kreditinstitut tatsächlich berücksichtigt werden.

Die Hauptversammlung ist das beschließende Organ einer AG und hat im Wesentlichen folgende Aufgaben (§ 119 AktG):

- Entlastung des Vorstands und des Aufsichtsrats,
- Wahl der Aktionärsvertreter für den Aufsichtsrat,
- Bestellung des Abschlussprüfers für den Jahresabschluss,
- Entscheidung über die Gewinnverwendung,
- grundsätzliche Beschlüsse über die Unternehmenspolitik, z. B. Satzungsänderungen, Kapitalerhöhungen oder -herabsetzungen, Auflösung der Gesellschaft, Zustimmung oder Ablehnung einer Fusion.

Hauptversammlungsbeschlüsse werden mit einfacher Mehrheit gefasst, allerdings kann in der Satzung etwas anderes festgelegt sein. Satzungsänderungen müssen mit einer qualifizierten Mehrheit, d. h. 75 % des bei der Abstimmung vertretenen Kapitals, getroffen werden.

Aufsichtsrat (§§ 95 bis 116 AktG)
Der Aufsichtsrat (AR) ist das überwachende Organ einer AG. Der AR wird für vier Jahre gewählt (Wiederwahl möglich) und hat mindestens drei Mitglieder. Eine höhere Anzahl der Aufsichtsratsmitglieder kann durch die Satzung festgelegt werden, darf aber nicht mehr als neun Mitglieder bei einem Grundkapital bis zu 1 500 000,00 EUR, nicht mehr als fünfzehn Mitglieder bei einem Grundkapital von 1 500 000,00 EUR bis 10 000 000,00 EUR und maximal einundzwanzig Mitglieder bei einem Grundkapital von über 10 000 000,00 EUR haben (§ 95 AktG). Ein Aufsichtsratsmitglied darf nicht zugleich im Vorstand der AG sein.

Der AR besteht i. d. R. aus Aktionärsvertretern (von der Hauptversammlung gewählt) und aus Arbeitnehmervertretern (von den Arbeitnehmern gewählt). Die Mitglieder des Aufsichtsrates werden von den Aktionären und in vielen Fällen auch von den Arbeitnehmern der AG gewählt.

Grundsätzlich richtet sich die Zusammensetzung des Aufsichtsrates nach der Anzahl der Arbeitnehmer einer AG:
- Bei einer AG mit bis zu 2 000 Mitarbeitern
  Diese Aktiengesellschaften unterliegen dem Betriebsverfassungsgesetz. Danach setzt sich der Aufsichtsrat aus einem Drittel Arbeitnehmervertretern und zwei Dritteln Aktionärsvertretern zusammen.
- Bei einer AG mit mehr als 2 000 Mitarbeitern[1]
  Diese Aktiengesellschaften unterliegen dem Mitbestimmungsgesetz. Danach setzt sich der Aufsichtsrat je zur Hälfte aus Aktionärs- und Arbeitnehmervertretern zusammen, wobei der Vorsitzende (üblicherweise ein Aktionärsvertreter) in Pattsituationen über eine doppelte Stimme verfügt.

Der Aufsichtsrat hat im Wesentlichen folgende **Aufgaben** (§§ 84, 111, 171 AktG):
- Überwachung der Geschäftsführung des Vorstands,
- Prüfung des Jahresabschlusses, des Lageberichts, des Prüfungsberichts sowie des Vorschlags des Vorstands über die Gewinnverwendung,
- Einberufung einer außerordentlichen Hauptversammlung,
- Bestellung und Abberufung des Vorstands.

Für die Tätigkeit als Aufsichtsrat bekommen die Aufsichtsratsmitglieder eine Vergütung, z. B. in Form eines Anteils am Jahresgewinn (§ 113 AktG).

Vorstand (§§ 76 bis 94 AktG)
Der Vorstand führt die Geschäfte einer AG. Er wird vom Aufsichtsrat auf fünf Jahre bestellt (mehrfache Verlängerung möglich) und besteht aus einer oder mehreren Personen. Der Vorstand hat im Wesentlichen folgende **Aufgaben**:
- Geschäftsführung und Vertretung,
- regelmäßige Unterrichtung des Aufsichtsrats über Stand und Entwicklung der Gesellschaft,
- Einberufung der ordentlichen Hauptversammlung,
- Erstellung des Jahresabschlusses und des Lageberichts.

---
[1] *In Aktiengesellschaften (AG), die als Familiengesellschaft geführt werden und weniger als 500 Mitarbeiter haben, sind keine Arbeitnehmer im AR vertreten (vgl. Anhang zu § 129 BetrVG, Beteiligung der Arbeitnehmer im AR § 76 BetrVG)*

Rechnungslegung/Jahresabschluss

Der Vorstand der AG muss spätestens drei Monate nach Geschäftsjahresende den Jahresabschluss (bestehend aus Bilanz und Gewinn- und Verlustrechnung) sowie den Lagebericht dem Aufsichtsrat vorlegen. Der **Lagebericht** enthält allgemeine Zusatzinformationen zur Bilanz und geht auf die wirtschaftliche Lage des Unternehmens ein, so z. B. auf die erwartete Auftragslage im nächsten Jahr oder auf geplante Stellenstreichungen. Je nach Größe der AG, d. h. bei einer Bilanzsumme ≥ 2,655 Mio. €, einem Jahresumsatz ≥ 5,31 Mio. € und einer durchschnittlichen Beschäftigtenzahl ≥ 50 Arbeitnehmer (zwei von drei Merkmalen müssen mindestens zutreffen), müssen der Jahresabschluss oder Auszüge davon dem Handelsregister eingereicht und im Bundesanzeiger veröffentlicht werden (Publizitätspflicht). Zudem muss der Vorstand einen Vorschlag über die Verwendung des Bilanzgewinns vorlegen. Dieser wird auf der Hauptversammlung den Aktionären zur Abstimmung vorgelegt.

Der Bilanzgewinn ergibt sich, wenn vom Jahresüberschuss ein möglicher Verlustvortrag aus dem oder den vergangenen Jahren sowie die gesetzlichen und freiwilligen Rücklagen abgezogen werden.

	Jahresüberschuss
–	Verlustvortrag
–	Gesetzliche Rücklagen
–	Freiwillige Rücklagen
=	Bilanzgewinn

Aus dem Jahresüberschuss müssen gesetzlich vorgeschriebene Kapitalrücklagen gebildet werden (§ 150 AktG). Zusätzlich können Vorstand und Aufsichtsrat beschließen, dass maximal die Hälfte des Jahresüberschusses in die freiwilligen Rückstellungen eingestellt wird, falls die Satzung dieses vorsieht (§ 58 AktG).

Über den Rest- bzw. Bilanzgewinn können nun die Aktionäre bestimmen. So haben sie die Möglichkeit, einen Teil des Gewinns für weitere Gewinnrücklagen zu nutzen oder einen Gewinnvortrag für das nächste Jahr zu machen oder einen Teil des Gewinns als Dividende auszuschütten. Bei Letzterem erhält jede Aktie einen bestimmten Prozentsatz auf den Nennwert jeder Aktie. Die Dividende ist die Verzinsung für das eingesetzte Kapital.

Rechte und Pflichten der Aktionäre

Jeder Aktionär hat:
- das Recht auf Teilnahme an der Hauptversammlung,
- ein Stimmrecht (entsprechend der vorhandenen Aktien) auf der Hauptversammlung,
- ein Auskunftsrecht auf der Hauptversammlung,
- einen Anspruch auf Dividende (Gewinn),
- ein Recht auf Bezug junger Aktien,
- ein Recht auf einen Anteil am Liquidationserlös.

Jeder Aktionär hat außerdem die Pflicht:
- den Ausgabebetrag der Aktie einzuzahlen,
- mit dem eigenen Aktienanteil zu haften,
- eventuell sonstige in der Satzung festgelegte Pflichten wahrzunehmen, aber keine Mitarbeitspflicht.

Haftung

Bei einer AG haften die Aktionäre nur mit ihrer Kapitaleinlage, jede persönliche Haftung ist ausgeschlossen (§ 1 AktG). Für Haftungsfälle kann das gesamte Gesellschaftsvermögen zur Haftung herangezogen werden.

Auflösungsgründe

Eine AG wird gesetzlich (§ 262 AktG) aufgelöst durch:

- Vertragsablauf, weil die AG nur auf bestimmte Zeit gegründet wurde,
- Beschluss der Hauptversammlung mit einer Dreiviertelmehrheit des zu diesem Zeitpunkt vertretenen Grundkapitals,
- Eröffnung des Insolvenzverfahrens,
- Ablehnung der Eröffnung des Insolvenzverfahrens mangels Masse,
- gerichtliche Entscheidung, z. B. wegen eines Satzungsmangels,
- Löschung im Handelsregister wegen Vermögenslosigkeit.

Bedeutung

Die Rechtsform einer AG eignet sich insbesondere für Unternehmen, die einen hohen Kapitalbedarf haben, z. B. um große Investitionsvorhaben wie ein Logistikzentrum zu finanzieren. Durch die Stückelung des Grundkapitals in viele kleine Anteile ist es leichter, Kapitalanleger zu finden. Für Kapitalanleger ist mit dem Kauf von Aktien ein kalkulierbares Risiko verbunden, denn ein Aktionär kann nur sein eingesetztes Kapital verlieren; auf der anderen Seite wird das eingesetzte Kapital über die Dividende verzinst. Zudem besteht durch den Verkauf der Aktie(n) die Möglichkeit, Kursgewinne einzustreichen. Falls ein Aktionär sein eingesetztes Kapital zurückhaben möchte, kann er seine Aktienanteile verkaufen, ohne dass dieser Verkauf für die AG zu Problemen führt, da ein Eigentumsanteil veräußert wird und kein Geld aus der AG entnommen wird.

Durch die Trennung von Kapitalgebern und der Unternehmensleitung kann Letztere von Fachkräften übernommen werden.

Mittlerweile ist die AG auch für kleinere und mittelständische Betriebe eine geeignete Rechtsform, insbesondere wenn das Unternehmen vermehrt Eigenkapital für eine rasche Ausdehnung seines Geschäftsbereiches (Expansion) benötigt.

Es gibt **börsennotierte** und nicht börsennotierte AGs. Bei den börsennotierten AGs werden die Aktien an der Börse gehandelt. Die überwiegende Anzahl von AGs ist jedoch nicht börsennotiert. Zum einen liegt das an den Börsenzugangsvoraussetzungen, die sehr hoch angesetzt sind, so z. B. bei Bildung von Gewinnrücklagen, Veröffentlichung der Bilanz. Zum anderen sind nicht börsennotierte AGs auch nicht verpflichtet, ihre Geschäftszahlen bekannt zu geben.

LSL

Im Jahr 2010 wurden in Deutschland nur 3 % aller Speditionen in der Rechtsform einer AG geführt. Somit spielt sie eher eine untergeordnete Rolle, welches vor allem daran liegen mag, dass die gesetzlichen Auflagen zu einem erheblichen Mehraufwand in der Geschäftsführung führen.

2.4 GmbH & Co. KG

Die GmbH & Co. KG ist eine Kommanditgesellschaft, also eine Personengesellschaft, bei der die Komplementärin eine GmbH, also eine Kapitalgesellschaft ist. Häufig sind die Gesellschafter der GmbH zugleich die Kommanditisten dieser Unternehmensform, es können aber auch andere Personen sein.

Der Vorteil einer GmbH & Co. KG liegt in der Haftungsbeschränkung dieser Personengesellschaft, bei der keine natürliche Person mit ihrem privaten Vermögen haften muss. Die GmbH & Co. KG ist gesetzlich nicht gesondert geregelt. Es gelten die Vorschriften aus dem GmbHG und dem HGB.

Gründung

Zur Gründung einer GmbH & Co. KG kann es dadurch kommen, dass:

- bei einer bereits bestehenden GmbH Kommanditisten aufgenommen werden, beispielsweise um die Eigenkapitalbasis zu verbreitern, ohne dass die Kommanditisten ein maßgebliches Mitspracherecht haben oder als Geschäftsführer tätig sein können.
- eine GmbH Komplementärin bei einer bereits bestehenden KG wird. Das kann z. B. dann der Fall sein, wenn der Vollhafter einer KG stirbt, das Unternehmen aber weiter fortgeführt werden soll, die Erben allerdings nicht bereit sind, als Vollhafter im Unternehmen tätig zu sein. Aus diesem Grund gründen die Erben eine GmbH, welche dann die oben erwähnte Komplementärin wird.
- schließlich das neu zu gründende Unternehmen (auch aus obigen Gründen) sofort in der Rechtsform einer GmbH & Co. KG geführt werden soll. Auch hier ist es dann notwendig, dass zuerst eine GmbH gegründet und in das HR eingetragen wird, um anschließend die GmbH & Co. KG gründen zu können.

MERKE
In jedem Fall muss ein Gesellschaftsvertrag zwischen der GmbH und den Kommanditisten geschlossen werden.

Firma

Haftet bei einer KG keine natürliche Person als Vollhafter, dann muss in der Firma ein haftungsbeschränkender Hinweis enthalten sein (§ 19 Abs. 2 HGB), d. h., GmbH muss im Namen des Unternehmens stehen.

Rechte und Pflichten

Für die Gesellschafter einer GmbH & Co. KG gelten dieselben Rechte und Pflichten wie für die Gesellschafter einer KG.

Die Geschäftsführung und -vertretung obliegt bei einer KG dem Komplementär, sodass bei einer GmbH & Co. KG die Geschäftsführung nach innen und die Geschäftsvertretung nach außen vom Geschäftsführer der GmbH ausgeübt wird.
Die Gewinnverteilung erfolgt nach den Vereinbarungen im Gesellschaftsvertrag. Wurden keine entsprechenden Regelungen getroffen, gelten die Gewinnverteilungsvorschriften der KG.

Haftung

Bei einer KG haftet der Komplementär voll mit seinem Geschäfts- und Privatvermögen. Da der Komplementär aber eine GmbH ist und kein Privatvermögen hat, ist die Haftung auf das Geschäftsvermögen der GmbH beschränkt.

Die Kommanditisten der GmbH & Co. KG haften nur mit ihrer Einlage.

Bedeutung

Im Jahr 2010 wurden in der Speditionsbranche 24 % aller Speditionen in der Rechtsform der GmbH & Co. KG geführt. Sie ist damit die am zweithäufigsten gewählte Rechtsform in dieser Branche. Eine Ursache hierfür könnte darin liegen, dass für viele ehemals als KG geführte Unternehmen die Haftung beschränkt werden konnte.

ZUSAMMENFASSUNG

Rechtsform Vergleichskriterium	Einzelunternehmung	Offene Handelsgesellschaft (OHG)	Kommanditgesellschaft (KG)	Gesellschaft bürgerlichen Rechts (GbR)	Gesellschaft mit beschränkter Haftung (GmbH)	Aktiengesellschaft (AG)	GmbH & Co. KG
Gesetzliche Grundlagen	HGB (Handelsgesetzbuch)	HGB	HGB	BGB (Bürgerliches Gesetzbuch)	GmbHG (Gesellschaft mit beschränkter Haftung Gesetz)	AktG (Aktiengesetz)	HGB, GmbHG
Mindestzahl der Gründer	1	2	2	2	1	1	2
HR-Eintragung	Abteilung A	Abteilung A	Abteilung A	Keine Eintragung	Abteilung B	Abteilung B	Abteilung A
Firma	jeglicher Name und Zusatz: e. K., e. Kfm., e. Kfr.	jeglicher Name und Zusatz: OHG	jeglicher Name und Zusatz: KG	keine	jeglicher Name und Zusatz: GmbH bzw. UG (haftungsbeschränkt)	jeglicher Name und Zusatz: AG	jeglicher Name und Zusatz: GmbH & Co. KG
Mindestkapital	nicht vorgeschrieben	nicht vorgeschrieben	nicht vorgeschrieben	nicht vorgeschrieben	Stammkapital: 25 000,00 €, UG: 1,00 €	50 000,00 €	nicht erforderlich, aber GmbH mind. 25 000,00 €
Haftung	unbeschränkt mit Geschäfts- und Privatvermögen	unbeschränkt mit Geschäfts- und Privatvermögen	jeder Komplementär (Vollhafter): unbeschränkt mit Geschäfts- und Privatvermögen; jeder Kommanditist (Teilhafter): nur mit Kapitaleinlage	unbeschränkt mit Geschäfts- und Privatvermögen	beschränkt auf das Gesellschaftsvermögen (Gesellschafter nur in Höhe der Nennbeträge ihrer Geschäftsanteile)	beschränkt auf das Gesellschaftsvermögen (Aktionäre in Höhe ihrer Aktienanteile)	unbeschränkt mit Geschäfts- und Privatvermögen. Aber: GmbH ist Vollhafter, daher Haftungsbeschränkung auf das Gesellschaftsvermögen, Kommanditist: nur mit Kapitaleinlage
Geschäftsführung/ -vertretung	Einzelunternehmer	jeder Gesellschafter	nur Komplementär	alle Gesellschafter gemeinschaftlich	der oder die Geschäftsführer	Vorstandsmitglieder gemeinsam	Komplementär, d. h. der bzw. die Geschäftsführer der GmbH

Rechtsform Vergleichskriterium	Einzelunternehmung	Offene Handelsgesellschaft (OHG)	Kommanditgesellschaft (KG)	Gesellschaft bürgerlichen Rechts (GbR)	Gesellschaft mit beschränkter Haftung (GmbH)	Aktiengesellschaft (AG)	GmbH & Co. KG
Ergebnisverteilung (gesetzliche Regelung)	Einzelunternehmer	Gewinn: 4 % auf das eingesetzte Kapital, Rest nach Köpfen; Verlust: nach Köpfen	Gewinn: 4 % auf das eingesetzte Kapital, Rest in angemessenem Verhältnis; Verlust: in angemessenem Verhältnis	Alle Gesellschafter gleich hohe Gewinn- und Verlustbeteiligung	Im Verhältnis der Geschäftsanteile	Im Verhältnis der Aktiennennbeträge	wie bei der KG
Organe	keine	keine	keine	keine	Geschäftsführer = geschäftsführendes Organ, eventuell Aufsichtsrat = überwachendes Organ, Gesellschafterversammlung = beschließendes Organ	Vorstand = geschäftsführendes Organ, Aufsichtsrat = überwachendes Organ, Hauptversammlung = beschließendes Organ	keine, aber GmbH-Organe
Auflösungsgründe	Beschluss des Inhabers, Eröffnung des Insolvenzverfahrens	Vertragsablauf, Beschluss der Gesellschafter, Eröffnung des Insolvenzverfahrens, Gerichtliche Entscheidung	Vertragsablauf, Beschluss der Gesellschafter, Eröffnung des Insolvenzverfahrens, Gerichtliche Entscheidung	Kündigung oder Tod eines Gesellschafters, Beschluss der Gesellschafter, Zweckerreichung, Eröffnung des Insolvenzverfahrens	Vertragsablauf, Beschluss der Gesellschafter, Eröffnung des Insolvenzverfahrens, Gerichtliche Entscheidung	Vertragsablauf, Beschluss der Hauptversammlung, Eröffnung des Insolvenzverfahrens, Gerichtliche Entscheidung	Vertragsablauf, Beschluss der Gesellschafter, Eröffnung des Insolvenzverfahrens, Gerichtliche Entscheidung

Bearbeitungsvorschläge

Während einer Pause sieht die Auszubildende Franka von der Wall GmbH – Spedition & Logistik im Wirtschaftsteil der örtlichen Tageszeitung folgende Schlagzeile: „Spedition Hans Weller GmbH kurz vor der Insolvenz". Sie beschließt, den Artikel zu lesen, da ihre Mitschülerin Cordula in dieser Spedition arbeitet und immer so von ihrer Ausbildung und ihrem Unternehmen schwärmt.

WSP

Spedition Hans Weller GmbH kurz vor der Insolvenz!

Die Nachricht schlug gestern ein wie eine Bombe. Die Spedition Weller GmbH steht kurz vor der Zahlungsunfähigkeit. Der Insolvenzverwalter ist schon bestellt und sieht keine Chance mehr, die drohende Insolvenz abzuwenden. Aus eigener Kraft ist das Unternehmen nicht mehr in der Lage, seinen Zahlungsverpflichtungen nachzukommen. Auch sind die Gesellschafter der Spedition nicht bereit, noch mehr Geld aus ihrem privaten Vermögen in das Unternehmen zu stecken.

Dabei sah es für die Spedition in den letzten Jahren sehr rosig aus. In den 90er-Jahren erlebte die Spedition geradezu einen Boom. Während viele Speditionen den Gürtel enger schnallen mussten, expandierte die Spedition Weller kräftig, viele Neueinstellungen, neue Lkws, ein neues Verwaltungsgebäude. Einer der Gründe für das schnelle Wachstum lag darin, dass sie als eine der ersten Speditionen ihr Logistikangebot extrem erweitert hatte.

Das Nachsehen haben jetzt die Mitarbeiter und die Gläubiger des Unternehmens.

Um den Kapitalbedarf zu decken, aber auch um die erhöhte Arbeitsbelastung bewältigen zu können, suchte Weller einen neuen Partner. In dem Investor Meierdink hatte er auch einen finanzstarken Partner gefunden. Allerdings wollte dieser nicht als Gesellschafter im Unternehmen mitarbeiten und schon gar nicht mit seinem Privatvermögen haftbar gehalten werden können. Als hätte Meierdink die zukünftige Entwicklung vorausgeahnt. Für die zusätzliche Arbeit wurde als Geschäftsführer Erik von Wilden eingestellt. Deshalb wechselte die traditionelle Spedition im letzten Jahr ihre Unternehmensform. Sie wandelte ihr Unternehmen von einer Einzelunternehmung in eine GmbH um.

Hans Weller, der auf der Pressekonferenz blass und um zehn Jahre gealtert wirkte, nach den Gründen für die Insolvenz gefragt, meinte: „Starke Umsatzeinbußen, einige Fehlentscheidungen und die große Konkurrenz im Speditionsgewerbe führen jetzt dazu, dass ich mein Unternehmen schließen muss. Allerdings ist das persönliche Engagement eines angestellten Geschäftsführers eben doch nicht zu vergleichen mit dem des Eigentümers."

Quelle: Bildungsverlag-Eins-Archiv 2011

Arbeitsauftrag

a) Nennen Sie Gründe, die dazu führen können, dass ein Unternehmen seine Rechtsform wechselt.

b) Erklären Sie, warum Herr Meierdink nicht gewillt ist, mit seinem privaten Vermögen zu haften.

c) Erläutern Sie, inwieweit die Mitarbeiter und die Gläubiger der Weller Spedition das Nachsehen haben.

d) Begründen Sie, warum es gerade in der momentanen Situation der Spedition Hans Weller GmbH vorteilhaft war, die Unternehmensform gewechselt zu haben.

Übungsaufgaben

1. Legen Sie begründet dar, welche der Ihnen bekannten Unternehmensformen Sie Holger, Max und Tanja aus der Lernsituation dieses Kapitels empfehlen würden.

2. Beschreiben Sie, worin der Unterschied zwischen Personen- und Kapitalgesellschaften besteht.

3. Begründen Sie, warum für Gesellschafter einer OHG das Wettbewerbsverbot gilt.

4. Legen Sie dar, worin der Unterschied zwischen der Geschäftsführungsbefugnis und der Geschäftsvertretungsbefugnis besteht.

5. Entscheiden Sie begründet, ob folgende Aussagen zu den Personengesellschaften richtig oder falsch sind. Korrigieren Sie die falschen Aussagen.

Aussagen	richtig	falsch	Korrektur
1. Einzelunternehmer haften nur mit ihrem Geschäftsvermögen.			
2. Kommanditisten haften genauso wie die Gesellschafter einer OHG.			
3. Komplementäre sind die Vollhafter einer KG.			
4. Eine GbR kann auch stillschweigend gegründet werden.			
5. Die obige Spedition Weller kann auch unter dem Namen Weller Spedition e. K. GmbH firmieren.			
6. Bei einer KG sind Komplementär und Kommanditist gleichberechtigt.			
7. Bei einer OHG sind alle Gesellschafter gleichberechtigt.			
8. Jede Personengesellschaft ist berechtigt, eine Firma zu tragen und sich ins Handelsregister eintragen zu lassen.			
9. Die Kapitalverzinsung erfolgt bei der OHG nach dem banküblichen Zinssatz.			

6. Die Kriesche Trans KG hat als Gesellschafter die beiden Komplementäre Jonas Zerhusen (170 000,00 € Kapitalanteil) und Frank Kamphaus (250 000,00 € Kapitalanteil) sowie die Kommanditisten Yvonne Novack (100 000,00 € Kommanditeinlage) und Petra Börgerding (300 000,00 € Kommanditeinlage). Die KG erwirtschaftete im letzten Geschäftsjahr einen Jahresgewinn von 1 200 000,00 €. Von diesem Jahresgewinn erhalten die beiden Komplementäre Jonas Zerhusen und Frank Kamphaus vorab jeweils 120 000,00 € für die Unternehmensleitung. Der Gewinn soll entsprechend der gesetzlichen Regelung verteilt werden, wobei im Gesellschaftsvertrag vereinbart wurde, dass die beiden Komplementäre jeweils 40 % und die Kommanditisten den Rest erhalten.

   a) Berechnen Sie die Gewinnanteile.

   b) Beschreiben Sie die Möglichkeiten, die zu einer Eigenkapitalerhöhung bei einer KG führen.

7. Entscheiden Sie begründet, ob folgende Aussagen zu den Kapitalgesellschaften richtig oder falsch sind. Korrigieren Sie die falschen Aussagen.

Aussagen	richtig	falsch	Korrektur
1. In den Aufsichtsräten sind immer Arbeitnehmervertreter vertreten.			
2. Für die Gründung einer AG werden mindestens 50 000,00 € vorgeschrieben.			
3. Mit einer Dreiviertelmehrheit der abgegebenen Stimmen kann eine Gesellschafterversammlung die Auflösung einer GmbH beschließen.			
4. Für die Gründung einer AG werden mindestens fünf Personen benötigt.			
5. Eine UG (haftungsbeschränkt) kann mit einem minimalen Stammkapital von 10,00 € gegründet werden.			
6. Bei einer GmbH & Co. KG ist die GmbH der Kommanditist.			
7. Die Hauptversammlung ist das oberste Organ der GmbH.			
8. Die GmbH & Co. KG ist eine Personengesellschaft.			
9. Der gesamte Bilanzgewinn wird immer an die Aktionäre als Dividende ausgeschüttet.			

8. Vergleichen Sie die Rechtsformen der Einzelunternehmung und der Unternehmergesellschaft (haftungsbeschränkt).

9. Aus welchem Grund werden die meisten Aktien als Inhaberaktien ausgestellt?

10. Um welche Aktienart handelt es sich jeweils?

a) Diese Aktienart ist auf einen bestimmten Namen ausgestellt.

b) Diese Aktienart hat keinen aufgedruckten Wert.

c) Diese Aktienart gewährt die normalen Rechte eines Aktionärs.

d) Diese Aktienart gibt es bei einer Kapitalerhöhung.

e) Diese Aktienart wird durch Einigung und Übergabe übertragen.

f) Diese Aktienart hat einen aufgedruckten Wert.

g) Diese Aktienart bietet besondere Rechte.

h) Diese Aktienart war vor einer Kapitalerhöhung vorhanden.

i) Diese Aktienart darf nur mit Zustimmung der AG weiterverkauft werden.

11. Bei der AG gibt es die drei Organe Vorstand, Aufsichtsrat und Hauptversammlung. Tragen Sie ein, welche der folgenden Aufgaben von welchem Organ wahrgenommen wird.

Aufgabe	Organ
1. Einberufung der Hauptversammlung	
2. Bestellung des Abschlussprüfers	
3. Prüfung des Jahresabschlusses	
4. Einberufung einer außerordentlichen Hauptversammlung	
5. Entscheidung über die Gewinnverwendung	
6. Abberufung des Vorstands	
7. Geschäftsvertretung	
8. Entlastung des Vorstands	
9. Satzungsänderung	

12. Geben Sie an, welche der folgenden Aussagen richtig und welche falsch sind. Korrigieren Sie die falschen Aussagen.

Aussagen	richtig	falsch	Korrektur
1. Das Handelsregister unterrichtet u. a. über die Kapitalverhältnisse einer Unternehmung.			
2. GmbHs werden in der Abteilung A des Handelsregisters geführt.			
3. Prokuristen werden nur in Abteilung B des Handelsregisters geführt.			
4. Alle Eintragungen und Änderungen im Handelsregister werden veröffentlicht.			
5. Deklaratorische Wirkung des Handelsregistereintrags bedeutet, dass die Rechtswirksamkeit mit der Eintragung im Handelsregister eintritt.			

3 Regeln der Zusammenarbeit

LERNSITUATION

Die Auszubildende Claire ist in den ersten Wochen ihrer Ausbildung in der Abteilung Lkw-Sammelgutverkehr eingesetzt. Ihr Ausbilder Herr Glasen teilt ihr in einem energischen Ton mit, dass in dieser Abteilung im Schichtdienst gearbeitet wird und gerade deshalb die Zusammenarbeit bzw. die Absprachen der Sachbearbeiter untereinander von besonderer Bedeutung sind. Er führt weiterhin aus, dass eine reibungslose Abwicklung nur gewährleistet sein kann, wenn Absprachen und Vereinbarungen getroffen werden.

Claire ist durch das strenge Auftreten von Herrn Glasen eingeschüchtert und verunsichert und benötigt unbedingt Hilfe und Unterstützung.

Aufgaben

1. Klären Sie zunächst die wesentlichen Arbeitsabläufe beim Lkw-Sammelgutverkehr und erklären Sie den Abstimmungsbedarf bei diesen Tätigkeiten.
2. Stellen Sie dar, über welche Fähigkeiten besonders ein Lkw-Sammelgutmitarbeiter verfügen muss, um eine reibungslose Zusammenarbeit gewährleisten zu können.
3. Beschreiben Sie, wie sich Herr Glasen hätte verhalten sollen, damit Claire weder eingeschüchtert noch verunsichert wäre.

3.1 Kompetenz und Qualifikation

Individuelles und gemeinsames Lernen in hoher Eigenverantwortung und Selbstorganisation sind unbedingte Forderungen der Wirtschaft, die heute an Auszubildende bzw. Sachbearbeiter, auch in einer Spedition, gestellt werden. Dabei haben die Bereiche der Kompetenz und der Qualifikation einen hohen Stellenwert.

In Bezug auf den einzelnen Mitarbeiter bezeichnet Kompetenz den individuellen Lernerfolg und die Befähigung zu eigenverantwortlichem Handeln, so auch im täglichen Speditionsgeschehen. Demgegenüber wird unter Qualifikation der Lernerfolg daran gemessen, inwieweit das Gelernte in der beruflichen Praxis angewandt werden kann.

Um den Auszubildenden Kompetenz und Qualifikation gewährleisten zu können, sind Schule und Betrieb aufgefordert, folgende Kompetenzen zu ermöglichen:

- **Personalkompetenz** (z. B. bei der verantwortlichen Übernahme von Aufgaben bei der Teamarbeit, Kritikfähigkeit, Zuverlässigkeit, Selbstvertrauen ...),
- **Sozialkompetenz** (z. B. bei der Interaktion mit anderen Teammitgliedern, Zuwendungen und Spannungen erfassen und verstehen, Interesse an anderen zeigen ...),
- **Methodenkompetenz** (z. B. beim Präsentieren und Visualisieren von Ergebnissen, Informationen sammeln, Strukturen analysieren, Problemlösestrategien beherrschen ...),
- **Sprachkompetenz** (z. B. beim Vertreten und Verteidigen der eigenen Meinung, Fachbegriffe richtig anwenden ...),
- **Lernkompetenz** (z. B. beim Erfassen und Strukturieren von Arbeitsabläufen ...),
- **Fachkompetenz** (z. B. Anwendung der erlernten Theorie aus der Schule auf die speditionelle Praxis ...).

3.2 Effektives Lernen im Team

Ein Team kann zur Bewältigung einer Aufgabe zeitbegrenzt oder auf Dauer bestehen und ist mehr als die Summe seiner Mitglieder. Es verbindet die besonderen Fähigkeiten seiner Mitglieder mit einem konstruktiven Teamgeist.

Jede Problembearbeitung bzw. jeder zielorientierte Informationsaustausch in der Berufsschule oder bei der praktischen Auftragsbearbeitung in der Spedition bedeutet für die Teammitglieder immer einen Lernprozess.

MERKE
Im Lernprozess beobachten die Teammitglieder, sie denken nach, tauschen Informationen aus und handeln gemeinsam.

Diese Zusammenarbeit soll schwerpunktmäßig als Erfahrungsgewinn im Team wirksam werden, um dadurch die Effektivität des Lernens zu erhöhen. Kernpunkt dieser „kooperativen Selbstqualifikation" ist, dass die Teilnehmer den Arbeits- bzw. Lernprozess selbst organisieren, lenken, kontrollieren und dabei wechselweise aufeinander einwirken. Die Befähigung zur Kooperation mit anderen Beteiligten erfährt somit einen Zuwachs.

Durch das Mitdenken, Mitverantworten und Mithandeln bereichert der Einzelne sein aufgabenbezogenes Wissen und Können für seinen speziellen Arbeitsplatz.

Lernen in Teams bezieht sich nicht nur auf die Inhaltsebene, sondern auch auf die Beziehungsebene. Jedes Team befasst sich nicht nur mit einem Thema, das „auf dem Tisch" liegt, es geschieht auch einiges „unter dem Tisch".

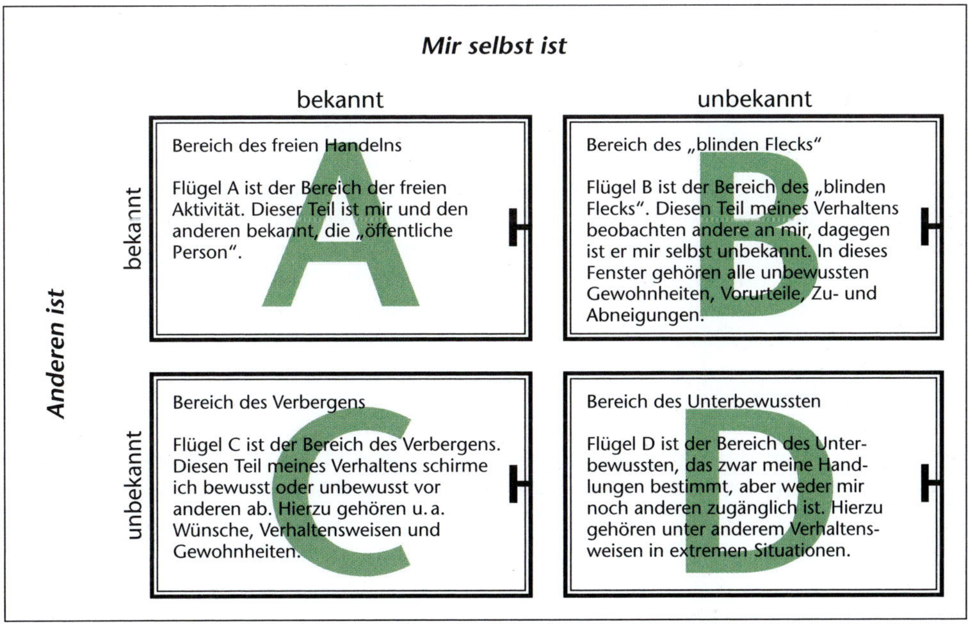

3.3 Zwischenmenschliche Beziehungen

Zwischenmenschliche Beziehungen lassen sich als *Fenster (Jahori-Fenster) mit vier Flügeln* darstellen:
Nur offene Kommunikation untereinander schafft Vertrauen. Dadurch entsteht ein größeres Fenster für das freie Handeln, indem jedes Teammitglied neue Verhaltensweisen ausprobieren kann. Verhaltensweisen, die sich als negativ erwiesen haben, können dadurch erkannt und abgebaut werden. Voraussetzung dafür ist die Bereitschaft, Mitteilungen von anderen anzunehmen. Umgekehrt bedeutet dies, dass andere zu offenem Verhalten ermutigt werden können, indem sie um Informationen über den Bereich des Verbergens gebeten werden und selbst bereit sind, den Gesprächspartner auf „blinde Flecken“ aufmerksam zu machen.

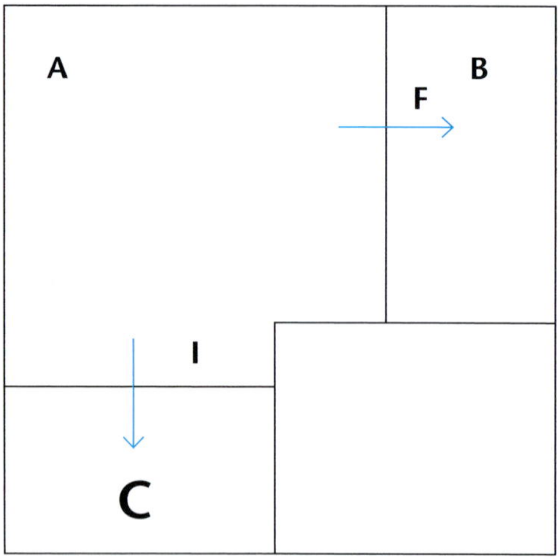

Das Fenster macht deutlich, dass der Bereich freien Handelns A nur ausgedehnt werden kann, wenn die Bereiche B und C eingeschränkt werden.

F: Feedback
I: Information

Offene Kommunikation bedeutet, Informationen über sich selbst preiszugeben und anderen Informationen mitteilen zu können, wie sie wahrgenommen werden.

Damit wir uns im Zusammenleben mit anderen angemessen verhalten, müssen Teammitglieder lernen, die Wirkung des eigenen Verhaltens richtig einzuschätzen. Wir brauchen Rückmeldungen zur Orientierung und um uns zu vergewissern, ob das, was wir tun und sagen, auch so wirkt, wie wir es gemeint haben. Daher ist es von großer Bedeutung für die schulische und betriebliche Zusammenarbeit, dass Schüler, Mitarbeiter, Vorgesetzte und Lehrer lernen, wie anderen angemessen Rückmeldung gegeben wird.

3.4 Feedback

Das Feedback dient dazu, die eigene Wahrnehmung zu überprüfen. Damit das gewährleistet werden kann, muss die Form des Feedbacks so gewählt werden, dass es einerseits nicht verletzt und dem Empfänger andererseits die Möglichkeit gibt, sein eigenes Denken und Handeln zu reflektieren.

Vorausgesetzt wird die grundsätzliche Bereitschaft beim Empfänger, das Feedback auch anzunehmen und es als Chance zu nutzen. Dabei ist es wichtig, dass der Empfänger aufmerksam und bewusst zuhört. Keinesfalls sollte er sich für seine Verhaltensweisen entschuldigen, weil die Wahrnehmung des Feedbackgebers ebenfalls subjektiv ist.

Ein gutes Feedback sollte umfassen:
- Rückmeldung klar und genau formulieren,
- nicht werten, sondern beschreiben,
- Gesprächspartner nicht analysieren,
- Gefühle in direkter Form aussprechen (Ich-Botschaften),
- der eigenen psychischen Verfassung und der des Empfängers Rechnung tragen,
- sachlichen und gefühlsmäßigen Informationsgehalt erfassen,
- auf bestimmte Verhaltensweisen beziehen,
- klar trennen zwischen Wahrnehmung, Vermutung und Gefühl,
- Rückmeldung muss erkennbar sein,
- Rückmeldung möglichst unmittelbar geben,
- Rückmeldung auch über Positives geben,
- Rückmeldung muss nicht akzeptiert und angenommen werden.

Regeln für Feedback-Geber/-innen:
- nicht moralisch bewerten,
- nicht verallgemeinern,
- nicht interpretieren,
- im eigenen Namen sprechen,
- nichts aufdrängen,
- nur beschreiben, was auch außen sichtbar war und die eigenen (Gefühls-)Reaktionen darauf benennen.

Regeln für Feedback-Nehmer/-innen:
- nicht verteidigen und rechtfertigen,
- nicht erklären,
- nicht zurückschießen,
- zuhören und aufnehmen,
- mit den Feedbackgeber/-innen ins Gespräch kommen,
- Feedback hat immer etwas mit den Feedbackgebern zu tun.

3.5 Teamregeln

Teamregeln sind Grundlage einer offenen Kommunikation zwischen den Teammitgliedern. Nicht über das sachliche Problem, sondern nur über die persönlichen Beziehungen ist zu erreichen, dass sich im Team Kenntnisse, Fähigkeiten und Initiativen aller Mitglieder voll entfalten.

Zu den Teamregeln können z. B. folgende gehören:
- Sie erkennen den anderen als gleichwertigen Gesprächspartner an.
- Sie versuchen zu verstehen, was der andere wirklich meint.
- Sie sprechen per „ich“ und nicht per „man“.
- Sie äußern Ihre Meinung ohne Unterstellungen.
- Sie sprechen keine persönlichen Gefühle an, die sich störend auf eine sachliche Teamarbeit auswirken.
- Sie hören zu und lassen den anderen ausreden.
- Sie akzeptieren die Meinung anderer als Meinung – nicht als Angriff auf Ihre Einstellung.
- Sie tauschen Informationen aus.
- Sie betrachten Meinungsverschiedenheiten als Informationsquelle, nicht als Störfaktor.

3.6 Teamentwicklung

Für neu gebildete Arbeits- und Projektteams, aber auch für bestehende Teams im täglichen Speditionsgeschehen oder in der Schule, bietet sich ein auf die jeweiligen Besonderheiten eines Teams abgestimmter Prozess der Teamentwicklung an:

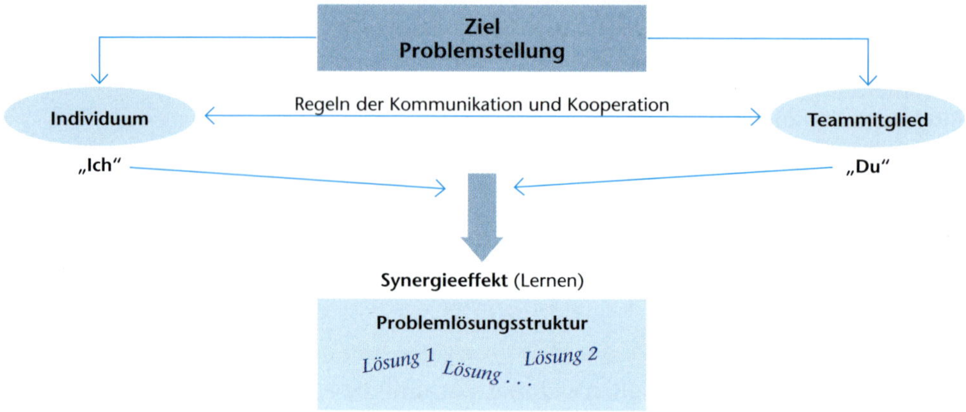

Jedes Team setzt sich aus einzelnen Individuen zusammen. Der Einzelne (Ich) steht in Beziehung zu den anderen Teammitgliedern (Du). Verbunden wird das Team durch gemeinsame Ziele und Aufgaben, deren Erfüllung durch „Regeln" für die Zusammenarbeit und Kommunikation gewährleistet werden soll. Durch die Teamarbeit sollen Synergieeffekte erzeugt werden, d.h., sie führt zu besseren Ergebnissen als die Summe der Einzelleistungen.

Im Team bestehen ständige Wechselwirkungen, die durch Aktion und Reaktion zwischen den Teammitgliedern entstehen. Nur wenn ein Team die Fähigkeit besitzt, mit den auftretenden Spannungen umzugehen, können Synergieeffekte freigesetzt werden, d.h., neue Ideen und kreative Lösungen können entwickelt werden. Das „Miteinander" in einem Team kann somit Kräfte erzeugen, die auf die Entwicklung eines jeden Einzelnen positiv wirken können.

Lösungsstrukturen bzw. Strategien können so auf andere Problemstellungen übertragen werden.

Demnach müssen Regeln (siehe 3.5 Teamregeln) für die Zusammenarbeit gemeinsam entwickelt werden, um sich nicht gegenseitig zu blockieren.

Mögliche Ziele der Teamentwicklung können u.a. sein:

- Abstimmung der gemeinsamen Aufgaben und Ziele,
- Aufbau und Erhaltung einer wirkungsvollen Kommunikation gegenseitiger Unterstützung innerhalb der Teams und mit den Kunden/Lieferern,
- Aufgabenverteilung, Verantwortung,
- Förderung der Selbstkontrolle,
- Verbesserung der Produktivität.

Mögliche Vorgehensweise:

Istzustand ermitteln
Leitfragen erstellen
Lösungen erarbeiten
Aktionen planen
Bewerten der Maßnahmen
...

ZUSAMMENFASSUNG

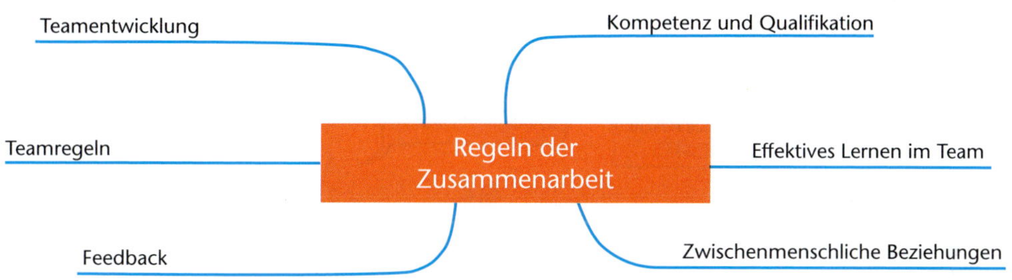

Bearbeitungsvorschläge

1. Stellen Sie Regeln auf, die für Sie bei einer Zusammenarbeit mit Mitarbeitern oder Mitschülern wichtig sind.
2. Vergleichen Sie Ihre Teamregeln mit denen Ihrer Nachbarn und versuchen Sie, sich auf das Wesentliche zu einigen.
3. Geben Sie Gründe an, die die Einleitung einer Teamentwicklung notwendig machen.
4. Begründen Sie, weshalb gerade die Zusammenarbeit im Team besonders effektiv sein kann, und wägen Sie diese gegen Vor- und Nachteile der Einzelarbeit ab.

4 Führungsstile

LSL

LERNSITUATION

Hannes Seele ist im 2. Ausbildungsjahr zum Kaufmann für Spedition und Logistikdienstleistung und seit drei Wochen in der nationalen **Lkw-Disposition** der Wall GmbH – Spedition & Logistik in Hamburg eingesetzt. Zu seinen Aufgaben gehört die Annahme und Erfassung der eingehenden Aufträge, das Zusammenstellen der Ladungen entsprechend der Relationen, die gesamte Dokumentation sowie die Abrechnung. Seit vier Tagen macht Hannes die Urlaubsvertretung für den Disponenten Herrn Kohn. Vor zwei Tagen ereignete sich der folgende Vorfall zwischen ihm und seinem Abteilungsleiter Herrn Hansen.

Aufgaben

1. Schildern Sie, welchen Eindruck der Comic auf Sie hat.

2. Beschreiben Sie, wie Sie sich in Ihrem Unternehmen behandelt fühlen. Tauschen Sie sich mit Ihrem Nachbarn aus.

3. Bilden Sie möglichst gleich große Gruppen.

   Jede Gruppe hat die Aufgabe, für einen der im Folgenden aufgeführten Führungsstile entsprechende Verhaltensreaktionen des Herrn Hansen zu erarbeiten und in einer szenischen Darstellung vorzustellen. Alternativ dazu können Sie Situationen aus Ihrem Praxisalltag darstellen.

   Beobachten Sie die szenischen Darstellungen unter folgenden Aspekten:

   a) Erklären Sie, wodurch sich die Darstellungen unterscheiden.

      Achten Sie dabei unter anderem auf Gestik, Mimik und Sprache.

   b) Erläutern Sie, welche Empfindungen bei Ihnen geweckt werden, wenn Sie sich in die Situation des Auszubildenden und des Vorgesetzten versetzen.

   c) Beschreiben Sie, welche Verhaltensreaktionen bei Mitarbeitern generell hervorgerufen werden können.

Führungsstile unterscheiden sich nach den Zielen und dem Treffen der unternehmensrelevanten Entscheidungen. Entweder führt und entscheidet der Vorgesetzte allein oder gemeinsam mit seinen Mitarbeitern. Je nach Ausprägung ist dann zwischen einem autoritären oder einem kooperativen Führungsstil zu unterscheiden. Innerhalb dieser beiden Extreme gibt es in der Praxis eine Fülle verschiedener Mischformen. (Vgl. hierzu auch Lernfeld 2, Kapitel 1: Betriebliche Hierarchie, S. 50 ff)

4.1 Der autoritäre/autokratische Führungsstil

Kennzeichen des autokratischen Führungsstils ist ein klar gegliedertes, hierarchisch strukturiertes Unternehmen, an dessen Spitze der „Souverän“ bzw. der „Alleinherrscher“ steht. Das Verhalten des autoritären Vorgesetzten (Souverän) ist geprägt von der persönlichen und fachlichen Geringschatzung seiner Mitarbeiter, die er kritisch im Hinblick auf ihre Leistung betrachtet. Er distanziert sich von seinen Mitarbeitern und trifft die fachlichen Entscheidungen weitgehend allein. Meinungen oder gar Widersprüche von Mitarbeitern bleiben unberücksichtigt, sind nicht gewünscht. Der Vorgesetzte erwartet, dass gegebene Befehle korrekt ausgeführt und daraufhin laufend überprüft bzw. kontrolliert werden können. Der Informationsfluss ist gering und findet einseitig (hierarchisch) von oben nach unten statt.

Es besteht bei diesem **Führungsverhalten** die Gefahr, dass Mitarbeiter den Druck, den sie von „oben“ erfahren, nach „unten“ weiterleiten, also autoritäre **Verhaltensmuster** ihres **Vorgesetzten** übernehmen. Die Folge für die Mitarbeiter kann sowohl der Aufbau von Aggressionen sowie eine zunehmende Arbeits- und Lernunlust als auch geringe Eigenaktivität oder Kreativität sein.

4.2 Der patriarchalisch-fürsorgliche Führungsstil

Das Leitbild des patriarchalisch-fürsorglichen Führungsstils (Patriarch [grch.]: Vaterrecht; Familien- oder Stammesoberhaupt) ist geprägt von der persönlichen Wertschätzung und Fürsorge den Mitarbeitern gegenüber bei gleichzeitiger fachlicher Geringschätzung der Mitarbeiter. Der Vorgesetzte will „das Beste" für das Unternehmen und seine Mitarbeiter, aber nur er weiß, was das „Beste" ist. Der Vorgesetzte macht zwar Vorschläge und zeigt Diskussionsbereitschaft, behält sich allerdings vor, Entscheidungen selbst zu treffen. Nach seiner Überzeugung akzeptiert ein guter Mitarbeiter, dass der Vorgesetzte letztlich am Besten beurteilen kann, was gut für das Unternehmen und die Mitarbeiter ist.

4.3 Der charismatische Führungsstil

Geprägt ist der charismatische Führungsstil durch die Ausstrahlung einer Führungsperson. Diese Ausstrahlung (das Charisma) führt dazu, andere Menschen führen zu können. Der Anspruch auf die Führung entspricht weitgehend dem patriarchalisch-fürsorglichen Stil, wobei der charismatische Vorgesetzte seinen Führungsanspruch lediglich auf seine Ausstrahlungskraft stützt.

4.4 Der bürokratische Führungsstil

Beim bürokratischen Führungsstil wird nicht von willkürlicher Führung ausgegangen. Der Vorgesetzte legitimiert seinen Führungsanspruch durch seine fachliche Kompetenz und seine Position innerhalb der Unternehmenshierarchie. Die Befugnisse der Beteiligten sind festgelegt und klar voneinander abgegrenzt. Die Akzeptanz des Vorgesetzten durch die Mitarbeiter ergibt sich allein aufgrund seiner Stellung im Unternehmen.

4.5 Der partnerschaftliche Führungsstil

Das Verhalten des Vorgesetzten beim partnerschaftlich-kooperativen Führungsstil ist gekennzeichnet durch die persönliche und fachliche Wertschätzung der Mitarbeiter durch den Vorgesetzten. Als vorrangig werden die Persönlichkeit und die Leistung des Mitarbeiters betrachtet. Der Vorgesetzte sieht sich als ein Teammitglied, bei dem jeder gleichermaßen berechtigt und in der Lage ist, seine Meinung in einer Diskussion zu äußern, ohne Bestrafungen bzw. Sanktionen durch den Vorgesetzten fürchten zu müssen. Dementsprechend erfolgt ein gegenseitiger, ständiger Informationsaustausch. Die Mitarbeiter wirken bei der Entwicklung von Zielen und bei der unternehmensrelevanten Entscheidungsfindung mit. Prinzipiell delegiert der Vorgesetzte die Verantwortung so weit wie möglich an die Mitarbeiter, wobei er die Grenzen der Entscheidungsfreiheit selbst festlegt. Unterschieden wird in den beratenden, konsultativen, partizipativen und den delegativen Führungsstil.

- Der Vorgesetzte trifft die Entscheidungen, lässt den Mitarbeitern jedoch die Möglichkeit, die getroffenen Entscheidungen zu hinterfragen. Dadurch gibt der Vorgesetzte den Mitarbeitern das Gefühl, **beratend** an der Entscheidung mitzuwirken. Durch die Beantwortung von Fragen erreicht der Vorgesetzte die Akzeptanz seiner Entscheidung durch die Mitarbeiter.
- Informiert der Vorgesetzte die Mitarbeiter über seine gewollte Entscheidung, berücksichtigt aber bei der endgültigen Entscheidungsfindung die von den Mitarbeitern geäußerten Meinungen und Vorschläge, wird vom **konsultativen** Führungsstil gesprochen.

- Vom **partizipativen** Führungsstil ist zu sprechen, wenn die Mitarbeiter Lösungsvorschläge erarbeiten und der Vorgesetzte sich für einen der vorgelegten Lösungsansätze entscheidet.
- Der **delegative** Führungsstil fordert von der Mitarbeitergruppe für eine Problemstellung – im Rahmen der vom Vorgesetzten gegebenen Entscheidungsgrenzen – eine Lösung zu erarbeiten und damit die Entscheidung zu treffen. Der Vorgesetzte koordiniert dies nach innen und nach außen.

Allen Formen des partnerschaftlichen Führungsstils ist gemein, dass im Sinne des Unternehmens und der Mitarbeiter sinnvolle Ziele vereinbart werden, für deren Erreichung jeder Mitarbeiter auch Verantwortung trägt. Dies führt i. d. R. zu einer Bereitschaft der Mitarbeiter zur Zusammenarbeit, zu Offenheit, Vertrauen und Lernbereitschaft. Ebenso wird die Selbstständigkeit, die Kreativität und der Aufbau eines kritischen Bewusstseins sowie eines toleranten Verhaltens seitens der Mitarbeiter gefördert.

4.6 Der Laisser-faire-Führungsstil (Nachgiebigkeitsstil)

Das Verhalten des „Laisser-faire-Vorgesetzten" ist von der persönlichen Geringschätzung seiner Mitarbeiter geprägt. Er drückt in seiner Haltung aus, dass ihm die Mitarbeiter relativ egal sind. Genauso egal ist ihm zudem die fachliche Leistung. Dies ist der eigentliche Grund, weswegen er seinen Mitarbeitern viele Freiheiten einräumt. Diese Vorgesetzten sind selbst eher distanziert gegenüber ihren Mitarbeitern. Sie sind passiv, lassen alles geschehen, können oder wollen keine Verantwortung übernehmen und keine Entscheidungen treffen. Aufgrund dieser Gleichgültigkeit haben diese Vorgesetzten selbst eine geringe Leistungsorientierung und zeigen wenig Einsatzbereitschaft. Daher erwarten sie dies auch nicht von ihren Mitarbeitern. Dies hat zur Folge, dass die Mitarbeiter sich relativ alleingelassen fühlen, denn sie bekommen weder für gute noch für schlechte Leistungen eine angemessene Rückmeldung von ihrem Vorgesetzten. Den Mitarbeitern fehlt die Orientierung und als Folge zeigen sie Unzufriedenheit, sozial unangepasstes Verhalten, geringe Lernbereitschaft, wenig Motivation; jedoch einen Hang, ihre eigenen Interessen in den Vordergrund zu stellen.

Bearbeitungsvorschläge

1. Erklären Sie den Begriff Führungsstil.
2. Stellen Sie anhand der vorherigen Ausführungen begründet dar, welche(n) der dargestellten Führungsstil(e) Herr Hansen in obigem Comic angewandt hat.
3. Finden Sie positive und negative Eigenschaften der verschiedenen Führungsstile heraus.
4. Stellen Sie hinsichtlich der folgenden Fragestellungen dar, welcher der Führungsstile bei Ihnen im Betrieb überwiegend angewandt wird.
   a) Frage nach der Lenkung: Wie und in welchem Ausmaß greift Ihr Ausbilder/Vorgesetzter lenkend in Ihr Ausbildungsgeschehen/Ihre laufenden Tätigkeiten ein?
   b) Frage nach den Sanktionen: Wie reagiert Ihr Ausbilder/Vorgesetzter auf unerwünschtes Verhalten Ihrerseits?
   c) Frage nach der Wertschätzung: Wie groß ist das Ausmaß an Wertschätzung und Verständnis, das Ihr Ausbilder/Vorgesetzter Ihnen entgegenbringt?
   d) Frage nach der Erwartungshaltung: Welche Erwartungen setzt Ihr Ausbilder/Vorgesetzter in Sie?

5. Begründen Sie, welchen Führungsstil Sie
   a) sich in Ihrer derzeitigen Situation/Position wünschen würden und
   b) als Vorgesetzter bevorzugen würden.

6. Erläutern Sie, welche „Charaktereigenschaften“, Fähigkeiten und Empfindungen bei Ihnen berührt werden, wenn Sie die dargestellten Führungsstile in Ihrem Betrieb erleben würden, und begründen Sie, warum und in welchen Bereichen diese praktikabel wären.

7. Unterscheiden Sie die unter dem partnerschaftlich-kooperativen Führungsstil zusammengefassten Führungsstile.

Hinweis: Das Lehrerhandbuch enthält weitere Bearbeitungsvorschläge.

ZUSAMMENFASSUNG

autoritär

Zielsetzung und Entscheidung durch den Vorgesetzten

↕

Zielsetzung und Entscheidung durch die Mitarbeiter

kooperativ

Führungsstil	**Indikatoren:** Lenkungsverhalten	Sanktionsverhalten	Wertschätzung	Erwartungshaltung
autokratisch	straffe Lenkung, Gängelei, kleinliche Kontrollen	Bestrafen statt Helfen	auf den Mitarbeiter herabsehen	kritische Grundeinstellung hinsichtlich der Fähigkeiten der Mitarbeiter
patriarchalisch	strenge, fürsorgliche Lenkung, kleinliche Kontrollen	erzieherische Maßregelung	fachliche Geringschätzung der Mitarbeiter	
charismatisch	Lenkung durch Ausstrahlung, kleinliche Kontrollen	wohlgemeinte Maßregelung	fachliche Geringschätzung der Mitarbeiter	
bürokratisch	Lenkung innerhalb der Hierarchiestufen, kleinliche Kontrollen	Strafe bei Überschreiten der Befugnisse	Akzeptanz der Hierarchiestufen	
partnerschaftlich – **beratend** – **konsultativ** – **partizipativ** – **delegativ**	so wenig Lenkung wie möglich, so viel Lenkung wie nötig	verstehendes Helfen statt Bestrafen	der Mitarbeiter wird als gleichwertig betrachtet	optimistische Grundeinstellung hinsichtlich der Fähigkeiten der Mitarbeiter
laisser faire	ohne Lenkung gewähren lassen	weder Bestrafen noch Helfen	persönliche Geringschätzung der Mitarbeiter	nachgiebige, neutrale Grundeinstellung den Mitarbeitern gegenüber

5 Mitarbeitermotivation

LERNSITUATION

Die Wall GmbH – Spedition & Logistik hat eine externe Unternehmensberatungsgesellschaft, die Clasen & Runge GmbH, damit beauftragt, die wirtschaftliche und finanzielle Situation des Unternehmens zu untersuchen. Neben einigen finanziellen Hinweisen, wie z. B. die Eigenkapitalquote der Wall GmbH gesenkt werden kann, hat die Clasen & Runge GmbH angeregt, dass die Mitarbeiter der Wall GmbH stärker motiviert werden sollten, um durch Anreize besser die Unternehmensziele zu erreichen.

Frau Seeding hat die Abteilungsleiterin der Personalabteilung, Frau Schröder, mit der Umsetzung beauftragt. Zunächst soll Frau Schröder mögliche Motivationsinstrumente darstellen und schließlich ausgewählte Instrumente der Geschäftsführung vorschlagen.

Aufgaben

1. Beschreiben Sie, welche Hemmnisse in einem Unternehmen auftreten können, die durch die Motivation der Mitarbeiter eingeschränkt oder beseitigt werden können.
2. Überprüfen Sie, welche Motivationsinstrumente Sie einführen würden, um mehr Spaß an Ihrer Arbeit zu bekommen.
3. Schildern Sie, mit welchen Instrumenten ein Arbeitgeber seine Mitarbeiter generell motivieren kann, damit diese noch engagierter und effektiver arbeiten.

Damit der Mitarbeiter möglichst engagiert und effektiv arbeitet, muss er motiviert an seine Tätigkeiten herangehen. Je stärker seine Motivation ist, desto eher wird er bereit sein, seine Kompetenzen, Fähigkeiten und Potenziale zur Zielerreichung einzusetzen.

Der Arbeitgeber muss die Mitarbeiter motivieren, damit sie die von ihm gewünschte Arbeitsleistung erbringen. Um einen engagierten und effektiv arbeitenden Mitarbeiter zu gewinnen, kann der Arbeitgeber unterschiedliche Motivationsinstrumente als Anreiz einsetzen.

Als wirkungsvolle Motivationsinstrumente haben sich in der beruflichen Praxis u. a. folgende herausgestellt:

- Eine **leistungsgerechte Entlohnung** ist für jeden Arbeitnehmer eines der wichtigsten Ziele bei seiner Tätigkeit,
- **Vermögenswirksame Leistungen** sind eine Möglichkeit zur Vermögensbildung für den Arbeitnehmer. Oftmals leistet der Arbeitgeber einen Beitrag zur Prämie oder trägt diese sogar vollständig.
- Betriebe haben z. T. eine Rentenkasse eingerichtet, damit die Arbeitnehmer eine **Betriebsrente** ansparen können.
- In letzter Zeit werden Arbeitnehmer verstärkt
  - am Erfolg (Erfolgsbeteiligung),
  - am Kapital (Kapitalbeteiligung),
  - am Erfolg und am Kapital (Mischbeteiligung)

  des Arbeitgebers beteiligt, damit sich die Arbeitnehmer stärker an das Unternehmen gebunden fühlen. Ein Arbeitnehmer erhält bei der Erfolgsbeteiligung neben seinem Gehalt zusätzlich einen Anteil am Betriebserfolg. Bei der Kapitalbeteiligung beteiligt sich der Arbeitnehmer am Eigenkapital oder am Fremdkapital des Unternehmens. Der Regelfall ist eine Mischform von Erfolgs- und Kapitalbeteiligung. Der Arbeitnehmer wird am Erfolg und zugleich am Kapital beteiligt.

Formen von Beteiligungen eines Arbeitnehmers an einem Unternehmen:

Beteiligung am Eigenkapital:	Eigenkapitalähnliche Beteiligungen:	Beteiligungen am Fremdkapital:
– Belegschaftsaktien – Kommanditisten-Anteil – GmbH-Anteil	– stille Beteiligungen (stiller Gesellschafter) – Genussscheine[1]	– Darlehen – Schuldverschreibungen[2]

- Dem Arbeitnehmer können **Essensmarken** für jeden Arbeitstag ausgegeben werden oder das Unternehmen unterhält eine eigene Kantine, die den Arbeitnehmer durch **preisgünstige Mittagsangebote** finanziell unterstützt.
  Ferner werden oftmals **Fahrkartenzuschüsse** oder **Jobtickets** gewährt. Leitenden Arbeitnehmern werden **Dienstwagen** zur Verfügung gestellt.
- Zunehmend erhalten Arbeitnehmer Handys oder die Erlaubnis ihre privaten E-Mails zu schreiben.
- Viele Arbeitgeber unterstützen ihre Arbeitnehmer in ihren Fähigkeiten, indem sie **Fortbildungsmaßnahmen** anregen und bezahlen. Vielen Auszubildenden im Speditionsgewerbe werden z. B. häufig die Veranstaltungsseminare der Landesverbände der Spediteure (z. B. Verein Hamburger Spediteure) gezahlt. Arbeitgeber beteiligen sich z. T. auch an den Kosten einer DAV-Ausbildung (s. dort).
  Wenige Speditionen haben Qualifizierungspools eingerichtet, in denen angehende Führungskräfte gezielt gefördert und ausgebildet werden. Inhalte der Ausbildung sind beispielsweise Managementausbildung, Projektmanagement, Regeln der Zusammenarbeit, Problemlösungsstrategien gemeinsam entwickeln, Teamarbeit, Zielvereinbarungen usw.
- Durch eine wirksame Vertretung der Arbeiterinteressen durch den Betriebsrat oder durch die Gewerkschaften können freiwillige **Zusatzleistungen** in begrenztem Umfang realisiert werden. Beispielsweise kann die Zahlung von Krankenkassenbeiträgen oder die Zahlung von Lebens- und Berufsunfähigkeitsversicherungen vom Arbeitgeber gänzlich übernommen werden.
- Das Ziel eines jeden Unternehmens sollte darin bestehen, dass alle Beteiligten eines Unternehmens einen **respektvollen und wertschätzenden Umgang** miteinander pflegen. Alle (Arbeitgeber und Arbeitnehmer) sollen sich deshalb um Freundlichkeit, Höflichkeit, Hilfsbereitschaft und wechselseitiges Vertrauen bemühen. Dies kann der Arbeitgeber erreichen, indem er das Unternehmen in einem partnerschaftlichen Führungsstil führt, Anregungen der Arbeitnehmer in das Unternehmenskonzept aufnimmt und die Regeln der Zusammenarbeit mit dem Betriebsrat über die gesetzlichen Bestimmungen hinaus bindend vereinbart.
- Die **Arbeitnehmer** sollten häufiger von ihrem Vorgesetzten **an Entscheidungsprozessen beteiligt** werden, indem ihre Meinung eingeholt wird und einen höheren Stellenwert erfährt. So könnte z. B. ein Sachbearbeiter wichtige Informationen über Kunden geben, die bei der Umsetzung eines Logistikprojektes eine wichtige Rolle spielen können.

---

[1] *Genussscheine sind Urkunden, die einen Anspruch auf Gewinnbeteiligung oder einen Anteil am Liquiditätserlös einer AG, aber ohne Stimmrecht und sonstige Teilhaberrechte, verbriefen. Die Ausgabe wird von der Hauptversammlung mit 3/4-Mehrheit beschlossen.*

[2] *Schuldverschreibungen sind Anleihen, Obligationen und Pfandbriefe, die sich in aller Regel erst nach Ablauf einiger tilgungsfreier Jahre amortisieren.*

- **Erfolgreiche Teamarbeit** kann zu Synergieeffekten führen, sodass die gemeinsame Teamarbeit ein besseres Ergebnis erzielt als die Summe der Einzelleistungen der Sachbearbeiter einer Speditionsabteilung.
- Für erfolgreiche und engagierte Arbeitnehmer sollte der Arbeitgeber/Vorgesetzte mehr **Lob und Anerkennung** aussprechen. Wessen Arbeit geachtet und gewürdigt wird, wird daraus berufliches Selbstvertrauen ziehen und einen höheren Arbeitseinsatz zeigen.
- Für den Arbeitnehmer ist die Schaffung einer **angenehmen Arbeitsatmosphäre** sehr wichtig. Zu einer angenehmen Arbeitsatmosphäre gehören eine ergonomische Büroausstattung, die Selbstgestaltung des Arbeitsplatzes, gut ausgestattete Ruhe- bzw. Pausenräume, evtl. leise Musik, Raucherzonen und Getränke.
  Außerdem könnte der Arbeitgeber das Angebot von Massagen und aktive Gymnastik am Arbeitsplatz fördern.
- Einige Unternehmen bieten ihren Mitarbeitern **Sportkurse** an, die nach der Arbeitszeit genutzt werden können. Außerdem sorgen einige größere Unternehmen für firmeninterne **Kinderbetreuungsangebote**.
- **Betriebsausflüge**, die mehr zu bieten haben als eine Wanderung mit abschließendem gemeinsamen Mahl. Durch gemeinsame Aktivitäten und Abenteuer (Volleyball, Segeln, Tauziehen, Hindernislauf, Draisine fahren, um nur einige der vielfältigen Möglichkeiten aufzuzählen) wird das Zusammengehörigkeitsgefühl des Teams gesteigert. Je besser ein Team zusammenhält, umso besser sind seine Leistungen.
- In vielen Unternehmen wird eine **flexible Arbeitszeit** angeboten. Dem einzelnen Mitarbeiter wird somit die Möglichkeit eröffnet, die Arbeitszeit auf die eigenen Bedürfnisse auszurichten.

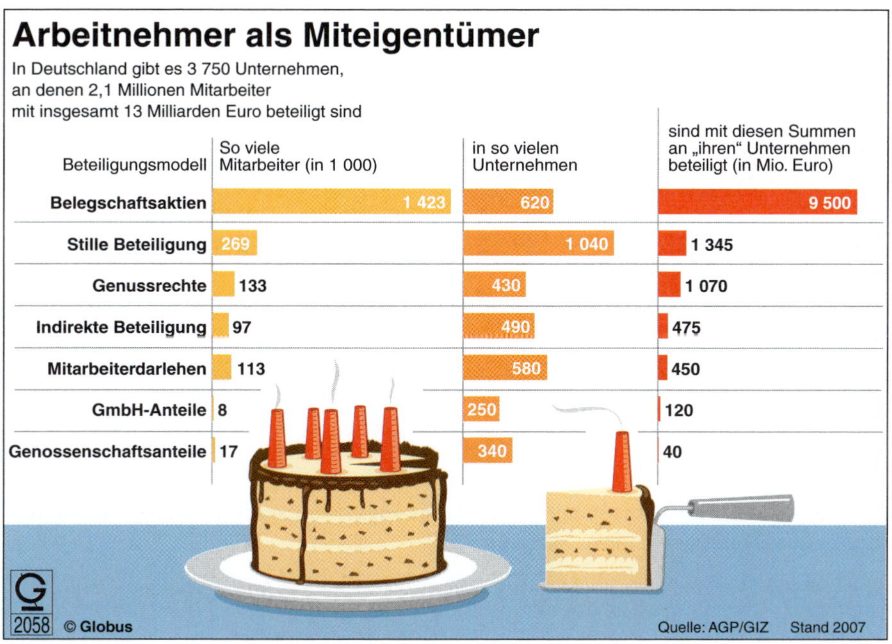

Zurzeit sind rund 2,1 Millionen Arbeitnehmer an den Unternehmen ihres Arbeitgebers beteiligt. Kapitalanteile halten nur zwei Prozent der Mitarbeiter und neun Prozent partizipieren vom Gewinn des Unternehmens. Der Erwerb von Kapitalanteilen an der eigenen Firma soll mit einem höheren Steuerfreibetrag von 360,00 € pro Jahr (bisher

135,00 €) gefördert werden. Dabei dürfen die Beteiligungen weder Lohnbestandteil noch Folge einer Entgeltumwandlung sein. Außerdem soll eine Anlage in speziellen Fonds begünstigt werden. Mit solchen Fonds soll aber das Risiko des Arbeitnehmers gemindert werden, denn es soll verhindert werden, dass der Arbeitnehmer bei einer Firmenpleite neben dem Arbeitsplatz auch noch das Beteiligungskapital verliert.

ZUSAMMENFASSUNG

- Leistungsgerechtere Entlohnung
- Fortbildungsmaßnahmen, Qualifizierungspools
- Lob und Anerkennung
- Vermögenswirksame Leistungen
- Zusatzleistungen
- angenehmere Arbeitsatmosphäre
- Betriebsrente
- respektvoller und wertschätzender Umgang
- Beteiligung der Arbeitnehmer am Unternehmen
- Arbeitnehmer an Entscheidungsprozessen beteiligen
- Sportkurse
- Kinderbetreuungsangebote
- Essensmarken, Fahrkartenzuschüsse
- Förderung der Teamarbeit
- flexible Arbeitszeiten
- Handy

Bearbeitungsvorschläge

1. Überprüfen Sie, welche Motivationsinstrumente von Ihrem Ausbildungsbetrieb eingesetzt werden, und vergleichen Sie Ihre Ergebnisse mit Ihrem Nachbarn.
2. Beschreiben Sie Vor- und Nachteile der Motivationsinstrumente für den Arbeitgeber und den Arbeitnehmer.
3. Erläutern Sie, was auf Sie persönlich besonders motivierend wirkt.

6 Vollmachten

LSL

LERNSITUATION

Herr Schreiber und Frau Poker, Sachbearbeiter in der Seehafenimportabteilung der Wall GmbH – Spedition & Logistik in Hamburg, unterhalten sich nach einer dreiwöchigen Krankheit von Frau Poker über die Veränderungen, die sich innerhalb dieser Zeit bei der Wall GmbH ergeben haben. Dabei entsteht folgender Dialog (Ausschnitt):

Schreiber: ... Ja, es hat sich einiges getan. Herr Hansen, Sie wissen schon, der Abteilungsleiter der nationalen Lkw-Disposition, hat Frau Schnitzler, die Sammelgutdisponentin der Hamburg-Frankfurt-Relation, vor zwei Wochen fristlos entlassen. Sie hatte wohl doch ein größeres Alkoholproblem.

Poker: Habe ich ja gleich gesagt. Gibt es schon einen Neuen oder eine Neue?

Schreiber: Ja, er hat über eine Zeitarbeitsfirma einen Kaufmann für Spedition und Logistikdienstleistung mit Dispo-Erfahrung angefordert und der Herr Kohn war sofort bereit, hier anzufangen. Der hat seinen Bereich gut im Griff und ein ganz gutes Händchen für Azubis. Hannes, der aus dem zweiten Lehrjahr, überträgt er teilweise Arbeiten, die Schnitzler nie abgegeben hätte. Hannes scheint das gut zu gefallen und er macht die Sachen zumeist richtig. ... Aber das Wichtigste: Herr Hansen unterschreibt seit vorgestern mit dem Zusatz ppa.

Poker: Wie? Der hat doch vorher schon mit i. V. gezeichnet und war so Handlungsbevollmächtigter und hat damit doch auch fast alles, was gewöhnlich im Betrieb anfiel, entscheiden können.

Schreiber: Und jetzt hat unser Geschäftsführer ihn zum Prokuristen gemacht. Das Rundschreiben haben Sie sicher auch bekommen. Uns wurde darin mitgeteilt, dass die Geschäftsleitung ihn für seine gute Mitarbeit und das Vertrauen würdigen wolle und zudem für ihre anderweitigen Tätigkeiten Entlastung benötigte.

Poker: Und wir unterschreiben schon seit Jahren mit i. A. ... Hauptsache, das Geld stimmt, aber wir machen ja auch nur die alltäglichen Geschäfte. Trotzdem gönne ich es ihm, der ist nett, aber was darf er jetzt mehr als zuvor?

Aufgaben

1. Stellen Sie fest, von welchen Vollmachten die Rede ist, und geben Sie aufgrund Ihrer beruflichen Praxis an, welche Befugnisse beinhaltet sind.
2. Ergänzen Sie Ihre Ergebnisse durch die folgende Sachdarstellung.

Da Unternehmer oder deren Geschäftsführung i. d. R. nicht sämtliche Arbeiten alleine ausführen können, übertragen sie qualifizierten Mitarbeitern bestimmte Vollmachten.

MERKE
Eine Vollmacht beinhaltet das Recht, innerhalb der vereinbarten Vertretungsmacht im Namen und auf Rechnung des Unternehmens Rechtsgeschäfte abschließen zu können (§ 164 BGB).

Zu unterscheiden sind Handlungsvollmacht und Prokura.

6.1 Handlungsvollmacht

Der Umfang der Handlungsvollmacht ist im § 54 HGB geregelt. Der Inhaber einer Handlungsvollmacht ist dazu berechtigt, Geschäfte und Rechtshandlungen auszuführen, die das eigene Handelsgewerbe gewöhnlich mit sich bringt, z. B. die des Spediteurs.

Handlungsvollmachten

Folgende Arten der **Handlungsvollmachten** können unterschieden werden:

- Die **Einzelvollmacht** (Sonder-/Spezialvollmacht) erlaubt dem Handlungsbevollmächtigten ein Rechtsgeschäft **einmalig** abzuschließen. Beispielsweise schließt eine Seehafen-Export-Sachbearbeiterin einmalig einen Luftfrachtvertrag für eine eilige Sendung ab.
- Die **Artvollmacht** (Gattungsvollmacht) berechtigt dazu, **Rechtsgeschäfte derselben Art dauernd** auszuführen, so z. B. der Abschluss von Frachtverträgen in der Lkw-Disposition durch einen Disponenten in der Lkw-Abteilung.
- Die **allgemeine Handlungsvollmacht** (Generalhandlungsvollmacht) gestattet dem Bevollmächtigten, **alle in einem** (derartigen) **Handelsgewerbe gewöhnlich anfallenden Geschäfte und Rechtshandlungen zu erledigen**, z. B. die Abwicklung aller Geschäfte, die ein Zweigstellenleiter zu erledigen hat, wie das Einstellen/Entlassen von Mitarbeitern, Fuhrpark, Einkaufen/Verkaufen, Empfang/Begleichen von Rechnungen für die Büroausstattung u. v. a. m.
  Eine **besondere, zusätzliche (Spezial-)Vollmacht** benötigt der Bevollmächtigte allerdings, wenn Grundstücke ge-/verkauft oder belastet, Wechselverbindlichkeiten eingegangen, Darlehen aufgenommen oder Prozesse geführt werden (§ 54 Abs. 2 HGB) sollen.
- Die **Gesamthandlungsvollmacht** (Gesamtvertretung, Gesamtvollmacht) schreibt dem Bevollmächtigten vor, **nur mit einem anderen Handlungsbevollmächtigten oder Prokuristen gemeinsam** Geschäfte und Rechtshandlungen vorzunehmen. So ist z. B. die Abwicklung sämtlicher Geschäfte eines Zweigstellenleiters nur durch die Unterschriften der beiden Zeichnungsberechtigten rechtswirksam.

Ein Handlungsbevollmächtigter zeichnet als Hinweis auf die Vollmacht mit einem Zusatz zum Namen (§ 57 HGB). Der Zusatz bei einer Einzel- oder der Artvollmacht ist i. d. R. **„i. A.“** (im Auftrag), bei einer allgemeinen Handlungsvollmacht **„i. V.“** (in Vollmacht/in Vertretung).

Diese Vollmachten können vertraglich beschränkt werden. Diese Beschränkungen gelten jedoch Dritten gegenüber nur, wenn dem Dritten, z. B. einem Geschäftspartner, diese Beschränkung bekannt gemacht wurde (§ 54 HGB). Überschreitet der Inhaber der Vollmacht ungerechtfertigt seine Befugnisse, kann sein Vertragspartner, der auf die Vollmacht vertraute, von ihm Vertragserfüllung oder Schadenersatz verlangen (§ 179 Abs. 1 BGB).

Erteilung

Die Handlungsvollmacht kann formlos, also mündlich sowie schriftlich oder durch stillschweigendes Dulden, durch den Inhaber des Handelsgeschäfts oder einen Prokuristen erteilt werden. Zudem kann jeder Handlungsbevollmächtigte innerhalb seiner Vollmacht Untervollmachten, also Art- oder Einzelvollmacht, erteilen.

Löschung

Eine Vollmacht erlischt bei Widerruf durch eine Person, die zur Erteilung einer solchen Vollmacht berechtigt ist sowie durch die Auflösung des Arbeitsverhältnisses oder des Unternehmens und nach Erledigung des Auftrages (bei einer Einzelvollmacht).

6.2 Prokura

Die Prokura berechtigt **zu fast allen gerichtlichen und außergerichtlichen Geschäften und Rechtshandlungen, die der Betrieb irgendeines Handelsgewerbes mit sich bringt** (§ 49 HGB) und geht somit weit über die Befugnisse eines Handlungsbevollmächtigten hinaus. Explizit **ausgenommen** sind die Rechtsgeschäfte des Unternehmers, die der Unternehmer nur **höchstpersönlich** ausführen darf. Höchstpersönliche Tätigkeiten sind: das Unterschreiben der Bilanz oder der Steuererklärungen, einen Eid zu leisten, Prokura zu erteilen, das Geschäft zu verkaufen, Insolvenz anzumelden, einen Gesellschafter aufzunehmen oder Eintragungen ins Handelsregister zu beantragen.

Außerdem benötigt der Prokurist zum Verkauf oder Belasten von Grundstücken eine (Sonder-/Spezial-)Vollmacht.

Prokuraarten

Folgende Arten der **Prokura** können zur Vertretung des Unternehmens im Außenverhältnis, gegenüber Dritten, unterschieden werden:

- Bei der **Einzelprokura** vertritt der Prokurist das Unternehmen allein.
- Bei der **Gesamtprokura** (Kollektivprokura) vertreten die in der Gesamtprokura benannten Prokuristen – oder Prokurist und Handlungsbevollmächtigter – das Unternehmen nur gemeinsam.
- Bei der **Filialprokura** ist die Vollmacht auf eine Filiale/Niederlassung beschränkt.

Ein Prokurist zeichnet mit dem Zusatz **pp.** oder **ppa.** (per procura).

Die Prokura kann im **Innenverhältnis**, zwischen Geschäftsführung und Prokuristen, beliebig beschränkt werden. So könnte festgelegt werden, dass ein Prokurist aus der Luftfracht-Exportabteilung nur für diese Geschäfte rechtsverbindlich Geschäfte tätigen darf. Neben den gesetzlichen Beschränkungen hat der Prokurist die festgelegten Einschränkungen (s. höchstpersönliche Tätigkeiten) zu achten, ansonsten hat er für die schuldhafte Verletzung Schadenersatz zu leisten. Im **Außenverhältnis** gilt diese Beschränkung so lange nicht, bis der Dritte von der Einschränkung Kenntnis erlangt hat oder hätte erlangen können, z. B. durch das Verteilen von Rundschreiben an die Geschäftspartner (Dritte).

Erteilung

Die Prokura kann nur durch den Inhaber des Handelsgeschäfts und durch ausdrückliche Erklärung erteilt werden. Im Innenverhältnis beginnt die Prokura mit der schriftlichen oder mündlichen Erklärung. Im Außenverhältnis erlangt die Prokura Gültigkeit, sobald Dritte Kenntnis davon erhalten (so durch Rundschreiben an die Kunden) oder wenn sie im Handelsregister eingetragen und veröffentlicht ist.

Löschung

Die Prokura erlischt im Innenverhältnis bei Widerruf durch die Geschäftsführung, durch Beendigung des Arbeitsverhältnisses, die Auflösung oder den Verkauf des Unternehmens sowie durch den Tod des Prokuristen, nicht aber, wenn der Firmeninhaber stirbt. Im Außenverhältnis, sobald Dritte Kenntnis davon erhalten, spätestens jedoch durch den Eintrag ins Handelsregister und dessen Veröffentlichung.

ZUSAMMENFASSUNG

Vollmachten = Übertragung bestimmter Befugnisse auf Mitarbeiter			
Handlungsvollmacht		**Prokura**	
Umfang	für alle gewöhnlichen Geschäfte und Rechtshandlungen des betreffenden Handelsgewerbes	Umfang	für alle gerichtlichen und außergerichtlichen Geschäfte und Rechtshandlungen irgendeines Handelsgewerbes
Arten	▪ Einzelvollmacht ▪ Artvollmacht ▪ allgemeine Handlungsvollmacht ▪ Gesamthandlungsvollmacht	Arten	▪ Einzelprokura ▪ Gesamtprokura ▪ Filialprokura
Beschränkung im Innen- und Außenverhältnis		Beschränkung im Innen-, im Außenverhältnis lediglich durch Filialprokura	
Erteilung	formlos, durch Inhaber des Handelsgewerbes, Prokuristen oder Handlungsbevollmächtigten ohne Eintrag ins Handelsregister	Erteilung	durch ausdrückliche mündliche oder schriftliche Erklärung des Inhabers des Handelsgewerbes, mit Eintrag ins Handelsregister
Löschung	im Innen- und Außenverhältnis ohne Eintrag im Handelsregister	Löschung	im Außenverhältnis mittels Eintrag im Handelsregister

Bearbeitungsvorschläge

1. Geben Sie an, welche Vollmacht mindestens erteilt sein muss, um die beschriebene Tätigkeit rechtswirksam ausführen zu können:

   a) Eine Eingangsrechnung über Lkw-Frachten an die Wall GmbH soll bezahlt werden.

   b) Das an die Wall GmbH – Spedition & Logistik in Hamburg angrenzende Grundstück soll gekauft werden, um eine größere Lagerhalle zu bauen.

   c) Die Bilanz ist zu unterschreiben.

   d) Ein Speditionsvertrag über den Transport von zwei Pal. Hemden mit 260 kg von Hamburg per Flugzeug nach Sydney soll abgeschlossen werden.

   e) Handlungsvollmacht soll erteilt werden.

   f) Ein Mitarbeiter der Controllingabteilung soll wegen ständigen Zuspätkommens entlassen, ein anderer eingestellt werden.

   g) Schiffsraum für den Seetransport für vier volle 20'-Container mit Dekorationsartikeln von Hamburg nach Hongkong soll gebucht werden.

   h) Ein vermietetes Gebäude mit Grundstück in der Hamburger Innenstadt soll verkauft werden.

2. Geben Sie an, wofür die Abkürzungen i. A., i. V. und ppa. stehen.

3. Unterscheiden Sie unter Einzel-, Art-, allgemeine Handlungs- und Gesamthandlungsvollmacht.

4. Stellen Sie dar, wie eine Prokura erteilt und wie sie gelöscht werden kann. Unterscheiden Sie hierzu Innen- und Außenverhältnis.

5. Klären Sie die Unterschiede zwischen einer Einzel-, Gesamt- und Filialprokura.

6. Erläutern Sie, worin sich die Handlungsvollmacht und die Prokura unterscheiden.

7. Entscheiden Sie, ob die beschriebenen Rechtshandlungen innerhalb der angegebenen Vollmacht liegen. Wenn nicht, geben Sie mindestens eine Vollmacht an, die diese Rechtshandlung beinhaltet.

   a) Der Prokurist Herr Moosgrund schließt einen Luftfrachtvertrag für den Transport einer Kiste Schiffsersatzteile mit 45 kg ab.

   b) Der mit i. V. zeichnende Sachbearbeiter, Herr Wiesing, nimmt im Namen der Wall GmbH einen mittelfristigen Kredit zur Beschaffung eines Lkw auf.

   c) Frau Poker, Importseehafensachbearbeiterin, die mit i. A. zeichnet, entlässt Frau Lohse aus der EDV-Abteilung, da diese ständig zu spät zur Arbeit kommt.

   d) Die Auszubildende María de la Cruz wird vom Exportseehafensachbearbeiter Herrn Möller beauftragt, ein gezeichnetes Ocean-B/L beim Makler abzuholen und einen Scheck über die fällige Seefracht abzugeben und sich quittieren zu lassen. LSL

   e) Herr Lohmacher (Prokurist) und Frau von Blumenfeld haben eine Gesamtvollmacht. Herr Lohmacher kauft für das Logistiklager neue Regale, ohne dass Frau von Blumenfeld davon weiß.

   f) Herr Permuth als Prokurist und Hauptabteilungsleiter der Seehafenabteilung beantragt, die Ernennung von Herrn Brüsse zum Prokuristen ins Handelsregister einzutragen.

Hinweis: Das Lehrerhandbuch enthält weitere Bearbeitungsvorschläge

7 Fortbildungsmöglichkeiten

LERNSITUATION

Die Auszubildende Claire der Wall GmbH – Spedition & Logistik und ihr Mitschüler Moritz sehen folgenden Aushang in ihrer Berufsschule:

Wie weiter nach erfolgreicher Handelskammerprüfung?

Info-Veranstaltung zur Fortbildung für Kaufleute für Spedition und Logistikdienstleistung (Fachwirte/in u. a. Abschlüsse)

mit Referenten der folgenden Institutionen:

- Akademie Hamburger Verkehrswirtschaft (AHV), Herr Lehneke
- Deutsche Außenhandels- und Verkehrsakademie (DAV), Bremen, Herr Clasen
- Fachhochschule Flensburg, Herr Prof. Schulz,
- Fachhochschule Bremerhaven, Herr Dr. Strey
- Deutsche Logistik Akademie (DLA), Bremen, Frau Dr. Runge
- Universität Hamburg, Frau Prof. Dr. Wegner

Termin: Dienstag, 10.12.20.., 16:00 Uhr
Ort: Aula der Berufsschule

Programmablauf (geplant):
16:00 – 17:15 Uhr Referenten stellen sich und ihre Institutionen vor
17:15 – 17:30 Uhr Pause
17:30 – 19:30 Uhr Einzelgespräche mit den Referenten

Wir bitten um schriftliche Anmeldung an das Schulsekretariat der Staatlichen Handels- und Berufsschule für das Verkehrswesen in Hamburg:

Holstendeel 14–17 · 20355 Hamburg
z. Hd. Herrn Krümel

gez. im Namen der Handels- und Berufsschule für das Verkehrswesen
Herr Walter Krümel (Abteilungsleiter Berufsschule),
Herr Dietmar Schult (Verbindungslehrer), Frau Lisa Khalil (Schulsprecherin)
Hamburg, 10. November 20..

Moritz interessiert sich seit Kurzem für die Fort- und Weiterbildungsmöglichkeiten nach seiner Ausbildung zum Kaufmann für Spedition und Logistikdienstleistung. Er kann sich nicht vorstellen, die nächsten 40 Jahre als Sachbearbeiter in einer Spedition zu arbeiten. Er beschließt, zusammen mit Claire das Veranstaltungsangebot der Schule zu besuchen, um einen besseren Überblick über die Fort- und Weiterbildungsmöglichkeiten zu erhalten.

Aufgaben

1. Würden Sie Moritz raten, ein weiterführendes Studium aufzunehmen? Wägen Sie Ihre Antwort gegeneinander ab und schildern Sie Vor- und Nachteile eines Studiums.
2. Überlegen Sie, welche Art von Fort- und Weiterbildung zurzeit für Sie infrage kommt.
3. Zählen Sie die Ihnen bekannten Fort- und Weiterbildungsmöglichkeiten auf.

Die Wirtschaftsstruktur hat sich in Deutschland in den letzten Jahren stark verändert. Mit diesem stetig andauernden Wandel ändern sich auch die Berufsanforderungen. Der neue und zukünftige Arbeitnehmer muss zunehmend über ein breites Spektrum an Fähigkeiten (Schlüsselqualifikationen) verfügen:

- Neuerungen annehmen und anwenden,
- vernetztes Denken, z.B. Sachverhalte aus der Theorie auf bestimmte Bereiche in der Praxis übertragen,
- Systemdenken, z.B. Zerlegung komplexer Probleme,
- Problemlösestrategien, z.B. bei der Entwicklung von Logistikkonzepten,
- Kommunikationsfähigkeit, z.B. komplizierte Sachverhalte einfach erklären können,
- Teamarbeit um gemeinsam Synergieeffekte auszulösen und zu nutzen,
- Mobilität, z.B. die Bereitschaft zu signalisieren, an einem anderen Ort zu arbeiten,
- Kompetenzen auszubauen und zu fördern (vgl. unter Regeln der Zusammenarbeit).

Um den ständig wachsenden Anforderungen gerecht zu werden, gibt es ein großes Angebot und eine große Nachfrage an beruflichen Weiterbildungsmöglichkeiten.

Neben der betrieblichen Weiterbildung bieten Industrie- und Handelskammern, Arbeitsagenturen, Berufsbildende Schulen, Gewerkschaften, Volkshochschulen, private Institute und die Landesverbände der Spediteure (und andere Branchen) Fort- und Weiterbildungsmaßnahmen an. Zudem gibt es die Möglichkeit des Fernstudiums.

Gerade für die Sachbearbeiter in Verkehrs- und Logistikbetrieben gilt die Forderung nach lebenslangem Lernen, weil die Anforderungen sich fortwährend ändern. Speziell für junge Speditionskaufleute bieten sich eine Reihe von Möglichkeiten unterschiedlicher Intensität und Zeitdauer. Im Folgenden wird ein Überblick über die Möglichkeiten der fachbezogenen beruflichen Fortbildung von Kaufleuten im Verkehrsgewerbe dargestellt.

7.1 Abschlüsse

Verkehrsfachwirt

Der Verkehrsfachwirt ist die bekannteste berufliche Fortbildungsmöglichkeit für Speditionskaufleute. Zielsetzung dieser Weiterbildung ist die Erweiterung der beruflichen Kenntnisse in diesem Wirtschaftsbereich für den Einsatz als mittlere Führungskraft.

Die Aufgaben des geprüften Verkehrsfachwirtes werden unmittelbar aus dem Anforderungsprofil der Unternehmen abgeleitet und insbesondere auf mittelständische Firmen ausgerichtet.

Voraussetzungen sind eine abgeschlossene Berufsausbildung als Speditions- oder Schifffahrtskaufmann und mindestens ein Jahr Berufserfahrung **oder** eine abgeschlossene Berufsausbildung in einem anderen anerkannten kaufmännischen Ausbildungsberuf und eine mindestens zweijährige Berufspraxis im Güterverkehr **oder** mindestens fünf Jahre Berufspraxis im Güterverkehr.

Informationen über lokale Angebote zur Ausbildung können über die jeweilige Industrie- und Handelskammer erfragt werden. In Hamburg bietet beispielsweise die Akademie Hamburger Verkehrswirtschaft GmbH diese Ausbildung in 18 Monaten (zwei Tage pro Woche, 18:00–21:15 Uhr und samstags 08:00–13:00 Uhr, berufsbegleitend) an. Die reinen Lehrgangsgebühren betragen 2985,00 €. Bei Teilzahlung der Lehrgangsgebühren betragen diese 3 100,00 € (10 × 310,00 €). Die Prüfungsgebühren richten sich nach der aktuellen Gebührenordnung der Handelskammer und werden direkt an diese abgeführt (Stand 2014).

Adresse in Hamburg: Akademie Hamburger Verkehrswirtschaft GmbH, Speditionshaus,
Ost-West-Str. 69, 20457 Hamburg, Tel.: 040 374764-55;
E-Mail: info@ahv.de

Betriebswirt im Studiengang Verkehr

Dieses betriebswirtschaftliche Studium (4 Semester) bietet Speditionskaufleuten, die sich durch Weiterbildung auf Positionen und Aufgaben im gehobenen oder oberen Führungsbereich vorbereiten wollen, die DAV (Deutsche Außenhandel- und Verkehrs-Akademie) in Bremen an. Die Studienrichtung bei einem Vollzeitstudium heißt „Internationale Wirtschaft" oder „Verkehrswirtschaft/Logistik"

Voraussetzungen für das Studium sind die Hochschulreife oder die mittlere Reife (Abschluss Sek. I), eine erfolgreich abgelegte kaufmännische Abschlussprüfung und eine einjährige Berufserfahrung.

Für den speziellen Studiengang Verkehrswirtschaft Logistik oder internationale Wirtschaft/ Außenhandel ist eine zweijährige Berufserfahrung notwendig. Die Studiengebühren betragen pro Semester 3 970,00 €. Außerdem wird noch eine einmalige Anmeldegebühr von 75,00 € und weitere Kosten wie Prüfungsgebühren, Semesterticket und Mitgliedsgebühren erhoben. Im Anschluss kann ein internationales Studium in Oxford mit dem Abschluss Bachelor of Arts (Vollzeitstudium – 9 Monate) absolviert werden (Stand 2014).

Adresse in Bremen: Deutsche Außenhandels- und Verkehrs-Akademie (DAV),
Universitätsallee 18, Eingang Caroline-Herschel Straße,
28359 Bremen; Tel.: 0421 94991020; E-Mail: dav@bvl-campus.de

7.2 Anbieter

Hochschule Bremerhaven
Abschluss: Bachelor of Engineering (B. Eng.)

- Studiengang: Transportwesen/Logistik
- Dauer: 6 Semester; mit hohem Praxisbezug: Praxisphase in Form von Projekten oder Industriepraktikum im 6. Fachsemester
- 80 Studienplätze pro Jahr
- Unterrichtssprache: Deutsch (80 %) und Englisch (20 %)
- Voraussetzungen: allgemeine oder fachgebundene Hochschulreife. Nicht-deutschen Bewerbern wird eine Vorprüfung der Bewerbung durch die Prüfstelle ASSIST empfohlen (www.uni-assist.de). Weiterhin sind Basiskenntnisse der englischen Sprache (entsprechend ca. 3–4 Jahre Schulunterricht) Voraussetzung für die Aufnahme des Studiums. Dies entspricht dem Niveau B1 des Europäischen Referenzrahmens (nähere Infos unter www.hs-bremerhaven.de/Sprachqualifikationen.html).

Die Hochschule Bremerhaven bietet Absolventen des Bachelorstudiengangs Transportwesen/ Logistik an, im Anschluss an das Studium am Aufbau-Masterprogramm „Logistics Engineering and Management" teilzunehmen.

Adresse: Hochschule Bremerhaven, University of Applied Sciences,
An der Karlstadt 8, 27568 Bremerhaven, Tel.: 0471 4823126;
E-Mail: info@HS-Bremerhaven.de (Stand 2014)

Europäische Verkehrsakademie (EUVA), Duisburg

Abschluss: Master (M. Sc.)

- Studiengang: Logistik Management
- Dauer: fünfsemestriges Intensivstudium, das ergänzend zum Grundstudium der Universität mit gezielten Praxisanteilen den unmittelbaren Einsatz in Führungspositionen der Verkehrswirtschaft ermöglichen soll.
- Voraussetzungen: allgemeine oder fachgebundene Hochschulreife, eine Berufsausbildung in der Verkehrswirtschaft oder eine vergleichbare Ausbildung und eine einjährige Berufserfahrung.
- Kurzstudium Logistik in Modulen angeboten, wobei jeweils 4 Wochen im Frühjahr und 4 Wochen im Herbst ausgebildet wird.
- Dauer: Die Ausbildungszeit beträgt 360 Stunden. Für beide Studiengänge sind nur die Studiengebühren zu zahlen.

Adresse: Universität Duisburg, Europäische Verkehrsakademie e. V.
Akademie für Wirtschaft und Technik, Geibelstraße 41, 47057 Duisburg,
Tel.: 0203 3634002; E-Mail: euva@uni-duisburg.de (Stand 2014)

Fachhochschule Flensburg

Abschluss: Diplom-Kaufmann (FH) (Bachelor of Arts – Kompetenzzentrum: Beschaffung, Verkehr)

- Voraussetzung: Fachhochschulreife
- Dauer: 8 Semester (Grundstudium, Praxissemester, Hauptstudium)
- Auslandsaktivitäten: European Technology Management in Italien, Schweden oder Belgien
- **Fachbereich Wirtschaft:** Beschaffung; Logistik & Supply Chain Management, 6 Semester
  - 3 Semester Basisstudium
  - 2 Semester Schwerpunktstudium
  - 1 Semester Bachelorarbeit und Praktium
- Seit 2008 Masterangebot
  - 2 Jahre bis zum Master of Arts (General Management)
  - Mit Spezialisierungsmöglichkeit Supply Chain Management und Information Management

Adresse: Kanzleistr. 91–93, 24943 Flensburg,
Tel.: 0461 805-1350; E-Mail: wi@fh-flensburg.de (Stand 2014)

Fachhochschule Gießen-Friedberg

Abschluss: Logistiker

- Studiengang: **Logistik.** Der Studiengang ist zulassungsbeschränkt (Numerus Clausus). Ein Studienbeginn ist nur zum Wintersemester möglich (Bewerbungsschluss 15.07.).
- Voraussetzung: Fachhochschulreife
- Dauer: 7 Semester
- Fernstudium: **Logistik**
- Voraussetzungen: – abgeschlossenes Hochschulstudium
  oder

  - Bewerber mit oder ohne Hochschulzugangsberechtigung
    oder
  - abgeschlossene Berufsausbildung
    oder
  - mehrjährige Logistikpraxis
- Dauer: 7 Semester
  - Modulares System, d.h., es können einzelne Module absolviert werden
  - Für das sechssemestrige Gesamtstudium wird ein Zertifikat ausgestellt
- Das Studium schließt mit dem akademischen Grad Bachelor of Science (B. Sc.) ab. Nach Abschluss kann konsekutiv der dreisemestrige Masterstudiengang Supply Chain Management belegt werden, der zum Master of Science (M.Sc.) führt.

Adresse: Fachhochschule Gießen-Friedberg,
Wilhelm-Leuschner-Str. 13, 61169 Friedberg,
Tel.: 06031 604-7777; info@thm.de (Stand 2014)

Staatliche Fachschule für Bau, Wirtschaft und Verkehr in Gotha

Weiterbildung zum **staatlich geprüften Logistiker für Transport** mit den **Schwerpunkten Produktionslogistik und Transportlogistik**

- Voraussetzungen: abgeschlossene Berufsausbildung im kaufmännischen Ausbildungsberuf oder praktische Berufserfahrung
- Dauer: Vollzeitform in 2 Jahren und Teilzeitstudium mit längerer Dauer

Adresse: Staatliche Fachschule für Bau, Wirtschaft und Verkehr,
Trützschlerplatz 1, 99867 Gotha, Tel.: 03621 776401 (Stand 2014)

Deutsche Logistik Akademie (DLA), Bremen

- Studiengang: **Kompaktstudium Logistik**
- Voraussetzungen: fachspezifische Ausbildung in einem kaufmännischen Ausbildungsberuf oder mehrjährige Berufspraxis in einer Logistikfunktion
- Dauer: ca. 2 Jahre mit dem Abschluss **Logistiker (DLA)**

Adresse: Deutsche Logistik Akademie (DLA), Marktstraße 2, Börsenhof B,
28195 Bremen, Tel.: 0421 3608460 (Stand 2014)

Berufsakademie Mannheim

Abschluss: Bachelor of Arts, Bachelor of Engeneering oder **Bachelor of Science**

- Voraussetzungen: Hochschulreife und fester Ausbildungsvertrag mit einem von der Akademie anerkannten Ausbildungsunternehmen
- Dauer: 6 Semester
- Ausbildung erfolgt nach dem dualen Prinzip der Berufsausbildung

Adresse: Berufsakademie Mannheim, Calberweg 7, 68163 Mannheim,
Tel.: 0621 41050; E-Mail: info@ba-mannheim.de (Stand 2014)

Fachhochschule Heilbronn

- **Abschluss: Bachelor of Arts**
  - Studiengang: Verkehrsbetriebswirtschaft und Logistik
- **Abschluss: Master of Arts**
  - Masterstudiengang: Business Administration in Transport and Logistics

Adresse: Fachhochschule Heilbronn, Max-Planck-Str. 39,
74081 Heilbronn, Tel.: 07131 5040 (Stand 2014)

FOM (Fachhochschule für Oekonomie & Management) Abschluss: Bachelor

- Studium berufsbegleitend
- Dauer: 7 Semester (Grundstudium 4 Semester/Hauptstudium 3 Semester)
- Studiengebühren: einmalig 12 600,00 € oder 42 Monatsraten à 300,00 €, Einschreibegebühren 164,45 €, Prüfungsgebühren 300,00 €

Adresse: Fachhochschule für Oekonomie & Management, Schäferkampsallee 16a, 20357 Hamburg, Tel.: 0800 1959595; E-Mail: studienberatung@fom.de (Stand 2014)

Fachhochschule Hamm

Abschluss: Bachelor of Science, Wirtschaftsingenieurwesen Logistik

- Masterstudiengang: Logistik (Vollzeitstudium oder als Fernstudium)
- Voraussetzungen: Allgemeine Hochschulreife (Abitur) oder Fachhochschulreife oder Fachgebundene Hochschulreife oder Meisterprüfung; Fachwirt oder Fachkaufmann; Abschluss einer zweijährigen Fachschulausbildung oder eine durch eine Rechtsvorschrift oder von der zuständigen Stelle als gleichwertig anerkannte Zugangsberechtigung
- Dauer: 5 Semester, im Fernstudium 6 Semester
  Studiengebühren 630,00 € monatlich, Aufnahmegebühren 250,00 €, Eignungsprüfung 250,00; Verlängerung über die Regelstudienzeit hinaus: 250,00 € pro Semester

Adresse: SRH Hochschule für Logistik und Wirtschaft, Platz der Deutschen Einheit 1, 59065 Hamm, Tel.: 02381 9291-0; E-Mail, info@fh-hamm.srh.de (Stand 2014)

7.3 Möglichkeiten der finanziellen/staatlichen Förderung der beruflichen Fort- und Weiterbildung

Die Möglichkeit, eine finanzielle Unterstützung vom Staat zu erhalten, ergibt sich aufgrund unterschiedlicher Förderungsgesetze.

Arbeitsförderungsgesetz

Für die oben genannten Weiterbildungsmöglichkeiten besteht die Möglichkeit, staatliche Fördergelder zu erhalten.

Grundsätzlich gilt:

- Förderungsdauer:
  - Sie können vom Staat finanziert werden, wenn nachweislich in dem erlernten Beruf kein Arbeitsplatz gefunden wird, oder
  - wenn der Beruf aus gesundheitlichen Gründen nicht mehr ausgeübt werden kann.
  - Das AFG beschränkt die Förderung nur auf dringende Umschulungsfälle.
  - Voraussetzung für eine Umschulung ist die Eignung für den neuen Beruf und die Verbesserung der Chancen des Umschülers, nach der Maßnahme einen Arbeitsplatz zu finden.
- Umschulungsmaßnahmen:
  - bei Vollzeitunterricht auf zwei Jahre begrenzt
  - Weiterbildungsmaßnahmen, die nicht länger als 2–4 Wochen andauern, sind nicht förderungsfähig (§§ 33–46 AFG)

Berufsausbildungsförderungsgesetz (BAföG)

Eine finanzielle Förderung nach dem Bafög wird danach berechnet, welcher Bedarf für die Ausbildung (Schüler oder Student) und den Lebensunterhalt besteht. Die Beitragssätze werden von Zeit zu Zeit den Lebenshaltungskosten angepasst und ergeben sich aus der persönlichen Vermögenssituation.

Aufstiegsfortbildungsförderungsgesetz (AFBG)

Das AFBG bzw. das sog. Meister-BAFöG begründet einen individuellen Rechtsanspruch auf Förderung von beruflichen Aufstiegsfortbildungen. Es unterstützt die Erweiterung und den Ausbau beruflicher Qualifizierung und stärkt damit die Fortbildungsmotivation des Fachkräftenachwuchses. Über Darlehens-Teilerlasse werden Anreize zum erfolgreichen Abschluss geschaffen.

Als Fortbildungen werden gefördert:
- die einen anerkannten Berufsabschluss voraussetzen,
- die auf eine öffentlich-rechtlich geregelte Prüfung vorbereiten,
- die mindestens 400 Unterrichtsstunden umfassen,
- die in Vollzeitform nicht länger als zwei und in Teilzeitform nicht länger als vier Jahre dauern.

Beantragt werden kann ein zinsgünstiges Darlehen für:
- Lehrgangs- und Prüfungsgebühren bis zu 10 226,00 €,
  - 1/3 Zuschuss, 2/3 Darlehen; Rückzahlung ab 2–10 Jahre nach dem Examen,
- einen monatlichen Unterhalt (nur wenn die Fortbildung in Vollzeitform durchgeführt wird).

Monatliche Förderungshöchstbeträge:

▪ für Alleinstehende	675,00 €
▪ für Alleinstehende mit einem Kind	885,00 €
▪ für Verheiratete	890,00 €
▪ für Verheiratete mit einem Kind	1 100,00 €
▪ für Verheiratete mit zwei Kindern	1 310,00 €

Der Zuschuss beträgt hier jeweils bis zu 229,00 € je Monat zzgl. einem Zuschuss aus dem Erhöhungsbetrag für Kinder. Der verbleibende Betrag wird als Darlehen zu zinsgünstigen Konditionen vergeben.

Die Darlehen des AFBG werden bei der Kreditanstalt für Wiederaufbau (KfW) in Bonn beantragt. Die Darlehen sind während der Fortbildung und einer anschließenden Karenzzeit von insgesamt bis zu sechs Jahren zins- und tilgungsfrei. In dieser Zeit trägt der Staat die Zinsen. Das Darlehen ist nach Ablauf der Karenzzeit innerhalb von zehn Jahren mit monatlichen Raten von mindestens 128,00 € zu tilgen.

Bestehen Geförderte die Abschlussprüfung der AF-Maßnahme, werden ihnen auf Antrag 25 % des zu diesem Zeitpunkt noch nicht fällig gewordenen Darlehens für die Lehrgangs- und Prüfungsgebühren erlassen.

ZUSAMMENFASSUNG

Ausgewählte Fortbildungsmöglichkeiten

Anbieter

- Hochschule **Bremerhaven**:
  - Bachelor of Engineering (B.Eng.)
- Europäische Verkehrsakademie (EUVA), **Duisburg**:
  - Master (M.Sc)-Logistik Management
- Fachhochschule **Flensburg**:
  - Bachelor of Arts und Masterangebote
- Fachhochschule **Gießen-Friedberg**:
  - Logistiker
- Staatliche Fachhochschule für Bau, Wirtschaft und Verkehr in **Gotha**:
  - Staatlich geprüfter Logistiker für Transport
- Deutsche Logistik Akademie in **Bremen**:
  - Logistiker
- Berufsakademie **Mannheim**:
  - Bachelor of Arts, Bachelor of Engenieering oder Bachelor of Science
- Fachhochschule **Heilbronn**:
  - Bachelor of Arts; Master of Arts
- Fachhochschule **Hamm**:
  - Bachelor-Logistik
- u. a.

und viele andere …

Abschlüsse

- Verkehrsfachwirt **(lokale Angebote** über die **Industrie- und Handelskammern)**
- Betriebswirt im Studiengang Verkehr (Deutsche Außenhandels- und Verkehrs-Akademie, DAV, Bremen)

Betriebsinterne Weiterbildung

8 Personal

LERNSITUATION

Joshua Möller hat durch einen Headhunter ein Arbeitsplatzangebot als Geschäftsführer einer Luftfrachtspedition erhalten und sich entschlossen, dieses Angebot anzunehmen. Herr Möller hat fristgerecht gekündigt und erhält nun von der Wall GmbH – Spedition & Logistik in Hamburg ein Arbeitszeugnis:

Wall GmbH
Spedition & Logistik

Wall GmbH – Spedition & Logistik Großmannstraße 253, 20539 Hamburg

Wall GmbH – Spedition & Logistik Großmannstraße 253, 20539 Hamburg

E-Mail: service@wall-gmbh.de
Internet: www.wall-gmbh.de
Tel. +49 40 31104-0
Fax +49 40 31104-99

Zeugnis

Herr Joshua Möller, geboren am 24. Mai 1978 in Hamburg, wurde von uns nach Beendigung der Ausbildung am 6. Juli 1998 in unserem Unternehmen als Kaufmann für Spedition und Logistikdienstleistung – zunächst als Sachbearbeiter und seit dem 31. Juli 1999 als Abteilungsleiter in der Luftfrachtimportabteilung – in einem unbefristeten Arbeitsverhältnis übernommen.

Sein Aufgabengebiet umfasste die gesamte fernöstliche **Importauftragsabwicklung** inklusive der Ausfertigung der **Zolldokumentation**, deren Abfertigung und Disposition der Sendungen für den Lkw-Verkehr sowie der Akquisition neuer Kunden und der Offertenerstellung.

Dank der hervorragenden Auffassungsgabe, des großen Interesses und seines ausgezeichneten Mitdenkens arbeitete sich Herr Möller außerordentlich schnell und vollkommen selbstständig in sein neues umfangreiches Aufgabengebiet ein. Seine stets überdurchschnittliche Einsatzbereitschaft, seine Eigeninitiative sowie ein Höchstmaß an Verantwortungsgefühl, seine Selbstständigkeit und sein organisatorisches Geschick zeichneten ihn ebenso aus wie seine stets zügige, äußerst korrekte und vor allem zielstrebige Arbeitsweise. Er bewies die Fähigkeit, komplizierte Problemstellungen klar und folgerichtig zu durchdenken, zu lösen und umzusetzen.
Aufgrund seiner herausragenden EDV- und Englischkenntnisse konnte er einen engen Kontakt zu unseren hiesigen und überseeischen Partnern aufbauen, halten und stellte den bestmöglichen Arbeitsablauf auch in Zeiten sehr hohen Arbeitsanfalls sicher, indem er jederzeit den Überblick behielt und die Prioritäten ausnahmslos zweckmäßig setzte.

Herr Möller setzte sich stets für die Interessen unserer Kunden ein und war durch sein sehr großes Durchsetzungsvermögen in der Lage, unter Berücksichtigung der Unternehmensziele für alle gleichermaßen die beste Lösung zu verwirklichen. Er trug so zu einem großen Teil zum Aufbau, zur Stabilisierung und erfolgreichen Fortsetzung unserer Kundenbeziehungen und positiven Geschäftsentwicklung bei.

Herr Möller war für uns ein sehr wertvoller und sympathischer Mitarbeiter. Sein Verhalten gegenüber Vorgesetzten und Mitarbeitern war immer vorbildlich und einwandfrei. Von diesen und den Kunden war er gleichermaßen hoch anerkannt. Er erledigte die ihm übertragenen Aufgaben stets äußerst gewissenhaft, zuverlässig und jederzeit zu unserer vollsten Zufriedenheit und verstand es überdies, im Team die besten Lösungen zu erarbeiten.

Herr Möller scheidet am 31. Januar 20.. auf eigenen Wunsch aus unserem Unternehmen aus, um sich einer neuen Herausforderung zu stellen. Wir bedauern seine Entscheidung sehr, bedanken uns für die sehr gute und überaus erfolgreiche Zusammenarbeit und wünschen Herrn Möller für seine private und berufliche Zukunft alles erdenklich Gute.

Mit freundlichen Grüßen

ppa. *Schröder*
(Personalabteilung) Hamburg, 31.01.20..

Geschäftsführung: Frau Dipl.-Betriebswirtin Sofia Seeding
Sitz der GmbH: in Hamburg beim Amtsgericht unter der Handelsregisternummer HRB 21214
Bankverbindung: Vereinsbank AG, Hamburg · BLZ 500 600 20, Kto. 11 091 980, Swift-Code Cobade FF 200
Wir arbeiten ausschließlich gemäß der ADSp neueste Fassung.

Aufgaben

1. Stellen Sie fest, welche Aufgaben/Tätigkeiten Hr. Joshua Möller zu erledigen hatte.
2. Erstellen Sie ein Anforderungsprofil, um die frei werdende Stelle neu besetzen zu können.
3. Zeigen Sie anhand des Zeugnisses auf, welche Kriterien zur Beurteilung von Mitarbeitern angelegt werden können.
4. Neben einer endgültigen Beurteilung nach der Auflösung eines Arbeitsvertrages werden i. d. R. regelmäßige Personalbeurteilungen der Mitarbeiter vorgenommen. Erläutern Sie, aus welchen Gründen diese durchgeführt werden, und vergleichen Sie Ihre Ergebnisse mit der folgenden Sachdarstellung.

Im Rahmen der Personalpolitik (vgl. hierzu auch „Betriebliche Hierarchie, S. 50 ff.) hat ein Unternehmen, in Abhängigkeit von den bestehenden Rahmenbedingungen, wie z. B. Gesetzen, den Einsatz des vorhandenen und neuen Personals zu planen. Zu berücksichtigen sind neben der Art und Menge der Arbeit, die zu bewältigen ist, auch die für das Personal anfallenden Kosten. Das heißt, Aufgabe der Personalpolitik ist es, vorhandenes Personal gemäß den – unternehmenseigenen – Anforderungen einzusetzen, ausscheidendes Personal möglicherweise zu ersetzen und im laufenden Geschäftsbetrieb die Leistung der Mitarbeiter zu würdigen bzw. kritisch und konstruktiv zu beurteilen. Ebenso gehört es dazu, dem ausscheidenden Mitarbeiter bzw. Personal zu dokumentieren, welche Arbeit geleistet und wie diese Arbeit geleistet wurde.

8.1 Personalplanung

Die Personalplanung richtet sich nach den festgelegten Unternehmenszielen.

Im Einzelnen können dies sein:

- **Erreichen der wirtschaftlichen Ziele** wie größtmöglicher Gewinn unter Wahrung eines angemessenen Preis-Leistungs-Verhältnisses für die angebotenen Lieferungen und/oder Leistungen. Für die Personalplanung bedeutet das, dass das Personal möglichst optimal im Unternehmen eingesetzt wird. Die Fähigkeiten und Kompetenzen der Mitarbeiter sollten so eingesetzt werden, dass diese bestmöglich zur Gewinnerzielung genutzt werden können. Für das Unternehmen heißt das zudem, die Kosten – möglichst – gering zu halten. Durch den Einsatz eines Mitarbeiters, der einen bestimmten Bereich des Unternehmens gut kennt und eingearbeitet ist, wird ein effektives und kostengünstiges Arbeiten möglich, der Mitarbeiter arbeitet produktiver, d. h., er schafft in einer bestimmten Zeit wesentlich mehr, und möglicherweise leistet er zudem qualitativ höherwertige Arbeit als ein Mitarbeiter, der den Arbeitsbereich nicht kennt. Im Falle der Wall GmbH wäre der Einsatz von erfahrenen Seehafenexportspediteuren in der Seehafenexportabteilung sinnvoll, da sie ihre Fähigkeiten einbringen könnten und somit zu dem Ziel der Gewinnmaximierung beitragen – sie schaffen eine höhere Anzahl an Aufträgen. Der Einsatz eines Seehafenexport-Sachbearbeiters in der Lkw-Disposition wäre möglich, allerdings wären die Fähigkeiten nicht optimal genutzt. Er würde seine Stärken nicht ausnutzen können, sondern würde langsamer und ohne erforderliches Hintergrundwissen nicht so kompetent arbeiten, ggf. aufgrund fehlender Routine sogar einzelne, z. T. wesentliche Tätigkeitsschritte auslassen. LSL
- **Erreichen von sozialen Zielen.** Personal wird nur gut und effektiv arbeiten, wenn die Rahmenbedingungen akzeptiert werden können, d. h., dass die Arbeitsbedingungen so vorteilhaft gestaltet sind, dass sie die Motivation der Mitarbeiter fördern. Als Negativbeispiele ließen sich anführen: ein schlechtes Betriebsklima, evtl. ein autoritärer

Führungsstil, unzumutbare Arbeitsbedingungen, z. B. wenn ein Mitarbeiter gezwungen wäre, in einem Raum zu arbeiten, der im Winter nicht beheizt werden könnte.

- **Sicherung festgelegter Qualitätsstandards.** Ein qualitätsorientiertes Unternehmen wird Wert darauf legen, dass die Kundenanforderungen stets durch das qualifizierte Personal erfüllt und Fehler durch Mitarbeiter weitgehend vermieden werden, damit festgelegte Qualitätsnormen gewährleistet werden können, wie ein störungsfreies Bearbeiten von Aufträgen. Für die Wall GmbH heißt das, dass sichergestellt ist, dass sämtliche Mitarbeiter die Qualitätsanforderungen kennen – z. B. durch einheitliche Checklisten zur Bearbeitung von Aufträgen – und diese zu ihren eigenen Standards bei der Auftragsabwicklung machen. Neben den Standards eines Qualitätsmanagements (vgl. Marketing, Kapitel 14) ist beispielsweise auch eine Bewusstseinsentwicklung wichtig, die dazu führt, Hand in Hand zu arbeiten und sich gegenseitig zu unterstützen.

LSL

- **Personalkontinuität.** Ein weiteres Ziel der Personalplanung ist die Sicherstellung der Personalkontinuität, d. h., zu erreichen, dass ein Grundstock an Personal permanent im Unternehmen verbleibt, damit Planungssicherheit in Bezug auf Kompetenzen, Fähigkeiten und Verlässlichkeit für das Unternehmen und die Kunden gegeben ist. Das Einarbeiten neuer Mitarbeiter führt zumeist zum Aufbrechen bestehender Strukturen (in Teams oder innerhalb einer Abteilung) und bedeutet – zumindest für eine gewisse Zeit – eine unproduktive Phase. Das Einarbeiten neuer Mitarbeiter kostet Zeit und ist demzufolge mit Kosten verbunden. Die Entwicklung eines „Wir"-Gefühls wird erschwert. Durch einen häufigen Mitarbeiterwechsel wird das Vertrauen der Kunden in den Qualitätsstandard möglicherweise verringert.

MERKE

Personalplanung meint, für das Erledigen der zukünftig anfallenden Aufgaben das notwendige Personal, in der richtigen Anzahl, mit den notwendigen Fähigkeiten und Kompetenzen, zur richtigen Zeit, am richtigen Ort gewährleisten zu können.

Eine Personalplanung kann u. a. von folgenden, z. T. aufeinander einwirkenden Faktoren abhängen, die sich gegenseitig bedingen:

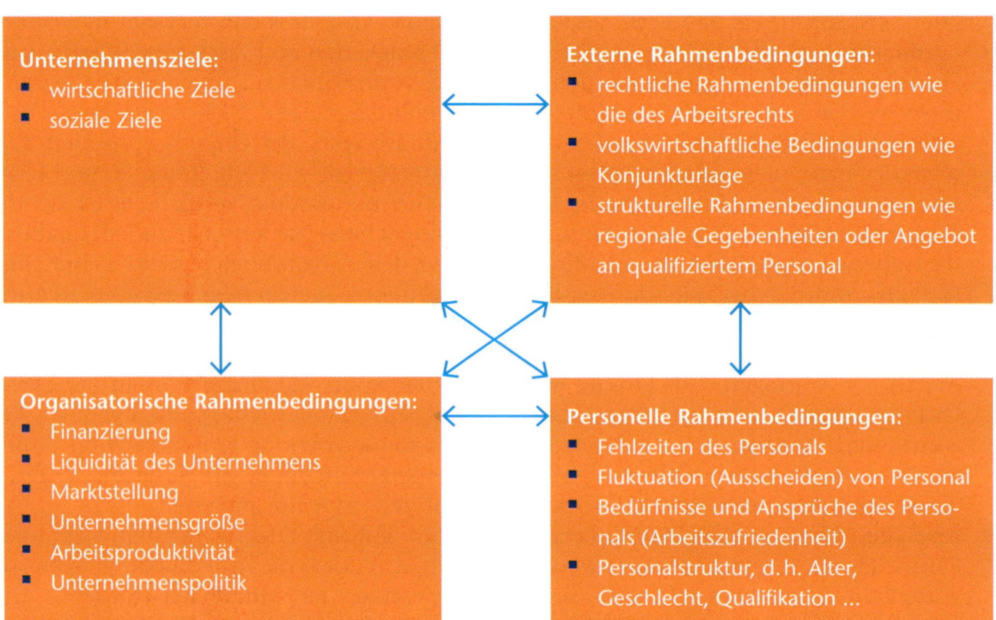

Der erste Schritt im Rahmen der Personalplanung ist die **Kollektivplanung**. Dabei wird die Gesamtheit aller Arbeitnehmer erfasst, um festzustellen, ob mit dem vorhandenen Personal – Anzahl, Qualifikation usw. – die Unternehmensziele erreicht werden können oder ob daraus Konsequenzen gezogen werden müssen. So beispielsweise, ob weitere Qualifikationen erforderlich sind oder in bestimmten Unternehmensbereichen zusätzliches Personal benötigt wird bzw. ob an bestimmten Stellen im Unternehmen Personal eingespart werden kann. So gehören zur Kollektivplanung das Feststellen des Personalbestandes in Form von Personalbestandsplänen sowie das Aufstellen von Personalbedarfsplänen, Personaleinsatzplänen sowie Personalveränderungs- und -fortbildungsplänen (s. unten).

Daneben hat ein Unternehmen im Regelfall ein Interesse daran, sein Personal zu halten und zu fördern. Bei der sog. **Individualplanung** steht der einzelne Mitarbeiter im Vordergrund. Zur Individualplanung zählen:
- die **Einarbeitungsplanung**, beispielsweise die Einstellung eines neuen Mitarbeiters so rechtzeitig zu planen, dass dieser neue Mitarbeiter durch den ausscheidenden Mitarbeiter eingearbeitet werden kann, um somit keine Kompetenzen oder Besonderheiten bei der Auftragsabwicklung zu verlieren und damit den Qualitätsstandard den Kunden gegenüber zu gewährleisten;
- die **Besetzungsplanung**, das meint die Zuordnung eines Mitarbeiters in einen bestimmten Bereich des Unternehmens sowie die Anzahl der in diesem Bereich arbeitenden Mitarbeiter;
- die **Laufbahnplanung**, also der vom Mitarbeiter angestrebte Karriereweg innerhalb des Unternehmens. So unterstützen Unternehmen ihre Mitarbeiter häufig finanziell bei Fortbildungen wie Sprachkursen oder schulischen bzw. universitären Weiterbildungen; häufig befürworten Firmen ebenfalls Auslandsaufenthalte ihrer Mitarbeiter in eigenen Filialen.

8.2 Personaleinsatz

Der Einsatz des Personals ist sowohl an die betrieblichen Gegebenheiten wie die Auftragslage als auch an äußerliche Einflüsse wie die Konjunkturlage u.a. anzupassen. Zu erstellen sind in Abhängigkeit von den anfallenden, zu erledigenden Aufgaben, d.h. der Anzahl der zu bearbeitenden Aufträge:

ein Personal**bestand**splan:
- Anzahl der vorhandenen Arbeitnehmer
- Qualifikation der vorhandenen Arbeitnehmer
- ...

- Datenermittlung der anfallenden Aufgaben

ein Personal**bedarf**splan:
- Anzahl der benötigten Arbeitnehmer in Abhängigkeit von den anfallenden Aufgaben (bestimmte Anzahl an Aufträgen)
- Qualifikation der benötigten Arbeitnehmer in Abhängigkeit von den anfallenden Aufgaben
- ...

Nach der Bestands- und der Bedarfsaufnahme – in Abhängigkeit von den jeweils anfallenden Tätigkeiten in den verschiedenen Abteilungen eines Unternehmens – ist ein Soll-Ist-Vergleich zu erstellen. Sofern der Personalbestand nicht dem Personalbedarf entspricht, ist aus dem Vergleich zu erkennen, ob vorhandenes Personal abgebaut oder zusätzliches Personal beschafft werden muss.

LSL

Beispiel

Angenommen, in der Seehafenimportabteilung würde das Bearbeiten eines Auftrages – von der Prüfung auf Durchführbarkeit über die Nachlaufplanung, Dokumentation bis hin zur Abrechnung – durch erfahrene, qualifizierte Mitarbeiter durchschnittlich 40 Minuten dauern. Unter der Voraussetzung, am Tag wären im Durchschnitt 108 Aufträge zu bearbeiten, müssten dann – bei einer durchschnittlichen Arbeitszeit von acht Stunden – neun Mitarbeiter vorhanden sein. Jeder Mitarbeiter würde einen Auftrag innerhalb von 40 Minuten erledigen. In acht Stunden bearbeitet dieser Mitarbeiter zwölf Aufträge. Bei neun Mitarbeitern werden also 108 Aufträge bearbeitet. Wären lediglich acht Mitarbeiter beschäftigt (13,5 Aufträge pro Tag), müsste – langfristig, unter besonderer Berücksichtigung der Mitarbeitermotivation – ein weiterer Mitarbeiter eingestellt werden, um die Auftragsabwicklung in der gegebenen Arbeitszeit zu gewährleisten.

Personalbeschaffungsplan		Personalabbauplan:
Externe Beschaffung (zu klären:) ▪ Einstellungszeitpunkt ▪ Bezugsort ▪ Form der Beschaffung (Anzeigen in Zeitungen, Arbeitsvermittlung, Headhunter) ▪ Anforderungen ▪ Qualifikation	**Interne Beschaffung** (zu klären:) ▪ Umsetzungsmöglichkeit nach Qualifikation ▪ Umsetzungszeitpunkt ▪ Ersatz des Arbeitnehmers durch anderen Arbeitnehmer ▪ evtl. Zeitspanne der Umsetzung ▪ Anforderungen	(zu klären:) ▪ Sozialverträglichkeit nach Alter, Geschlecht, Familienstand etc. ▪ Qualifikation ▪ Zeitpunkt

Entspricht der Personalbestand letztlich dem Personalbedarf, ist ein Personalentwicklungsplan – siehe Kollektiv- und Individualplanung – und daraufhin ein Personaleinsatzplan zu erstellen. Im **Personaleinsatzplan** ist festzulegen, welche Mitarbeiter wann und an welcher Stelle bestmöglich einzusetzen sind.

8.3 Stellenbeschreibung

Muss vorhandenes Personal ersetzt oder neue Arbeitsplätze geschaffen werden, so muss für die von den neuen Mitarbeitern auszuführenden Tätigkeiten ein **Anforderungsprofil** (Arbeitsplatz- bzw. Positionsbeschreibung) erstellt werden, um den Arbeitsplatz bestmöglich besetzen zu können.

MERKE
An eine Stelle bzw. an einen Arbeitsplatz werden bestimmte Anforderungen gestellt, die von dem Inhaber der Stelle – dem Mitarbeiter – erfüllt werden müssen.

Um ein **Anforderungsprofil** zu erstellen, sind z. B. folgende Sachverhalte zu klären:

- **Stellenbezeichnung**
  - Abteilung, in der der Bedarf besteht
    z. B. die Abteilung Nationaler Lkw-Verkehr
  - Sachgebiet, das zu bearbeiten ist
    z. B. Auftragsabwicklung von kompletten Lkws im nationalen Bereich
  - ggf. Zeichnungsvollmacht (je nach Positionsausschreibung)
    z. B. im Auftrag – i. A.

- **Stelleneinordnung/Dienstrang**
  - Vorgesetzte: direkt (unmittelbar) – indirekt (mittelbar)
    z. B. Abteilungsleiter – Hauptabteilungsleiter – Geschäftsführung
  - untergeordnete Stellen: direkt oder indirekt
    z. B. Sachbearbeiter – Auszubildende

- **Stellenvertretung**
  - wird vertreten von ...
    z. B. anderem Sachbearbeiter mit gleichem Anforderungsprofil wie Lkw-Disponent
  - vertritt ...
    z. B. anderen Sachbearbeiter mit gleichem Anforderungsprofil wie Lkw-Disponent

- **Stellenaufgaben**
  - konkrete Tätigkeitsbeschreibung
    z. B. Angebotseinholung und -ausgabe, Frachtvertragsabschlüsse durchführen, Disposition von Fahrzeugen, Routenplanung, Abrechnung, Kosten-Nutzen-Analyse, Reklamationsbearbeitung, Abwicklung von Zollverfahren, Dokumentation

LSL

- **Befugnisse und Verantwortung**
  - selbstständiges Durchführen von laufenden/anfallenden Tätigkeiten
    z. B. Abschluss von Frachtverträgen, Beschaffung von Laderaum, Beschaffung von Fracht
  - besondere Befugnisse/Verantwortungsbereiche
    z. B. Ausbildertätigkeit (Ausbilden von Auszubildenden durch einen Ausbilder mit Ausbilderschein), Gefahrgutbeauftragter, Ersthelfer

- **Anforderungen an den Stelleninhaber**
  - Vorbildung
    z. B. Realschulabschluss, Ausbildung zum/zur Kaufmann/-frau für Spedition und Logistikdienstleistung, Schwerpunkt Lkw-Disposition im nationalen Bereich, Führerschein Klasse III
  - Kenntnisse
    z. B. Fachkenntnisse, EDV-Kenntnisse, Gesprächsführung, Marktkenntnisse, technisches Verständnis, Mitarbeiterführung, Sprachkenntnisse
  - Sonstiges – persönliche Anforderungen
    z. B. Teamfähigkeit, Kontaktfreude, Offenheit, selbstständiges Arbeiten

Die Stellenbeschreibung bzw. die Arbeitsplatzbeschreibung – als Ergebnis des Anforderungsprofils – **ist mit den Qualifikationen, Kompetenzen und Fähigkeiten** – der Eignung – **des Bewerbers zu vergleichen**. Der Abgleich ergibt sich aus der – schriftlich fixierten – Aufgabenzusammenfassung und – die Eignung eines Bewerbers – aus Mitarbeiterbeurteilungen (s. unten). Dabei ist es wichtig, einen geeigneten Bewerber auszuwählen, der den Anforderungen genauestens entspricht. Bei überqualifizierten Bewerbern ist davon auszugehen, dass sie eine angenommene Stelle sofort wieder verlassen werden, sobald sie einen adäquaten, ihren Qualifikationen entsprechenden Arbeitsplatz angeboten bekämen; unterqualifizierte Arbeitnehmer dagegen könnten den beschriebenen Arbeitsplatz nicht ausfüllen.

Als Vorteile einer Stellenbeschreibung ergeben sich für den Stelleninhaber – Mitarbeiter –, dass das Aufgabengebiet klar eingegrenzt, die Erwartungen sowie die Anforderungen, die anweisungsberechtigten Personen, die Weisungsbefugnis und auch die Stellenbewertung – im Vergleich zu den anderen Mitarbeitern – geklärt sind. Die Unternehmensführung erreicht mit einer Stellenbeschreibung einen Überblick über die jeweiligen Arbeitsplätze, die Möglichkeit einer Leistungskontrolle, einen Leistungsvergleich zwischen den Mitarbeitern – in gleicher Position –, eine Grundlage für eine – gerechte – Entlohnung, ein besseres Betriebsklima und damit einen geringeren Mitarbeiterwechsel (Fluktuation), wegen der daraus resultierenden Mitarbeiterzufriedenheit.

Die Stellenbeschreibung stellt letztlich auch die Grundlage einer Personalbeurteilung dar. Anhand der Stellenbeschreibung ergeben sich die Anforderungen, die an den Arbeitnehmer gestellt wurden und werden. In einer Personalbeurteilung wird überprüft, ob die Stelleninhaber den Anforderungen genügen konnten.

8.4 Personalbeurteilungen

Personalbeurteilungen erfolgen bei der Einstellung und der Auflösung eines Arbeitsvertrages sowie regelmäßig während der gesamten Zugehörigkeit zu einem Unternehmen oder zu bestimmten Anlässen, wie z. B. vor Ablauf der Probezeit, für lohn- und gehaltsmäßige Einstufungen, bei Fortbildungs-, Versetzungs- und Beförderungsentscheidungen oder regelmäßig, nach festen Zeitabständen.

MERKE

Ziel einer möglichst objektiven Personalbeurteilung ist zum einen, Fähigkeiten des Mitarbeiters herauszufinden und diese im Interesse des Unternehmens zu nutzen, zum anderen dient sie dem Arbeitnehmer als Rückmeldung für seine geleistete Arbeit. Subjektive (erste) Eindrücke der Beurteilenden sollten daher vernachlässigt werden.

8.4.1 Beurteilungskriterien

In der Praxis hat sich kein einheitliches Beurteilungs- bzw. Notensystem durchgesetzt, sodass branchenspezifische und betriebsinterne Beurteilungskonzepte entwickelt werden. Die Wirtschaft geht üblicherweise von einer verbalisierten Beurteilung aus und überträgt diese z. T. in eine Punkteskala. Solche Beurteilungsbögen dienen auch der Vergleichbarkeit von Mitarbeitern.

Um die individuelle Leistung möglichst objektiv beurteilen zu können, müssen konkrete Beurteilungskriterien und abgestufte Wertungen eingeführt werden.

Hauptkriterien:	Fachkenntnisse	Persönlichkeit	Einstellung zur Arbeit	Sozialverhalten	...
Unterkriterien:	▪ Zoll ▪ See-Export ▪ See-Import ▪ Lkw-Dispo. ▪ ...	▪ Umgangsformen ▪ Ausdrucksfähigkeit ▪ ...	▪ Interesse ▪ Erreichen vereinbarter Ziele ▪ ...	▪ Umgang mit Kollegen ▪ Umgang ▪ mit Kunden ▪ ...	...

Den Kriterien werden Wertstufen (wie hervorragend, gut, zufriedenstellend, nicht-hinreichend, unzulänglich) zugeordnet, die aufgrund ihrer Abstufung zu einer möglichst eindeutigen und objektiven Beurteilung führen.

Wall GmbH
Spedition & Logistik

Wall GmbH – Spedition & Logistik, Großmannstraße 253, 20539 Hamburg

Wall GmbH Spedition und Logistik

E-Mail: service@wall-gmbh.de
Internet: www.wall-gmbh.de
Tel. +49 40 31104-0
Fax +49 40 31104-99

Beurteilungsbogen für Auszubildende/Mitarbeiter

Mitarbeiter/-in, bzw. Auszubildende(r)

Name, Vorname:	Mohrwege, Otis	Ausbildungsort:	Hamburg
Geburtsdatum:	12.12.19..	Ausbildungsleiter:	Frau Schröder
		Ausbildungsberuf:	Kaufmann für Spedition und Logistikdienstleistung
Ausbildungsbeginn:	01.08.20..	Ausbildungsabteilung:	Seehafenimport
Beurteilungszeitraum:	01.05.–31.08.20..	Hauptabteilungsleiter:	Herr Permuth

Punktzahl:	**9–10**		**5–6**	**3–4**	**1–2**
Lern-interesse 7	☐ sehr wissbegierig, initiativ	☒ interessiert, aufgeschlossen	☐ durchschn. interessiert	☐ mäßig interessiert	☐ unzureichend interessiert
Lern-fortschritt 8	☐ begreift sehr leicht, verlässlich	☒ lernt leicht und sicher	☐ lernt durchschnittl. gut	☐ lernt langsam/ wenig sicher	☐ lernt schwerfällig
Arbeitsinteresse (Leist.-wille) 6	☐ besond. fleißig, hoher Einsatz	☐ fleißig, guter Einsatz	☒ gleichm. Leistungs-/Einsatzbereitschaft	☐ geringer Fleiß und Einsatz	☐ unzureichender Fleiß/Einsatz
Arbeits-tempo 6	☐ außerordentlich zügig und flott	☐ gleichmäßig schnell	☒ genügt den Anforderungen	☐ langsam	☐ umständlich/ gemächlich
Arbeits-ergebnis 7	☐ überzeugend hohe Qualität	☒ gleichmäßig gut/gewissenhaft	☐ durchschnittliche Qualität	☐ oberflächlich tüchtig	☐ nachlässig/ unzureichend
Selbst-ständigkeit 8	☐ sehr selbst-ständig/initiativ	☒ selbstständig	☐ entspricht den Anforderungen	☐ benötigt Unterstützung	☐ arbeitet nach Anweisungen
Ordnung 6	☐ sehr ordentlich/ übersichtlich	☐ ordentlich/ übersichtlich	☒ durchschnittl. Ordnungssinn	☐ mäßige Ordnung/Planung	☐ unordentlich/ übersichtlos/ planlos
Sprachlicher Ausdruck 8	☐ sicher/gewandt/ überzeugend	☒ klar und treffend	☐ verständlich	☐ unsicher/ umständlich	☐ schwerfällig und gehemmt
Zusammen-arbeit 10	☒ sicher, hilfsbereit, aufgeschlossen	☐ höflich und verbindlich	☐ anpassungsfähig	☐ passt sich schwer an	☐ eigensinnig, verschlossen
Verhalten zu Kunden 8	☐ sehr aufmerksam, sicher	☒ aufmerksam, freundlich	☐ angemessen, ohne Einwand	☐ unbeteiligt, zurückhaltend	☐ unsicher, unbeholfen
Verhalten zu Mitarbeitern 8	☐ sehr aufmerksam, sicher	☒ aufmerksam, freundlich	☐ angemessen, ohne Einwand	☐ unbeteiligt, zurückhaltend	☐ unsicher, unbeholfen
Verhalten zu Vorgesetzten 8	☐ sehr aufmerksam, sicher	☒ aufmerksam, freundlich	☐ angemessen, ohne Einwand	☐ unbeteiligt, zurückhaltend	☐ unsicher, unbeholfen

Gesamtpunktzahl: 90 von 120

Erläuterungen zu den Beobachtungsmerkmalen (insbes. für herausragende Verhaltensweisen):
besonders von Vorteil sind die sehr guten fachspezifischen Englischkenntnisse

Abweichende Darstellung/Gegendarstellung des/der Auszubildenden:
./.

ppa. Permuth
stellvtr. Ausbildungsleiter/-in

zur Kenntnis genommen Otis Mohrwege
Beurteilter/Auszubildender

ppa. Schröder
Ausbildungsleiter/-in

31.08.20..
Datum des Beurteilungsgesprächs

8.4.2 Beurteilungsverfahren

Die Beurteilungen innerhalb einer Unternehmung erfolgen durch einen Vorgesetzten. Zusätzlich werden vermehrt Beurteilungen der Vorgesetzten durch die Mitarbeiter durchgeführt. Dadurch soll i. d. R. erreicht werden, dass auch Vorgesetzte ihr eigenes Verhalten überprüfen, um über die Arbeitszufriedenheit der Mitarbeiter deren optimalen Arbeitseinsatz zu gewährleisten.

Nach dem Aufstellen eines Beurteilungsbogens sind Personen festzulegen, die ihre Beobachtungen bewerten und im Beurteilungsbogen dokumentieren.

Abschließend findet in beiderseitigem Interesse ein Beurteilungsgespräch zwischen den Betroffenen (Beurteiler/Beurteilter) statt. Das Gespräch soll unterschiedliche Einschätzungen, Soll-Ist-Abweichungen und deren Ursachen feststellen und evtl. eine Verhaltensänderung des Beurteilten bewirken. Es dient außerdem dazu, berufliche Perspektiven aufzuzeigen und besondere Neigungen und Fähigkeiten des Beurteilten, hier des Mitarbeiters, aufzudecken und zu dokumentieren.

Gesprächsinhalte könnten beispielsweise sein:
- beiderseitiges Aufzeigen von Stärken und Schwächen;
- Bemängeln/Anerkennen von Leistungen inklusive Gehaltsentwicklung;
- Zukunftsaussichten/-perspektiven sowie Aufstiegsmöglichkeiten;
- Selbst- und Fremdeinschätzung des Mitarbeiters;
- Kooperations- und Kommunikationsfähigkeit;
- Aufgaben- und Zielvereinbarungen.

8.4.3 Zeugnisse

Dem Arbeitnehmer steht während des Beschäftigungszeitraumes ein Zwischenzeugnis zu. Der Arbeitnehmer hat nach Beendigung des Arbeitsverhältnisses Anspruch auf die Ausstellung eines (abschließenden) **Arbeitszeugnisses** (§ 630 BGB, § 73 HGB), welches sich aus einer abschließenden und der zuvor festgestellten Zwischenbeurteilung(en) ergibt.

Ein Zeugnis muss wohlwollend formuliert sein. Dennoch sind wesentliche, häufig schlecht ausgeführte Tätigkeiten als schlechte Leistung nicht auszulassen (Zeugniswahrheit). Aufgrund des Anspruchs auf Wohlwollen müssen diese in positiv formulierten Redewendungen zum Ausdruck gebracht werden. Beispielsweise „Herr Kurzmann hat sich stets bemüht" zeigt an, dass seine Leistungen mangelhaft waren. Eine ungenügende Arbeitsweise kann durch „Er hat sich bemüht, seine Aufgaben mit Sorgfalt zu erledigen", ein mangelhafter Erfolg durch „Er bemühte sich um sinnvolle Lösungen" zum Ausdruck gebracht werden.

MERKE
Grundsätzlich muss das ausgestellte **Zeugnis der Wahrheit** entsprechen. Für den Bewerber ist wichtig, dass es objektiv die berufsbezogenen, nicht privaten Gegebenheiten widerspiegelt, denn diese Arbeitszeugnisse dienen einem Personalchef als grundlegende Entscheidungshilfe bei der Einstellung eines Mitarbeiters (vgl. Personalplanung und -einsatz).

Im Lehrerhandbuch wird auf diesen Themenbereich ausführlicher eingegangen.

Einfaches und qualifiziertes Arbeitszeugnis

Zu unterscheiden ist ein **einfaches** von einem **qualifizierten Arbeitszeugnis**. Das einfache Arbeitszeugnis enthält zweifelsfreie Angaben über die betreffende Person sowie die Art und Dauer der Beschäftigung. Ein qualifiziertes Zeugnis dokumentiert darüber hinaus die Beurteilung der Leistung, d. h. der Kenntnisse, der Arbeitsweise und den Arbeitserfolg des Mitarbeiters, außerdem die Befugnisse und andere Charakteristika wie besondere fachliche Qualifikationen und Genauigkeit. Zudem erfolgt im qualifizierten Zeugnis die Bewertung der Führung, des Umgangs mit Kunden sowie des Sozialverhaltens gegenüber Mitarbeitern und Kollegen sowie der Organisations-, Planungsfähigkeiten und Führungsqualitäten u. a.

ZUSAMMENFASSUNG

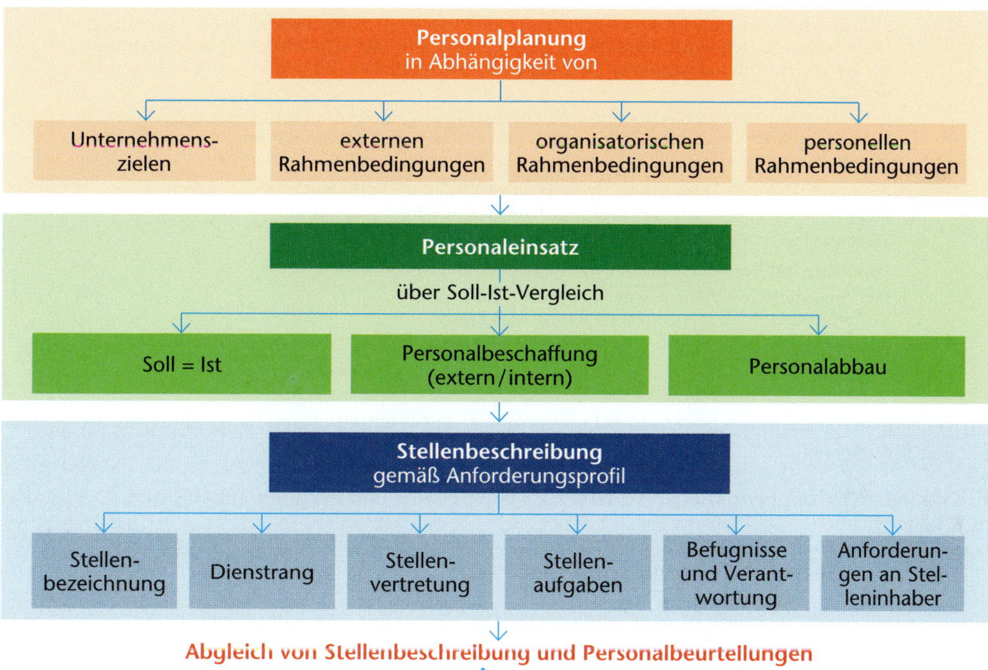

Personalbeurteilung	▪ als Dokumentation der individuellen Leistung eines Arbeitnehmers mittels Beurteilungsbogen und -gespräch ▪ mittels branchen-/betriebsspezifischer Kriterien inklusive Wertungsstufen ▪ im Rahmen der Einstellung ▪ im Rahmen der Auflösung des Arbeitsvertrages ▪ im Rahmen der Kontrolle der Zielvereinbarungen
Zum Zwecke der	▪ gehaltsmäßigen Einstufung ▪ Fortbildungs-, Versetzungs- und Beförderungsentscheidung zum optimalen Einsatz des Mitarbeiters
Arbeitszeugnisse	▪ nach Ausscheiden aus dem Unternehmen, um ein positiv formuliertes Arbeitszeugnis nach dem Grundsatz der Zeugniswahrheit zu erstellen: – einfaches Zeugnis – qualifiziertes Zeugnis

Bearbeitungsvorschläge

1. Bei dem in der Eingangssituation dargestellten Arbeitszeugnis handelt es sich um eine überaus positive Beurteilung des Mitarbeiters. Markieren Sie die Stellen, aus denen hervorgeht, dass es sich um ein sehr gutes Zeugnis handelt.

2. a) Unterstreichen Sie die negativen Formulierungen im folgenden Zeugnis und vergleichen Sie diese mit den sehr positiven der vorherigen Aufgabe.
   b) Formulieren Sie dieses Zeugnis in ein sehr positives (Schulnote 1) um.

> Zeugnis
>
> Frau Susanne Janig, geboren am 20. Juni 1979 in Norderstedt, war seit dem 1. September 2005 bei uns als Kauffrau für Spedition und Logistikdienstleistung beschäftigt.
> Sie war in unserer Seehafenexportabteilung für die Verkehre nach Nord- und Südamerika eingesetzt.
>
> Zu ihren Tätigkeiten gehörte die Erledigung aller gewöhnlich anfallenden Speditionsaufträge. Diese beziehen sich sowohl auf die Zusammenarbeit mit den verschiedenen Verkehrsträgern, der Handelskammer, Konsulaten und den Zollämtern als auch auf den Umgang mit den Kunden.
>
> Frau Janig hat sich im Verlauf ihrer Beschäftigung angemessenes Fachwissen angeeignet. Sie hat mit ihrer Arbeit unseren Erwartungen entsprochen und sich im Rahmen ihrer Fähigkeiten eingesetzt.
>
> Auch war sie in der Lage, gegebenenfalls selbstständig und problemlösend zu arbeiten.
> Das Verhalten ihren Kollegen gegenüber war einwandfrei.
>
> Stets war Frau Janig ehrlich und pünktlich.
>
> Frau Janig hat zu unserer Zufriedenheit gearbeitet.
>
> Das Angestelltenverhältnis endete zum 31. Mai 20..
> Wir wünschen Frau Janig für die Zukunft viel Erfolg.
>
> Mit freundlichen Grüßen

3. Stellen Sie für die Ihnen bekannte Schulnotenskala Textbeschreibungen dar und begründen Sie deren Schwächen.

4. Verändern Sie die Textpassagen so, dass aus obiger Beurteilung ein gutes Zeugnis wird.

5. Unterscheiden Sie zwischen einem einfachen und einem qualifizierten Arbeitszeugnis und zeigen Sie den Unterschied für das Eingangsbeispiel auf.

6. Erstellen Sie am PC mit dem Beurteilungsbogen auf S. 119 für den Auszubildenden Otis Mohrwege ein Zwischenzeugnis. Gehen Sie davon aus, dass er bis zur Ausstellung des Zwischenzeugnisses lediglich in der benannten Abteilung beschäftigt wurde.

   a) Erstellen Sie in Kleingruppen Kriterien für einen Beurteilungsbogen zur Einschätzung von Vorgesetzten.
   b) Stellen Sie Ihren Entwurf dem Plenum vor und begründen Sie Ihre (Kriterien-)Auswahl.

7. Prüfen Sie anhand des folgenden Beurteilungsbogens, ob das Zeugnis für Herrn Möller (aus der Lernsituation) ordnungsgemäß erstellt wurde.

Wall GmbH
Spedition & Logistik

Wall GmbH – Spedition & Logistik Großmannstraße 253, 20539 Hamburg

E-Mail: service@wall-gmbh.de
Internet: www.wall-gmbh.de
Tel. +49 40 31104-0
Fax +49 40 31104-99

Beurteilungsbogen Joshua Müller, Dispon./Abt.-Leiter Luftfrachtimport
Beurteilender: Hauptabteilungsleiter Luftfracht, Herr Moosgrund

Beurteilungsstufen: Punkte	nicht 0	nicht immer 1–2	fast immer 3–4	in vollem Umfang 5–6	deutlich 7–8	in besonderem Umfang 9–10
Anwendung Fachkenntn.	–	–	–	–	–	10
Arbeitseinsatz	–	–	–	–	–	10
Arbeitsverhalten	–	–	–	–	–	9
Arbeitsweise	–	–	–	–	–	10
Arbeitserfolg	–	–	–	–	–	10
Arbeitsleistung	–	–	–	–	–	10
Führungsqualität	–	–	–	5	–	–
Zusammenarbeit	–				–	9
Gesamtpunktzahl:	–	–	–	5	–	68

Ergänzungen:
Herr Möller baute in Eigeninitiative die Abteilung mit auf und hält Beziehungen; hoher Arbeitsaufwand, gleichzeitig immer freundlich und gewissenhaft; Umsatz stetig gestiegen; Qualitätsmanagement immer beachtet und weiterentwickelt; bei allen hoch geschätzt und anerkannt; trug gesamte Verantwortung, selbstständig, sehr gute Sprach- und EDV-Kenntnisse; Kündigung zum 31.01.20..

Gegendarstellung des Mitarbeiters:
keine Σ = 73 /80

15.01.20..	ppa. Moosgrund	J. Möller	ppa. Schröder
Datum	Beurteilender	Beurteilter	Personalabteilung

Geschäftsführung: Frau Dipl.-Betriebswirtin Sofia Seeding
Sitz der GmbH: in Hamburg beim Amtsgericht unter der Handelsregisternummer HRB 21214
Bankverbindung: Vereinsbank AG, Hamburg · BLZ 500 600 20, Kto. 11 091 980, Swift-Code Cobade FF 200
Wir arbeiten ausschließlich aufgrund der ADSp neueste Fassung.

8. Stellen Sie für Ihr Unternehmen einen Personalbeurteilungsbogen auf, bei dem Sie möglichst viele der benannten Kriterien berücksichtigen.

9. Legen Sie begründet dar, ob in der Abteilung, in der Sie gerade arbeiten, das Personal optimal eingesetzt ist.

10. Erstellen Sie eine Stellenbeschreibung für Ihren Vorgesetzten und überprüfen Sie, welche Qualifikationen Ihnen fehlen, um einen solchen Arbeitsplatz ausfüllen zu können.

11. Schreiben Sie eine Stellenanzeige aufgrund Ihres Anforderungsprofils. Gehen Sie davon aus, dass Sie diese Stelle in der DVZ veröffentlichen wollen.

9 Datenschutz

LERNSITUATION

Der Großhändler Schulz & Müller – Sanitätsbedarfsartikel – aus Elmshorn beauftragt uns, die Wall GmbH – Spedition & Logistik, 25 Paletten Fliesen von der Firma Magnani in Florenz nach Zagreb zur Firma Subasic zu befördern.

Der Auftraggeber Schulz & Müller wünscht, dass die Sendung über Hamburg nach Zagreb transportiert wird, weil die Sendung in Hamburg neutralisiert und neue Transportdokumente ausgestellt werden sollen. Der Empfänger Subasic in Zagreb darf nicht wissen, dass die Sendung aus Florenz von Magnani stammt, er soll im Glauben gelassen werden, dass sie aus Deutschland versendet wurde.

Andernfalls könnte Subasic direkt bei Magnani kaufen und der Großhändler Schulz & Müller würde als Vermittler ausgeschaltet werden.

Die Wall GmbH will möglichst Frachtkosten einsparen und prüft deshalb, ob Möglichkeiten bestehen, die Sendung nicht nach Hamburg zu transportieren, sondern die Neutralisierung und auch die Dokumentenerstellung in Süddeutschland, Österreich, Slowenien oder in Italien bei einem Vertragspartner durchführen zu lassen.

Der Auszubildende Hannes wurde von Herrn Flicker (Abteilungsleiter Lkw) damit beauftragt, die Möglichkeiten zu überprüfen. Er soll mit den Daten äußerst vertraulich umgehen und darf die Daten nicht herausgeben.

Aufgaben

1. Erläutern Sie die Bedeutung der Neutralisierung und versuchen Sie zu erklären, wann dieses Instrument eingesetzt wird.
2. Schildern Sie die Folgen, die eintreten könnten, sollte Hannes die Daten an Dritte weitergeben.
3. Schildern Sie unterschiedliche Möglichkeiten der kompletten Auftragsabwicklung, inklusive der Neutralisierung und der Dokumentenerstellung.

Datenkommunikationssysteme werden in jeder Spedition zur Auftragsabwicklung eingesetzt. Der Auftraggeber erwartet vom Spediteur einen vertraulichen Umgang mit seinen Daten und eine reibungslose, ordnungsgemäße und pünktliche Bearbeitung der speditionellen Dienstleistungen.

Nach den ADSp Ziffer 1 hat der Spediteur seine Verrichtungen mit der Sorgfalt eines ordentlichen Kaufmannes auszuführen und hierbei das Interesse des Auftraggebers zu wahren. Dieses Interesse des Auftraggebers ergibt sich zumeist aus seinen Weisungen und näheren Angaben im Speditionsauftrag. Das Interesse des Auftraggebers geht stets dem des Empfängers oder sonstiger Dritter vor und auch dem des Spediteurs, soweit dieser nicht nach dem Gesetz oder den **ADSp** Rechte herleiten kann, die dem Interesse des Auftraggebers widersprechen. LSL

Nur der Spediteur, der den Erwartungen seiner Auftraggeber gerecht wird, kann seine Kunden langfristig an sich binden.

Ebenso hat ein Arbeitgeber darauf zu achten, dass die persönlichen Daten seiner Mitarbeiter geschützt bleiben. Dementsprechend hat der Spediteur insbesondere Folgendes zu beachten:

- **Personenbezogene Daten**
  Einzelangaben über persönliche oder sachliche Verhältnisse einer natürlichen Person, wie z. B. eine betriebliche Beurteilung, dürfen nicht unbefugt verarbeitet oder weitergegeben werden (*Bundesdatenschutzgesetz* [§ 5 BDSG – Datengeheimnis]).

  Der beurteilten Person ist auf Antrag Auskunft zu erteilen über
  – die zur Person gespeicherten Daten,
  – den Zweck der Speicherung,
  – Personen und Institutionen, an die ihre Daten übermittelt werden (§ 34 Abs. 1 BDSG).

  Das Speichern, Verändern und Übermitteln der personenbezogenen Daten ist im Rahmen der Zweckangabe eines Vertragsverhältnisses mit der betroffenen Person erlaubt (§ 28 Abs. 1 Nr. 1 BDSG).

- **Datenschutzbeauftragter**
  Unternehmen, die personenbezogene Daten automatisch verarbeiten, sind Unternehmen, die i. d. R. mindestens fünf Arbeitnehmer ständig beschäftigen. Hier müssen Datenschutzbeauftragte eingesetzt werden. Das Gleiche gilt, wenn personenbezogene Daten auf andere Weise verarbeitet werden. Dies sind Unternehmen mit i. d. R. mindestens zwanzig ständig beschäftigten Arbeitnehmern.

  Die Aufgabe der Datenschutzbeauftragen besteht darin, für die Beachtung des Bundesdatenschutzgesetzes sowie anderer Vorschriften des Datenschutzes im Unternehmen zu sorgen.

  Datenschutzbeauftragte müssen die zur Erfüllung ihrer Aufgaben erforderliche Fachkunde und Zuverlässigkeit besitzen. Sie sind bei der Anwendung ihrer Tätigkeit weisungsfrei und dürfen wegen der Erfüllung ihrer Aufgaben nicht benachteiligt werden (§ 36 BDSG).

- **Zuwiderhandlung**
  Verstöße gegen die Bestimmungen des Datenschutzes durch unbefugtes Speichern, Verändern oder Übermitteln oder Zurverfügungstellen von personenbezogenen Daten an Dritte können mit einer Freiheitsstrafe, Geldstrafe oder mit Bußgeld geahndet werden.

- **Datensicherheit**
  Zehn Kontrollmaßnahmen werden in der Anlage zu § 9 Satz 1 BDSG aufgeführt, die zum Schutz personenbezogener Daten unbedingt eingehalten werden müssen:
  - Zugangskontrolle
    Unbefugten den Zugang zu Datenverarbeitungsanlagen, mit denen personenbezogene Daten verarbeitet werden, zu verwehren.
  - Datenträgerkontrolle
    Verhindern, dass Datenträger unbefugt gelesen, kopiert, verändert oder entfernt werden können.
  - Speicherkontrolle
    Die unbefugte Eingabe in den Speicher sowie die unbefugte Kenntnisnahme, Veränderung oder Löschung gespeicherter personenbezogener Daten zu verhindern.
  - Benutzerkontrolle
    Verhindern, dass Datenverarbeitungssysteme mithilfe von Einrichtungen zur Datenübertragung von Unbefugten genutzt werden können.
  - Zugriffskontrolle
    Gewährleisten, dass die zur Benutzung eines Datenverarbeitungssystems Berechtigten ausschließlich auf die ihrer Zugriffsberechtigung unterliegenden Daten zugreifen können.
  - Übermittlungskontrolle
    Gewährleisten, dass überprüft werden kann, an welche Stellen personenbezogene Daten durch Einrichtungen zur Datenübertragung übermittelt werden können.
  - Eingabekontrolle
    Gewährleisten, dass nachträglich überprüft und festgestellt werden kann, welche personenbezogenen Daten zu welcher Zeit von wem in Datenverarbeitungssysteme eingegeben worden sind.
  - Auftragskontrolle
    Gewährleisten, dass personenbezogene Daten, die im Auftrag verarbeitet werden, nur entsprechend den Weisungen des Auftraggebers verarbeitet werden können.
  - Transportkontrolle
    Verhindern, dass bei der Übertragung personenbezogener Daten sowie beim Transport von Datenträgern die Daten unbefugt gelesen, kopiert, verändert oder gelöscht werden können.
  - Organisationskontrolle
    Die innerbehördliche oder innerbetriebliche Organisation so zu gestalten, dass sie den besonderen Anforderungen des Datenschutzes gerecht wird.

Internetnutzung am Arbeitsplatz

Bei der Nutzung von Internetdiensten durch die Beschäftigten sind die eingesetzten Verfahren entsprechend dem Grundsatz von Datenvermeidung und Datensparsamkeit technisch so zu gestalten, dass von vornherein so wenige personenbezogene Daten wie möglich verarbeitet werden. Ebenso sollte die Kontrolle der Nutzung so gestaltet werden, dass sie mit möglichst wenig personenbezogenen Daten auskommt.

Dienstliche Nutzung des Internets

Auch wenn der Arbeitgeber die Nutzung von Internetdiensten ausschließlich zu dienstlichen Zwecken gestattet, muss eine automatisierte Vollkontrolle als schwerwiegender Eingriff in das Persönlichkeitsrecht der Beschäftigten unterbleiben. Kontrollen sind nur stichprobenweise und bei konkretem Missbrauchsverdacht zulässig. Es sollte eine Betriebsvereinbarung abgeschlossen werden, in der die technischen und organisatorischen Fragen der Protokollierung und Auswertung eindeutig geregelt sind. Soweit die Nutzung von E-Mail und anderen Internetdiensten zum Zweck der Datenschutzkontrolle und der

Datensicherung oder zur Sicherung des ordnungsgemäßen Betriebes der Verfahren protokolliert wird, dürfen diese Daten ausschließlich für diese Zwecke genutzt werden. Eine Verwertung zur Verhaltens- und Leistungskontrolle der Beschäftigten ist unzulässig.

Private Nutzung des Internets
Gestattet der Arbeitgeber den Beschäftigten die private Nutzung des Internets, kann er dies an einschränkende Voraussetzungen knüpfen und in angemessener Weise kontrollieren. Dabei ist das Fernmeldegeheimnis zu beachten. Der Umfang der privaten Nutzung, ihre Bedingungen sowie die Kontrolle, ob diese Bedingungen eingehalten werden, müssen verbindlich geregelt werden – am besten durch eine Betriebsvereinbarung mit der Personalvertretung. Eine Protokollierung darf ohne Einwilligung nur erfolgen, wenn sie zu Zwecken der Datenschutzkontrolle, der Datensicherung, zur Sicherung des ordnungsgemäßen Betriebs oder zu Abrechnungszwecken erforderlich ist. Die Verwendung der Protokolldaten zu anderen Zwecken ist unzulässig.

ZUSAMMENFASSUNG

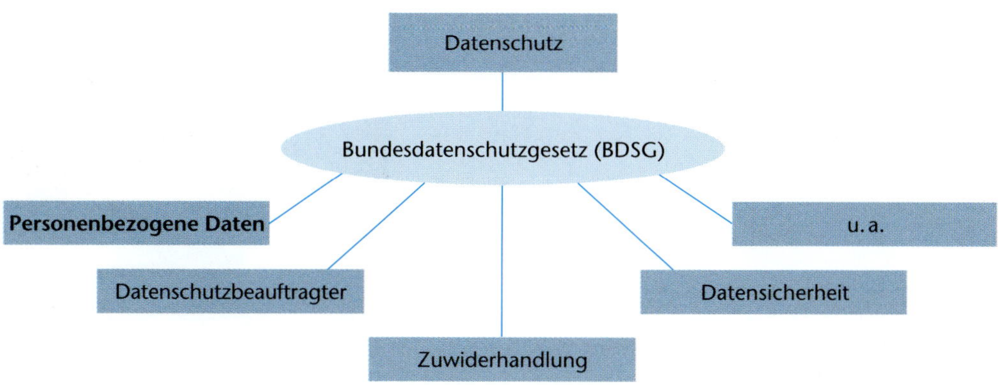

Bearbeitungsvorschläge

1. Schildern Sie, was unter dem Datengeheimnis zu verstehen ist.
2. Nach einer internen Fortbildung einer Spedition werden die Teilnehmer beurteilt, ohne dass die Teilnehmer darüber informiert worden sind. Erläutern Sie, was die Teilnehmer unternehmen können.
3. Beschreiben Sie die Aufgabe eines Datenschutzbeauftragten.
4. Geben Sie ein Beispiel aus der speditionellen Praxis für folgende Aussage:
   „Das Interesse des Auftraggebers geht stets dem des Empfängers oder sonstiger Dritter vor und auch dem des Spediteurs." (Auszug aus den ADSp Ziffer 1)

10 Tarifpolitik

LERNSITUATION

Einmal jährlich findet im großen Rahmen ein Gefahrgutseminar in Hamburg statt, das aufgrund seiner hervorragenden Dozenten überregionalen Anklang findet. In der Mittagspause kommt es zwischen Auszubildenden unterschiedlicher Speditionen zu folgendem Gespräch.

Axel: Und du bist also bei Worldwide Transport. Wie gefällt's dir denn so?

Annette: Ach, eigentlich nicht schlecht. Aber diese Arbeitszeiten sind ein Graus. Es vergeht kein Tag, an dem ich nicht Überstunden mache.

Axel: Das gehört nun mal dazu. Dafür kannst du dann mal wieder einen freien Tag machen oder bekommst entsprechend mehr Geld.

Annette: Wie kommst du denn darauf?

Axel: Na, das steht doch im Tarifvertrag. Hab' ich mir zumindest sagen lassen.

Annette: Na schön! Gilt das auch für mich?

Axel: Keine Ahnung, ob der für jeden gilt. Hat irgendwas mit Gewerkschaften zu tun.

Annette: Gewerkschaften? Hm ... Was machen die eigentlich?

Axel: Also ...

Annette: Welche ist eigentlich für mich zuständig?

Axel: Das ist die ...

Annette: Das mit dem Tarifvertrag habe ich noch nicht verstanden. Ich hab' doch einen Arbeitsvertrag mit meinem Arbeitgeber geschlossen.

Axel: Ja schon. Aber viele Sachen müssen ja nicht individuell vereinbart werden, sondern sollen für alle gleich sein. Gewerkschaften sind viel mächtiger, weil sie für viele sprechen. Die erreichen sicher mehr als so ein einzelner Auszubildender.

Annette: Und wer vertritt den Arbeitgeber?

Axel: Der Arbeitgeberverband. Welcher das genau ist, hängt von der Region ab. Arbeitest du nicht auch in Hamburg?

Annette: Ja.

Axel: Dann ist das ...

Annette: Hallo Claus. Komm doch zu uns. Entschuldige, Axel. Wir waren gerade dabei ...

Claus: Hallo ihr beiden. Gutes Seminar, was?

Annette: Ja, auf alle Fälle. Wie gefällt es dir denn so in deiner Spedition? Du bist doch schon fertig.

Claus: Ach ganz gut. Ich bin schon drei Jahre dabei und bin gerade in meiner Gehaltsgruppe hochgerutscht.

Annette: Was verdient man denn da so? Ich meine, mit welchem Gehalt fängt man überhaupt an?

Claus: Je nachdem. Wir werden entsprechend unserem Tarifvertrag bezahlt.

Axel: Hallo Dominic. Komm doch zu uns. Was siehst du so mürrisch aus?

Dominic: Ach, ich ärgere mich immer wieder aufs Neue über meine Firma. Eben unterhalte ich mich mit einem alten Klassenkameraden aus der Berufsschule und stellt euch vor, der hat 25 Tage Urlaub.

Axel: Ja, und ich auch. Findest du das viel?

Dominic: Ich habe 20 Tage! An Urlaubsgeld ist gar nicht zu denken.

Annette: Ich glaube, ich muss mich doch mal näher mit diesen Tarifverträgen beschäftigen. Man hört ja auch immer wieder in den Medien davon, dass die auf die Straße gehen und streiken und so. Unsere Regierung mahnt dann immer zur Lohnmäßigung. Was hat die eigentlich damit zu tun?

Aufgaben

1. Strukturieren Sie das Gespräch, indem Sie zunächst alle Fragen herausarbeiten, die es zu beantworten gilt.
2. Finden Sie auf Annettes Fragen die entsprechenden Antworten und fassen Sie diese mit Ihren eigenen Worten schriftlich zusammen.

10.1 Tarifautonomie

Die Ausgestaltung der Arbeitsverhältnisse zwischen Arbeitgebern und Arbeitnehmern wird zum größten Teil nicht in jedem einzelnen Arbeitsvertrag gesondert festgelegt, sondern überwiegend durch kollektive Regelungen in einem **Tarifvertrag** vereinbart, auf den dann im Arbeitsvertrag Bezug genommen wird.

Tarifverträge sollen ohne Einflussnahme der Politik geschlossen werden. Allein die Arbeitnehmervertreter, d.h. die Gewerkschaften, und die Arbeitgeber bzw. die Arbeitgeberverbände sind dafür verantwortlich. Sie sind die Tarifpartner. Das Grundgesetz Artikel 9 Abs. 3 gewährt das „Recht, zur Wahrung und Förderung der Arbeits- und Wirtschaftsbedingungen Vereinigungen zu bilden“. Damit wird zum einen die Vereinigungsfreiheit für Arbeitnehmer- und Arbeitgeberverbände festgeschrieben und zum anderen allein diesen die Verantwortung für das Verhandeln von Löhnen und Gehältern, Arbeitszeit, Urlaub usw. übertragen.

Allerdings hat der Staat aus sozialpolitischen Gründen für bestimmte Vertragsinhalte Ober- bzw. Untergrenzen per Gesetz festgelegt. So ist z.B. ein Mindesturlaub von 24 Werktagen festgeschrieben (§ 3 BUrlG), und kein Arbeitnehmer darf grundsätzlich länger als 10 Stunden am Tag arbeiten (§ 3 ArbZG).

10.2 Tarifvertragsparteien

Gewerkschaften

Mitte des 19. Jahrhunderts verschärften sich als Folge der Industrialisierung die sozialen Konflikte. Die Arbeitsbedingungen (z.B. Arbeitszeit, Urlaubsanspruch, Lohnfortzahlung im Krankheitsfall u.v.m.) wurden in erster Linie durch die Arbeitgeber diktiert und bedeuteten in vielen Fällen Ausbeutung. Die Arbeiter rebellierten und konnten nach langen Arbeitskämpfen die Gründung von Gewerkschaften durchsetzen. Obwohl sich 1848 erste Organisationen der Buchdrucker und Zigarrenarbeiter bildeten, blieben Gewerkschaften noch lange unterdrückt. Es verging viel Zeit und bedurfte vieler Verhandlungen, bis Lohn- und Arbeitsbedingungen wesentlich durch die Gewerkschaften mitbestimmt und festgelegt werden konnten.

Noch immer bestehen Probleme wie gerechte Entlohnung, Entlohnung, die zur Sicherung des Lebensstandards reicht, Schutz vor gesundheitlichen Beeinträchtigungen am Arbeitsplatz oder die Beteiligung an Entscheidungen und stellen Dauerbrenner gewerkschaftlicher Aktivitäten dar. So heißt es in einem Aufsatz des Deutschen Gewerkschaftsbundes (DGB): *„Technischer Fortschritt und wachsender Wohlstand führen nicht automatisch zu sozialem Fortschritt. Deshalb kämpfen Gewerkschaften dafür, dass diese Entwicklung sozial gestaltet wird. (...) Es ist nicht nur ein Fortschritt der Gewinner, sondern muss Grundwerten wie der Würde des Menschen und der demokratischen Mitsprache im Arbeitsleben entsprechen. (...) Die Menschen wollen Arbeit und damit Unabhängigkeit, sie wollen, dass es gerecht zugeht: In der Arbeit, in der Gesellschaft, zwischen den Generationen, zwischen den Geschlechtern“ (Internet: http://www.50jahre.dgb.de).* Gerade vor dem Hintergrund eines in den letzten Jahren eher sinkenden Reallohns in Deutschland spielen die Gewerkschaften weiterhin eine wichtige Rolle, um die Interessen der Arbeitnehmer u.a. in Sachen einer angemessenen Lohnsteigerung zu vertreten.

So bieten Gewerkschaften ihren Mitgliedern, neben dem Abschluss von Tarifverträgen, Rechtsschutz oder auch Weiterbildungsmöglichkeiten an und nehmen Einfluss auf die Bildungspolitik.

Gewerkschaften bezeichnen sich grundsätzlich als **Einheitsgewerkschaften**, d.h. als weltanschaulich und parteipolitisch neutral und unabhängig. In der Praxis besteht allerdings eine Nähe zur SPD, die aus dem historischen Ursprung, nämlich einer gemeinsamen Arbeiterbewegung, resultiert. Organisiert sind Gewerkschaften grundsätzlich nach dem **Industrieverbandsprinzip**. Für jeden Betrieb ist üblicherweise nur eine Gewerkschaft zuständig, da der Arbeitgeber, in dessen Unternehmen unterschiedliche Berufe vertreten sind, mit unterschiedlichen Gewerkschaften verhandeln müsste, die möglicherweise miteinander konkurrieren. Allerdings ist auch eine gewerkschaftliche Organisation nach dem **Fachverbandsprinzip** denkbar, wie beispielsweise die Organisation des Deutschen Beamtenbundes. Das heißt, alle Beamten eines Wirtschaftszweiges können sich dort organisieren.

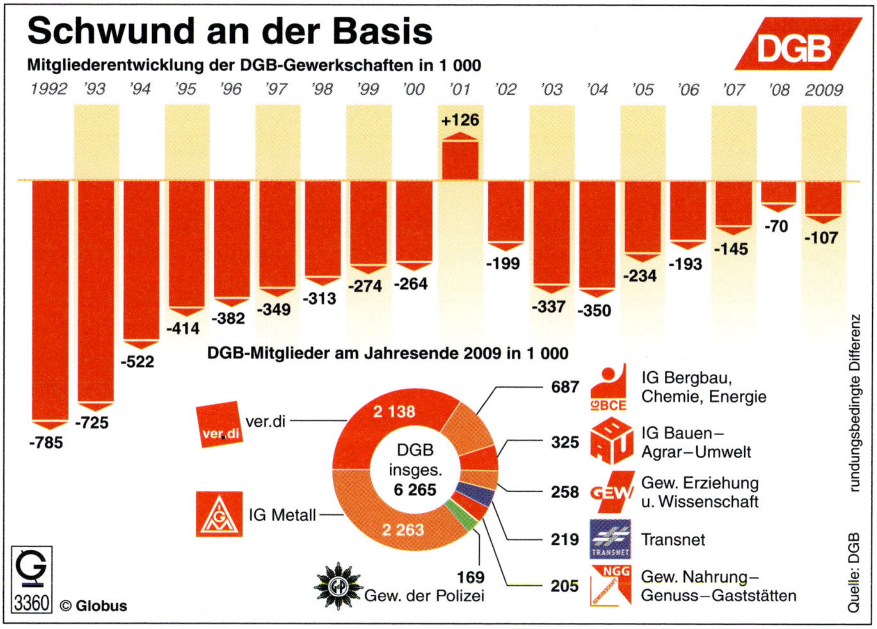

In den letzten Jahren hat sich in der Gewerkschaftsbewegung einiges getan. Nachdem viele Gewerkschaften mit einem starken Mitgliederschwund zu kämpfen hatten, der nicht zuletzt einen Machtverlust gegenüber den Arbeitgebern bzw. Arbeitgeberverbänden bedeutet hätte, schlossen sich die **Deutsche Angestellten-Gewerkschaft (DAG), die Deutsche Postgewerkschaft (DPG), die Gewerkschaft Handel, Banken und Versicherungen (HBV), die Industriegewerkschaft Medien (IG Medien) sowie die Gewerkschaft öffentliche Dienste, Transport und Verkehr (ÖTV)** zu einer Gewerkschaft, der **Vereinten Dienstleistungsgewerkschaft (ver.di)** zusammen. Ver.di bildet mit rund 3 Millionen Mitgliedern die größte Gewerkschaft der Welt. Sie vertritt über tausend Berufe, die im Dienstleistungsbereich bzw. in der dienstleistungsnahen Industrie angesiedelt sind.

Bis 2001 waren die DAG oder die ÖTV für die Interessenvertretung der Speditionskaufleute zuständig, seit 2001 ist es die Dienstleistungsgewerkschaft ver.di, die die Tarifverhandlungen führt und mit für den Tarifabschluss zuständig ist.

Arbeitgeberverbände

Konjunkturelle Krisen des Frühkapitalismus und wirtschaftliche Einbrüche des 19. Jahrhunderts führten dazu, dass Unternehmer sich zunehmend in Interessengruppen organisierten. Im Laufe der Zeit kristallisierten sich unterschiedliche Arbeitgeberverbände heraus, die sich auch als Organisation gegen die stark gewordenen Gewerkschaften verstanden. Darüber hinaus entwickelten sie sozialpolitische Zielsetzungen. Trotzdem herrscht die Einstellung vor, dass Gewerkschaften und Arbeitgeberverbände nur *miteinander* erfolgreich sein können. So braucht ein Unternehmen qualifizierte, engagierte und motivierte Mitarbeiter, um erfolgreich zu sein. Arbeitnehmer brauchen sichere Arbeitsplätze. Arbeitgeberverbände formulieren ihre Aufgabe in der Schaffung wirtschaftlicher Voraussetzungen, um die Wettbewerbsfähigkeit ihrer Mitglieder sowie einen wachsenden und stabilen Wohlstand gewährleisten zu können.

Arbeitgeberverbände, wie der Bundesverband der Deutschen Industrie (BDI) oder der Deutsche Industrie- und Handelstag (DIHK), stellen im politischen Raum eine wichtige

Lobby dar, die aufgrund ihrer wirtschaftlichen Macht Druck auf Parlament und Regierung sowie auf die Öffentlichkeit ausüben.[1] Ihre praktischen Tätigkeiten konzentrieren sich eher auf ein umfassendes Dienstleistungsangebot für ihre Mitglieder. Dazu gehören die Rechtsberatung und Vertretung der Mitglieder zum Beispiel in arbeitswissenschaftlichen Fragen, die Öffentlichkeitsarbeit, Mitwirkung bei der Bildungspolitik sowie das Angebot von Fortbildungsmöglichkeiten.

Arbeitgeberverbände sind fachlich und regional als privatrechtliche Vereine organisiert. Spitzenorganisation ist die Bundesvereinigung der Deutschen Arbeitgeberverbände (BDA), die allerdings selbst nicht als Tarifpartner auftritt.

Der Bundesverband Spedition und Logistik e. V. (BSL) ist der Spitzenverband des deutschen Verkehrsgewerbes und vertritt die Interessen der Spediteure auf Bundesebene. Diesem Bundesverband gehören die Landesverbände, entsprechend den Bundesländern, an. So gibt es beispielsweise den Verein Hamburger Spediteure oder den Landesverband Bayerischer Spediteure, den Landesverband des sächsischen Verkehrsgewerbes oder auch den Verband Badischer Spediteure. Sie führen die Tarifverhandlungen und vereinbaren Tarifabschlüsse mit der Gewerkschaft.

LSL

Auf internationaler Ebene steht der BSL sowohl in Europa mit CLECAT und weltweit mit der FIATA in Verbindung.

10.3 Tarifverhandlungen

Während der Laufzeit der Tarifverträge besteht **Friedenspflicht**. In dieser Zeit darf weder zum Streik (Arbeitsniederlegungen) aufgerufen, noch ein Streik durchgeführt werden. Nach Ablauf bzw. kurz vor Auslaufen eines Tarifvertrages beginnen die Verhandlungen um den Abschluss eines neuen Tarifvertrags. Dazu entsendet die zuständige Gewerkschaft bzw. der Arbeitgeber oder der Arbeitgeberverband Bevollmächtigte in jeweils eine **Tarifkommission**, die die Verhandlungen führen. Erlaubt sind in dieser Zeit Warnstreiks (kurzfristige Arbeitsniederlegungen) und Kundgebungen, die die Forderungen der Gewerkschaften unterstreichen sollen. Die Arbeitgeber bzw. ihre Verbände versuchen dagegen durch entsprechende Öffentlichkeitsarbeit ihre Standpunkte zu verdeutlichen. Einigen die Tarifkommissionen sich nicht, wird eine Seite die Verhandlungen als gescheitert erklären und ein **Schlichter** muss angerufen werden. Der Schlichter ist eine neutrale Person (oft ein ehemaliger Politiker), der zusammen mit den Tarifparteien einen für beide Seiten akzeptablen Kompromiss erarbeiten soll. Er selbst hat kein Entscheidungsrecht. Konnte dennoch keine Einigung erzielt werden, kann die Gewerkschaft zum **Streik** aufrufen. Bevor es jedoch zum Streik kommt, haben die meisten Gewerkschaften in ihrer Satzung vereinbart, dass sich mind. 75 % der Gewerkschaftsmitglieder für einen Streik aussprechen müssen. Erst dann wird festgelegt, welche Betriebe bestreikt werden sollen.

Streikarten

- Warnstreik: Arbeitnehmer demonstrieren ihre Streikbereitschaft, indem sie ihre Arbeit für eine kurze Zeit niederlegen.
- Schwerpunktstreik: Unternehmen mit einem hohen gewerkschaftlichen Organisationsgrad (häufig in großen Betrieben) werden bestreikt. Häufig werden Unternehmen, die eine bestimmte Schlüsselrolle spielen, dafür ausgewählt.
- Flächenstreik: Alle Unternehmen einer Branche innerhalb eines Tarifbezirkes werden bestreikt.
- Bundesweiter Streik: Alle Unternehmen einer Branche im gesamten Bundesgebiet werden bestreikt.

[1] *vgl. Institut der deutschen Wirtschaft (Hrsg.): Zwischen Konfrontation und Kompromiss, Köln 2000*

Während eines Streiks sind die Arbeitsverhältnisse der Streikenden außer Kraft gesetzt. Das heißt, für die Zeit des Streikes erhalten die Streikenden keinen Lohn oder Gehalt. Gewerkschaftsmitglieder erhalten von der Gewerkschaft Streikgeld, dessen Höhe in der Satzung der jeweiligen Gewerkschaft geregelt ist. Alle Streikenden, die nicht Mitglied einer Gewerkschaft sind, erhalten keine finanzielle Unterstützung. Als Reaktion auf einen Streik kann der Arbeitgeber seine Arbeitnehmer *aussperren*. Das heißt, er verweigert seinen Arbeitnehmern den Zutritt zum Betrieb und damit zu arbeiten und Geld zu verdienen.

Dabei dürfen aber nicht nur Gewerkschaftsmitglieder ausgesperrt werden, sondern auch die übrigen Arbeitnehmer (auch nicht Streikende), was ein neues Konfliktpotenzial bedeuten kann.

Ziel beider Arbeitskampfmaßnahmen (Streik und Aussperrung) ist es, den Vertragspartner in seiner Verhandlungsposition zu schwächen und mit neuen Zugeständnissen in eine neue Verhandlungsrunde zu treten. Wird ein Kompromiss ausgearbeitet, müssen dem Ergebnis, gemäß Gewerkschaftssatzung, 25 % der Gewerkschaftsmitglieder zustimmen. Ist dies der Fall, werden die Arbeitskampfmaßnahmen beendet und ein neuer Tarifvertrag ist zustande gekommen. Ansonsten muss weiter verhandelt werden.

Rechtmäßigkeit von Streiks

Streiks sind nur dann rechtmäßig, wenn ihr Träger die Gewerkschaft ist, alle anderen Verständigungsmöglichkeiten ausgeschöpft sind und sie dem Abschluss eines Tarifvertrages dienen. So darf beispielsweise nicht bei Streitigkeiten bezüglich der Auslegung des Betriebsverfassungsgesetzes gestreikt werden (z. B. darf nicht für den Erhalt der Betriebskantine gestreikt werden). Bei Verstößen ist der Arbeitgeber unter Umständen zur Kündigung berechtigt.

10.4 Tarifbezirke

Tarifvereinbarungen können nicht immer für das gesamte Bundesgebiet einheitlich abgeschlossen werden, da in verschiedenen Regionen unterschiedliche wirtschaftliche Gegebenheiten und Bedingungen herrschen. Daher ist das Bundesgebiet in Tarifbezirke eingeteilt, für die jeweils Tarifabschlüsse herbeigeführt werden. Für die Speditionskaufleute kann man sich merken, dass diese Tarifbezirke den Bundesländern entsprechen.

Standpunkte in den Tarifverhandlungen

Ziel der **Gewerkschaften** ist es, eine Steigerung des Lohnes bzw. Gehaltes zu erwirken. Es soll zumindest die Preissteigerungsrate ausgeglichen werden, um den Lebensstandard der Arbeitnehmer beizubehalten. Darüber hinaus sollen die Arbeitnehmer ein höheres Einkommen erhalten, das sowohl ihren Einsatz und ihr Engagement entschädigt und damit ihrem Anteil am Gewinn bzw. dem Produktivitätsfortschritt Rechnung tragen soll. Gesamtwirtschaftlich kann dadurch der Konsum der Verbraucher und damit die Produktion der Unternehmen belebt und die Beschäftigungsquote erhöht werden.

Für die **Arbeitgeber** bedeuten Löhne und Gehälter in erster Linie Kosten. Die Kalkulation auf die Preise ist häufig nicht am Markt durchzusetzen, wodurch der Erhalt der Wettbewerbsfähigkeit oft zulasten der Beschäftigung geht. Für die Unternehmen ist entscheidend, dass Lohnerhöhungen unter dem Produktivitätsfortschritt bleiben. Wie die Grafik auf der nächsten Seite jedoch zeigt, sind die Reallöhne in Deutschland in den letzten Jahren eher konstant geblieben und nicht wesentlich gestiegen. Auch sind die Tariflohnsteigerungen der letzten Jahre im europäischen Vergleich in Deutschland eher unterdurchschnittlich gewesen.

Wird von einer zunehmenden Produktivität gesprochen, bedeutet das: Es werden mit der gleichen Menge an Arbeitsleistung in derselben Zeit mehr Güter bzw. Dienstleistungen erstellt. Steigert ein Unternehmen beispielsweise seine Produktivität um 2%, entsteht keine Verteuerung der Produktion, solange die Lohn- bzw. Gehaltserhöhungen unter 2% bleiben.

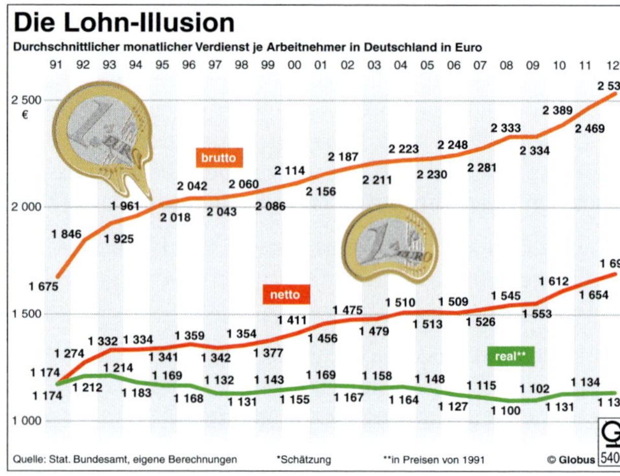

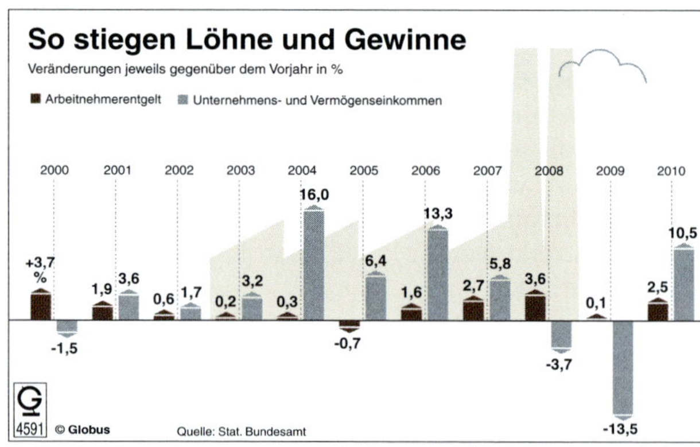

Da aus Arbeitgebersicht nur verteilt werden kann, was auch erwirtschaftet wurde, sollte sich ein Lohnanstieg auch immer an der Produktivität orientieren, damit die Arbeitnehmer am Leistungsfortschritt teilhaben können. An dieser allgemeinen Regel wird allerdings kritisiert, dass gerade in Zeiten hoher Arbeitslosigkeit Unternehmen gezwungen sind, über den Produktivitätsfortschritt hinaus Einsparungen vorzunehmen. Werden Produktionsgewinne in Form von Lohnerhöhungen gleich an die Arbeitnehmer weiterverteilt, wird der Rationalisierungsdruck zusätzlich verschärft. So befürworten in erster Linie die Arbeitgeber, dass Lohnsteigerungen hinter dem Produktivitätsfortschritt zurückbleiben und somit mehr Geld für Investitionen zur Verfügung steht und damit langfristig zusätzliche Arbeitsplätze geschaffen werden können, um die Wettbewerbsfähigkeit zu erhalten. In dieser Argumentation führen Gewerkschaften natürlich an, dass die Leidensfähigkeit der Arbeitnehmer begrenzt ist. Investitionen bedeuten nicht automatisch zusätzliche Arbeitsplätze, z. B. Investitionen in Technologien, sondern können einen Arbeitsplatzabbau zur Folge haben.

10.5 Tarifverträge

Inhaltlich lassen sich im Wesentlichen **Manteltarifverträge** und **Entgelttarifverträge** unterscheiden.

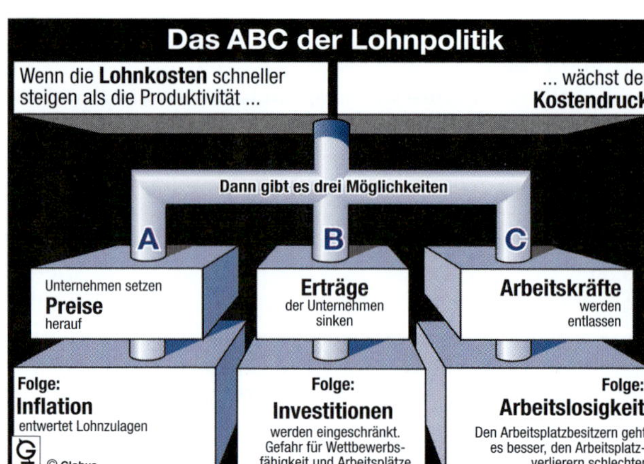

Manteltarifverträge

Manteltarifverträge umfassen allgemeine Arbeitsbedingungen wie Arbeitszeit, Überstunden, Urlaub, Kündigung, Zuschläge, Verhalten im Krankheitsfall usw. Darüber hinaus regeln sie die grundsätzlichen Merkmale, aufgrund deren ein Beschäftigter in eine Entgeltgruppe eingestuft wird.

Sie gelten i. d. R. für mehrere Jahre.

Auszug aus dem Manteltarifvertrag für das Verkehrsgewerbe in Hamburg, gültig ab 1. Januar 2004:

§ 3 Arbeitszeit

- **Regelmäßige Arbeitszeit**

Die regelmäßige Arbeitszeit beträgt – ausschließlich der Pausen – 38 Stunden pro Woche. Sie ist möglichst auf Montag bis Freitag zu verteilen.
(...)

- **Weihnachten und Neujahr**

An den Tagen vor Weihnachten und Neujahr ist um 12:00 Uhr Arbeitsschluss. Die dadurch ausfallende Arbeitszeit ist weder vor- noch nachzuarbeiten. Bei Vorliegen dringender unaufschiebbarer Arbeiten muss auch nach 12:00 Uhr weitergearbeitet werden, jedoch gegen Vergütung gemäß § 5 dieses MTV.

§ 5 Lohnzuschläge

- **Vergütung für Mehrarbeit**

Mehrarbeitsstunden (...) liegen vor, wenn die Monatsstundenzahl, die sich auf Basis der 38-Stunden-Woche ergibt, auf Anordnung überschritten wird. Für derartig geleistete Mehrarbeitsstunden ist außer der Abgeltung im tariflichen Monatsgehalt zu zahlen:
a) für jede normale Mehrarbeitsstunde
$^{1}/_{165}$ des Tarifgehaltes und 25 % Zuschlag
(...)
b) für jede Mehrarbeitsstunde, die in der Zeit zwischen 21:00 und 06:00 Uhr geleistet wird $^{1}/_{165}$ des Tarifgehaltes plus **50** % Zuschlag
c) Für jede Mehrarbeitsstunde, die an einem Sonntag oder gesetzlichen Feiertag geleistet wird, $^{1}/_{165}$ des Tarifgehaltes plus **60** % Zuschlag

§ 6 Urlaub

(...)

- **Dauer des Urlaubs**

Der volle Jahresurlaub beträgt 24 Arbeitstage:
Er erhöht sich nach einer ununterbrochenen Betriebszugehörigkeit

von 3 Jahren	um 2 Arbeitstage,
von 6 Jahren	um 4 Arbeitstage,
von 9 Jahren	um 6 Arbeitstage.

Als Arbeitstage gelten die Wochentage von Montag bis Freitag (unabhängig davon, ob an jedem Wochentag tatsächlich gearbeitet wird), mit Ausnahme gesetzlicher Wochenfeiertage.

§ 7 Urlaubsgeld

- **Höhe des Urlaubsgeldes**

Außer dem Urlaubsentgelt (...) erhalten die Arbeitnehmer für jeden tarifvertraglichen Urlaubstag (...) ein Urlaubsgeld, das 15,00 € beträgt.
Wird aus anderen Gründen Urlaub gewährt, so entsteht kein Anspruch auf Urlaubsgeld.
(...)

- **Jugendliche und Auszubildende**

Jugendliche unter 21 Jahren und Auszubildende erhalten 60 % des Urlaubsgeldes.

§ 10 Freistellung von der Arbeit

- **Bezahlte Freistellungen**

Der Arbeitnehmer hat in unmittelbarem zeitlichen Zusammenhang Anspruch auf Freistellungen von der Arbeit unter Fortsetzung des Tarifgehaltes – ohne Anrechnung auf den Erholungsurlaub –

a) **für drei Tage** bei Tod des Ehegatten/bei Tod des eigenen Kindes
b) **für zwei Tage** bei eigener Eheschließung
(...)
bei Wohnungswechsel auf Veranlassung des Arbeitgebers.

§ 11 Kündigung – Beendigung

- **Kündigungsfristen**

Während der sechsmonatigen Probezeit kann das Arbeitsverhältnis mit einer Frist von einer Woche gekündigt werden, nach Ablauf der Probezeit beträgt die Kündigungsfrist zwei Monate zum Monatsende. Für den Arbeitgeber gelten verlängerte Kündigungsfristen:

nach 8 Jahren Betriebszugehörigkeit	3 Monate zum Monatsende
nach 12 Jahren Betriebszugehörigkeit	4 Monate zum Monatsende
nach 15 Jahren Betriebszugehörigkeit	6 Monate zum Monatsende
nach 20 Jahren Betriebszugehörigkeit	7 Monate zum Monatsende

(...)

Bei der Berechnung der Betriebszugehörigkeit werden die Zeiten, die vor Vollendung des 25. Lebensjahres liegen, nicht berücksichtigt.
Im Übrigen gilt § 622 Abs. 5 BGB in der jeweils gültigen Fassung.
(...)

Entgelttarifvertrag

Entgelttarifverträge (für Löhne und Gehälter) regeln die Höhe der Vergütung, die in der Regel von den **überwiegend verrichteten Tätigkeiten**, der **Qualifikation** und der **Dauer der Betriebszugehörigkeit** abhängig ist. Sie gelten in der Regel für ein Jahr.

Auszug aus dem Gehaltstarifvertrag und Vergütungen für Auszubildende für das Verkehrsgewerbe in Hamburg, gültig ab 1. Januar 2013

2. Gehaltsgruppen

K1: (...)

K2: Angestellte mit Aufgaben und Tätigkeiten, die Kenntnisse und Fertigkeiten erfordern, wie sie in der Regel durch abgeschlossene, fachbezogene Berufsausbildung mit einer bis zu zweijährigen fachbezogenen Berufserfahrung erworben werden und die im Rahmen von konkreten Anweisungen erledigt werden.
Anfangsgehalt: ab 01.01.2013: 1 723,19 €, ab 01.01.2014: 1 762,82 €
Nach spätestens 5-jähriger Tätigkeit in dieser Gruppe: ab 01.01.2013: 1963,18 €, ab 01.01.2014: 2 008,33 €

K3: Angestellte mit Aufgaben und Tätigkeiten, die Kenntnisse und Fertigkeiten erfordern, wie sie in der Regel durch abgeschlossene, fachbezogene Berufsausbildung und durch eine zweijährige fachbezogene Berufserfahrung erworben werden und die im Rahmen von allgemeinen Anweisungen selbstständig erledigt werden, unter mittelbarer Kontrolle stehen und begrenzten Entscheidungsmerkmalen unterliegen.
Anfangsgehalt: ab 01.01.2013: 2 052,79 €, ab 01.01.2014: 2 100,00 €

Nach spätestens 5-jähriger Tätigkeit: ab 01.01.2013: 2 424,62 €, ab 01.01.2014: 2 480,39 €
K4: (...) z. B. Gruppen-/Teamleiter/-in, Disponent/-in mit Personalbefugnis (...)
K5: (...) z. B. Bilanzbuchhalter/-in, Produktions- und Betriebsleiter/-in (...)
K6: (...) z. B. Abteilungsleiter/-in (ab 5 Mitarbeitern), Speditionsleiter/-in (...)

Flächentarifverträge: Tarifverträge gelten in der Regel für einen Tarifbezirk, d. h. für eine geografische Fläche. Daher spricht man von Flächentarifverträgen. Auf diese Weise sollen wirtschaftliche Unterschiede in den Regionen ausgeglichen werden und einheitliche Arbeitsbedingungen in einer Branche gewährleistet werden.

Flächentarifverträge sind immer wieder Gegenstand von Diskussionen. Viele Unternehmen können oder wollen bestehende Flächentarifverträge nicht mehr akzeptieren, weil die dort vereinbarten Löhne oder Gehälter bzw. Arbeitsbedingungen nicht flexibel genug geregelt sind, um wettbewerbsfähig am Markt bestehen zu können – immer wieder kommt es dazu, dass Unternehmen aus ihrem Arbeitgeberverband austreten, um an den vereinbarten Tarifvertrag nicht mehr gebunden zu sein. Sie treffen i. d. R. Vereinbarungen auf betrieblicher Ebene. Die Gewerkschaften sehen dadurch ein stabiles und bewährtes System für Arbeitgeber und Arbeitnehmer, das bisher den sozialen Frieden sichern konnte, als gefährdet an und kämpfen für die Sicherung von Mindeststandards.

Firmentarifverträge: In einzelnen Branchen mit relativ wenigen, aber großen Unternehmen, wie die Mineralölverarbeitung oder die Luftfahrt, werden die Entgelte und Arbeitsbedingungen auf betrieblicher Ebene ausgehandelt, z. B. bei der Volkswagen AG, der Deutschen Lufthansa AG oder der Telekom AG. In den letzten Jahren erfreuen sich Firmentarifverträge einer wachsenden Beliebtheit bei den Unternehmen, da spezifische Unternehmensgegebenheiten so besser berücksichtigt werden können.

Vorteile von Tarifverträgen für die Arbeitnehmer und Unternehmen

Die Arbeitnehmer erhalten durch den Tarifvertrag einen Schutz gegenüber starken Arbeitgebern. Darüber hinaus werden gleiche Tätigkeiten durch einen Tarifvertrag gleichgestellt und Mindeststandards werden geregelt.

Dem Arbeitgeber gibt der Tarifvertrag vor allem Planungssicherheit und durch die sogenannte Friedenspflicht einen Schutz vor Arbeitskämpfen.

Wirkungsweise von Tarifverträgen

Tarifverträge werden von den Arbeitgeberverbänden und den Gewerkschaften für ihre Mitglieder abgeschlossen. Sie sind für diese geltendes Recht. Sie sind Mindestnormen und dürfen in Einzelarbeitsverträgen nur zugunsten des Arbeitnehmers verändert werden. In der Regel werden die tariflichen Regelungen einheitlich auf alle Arbeitnehmer, auch nicht gewerkschaftlich organisierte, angewandt, um einen möglichen Eintritt in die Gewerkschaft aus diesem Grund überflüssig zu machen.

- **Allgemeinverbindlichkeit von Tarifverträgen:** Auf Antrag einer Tarifvertragspartei kann ein Tarifvertrag durch den Bundesminister für Arbeit und Sozialordnung für allgemeinverbindlich erklärt werden. Das heißt, der Tarifvertrag gilt für **alle** Arbeitnehmer und Arbeitgeber dieser Branche, auch wenn diese nicht einer Gewerkschaft bzw. einem Arbeitgeberverband angehören.
  Allerdings ist es eine sehr geringe Zahl von Tarifverträgen, die für allgemeinverbindlich erklärt wurden. Auch die Tarifverträge der Speditionskaufleute fallen nicht unter diese Regelung.

- **Öffnungsklausel:** Von den tariflich vereinbarten Mindestarbeitsbedingungen können im Einzelfall durch eine Öffnungsklausel im Tarifvertrag selbst abweichende Regelungen getroffen werden.
- **Günstigkeitsprinzip:** Verbandsgebundene Unternehmen dürfen zugunsten von Arbeitnehmern vom Tarifvertrag abweichen. Dieser Grundsatz ist im Tarifvertragsgesetz geregelt.

ZUSAMMENFASSUNG

Zustandekommen von Tarifverträgen

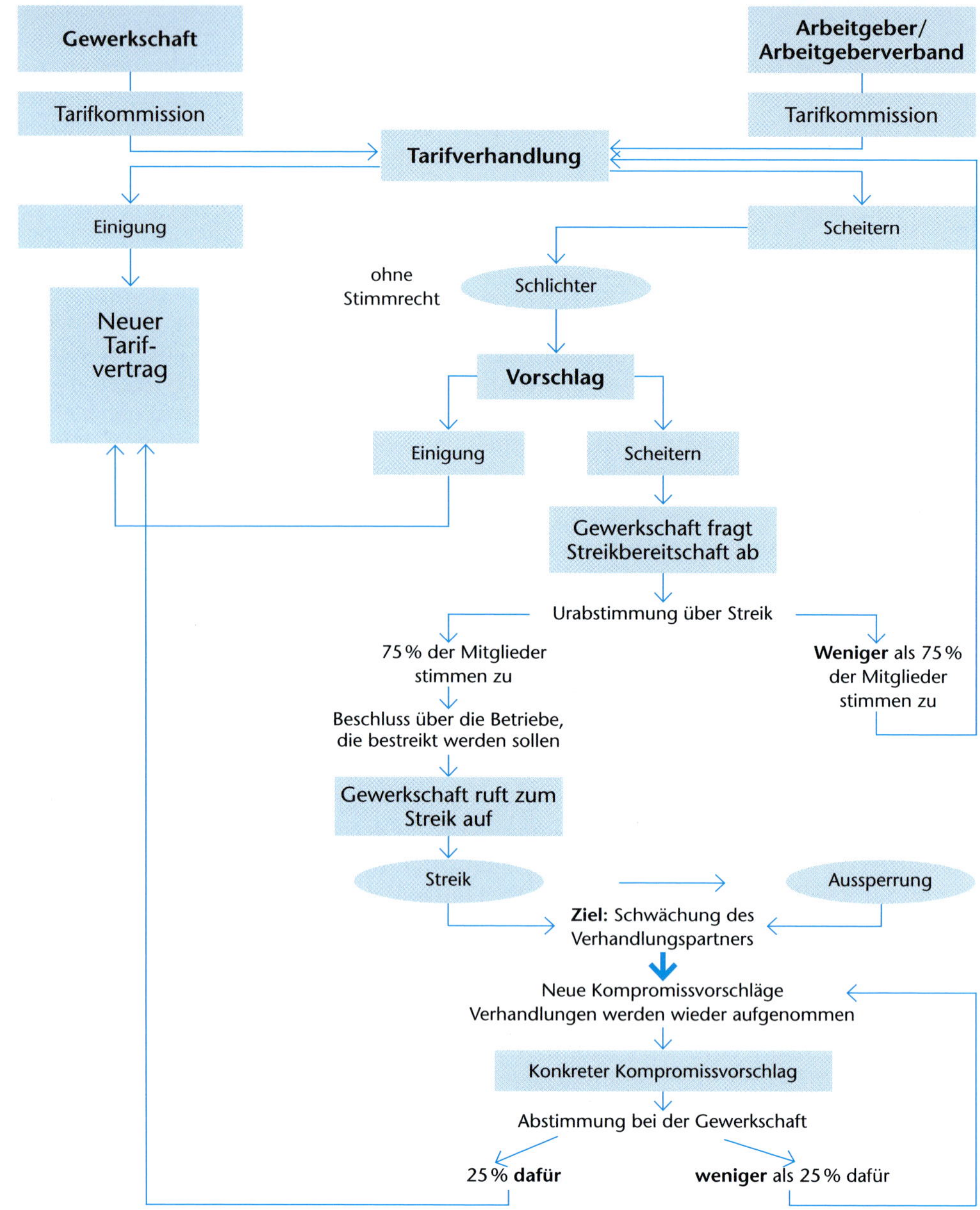

Tarifautonomie: Arbeitsbedingungen sollen ohne Einflussnahme des Staates ausgehandelt werden.

Interessen der Tarifpartner

Gewerkschaften	und	Arbeitgeber/Arbeitgeberverbände
Interessenvertretung der Arbeitnehmer ↓ Ziel: Steigerung des Lohnes/Gehaltes → Sicherung des Lebensstandards → Leistung muss sich lohnen → Konsum sichert Arbeitsplätze ⇒ Erhalt der Unternehmen	↯ =	Interessenvertretung der Arbeitgeber ↓ Erhalt der Wettbewerbsfähigkeit der Unternehmen → Kostensenkung → Lohnanpassung gemäß Produktivität → Investitionsspielraum ⇒ Erhalt der Unternehmen

Tarifvertragsarten:

Entgelttarifvertrag
regelt die Höhe der Vergütung

Manteltarifvertrag
regelt die allgemeinen Arbeitsbedingungen

Firmentarifvertrag
Großunternehmen handelt mit Gewerkschaft unternehmensspezifischen Tarifvertrag aus.

Flächentarifvertrag
Tarifvertrag gilt für einen ganzen Tarifbezirk.

Bearbeitungsvorschläge

Situation: Mark kommt in der darauffolgenden Woche in die Kantine und findet den Disponenten der Lkw-Fernverkehrsabteilung völlig niedergeschlagen am Mittagstisch sitzen. Mark setzt sich zu ihm.

Mark: Hallo, Herr Kohn. Was gucken Sie denn so traurig?

Herr Kohn: Ach, ich hatte gerade ein Gespräch mit meinem Abteilungsleiter. Meine Verlobte und ich wollen nächste Woche umziehen und mein Abteilungsleiter meint, er könne mich nicht freistellen, weil im Moment das Weihnachtsgeschäft auf Hochtouren läuft. Urlaub habe ich keinen mehr. Ich weiß nicht, wie ich das meiner Verlobten erklären soll. Wir freuen uns doch so, dass wir endlich unseren Traum erfüllen und in ein Haus im Grünen ziehen können.

Mark: Gucken Sie doch mal in den Manteltarifvertrag, da steht es doch drin.

Herr Kohn: Hm!

Mark: Sie wissen doch, was ich meine, oder?

Mark gibt gleich seine neuen Erkenntnisse zum Besten und erzählt Herrn Kohn über die Arten von Tarifverträgen, wer sie abschließt, wie sie zustande kommen usw. Herr Kohn hört dankbar zu.

Herr Kohn: Das ist alles schön und gut. Aber ich frage mich immer, ob diese Vereinbarungen für alle verbindlich sind? Da könnte ich ja gleich mal nachsehen, ob ich richtig bezahlt werde, immerhin bin ich schon zehn Jahre dabei. Wie sind eigentlich die Kündigungsfristen dort geregelt? Gibt es andere Vereinbarungen als die gesetzlichen Regelungen?

In diesem Moment kommt Frau Seeding, die Geschäftsführerin, dazu.

Frau Seeding: Also, ich habe eben Ihr Gespräch mit angehört. Das ist ja alles schön und gut, Mark, was du da erzählt hast, aber in der heutigen Situation? Ich frage mich immer, wie Gewerkschaften überhaupt ihre Lohnforderungen begründen.

Arbeitsaufträge

1. Erläutern Sie an Marks Stelle die Arten, die das Zustandekommen von Tarifverträgen und die Aufgaben der Vertragsparteien beschreiben, um Herrn Kohn einen kurzen, aber präzisen Überblick über diese Sachverhalte zu verschaffen.

Machen Sie sich zu diesen Sachverhalten stichwortartige Notizen, um sie anschließend Ihrem Tischnachbarn vorzutragen.

2. Besorgen Sie sich bei der für Sie zuständigen Gewerkschaft einen Manteltarifvertrag und einen Gehaltstarifvertrag, der für Ihren Tarifbezirk gilt.

Erarbeiten Sie anhand dieser Tarifverträge

a) wie die Freistellung von der Arbeit

b) die Kündigungsfristen

c) die Höhe der Gehälter

geregelt ist.

3. Frau Seeding stellt eine interessante Frage, die Ausgangspunkt für eine angeregte Diskussion sein kann.

Teilen Sie sich in vier Gruppen. In jeweils zwei Gruppen arbeiten Sie arbeitsgleich.

Zwei Gruppen erarbeiten Argumente aus Sicht eines kleinen Speditionsunternehmens, Lohnerhöhungen abzulehnen.

Zwei Gruppen entwickeln Argumente aus Sicht eines Speditionssachbearbeiters, Lohnerhöhungen zu rechtfertigen.

Wählen Sie in jeder Gruppe ein Gruppenmitglied, das anschließend für Ihre Gruppe die Diskussion führt. Notieren Sie Ihre Argumente stichwortartig auf Karten, die dann als Ergebnissicherung auf einer Pinnwand festgehalten werden.

11 Inhalt des Arbeitsvertrages

LERNSITUATION

Nach einer erfolglosen internen Ausschreibung bei der Wall GmbH – Spedition & Logistik veröffentlichte Frau Schröder als Hauptabteilungsleiterin der Personalabteilung eine Annonce im „Hamburger Abendblatt", in der sie einen Expedienten in der Seehafenimportabteilung suchte. Nach einer Vorauswahl der Bewerber/-innen schlug sie dem Hauptabteilungsleiter Herrn Permuth und der Abteilungsleiterin Frau Windig drei Kandidaten vor. Sie entschieden sich nach einem Assessmentcenter und einem letzten gemeinsamen Gespräch für Herrn Max Schreiber:

Wall GmbH
Spedition & Logistik

Wall GmbH – Spedition & Logistik, Großmannstraße 253, 20539 Hamburg

Wall GmbH – Spedition & Logistik, Großmannstraße 253, 20539 Hamburg

E-Mail: service@wall-gmbh.de
Internet: www.wall-gmbh.de
Tel. +49 40 31104-0
Fax +49 40 31104-99

Arbeitsvertrag

zwischen Herrn Max Schreiber als Sachbearbeiter (im Folgenden AN), wohnhaft im Dachsberg 12, 22459 Hamburg und der Wall GmbH – Spedition & Logistik (im Folgenden AG), Großmannstr. 253 in 20539 Hamburg, wird folgender Arbeitsvertrag geschlossen:

§ 1: Der AN beginnt am 1. Januar 20.. als Kaufmann für Spedition und Logistikdienstleistung – Expedient in unserer Seeimport-Fernost-Abteilung – in o. g. Geschäftsräumen. Sein Aufgabengebiet umfasst sämtliche Tätigkeiten einer Importbearbeitung. Bei organisatorischen Änderungen wird, unter Berücksichtigung der Zumutbarkeit, die Zuordnung neu geregelt, sofern die Verhältnisse des Unternehmens dies erfordern.

§ 2: Es gilt die betriebliche Arbeitszeit für kaufm. Angestellte, die auf 40 Stunden pro Woche festgesetzt ist. Betriebsbedingte Mehrarbeit ist mit den im § 3 benannten Bezügen abgegolten. Angeordnete Nacht-, Sonn- und Feiertagsarbeit wird mit den im geltenden Tarifvertrag genannten Zuschlägen vergütet oder im Rahmen der Gleitzeitregelung verrechnet.

§ 3: Der AN erhält für die beschriebene Tätigkeit ein Gehalt von € 2 100,00 brutto monatlich, zahlbar am 28. des laufenden Monats auf die durch den AN benannte Bankverbindung.

§ 4: Dem AN wird der bezahlte Urlaub nach den tarifvertraglichen Regelungen für Angestellte gewährt. Derzeit – ohne zustehenden Zusatzurlaub – anteilig 25 Arbeitstage pro Kalenderjahr.

§ 5: Der AG behält sich vor, auf Erwerb gerichtete Nebentätigkeiten, die zur Beeinträchtigung der Arbeitsleistung des AN führen oder sonstig die Interessen des AG berühren können, zu untersagen. Nebentätigkeiten sind lediglich mit Genehmigung durch den AG zulässig.

§ 6: Der AN verpflichtet sich, über sämtliche vertrauliche, geschäftliche und betriebliche Vorgänge und Einrichtungen absolutes Stillschweigen zu bewahren, gleich, wie hiervon Kenntnis erlangt wurde. Dies gilt ebenso nach Beendigung des Anstellungsverhältnisses und auch für die Bedingungen dieses Vertrages, Akten, Urkunden, Korrespondenz, Kundenverzeichnisse, Tarife und andere Geschäftsunterlagen.

§ 7: Der Arbeitsvertrag ist nach Ablauf der Probezeit von sechs Monaten unbefristet. Bis zum Ablauf der Probezeit kann beiderseitig schriftlich mit zwei Wochenfrist zum Ende des Monats ohne Angabe von Gründen gekündigt werden. Nach Ablauf der Probezeit gilt eine Kündigungsfrist von vier Wochen zum Fünfzehnten eines Monats und zum Ende eines Monats.

§ 8: Der vorliegende Arbeitsvertrag unterliegt den für diesen Betrieb geltenden Tarifverträgen für Angestellte und den Betriebs- oder Dienstvereinbarungen in der jeweils gültigen Fassung.

§ 9: Ergänzungen und Abänderungen dieses Vertrages bedürfen der Schriftform; mündliche Nebenabreden bestehen nicht.

§ 10: Der AN bestätigt dem AG mit nachstehender Unterschrift den Erhalt eines vom AG unterschriebenen Exemplars des vorliegenden Arbeitsvertrages.

Hamburg, 15.12.20..

ppa. *Schröder*
Wall GmbH – Personalabteilung –

Hamburg, 15.12.20..

Max Schreiber
Angestellter

Aufgaben

1. Lesen Sie den Arbeitsvertrag aufmerksam durch und finden Sie passende Überschriften für die einzelnen im obigen Arbeitsvertrag mit Paragrafen benannten Absätze.
2. Erläutern Sie, welche der angegebenen Paragrafen Sie für Mindestvertragsbestandteile erachten und begründen Sie Ihre Ausführungen.
3. Geben Sie an, welche anderen Vertragsbestandteile zusätzlich in den Arbeitsvertrag aufgenommen werden könnten.
4. Stellen Sie dar, warum diese Form des Arbeitsvertrages einer mündlichen Vereinbarung vorzuziehen ist.
5. Aus dem Arbeitsvertrag ergeben sich mittelbar und unmittelbar Rechte und Pflichten für Arbeitgeber und Arbeitnehmer. Erklären Sie diese Rechte und Pflichten aufgrund Ihrer bisherigen Ergebnisse.
6. Überprüfen Sie Ihre Ergebnisse anhand der folgenden Sachdarstellung.

Das Arbeitsrecht ergibt sich aus verschiedenen Einzelgesetzen. Die Rechtsgrundlage ist der individuell abgeschlossene Arbeitsvertrag zwischen Arbeitnehmer und Arbeitgeber, der nicht gegen geltende Gesetze, geltende Tarifverträge bzw. Dienst- oder Betriebsvereinbarungen verstoßen darf. Ein Arbeitsvertrag entspricht nach § 611 BGB einem **Dienstvertrag**, aus dem sich ein Dauerschuldverhältnis zwischen den beteiligten Vertragspartnern ergibt. Er sieht den Austausch von Arbeitsleistung gegen Vergütung/ Entgelt vor. Obwohl **grundsätzlich Form-, Vertrags- und inhaltliche Gestaltungsfreiheit** bestehen, sind Arbeitsverträge aus Gründen der Beweislast nahezu ohne Ausnahme schriftlich niederzulegen. Als Ausnahme ist jedoch z. B. zu beachten, dass ein Auszubildender nach erfolgreich bestandener Abschlussprüfung direkt nach Arbeitsantritt als fest angestellt gilt, ohne dass ein Arbeitsvertrag gesondert vereinbart und abgeschlossen werden müsste.

11.1 Mindestbestandteile des Arbeitsvertrages

Aus dem sogenannten Nachweisgesetz ergeben sich als Mindestbestandteile für den schriftlich abgefassten Arbeitsvertrag:

- die Namen und die Adressen der Vertragsparteien,
- die Bezeichnung oder die Beschreibung der zu erbringenden Tätigkeit(en),
- der Arbeitsort bzw. der Hinweis darauf, dass der Arbeitnehmer an unterschiedlichen Orten beschäftigt werden kann,
- der Beginn und eine mögliche Befristung des Arbeitsverhältnisses,
- die Höhe, Aufteilung und Fälligkeit der Entlohnung,
- die Kündigungsfristen und ein Hinweis auf die für das Arbeitsverhältnis geltenden Tarifverträge, Betriebsvereinbarung oder Dienstvereinbarungen,
- die vereinbarte Arbeitszeit,
- der jährliche Urlaubsanspruch,
- evtl. andere Bestandteile wie Zuschläge, Zulagen, Prämien oder Sonderzahlungen.

Darüber hinaus hat der Arbeitgeber im Rahmen des Direktionsrechts die Möglichkeit, Einzelheiten der Leistungspflicht des Arbeitnehmers näher zu bestimmen. Beispielsweise den konkreten Einsatzort oder auch (im Rahmen der gesetzlichen und tariflichen Bestimmungen) die zeitliche Verteilung der Arbeitszeit.

MERKE
Der unterschriebene Arbeitsvertrag ist dem Arbeitnehmer innerhalb eines Monats nach Aufnahme des Arbeitsverhältnisses auszuhändigen und gegenzeichnen zu lassen. Mündliche Verträge gelten i. d. R. für geringfügige Arbeiten, wie vorübergehende Aushilfe, familiäre Pflegehilfe, u. Ä. Ist ein Arbeitsvertrag mündlich vereinbart, kann der Arbeitnehmer eine Niederschrift der Vereinbarungen innerhalb von zwei Monaten verlangen.

Befristete Arbeitsverträge

Das Teilzeitbeschäftigungsgesetz (TzBfG) unterscheidet zwei Arten von befristeten Arbeitsverträgen. Bei der **Zeitbefristung** dauert das Arbeitsverhältnis bis zu dem kalendermäßig bestimmten Termin wie „bis zum 31.07.20..“ oder „8 Monate“ (= Befristung ohne sachlichen Grund). Bei der **Zweckbefristung** ist die Dauer des Arbeitsvertrages abhängig von der Art, dem Zweck oder der Beschaffenheit der Arbeitsleistung (= Befristung mit sachlichem Grund).

Bei **befristeten Arbeitsverträgen**[1] (Schriftform als Voraussetzung zur Wirksamkeit der Befristung vorgeschrieben) ist die Dauer der Beschäftigung grundsätzlich auf einen kalendermäßig festgelegten Zeitraum von insgesamt maximal zwei Jahren beschränkt. Innerhalb dieser zwei Jahre können jeweils befristete Verträge dreimal verlängert werden (Kettenarbeitsvertrag bzw. Kettenbefristung).

Zeitbefristung – Befristung ohne sachlichen Grund

Ohne Nennung eines sachlichen Grundes ist ein befristeter Arbeitsvertrag wirksam, solange zuvor kein (befristeter oder unbefristeter) Arbeitsvertrag mit dem selben Arbeitgeber bestanden hat. Der Grund dafür liegt darin, dass ein Arbeitgeber einen Arbeitnehmer nicht etwa aus einem unbefristeten Arbeitsverhältnis entlässt und beispielsweise zwei Monate später ohne sachliche Begründung befristet einstellt.

Seit dem 1. Mai 2007 ist die Befristung eines Arbeitsvertrages ohne das Vorliegen eines sachlichen Grundes auf maximal fünf Jahre – auch im Rahmen einer Kettenbefristung – nur möglich, wenn der Arbeitnehmer bei Antritt des befristeten Arbeitsverhältnisses mindestens 53 Jahre alt ist und an einer Beschäftigungsmaßnahme nach dem zweiten bzw. dritten Sozialgesetzbuch teilgenommen hat **oder** mindestens vier Monate zuvor beschäftigungslos war **oder** Transferkurzarbeitergeld bezogen hat.

Eine (sachgrundlose) zeitliche Befristung auf vier Jahre gilt lediglich für Arbeitsverträge, die Existenzgründer mit ihren Arbeitnehmern schließen.

Zweckbefristung – Befristung mit sachlichem Grund

Neben der zeitlichen Beschränkung ist eine sachliche Rechtfertigung für die Befristung eines Arbeitsvertrages die Voraussetzung für deren Abschluss. Grundsätzlich gilt, dass Arbeitsverträge nur befristet werden können, sofern ein sachlicher Grund für die Befristung vorliegt. So,

- wenn diese Befristung eine Probezeit darstellt;
- wenn der betriebsbedingte Bedarf der Arbeitsleistung nur für diesen Zeitraum besteht (auflösende Bedingung des Arbeitsvertrages), beispielsweise zur Vertretung eines anderen Arbeitnehmers im Krankheitsfalle oder für den Mutterschutz (Eltern- bzw. Erziehungszeit);

[1] *vgl. hierzu auch die Probezeit im Kapitel zum Kündigungsschutz, Seite 149.*

- wenn ein gerichtlicher Vergleich die Befristung vorschreibt;
- wenn der Arbeitnehmer die Befristung wünscht, beispielsweise nach erfolgreich bestandener Abschlussprüfung als Übergang zum Studium oder zu einer Folgebeschäftigung;
- wenn die Befristung in der Person begründet liegt;
- wenn die Arbeitsleistung an sich die Befristung rechtfertigt.

MERKE
Sofern über den vereinbarten Termin des befristeten Arbeitsvertrages hinaus das Arbeitsverhältnis mit Wissen des Arbeitgebers fortgesetzt wird, so gilt das Arbeitsverhältnis als unbefristet.

Zu beachten ist, für den Fall einer evtl. Arbeitslosigkeit nach Auslaufen des befristeten Arbeitsvertrages, zur Vermeidung einer evtl. Sperrzeit das Melden als arbeitssuchend spätestens drei Monate vor Ablauf des Arbeitsvertrages (s. dort).

11.2 Rechte und Pflichten aus dem Arbeitsvertrag

Die Rechte und Pflichten ergeben sich aus den Bestimmungen zum Arbeitsrecht, wobei rechtlich zulässige Modifikationen vereinbart werden können. Zu beachten ist, dass die Pflichten des Arbeitgebers den Rechten des Arbeitnehmers und die Pflichten des Arbeitnehmers den Rechten des Arbeitgebers entsprechen.

11.2.1 Pflichten des Arbeitgebers

Der Arbeitgeber muss den Arbeitnehmer entsprechend der vereinbarten Tätigkeit beschäftigen **(Beschäftigungspflicht)**. Dazu kann auch die Beschäftigung an einem bestimmten Arbeitsplatz gehören. Der Arbeitgeber hat dem Arbeitnehmer sowohl zum vereinbarten Zeitpunkt das vertraglich vereinbarte oder mindestens das tarifvertraglich oder gesetzlich vorgeschriebene Entgelt zu vergüten **(Vergütungspflicht)** als auch in Ausnahmesituationen wie Krankheit für sechs Wochen das Entgelt fortzuzahlen. Dem Arbeitnehmer gegenüber besteht eine **Fürsorgepflicht**, die sich darin ausdrückt, den Arbeitnehmer bei den Sozialversicherungsträgern anzumelden und sowohl diesbezügliche Abgaben als auch die Lohnsteuer ordnungsgemäß abzuführen, das Leben und die Gesundheit des Arbeitnehmers zu schützen und Arbeitsgesetze zu beachten sowie die Arbeitnehmer grundsätzlich gleich zu behandeln **(Gleichbehandlungsgrundsatz)**. Der Arbeitgeber hat mindestens den tarifvertraglich/gesetzlich vorgeschriebenen, bezahlten Urlaub zu gewähren. Dem Arbeitnehmer gegenüber besteht eine **Informationspflicht und Anhörungspflicht** in Bezug auf Aufgaben und Gestaltung des Arbeitsplatzes, über Gesundheits- und Unfallgefahren sowie über die **Beurteilung** der erbrachten Leistung. Der Arbeitgeber muss Einsicht in die Personalakte gewähren und sich Beschwerden des Arbeitnehmers anhören, die sich auf eine unangemessene Behandlung oder Zurücksetzung beziehen. Der Arbeitgeber hat dem Arbeitnehmer ein einfaches und auf Wunsch ein qualifiziertes Zeugnis auszustellen.

LSL

11.2.2 Pflichten des Arbeitnehmers

Der Arbeitnehmer muss die vereinbarte Leistung pünktlich und gewissenhaft erbringen (**Arbeitspflicht**). Er ist seinem weisungsberechtigten Arbeitgeber, im Rahmen seines Arbeitsvertrages, zu **Gehorsam** verpflichtet. Ausgenommen sind Anweisungen, die einem Arbeitnehmer nach Art und Inhalt nicht zuzumuten sind. So darf ein Lkw-Disponent einen Lkw-Fahrer trotz abgefahrener Reifen oder bei Überschreiten der vorgeschriebenen Lenkzeiten nicht zur Abfahrt zwingen. Der Arbeitnehmer verpflichtet sich mit Abschluss des Arbeitsvertrages zu **Treue** und **Verschwiegenheit**, d. h., er nimmt die Interessen des Arbeitgebers wahr und vertritt diesen, wahrt **Geschäftsgeheimnisse und Firmengeheimnisse** und lehnt Bestechungen ab. Der Arbeitnehmer verspricht, nicht gegen das **Wettbewerbsverbot** zu verstoßen, also nicht ohne Einwilligung des Arbeitgebers Geschäfte auf eigene oder fremde Rechnung in demselben Geschäftszweig des Arbeitgebers zu tätigen. So darf ein in der Seehafenimportabteilung angestellter Speditionskaufmann mit Nicht-Geschäftspartnern des Arbeitgebers keine Importgeschäfte zu günstigeren oder gleichen Bedingungen abschließen, insbesondere, wenn diese Bedingungen aufgrund der Geschäfte des Arbeitgebers gewährt werden. Falls es eine vertragliche Vereinbarung gibt, darf er als kaufmännischer Angestellter (maximal zwei Jahre, inklusive vereinbarter Strafzahlungen und Entgeltung der Beschränkung) nach Ausscheiden aus dem Unternehmen nicht mit dem ehemaligen Arbeitgeber in Konkurrenz treten (**Konkurrenzklausel**) oder Kunden abwerben.

Bei Zuwiderhandlungen wie **grober Pflichtverletzung** ist der Arbeitnehmer zu Schadenersatz verpflichtet, bei Verstößen gegen die Verschwiegenheit kann dem Arbeitnehmer fristlos gekündigt werden und es besteht je nach Ausmaß die Möglichkeit einer strafrechtlichen Verfolgung.

ZUSAMMENFASSUNG

Arbeitsvertragsrecht

Mindestbestandteile des Arbeitsvertrages

- Name und Anschrift der Beteiligten
- Tätigkeitsbeschreibung/-bezeichnung
- Beginn und evtl. Ende des Arbeitsverhältnisses
- Arbeitszeit
- Urlaub
- Arbeitsort(e)
- Arbeitsentgelt
- Kündigungsfristen
- Hinweis auf tarifliche Vereinbarungen u. a.

Pflichten des Arbeitgebers (= Rechte des Arbeitnehmers)

- Beschäftigung
- Vergütung
- Fürsorge
- Zeugniserstellung
- bezahlten Urlaub gewähren
- Information und Anhörung

Pflichten des Arbeitnehmers (= Rechte des Arbeitgebers)

- Arbeitsleistung
- Gehorsam
- Treue und Verschwiegenheit
- Beachtung des Wettbewerbsverbots

Bearbeitungsvorschläge

1. Überprüfen Sie die Ausschnitte des folgenden Arbeitsvertrages auf seine Richtigkeit. Stellen Sie Unzulänglichkeiten heraus:

> § 1: …
>
> § 2: Der AN erhält für die beschriebene Tätigkeit ein Gehalt von 1 000,00 € brutto monatlich, zahlbar am 28. des folgenden Monats auf die durch den AN benannte Bankverbindung.
>
> § 3: Dem AN wird bezahlter Urlaub gewährt. Derzeit – ohne zustehenden Zusatzurlaub – anteilig 15 Arbeitstage pro Kalenderjahr.
>
> § 4: Der AG behält sich vor, auf Erwerb gerichtete Nebentätigkeiten, die zur Beeinträchtigung der Arbeitsleistung des AN führen oder sonstig die Interessen des AG berühren können, zu untersagen. Nebentätigkeiten sind lediglich mit Genehmigung durch den AG zulässig.
>
> § 5: Der AN verpflichtet sich, über sämtliche vertrauliche, geschäftliche und betriebliche Vorgänge und Einrichtungen absolutes Stillschweigen zu bewahren, gleich, wie hiervon Kenntnis erlangt wurde. Dies gilt ebenso nach Beendigung des Anstellungsverhältnisses und auch für die Bedingungen dieses Vertrages, Akten, Urkunden, Korrespondenz, Kundenverzeichnisse, Tarife und andere Geschäftsunterlagen auf die Dauer von 15 Jahren.
>
> § 6: Der Arbeitsvertrag ist nach Ablauf der Probezeit von drei Jahren unbefristet. Bis zum Ablauf der Probezeit kann beiderseitig schriftlich mit zwei Wochenfrist zum Ende des Monats ohne Angabe von Gründen gekündigt werden. …
>
> § 7: Der vorliegende Arbeitsvertrag unterliegt den für diesen Betrieb geltenden Tarifverträgen für Angestellte und den Betriebs- oder Dienstvereinbarungen in der jeweils gültigen Fassung.
>
> …

2. Beschreiben Sie die Mindestvertragsbestandteile eines Arbeitsvertrages und ergänzen Sie solche Bestandteile, aus denen sich weitere Rechte und Pflichten der Vertragsparteien ableiten lassen. (Nutzen Sie hierzu das HGB, das BGB, das BetrVG und das UWG.)

3. Stellen Sie mit eigenen Worten dar, welche Rechte dem Arbeitnehmer und welche Rechte dem Arbeitgeber nach dem Arbeitsrecht zustehen.

4. Erläutern Sie, was unter Formfreiheit zu verstehen ist und aus welchen Gründen die Schriftform sowohl vorteilhaft als auch zumeist vorgeschrieben ist.

5. Finden Sie Beispiele, die die Notwendigkeit eines schriftlich fixierten Arbeitsvertrages deutlich machen.

6. Benennen Sie „grobe Pflichtverletzungen" durch einen Arbeitnehmer, die dazu führen, dass der Arbeitnehmer dem Arbeitgeber Schadenersatz zahlen muss.

12 Kündigung und Kündigungsschutz

LERNSITUATION

Der Personalhauptabteilungsleiterin der Wall GmbH – Spedition & Logistik, Frau Schröder, liegen aus der Personalabteilung diverse Kündigungsschreiben, die nach Überprüfung zu unterschreiben sind, vor:

Wall GmbH
Spedition & Logistik

Wall GmbH – Spedition & Logistik, Großmannstraße 253, 20539 Hamburg

Wall GmbH – Spedition & Logistik, Großmannstraße 253, 20539 Hamburg

Frau Krause
Dachsberg 12
22459 Hamburg

E-Mail: service@wall-gmbh.de
Internet: www.wall-gmbh.de
Tel. +49 40 31104-0
Fax +49 40 31104-99

Hamburg, den 30.05.20..

Kündigung

Sehr geehrte Frau Krause,

da wir seit dem letzten halben Jahr einen stetigen Rückgang der Auftragseingänge in der Lkw-Dispositions-Abteilung zu verzeichnen haben, sehen wir uns leider gezwungen, Ihnen als Lkw-Disponentin mit heutigem Datum fristgerecht – vier Wochen zum Monatsende – unter Berücksichtigung sozialer Gesichtspunkte nach dem BetrVG zu kündigen.

Aufhebungsvertrag

Hiermit lösen Herr Klaus Winter, geb. am 06.08.1971 in Hamburg, Exportexpedient im internationalen Lkw-Verkehr und die Wall GmbH, Spedition & Logistik, das am 01.06.20.. geschlossene Arbeitsverhältnis im beiderseitigen Einvernehmen zum 20.05.20.. auf.

Hamburg, den 30.05.20..

Fristlose Kündigung

Sehr geehrte Frau Pflaume,

obgleich Sie bereits zwei Abmahnungen wegen wiederholtem privaten Telefonierens während der Arbeitszeit und diverser Verspätungen sowie der darauf zurückzuführenden schlechten Arbeitsleistung erhielten, erschienen Sie am 02., 03., 05., 06., 09., 10., 12. und 13. des laufenden Monats um jeweils 90 Minuten verspätet an Ihrem Arbeitsplatz, der Import-See-Abteilung. Wir sehen uns daher trotz Ihrer kurz bevorstehenden Entbindung gezwungen, Ihnen fristlos zu kündigen.

Hamburg, den 30.05.20..

Kündigung

Hiermit kündigen wir Ihnen, Frau Müller, als Sachbearbeiterin im Luftfracht-Import, fristgerecht, aufgrund Ihrer Betriebszugehörigkeit, zum 30.06.20... Wir haben uns zu diesem Schritt entschlossen, da wir einem Auszubildenden die Möglichkeit zur Übernahme in unserem Unternehmen bieten möchten und Sie, wie Sie uns mitteilten, ohnehin zum 18.01.20.. in den Mutterschutz gegangen wären.

Aufgaben

1. Erläutern Sie, wodurch sich die obigen Kündigungsschreiben unterscheiden.
2. Geben Sie an, welche Inhaltspunkte in den Kündigungen aufgeführt sind.
3. Ordnen Sie den dargestellten Kündigungsschreiben die unten aufgeführten Kündigungsarten zu, überprüfen Sie die angegebenen Kündigungsfristen und begründen Sie, ob die Kündigungen rechtswirksam sind.

Im Normalfall endet ein unbefristetes Arbeitsverhältnis durch eine **Kündigung**. Die Kündigung ist eine einseitig empfangsbedürftige Willenserklärung (s. dort), die ein Arbeitsverhältnis vom Arbeitgeber oder vom Arbeitnehmer eindeutig und unmissverständlich auflöst.

MERKE

Für Arbeitnehmer besteht Kündigungsschutz, der im Kündigungsschutzgesetz (KSchG) geregelt ist. Aus diesem Grund muss der Arbeitgeber den Grund der Kündigung angeben. Der Arbeitnehmer muss den Kündigungsgrund nicht angeben.

Der gesetzliche Kündigungsschutz nach dem KSchG gilt – seit dem 1. Januar 2004 – lediglich für Unternehmen mit einer Beschäftigtenzahl von **mehr als zehn** (zuvor: mehr als fünf) Arbeitnehmern. Grundsätzlich gelten die gesetzlichen Kündigungsfristen nach § 622 BGB (s. unten).

MERKE

Kündigungsschutz nach dem KSchG erhalten nur Mitarbeiter in Betrieben mit mehr als zehn Beschäftigten.

Daraus folgt, dass Mitarbeiter in Betrieben mit zehn oder weniger Arbeitnehmern, die ab dem 1. Januar 2004 neu eingestellt wurden – z. B. als sechster, siebter, achter, neunter oder zehnter Mitarbeiter – keinen Kündigungsschutz nach dem KSchG genießen.[1]

Beispiel

Arbeitnehmer, die bereits Kündigungsschutz nach dem KSchG genießen – z. B. Betriebe mit einer Mitarbeiterzahl von sieben Beschäftigten –, weil diese sieben Mitarbeiter vor dem 1. Januar 2004 eingestellt wurden, behalten ihren Kündigungsschutz nach dem KSchG, solange sie in diesem Betrieb weiterhin beschäftigt sind. Für einen nach dem 1. Januar 2004 eingestellten Arbeitnehmer gilt der Kündigungsschutz nicht.

Der Kündigungsschutz ist demnach folgendermaßen zu unterscheiden:

	Kündigungsschutz gemäß KSchG besteht ...	Kündigungsschutz gemäß überarbeitetem KSchG besteht nicht ...
Arbeitsaufnahme vor dem 1. Januar 2004 („alte Arbeitnehmer")	▪ ... für die Mitarbeiter in einem Unternehmen mit einer Mitarbeiterzahl von 5,5[2] Mitarbeitern und mehr.	▪ ... für die Mitarbeiter in einem Unternehmen mit einer Mitarbeiterzahl von fünf Mitarbeitern oder weniger.
Arbeitsaufnahme nach dem 1. Januar 2004 („neue Arbeitnehmer")	▪ ... für die Mitarbeiter in einem Unternehmen mit einer Mitarbeiterzahl von 10,5 Mitarbeitern und mehr.	▪ ... für die Mitarbeiter in einem Unternehmen mit einer Mitarbeiterzahl von zehn Mitarbeitern oder weniger.

[1] Maßgeblich ist der Tag der Arbeitsaufnahme, nicht der Tag der Vertragsunterzeichnung.
[2] Die 0,5 können einen Teilzeitbeschäftigten mit 20 Arbeitsstunden pro Woche kennzeichnen.

12.1 Kündigungsarten

Eine **ordentliche Kündigung** erfolgt unter Einhaltung der Kündigungsfrist (z. B. sechs Wochen) und eines Kündigungstermins (z. B. Quartalsende). Grundlage für eine ordentliche Kündigung ist das Kündigungsschutzgesetz (§ 1 KSchG). Mit Ausnahme eines Berufsausbildungsvertrages ist die Kündigung eines Arbeitsvertrages formfrei.

Eine **außerordentliche (fristlose) Kündigung** kann nur ausgesprochen werden, wenn ein wichtiger Grund vorliegt und ein Fortbestand des Arbeitsverhältnisses bis zum Ablauf der Kündigungsfrist nicht zumutbar ist. Das ist der Fall, wenn einer der Vertragspartner seinen Verpflichtungen aus dem Arbeitsvertrag nicht nachkommt. Z. B. zahlt der Arbeitgeber keinen Lohn, der Arbeitnehmer nimmt Schmiergeldzahlungen an oder geht trotz Krankheit anderen Arbeiten nach. Neben der fristlosen Kündigung können aus der Pflichtverletzung Schadenersatzansprüche entstehen, ggf. erfolgt zusätzlich eine strafrechtliche Verfolgung.

Ein **Aufhebungsvertrag** erfolgt durch die übereinstimmenden Willenserklärungen von Arbeitgeber und Arbeitnehmer über die Auflösung des Arbeitsvertrages (§ 305 BGB). Eine Kündigungsfrist muss nicht eingehalten werden. Diese Möglichkeit gibt insbesondere dem Arbeitnehmer die Möglichkeit, einer fristlosen Kündigung zu entgehen, um eventuelle Folgen (vgl. Arbeitszeugnis) abzuwenden. Einen weiteren Beweggrund stellt, wie obiges Beispiel zeigt, ein fehlendes Vertrauensverhältnis dar.

12.2 Kündigungsfristen

Die gesetzlichen **(Grund-)Kündigungsfristen (KF)** sind Mindestvorgaben, die im Einzelvertrag oder im Tarifvertrag verlängert werden können (§ 622 Abs. 4 BGB). Sie betragen vier Wochen zum 15. eines Monats oder zum Monatsende (§ 622 Abs. 1 BGB) und innerhalb einer maximal sechsmonatigen **Probezeit** zwei Wochen (§ 622 Abs. 3 BGB).

Die Probezeit bei Neueinstellungen **kann** auf 24 Monate ausgedehnt werden.[1] Daraus folgt, dass ein Arbeitgeber mit dem Einzustellenden eine Probezeit von maximal 24 Monaten vereinbaren kann. Dies wird auch gelten für einen Arbeitnehmer, der nach Ablauf von sechs Monaten erneut bei demselben Arbeitgeber eingestellt werden soll. Im Gegenzug wird die Möglichkeit gestrichen, Arbeitsverträge sachgrundlos zu befristen. Daraus folgt, dass befristete Verträge nur noch abgeschlossen werden können, wenn die Befristung sachlich gerechtfertigt ist.

Darüber hinaus bleiben die Ausführungen zum Kündigungsschutz unberührt, d. h., nach Ablauf einer zweijährigen Probe tritt der allgemeine Kündigungsschutz wie beschrieben ein.

Auch die **Kündigungstermine** können vertraglich vereinbart werden, z. B. Kündigung zum Quartalsende. Die gesetzlichen Kündigungsfristen des Arbeitsverhältnisses durch den Arbeitgeber verändern sich nach der Betriebszugehörigkeit (BZ; verlängerte Kündigungsfristen nach § 622 Abs. 2 BGB), die jedoch erst ab dem 25. Lebensjahr des Arbeitnehmers gesetzlich beginnt:

---

[1] *Da die maximale Frist von 24 Monaten vertraglich vereinbart werden kann, gilt nach dem BGB grundsätzlich eine maximale Probezeit von sechs Monaten. Nach geltender Rechtsprechung ist eine Probezeit von drei bis vier Monaten bei einfachen und sechs bis neun Monate bei schwierigen Tätigkeiten angemessen. i. d. R. sollten die im BGB vorgeschriebenen sechs Monate ausreichen.*

BZ	ab 2 Jahre	ab 5 Jahre	ab 8 Jahre	ab 10 Jahre	ab 12 Jahre	ab 15 Jahre	ab 20 Jahre
KF	= 1 Monat	= 2 Monate[1]	= 3 Monate[1]	= 4 Monate[1]	= 5 Monate[1]	= 6 Monate[1]	= 7 Monate[1]

Von den gesetzlichen Kündigungsfristen können einzelvertraglich kürzere Kündigungsfristen nur vereinbart werden, wenn dies bis zu einer Dauer von drei Monaten beschäftigte Aushilfen betrifft. Sofern nichts anderes vereinbart ist, kann ein Arbeitnehmer mit einer Kündigungsfrist von vier Wochen zum 15. oder zum Ende eines Kalendermonats kündigen.

Durch eine falsch angegebene Kündigungsfrist wird eine Kündigung nicht rechtsungültig, lediglich der Termin verschiebt sich auf den vorgeschriebenen Kündigungstermin.

Ein **befristeter Arbeitsvertrag** kann nicht ordentlich gekündigt werden. Der Arbeitsvertrag endet nach Ablauf der kalendermäßig festgelegten Frist von selbst, ohne dass es einer Kündigung oder eines Aufhebungsvertrages bedarf. **Ausnahmen**, die eine ordentliche Kündigung rechtfertigen könnten, bilden die Insolvenz des Arbeitgebers oder ein auf das Arbeitsverhältnis anwendbarer Tarifvertrag sowie ein abgelaufener, auf fünf Jahre befristeter Arbeitsvertrag mit einer Kündigungsfrist von sechs Monaten.

12.3 Kündigungsgründe

Von einer **rechtswirksamen Kündigung** ist nach § 1 KSchG zu sprechen, wenn das Arbeitsverhältnis **länger als sechs Monate** bestand **und** regelmäßig **mehr als zehn Arbeitnehmer** beschäftigt sind und ein zulässiger Kündigungsgrund vorliegt.

Nach § 1 Abs. 2 KSchG muss eine Kündigung grundsätzlich sozial gerechtfertigt sein **(sozial gerechtfertigte Kündigung)**.

Für eine sozial gerechtfertigte Kündigung muss nach § 1 Abs. 2 KSchG mindestens einer der folgenden Gründe vorliegen:

- **Gründe in der Person** – sozial gerechtfertigte personenbedingte Kündigung bei:
  - mangelnder körperlicher Leistung, die i.d.R. durch eine Krankheit begründet ist und wodurch dem Arbeitgeber ein finanzieller Mehraufwand entsteht – durch die Einstellung eines anderen Mitarbeiters als Ersatz, z.B. über eine Zeitarbeitsfirma – und eine Besserung – der Krankheit – nicht in Sicht ist. Es bestehen erhebliche betriebliche und wirtschaftliche Interessen des Arbeitgebers;
  - einer negativen Prognose, d.h., dass ein Arbeitnehmer aufgrund seiner persönlichen Fähigkeiten nicht in der Lage ist, künftige arbeitsvertragliche Pflichten zu erfüllen (fehlende Ausbildung sowie bei mangelnder Fähigkeit, sich entsprechende Kenntnisse anzueignen) – eine Weiterbeschäftigungsmöglichkeit des Arbeitnehmers auf einem anderen freien Arbeitsplatz ist nicht möglich.

  Generell sind die Interessen von Arbeitgeber und Arbeitnehmer gegeneinander abzuwägen, wobei letztlich die Interessen des Arbeitgebers überwiegen.

[1] *zum Monatsende (nach dem KSchG)*

- **Gründe im Verhalten der Person** – sozial gerechtfertigte verhaltensbedingte Kündigung bei:
  - einer Verletzung der arbeitsvertraglichen Pflichten wie unerlaubter Alkoholgenuss, ständige Unpünktlichkeit, wiederholt schlechte Arbeitsleistung oder Arbeitsverweigerung, Beschimpfungen sowie Verletzung der Gehorsams-, Treue- und Verschwiegenheitspflicht;
  - negativer Prognose, d. h. zum Beispiel bei Wiederholungsgefahr von Pflichtverletzungen.

  Liegen die Gründe einer sozial gerechtfertigten Kündigung im Verhalten der Person, muss der Arbeitnehmer zuvor abgemahnt worden sein. In einer Abmahnung wird das Fehlverhalten genau benannt und im Wiederholungsfall eine Kündigung angedroht.

- **Dringende betriebliche Erfordernisse** – sozial gerechtfertigte betriebsbedingte Kündigung bei:
  - Absatzrückgang,
  - Einschränkung oder Änderung der Produktion,
  - Stilllegung (auch einzelner Abteilungen).

  Bei dringenden betrieblichen Erfordernissen muss der Arbeitgeber beispielsweise Umsetzungsmöglichkeiten innerhalb der Unternehmung, sofern ein Betriebsrat vorhanden ist (vgl. Mitbestimmung des Betriebsrates, Kapitel 1, Abschnitt 5.1.4), in Betracht ziehen.

  Um eine sozial gerechtfertigte betriebsbedingte Kündigung aussprechen zu können, muss der Arbeitgeber eine soziale Auswahl (nach § 1 Abs. 3 KSchG) berücksichtigen. Die soziale Auswahl bezieht sich auf:
  - die Dauer der Betriebszugehörigkeit,
  - das Lebensalter der Mitarbeiter,
  - bestehende Unterhaltspflichten und
  - Schwerbehinderung.

Liegen die Gründe für eine ordentliche Kündigung nicht in der Person, in deren Verhalten oder in den betrieblichen Erfordernissen, handelt es sich um eine **sozial ungerechtfertigte Kündigung**, die in Betrieben, in denen das Kündigungsschutzgesetz Anwendung findet, rechtsunwirksam ist.

13 Mutterschutz und Elternzeit

13.1 Mutterschutzgesetz

Für Mütter bzw. werdende Mütter, die gleichzeitig Arbeitnehmerinnen sind, gilt ein besonderer Kündigungsschutz. Das **Mutterschutzgesetz** (in der jeweils gültigen Fassung) dient dazu, beiden Interessen – der Rolle als Mutter und der Rolle als Arbeitnehmerin – gerecht werden zu können.

MERKE
Das Mutterschutzgesetz gilt unabhängig vom Alter für Mütter bzw. werdende Mütter, die in einem Arbeitsverhältnis stehen – also auch Auszubildende.

Anzeigepflicht

Werdende Mütter sollen dem Arbeitgeber ihre Schwangerschaft und den mutmaßlichen, voraussichtlichen Entbindungstermin mitteilen, sobald ihnen ihr Zustand bekannt ist (§ 5 MuSchG). Der Arbeitgeber hat daraufhin die zuständige staatliche Stelle, z. B. das Gewerbeaufsichtsamt als Kontrollorgan, unverzüglich darüber zu informieren. Auf Verlangen des Arbeitgebers muss die werdende Mutter die Schwangerschaft sowie den vermutlichen Entbindungstermin mit dem Zeugnis eines Arztes oder einer Hebamme nachweisen (§ 5 Abs. 1 MuSchG).

Zu beachten ist, dass sowohl die Art der Beschäftigung als auch der Arbeitsplatz während der Schwangerschaft und während der Zeit als stillende Mutter so gestaltet ist, dass weder Leben noch Gesundheit des (ungeborenen) Kindes bzw. der Mutter gefährdet werden. Der Arbeitgeber ist für entsprechende Maßnahmen verantwortlich.

Im Rahmen des Mutterschutzes ist das Kündigungsverbot vom Beschäftigungsverbot zu unterscheiden.

Kündigungsverbot

Während der Schwangerschaft sowie bis zum Ablauf von vier Monaten nach dem Entbindungstag besteht für die (werdende) Mutter ein Kündigungsschutz, d. h., in dieser Zeit kann ihr grundsätzlich nicht gekündigt werden. Soll eine sog. Elternzeit in Anspruch genommen werden (vom Vater oder von der Mutter des Kindes), so verlängert sich der Kündigungsschutz während der Elternzeit bis (maximal) zur Vollendung des dritten Lebensjahres des Kindes.

Beschäftigungsverbot

Die Gesundheit und das Leben der werdenden Mutter und/oder des ungeborenen Kindes darf grundsätzlich nicht gefährdet werden. Liegt eine Gefährdung aufgrund der zu leistenden Arbeit vor, wie z. B. durch Nachtarbeit oder schweres Heben – i. d. R. durch ein ärztliches Attest bescheinigt –, so ist die Weiterbeschäftigung der Arbeitnehmerin untersagt (§ 3 Abs. 1 MuSchG). Kann der Arbeitgeber der werdenden Mutter allerdings einen geeigneten Arbeitsplatz nachweisen, an dem eine Gefährdung nicht gegeben ist, so kann die Arbeitnehmerin auf diesen Arbeitsplatz umgesetzt werden, eine Weiterbeschäftigung wäre möglich.

Ein individuelles Beschäftigungsverbot liegt vor:

- sechs Wochen vor der (voraussichtlichen) Entbindung – die werdende Mutter wird von der Arbeit freigestellt – und acht Wochen nach dem Tag der Entbindung (Mindest-

schutzfrist: 14 Wochen) – nach Früh- und/oder Mehrlingsgeburten gilt eine Frist von 12 Wochen nach der Entbindung (§ 6 Abs. 1 MuSchG).
Eine Frau kann allerdings während der Schutzfrist vor der Entbindung auf eigenen Wunsch beschäftigt werden, während der Schutzzeit nach der Entbindung ist dies jedoch nur möglich, wenn die Frau das Kind nicht stillt (§ 6 Abs. 3 MuSchG).

Ein generelles Beschäftigungsverbot liegt vor:

- bei schweren und gesundheitsgefährdenden Arbeiten, bei denen die werdende Mutter mit gesundheitsschädigenden Stoffen umgeht bzw. schädigenden Wirkungen von Strahlen, Gasen, Staub, Dämpfen, Hitze, Kälte, Lärm u. a. ausgesetzt ist – siehe auch oben (§ 4 Abs. 1 MuSchG);
- bei Akkordarbeit, Arbeiten also, bei denen die werdende Mutter übermäßigen Belastungen wie Stress ausgesetzt ist;
- bei Fließbandarbeit, bei der die werdende Mutter mit monotonen und körperlich anstrengenden Arbeiten beschäftigt ist;
- bei Arbeiten im Bereich besonderer Gefahrstoffe (§ 26 Abs. 5 und 6 Gefahrstoffverordnung, § 56 Abs. 1 Strahlenschutzgesetz u. a.).

Ist die Frau in der Zeit nach der Entbindung aufgrund der Schwangerschaft oder der Entbindung selbst nach Ablauf der Schutzfrist nicht voll einsetzbar – über ein ärztliches Attest nachweisbar –, so hat der Arbeitgeber bei der Zuteilung der Arbeiten auf die Leistungsfähigkeit Rücksicht zu nehmen.

Mehr-, Nacht- und Sonntagsarbeit

Stillende Mütter dürfen nicht zur **Mehrarbeit** herangezogen werden. Nach dem Mutterschutzgesetz liegt Mehrarbeit vor, wenn die stillende Mutter mehr arbeitet als

- achteinhalb Stunden täglich oder 90 Stunden innerhalb einer Doppelwoche;
- acht Stunden täglich oder 80 Stunden innerhalb einer Doppelwoche (bei Frauen, die das 18. Lebenjahr noch nicht vollendet haben); oder
- neun Stunden täglich oder 102 Stunden innerhalb einer Doppelwoche – für Arbeiten, die im Familienhaushalt oder in der Landwirtschaft verrichtet werden.

Die **Nachtarbeit** in der Zeit von 20:00 Uhr bis 06:00 Uhr ist grundsätzlich verboten. Als Ausnahmen gestattet das Mutterschutzgesetz (§ 8 Abs. 4) Tätigkeiten im Verkehrswesen (z. B. als Lkw-Fahrerin), in Gastwirtschaften, in Krankenpflegeanstalten oder bei Theatervorstellungen u. Ä.

Die für die Nachtarbeit aufgeführten Ausnahmen gelten ebenfalls für die **Sonn- und Feiertagsarbeit**. Auch die Sonn- und Feiertagsarbeit ist ansonsten verboten.

Stillzeit

Nach Ablauf der Schutzfrist kann eine stillende Mutter für die Zeit des Stillens verlangen, dass sie während dieser Zeit – mindestens zweimal am Tag für eine halbe Stunde oder mindestens einmal pro Tag eine Stunde – von der Arbeit freigestellt wird. Der Arbeitgeber muss der stillenden Mutter die Gelegenheit einräumen, ihre Arbeit zu unterbrechen. Dabei hat die stillende Mutter allerdings die betrieblichen Belange zu berücksichtigen, so könnte eine Lkw-Disponentin nicht während der Hauptabwicklungszeit, z. B. morgens von 8:00 bis 10:00 Uhr, stillen, um somit den gewöhnlichen Arbeitsablauf der Abteilung nicht zu stören und die anfallende Arbeit zu erledigen.

Arbeitsentgelt/Mutterschutzlohn

Setzt eine Frau – völlig oder teilweise – wegen eines Beschäftigungsverbotes mit der Arbeit aus, so ist grundsätzlich der bisherige Durchschnittsverdienst weiterzuzahlen.[1] Dieses Arbeitsentgelt, der sog. Mutterschutzlohn, ist zu zahlen, solange kein Anspruch auf Mutterschaftsgeld besteht (s. unten). Der Arbeitgeber kann die Weiterzahlung des Durchschnittsverdienstes wegen eines generellen Beschäftigungsverbotes verhindern, wenn die Arbeitnehmerin auf einen anderen, zumutbaren Arbeitsplatz umgesetzt wird (§ 11 MuSchG) – siehe oben. Die schwangere Frau verliert diesen Anspruch, wenn sie den vom Arbeitgeber nachgewiesenen, zumutbaren Arbeitsplatz ablehnt.

MERKE
Bei Unternehmen mit einer Arbeitnehmerzahl von weniger als 20,5 erhält der Arbeitgeber 80 % des von ihm gezahlten Arbeitsentgeltes von der Krankenkasse erstattet (§ 10 Abs. 1 Nr. 3 LFZG). Dies gilt ebenso für Ausbildungsvergütungen.

13.2 Elterngeld

Seit 2007 wird (nach dem Bundeselterngeld- und Elternzeitgesetz) für Kinder nach der Geburt des Kindes das einkommensabhängige **Elterngeld [für insgesamt maximal 14 Monate]** gezahlt. Das Elterngeld sieht vor, dass dem Elternteil, der auf Zeit aus dem Beruf ausscheidet (z. B. die Mutter), **[max.] zwölf Monate** lang als Lohn- bzw. Einkommensersatzleistung zwischen 65 % bis 67 % des bisherigen Nettolohnes, mind. 300,00 € und max. 1 800,00 €, gezahlt werden.[2] Ergänzend kann der zweite Elternteil (z. B. der Vater) **[mind.] zwei** zusätzliche Partner**monate** geltend machen, wenn er für diese Zeit die Kinderbetreuung übernimmt. Nimmt der zweite Elternteil die Partnermonate nicht wahr, so können die Eltern ein Mindestelterngeld in Höhe von 300,00 € unter den Voraussetzungen geltend machen, dass der erste Elternteil (z. B. die Mutter) die Ganztagskinderbetreuung übernimmt und beide Elternteile nicht mehr als 30 Wochenstunden arbeiten. Alleinerziehende haben auf Grund des fehlenden Partners einen Anspruch auf die vollen 14 Monate Elterngeld.

MERKE
Grundsätzlich haben Eltern Anspruch auf Elterngeld, wenn
- ihre Kinder nach der Geburt selbst betreuen und erziehen,
- nicht mehr als 30 Stunden in der Woche erwerbstätig sind,
- mit ihren Kindern in einem Haushalt leben und
- einen (dauerhaften) Wohnsitz oder ihren gewöhnlichen Aufenthalt in Deutschland haben.

Die Höhe des Elterngeldes hängt ab von dem monatlich im Durchschnitt verfügbaren Nettoeinkommen, das das betreuende Elternteil im Jahr vor der Geburt erzielt hat. Entscheidend für die Höhe ist das durchschnittliche Nettoeinkommen der letzten zwölf Kalendermonate vor der Geburt. Bei der Bestimmung der zwölf Kalendermonate werden Monate mit Bezug von Mutterschaftsgeld oder Elterngeld sowie Monate, in denen auf-

---

[1] *Maßgeblich für die Berechnung des Durchschnittsverdienstes ist der Zeitraum der letzten 13 Wochen oder der letzten drei Monate vor Beginn des Monats, in dem die Schwangerschaft eingetreten ist.*

[2] *Als Lohn- bzw. Einkommensersatzleistung wird das Elterngeld zur Ermittlung des Steuersatzes für die Lohn- bzw. Einkommensteuer herangezogen, d. h., das Elterngeld wird zu dem zu versteuernden Einkommen hinzugerechnet. Der ermittelte (höhere) Steuersatz wird dann auf das zu versteuernde Einkommen ohne Elterngeld angewendet, da das Elterngeld selbst abgaben-/steuer frei ist.*

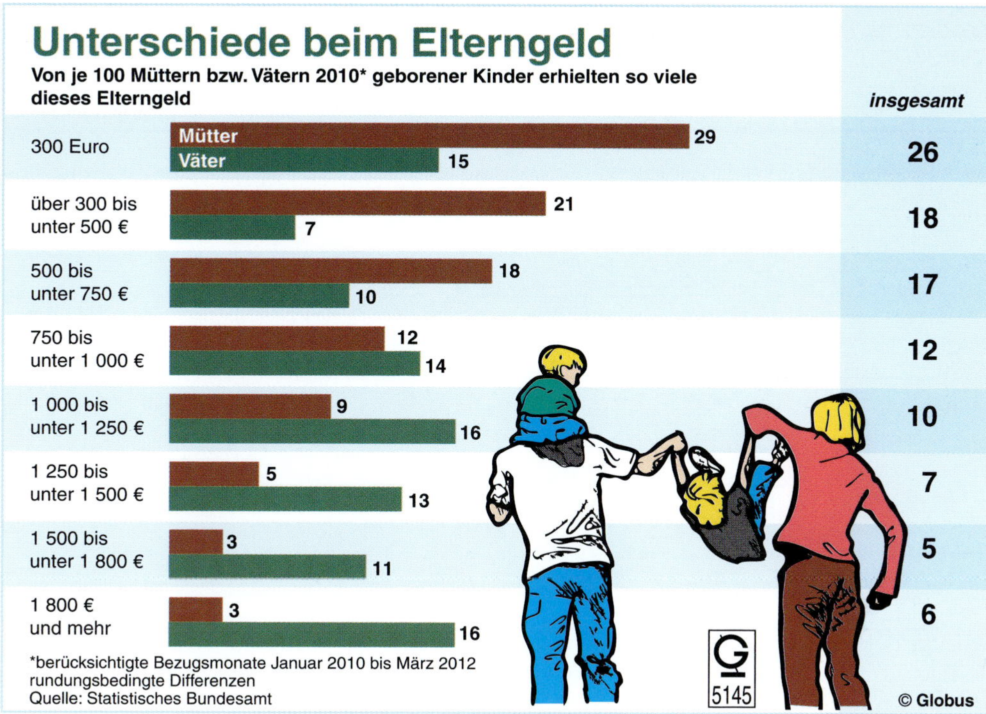

grund einer schwangerschaftsbedingten Erkrankung das Einkommen gesunken ist, grundsätzlich nicht herangezogen. Statt dieser Monate werden die weiter zurück liegenden Monate zugrunde gelegt.

Beispiel

Berechnungsgrundlage (= Netto(vor) einkommen pro Monat)	Ersatzleistung in %	Auszahlungsbetrag
unter 1 000,00 €	**67 % zzgl. 0,1 % pro für je 2,00 €, die der Verdienst unter 1 000,00 € liegt**	
	▪ bei 300,00 € (67 % + [700,00 € :2,00 € *0,1 %] = 102 %; **max. 100 %**	300,00 €
	▪ bei 500,00 € (67 % + [500,00 € :2,00 € *0,1 %] = 92 %	460,00 €
	▪ bei 700,00 € (67 % + [300,00 € :2,00 € *0,1 %] = 82 %	574,00 €
	▪ bei 900,00 € (67 % + [100,00 € :2,00 € *0,1 %] = 72 %	648,00 €
ab 1 000,00 € bis 1 200,00 €	**67 %**	
	▪ bei 1 000,00 €	670,00 €
	▪ bei 1 100,00 €	737,00 €
	▪ bei 1 200,00 €	804,00 €
ab 1 220,00 €	**66 %**	
	▪ bei 1 220,00 €	805,20 €

Berechnungs-grundlage (= Netto(vor) einkommen pro Monat)	Ersatzleistung in %	Auszahlungs-betrag
ab 1240,00 € und mehr	65% ▪ bei 1240,00 € ▪ bei 2000,00 € ▪ bei 2500,00 € ▪ bei 3000,00 € (wäre bei 67% 1950,00 €, aber max.) (Als Bemessungsgrundlage werden max. 2700,00 € angerechnet.)	 806,00 € 1300,00 € 1625,00 € 1800,00 €
ab einem zu versteuernden Jahreseinkommen von mehr als 5000 00,00 € für Elternpaare (ab 250000,00 € bei Alleinerziehenden)	entfällt der Anspruch auf Elterngeld. 0%	 0,00 €

Arbeitet der erste Elternteil (hier die Mutter) während der Bezugsdauer des Elterngeldes weniger als 30 Stunden pro Woche, so wird das damit erzielte Einkommen angerechnet. Als Berechnungsgrundlage wird (hier) das Nettoeinkommen eines Normalverdieners (hier: des Vaters) in Höhe von 2000,00 € angenommen (s.o.). Aus obiger Rechnung ergäbe sich demnach ein Elterngeld von 1300,00 €. Verdient die Mutter jedoch beispielsweise 800,00 € netto hinzu, so werden die 65% auf die Differenz zwischen den Nettoverdiensten beider Elternteile (hier: von 2000,00 € abzgl. 800,00 €, also 65% von 1200,00 €) als Elterngeld gezahlt (hier: 780,00 €)

Wird innerhalb von 36 Monaten nach der Geburt des ersten Kindes ein weiteres Kind geboren, so wird das Elterngeld um zehn Prozent oder mindestens 75 Euro erhöht (= **Geschwisterbonus**). So soll berücksichtigt werden, dass Frauen mit Kindern zumeist nur Teilzeit arbeiten und somit weniger verdienen. Diese Regelung gilt ebenso für Väter, jedoch lediglich für Familien mit zwei Kindern unter drei Lebensjahren oder drei und mehr Kindern unter sechs Jahren sowie bei einem Geschwisterkind, bis das Kind 14 Jahre alt ist.[1]
Bei Mehrlingsgeburten werden pro weiteres Kind pauschal 300,00 € zusätzlich gezahlt.

Das **Mindestelterngeld** von 300,00 € (mit Geschwisterbonus 375,00 €) erhalten alle, die nach der Geburt ihr Kind selbst betreuen und höchstens 30 Stunden in der Woche arbeiten, z.B. Hausfrauen und Hausmänner und Eltern, die wegen der Betreuung älterer Kinder nicht gearbeitet haben. Für Auszubildende und Studenten gilt dies auch, wenn sie mehr als 30 Stunden pro Woche arbeiten.

Entgeltersatzleistungen, wie Arbeitslosengeld oder Rentenzahlungen, die während des Elterngeldbezugs für das Einkommen vor der Geburt gezahlt werden, senken den Elterngeldanspruch, wenn diese Ersatzleistung den Mindestbetrag von 300,00 € überschreitet. Bei Unterhaltsansprüchen wird das Elterngeld auf beiden Seiten nur berücksichtigt, wenn es den Betrag von 300 Euro monatlich übersteigt.

---

[1] Für adoptierte oder mit dem Ziel der Adoption aufgenommene Kinder gilt als Alter der Kinder der Zeitraum seit der Aufnahme der Kinder in den Haushalt der elterngeldberechtigten Person.

Bei Erhalt von Arbeitslosengeld II, Sozialhilfe und beim Kinderzuschlag wird das Elterngeld vollständig als Einkommen angerechnet – auch das Mindestelterngeld von 300,00 €.[1]

Steht die werdende Mutter zu Beginn ihrer Schutzzeit in einem Arbeitsverhältnis, erhält sie von ihrer Krankenkasse Mutterschaftsgeld.

Als **Mutterschaftsgeld** wird das um die gesetzlichen Abzüge verminderte, durch-schnittliche Arbeitsentgelt der letzten drei Monate vor Beginn der Schutzfrist – also sechs Wochen vor und acht Wochen nach der Entbindung – gewährt (§ 3 Abs. 2 MuSchG). Das von der Krankenkasse erstattete Mutterschaftsgeld beträgt 13,00 € pro Tag. Übersteigt das durchschnittliche Nettogehalt allerdings 13,00 € pro Tag, ist der Arbeitgeber verpflichtet, den Unterschiedsbetrag zwischen dem Mutterschaftsgeld und dem um die gesetzlichen Abzüge geminderten, durchschnittlichen Arbeitsentgelt zu zahlen.

Voraussetzung zum Erhalt des Mutterschaftsgeldes ist, dass die Frau in der Zeit zwischen dem zehnten und dem vierten Monat vor der Entbindung mindestens 12 Wochen versicherungspflichtig war bzw. ein Arbeitsverhältnis bestanden hat (§ 13 Abs. 2 MuSchG). Das Mutterschaftsgeld wird i. d. R. während der Schutzfrist gezahlt.

ZUSAMMENFASSUNG

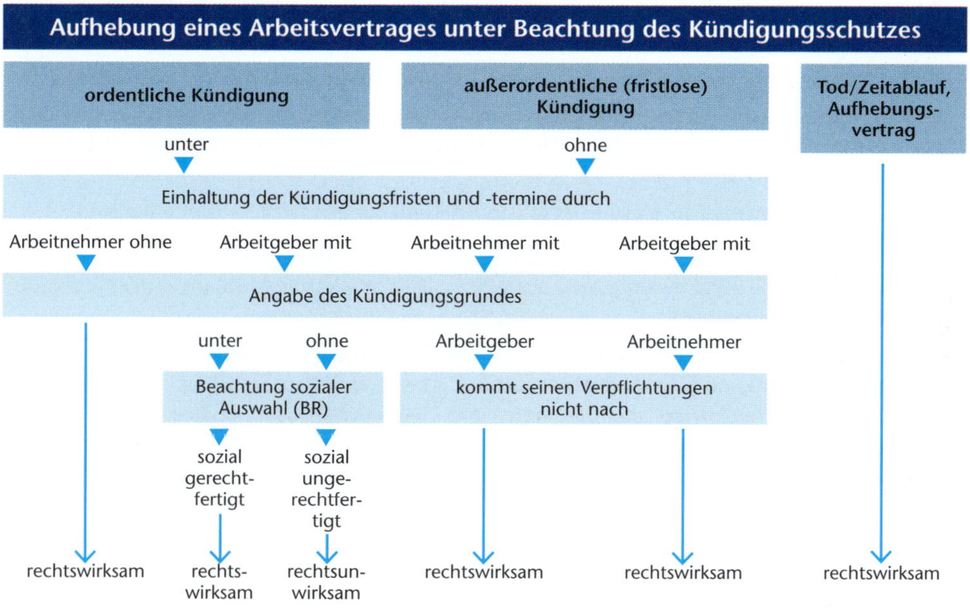

Beachte: Der Arbeitsvertrag mit einem betreuenden Elternteil während der Schutzzeit/-frist und Elternzeit kann in der Regel nicht aufgelöst werden.

---

[1] *Hiervon gibt es eine Ausnahme: Alle Elterngeldberechtigten, die Arbeitslosengeld II, Sozialhilfe oder Kinderzuschlag beziehen und die vor der G eburt ihres Kindes erwerbstätig waren, erhalten ab dem 1. Januar 2011 einen Elterngeldfreibetrag. Der Elterngeldfreibetrag entspricht dem Einkommen vor der Geburt, beträgt jedoch höchstens 300 Euro. Bis zu dieser Höhe bleibt das Elterngeld bei den genannten Leistungen weiterhin anrechnungsfrei.*

Bearbeitungsvorschläge

1. a) Lesen Sie das folgende Rundschreiben der Firma Johannson & Sohn aufmerksam durch und beurteilen Sie das Schreiben aus der Sicht des Arbeitgebers und aus der Sicht des Arbeitnehmers.
   b) Begründen Sie, ob diese Kündigung rechtmäßig ist.

> **Johannson & Sohn GmbH**
>
> Johannson & Sohn GmbH, Barnerstr. 12, 20765 Hamburg
>
> Sehr geehrte Mitarbeiter,
>
> wie wir bereits mitgeteilt haben, hat die Bundesregierung den gesetzlichen Kündigungsschutz für unser Unternehmen insoweit verbessert, als dass er für Sie seit dem 1. Januar 2004 entfallen ist.
> Allerdings gelten die veränderten Bedingungen nur für neu eingestellte Mitarbeiter. Damit auch Sie vom Wegfall des Kündigungsschutzes profitieren, kündigen wir hiermit der gesamten Belegschaft aus betriebsbedingten Gründen, um Sie anschließend wieder neu einzustellen und daraufhin ohne gesetzlichen Kündigungsschutz wieder kündigen zu können.
>
> Die Firmenleitung

2. Zählen Sie die möglichen Kündigungsarten auf und erläutern Sie diese mit eigenen Worten.
3. Erklären Sie die gesetzlichen Kündigungsfristen und beschreiben Sie, wie diese verändert werden können.
4. Geben Sie jeweils vier Gründe aus der Perspektive eines Arbeitgebers und eines Arbeitnehmers an, die eine außerordentliche (fristlose) Kündigung rechtfertigen.
5. Stellen Sie dar, welche Bestandteile eine sozial gerechtfertigte Kündigung aufzuweisen hat.
6. Führen Sie aus, wodurch eine Kündigung als sozial ungerechtfertigt gilt, und geben Sie Beispiele an.
7. Geben Sie an, wodurch sich ein Auflösungsvertrag von den übrigen Kündigungsarten unterscheidet und beschreiben Sie Gründe, die dazu führen, dass ein Arbeitgeber und ein Arbeitnehmer sich auf einen Auflösungsvertrag einigen.
8. Kreuzen Sie im Folgenden an, welche der folgenden Kündigungen nicht gerechtfertigt sind.

▪ Einer älteren Arbeitnehmerin wird gekündigt, damit eine hübsche junge Frau eingestellt werden kann.	▪ Einem Arbeitnehmer wird wegen grober Pflichtverletzung gekündigt, der Betriebsrat stimmte zu.
▪ Aufgrund eines Auftragsrückganges wird der schwangeren Astrid gekündigt, da die Alternative der werdende Vater Uwe wäre. Hier wird allerdings davon ausgegangen, dass Uwe nicht in den sog. Erziehungsurlaub geht.	▪ Nach erfolgter Umschulung in einem bestimmten Spezialgebiet wird dem Arbeitnehmer gekündigt, obgleich die Weiterbeschäftigung gewährleistet wäre; der Arbeitnehmer hat der Umschulung/Fortbildung zuvor zugestimmt.
▪ Aufgrund von Illiquidität muss die Spedition Drauf OHG ein Insolvenzverfahren einleiten und entlässt neben den anderen Mitarbeitern ebenfalls die Auszubildenden.	▪ Der Schwerbehinderte Karl muss nach Auslaufen seines Fristvertrages das Unternehmen verlassen.
▪ Nach der zweiten Abmahnung wegen ständigen Zuspätkommens und Abwerbens einiger guter Kunden zugunsten des Unternehmens eines Freundes wird dem langjährigen Mitarbeiter Erwin Meier eine fristlose Kündigung ausgesprochen.	▪ Mit dem BR sind bestimmte Richtlinien zur Mitarbeiterauswahl festgelegt. Einem Arbeitnehmer wird die Kündigung ausgesprochen, obgleich dieser an anderer Stelle hätte eingesetzt werden können.

9. Legen Sie dar, wann ein besonderer Kündigungsschutz nach dem Mutterschutzgesetz wirksam wird. Gehen Sie dabei u. a. auf die Schutzfrist und die Arbeitsbedingungen ein.

14 Sozialversicherungen

LERNSITUATION

Die drei Auszubildenden Karen, Ibrahim und Mary der Wall GmbH – Spedition & Logistik haben gerade ihre erste Gehaltsabrechnung erhalten.

Karen: Mann, so viele Sozialversicherungsabgaben! Das ist ja Wahnsinn. Ich war in meinem Leben noch nie krank.

Ibrahim: Für Krankenversicherung Geld auszugeben sehe ich ja noch ein. Man weiß ja nie, was einem passieren kann. Aber da kommt ganz schön was zusammen. Ob man das Geld wohl wieder reinbekommt? Wenn ich mir überlege, dass ich 9,45 % Rentenversicherungsbeiträge zahlen muss.

Mary: An wen zahlen wir das eigentlich? Hat der Staat nicht genug Geld?

Ibrahim: Außerdem frage ich mich, wozu ich so viel Arbeitslosenversicherung zahlen soll.

Karen: Ich jedenfalls werde in der Personalabteilung Bescheid sagen, dass ich die Sozialversicherung zum nächsten Monat kündigen werde. Das zusätzliche Geld kann ich gut gebrauchen und zusammen mit dem Arbeitgeberanteil ergibt das ein schönes Sümmchen.

Mary: Gute Idee, das werde ich auch machen.

Aufgaben

1. Erklären Sie, inwieweit Sie eine Möglichkeit sehen, Sozialversicherungen zu kündigen. Begründen Sie Ihre Aussage.
2. Nennen Sie die hier angesprochenen Sozialversicherungszweige und nennen Sie weitere Zweige der Sozialversicherung.
3. Erklären Sie, welche Risiken durch die Sozialversicherungen abgedeckt werden.
4. Erläutern Sie, wie die Sozialversicherungen grundsätzlich finanziert werden.

Entstehung

Das System der sozialen Sicherung entstand in Deutschland im vorletzten Jahrhundert, um insbesondere die Not der arbeitenden Bevölkerung, die aufgrund der Auswirkungen der Industrialisierung entstanden war, zu lindern. Zum Beispiel bedeuteten Arbeitslosigkeit oder Krankheit Verelendung der betroffenen Menschen, da sie nun kein Einkommen mehr hatten. Gegen diese Zustände begehrte das Volk auf, sodass sich im damaligen Kaiserreich immer mehr sozialistische Ideen verbreiteten. Da ein Sturz des Systems befürchtet werden musste, entstand unter Bismarck zuerst die Krankenversicherung, der dann die Unfallversicherung, die Alters- und Invalidenversicherung sowie 1927 die Arbeitslosenversicherung folgten. Schließlich wurde 1995 die Pflegeversicherung eingeführt.

Solidaritätsprinzip

Das System der sozialen Sicherung hat zum Ziel, dass Menschen in Notlagen abgesichert sind. Die Notlage kann durch Krankheit, Arbeitslosigkeit, Erwerbsunfähigkeit, Pflegebedürftigkeit oder auch durch einen Unfall entstehen. Dabei wird die Gesellschaft als **Solidargemeinschaft** betrachtet. Sie soll die sozialen Härten ausgleichen und sich gegenüber den Bedürftigen solidarisch verhalten. Solidarität bedeutet dabei, dass sich die

Jungen um die Alten, die Gesunden um die Kranken und Pflegebedürftigen sowie die Arbeitenden um die arbeitslosen Menschen kümmern.

Sozialversicherungen

Sie sind als Selbstverwaltungen tätig, d.h., sie werden von den Versicherten selbst organisiert und verwaltet. Sozialversicherungen sind eine Zwangsversicherung, d.h., es bleibt dem Einzelnen grundsätzlich nicht selbst überlassen, ob er Mitglied dieser Sozialversicherung sein möchte oder nicht.

In Deutschland gibt es mittlerweile fünf verschiedene Sozialversicherungen: die Krankenversicherung, die Pflegeversicherung, die Rentenversicherung, die Arbeitslosenversicherung und die Unfallversicherung.

Finanzierung der Sozialversicherungen

Die Leistungen der Sozialversicherungen werden über die Beitragszahler finanziert. Beitragszahler sind Arbeitgeber und Arbeitnehmer, die die Beitragssummen i.d.R. je zur Hälfte aufbringen.

Eine Ausnahme bildet die Unfallversicherung. Hierfür werden die Beiträge nur von den Arbeitgebern aufgebracht. Da Arbeitnehmer ihre Arbeitskraft dem Unternehmen zur Verfügung stellen, haben die Arbeitgeber gegenüber den Arbeitnehmern eine besondere Fürsorgepflicht. Verletzt sich ein Arbeitnehmer während der Arbeitszeit, muss der Arbeitgeber auch für dessen Genesung aufkommen. In solchen Fällen tritt die Unfallversicherung ein.

Weiterhin gibt es Ausnahmen bei der Kranken- und bei der Pflegeversicherung. Grundsätzlich entfallen auch hier für beide Versicherungen je die Hälfte der Beiträge auf Arbeitgeber und Arbeitnehmer. Allerdings zahlen **allein** die Arbeitnehmer bei der Krankenversicherung zusätzlich für Zahnersatz einen prozentualen Beitrag von 0,4% und für Krankengeld einen prozentualen Beitrag von 0,5%. Bei der Pflegeversicherung müssen **kinderlose** Arbeitnehmer ab 23 Jahren einen prozentualen Zuschlag in Höhe von 0,25% auf ihren Anteil zahlen. Ausnahmen bilden Arbeitnehmer ab 65 Jahren, Arbeitslose sowie Wehr- und Zivildienstleistende, sie brauchen den Kinderlosenzuschlag nicht zu zahlen.

Reichen die von den Beitragszahlern aufgebrachten Beiträge nicht aus, um alle Leistungen zu finanzieren, wird der Rest aus Steuermitteln durch den Bund finanziert.

Der Gesundheitsfonds

Seit dem 1. Januar 2009 gibt es eine gravierende Neuregelung bei der gesetzlichen Krankenversicherung. Seitdem gilt für alle gesetzlich Krankenversicherten ein einheitlicher Krankenkassenbeitragssatz. Die Beiträge für die Krankenkassen werden wie bisher von den Arbeitgebern direkt an die Krankenkassen überwiesen, die sie dann in den Gesundheitsfonds einzahlen. Dort werden die Gelder gesammelt. Anschließend wird dieses Geld wieder an die verschiedenen Krankenkassen verteilt. Für jedes Krankenkassenmitglied erhält die Krankenkasse einen Pauschalbetrag. Zusätzlich gibt es je nach Alter, Geschlecht und Krankheitsbildern der Mitglieder ergänzende Zu- oder Abschläge für die Kassen. D.h. je kranker die Mitglieder einer Krankenkasse, desto behandlungs- und somit kostenintensiver sind sie. Aus diesem Grund bekommt diese Krankenkasse mehr Gelder aus dem Gesundheitsfonds (Risikostrukturausgleich). Ebenso bekommen Kassen, deren Mitglieder eher älter sind, mehr Gelder als solche mit eher jüngeren Mitgliedern. Durch diese Maßnahme soll Chancengleichheit zwischen den gesetzlichen Krankenkassen hergestellt werden und somit der Wettbewerb gesichert werden.

Jedes gesetzlich versicherte Krankenkassenmitglied muss den allgemeinen Beitragssatz zahlen. Jedoch bleibt das Prinzip der Familienversicherung bestehen, d.h. die Krankenkassen erhalten auch für die mitversicherten Familienmitglieder einen entsprechenden Pauschalbetrag aus dem Fonds.

Die Bundesregierung legt jeweils im November eines Jahres für das kommende Jahr einen einheitlichen Beitragssatz für die Krankenversicherung fest (genauso wie sie es seit jeher für die anderen Sozialversicherungen macht). Die Höhe des Beitragssatzes bemisst sich nach den Gesundheitsausgaben, d.h. die Kosten der Krankenkassen müssen zu 100 % gedeckt sein.
Für das Jahr 2014 liegt der Beitragssatz bei 14,6 %. Davon müssen jeweils 7,3 % von Arbeitgeber und Arbeitnehmer aufgebracht werden. Zusätzlich muss der Arbeitnehmer 0,9 % für Zahnersatz und Krankengeld allein aufbringen. Die Krankenkassen erheben einen kassenindividuellen Zusatzbeitrag, den der Arbeitnehmer alleine trägt.
Zusätzlich wird der Gesundheitsfonds durch Steuergelder mitfinanziert. Für 2009 erhielt der Gesundheitsfonds einen Beitrag in Höhe von 4 Milliarden Euro vom Bund. In den folgenden Jahren stieg und steigt dieser Zuschuss jeweils um 1,5 Milliarden Euro pro Jahr an, bis schließlich eine jährliche Gesamtsumme von 14 Milliarden Euro in den Gesundheitsfonds fließt.

Reicht einigen Krankenkassen das zugewiesene Geld aus dem Gesundheitsfonds nicht aus, um ihre Jahreskosten zu decken, können sie von ihren Mitgliedern Nachforderungen erheben. Dieser Zusatzbeitrag ist allein von den Arbeitnehmern zu tragen. Ohne Einkommensprüfung können maximal acht Euro pro Monat pro Mitglied nachgefordert werden. Mit Einkommensprüfung darf dieser Zusatzbeitrag maximal ein Prozent des beitragspflichtigen Einkommens des krankenversicherten Mitglieds betragen. Der Zusatzbeitrag muss von jedem Versicherten gezahlt werden.

Auf der anderen Seite können besonders gut wirtschaftende Krankenkassen ihren Mitgliedern Beiträge zurückerstatten, sofern sie Überschüsse erzielt haben.
In beiden Fällen haben die Mitglieder ein Sonderkündigungsrecht und können innerhalb von drei Monaten in eine andere Krankenkasse wechseln. Dann müssen z.B. die Mitglieder der Zusatzbeitrag erhebenden Kasse diesen nicht bezahlen und können in eine Kasse wechseln, die z.B. keine Beitragsnachforderungen stellt. Grundsätzlich besteht ein Kündigungsrecht der Krankenkasse erst nach einer Mitgliedschaft von eineinhalb Jahren.

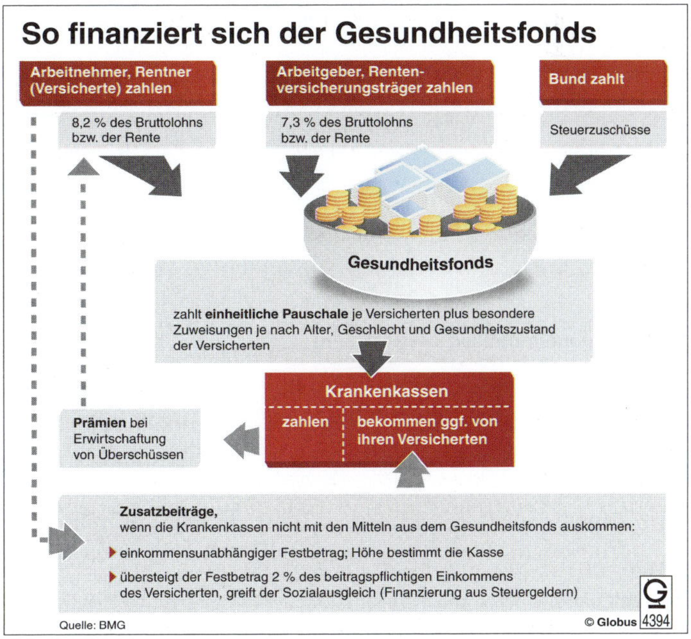

Die Krankenkassen unterscheiden sich nicht mehr durch die Höhe der Beiträge oder durch ihre Standardleistungen, sondern durch Service und besondere Tarifangebote, sogenannte Wahltarife. Diese Wahltarife bieten die Möglichkeit, spezielle Leistungen, die passend für den eigenen Bedarf abgestimmt sind, zu erhalten, sodass die Beiträge höher, aber auch niedriger sein können.

Die Leistungen, die die Krankenkassen bezahlen müssen, sind zu 90% festgelegt, d.h. alle medizinisch notwendigen Leistungen müssen durch die Kassen gezahlt werden. Die restlichen Leistungen können durch Zusatzleistungen oder Wahltarife durch die Versicherten dazugekauft werden.
Zusatzleistungen können u.a. Zuschüsse für häusliche Krankenpflege oder Urlaubsimpfungen sein.

Die Krankenkassen bieten ihren Versicherten Wahltarife an, z.B. um alternative Medizin beziehen zu können. Zudem müssen sie einen Hausarzttarif sowie Kostenerstattungs- und Selbstbehalttarife anbieten.

Eine weitere Neuregelung bei den Krankenkassen besteht darin, dass jeder Mitglied in einer gesetzlichen oder privaten Krankenkasse sein muss. Will ein Versicherter seine Kasse kündigen, muss er die Mitgliedschaft in einer neuen Krankenversicherung nachweisen. Zum 01.01.2013 wurde für die gesetzlichen Mitglieder die Praxisgebühr abgeschafft.

Berechnung

Vom Bruttoentgelt eines Arbeitnehmers wird ein bestimmter Prozentsatz abgezogen, der entsprechende Betrag wird dann je zur Hälfte vom Arbeitgeber und zur Hälfte vom Arbeitnehmer aufgebracht. Wobei für die Krankenversicherung 0,9% und zusätzlich bei kinderlosen Arbeitnehmern ab 23 Jahren für die Pflegeversicherung noch ein Zuschlag von 0,25% auf den Arbeitnehmeranteil berechnet wird.

Beispiel

Der kinderlose Günter Jauchen (35 Jahre), Sachbearbeiter in der nationalen Lkw-Disposition der Wall GmbH – Spedition & Logistik, hat ein monatliches Bruttogehalt von 2600,00 €. Dann muss er Sozialversicherungsbeiträge in folgender Höhe entrichten:

Sozialversicherungszweig	Beitragssätze (2013)	Beitragssätze AN-Anteil	Beitrag gesamt	Beitrag AN-Anteil
Rentenversicherung	18,9%	9,45%	491,40 €	245,70 €
Arbeitslosenversicherung	3,0%	1,5%	78,00 €	39,00 €
Krankenversicherung	14,6% + 0,9%	7,3% + 0,9% = 8,2%	379,60 + 23,40 €	213,20 €
Pflegeversicherung	2,05% + 0,25%	1,025% + 0,25% = 1,10%	53,30 + 6,50 €	33,15 €
Summe	**39,45% + 1,15% = 40,6%**	**19,27% + 1,15% = 20,425%**	**1055,60 €**	**531,05 €**

Für Günter Jauchen werden also insgesamt 1 055,60 € Sozialversicherungsbeiträge in die gesetzlichen Sozialversicherungen eingezahlt, wobei er 531,05 € selbst tragen muss.

Beitragsbemessungsgrenze

Sozialversicherungsbeiträge sind nur bis zu einer bestimmten Höchstgrenze zu entrichten. Diese Höchstgrenze wird Beitragsbemessungsgrenze genannt. Zurzeit (2014) liegt die Beitragsbemessungsgrenze für die Arbeitslosen- und Rentenversicherung bei 5 950,00 € (West) und bei 5 000,00 € (Ost). Für die Kranken- und Pflegeversicherung liegt die Beitragsbemessungsgrenze bei 4 050,00 € in Ost- und Westdeutschland. Zusätzlich zur Beitragsbemessungsgrenze gibt es bei der Krankenversicherung eine Versicherungspflichtgrenze, die für das Jahr 2014 4 462,50 € (Ost und West gleich) beträgt. Liegt das Einkommen eines Arbeitnehmers über der Versicherungspflichtgrenze, z. B. bei 5 000,00 € brutto, kann er sich frei entscheiden, wie er krankenversichert sein möchte. Dann hat er die Möglichkeit, sich bei einer gesetzlichen Krankenversicherung freiwillig zu versichern oder über eine private Krankenkasse zu versichern.

Bei den anderen Sozialversicherungen (Renten- und Arbeitslosenversicherung) besteht keine Wahlmöglichkeit, auch wenn der Arbeitnehmer über die Beitragsbemessungsgrenze hinaus Arbeitsentgelt erhält. Diese Sozialversicherungen sind Zwangsversicherungen.

Liegen die Arbeitsentgelte eines Arbeitnehmers über der Beitragsbemessungsgrenze, erfolgt die Beitragsbemessung nicht auf Grundlage des Bruttoentgeltes, sondern auf Grundlage der jeweiligen Beitragsbemessungsgrenze. Das heißt, egal ob ein Arbeitnehmer 5 950,00 € (Beitragsbemessungsgrenze), 6 000,00 € oder 7 000,00 € verdient, die Renten- und Arbeitsversicherungsbeiträge werden von 5 950,00 € und seine Kranken- und Pflegeversicherungsbeiträge von 4 462,50 € (Beitragsbemessungsgrenze) berechnet.

Die Beitragsbemessungsgrenze wird jährlich an die allgemeine Lohnentwicklung angepasst.

Die wichtigsten Rechengrößen zur Sozialversicherung 2013	
Beitragsbemessungsgrenze zur gesetzlichen Renten- und Arbeitslosenversicherung	
West: 5 950,00 € monatlich (= 71 400,00 € jährlich)	Ost: 4 900,00 € monatlich (= 58 800,00 € jährlich)
Gesetzliche Krankenversicherung und Pflegeversicherung	
West und Ost:	4 462,50 € monatlich (= 53 530,00 € jährlich)
Beitragssätze in der Sozialversicherung	
Rentenversicherung:	18,9 % (AN: 9,45 %)
Arbeitslosenversicherung:	3,0 % (AN: 1,5 %)
Gesetzliche Krankenversicherung:	14,6 % (AN: 7,3 % + 0,9 % = 8,2 %)
Pflegeversicherung:	2,05 % (AN: 1,025 % + 0,25 % Zuschlag für Kinderlose)

Der Arbeitgeber behält die zu zahlenden Sozialversicherungsbeiträge ein und überweist sie mit seinem entsprechenden Arbeitgeberanteil an die zuständige Krankenkasse. Diese verteilt dann die entsprechenden Beiträge an die Renten-, Arbeitslosen- und Pflegeversicherung sowie an den Gesundheitsfonds weiter.

Übersicht über die wichtigsten Bestimmungen zu den Sozialversicherungen

	Krankenversicherung	Pflegeversicherung	Arbeitslosenversicherung[1]	Rentenversicherung	Unfallversicherung
Aufgabe	Erhaltung der Gesundheit, Wiederherstellung der Gesundheit.	Absicherung bei Pflegebedürftigkeit.	Arbeitsförderung, Versorgung im Falle der Arbeitslosigkeit.	Absicherung bei Erwerbsunfähigkeit, Alterssicherung, Hinterbliebenensicherung.	Prävention von Arbeitsunfällen und Berufskrankheiten. Eintritt bei Arbeitsunfällen, Berufskrankheiten, Hinterbliebenenschutz.
Versicherte	Pflichtversicherte: Angestellte, Auszubildende, Studenten, Rentner, einige Selbstständige, Bergleute, Landwirte, Arbeitslose, Behinderte. Freiwillig versicherte Mitglieder: z. B. ehemalige Pflichtversicherte, die jetzt mit ihrem Einkommen über der Versicherungspflichtgrenze liegen.	Alle Personen, die in der gesetzlichen Krankenkasse versichert sind. Privat krankenversicherte Personen müssen privat pflegeversichert sein.	Alle Angestellte.	Arbeitnehmer, Auszubildende, Wehr- und Zivildienstleistende, Selbstständige, die Pflichtbeiträge entrichten, Männer und Frauen während der dreijährigen Kindererziehungszeit; Arbeitslose.	Alle Arbeitnehmer (während der Arbeitszeit und auf dem Arbeitsweg); Kinder (im Kindergarten); Schüler und Studenten (während Schul- und Hochschulbesuch sowie auf dem Schulweg/Uniweg); Lebensretter (während des Einsatzes); Arbeitslose; Sonstige, z. B. Hebammen.
Versicherungsträger	Krankenkassen, z. B. Allgemeine Ortskrankenkassen (AOK), Betriebskrankenkassen (BKK), Innungskrankenkassen (IKK), Ersatzkassen.	Pflegekassen der Krankenversicherung.	Bundesagentur für Arbeit.	Deutsche Rentenversicherung.	Berufsgenossenschaften.
Leistungen	Krankheitsbehandlung, Heilbehandlung, Arzneimittelkosten, jedoch nur mit Zuzahlung durch Versicherten, Krankengeld, Mutterschaftshilfe, Familienhilfe. Prävention: – zur Vorbeugung, z. B. Schutzimpfungen, zahnärztliche Untersuchung;	Hilfen bei stationärer und häuslicher Pflege, z. B. Pflegesachleistungen (ambulante Pflegedienste), Pflegegeld (z. B. Angehörige, Nachbarn) bei selbst beschafften Pflegehilfen, häusliche Pflege bei Verhinderung der Pflegeperson, Tages- und Nachtpflege, Pflegekurse für Angehörige. Sonstige	Arbeitsförderung, Arbeitsvermittlung, Förderung der beruflichen Aus- und Weiterbildung sowie Umschulungsmaßnahmen, Berufsberatung, Arbeitslosengeld I und II, Kurzarbeitergeld, Winterausfallgeld, Insolvenzausfallgeld, KV-Beiträge Arbeitsloser, Förderung des Einstiegs	Altersrenten, Witwenrente, Waisenrente, Berufs- oder Erwerbsunfähigkeitsrente, Rehabilitationsmaßnahmen, Gesundheitsaufklärung; Zahlung der Krankenkassenbeiträge für Rentner.	Heilbehandlungskosten, Verletztengeld, Verletztenrente, Berufshilfe, z. B. Umschulungsmaßnahmen, Rehabilitationshilfen, z. B. Haushaltshilfe, psychosoziale Betreuung, Pflegegeld, Sterbegeld, Hinterbliebenenrente, Waisenrente. Unfallverhütung, z. B. Aufklärung, Belehrung, Überwachung.

	Krankenversicherung	Pflegeversicherung	Arbeitslosenversicherung[1]	Rentenversicherung	Unfallversicherung
	– zur Früherkennung, z. B. Krebsvorsorge; Reha Rehabilitation. Zahnersatz (anteilig)	Leistungen, z. B. Pflegehilfsmittel, technische Hilfen wie Rollstühle, Zuschüsse für Umbaumaßnahmen. Leistungsgewährung ist abhängig vom Grad der Pflegebedürftigkeit: Pflegestufe I: erheblich pflegebedürftig; Pflegestufe II: schwerpflegebedürftig; Pflegestufe III: schwerstpflegebedürftig.	in die Selbstständigkeit (Gründerzuschuss), Vermittlung von Ein-Euro-Jobs, Vermittlung von schwer vermittelbaren Arbeitslosen an Personal-Service-Agenturen (PSA).		
Beitragshöhe/ Beitragsbemessungsgrenze/ Beitragsfinanzierung	14,6 %, 4050,00 € – West und Ost – je zur Hälfte Arbeitgeber und Arbeitnehmer, AN + 0,9 % für Zahnersatz und Krankengeld.	2,05 %; 4050,00 € – West und Ost – je zur Hälfte Arbeitgeber und Arbeitnehmer; aber falls kein Feiertag, der immer auf einen Wochentag fällt, gestrichen wurde – wie in Sachsen – muss Arbeitnehmer 1,525 % bezahlen. Kinderlosenzuschlag in Höhe von 0,25 % zahlt nur der AN.	3,0 %; West: 5 950,00 €; Ost: 5 000,00 €; je zur Hälfte Arbeitgeber und Arbeitnehmer	18,9 %; West 5 950,00 €; Ost: 5 000,00 €; je zur Hälfte Arbeitgeber und Arbeitnehmer	Arbeitgeber allein, Beiträge werden nach Unfallgefahren bestimmt.
Besonderheiten	Freie Krankenkassenwahl, Kündigung im laufenden Kalenderjahr, wenn der Arbeitsplatz gewechselt wird, ohne Arbeitsplatzwechsel maximal einmal im Jahr zum Jahresende. Außerordentliche Kündigung bei Beitragssatzerhöhung.	Die Pflegeversicherung springt entsprechend dem im Pflegeversicherungsgesetz garantierten Umfang ein, unabhängig von der finanziellen Bedürftigkeit der Person.	Anspruch auf Arbeitslosengeld I hat nur, wer: arbeitslos ist, die Anwartschaftszeit erfüllt, sich persönlich bei der zuständigen Arbeitsagentur arbeitslos gemeldet hat, der Arbeitsvermittlung zur Verfügung steht und einen Antrag auf Zahlung von Arbeitslosengeld II gestellt hat.	Zahlung der Altersrente nur auf Antrag. Regelaltersrente ab 65. Lebensjahr, nur wenn Wartezeit von 5 Jahren (= Mindestversicherungszeit) erfüllt ist; Altersrente ab 63. Lebensjahr wegen Schwerbehinderung; oder für langjährig Versicherte (ab 35 Versicherungsjahren). Rentenalter wird sukzessive auf 67 Jahre heraufgesetzt. Die jährliche Erhöhung von einem Monat beginnt im Jahr 2012 und endet 2035.	Die Unfallversicherung tritt bei Arbeitsunfällen und zusätzlich bei Wegeunfällen ein.

[1] *Zu den Neuregelungen in der Arbeitslosenversicherung, insbesondere zu den Hartz-Konzepten, vgl. Lernfeld 15, Kap. 2.2 Arbeitsmarktpolitik.*

Finanzierung der Rentenversicherung

Aus dem Beitragsanteil von Arbeitgeber und Arbeitnehmer und aus einem Bundeszuschuss aus Steuermitteln werden die Leistungen der Rentenversicherung finanziert. Es zahlen also die heutigen Arbeitnehmer die Altersruhegelder der heutigen Rentner, wobei die heute Erwerbstätigen darauf vertrauen, dass durch die Beitragszahlungen ihrer Kinder diese später für ihre Rente aufkommen werden (a). Die eingezahlten Beiträge werden also gleich auf die Leistungen der nicht mehr Erwerbstätigen umgelegt (Umlagesystem).

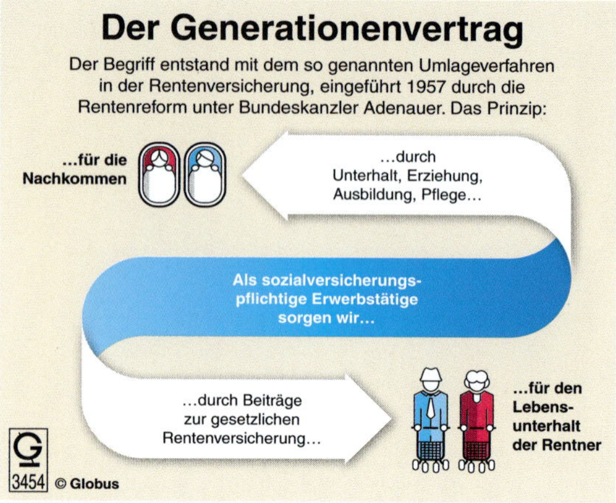

Probleme der Rentenversicherung

Das bisherige System der Umlagenfinanzierung der Renten erwies sich als unzureichend für die Zukunft. Folgende Probleme wurden dafür verantwortlich gemacht:

Bevölkerungsentwicklung

Zum einen schrumpft die Bevölkerungszahl und zum anderen leben die Menschen länger. Es werden immer weniger Kinder geboren, es fehlt der Nachwuchs an Erwerbstätigen und somit an Beitragszahlern. Müssten die zukünftigen Renten nur nach dem Umlageverfahren finanziert werden, kämen auf drei Erwerbstätige im Jahr 2030 zwei Leistungsempfänger.

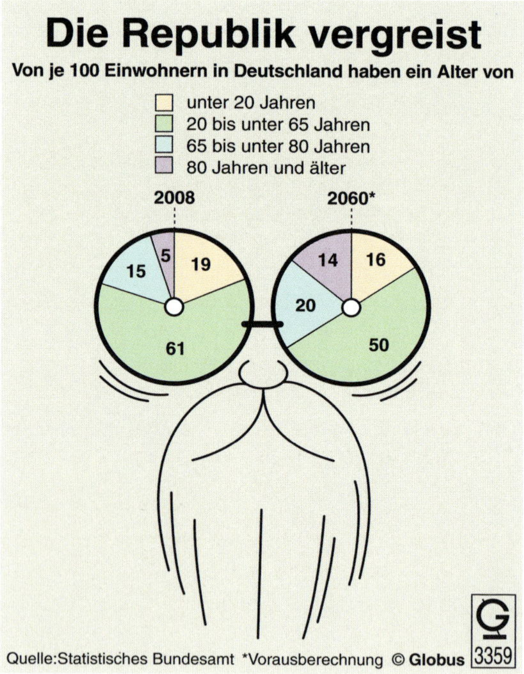

Somit müssten die Rentenversicherungsbeiträge entweder stark ansteigen, oder das Rentenniveau müsste stark gesenkt werden.

Dauer der Rentenzahlung

Die Menschen werden auch aufgrund der besseren medizinischen Versorgung immer älter und beziehen somit auch für eine längere Zeit Renten.

Zudem gehen die Menschen, z. B. aufgrund von Arbeitslosigkeit, immer früher in Rente.

Damit die Beitragszahlungen nur für die Rentenversicherung für die zukünftigen Erwerbstätigen nicht unermesslich hoch werden und die zukünftigen Rentner trotzdem neben der staatlich garantierten Rente ausreichend versorgt werden, gibt es seit 2002 das

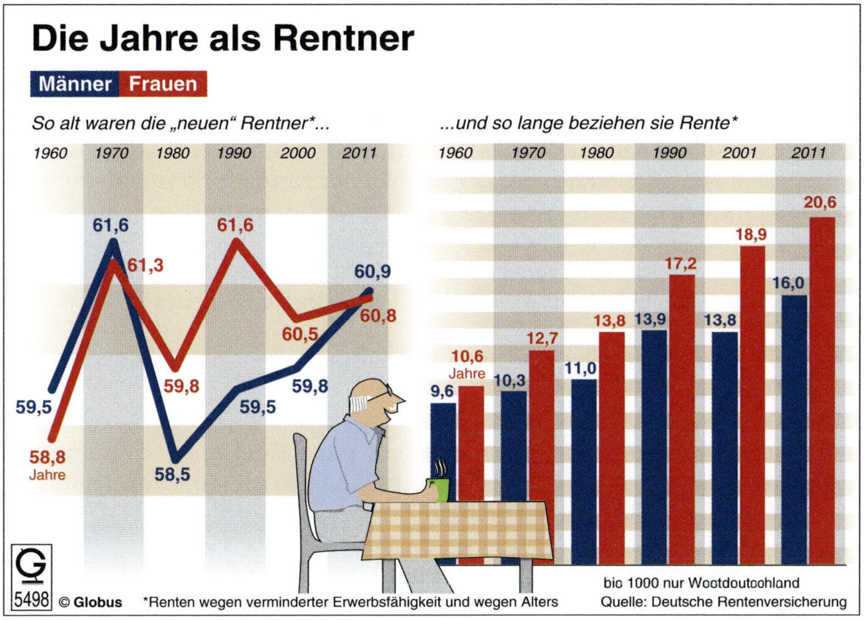

Modell der (zusätzlichen) Eigenvorsorge für das Alter. Da das Renteneintrittsalter schrittweise auf 67 Jahren angehoben wurde, ist das durchschnittliche Renteneintrittsalter der Gesamtbevölkerung auf 62 Jahren gestiegen.

Die Rentenreform: „Riester-Rente"[1]

Aus den Problemen der Rentenfinanzierung soll die bisherige Umlagefinanzierung durch private Altersvorsorge und betriebliche Altersvorsorge ergänzt werden. Dabei ist vorgesehen, dass es neben der üblichen Form der Rente zusätzlich eine freiwillige Eigenvorsorge geben soll. Diejenigen, die eine Eigenvorsorge betreiben, bekommen später eine höhere Rente als diejenigen, die nur eine umlagefinanzierte Rente erhalten, die künftig voraussichtlich nur noch die Grundversorgung gewährleisten kann. Allerdings wird niemand zur zusätzlichen Eigenvorsorge gezwungen.

Damit den Menschen ein Anreiz geschaffen wird, für das spätere Rentnerleben eine private Altersvorsorge zu treffen, wird diese staatlich gefördert. Das Ziel der staatlich geförderten Eigenvorsorge liegt darin, eine ergänzende Alterssicherung zu schaffen. Dabei haben die Arbeitnehmer die Wahl zwischen einer privaten und einer betrieblichen Altersvorsorge.

Der Vorteil einer zusätzlichen Eigenvorsorge für das Alter besteht darin, dass insbesondere bei einer langen Laufzeit mit relativ geringem Sparaufwand ein hohes Kapital erworben/angespart werden kann. Zudem werden in der Ansparphase weder die Sparbeträge noch die Zinserträge besteuert.

Staatlich gefördert werden jedes pflichtversicherte Rentenversicherungsmitglied und deren Ehepartner, Landwirte, Wehr- und Zivildienstleistende, Eltern in der Elternzeit sowie Beamte. Keine Förderung erhalten Selbstständige, außer ihr Ehepartner gehört zum staatlich geförderten Personenkreis.

---

[1] *nach dem ehemaligen Arbeitsminister Riester („Vater" der Idee)*

Private Altersvorsorge

Das Konzept der privaten Altersvorsorge sieht vor, dass die private Altersvorsorge staatlich bezuschusst wird. Das heißt, die private Altersvorsorge setzt sich aus einem Eigenbeitrag und einer Zulage vom Staat zusammen. Diese staatliche Zulage besteht aus einer **Grundzulage** und einer **Kinderzulage**. Die Höhe der staatlichen Zulage wiederum richtet sich nach dem **Familienstand** und der **Anzahl der Kinder** und ist abhängig von dem Anteil des Einkommens, den der Arbeitnehmer freiwillig bereit ist zu sparen.

Derjenige, der **4%** seines sozialversicherungspflichtigen Vorjahreseinkommens für Eigenvorsorge aufwendet, bekommt vom Staat die maximale Förderung.

Die maximale Förderungszulage vom Staat beträgt für jeden Erwachsenen 154,00 € und für jedes Kind 185,00 € pro Jahr.

Um diese Höchstförderungszulagen zu erhalten, muss jeder eine bestimmte Mindestsumme in seinen Eigenvorsorgevertrag einzahlen. Umgekehrt gibt es auch einen Höchstbetrag, der maximal pro Jahr gespart werden kann.

Jeder kann auch einen geringeren Anteil seines Einkommens sparen, entsprechend weniger Zulagen bekommt er.

Bei der staatlichen Förderung der Eigenvorsorge werden insbesondere Familien mit Kindern gefördert. Beispiel: Ein verheirateter Arbeiter mit zwei Kindern und einer Ehefrau, die nicht berufstätig und nicht sozialversicherungspflichtig ist, spart mit einem sozialversicherungspflichtigen Jahreseinkommen von 30000,00 € ab dem Jahr 2008 den Höchstbetrag von 1200,00 € (4% von 30000,00 €). Das Ehepaar erhält dann die staatliche Höchstzulage in Höhe von 678,00 € (2 × 154,00 € für Ehemann und Ehefrau und je 185,00 € für die beiden Kinder)[1]. Somit beträgt die staatliche Zulage mehr als die Hälfte der Sparsumme. Der Eigenbeitrag liegt bei nur 522,00 €.

Auch für geringer Verdienende, wie z. B. für Auszubildende, lohnt die Altersvorsorge. Beispielsweise hat eine alleinstehende Person ein sozialversicherungspflichtiges Einkommen in Höhe von 6200,00 € im Jahr, sodass sie 248,00 € für die Eigenvorsorge aufwenden muss. Da aber der Staat hiervon 154,00 € als Zulage übernimmt, muss sie nur noch 94,00 € selbst bezahlen.

Jeder kann selbst bestimmen, für welche Anlageform er sich entscheidet. Förderungswürdige Anlagen werden von einer staatlichen Zertifizierungsbehörde zugelassen. Als förderungswürdig gelten beispielsweise solche Anlageformen, die folgende Voraussetzungen erfüllen:

- feste Bindung bis zum 60. Lebensjahr bzw. bis zum Beginn der Altersrente,
- garantierte lebenslang gleichbleibende oder steigende Leistungen,
- Gewährleistung des Verbraucherschutzes durch bestimmte Informationspflichten (Grundzüge).

MERKE
Die Zertifizierungsbehörde prüft nur, ob die oben genannten Voraussetzungen erfüllt sind, die Qualität und Rentabilität der Anlagen wird nicht überprüft.

[1] *Allerdings muss die Ehefrau einen eigenen Sparvertrag abschließen.*

Betriebliche Altersvorsorge

Statt der privaten Altersvorsorge besteht auch die Möglichkeit, Teile des Einkommens für Beiträge zur betrieblichen Altersvorsorge zu verwenden. Der Arbeitgeber ist dann verpflichtet, dieses Geld entsprechend der vereinbarten Anlageform anzulegen. Eine staatliche Förderung gibt es auch für die betriebliche Altersvorsorge, wobei Direktversicherungen, Pensionskassen oder Pensionsfonds gefördert werden. Die Arbeitnehmer (Betriebsrat) wählen gemeinsam mit dem Arbeitgeber eine Anlageform aus. Somit erspart sich der einzelne Arbeitnehmer die Auswahl einer geeigneten Anlageform, ebenso braucht er sich nicht um die Formalitäten zu kümmern. Vorteilhaft ist zudem, dass Betriebe bessere Bedingungen bei den Vorsorgeanbietern erhalten, z. B. in Form eines Mengenrabatts. Die Anwartschaften auf eine betriebliche Altersvorsorge bleiben auch bei einem Arbeitsplatzwechsel erhalten, d. h. die erworbenen Ansprüche können mitgenommen werden.

ZUSAMMENFASSUNG

Bearbeitungsvorschläge

Die drei Auszubildenden Karen, Ibrahim und Mary der Wall GmbH – Spedition & Logistik treffen sich zwei Tage später in der Kantine während einer gemeinsamen Pause.

Karen: Das mit dem Kündigen der Sozialversicherung funktioniert ja nicht. Ich glaube, für unsere Eltern und Großeltern wäre das auch irgendwie nicht gerecht. Die haben schließlich auch für ihre Eltern und Großeltern eingezahlt. Als wir kleiner waren, sind wir als Kinder ja z. B. auch beim Arzt behandelt worden, ohne dass unsere Eltern dafür extra bezahlen mussten. Als mein Vater arbeitslos war, konnten wir in der Zeit in unserer Wohnung weiterleben und mussten uns nicht groß einschränken. Außerdem steckt meine Oma mir jedes Mal einen Zwanziger zu, wenn ich sie besuche. Das könnte sie wohl nicht mehr tun, wenn wir das nicht finanzieren würden.

Mary: Das stimmt schon und es freut mich für dich, dass deine Oma so großzügig sein kann, aber meine Großeltern leben leider nicht mehr. Ich zahle also für deine Großeltern mit. Ich kann beim besten Willen nicht verstehen, was mir das bringen soll.
Ich zahle so viel Rentenversicherung und wenn wir in Rente gehen, dann ist sowieso kein Geld mehr für uns vorhanden. Dann veranstalten die Kirchen bestimmt einmal täglich eine „Rentnerspeisung", damit wir nicht verhungern. Und dann sollen wir zusätzlich auch noch Eigenvorsorge treffen.

Ibrahim: Aber da gibt der Staat uns ja schließlich auch einiges zu. Insbesondere bei dem, was wir verdienen, hält sich unser eigener Anteil ja nun wirklich in engen Grenzen.

1. Erläutern Sie den Zweck des Sozialversicherungssystems.
2. Erklären Sie mit eigenen Worten die Notwendigkeit und den Inhalt des Generationenvertrags.
3. Nehmen Sie Stellung zu Marys Befürchtungen, im Rentenalter nicht ausreichend abgesichert zu sein.

Übungsaufgaben

1. Erläutern Sie die ab 2002 in Kraft getretene Rentenreform in ihren Grundzügen und gehen Sie dabei auch auf die betriebliche Altersvorsorge ein.

2. Herr Jansen, Lagerabteilungsleiter der Wall GmbH – Spedition & Logistik, verdient ein monatliches Bruttogehalt von 4 000,00 €. Herr Jansen hat keine Kinder. Berechnen Sie die Sozialversicherungsbeiträge, die Herr Jansen zu entrichten hat.

3. Tragen Sie ein, welche Sozialversicherung in den folgenden Fällen einspringt und für welche Leistungen sie aufkommen.

Fall	Sozialversicherung/Leistung
a) Ein Kind bricht sich das Bein auf dem Nachhauseweg vom Kindergarten.	
b) Ein Mann geht wegen einer Nasennebenhöhlenentzündung zum Arzt.	
c) Ein Auszubildender hat auf dem Nachhauseweg von der Disco einen Unfall mit dem Auto.	
d) Eine Frau, 65 Jahre, geht in den Ruhestand.	
e) Ein Mann, 85 Jahre und bettlägerig, wird von seiner Tochter gepflegt.	
f) Ein Lkw-Fahrer ist mit seinem Lkw in einen Unfall verwickelt, er erleidet ein Schleudertrauma.	
g) Eine 38-jährige Speditionskauffrau wird nach 10 Jahren Sachbearbeitertätigkeit in einer Spedition entlassen.	
h) Ein Schulabgänger, 17 Jahre, sucht einen Arbeitsplatz.	

15 Gehaltsabrechnung

LERNSITUATION

Clara Clarens ist 51 Jahre und als Botin der Wall GmbH – Spedition & Logistik tätig. Während ihrer Frühstückspausen trifft sie Otis, einen Auszubildenden der Wall GmbH, der seit zwei Wochen in der Buchhaltungsabteilung ausgebildet wird. Otis freut sich auf seine Frühstückspause und darauf, Frau Clarens zu treffen. Er findet sie furchtbar nett, vor allem versteht sie es immer wieder, ihn aufzumuntern. Heute scheint sie sehr schlechte Laune zu haben. Sie schimpft:

„Das ist doch kaum zu glauben. Jetzt habe ich eine Gehaltserhöhung beim Chef durchgedrückt und was habe ich davon? Nichts! Die paar Euro, die ich jetzt netto mehr verdiene, sind ja lächerlich. Ich verstehe das alles nicht. Auf einmal zahle ich mehr Steuern, von den Sozialversicherungsbeiträgen will ich gar nicht erst anfangen. Das verstehe, wer will."

Otis bietet Frau Clarens an, ihr zu helfen, ihre Fragen zu klären.

Aufgaben

1. Beschreiben Sie den Unterschied zwischen Einkommensteuer und Lohnsteuer und erklären Sie, welche Steuerart Frau Clarens zu zahlen hat.
2. Begründen Sie, warum Frau Clarens nach ihrer Gehaltserhöhung mehr Steuern als vorher zahlt, obwohl sich an ihren persönlichen Verhältnissen nichts geändert hat.
3. Erklären Sie, welche Aspekte bei der Erhebung von Steuern aus Einkommen grundsätzlich vom Staat berücksichtigt werden.
4. Geben Sie an, welche Sozialversicherungsbeiträge bei Ihrer Gehaltsabrechnung abgezogen werden.

Jeder Arbeitnehmer, der seine erste Gehaltsabrechnung erhalten hat, ist i. d. R. erstaunt darüber, was ihm von seinem Bruttogehalt nach sämtlichen Abzügen letzten Endes netto übrig bleibt. Da sind neben den Sozialversicherungsbeiträgen – Krankenversicherungen und Pflegeversicherung sowie Arbeitslosen- und Rentenversicherung – die Steuern (für einen Arbeitnehmer i. d. R. die Lohnsteuer und möglicherweise die Kirchensteuer) und der Solidaritätszuschlag.

Steuern sind Geldleistungen an den Staat (Bund, Länder oder Gemeinden), ohne dass eine direkte Gegenleistung damit verbunden ist. Das jährliche Steueraufkommen bildet die Finanzierungsgrundlage des Staates bei der Bewältigung seiner Aufgaben, wie Straßenbau, Wehrbereich, Umweltschutz oder Sozialwesen u. v. a. m.

Die **Einkommensteuer** wird von Arbeitnehmern oder Selbstständigen auf alle Einkünfte erhoben, unabhängig von der Art der Einkünfte (bzw. deren Ursprung). Diese Einkünfte werden zusammengefasst und einem einheitlichen Steuertarif unterworfen.

Das Einkommensteuergesetz unterscheidet dabei folgende Einkommensteuerarten:

- Einkünfte aus **der Land- und Forstwirtschaft**
- Einkünfte aus **Gewerbebetrieb**
- Einkünfte aus **nichtselbstständiger Arbeit**
- Einkünfte aus **selbstständiger Arbeit**
- Einkünfte aus **Kapitalvermögen**
- Einkünfte aus **Vermietung und Verpachtung**
- **sonstige** Einkünfte (z. B. Renten, Spekulationsgewinne).

Auf Einkünfte aus **nichtselbstständiger Arbeit** (Einkünfte als Arbeitnehmer) wird die **Lohnsteuer** erhoben. Sie wird vom Arbeitgeber bei der Auszahlung des Gehaltes einbehalten und an das Finanzamt abgeführt.

Juristische Personen (z. B. Kapitalgesellschaften) zahlen auf ihren **erwirtschafteten Gewinn** die **Körperschaftssteuer.**

Einkünfte **aus Kapitalvermögen** (z. B. Zinszahlungen oder die Dividenden aus Aktien) werden durch die **Kapitalertragssteuer** besteuert. Um die Kapitaleinkünfte der Bürger für die Steuererhebung zu kontrollieren, sind die Banken verpflichtet, einen Zinsabschlag vorzunehmen und an das Finanzamt abzuführen.

Personen, die Einkommen aus selbstständiger Arbeit, aus Kapitalvermögen, einem Gewerbebetrieb, Land- und Forstwirtschaft und Vermietung und Verpachtung erhalten, müssen die Steuer selbst als Vorauszahlung an das Finanzamt abführen, die das Finanzamt nach der voraussichtlichen Jahressteuerschuld festsetzt. Nach Ablauf eines Kalenderjahres wird die Einkommensteuer nach den tatsächlichen Einkünften festgesetzt, die in der Steuererklärung mitgeteilt und vom Finanzamt berechnet werden. Nachdem die tatsächliche Steuerzahlung festgesetzt ist, wird die voraussichtliche Steuerschuld für das nächste Kalenderjahr festgelegt.

Generell gilt, dass die Besteuerung der Bürger zum einen vom Finanzbedarf des Staates bzw. seiner wirtschaftspolitischen Zielsetzung abhängt und zum anderen von der Leistungsfähigkeit des Steuerzahlers. Dabei werden nicht alle Steuerpflichtigen gleich hoch besteuert. Wer viel verdient, wird mit einem höheren Steuersatz belastet und muss somit einen höheren Anteil seines Einkommens an Steuern zahlen, als eine Person, die wenig verdient und mit einem geringeren Steuersatz besteuert wird.

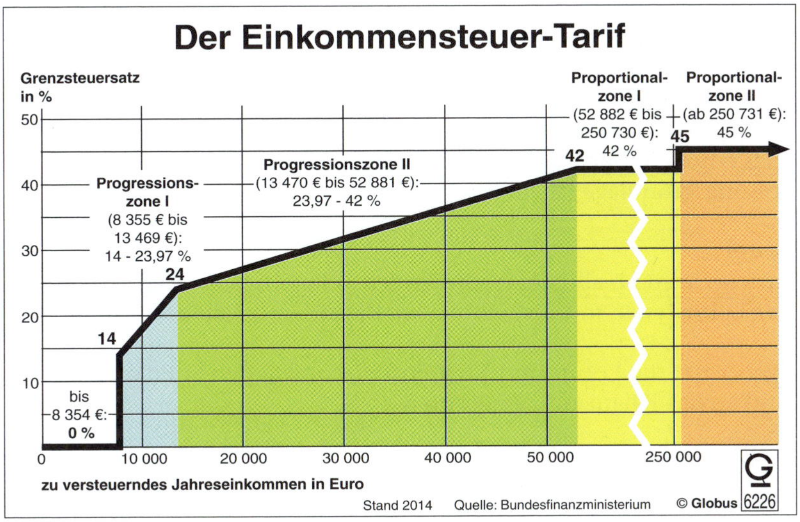

Ermittlung der Lohnsteuer

Neben der Höhe der Einkünfte sind die persönlichen Verhältnisse des Steuerzahlers zu berücksichtigen. Sie richten sich nach dem Familienstand und der Kinderzahl des Arbeitnehmers. Dies wird durch die Einordnung in eine Lohnsteuerklasse berücksichtigt.

Steuerklasse	Personenkreis
I	▪ ledig, geschieden, verwitwet ▪ vom Ehegatten dauernd getrennt lebend ▪ Ehegatte im Ausland lebend
II	▪ Alleinerziehende mit mindestens einem Kind im gleichen Haushalt lebend
III	▪ verheiratet, nicht dauernd getrennt lebend ▪ Ehegatte bezieht kein Gehalt ▪ Ehegatte ist in Steuerklasse V, weil dieser Ehegatte weniger verdient.
IV	▪ Wie III, aber beide Ehegatten sind berufstätig, leben gemeinsam im Inland und versteuern ihr Gehalt nach Steuerklasse IV (empfehlenswert, wenn die Vergütungsunterschiede gering sind)
V	▪ verheiratete Arbeitnehmer, beide Ehegatten beziehen Arbeitslohn und einer ist auf Antrag in die Steuerklasse III eingestuft.
VI	▪ Arbeitnehmer, die von einem weiteren oder mehreren Arbeitgebern eine Vergütung beziehen.

Grundlage für die Lohnsteuerberechnung sind die sogenannten „Lohnsteuerabzugsmerkmale" (wie Familienstand, Anzahl der Kinder, Freibeträge und Religionszugehörigkeit), die elektronisch in einer Datenbank beim Bundesamt für Steuern gepflegt werden. Ab dem 01.01.2013 ist allein die Finanzverwaltung dafür zuständig, dem Arbeitgeber die Merkmale/Kriterien für die Lohnsteuerberechnung zu übermitteln. Somit gibt nur noch eine elektronische Lohnsteuerkarte.

Die Höhe des Lohnsteuerabzugs ist den Lohnsteuertabellen zu entnehmen, die aus den Einkommensteuertabellen abgeleitet werden. Die Lohnsteuertabellen sind in Lohnsteuerklassen eingeteilt.

Neben der Lohnsteuer und den Sozialversicherungsbeiträgen werden dem Arbeitnehmer außerdem ggf. die Kirchensteuer und der Solidaritätszuschlag abgezogen.

Solidaritätszuschlag

Der Solidaritätszuschlag wird vom Staat zur Finanzierung der Vollendung der Einheit Deutschlands erhoben. Der Solidaritätszuschlag wird von der **Lohnsteuer** bzw. der Lohnsteuerbemessungsgrundlage (siehe dort) erhoben und beträgt bis 5,5 %.

Kirchensteuer

Die Kirchensteuer wird für alle steuererhebenden Religionsgemeinschaften erhoben. Sie beträgt **9 % der Lohnsteuer**, mit Ausnahme von Bayern und Baden-Württemberg (hier 8 %).

Der Arbeitgeber hat die Lohn- und Kirchensteuer sowie den Solidaritätszuschlag einzubehalten und an das Finanzamt abzuführen.

Kinderfreibetrag/Kindergeld

Aufwendungen für den Unterhalt und die Berufsausbildung von Kindern werden vom Staat durch einen Kinderfreibetrag oder Kindergeld berücksichtigt. Bei einem (unbeschränkt) einkommensteuerpflichtigen Elternpaar, das getrennt voneinander lebt, erhält vorrangig die Person Kindergeld, in deren Obhut sich das Kind befindet. Den Kinderfreibetrag erhält jedes Elternteil zur Hälfte. Es wird dann jeweils das halbe Kindergeld verrechnet.

In der Regel ist bei niedrigeren und mittleren Einkommen die Wahl des Kindergeldes anstelle eines Kinderfreibetrages günstiger.

Das **Kindergeld** beträgt (ab 2010)
- für das 1., 2. Kind: 184,00 €,
- für das 3. Kind: 190,00 €,
- für jedes weitere Kind: 215,00 €.

Seit 2007 wird es für die in einer Ausbildung befindlichen Kinder bis zum 25. Lebensjahr gewährt. Allerdings sind dabei Freigrenzen zu beachten, die festlegen, wie hoch die eigenen Einkünfte bzw. Bezüge des Kindes sein dürfen. Wird diese Freigrenze überschritten, kann der Anspruch erlöschen. Die Freigrenze liegt bei 8 130,00 € im Jahr.

Vermögenswirksame Leistungen (VL)

Vermögenswirksame Leistungen sind Geldleistungen, die dem Arbeitnehmer nicht ausgezahlt werden, sondern für den Arbeitnehmer langfristig angelegt werden. Zuvor hat der Arbeitnehmer einen entsprechenden Vertrag (z. B. Bausparverträge, Lebensversicherung, Wertpapiere) abgeschlossen. Die VL werden entweder ganz vom Arbeitnehmer oder vom Arbeitgeber oder anteilig von beiden gemeinsam erbracht (i. d. R. durch tarifliche Vereinbarungen geregelt). Ziel ist die Förderung der Vermögensbildung von Arbeitnehmern.

Für die VL erhält der Arbeitnehmer vom Staat eine steuer- und sozialversicherungsfreie Arbeitnehmersparzulage, sofern die VL die jeweils festgelegten Höchstsätze nicht übersteigen.

Der Anteil des Arbeitgebers an den VL führt für den Arbeitnehmer zu einer Erhöhung des Bruttogehaltes und ist damit steuer- und sozialversicherungspflichtig. Die gesamten vermögenswirksamen Sparleistungen werden bei der Lohn- und Gehaltsabrechnung einbehalten und vom Arbeitgeber an die entsprechende Stelle, z. B. Bausparkasse, weitergeleitet.

Beispiel

Der Mitarbeiter Peter Paulsen aus der Exportabteilung der Wall GmbH – Spedition & Logistik in Hamburg ist 35 Jahre alt und hat ein Monatsgehalt von 3 010,00 €. Er hat einen Bausparvertrag abgeschlossen, in den er 39,00 € im Monat einzahlt. Laut Tarifvertrag erhält er von der Wall GmbH – Spedition & Logistik zu seinem Gehalt 26,00 € VL, die einschließlich seiner eigenen Sparleistungen von 13,00 € seinem Konto bei der Bausparkasse überwiesen werden. Herr Paulsen ist in einer Krankenkasse mit einem Beitragssatz von 15,5 % versichert. Er hat mit seiner Frau, die ebenfalls berufstätig ist, zwei Kinder.

Der Lohnsteuerbetrag (359,16 €) wurde unterstellt; er ist abhängig von der Lohnsteuerklasse und ist aus einer Lohnsteuertabelle abzulesen. Aus Gründen der Vereinfachung wurde vernachlässigt, dass der Solidaritätszuschlag erst ab einer bestimmten Einkommenshöhe berechnet wird und der 5,5 %-Zuschlag erst ab höheren Einkünften voll zum Tragen kommt. Ähnliches gilt bei der Kirchensteuer (Baden-Württemberg und Bayern 8 %; restliche Länder 9 %).

Bruttogehalt:	3 010,00 €	
+ VL	26,00 €	
= steuer- und sozialversicherungspflichtiges Einkommen	**3 036,00 €**	
– Lohnsteuer	359,16 €	
– Solidaritätszuschlag (5,5 % v. 359,16)	19,75 €	
– Kirchensteuer (9 % v. 359,16)	32,32 €	
– Krankenversicherung 8,2 % v. 3 036,00)	248,95 €	Beitragsbemessungsgrenze nicht erreicht
– Pflegeversicherung (1,025 % v. 3 036,00)	31,12 €	
– Rentenversicherung (9,45 % v. 3 036,00)	286,90 €	Beitragsbemessungsgrenze nicht erreicht
– Arbeitslosenversicherung (1,5 % v. 3 036,00)	45,54 €	
= Nettogehalt:	2 012,26 €	
– VL	39,00 €	
+ Kindergeld (2 × 184,00 €)	328,00 €	
= Überweisungsbetrag:	**2 301,26 €**	(Stand 2014)

Bearbeitungsvorschläge

1. Besorgen Sie sich eine aktuelle Lohnsteuertabelle, um die folgenden Aufgaben zu erledigen. Ansonsten arbeiten Sie mit den in Klammern angegebenen Circawerten.

2. Führen Sie eine vergleichende Gehaltsabrechnung für Frau Clarens vor ihrer Gehaltserhöhung mit ihrem ursprünglichen Bruttogehalt von 1 800,00 € und ihrem erhöhten Bruttogehalt von 2 300,00 € durch. Berücksichtigen Sie dabei, dass Frau Clarens von ihrem Mann getrennt lebt und einen minderjährigen Sohn hat, der bei ihr aufwächst. Frau Clarens ist Mitglied der katholischen Kirche (Lohnsteuer: 174,91 € bzw. 307,41 €).

3. Führen Sie die folgenden Gehaltsabrechnungen der Wall GmbH – Spedition & Logistik durch und bestimmen Sie jeweils die Lohnsteuerklassen.

   Gehaltsabrechnung 1:
   Herr Kerner ist in der Marketingabteilung der Wall GmbH beschäftigt. Herr Kerner ist 29 Jahre alt und verheiratet. Die Eheleute sind kinderlos. Sein monatliches Tarifgehalt beträgt 2 450,00 €. Er hat einen Bausparvertrag abgeschlossen. Laut Tarifvertrag erhält er von der Wall GmbH zu seinem

Gehalt 20,00 € vermögenswirksame Leistungen, die einschließlich seiner eigenen Sparleistung in gleicher Höhe auf sein Konto der Bausparkasse überwiesen werden. Seine Frau ist ebenfalls erwerbstätig und der Steuerklasse IV zugeordnet. Beide gehören der evangelischen Kirche an.
(Lst.: 387,33 €)

Gehaltsabrechnung 2:
Herr Börnsen ist Außendienstmitarbeiter im Verkauf. Sein vertragliches Arbeitsentgelt beträgt 4075,00 €. Dazu kommen noch monatliche Zulagen von 430,00 € für Außendiensttätigkeiten. Herr Börnsen ist 46 Jahre alt, verwitwet und hat 3 Kinder. Er gehört keiner Kirche oder kirchlichen Gemeinschaft an.
(Lst.: 1043,33 €)

Gehaltsabrechnung 3:
Der Abteilungsleiter der Exportabteilung ist glücklich verheiratet und hat zwei Kinder. Seine Frau ist nicht erwerbstätig. Beide gehören keiner religiösen Glaubensgemeinschaft an. Das Bruttogehalt beträgt 3400,00 €.
(Lst.: 375,16 €)

ZUSAMMENFASSUNG

Grundlagenschema für eine einfache Gehaltsabrechnung im Jahr 2014:
Bruttogehalt:
\+ Zulagen (Provisionen, Urlaubsgeld, Gratifikationen u. a.)
\+ Arbeitgeberanteil an vermögenswirksamen Leistungen

= **steuer- und sozialversicherungspflichtiges Bruttogehalt**
– Lohnsteuer (nach Lohnsteuertabelle)
– Kirchensteuer (nach Lohnsteuertabelle)
– Solidaritätszuschlag (nach Lohnsteuertabelle)

– Krankenversicherung (Arbeitnehmeranteil, 8,2%;
Beitragsbemessungsgrenze beachten!
– Pflegeversicherung (Arbeitnehmeranteil: 2,05 % ./. 2 = 1,025 %)
\+ evtl. 0,25 % auf den Arbeitnehmeranteil, wenn AN über 23 Jahre und kinderlos – siehe dazu Kapitel 13)
Beitragsbemessungsgrenze (wie Krankenversicherung) beachten!
– Rentenversicherung (Arbeitnehmeranteil: 18,9 % ./. 2 = 9,45 %)
Beitragsbemessungsgrenze beachten!
– Arbeitslosenversicherung (Arbeitnehmeranteil: 3,0% ./. 2 = 1,5 %)
Beitragsbemessungsgrenze beachten!

= **Nettogehalt**

– vermögenswirksame Leistungen
\+ Kindergeld

= **Überweisungsbetrag** (Stand 2014)

16 Einkommensteuererklärung der Arbeitnehmer

LERNSITUATION

Hanne Huber ist Mitarbeiterin der Seehafenabteilung und arbeitet seit eineinhalb Jahren bei der Wall GmbH – Spedition & Logistik. Seit einem halben Jahr träumt sie davon, mit ihren Freunden eine Segeltour rund um Korfu zu machen. Sie wird ganz neidisch, als ihre Kollegin Lena von ihrem Urlaub auf Elba erzählt und fragt sich ‚Wie macht die das bloß? Die verdient doch auch nicht mehr als ich?' Schließlich fragt sie Lena und erfährt von ihr: „Tja, abgesehen von meinem Ersparten habe ich durch meine Einkommensteuererklärung doch tatsächlich eine Steuerrückerstattung bekommen, die ich prima in meinen Urlaub investieren konnte."

Aufgaben

Beantworten Sie anstelle von Hanne folgende Fragestellungen:

1. Ist jeder verpflichtet, eine Einkommensteuererklärung zu machen?
2. Unter welchen Voraussetzungen würde das Finanzamt eine Steuererstattung gewähren?
3. Wie ist grundsätzlich vorzugehen, um herauszufinden, ob Steuern erstattet werden, und wenn ja, welcher Betrag erstattet wird?

Ermittlung des zu versteuernden Einkommens

Arbeitnehmer sind nur in bestimmten Fällen zur Abgabe einer Einkommensteuererklärung verpflichtet. Verpflichtet sind **beispielsweise** nur Arbeitnehmer,

- deren Einkünfte, von denen keine Lohnsteuer einbehalten worden ist, mehr als 410,00 € betragen oder
- die von mehreren Arbeitgebern gleichzeitig einen Arbeitslohn beziehen oder
- bei denen das Finanzamt einen Freibetrag auf der Lohnsteuerkarte eingetragen hat (bestimmte Ausnahmen sind zu berücksichtigen).

Für Arbeitnehmer, die nicht zu einer Einkommensteuererklärung verpflichtet sind, kann es sich aber lohnen, ihre Einkünfte dem Finanzamt darzulegen. Gründe für einen sog. Antrag auf **Einkommensteuerveranlagung** liegen beispielsweise vor, wenn

- man nicht ununterbrochen in einem Dienstverhältnis gestanden hat,
- sich die Steuerklasse oder Kinderfreibeträge im Laufe des Jahres geändert haben oder
- durch Werbungskosten, Sonderausgaben oder außergewöhnliche Belastungen das tatsächlich zu versteuernde Einkommen geringer ausfällt.

Durch eine Einkommensteuererklärung bzw. genauer einem Antrag auf Einkommensteuerveranlagung stellt der Arbeitnehmer bei dem Finanzamt einen Antrag, bei der Ermittlung des tatsächlich zu versteuernden Einkommens zu berücksichtigen, dass dem Arbeitnehmer eine Reihe von Aufwendungen entstanden sind, die sein Einkommen mindern. Dabei ist im Einkommensteuergesetz genau festgelegt, welche Aufwendungen sich steuermindernd auswirken. Aufgrund dieser Aufwendungen fällt die tatsächlich zu zahlende Steuerschuld geringer (geringeres Einkommen = geringere Steuerbelastung) aus. Die zu viel gezahlten Steuern werden erstattet.

MERKE
Dieser Differenzbetrag zwischen gezahlten Steuern und tatsächlich zu zahlenden Steuern aufgrund eines geringeren Einkommens soll vom Finanzamt[1] erstattet werden.

Am häufigsten werden **Werbungskosten**, **Sonderausgaben** oder auch **außergewöhnliche Belastungen** von Arbeitnehmern als steuermindernde Aufwendungen angeführt.

Werbungskosten

Werbungskosten sind im steuerlichen Sinne alle Aufwendungen, die durch das Arbeitsverhältnis verursacht werden. Kosten der Lebensführung gehören nicht dazu. Das Finanzamt berücksichtigt sie von sich aus mit einem Arbeitnehmer-Pauschalbetrag von jährlich 1 000,00 € (Stand 2011).

Fahrten zwischen Wohnung und Arbeitsstätte: Für Fahrten zwischen der Wohnung und der Arbeitsstätte gilt unabhängig von dem genutzten Verkehrsmittel eine sog. Entfernungspauschale von 0,30 € je Kilometer.

Die Obergrenze für Entfernungspauschalen beträgt 4 500,00 € im Kalenderjahr außer bei Pkw-Nutzung. Aufwendungen für Fahrten mit Bus und Bahn sind entsprechend absetzbar. Liegen die tatsächlichen Kosten für Fahrausweise über der Entfernungspauschale, können diese geltend gemacht werden, müssen aber durch Belege nachgewiesen werden.

Arbeitsmittel:
- Werkzeuge, Fachzeitschriften, typische Berufsbekleidung. Hierzu zählen nicht nur Anschaffungskosten, sondern auch Reparaturkosten.
- Arbeitnehmer können Anschaffungskosten für Arbeitsmittel bis zu einem Betrag von 487,90 € (inkl. USt.) in voller Höhe als Werbungskosten geltend machen.

Arbeitszimmer:
- Ein Arbeitszimmer wird nur steuermindernd anerkannt, wenn das häusliche Arbeitszimmer den Mittelpunkt der gesamten beruflichen/betrieblichen Tätigkeit bildet (z. B. Heimarbeiter).
- Berücksichtigt werden Zimmerkosten (Miete, Heizung und in einem bestimmten Umfang die Ausstattung).
- Arbeitsmittel wie Schreibtische, Bücherschränke, Computer.
- Der maximale Betrag, der durch das Finanzamt berücksichtigt werden kann, ist auf 1 250,00 € begrenzt, wenn die berufliche Nutzung nicht mehr als die gesamte berufliche Tätigkeit beträgt.

Bewerbungskosten: Als Bewerbungskosten gelten Inserate, Reisen, Telefonkosten, Kopien, Porto, Bilder.

Fortbildung: Hierzu zählen Kurse, Tagungen, Lehrgänge, Vorträge, Tages- und Abendschulen, wenn berufsbezogener Lehrstoff vermittelt wird sowie Prüfungsgebühren, eine Fahrt zur Prüfung und der Verpflegungsmehraufwand.

Kontoführungsgebühren: Ohne Einzelnachweis 16,00 €/Jahr.

Reisekosten bei Dienstreisen:
- Hierzu zählen die Fahrt, die Verpflegung, die Unterbringung, die Telefongebühren, der Parkplatz.
- Vom Arbeitgeber erstattete Aufwendungen müssen abgezogen werden.

[1] *Im Rahmen dieses Buches muss bei besonderen Fällen einer Einkommensteuererklärung auf das Finanzamt verwiesen werden.*

Umzugskosten: Wenn die Wohnung aus beruflichen Gründen gewechselt wird (erstmals wird eine Stelle angetreten, Arbeitgeber wird gewechselt). An dieser Stelle muss darauf hingewiesen werden, dass die Zahlen jedes Jahr neu festgelegt werden können und daher im Einzelfall zu überprüfen sind.

Sonderausgaben

Sonderausgaben können vereinfacht zwischen „Vorsorgeaufwendungen" und „übrigen Sonderausgaben" unterschieden werden. Aufgrund der Tatsache, dass Altersrenten bei Bezug zukünftig auch besteuert werden, können diese besonders in der Einkommenssteuer berücksichtigt werden. Daher ist im Hinblick auf die Sonderausgaben zwischen Altersvorsorgeaufwendungen und sonstigen Vorsorgeaufwendungen zu unterscheiden.

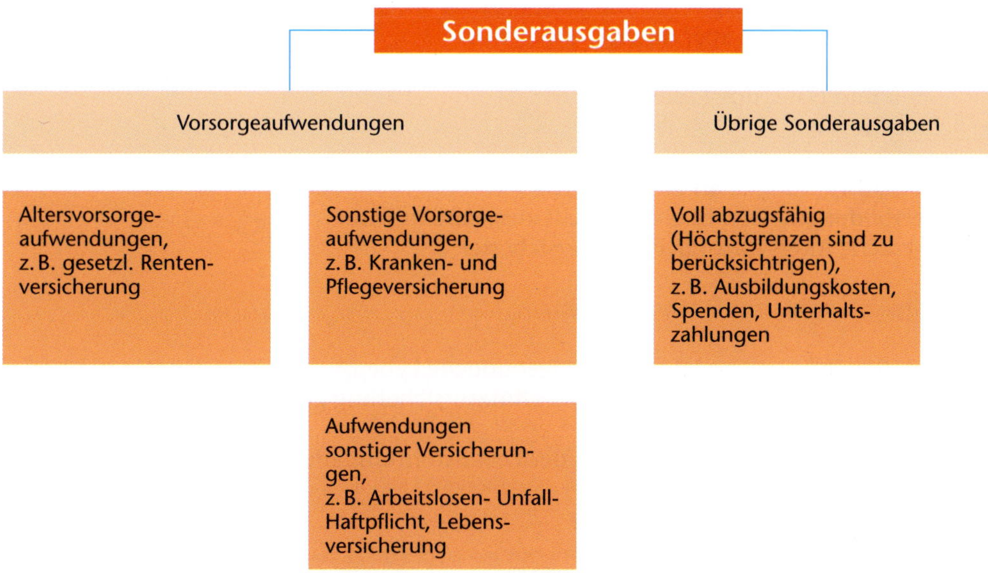

Altersvorsorge sind Beträge, um eine Basisversorgung im Alter zu gewährleisten. Das sind z. B. Beiträge zur gesetzlichen Rentenversicherung oder sogenannte „Rürup-Verträge". D. h. die Beiträge zur privaten Lebensversicherungen dürfen nicht beleihbar, veräußerbar oder kapitalisierbar sein.[1]

Die Beitragszahlungen zu diesen Versicherungen oder Altersvorsorgeverträgen können wegen der besseren steuerlichen Absetzbarkeit von Krankenkassenbeiträgen allerdings nur noch wenige Steuerzahler geltend machen. Ab dem Jahr 2010 sind max. 70% der Beiträge abzugsfähig. Jedes Kalenderjahr erhöht sich der Prozentsatz um zwei Prozentpunkte, bis 2025 der volle Abzug erreicht ist.

Beiträge zur Kranken- und Pflegeversicherung sind seit 2010 in der Höhe der Grundversorgung voll abzugsfähig. Dazu zählen nicht zusätzlich von den Kassen angebotene Leistungen (wie z. B. Chefarztbehandlung).

[1] *Eine derartige Versicherung darf nur als lebenslange Leibrente und nicht vor Vollendung des 60. Lebensjahres ausgezahlt werden.*

Aufwendungen sonstiger Versicherungen, wie Arbeitslosen-, Unfall oder Haftpflichtversicherungen, können ab 2010 nicht mehr als Sonderausgaben abgezogen werden. Sie sind nur noch dann abzugsfähig, wenn der Steuerzahler relativ geringe Beträge zur Kranken- und Pflegeversicherung für die Grundversorgung aufwendet. Höchstbeträge sind 1 900,00 € für Angestellte, Rentner, Beamte und Mitversicherte, nicht berufstätige Partner u. a. sowie 2 800,00 € für Selbständige u. a.

Sind die gezahlten Beiträge zur Basiskranken- und Pflegeversicherung höher als die Höchstbeträge, sind sie in tatsächlicher Höhe absetzbar. Allerdings werden alle anderen sonstigen Vorsorgeaufwendungen dann nicht berücksichtigt. Hier ist jeweils eine Vergleichsrechnung durchzuführen.

Das Finanzamt ist verpflichtet eine Günstigkeitsprüfung durchzuführen hinsichtlich:
- Kosten der Ausbildung
- Kirchensteuer (siehe aber unten)
- Mitgliedsbeiträge und Spenden an politische Parteien
- Renten und Dauernde Lasten
- Schulgeld
- Spenden
- Unterhaltszahlungen an Ex-Ehegatten
- Weiterbildungskosten in einem nicht ausgeübtem Beruf
- Zusätzliche Altersvorsorge Pflichtversicherter

Z. T. gelten auch hierfür Höchstgrenzen.

Nicht als Sonderausgaben können fondgebundene Lebensversicherungen, Hausrat- oder Kaskoversicherungen sowie eine Rechtsschutzversicherung geltend gemacht werden.

Sonderausgaben sind Aufwendungen der Lebensführung, die steuerlich begünstigt werden.

MERKE
Ein Antrag auf Veranlagung zur Einkommensteuer ist immer dann sinnvoll, wenn der Arbeitnehmer höhere Werbungskosten oder berücksichtigungsfähige Sonderausgaben hatte als die Pauschalen oder Freibeträge, die bereits in den Lohnsteuertabellen berücksichtigt werden. Einkommensteuermindernde Ausgaben sind durch entsprechende Belege nachzuweisen.

Außergewöhnliche Belastungen

Außergewöhnliche Belastungen sind Ausgaben, die aufgrund besonderer Umstände zwangsläufig anfallen, z. B. Ausgaben durch eine Krankheit oder Behinderung, einen Todesfall, Unwetterschäden oder Ehescheidungen. Werden diese Ausgaben nicht von anderer Stelle ersetzt, hilft das Finanzamt durch Steuererleichterung. Dabei wird jedoch berücksichtigt, dass außergewöhnliche Belastungen eine zumutbare Belastung überschreiten müssen, was in Abhängigkeit von den Einkünften und dem Familienstand festgelegt wird.

Außergewöhnliche Belastungen können sein:
- **Krankheitskosten** abzüglich der Erstattungen,
- **Kosten bei Sterbefällen**, wenn Kosten die den Wert des Nachlasses überschreiten,
- **Kosten für die Wiederbeschaffung von Hausrat** und Kleidung bei unabwendbaren Ereignissen wie beispielsweise einem Wohnungsbrand,
- **Kosten für die Kinderbetreuung** unter bestimmten Voraussetzungen.

MERKE
Außergewöhnliche Belastungen, die die Zumutbarkeit übersteigen, wirken sich steuermindernd aus.

ZUSAMMENFASSUNG

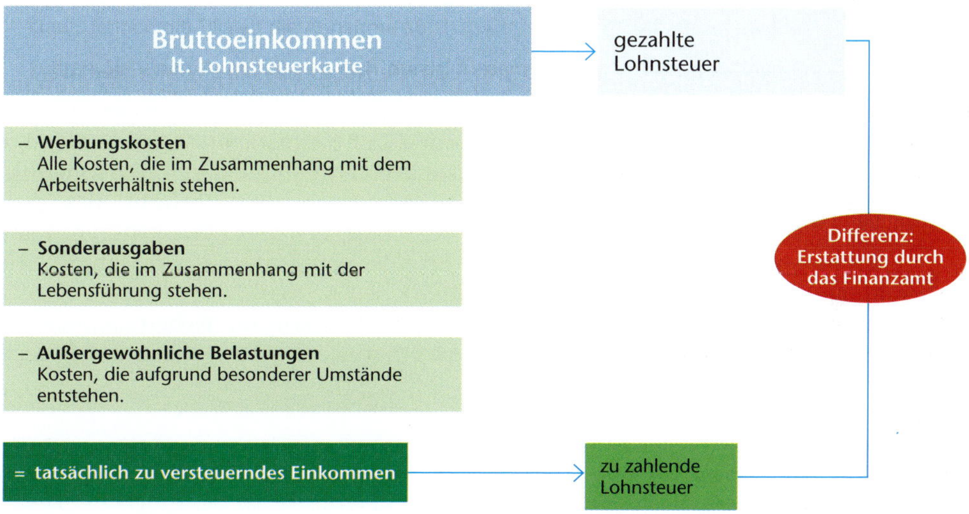

Bearbeitungsvorschläge

Hanne erwartet für das Jahr 2010 eine Lohnsteuererstattung und stellt deshalb einen Antrag auf Einkommensteuerveranlagung. Prüfen Sie, welche Ausgaben Hanne steuerlich geltend machen kann und ordnen Sie diese entsprechend Werbungskosten, Sonderausgaben oder außergewöhnlichen Belastungen zu.

a) Hanne ist zu Beginn des Jahres mit ihrem Freund zusammengezogen, damit sie ein eigenes Reich für sich haben und sich die Pendelei ersparen. Dabei sind Umzugskosten von 1 000,00 € entstanden.

b) In der neuen Wohnung hat sich Hanne ein hübsches Arbeitszimmer eingerichtet, das sie mit allem Drum und Dran ca. 1 000,00 € gekostet hat.

c) Der Fahrtweg zur Wall GmbH beträgt ca. 31 km, den sie jeden Tag mit ihrem neuen Auto zurücklegt. Hanne hat errechnet, dass sie den Arbeitsweg im Jahr 2010 an 201 Arbeitstagen zurückgelegt hat (Urlaub und Krankheitstage hat sie bereits abgezogen).

d) Hanne hat ihr neues Auto zu einem günstigen Preis von 3 115,00 € erstanden.

e) Um sich fachlich auf dem Laufenden zu halten, hat Hanne eine überregionale Verkehrszeitung abonniert, die sie 18,00 € im Monat kostet.

f) Die Fortbildungsveranstaltung zu neuen Logistikkonzepten im letzten Jahr hat 1 000,00 € gekostet. Die Wall GmbH hat davon 600,00 € und die Übernachtungen übernommen.

g) Die Kfz-Haftpflicht hat Hanne 240,00 € an Beiträgen gekostet. Die Beiträge für die Kaskoversicherung sind darin enthalten.

Lernfeld 8
Betriebliche Beschaffungsvorgänge planen, steuern und kontrollieren

1 Rechtsgrundlagen

LERNSITUATION

Kai Johannson ist Auszubildender der Wall GmbH – Spedition & Logistik in Hamburg. Er ist im zweiten Lehrjahr in der Abteilung Controlling, im Bereich Kosten/Leistung eingesetzt. Er hat bereits die Abteilungen Seehafen- und Luftfrachtspedition sowie die Abteilung Lager und Logistik und die Abteilung Europaverkehre durchlaufen. Kai Johannson ist der Sohn eines langjährigen und engen Geschäftspartners der Wall GmbH, des Frachtführers Johannson & Sohn, einer Personengesellschaft, der drei Lkws gehören. Kai ist 17 Jahre alt und hat zwei jüngere Geschwister im Alter von fünf und zwölf Jahren. Seine Mutter arbeitet als Buchhalterin halbtags im elterlichen Betrieb.
Durch einen Verkehrsunfall verstirbt der Vater von Kai Johannson. Neben der gesetzlich vorgeschriebenen Erbfolge bestimmte Herr Gerd Johannson seinen letzten Willen rechtzeitig vor seinem Tod:

Testament/letzter Wille
... mein Sohn Kai Johannson im Falle meines Ablebens die Johannson & Sohn als Geschäftsinhaber übernimmt, damit die gesetzlichen Bestimmungen des GüKG bezüglich der Berufszugangsvoraussetzungen zum Führen eines Frachtführerunternehmens und zum Erhalt der notwendigen Erlaubnis zur Fortführung des Geschäftsbetriebes auch nach meinem Ableben weiterhin erfüllt bleiben. Außerdem verfüge ich, dass das übrige Eigentum gemäß den gesetzlichen Bestimmungen an meine geliebte Frau fällt.
...
Gerd Johannson

LSL

Um den letzten Willen des Vaters zu erfüllen, ist es nach Auskunft des Rechtsanwaltes zwingend notwendig, dass Frau Johannson und letztlich auch Kai den letzten Willen annehmen. Zudem muss vor allem Frau Johannson als Erziehungsberechtigte, sowie nach Erfüllung bestimmter Voraussetzungen auch das zuständige Vormundschaftsgericht, der Führung des Unternehmens durch Kai zustimmen.
Da Frau Johannson die **Berufszugangsvoraussetzung** „fachliche Eignung" nicht erfüllt, stimmen sie und das Vormundschaftsgericht dem letzten Willen des Vaters zu. U.a. nach der vorgezogenen und bestandenen Abschlussprüfung zum Kaufmann für Spedition und Logistikdienstleistung erfüllt Kai die einzig fehlende Zugangsvoraussetzung, sodass er mit der Erlaubnis nach dem GüKG endgültig den Betrieb übernehmen kann.
Es ergeben sich unterschiedliche Sachverhalte, die Kai aber rechtlich z. T. nicht durchführen darf:

- Kai schließt täglich Frachtverträge mit der Wall GmbH – Spedition & Logistik ab.
- Kai will einen Führerschein machen, um täglich zur Arbeit zu fahren.
- Kai muss einen neuen Lkw kaufen, um einen alten Lkw zu ersetzen.
- Kai will sich eine Segeljolle kaufen, die er sich allerdings nur auf Basis von Ratenzahlungen leisten kann.

Aufgaben

1. Begründen Sie, welche der zuletzt beschriebenen Sachverhalte durch Kai Johannson durchgeführt werden dürfen und welche nicht.
2. In vorliegender Situation werden verschiedene Formen des Rechts beschrieben. Unterscheiden Sie das hier angewandte Recht nach sog. Kann- und Muss-Bestimmungen.
3. Beschreiben Sie, warum die Geschwister von Kai nicht zur Übernahme des Geschäftes bestimmt wurden.
4. Geben Sie die **Berufszugangsvoraussetzungen** nach dem GüKG an und erläutern Sie diese kurz. LSL
5. Benennen Sie die **Gültigkeitsdauer der Erlaubnis** und stellen Sie dar, warum Kai Johannson zunächst ohne Nachweis bezüglich seiner fachlichen Eignung die Geschäfte der Johannson & Sohn weiterführen könnte. LSL
6. Klären Sie, was unter einer **Inhabergenehmigung** zu verstehen ist, und beschreiben Sie die Auswirkungen auf den vorliegenden Fall. LSL
7. Erläutern Sie, warum zur Übernahme des Geschäftsbetriebes eher Kai als seine Mutter geeignet ist.
8. Erläutern Sie, warum neben der erziehungsberechtigten Mutter auch das Vormundschaftsgericht der Führung des Unternehmens durch den minderjährigen Kai zustimmen muss.

1.1 Rechtliche Grundlagen

Beim menschlichen Zusammenleben kommt es immer wieder zu Konflikten, weil die Rechte einer einzelnen Person ihre Grenzen dort finden, wo die Rechte anderer Personen eingeschränkt werden oder deren Sicherheit gefährdet ist. Innerhalb einer Gemeinschaft, d. h. in der Familie, im Betrieb und in der Gesellschaft, ist als Grundlage daher eine allgemeine Ordnung notwendig.

Eine **Gesellschaftsordnung** umfasst sämtliche Verhaltensregeln, denen sich die einzelne Person zu unterwerfen hat. Neben Sitten, Gebräuchen und kulturellem Umfeld wird eine Gesellschaftsordnung im Wesentlichen durch Rechtsnormen wie das Gesetzes-, das Gewohnheits- und das Vertragsrecht geregelt.

- Beinhaltet sind die schriftlich niedergelegten **Rechtsnormen** (Gesetze), die in einem förmlichen Verfahren von den zuständigen Bundes- und Landesparlamenten erlassen werden. Auf dieser Grundlage ist es den Behörden zudem möglich, **Rechtsverordnungen** zu erlassen, um das Gesetz in seiner Auslegung zu konkretisieren. Beispielsweise wurde nach Verabschiedung des Güterkraftverkehrsgesetzes (GüKG) durch Bundestag und Bundesrat zur Erlaubnispflicht sowie zu den Aufgaben des BAG (Bundesamt für Güterkraftverkehr) durch das Bundesministerium für Verkehr Bezug genommen auf die Straßenverkehrszulassungsordnung, in der u. a. Lkw-Abmessungen sowie die Anlässe für Bußgeldverfahren und die Höhe von Bußgeldern ausformuliert sind. LSL
  Zu beachten ist, dass das **Bundesrecht** über dem **Landesrecht** steht. So könnte ein Landesparlament die Inhalte des GüKG nicht durch eine eigene Gesetzgebung außer Kraft setzen.
- **Gewohnheitsrecht** entwickelt sich aus andauernden Gewohnheiten und Rechtsanschauungen innerhalb einer Gesellschaft. Es handelt sich um ungeschriebene Rechtsnormen, sog. **ungeschriebene Gesetze**, die dem Gesetzesrecht in der rechtlichen Wirkung gleichgestellt sind. Eines der wenigen, noch existierenden Beispiele ist das Wegerecht. So könnte es notwendig sein, dass die Zufahrt zu einer öffentlichen Straße

über ein Privatgrundstück führt. Sofern es keine andere Möglichkeit gibt, die Straße zu erreichen und dieser Weg bereits gewohnheitsmäßig genutzt wird, ist es dem Eigentümer des Grundstückes nicht erlaubt, die Durchfahrt zu verbieten. Vor allem aber kann eine fortwährend von Gerichten im gleichen Sinne entschiedene Rechtsfrage zu Gewohnheitsrecht werden. Beispielsweise muss ein Versicherer nach der gültigen Rechtsprechung im Rahmen der gesetzlichen Haftungsgrundsätze nach dem **HGB** bei einem bewaffneten Raubüberfall Ersatz leisten, sofern die Strecke, auf der der Überfall geschah, für den Frachtführer nicht als gefährlich einzustufen war.

LSL

- **Vertragsrecht** beschreibt die individuellen Absprachen zwischen den Vertragspartnern bei der Ausgestaltung eines Vertrages. Es besagt, dass alle Vereinbarungen eines Vertrages rechtsgültig sind, solange keine Gesetze oder Rechte Dritter verletzt werden **(Vertragsfreiheit)**. Zu berücksichtigen ist dabei der Grundsatz von Treu und Glauben, d.h., dass die Auslegung und Erfüllung des Vertrages den allgemeinen Verkehrssitten entsprechen muss und damit zu einem loyalem Verhalten im Rechtsverkehr führt. So entspräche es nicht dem Grundsatz von Treu und Glauben, wenn ein Spediteur den Angaben eines Kunden bezüglich der Art des Gutes nicht vertrauen könnte und statt der angegebenen Maschinenteile in Wirklichkeit den Transport von Kriegsmaterial organisiert. Die Vertragsfreiheit zwischen Spediteur und Kunden ist eingeschränkt, da der Transport von Kriegsmaterial per Gesetz genehmigungspflichtig ist, der Transport somit gesetzeswidrig wäre. Der Kunde könnte nicht auf die Vertragserfüllung vertrauen. Ebenso ist es, Bezug nehmend auf das Eingangsbeispiel, nach dem Vertragsrecht möglich, dass eine Person ihr Vermögen in einem letzten Willen (Testament) an eine andere Person oder Institution vermacht, wobei Ehepartner und Kindern des Erblassers (grundsätzlich) mindestens ein Pflichtteil zusteht. Ein Testament ist durch den Erbnehmer zustimmungspflichtig.

LSL

Bei **Interessenkonflikten** erfolgt die Rechtsprechung (Judikative) durch Amts-, Verwaltungs-, Finanz-, Arbeits- und Sozialgerichte auf regionaler, Landes- und Bundes- sowie europäischer Ebene. Dabei entscheiden Richter die Streitfälle, indem sie das geltende Recht auf die individuellen Fälle anwenden und die Gesetze und Verträge der Situation angemessen auslegen.

1.1.1 Privates und öffentliches Recht

Das **Privatrecht** bzw. **Zivilrecht** regelt die rechtlichen Beziehungen zwischen einander gleichgeordneten Privatpersonen bzw. privaten Einrichtungen wie die bereits beschriebene Wall GmbH – Spedition & Logistik **(Gleichordnungsgrundsatz)**. Die rechtlichen Vorschriften des Privatrechts haben einen ordnenden Charakter. Das Privatrecht wird vorwiegend durch Verträge zumeist auf Grundlage des BGB geregelt. Im Rahmen des Privatrechts liegt innerhalb des Handelsrechts auch das **Transport- bzw. Frachtrecht**, das im Wesentlichen im HGB und im GüKG geregelt ist. Die Vertragspartner sind einander gleichgestellt und handeln die Inhalte des Vertrages im Rahmen der geltenden Gesetze frei aus. Streitigkeiten kommen zustande, wenn vertragliche Vereinbarungen nicht eingehalten werden. Daher richten sich privatrechtliche Ansprüche im Allgemeinen auf Vertragserfüllung, Unterlassung oder Schadenersatz, **nicht** auf Strafen. Erscheint beispielsweise nach Abschluss eines Frachtvertrages der Lkw nicht, so kann der Spediteur, sofern ihm dadurch ein Schaden entsteht, diesen Schadenersatz geltend machen. Der Staat greift nur ein, wenn neben den privaten auch öffentlich-rechtliche Belange betroffen sind. Verursacht z.B. ein Lkw-Fahrer einen Verkehrsunfall, so könnte dieser privat reguliert werden. Stellt sich allerdings heraus, dass der Fahrer die gesetzlich geregelten **Lenk- und Ruhezeiten** überschritten oder während der Fahrt mit dem Handy telefoniert hat, hat er das Allgemeinwohl gefährdet und der Staat ist gezwungen, einzugreifen.

LSL

LSL

Im Gegensatz zum Privatrecht besteht im **öffentlichen Recht** ein **Über-** bzw. **Unterordnungsverhältnis** zwischen dem Staat bzw. dessen Institutionen und den Privatpersonen bzw. privaten Einrichtungen. Die Interessen der Gesellschaft, vertreten durch den Staat, stehen grundsätzlich über den Interessen des Individuums. Es regelt daher die Rechtsbeziehungen der einzelnen, untergeordneten Person zur übergeordneten Gesellschaft. Der Staat achtet darauf, dass Gesetze, Ver- und Gebote eingehalten werden, um damit auch die Rechte des Einzelnen zu wahren. So zeigt die Eingangssituation, dass die Rechte des Minderjährigen Kai durch ein Vormundschaftsgericht zu wahren sind.

MERKE
Der Staat sorgt also über die Rechtsprechung dafür, dass Straftaten wie Mord, Raub, Diebstahl, Betrug in jedem Fall verfolgt werden. Verstöße wie Verleumdung, Hausfriedensbruch, Beleidigung werden lediglich geahndet, sofern der Geschädigte dies verlangt.

Überschneidung von privatem und öffentlichem Recht

Privates und öffentliches Recht überschneiden sich, wenn Tatbestände vorliegen, die strafrechtlich durch den Staat zu verfolgen sind, aber ebenfalls durch den Betroffenen zivilrechtlich verfolgt werden können. So greift der Staat strafrechtlich ein, weil der Fahrer seine Lenk- und Ruhezeiten überschritten hat oder während der Fahrt mit einem Handy in der Hand telefoniert hat und aufgrund dessen ein Unfall passiert. Der Geschädigte wird überdies die daraufhin beschädigte Ware ersetzt bekommen und ggf. Schadenersatz verlangen können. LSL

1.1.2 Dispositives und zwingendes Recht

Das Privatrecht wird häufig als **dispositives** (nachgiebiges, änderbares) **Recht** bezeichnet. Aufgrund einzelvertraglicher Vereinbarungen wie das Testament des Herrn Johannson in obiger Situationsdarstellung oder durch den Hinweis auf allgemeine Geschäftsbedingungen (AGB) bei Abschluss eines Kauf- oder Speditionsvertrages können vom Gesetz abweichende Vereinbarungen getroffen werden. Zum Beispiel kann durch den **Abschluss eines Speditionsvertrages** der Spediteur nach dem HGB vorgesehenen Haftungskorridor von zwei bis vierzig SZR/kg-brutto abweichen. Durch den Hinweis auf die **ADSp** haftet der Spediteur mit max. 5,00 € pro kg brutto bei Güterschäden (in der Obhuts- bzw. Gefährdungshaftung). Ebenso könnte die Gewinnverteilung einer OHG nach den §§ 109 und 121 HGB im Gesellschaftsvertrag anders als im Gesetz vorgesehen verteilt werden (vgl. Kapitel 2, Abschnitt 2.2.1). LSL LSL

MERKE
Werden keine anderweitigen Absprachen – individuelle Absprachen oder über die vertragliche Einbeziehung von AGB – zwischen den Vertragspartnern getroffen, gelten im Anwendungsfall die gesetzlichen Bestimmungen.

Das **zwingende** (unabänderbare) **Recht** hingegen lässt sich **nicht** durch vertragliche Vereinbarungen verändern. Das zwingende Recht wird i. d. R. mit dem öffentlichen Recht wie Steuerrecht und Strafrecht gleichgesetzt. Die Eingangssituation zeigt, dass es unabdingbar ist, nach dem GüKG eine Erlaubnis (Inhabergenehmigung) erst nach Erfüllung der drei Berufszugangsvoraussetzungen zu erlangen, um einen solchen Geschäftsbetrieb aufrechtzuerhalten. LSL

Eine Ausnahme ist das Arbeitsrecht, das Inhalte des öffentlichen und privaten Rechts beinhaltet. Dennoch sind auch bestimmte Bereiche des Privatrechts für die Beteiligten bindend. Das heißt, bestimmte Vertragsinhalte können nicht durch individuelle Abreden außer Kraft gesetzt werden. Beispielsweise darf durch Individualabrede nicht vereinbart werden, dass die Kündigung eines Arbeitsverhältnisses mündlich erfolgen kann (s. dort), oder darf (im Rahmen speditioneller Tätigkeiten) dem Absender gemäß den §§ 415 und 449 HGB nach **Abschluss eines Frachtvertrages** die **Vertragskündigung** nicht durch individuelle Vereinbarung verboten werden.

LSL

1.2 Rechtliche Handlungsfähigkeit

Rechtssubjekte (Rechtspersonen) sind natürliche und juristische Personen. Sie haben die Fähigkeit, Träger von Rechten und Pflichten zu sein, sind also rechtsfähig.

Natürliche Personen sind Menschen, die ihre **Rechtsfähigkeit** mit der Vollendung der Geburt erlangen. Die Rechtsfähigkeit der Menschen endet mit dem Tode.

Juristische Personen sind Vereinigungen von Personen oder Vermögensmassen wie Unternehmen, die eine eigene **Rechtspersönlichkeit** haben. So kann eine AG als juristische Person, vertreten durch den Vorstand – ebenso wie Menschen – rechtsverbindlich Verträge schließen, Rechte erwerben und Pflichten eingehen (vgl. Kapitel 2, Abschnitt 2.3).

MERKE
Es sind die juristischen Personen des privaten Rechts von den juristischen Personen des öffentlichen Rechts zu unterscheiden.

Juristische Personen des privaten Rechts dienen dem privaten Interesse der Gründer.
- Rechtsfähige (eingetragene) Vereine und Gesellschaften (AG, GmbH, e. G., als Sonderform GmbH & Co. KG) sind in ihrer Existenz und Rechtsfähigkeit unabhängig vom Wechsel ihrer Mitglieder bzw. Eigentümer. Sie erlangen ihre Rechtsfähigkeit, indem sie im Handelsregister beim Amtsgericht eingetragen werden. Die Rechtsfähigkeit endet mit dem Löschen des Vereins/der Gesellschaft aus dem Handelsregister.
- Stiftungen des privaten Rechts wie die Konrad-Adenauer-Stiftung, die Friedrich-Ebert-Stiftung, die Friedrich-Naumann-Stiftung oder auch die Kühne-Stiftung sind private Vermögensmassen, die einem bestimmten Zweck, wie z. B. der Nachwuchsförderung, dienen sollen. Die Rechtsfähigkeit einer privaten Stiftung erfolgt durch eine Genehmigung des Bundeslandes, in welchem die Stiftung verwaltet wird.

Juristische Personen des öffentlichen Rechts nehmen staatliche Interessen wahr, erhalten ihre Rechtsgültigkeit per Gesetz bzw. durch einen staatlichen Hoheitsakt. Juristische Personen des öffentlichen Rechts unterliegen der staatlichen Aufsicht.
- Körperschaften des öffentlichen Rechts untergliedern sich in Gebietskörperschaften wie Bund, Bundesländer, Gemeinden und Personalkörperschaften, z. B. Religionsgemeinschaften oder Berufsgenossenschaften.
- Anstalten des öffentlichen Rechts sind öffentliche Verwaltungseinrichtungen, die rechtlich verselbstständigt sind, wie die Sparkassen, die staatlichen Rundfunk- und Fernsehanstalten sowie Handels- und Handwerkskammern, die das Recht zur Selbstverwaltung haben.

LSL

Nicht rechtsfähige Institutionen sind lediglich organisatorisch selbstständig, rechtlich sind sie übergeordneten Institutionen zugeordnet. So ist z. B. das Bundesamt für den Güterkraftverkehr oder das Bundesamt für Wirtschaft und Ausfuhrkontrolle dem Bundesministerium für Verkehr untergeordnet.

- Stiftungen des öffentlichen Rechts sind rechtlich verselbstständigte, öffentliche Vermögensmassen, die auf Dauer den festgeschriebenen Zweck verfolgen, so z. B. die Stiftung Warentest.

Rechtsobjekte sind die Gegenstände von Rechtsgeschäften, die die natürlichen und juristischen Personen abschließen. Diese werden in **Rechte** und **Sachen** unterschieden:

- **Sachen** sind materielle (körperliche) Gegenstände, die in unbewegliche Sachen wie Grundstücke und Immobilien sowie bewegliche Sachen, z. B. Tiere, Lkws oder Bilder, untergliedert werden.
- Die beweglichen Sachen lassen sich weiter unterteilen in vertretbare Sachen (Gattungs- bzw. Massenware), die nach Maß, Zahl und Gewicht austauschbar sind, wie Lkw-Reifen, und in nicht vertretbare Sachen (Spezieswaren), sog. Einzelstücke, z. B. das Bild „Guérnica" von Picasso.
- **Rechte** sind immaterielle (nicht körperliche) Gegenstände wie Forderungen (aus Lieferungen und Leistungen), Pfandrechte, Lizenzen oder Patente.

MERKE

Rechtsfähigkeit	bei natürlichen Personen	bei juristischen Personen	
		des privaten Rechts	des öffentlichen Rechts
Beginn:	nach Geburt	durch Eintrag im öffentlichen Register	kraft Gesetz
Ende:	mit dem Tod	durch Löschen aus öffentlichem Register	kraft Gesetz

1.2.1 Geschäftsfähigkeit

Geschäftsfähigkeit ist die Fähigkeit, Rechtsgeschäfte (rechts-)wirksam abzuschließen.

Geschäftsfähigkeit natürlicher Personen

Um Kinder und Jugendliche zum einen vor unüberlegten Handlungen und Übervorteilung zu schützen und sie zum anderen allmählich in das Wirtschaftsleben einzuführen, hat der Gesetzgeber Altersbereiche festgelegt, innerhalb deren das rechtlich wirksame Handeln beschränkt wird. Die Geschäftsfähigkeit der natürlichen Personen ist nach dem Lebensalter unterschieden in:

Geschäftsunfähigkeit

Von der Vollendung der Geburt an bis zur Vollendung des 7. Lebensjahres ist ein Mensch geschäfts**un**fähig, d. h., eine solche natürliche Person darf keine Rechtsgeschäfte – wie den Abschluss eines Kaufvertrages – tätigen. **Rechtsgeschäfte**, die von einem Geschäfts**un**fähigen abgeschlossen werden, sind von vornherein **nichtig** bzw. **rechtsunwirksam**. Allerdings kann sich ein Geschäftsfähiger – wie Vater oder Mutter – nicht auf die Nichtigkeit eines Abschlusses berufen, wenn er den Geschäfts**un**fähigen – Sohn oder Tochter – als Boten eingesetzt hat – so beim Kauf einer Zeitung –, der Sohn oder die Tochter kauft aber eine falsche Zeitung.

MERKE
Für geschäftsunfähige Personen wird ein Vormund (im Regelfall die Eltern) eingesetzt, der die Rechte und Pflichten vertritt.

Beschränkte Geschäftsfähigkeit
Nach Vollendung des 7. Lebensjahres bis zur Vollendung des 18. Lebensjahres ist ein Mensch beschränkt geschäftsfähig (§§ 2, 106 BGB). Jede von dieser Person abgegebene **Willenserklärung** ist so lange **(schwebend) unwirksam**, bis der gesetzliche Vertreter (auch nachträglich) dem Rechtsgeschäft zustimmt. Ein Rechtsgeschäft ist auch dann rechtswirksam, wenn der gesetzliche Vertreter vorher zustimmt.

In **Ausnahmefällen** darf eine beschränkt geschäftsfähige Person Rechtsgeschäfte ohne Zustimmung des gesetzlichen Vertreters tätigen.

- Beschränkt Geschäftsfähige dürfen wirksame Willenserklärungen abgeben, die nur rechtliche Vorteile für sie mit sich bringen. Ein wirtschaftlicher Vorteil ist dabei belanglos. Wenn ein Minderjähriger (beschränkt Geschäftsfähiger) beispielsweise eine Willenserklärung zum Abschluss eines Kaufvertrages abgibt und dabei einen wirtschaftlichen Gewinn erzielt (legaler Kauf eines Fahrrads für 800,00 €, das er direkt danach für 1 000,00 € verkaufen könnte: wirtschaftlicher Gewinn 200,00 €), ist der Abschluss des Kaufvertrages rechtlich von Nachteil. Dieser Nachteil besteht in der gegenseitigen Verpflichtung aus dem Kaufvertrag (den Kaufpreis zu zahlen – wie im Beispiel – oder das Eigentum zu übertragen). Dies gilt ebenfalls für den Tausch, die Leihe und sonstige **zweiseitig verpflichtende Rechtsgeschäfte** (siehe dort). Für **einseitig verpflichtende Rechtsgeschäfte** wie die Schenkung (mit Einschränkungen) gilt, dass diese rechtlich von Vorteil sind, wenn der Minderjährige nicht der Verpflichtete ist, also keine rechtliche Verpflichtung eingeht. Beachte, dass öffentliche Lasten wie Steuern, Abgaben und Gebühren aufgrund von Gesetzen und Verordnungen von jedem zu zahlen sind. Sie stellen keine direkte Folge eines Rechtsgeschäftes dar und sind somit nicht rechtlich nachteilig. Bekommt ein Minderjähriger also ein Haus geschenkt, ohne dass Schulden darauf lasten, könnte die Schenkung angenommen werden. Sind allerdings Mieter in dem Haus, so müsste der Minderjährige als Vermieter auftreten. Die daraus entstehenden Verpflichtungen wären aber rechtlich von Nachteil (§ 107 BGB).
- Beschränkt Geschäftsfähige dürfen Verträge schließen, die sie im Rahmen ihres Taschengeldes erfüllen können. Das Tachengeld erhalten sie von den gesetzlichen Vertretern selbst oder von Dritten, z. B. von den Großeltern, mit der Zustimmung der gesetzlichen Vertreter zu einem bestimmten Zweck oder zur freien Verfügung (§ 110 BGB, Taschengeldparagraf).

Exkurs:

Gibt der **beschränkt Geschäftsfähige** eine Willenserklärung (WE) ab, die nur zu einem **rechtlichen Vorteil** für ihn führt, so ist die WE und damit das **Rechtsgeschäft** (von Anfang an) **rechtswirksam** (§ 107 BGB).

Sobald ein Minderjähriger (beschränkt Geschäftsfähiger) ein Rechtsgeschäft abschließen möchte, das auch einen **rechtlichen Nachteil** mit sich bringt, so ist die **Einwilligung** (= vorherige Zustimmung nach § 183 BGB) der gesetzlichen Vertreter notwendig. *So beim Kauf eines Fahrrads für 800,00 €. Für den Minderjährigen als Käufer besteht hier die Verpflichtung, den Kaufpreis zu bezahlen.* Stimmen die gesetzlichen Vertreter *(dem Kauf des Fahrrads)* zu, ist das Rechtsgeschäft wirksam. Ohne die Einwilligung der gesetzlichen Vertreter ist das Rechtsgeschäft *(der Kauf des Fahrrads)* zunächst schwebend unwirksam. Hierbei haben die gesetzlichen Vertreter die Möglichkeit, die **Genehmi-**

gung (= nachträgliche Zustimmung nach § 184, Abs. 1 BGB) *(zum Kauf des Fahrrads)* zu erteilen und damit das schwebend unwirksame Rechtsgeschäft *(dem Kaufvertrag)* (von Anfang an) voll wirksam werden zu lassen (§ 108 BGB). Fehlt die Einwilligung des gesetzlichen Vertreters, kann dieser dazu aufgefordert werden, eine solche Erklärung abzugeben. Der gesetzliche Vertreter kann diese Erklärung (Zustimmung oder Ablehnung des Kaufvertrages) nur demjenigen gegenüber erklären, der sie dazu aufgefordert hat *(in diesem Fall der Fahrradverkäufer)*. Dies muss allerdings spätestens zwei Wochen nach der Aufforderung erfolgen, ansonsten gilt sie als verweigert (= Ablehnung des Kaufvertrages). Für diesen Fall gilt, dass das Rechtsgeschäft (von Anfang an) unwirksam ist. Wird allerdings der Minderjährige in der Zwischenzeit volljährig, so tritt seine Genehmigung an die seiner gesetzlichen Vertreter. *D. h., wenn die Eltern als gesetzliche Vertreter den Kaufvertrag nicht bis zur Volljährigkeit des Kindes ablehnen, gilt der Kaufvertrag als abgeschlossen, sobald das Kind volljährig ist.*

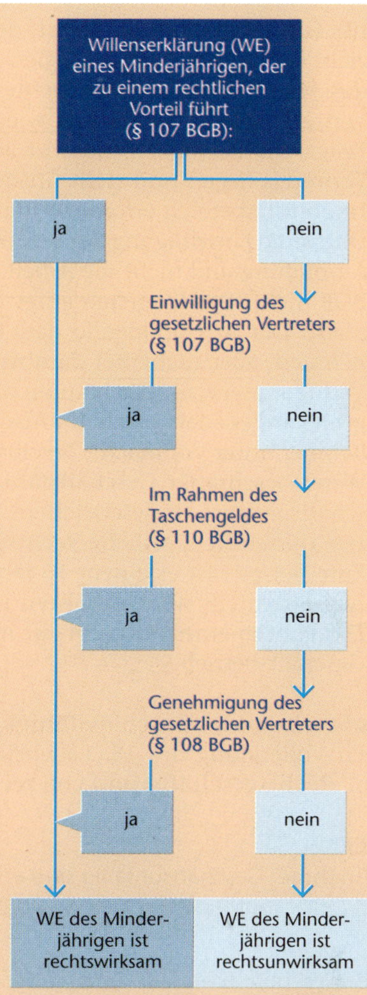

Zu beachten ist allerdings, dass das Rechtsgeschäft *(Fahrradkauf)* dem Minderjährigen gegenüber (und seinen gesetzlichen Vertretern) bis zum Wirksamwerden des Rechtsgeschäftes *(hier: Kaufvertrag wegen der fehlenden Einwilligung der Eltern)* widerrufen werden kann. Vorausgesetzt, der andere *(in diesem Fall der Fahrradverkäufer)* hat von der Minderjährigkeit gewusst und der Minderjährige *(hier das Kind)* hat die Einwilligung der Eltern vorgetäuscht (§ 109 BGB).

Wird allerdings von einem beschränkt Geschäftsfähigen ein Vertrag *(Kauf des Fahrrads ohne Einwilligung oder Genehmigung des gesetzlichen Vertreters)* abgeschlossen, den der Minderjährige **vollständig mit eigenen Mitteln** bewirkt, so gilt der Vertrag (von Anfang an) als wirksam. (Der **Taschengeldparagraf** stellt praktisch eine Generaleinwilligung der gesetzlichen Vertreter und somit eine Spezialregelung zu § 107 BGB dar.) Für den Fall, dass der Minderjährige die Leistung *(Bezahlung des Kaufpreises)* nicht sofort vollständig erbringt *(beim Fahrradkauf wird die Zahlung in vier Raten à 200,00 € vereinbart)*, ist der Vertrag erst (von Anfang an) rechtswirksam, wenn die Leistung vollständig *(mit der letzten Rate in Höhe von 200,00 €)* erbracht wurde. Unter Beachtung des § 108 BGB können Minderjährige damit im Grundsatz auch **Ratenkäufe** tätigen. Auch hier gilt, dass *(wegen des hohen Wertes des Fahrrads)* die gesetzlichen Vertreter zur Zustimmung *(hier durch den Fahrradverkäufer)* aufgefordert werden können – siehe oben.

Einseitige Rechtsgeschäfte (wie eine Kündigung) bedürfen stets der (schriftlichen) Einwilligung der gesetzlichen Vertreter (§ 111 BGB). Ohne diese Einwilligung wäre die WE des Minderjährigen unwirksam.

- Beschränkt Geschäftsfähige können Rechtsgeschäfte im Rahmen eines Arbeitsvertrages abschließen, wobei der Arbeitsvertrag mit Zustimmung des gesetzlichen Vertreters abgeschlossen wurde. Die Zustimmung der gesetzlichen Vertreter zu einem Arbeits- oder Dienstvertrag (§ 113 BGB) führt dazu, dass der Minderjährige für solche Rechtsgeschäfte unbeschränkt geschäftsfähig wird (Teilgeschäftsfähigkeit nach § 113 BGB), die das Eingehen oder Aufheben eines Arbeits- oder Dienstverhältnisses der gestatteten Art (inklusive der daraus resultierenden Verpflichtungen wie z. B. das Eröffnen ei-

nes Girokontos für den Erhalt des Gehalts) betreffen. Die volle Geschäftsfähigkeit bezieht sich beispielsweise auf den Lohn, die Arbeitszeit, den Urlaub und die Kündigung des Arbeitsvertrages. Zu beachten ist, dass diese Zustimmung durch die gesetzlichen Vertreter (Eltern u.a.) auch wieder entzogen oder eingeschränkt werden kann. Die Teilgeschäftsfähigkeit muss im Rahmen der erteilten Ermächtigung des gesetzlichen Vertreters liegen und stellt (insoweit) einen Generalkonsens für alle den bestimmten Handlungsbereich erforderlichen Rechtsgeschäfte nach den §§ 182, 183 BGB dar.
Durch die Einwilligung der gesetzlichen Vertreter zum Ausbildungsvertrag, bei dem die Ausbildung und nicht die Arbeit oder der Dienst im Mittelpunkt stehen, gilt der § 113 BGB nicht. Das Eingehen eines Ausbildungsvertrages erweitert die Geschäftsfähigkeit nicht. Der Auszubildende darf beispielsweise eine Ausbildungsvergütung entgegennehmen, aber nicht frei darüber verfügen. Die gesetzlichen Vertreter haben hier die Verfügungsgewalt. (Sie können die Ausbildungsvergütung als im Rahmen des Taschengeldes angesiedelt ansehen). Auszubildende dürfen beispielsweise für die Spedition (im Rahmen ihrer Vollmacht) Frachtverträge mit Fuhrunternehmern abschließen.

- Wenn beschränkt Geschäftsfähige, also Minderjährige, mit Erlaubnis des Vormundschaftsgerichts als gesetzlichem Vertreter, einen selbstständigen Geschäftsbetrieb führen, dürfen sie sämtliche Rechtsgeschäfte abschließen, die der Betrieb mit sich bringt. Zum Beispiel ist es einem 16-Jährigen möglich, den Geschäftsbetrieb eines verstorbenen Elternteils weiterzuführen und die notwendigen Rechtsgeschäfte abzuschließen. Das Führen eines Pkw, um zur Arbeit zu fahren, gehört für obiges Beispiel nicht zum Geschäftsbetrieb.

(Unbeschränkte) Geschäftsfähigkeit
Nach Vollendung des 18. Lebensjahres ist ein Mensch (unbeschränkt) geschäftsfähig, d.h., **Rechtsgeschäfte** sind voll **rechtswirksam**.

MERKE
Ausnahme: Geschäftsunfähig sind ebenso Personen, die sich im Zustand einer vorübergehenden („Blackout") oder dauernden Störung der Geistestätigkeit befinden.

Die Geschäftsfähigkeit muss allerdings nicht gänzlich aufgehoben werden, sondern kann in bestimmten Bereichen beschränkt werden. Der als gesetzlicher Vertreter vom Gericht bestellte Betreuer wird dann lediglich für die Bereiche bestellt, in denen der ansonsten Geschäftsfähige in seiner Fähigkeit, Geschäfte zu tätigen, eingeschränkt wurde. Beispielsweise kann einer Person aufgrund bestimmter Umstände das Führen eines Kontos bei der Bank untersagt werden – hierfür könnte ein Betreuer eingesetzt werden –, in allen anderen Lebensbereichen ist diese Person voll geschäftsfähig.

Geschäftsfähigkeit juristischer Personen
Juristische Personen erlangen ihre unbeschränkte Geschäftsfähigkeit mit dem Erwerb der Rechtsfähigkeit. Juristische Personen werden:

- per Gesetz durch dazu benannte Organe vertreten,
  z.B. der Aufsichtsrat einer AG oder die Gesellschafterversammlung einer GmbH.
- per Vollmacht durch bestimmte natürliche Personen vertreten,
  z.B. Herr Permuth als Prokurist der Wall GmbH.

MERKE

Geschäftsfähigkeit	bei natürlichen Personen			bei jur. Personen
Stufen:	Geschäfts-unfähigkeit	beschränkte Geschäfts-fähigkeit	volle Geschäfts-fähigkeit	volle Geschäfts-fähigkeit
Beginn:	mit der Geburt	nach Voll-endung des 7. Lebens-jahres	nach Voll-endung des 18. Lebens-jahres	mit Erlangen der Rechts-fähigkeit
Ende:	mit Vollendung des 7. Lebens-jahres	mit Vollendung des 18. Lebens-jahres	mit dem Tod	mit Erlöschen der Rechts-fähigkeit
rechtl. Wirkung der Willens-erklärungen:	unwirksam	bis zur Zustim-mung durch den gesetz-lichen Vertreter schwebend unwirksam	voll wirksam	voll wirksam
Ausnahmen:	Personen mit vorübergehender oder dauernder Störung der Geistestätigkeit			keine

1.2.2 Deliktfähigkeit

Deliktfähigkeit ist die Fähigkeit natürlicher Personen, für unerlaubte Handlungen verantwortlich zu sein. Entsprechend der Geschäftsfähigkeit ist sie nach dem Lebensalter zu unterscheiden.

- **Deliktunfähigkeit.** Von der Vollendung der Geburt an bis zur Vollendung des 7. Lebensjahres ist ein Mensch delikt**un**fähig, d. h., die natürliche Person kann für unerlaubte Handlungen nicht verantwortlich gemacht werden.
  Ferner sind Geisteskranke und Personen, die sich im Zustand der Bewusstlosigkeit (Hypnose, Ohnmacht) befinden, delikt**un**fähig. Für Schäden, die von Deliktunfähigen verursacht werden, können die gesetzlichen Vertreter in dem Maße belangt werden, in dem sie ihre Aufsichtspflicht nachweislich verletzt haben.

- **Bedingte Deliktfähigkeit.** Nach Vollendung des 7. Lebensjahres bis zur Vollendung des 18. Lebensjahres ist ein Mensch bedingt deliktfähig, d. h., keine dieser Personen kann für sämtliche unerlaubten Handlungen verantwortlich gemacht werden, sondern nur für die unerlaubten Handlungen, deren Folgen sie überblicken können. So könnten Zehnjährige kaum die Folgen eines durch sie verursachten Unfalls überblicken und insofern nicht dafür zur Rechenschaft gezogen werden; anders sähe dies bei 17-Jährigen aus. Für Schäden, die von bedingt Deliktfähigen verursacht wurden, haften die gesetzlichen Vertreter in dem Maße, wie sie nachweislich ihre Aufsichtspflicht verletzt haben.

- **(Volle) Deliktfähigkeit.** Nach Vollendung des 18. Lebensjahres ist ein Mensch voll deliktfähig, d. h., diese Personen sind i. d. R. für unerlaubte Handlungen voll zur Rechenschaft zu ziehen.

MERKE

Deliktfähigkeit	bei natürlichen Personen			bei jur. Personen
Stufen:	Delikt-unfähigkeit	bedingte Deliktfähigkeit	volle Deliktfähigkeit	unerlaubte Handlungen werden **nur** durch natürliche Personen ausgeführt.
Beginn:	mit der Geburt	nach Vollendung des 7. Lebensjahres	nach Vollendung des 18. Lebensjahres	
Ende:	mit Vollendung des 7. Lebensjahres	mit Vollendung des 18. Lebensjahres	mit dem Tod	
rechtliche Wirkung:	Handlung ohne Verantwortung	Handlung mit bedingter Verantwortung	volle Verantwortung	
Ausnahmen:	Personen mit vorübergehender oder dauernder Störung der Geistestätigkeit.			keine

ZUSAMMENFASSUNG

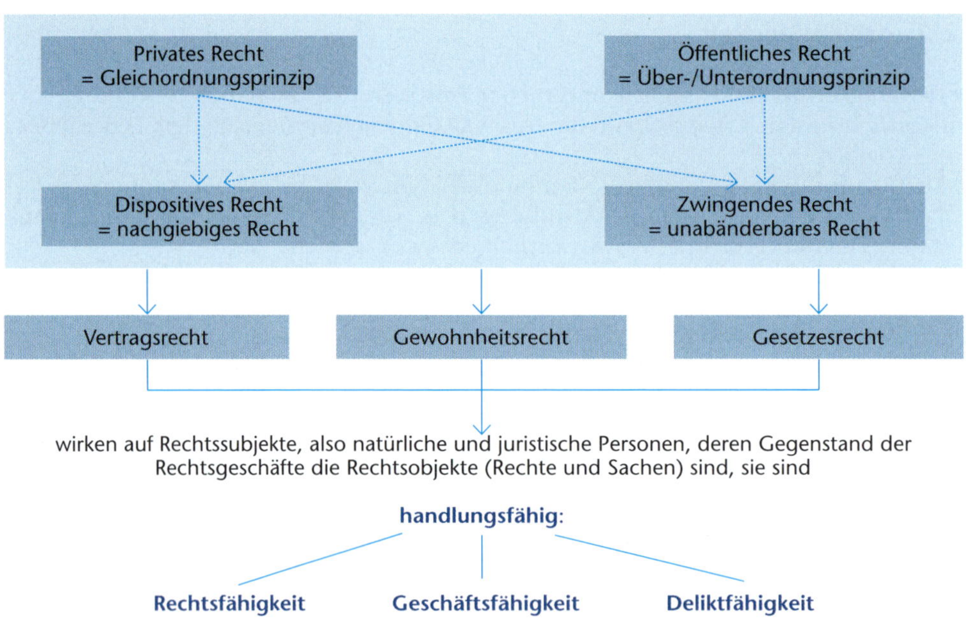

Bearbeitungsvorschläge

1.	Stellen Sie für folgende Situationen die rechtliche Lage dar und geben Sie jeweils an, um welche Art von Recht es sich handelt:	Art des Rechts	rechtl. Lage
	a) Die 17-jährige Franka Pohlens, Auszubildende der Wall GmbH – Spedition & Logistik in der allgemeinen Verwaltung, hat den Ausbildungsvertrag mit Zustimmung ihrer Eltern abgeschlossen.		
	b) Da ihre Eltern in Eckernförde leben, musste sie sich eine Wohnung in Hamburg nehmen, für die Franka den Mietvertrag selbst unterschrieb.		
	c) Sie eröffnete ein eigenes Konto, um die Gehaltsüberweisungen in Empfang nehmen zu können. Überdies hat sie ein Abonnement für eine Zeitschrift abgeschlossen, welches sie monatlich bezahlt.		
	d) Im Betrieb hat Franka bereits die Abteilungen Lkw-Disposition und Seehafenimport und -export durchlaufen. Dort schloss sie gemäß der Weisungen der Sachbearbeiter sowohl Speditions- als auch Frachtverträge ab.		
	e) Um ständig erreichbar zu sein, kauft Franka sich ein Handy, für das sie einen 24-monatigen Vertrag abschließt.		
	f) Franka fährt normalerweise mit dem Fahrrad zur Arbeit. Wenn es allerdings regnet, fährt sie mit dem Bus. Da sie nicht einsehen kann, dass sie eine Fahrkarte lösen muss, ist sie bereits zum vierten Mal erwischt worden. Ihr droht nun eine Anzeige und ein hohes Bußgeld.		
	g) Von einem entfernten Verwandten erbt Franka eine Eigentumswohnung, die mit einer Hypothek in Höhe von 149 885,00 € belastet ist. Franka möchte das Erbe antreten.		
2.	Entscheiden Sie, ob es sich bei folgenden Beispielen um natürliche oder juristische Personen handelt.	natürliche Person:	juristische Person:
	a) Der Lkw-Disponent eines langjährigen Geschäftspartners der Wall GmbH, die Saulus AG, bietet der Lkw-Abteilung der Wall GmbH eine Sendung mit 12 t zum Transport von Winsen/Luhe nach Hamburg an.		
	b) Die Export AG in München schließt mit der Import Ltd. in Paris einen Kaufvertrag über 200 Kisten Erbsen in Konserven ab.		
	c) Der Lagerarbeiter Karl Bruch leiht sich von der Verwaltungsangestellten Hannelore Plath, beide bei der Wall GmbH – Spedition & Logistik in Hamburg angestellt, 100,00 €.		
	d) Frau Seeding ist neben ihrer Tätigkeit als Geschäftsführerin der Wall GmbH – Spedition & Logistik ebenfalls Vorsitzende des Fußballvereins „Kicker e. V.“. Sie meldet ihren zwölfjährigen Sohn Malte im Verein an. Bei der Überweisung des Vereinsbeitrages überweist sie gleichzeitig den Betrag für die GEZ der öffentlich-rechtlichen Rundfunkanstalten.		
3.	Geben Sie an, um welche Art von Geschäftsfähigkeit es sich in folgenden Darstellungen jeweils handelt und welche rechtliche Wirkung die abgegebene Willenserklärung hat.	Geschäftsfähigkeit	Rechtsfolge
	a) Der Auszubildende Mark Köhler, 19 Jahre alt, spielt mit dem Gedanken, seine Ausbildung zum Kaufmann für Spedition und Logistikdienstleistung abzubrechen, um ein Studium zum Betriebswirt anzutreten.		

	b) Der alkoholkranke Lkw-Disponent der Wall GmbH, Herr Jauchen, kauft im offensichtlich betrunkenen Zustand einen neuen Pkw, den er sich nicht leisten kann.		
	c) Die fünfzehnjährige Magda Scheel kauft sich einen Joop-Mantel für 750,00 €, den sie, wie sie der Verkäuferin erklärt, im Rahmen ihres Taschengeldes kauft.		
	d) Die fünfjährige Julika Seeding kauft in einem „Tante-Emma-Laden" gemäß der bei der Verkäuferin abgegebenen Einkaufsliste ein. Die Einkaufsliste hat sie von ihrer Mutter zusammen mit 40,00 € bekommen.		

4. Erläutern Sie den Unterschied zwischen

a) zwingendem und dispositivem sowie
b) privatem und öffentlichem Recht und
c) beschreiben Sie anhand von Beispielen, in welchen Bereichen Überschneidungen vorliegen.

5. Beschreiben Sie, was unter Rechtsfähigkeit zu verstehen ist, und unterscheiden Sie natürliche und juristische Personen hinsichtlich ihrer Rechtsfähigkeit.

6. Unterscheiden Sie die Formen der Geschäftsfähigkeit und beschreiben Sie diesbezüglich die rechtliche Wirkung der Willenserklärungen anhand von Beispielen.

7. Lesen Sie die Falldarstellung aufmerksam durch und erläutern Sie, ob Michi von Merle den Kaufpreis verlangen darf:

Merle ist 14 Jahre alt und möchte seit Langem einen MP3-Player. Ihre Eltern stehen dem prinzipiell positiv gegenüber, äußern Merle gegenüber allerdings, dass sie auf ein günstiges Angebot warten wollen. Dann erfährt Merle von ihrer Freundin Berit (14 Jahre), dass ihr Bruder Michi (18 Jahre) seinen fünf Monate alten MP3-Player verkaufen will. Die beiden treffen sich und da Merle diesen MP3-Player will, einigt sie sich mit Michi auf einen Kaufpreis von 80,00 €. Michi hat allerdings Zweifel, weil er dachte, Merle sei schon viel älter. Merle ist sehr geschickt dabei, Michi das Einverständnis ihrer Eltern vorzutäuschen. Michi bittet sich Bedenkzeit aus. Als Merle zu Hause ist, sind ihre Eltern begeistert von der Geschäftstüchtigkeit ihrer Tochter und erklären ihr gegenüber, dass sie mit dem Kauf einverstanden sind.

Zwei Tage später ruft Michi bei den Eltern von Merle an, weil er sich der Zustimmung der Eltern vergewissern will. Da diese im Prospekt eines Elektronikmarktes einen günstigen MP3-Player entdeckt haben, verweigern sie Michi gegenüber die Zustimmung.

8. Erklären Sie die verschiedenen Stufen der Deliktfähigkeit.

2 Exkurs: Rechtsgeschäfte

LERNSITUATION

Frachtvertrag – Kündigung – Mahnung – Schenkung – Seefrachtvertrag – Testament

Aufgaben

1. Ordnen Sie den Bildern die darunter stehenden Rechtsgeschäfte zu und begründen Sie Ihre Entscheidung.
2. Erläutern Sie, wie die obigen Rechtsgeschäfte Ihrer Meinung nach zustande kommen.
3. Überprüfen Sie Ihre Ergebnisse anhand der Sachdarstellung.

Im Privat- und im Geschäftsleben sind eine Vielzahl von Rechtsgeschäften wie Kündigung, Testament, Schenkung, Kaufvertrag u. a. zu unterscheiden. Für das Zustandekommen von Rechtsgeschäften ist es notwendig, dass natürliche oder juristische Personen eine **Willenserklärung (WE)** abgeben. Das heißt, dass diese Personen ihren Willen zum Ausdruck bringen, um eine bestimmte Rechtsfolge – wie kündigen, vererben, verschenken, ver-/kaufen u. a. – zu bewirken. Eine WE kann durch

- eine ausdrückliche Äußerung erfolgen, d. h. durch eine mündliche oder schriftliche Mitteilung. Zum Beispiel das Zusenden eines Speditionsauftrages per Fax an den Spediteur, mit der Bitte, eine genau bezeichnete Sendung vom Versender abzuholen, per Luftfracht nach Sydney zu bringen und an einen benannten Empfänger auszuliefern;
- das schlüssige (konkludente) Handeln erfolgen. Beispielsweise durch das Zeigen mit der Hand bei einer Auktion. Ebenso, wenn ein langjähriger Kunde der Wall GmbH eine Sendung ohne vorherige Avisierung anliefert und der entsprechende Sachbearbeiter die Besorgung dieser Sendung durchführt oder bei bestehenden Geschäftsbeziehungen den obigen Speditionsauftrag – ohne schriftliche Bestätigung – einfach ausführt;
- Schweigen abgegeben werden. Im **Geschäfts**leben kann z. B. anstatt bestellter 200 Kisten zu 150,00 € die Lieferung zu einem Kistenpreis von 160,00 € erfolgen. Schweigt der Kunde bei Annahme der Warenlieferung, so muss er den höheren Kaufpreis bezahlen.

LSL

2.1 Arten von Rechtsgeschäften

Rechtsgeschäfte lassen sich nach der Anzahl der abgegebenen WE unterscheiden, damit sie (rechts-)wirksam werden. Für einseitige Rechtsgeschäfte gibt eine Person ihre WE ab. Für zwei- oder mehrseitige[1] Rechtsgeschäfte geben mindestens zwei Personen übereinstimmende, einander identische WE ab.

2.1.1 Einseitige Rechtsgeschäfte

Ein einseitiges Rechtsgeschäft ist eine Erklärung der Person, die ihren Willen äußert. Bei einem einseitigen Rechtsgeschäft wird die Rechtsfolge bereits durch die Abgabe der WE dieser Person ausgelöst.

Zu unterscheiden sind:

- **nicht empfangsbedürftige**, einseitige Rechtsgeschäfte. Erklärungen wie das Testament **müssen keiner anderen Person zugehen**, um rechtswirksam zu werden. Das Testament **muss, um vollstreckt zu werden, angenommen werden**. Das hat aber keine Auswirkungen auf die Rechtsgültigkeit der abgegebenen WE des Erblassers, d. h., das Testament ist gültig, unabhängig davon, ob es angenommen wird;
- **empfangsbedürftige**, einseitige Rechtsgeschäfte. Solche Erklärungen wie die (schriftliche) Kündigung eines Arbeitsvertrages oder die Mahnung einer überfälligen Forderung **müssen** einer anderen Person, dem Arbeitgeber oder Arbeitnehmer oder dem Schuldner **zugehen**, um rechtswirksam zu werden.

2.1.2 Zweiseitige Rechtsgeschäfte

Zweiseitige Rechtsgeschäfte sind Verträge, die durch die Abgabe zweier übereinstimmender WE zustande kommen.

---

[1] *Ein mehrseitiges Rechtsgeschäft liegt z. B. vor, wenn ein Mehrfamilienhaus in Eigentumswohnungen umgewandelt werden soll. Hierzu müssen die einzelnen Eigentümer der Aufteilung in einer sog. Teilungserklärung übereinstimmend zustimmen.*

Zweiseitige Rechtsgeschäfte sind zu unterscheiden in

- **einseitig verpflichtende**, zweiseitige Rechtsgeschäfte, d.h., nur einer der beiden Vertragspartner ist zur Erbringung einer Leistung verpflichtet, z.B. bei einer Schenkung.
- **beidseitig verpflichtende**, zweiseitige Rechtsgeschäfte, d.h., dass die Leistung, die einer der Vertragspartner zu erbringen hat, das Erbringen der Leistung des anderen Vertragspartners voraussetzt. So z.B. die Bezahlung eines abgeschlossenen Frachtvertrages nach erfolgter Durchführung des Transportes.

Im Folgenden werden einige zweiseitige Rechtsgeschäfte exemplarisch anhand bestimmter Kriterien dargestellt:

Einseitig verpflichtende, zweiseitige Rechtsgeschäfte (Verträge)

Vertragsart	Vertragspartner	Vertragsinhalt	zu erbringende Pflicht[1]	Gegenleistung[1]
Schenkung (-svertrag)	Schenkender Beschenkter	Zuwendung von Sachen oder Rechten, ohne Gegenleistung	Zugesagtes („Verschenktes") zur Bereicherung einer anderen Person überlassen	keine
Bürgschaft (-svertrag)	Bürge Bürgschaftsnehmer	Übernahme bestimmter Pflichten für eine dritte Person, ohne Gegenleistung	Rechtlich abgesicherte Übernahme der vereinbarten Pflicht (z.B. Übernahme der Eingangsabgaben bei nicht erledigtem T1-Versandscheinverfahren)	keine
Leihvertrag	Verleiher Entleiher	Überlassen von Sachen oder Rechten zum Gebrauch gegen Rückgabe der Sache/des Rechts, ohne Gegenleistung	Leihgegenstand überlassen	Rückgabe der Sache[2]

LSL →

Beidseitig verpflichtende, zweiseitige Rechtsgeschäfte (Verträge)

Vertragsart	Vertragspartner	Vertragsinhalt	zu erbringende Pflicht[1]	Gegenleistung[1]
Kaufvertrag	Verkäufer Käufer	Verkauf von Sachen oder Rechten gegen Entgelt	Erfolg der vereinbarten Leistung (z.B. Auto zur Entgegennahme bereitstellen)	Entgelt (= Kaufpreis) u.a. (§ 433 ff. BGB)
Mietvertrag	Vermieter Mieter	Überlassen von Sachen oder Rechten zum Gebrauch gegen Entgelt	Erfolg der vereinbarten Leistung (z.B. Wohnungsüberlassung)	Entgelt (= Mietzins) u.a.

[1] Die hier angeführten Pflichten sind beispielhaft gewählt. Weitere Pflichten und Rechte der Vertragspartner wären zu ergänzen. Die gesetzlichen Grundlagen ergeben sich im Wesentlichen aus den §§ 433–740 des BGB.

[2] Der Leihvertrag ist ein unvollkommen zweiseitiges Rechtsgeschäft, weil die Rückgabe der Sache lediglich eine Nebenpflicht darstellt.

Einseitig verpflichtende, zweiseitige Rechtsgeschäfte (Verträge)

Vertragsart	Vertragspartner	Vertragsinhalt	zu erbringende Pflicht[1]	Gegenleistung[1]
Pachtvertrag	Verpächter Pächter	Überlassen von Sachen oder Rechten zur gewerblichen Nutzung und Fruchtgenuss gegen Entgelt	Erfolg der vereinbarten Leistung (z. B. Überlassung eines Feldes einschließlich Ernte)	Entgelt (= Pachtzins) u. a.
Leasingvertrag	Leasinggeber Leasingnehmer	Überlassen von Sachen oder Rechten zum Gebrauch für einen bestimmten Zeitraum und einer vereinbarten Nutzung	Erfolg der vereinbarten Leistung (z. B. Überlassung eines Lkw für drei Jahre mit einer Kilometervorgabe von 300 000 km)	Entgelt (= Leasingrate)
Dienstvertrag (meist Arbeitsvertrag) ↓	Arbeitgeber Arbeitnehmer	Arbeitgeber und Arbeitnehmer schließen i. d. R. auf Dauer einen Arbeitsvertrag	Arbeitsleistung (z. B. Disposition), unabhängig vom Erfolg der Leistung	Lohn bzw. Gehalt u. a. (§§ 611–630 BGB)
Geschäftsbesorgungsvertrag ↓	Auftraggeber Auftragnehmer	Auftraggeber beauftragt Auftragnehmer zur einmaligen Besorgung einer Leistung gegen Entgelt	Beauftragte Leistung, unabhängig vom Erfolg der Leistung (z. B. Beauftragen eines Anwaltes, unabhängig vom Erfolg vor Gericht)	Entgelt (= Rechnungsbetrag) u. a. (§ 675 BGB)
Speditionsvertrag	Auftraggeber (= Versender) Spediteur	Einmalige Besorgung einer speditionsüblichen Tätigkeit gegen Entgelt	hier: Besorgen der beauftragten speditionsüblichen Tätigkeit/Dienstleistung	hier: Entgelt für beauftragte Tätigkeit u. a.
LSL Werkvertrag ↓	Auftraggeber Auftragnehmer	Herstellung eines Werkes (= Arbeit oder Dienstleistung), gegen Entgelt	Erfolg der vereinbarten Leistung (z. B. Reparatur eines Auspuffes)	Entgelt (= Rechnungsbetrag) u. a. (§§ 631–651 BGB)
LSL **Frachtvertrag** ↓	Auftraggeber (= Absender) Frachtführer	Einmaliges Durchführen eines Lkw- oder Bahntransportes gegen Entgelt	hier: Durchführung eines Lkw/Bahn-Transportes (= Erfüllen der Beförderungsleistung)	hier: für vereinbarte Fracht u. a. (§§ 631–651 BGB)
LSL **Seefrachtvertrag** ↓	Verfrachter (= i. d. R. Reeder) Befrachter	Einmaliges Durchführen eines Transportes per Seeschiff gegen Entgelt	hier: Durchführung eines Seefrachttransportes	hier: für vereinbarte Seefracht u. a.

[1] *Die hier angeführten Pflichten sind beispielhaft gewählt. Weitere Pflichten und Rechte der Vertragspartner können ergänzt werden. Die gesetzlichen Grundlagen ergeben sich, neben anderen, im Wesentlichen aus den §§ 433–740 des BGB; der Werklieferungsvertrag ist ein Vertrag, auf den die Vorschriften des Kaufrechts Anwendung finden.*

Vertragsart	Vertragspartner	Vertragsinhalt	zu erbringende Pflicht	Gegenleistung
Luftfracht-vertrag ↓	Verfrachter (= i. d. R. Carrier) Befrachter	Einmaliges Durchführen eines Transportes per Flugzeug gegen Entgelt	hier: Durchführung eines Luftfrachttransportes	hier: für vereinbarte Luftfracht u. a.
Lager-vertrag	Lagerhalter Lagerer	Einmaliges Durchführen von Ein- u. Auslagerung sowie Aufbewahrung gegen Entgelt	hier: Lagerung von Lagergut	hier: für vereinbarte Lagerkosten u. a.
Gesell-schafts-vertrag	Gesellschafter	Gegenseitige Verpflichtung zur Erreichung eines gemeinsamen Zieles wie Gewinnerzielung	u. a. die Kapitaleinlage (erfolgreich) einzubringen bzw. zu leisten	Gewinnausschüttung u. a.
Versiche-rungs-vertrag	Versicherer Versicherungs-nehmer	Übernahme eines näher bestimmten Risikos wie Verlust oder Beschädigung beim Transport gegen Entgelt	Erfolg der vereinbarten Leistung (z. B. Schadenregulierung im Rahmen der Speditions- oder Transportversicherung)	Prämienzahlung u. a.
Darlehens-vertrag	Darlehensgeber Darlehensnehmer	Überlassen von Sachen oder Rechten (z. B. Geld) gegen Rückgabe einer gleichartigen Sache i. d. R. gegen Entgelt	Erfolg der vereinbarten Leistung (z. B. Überlassen des Geldes)	Zins und Tilgung u. a.

2.2 Formvorschriften

Im Grundsatz besteht **Formfreiheit** für die Ausgestaltung und Abgabe von Erklärungen sowie den Abschluss von Verträgen (§ 127 BGB). So könnte sowohl ein Kaufvertrag, ein Frachtvertrag als auch eine Schenkung oder ein Speditionsvertrag mündlich – per Telefon z. B. – und schriftlich – z. B. per Brief, Fax, E-Mail – erfolgen. Liegt jedoch keine schriftliche Ausführung der WE vor, kann über Inhalt und Abschluss der Erklärung bzw. des Vertrages Unsicherheit bestehen. Beispielsweise könnte bei einer telefonischen Auftragserteilung für einen Transport von München nach Frankfurt der Auftraggeber Frankfurt/Oder meinen, der Spediteur Frankfurt/Main verstehen. Nach erfolgter Besorgung des Auftrages kann keiner der beteiligten Vertragspartner beweisen, welcher Ort (Vertragsinhalt) vereinbart wurde. Nach Ziffer 25 der **ADSp** gilt, dass derjenige die Beweislast zu tragen hat, der sich darauf beruft. In diesem Fall der Auftraggeber, da der Spediteur nach dem Grundsatz der ordnungsgemäßen Pflichterfüllung handelte. Er hat alles ihm Mögliche getan, um den Transport nach Frankfurt am Main zu besorgen, er kann beweisen, dass er den Frachtführer mit dem Transport nach Frankfurt am Main beuftragt hat, so wie er es verstanden hat. Der Auftraggeber muss beweisen, dass er Frankfurt an der

Oder sagte. Läge allerdings ein Schriftstück vor, Speditionsauftrag oder Bestätigung der mündlichen Auftragserteilung, könnte der Beweis damit erbracht werden. Unklarheiten sollten damit vermieden werden und somit das Führen der Beweislast gewährleistet sein.

Ausnahmen von der Formfreiheit bestehen für Rechtsgeschäfte, für die eine bestimmte Form **gesetzlich** vorgeschrieben ist:

- Die gesetzliche Schriftform gilt für den Abschluss eines mindestens zwölfmonatigen Miet- und Pachtvertrages, bei der Bürgschaftserklärung einer Privatperson und bei Abschluss eines Ausbildungsvertrages. Das Schriftstück ist durch die Vertragspartner eigenhändig zu unterzeichnen: §§ 126, 566, 766 BGB, § 4 BBiG.
- Der Verkauf und die Belastung von Immobilien, das Versprechen einer Schenkung sowie die Hauptversammlungsbeschlüsse einer AG bedürfen, neben der eigenhändigen Unterschrift der Vertragspartner, einer notariellen oder gerichtlichen Beurkundung: §§ 128, 313, 518 BGB, § 130 AktG.
- Für die Anträge auf Eintragung ins Grundbuch und ins öffentliche Register wie das Handelsregister ist eine öffentliche Beglaubigung notwendig. Der Antragstellende hat die schriftliche Erklärung zu unterzeichnen. Die Unterschrift ist zu beglaubigen: §§ 77, 129, 1560 BGB, § 12 HGB u. a.

MERKE

Wird die Formvorschrift nicht eingehalten, ist das Rechtsgeschäft nichtig bzw. ungültig (§ 125 BGB). Es dient dazu, übereilten und unüberlegten Rechtsgeschäften vorzubeugen sowie Beweisschwierigkeiten zu vermeiden.

ZUSAMMENFASSUNG

Rechtsgeschäfte

- einseitige Rechtsgeschäfte (Abgabe einer WE) = Erklärungen
  - empfangsbedürftig
    - Kündigung
    - Mahnung
    - …
  - nicht empfangsbedürftig
    - Testament
    - Auslobung (= Entlobung)
    - …
- zweiseitige Rechtsgeschäfte (Abgabe zweier übereinstimmender WE) = Verträge
  - einseitig verpflichtend
    - Schenkung
    - Leihvertrag
    - …
  - beidseitig verpflichtend
    - Frachtvertrag
    - Kaufvertrag
    - …

Formvorschriften

- Grundsatz der Formfreiheit
  - für Erklärungen
  - für Verträge
  - → mündlich
  - → schriftlich
  - → konkludentes Handeln bei bestehenden Geschäftsbeziehungen
- Ausnahmen:
  - Schriftform, z. B. für Mietvertrag, länger als ein Jahr
  - notarielle/gerichtliche Beurkundung, z. B. beim Kauf von Immobilien
  - öffentliche Beglaubigung, z. B. bei Handelsregistereintragungen

Bearbeitungsvorschläge

1. Geben Sie für folgenden Text die angeführten Rechtsgeschäfte an.
   Kai Johannson hat aufgrund des letzten Willens seines Vaters das Fuhrunternehmen, die Personengesellschaft Johannson & Sohn, übernommen. Da Kai nicht in der Lage ist, alle anfallenden Arbeiten allein zu erledigen, stellt er einen neuen Mitarbeiter für die Disposition ein. Als Auszubildender der Wall GmbH – Spedition & Logistik hat Kai nach der Annahme von Kundenaufträgen Transporte mit dem elterlichen Betrieb durchführen lassen. Jetzt ist er auf diese Transporte angewiesen. Im Gegenzug hat er einen anderen guten Kunden der Johannson & Sohn davon überzeugt, seine Waren bei der Wall GmbH einzulagern. Da es der Johannson & Sohn zurzeit finanziell nicht so gut geht und zwei der eigenen Lkws in Reparatur sind, bekommt Kai von der Wall GmbH einen Lkw (zum Buchwert von einem Euro) gänzlich und einen weiteren Lkw zur kurzfristigen Nutzung überlassen, ohne dass er dafür zahlen muss. Um einen neuen Lkw anschaffen zu können, setzt er sich mit seiner kontoführenden Bank in Verbindung, um sich über eine Finanzierung zu informieren.

2. Legen Sie dar, um welche Art von Rechtsgeschäften es sich in den folgenden Beispielen handelt und ob Formfreiheit oder Formzwang besteht
   a) Die Wall GmbH – Spedition & Logistik schließt einen Mietvertrag über eine Lagerhalle für drei Jahre ab.
   b) Die Wall GmbH hat sich mit dem Verkäufer eines Grundstückes auf den Verkauf geeinigt.
   c) Die Wall GmbH – Spedition & Logistik spielt mit dem Gedanken, einen neuen Gesellschafter aufzunehmen.
   d) Die Wall GmbH kauft einen Lkw, den sie mit einem mittelfristigen Kredit finanziert.
   e) Die Wall GmbH schließt mit den zukünftigen Auszubildenden, die im Folgejahr mit der Ausbildung beginnen sollen, Ausbildungsverträge ab.

3. Erläutern Sie, wodurch sich die im Anschluss dargestellten Rechtsgeschäfte unterscheiden:
   a) Speditionsvertrag – Frachtvertrag
   b) Leihvertrag – Mietvertrag
   c) Werkvertrag – Geschäftsbesorgungsvertrag
   d) Kündigung – Mahnung
   e) Arbeitsvertrag – Kündigung
   f) Mietvertrag – Pachtvertrag
   g) Leihvertrag – Darlehensvertrag
   h) Arbeitsvertrag – Werkvertrag

4. Erklären Sie anhand von eigenen Beispielen, warum für Rechtsgeschäfte die Schriftform sinnvoll ist, und begründen Sie, warum für bestimmte Rechtsgeschäfte ein Formzwang (eine Formvorschrift) besteht.

   Gehen Sie in diesem Zusammenhang auch auf die Aussagen der ADSp in Bezug auf die Formvorschriften ein.

3 Besitz und Eigentum

LSL

LERNSITUATION

Bei der Wall GmbH – Spedition & Logistik stehen einige Investitionen in der Abteilung Lager und Logistik an. Die Kapazität des **eigenen Lagers** ist ausgeschöpft und die **Sendungen** einiger Kunden müssen bereits in einem bei der Lorenz-Speditions AG **angemieteten Lager** eingelagert werden. Da ein benachbartes **Grundstück** zum Verkauf steht, beabsichtigt die Wall GmbH dieses zu kaufen und eine neue Lagerhalle zu bauen. Überdies sind zwei der drei vor fünf Jahren gekauften, eigenen **Gabelstapler** abgeschrieben und wegen der häufigen, „altersbedingten" Ausfälle zu ersetzen.

Um nähere Einzelheiten zu klären, sitzen die Geschäftsführerin, Frau Seeding, und der Hauptabteilungsleiter der Abteilung Lager und Logistik, Herr Lohmacher, im Konferenzraum:

Fr. Seeding: Ich habe mich entschieden, dass die **neuen Gabelstapler** auf Raten gekauft werden. Das Angebot der Stoll KG ist einfach zu gut. **Unsere alten Gabelstapler** können wir in Zahlung geben. Die zwei defekten Gabelstapler hat die Stoll KG sowieso schon. Haben Sie mit dem Anbieter gesprochen? Wann könnten wir die Abholung veranlassen?

Hr. Lohmacher: Übernehmen könnten wir die **neuen Gabelstapler** sofort. Wir nehmen das Angebot also an. Wir müssen nur daran denken, dass das Eigentum endgültig erst nach der Bezahlung der letzten Rate auf uns übergeht.

Fr. Seeding: Genau ... Kommen wir zu unserem Nachbargrundstück. Obgleich es sozusagen seit Jahren herrenlos ist – da wohnt schließlich niemand –, haben wir wohl nicht die Möglichkeit, es als das Unsrige zu bezeichnen. Wem gehört es denn?

Hr. Lohmacher: Der Grundbuchauszug zeigt, dass es einer Frau Schlesinger in München gehört. Ich habe mich mit ihr in Verbindung gesetzt, und sie wäre mit einem Verkauf einverstanden. Gemäß unseren Vorstellungen würde sie uns das Grundstück für einen Kaufpreis von einer Million Euro, so wie es ist, überlassen.

Fr. Seeding: Gut ... Sie kümmern sich um die Formalitäten, wie notarielle Beurkundung, Eintrag im Grundbuch und so weiter?

Hr. Lohmacher: Sicher ...

Plötzlich klingelt das Telefon, Frau Seeding stellt die Freisprechanlage ein. Es meldet sich der Hauptabteilungsleiter der Lkw-Disposition, Herr Flicker:

Hr. Flicker: ... Da mein **Firmenwagen** und auch **der Firmenwagen des Boten** zur Inspektion sind, wollte ich Herrn Lohmacher fragen, ob der Bote **seinen Privatwagen** ausleihen kann, um die Dokumente für die morgigen Transporte zu Johannson & Sohn bringen lassen zu können.

Hr. Lohmacher: Natürlich, der Schlüssel ist in der **Schublade „meines" Schreibtisches**. Sagen Sie ihm bitte, er solle den Wagen im Anschluss daran durch die Waschanlage fahren.

Hr. Flicker: Okay, vielen Dank. ... Im Übrigen habe ich ein Angebot für 200 Europaletten für einen Euro pro Stück. Haben Sie Interesse?

Fr. Seeding: Wieso kosten die nur einen Euro? Das ist ja nur ein Bruchteil des üblichen Preises! ...

Aufgaben

1. Ordnen Sie den fett markierten Wörtern gemäß den folgenden Fragestellungen die Begriffe ‚Besitz' (wer hat die Sache?) und ‚Eigentum' (wem gehört die Sache?) zu.
2. Erläutern Sie anhand obiger Darstellung, wodurch der Besitz und das Eigentum der zuvor beschriebenen Sachen übertragen werden kann.
3. Begründen Sie die Bedenken von Frau Seeding hinsichtlich des Erwerbs der Europaletten.
4. Überprüfen Sie Ihre Ergebnisse an folgender Sachdarstellung. LSL

Im Gegensatz zum alltäglichen Sprachgebrauch, bei dem Besitz und Eigentum zumeist gleich (synonym) verwendet werden, ist in rechtlicher Hinsicht zwischen diesen Begriffen zu unterscheiden.

MERKE
Wer eine Sache hat, ist Besitzer, und wem eine Sache gehört, ist Eigentümer.

Besitz ist die **tatsächliche (= sichtbare) Herrschaft** über eine Sache. Der Besitzer erlangt die tatsächliche Gewalt über eine Sache durch die Inbesitznahme, unabhängig davon, ob dies rechtmäßig, durch z. B. Ausleihen, oder unrechtmäßig, durch eine rechtswidrige, strafbare Handlung wie Diebstahl, geschieht. Ein Besitzer hat das Recht, die Sache vertragsgemäß zu benutzen und er hat den Schutz vor der Wegnahme durch Dritte. Er ist verpflichtet, die Sache entsprechend zu pflegen, zu verwahren und dem Eigentümer gegenüber ggf. **Schadenersatz** zu leisten. Der Besitz endet durch Verlust oder (freiwillige) Aufgabe, d. h. durch Überlassung an einen Dritten oder durch Wegwerfen. LSL

Eigentum ist die **rechtliche (= unsichtbare) Herrschaft** über eine Sache, das umfassendste Recht an einer Sache. Das bedeutet, der Eigentümer kann mit seiner Sache nach Belieben verfahren, z. B. verkaufen oder verschenken, vermieten, verleihen, verändern oder vernichten, sofern nicht das Grundgesetz (Art. 14 GG: „Eigentum verpflichtet ...") oder die Rechte Dritter, wie das Anfahren einer Person durch ein Auto, verletzt werden. Ferner hat der Eigentümer das Recht auf staatlichen Schutz, d. h., ein Dieb würde strafrechtlich belangt werden. Daraus ergibt sich, dass die Eigentumsübertragung i. d. R. nur mit der Zustimmung des Eigentümers erfolgen kann.[1]

3.1 Besitz- und Eigentumsübertragung an beweglichen Sachen

Bezug nehmend auf die Lernsituation zeigt die folgende Darstellung am Beispiel des Leihvertrages, dass die Übertragung des Besitzes durch die Übergabe der Sache erfolgt (§ 854 BGB).

Das Beispiel des Kaufvertrages in der folgenden Darstellung macht deutlich, dass für die Übertragung von Besitz und Eigentum entscheidend ist, wer die Sache tatsächlich hat:

- Sind Eigentümer und Besitzer (d. h., der Verkäufer ist Eigentümer und Besitzer) eine Person, so erfolgt die Übertragung durch **Einigung** auf die Eigentumsübertragung und

[1] *Seit dem 01.01.2002 kann beispielsweise* **ein** *Anteilseigner, der 95 % der Aktien einer AG hält, verfügen, dass die übrigen Aktionäre ihre Anteile an diesen verkaufen müssen.*

schließlich die **Übergabe** der Sache (§ 929 BGB) – nun ist der Käufer Eigentümer und Besitzer.

- Befindet sich der **Besitz bereits beim Käufer oder bei einer dritten Person**, erfolgt die Eigentumsübertragung lediglich durch die **Einigung** – der Käufer war bereits Besitzer, ist nun auch Eigentümer. Hat eine dritte Person die Sache in Besitz, **tritt** der Verkäufer zusätzlich den **Herausgabeanspruch** an der Sache an den Käufer **ab** – der Besitz verbleibt zunächst bei der dritten Person.
  Hat eine dritte Person die Sache in Besitz, so hat nun der Käufer als neuer Eigentümer den Herausgabeanspruch gegenüber dem derzeitigen Besitzer bzw. der dritten Person (§§ 929, 931 BGB).
- Soll der Besitz nach dem Verkauf beim Verkäufer verbleiben, kommt die Eigentumsübertragung durch die **Einigung** und **Besitzkonstitut** zustande (§ 930 BGB). Besitzkonstitut bedeutet, dass der neue Eigentümer mittelbarer Besitzer der Sache wird, ein Rechtsverhältnis, bei dem der neue Eigentümer den Herausgabeanspruch an der Sache gegenüber dem „alten" und gleichzeitig „neuen" Besitzer hat – der Verkäufer bleibt Besitzer, der Käufer ist neuer Eigentümer.

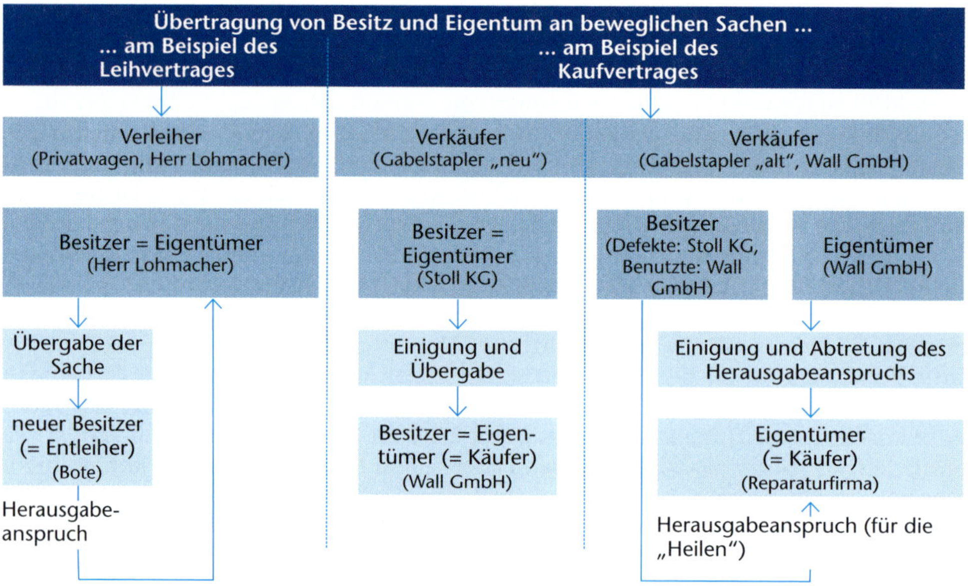

LSL

Die **Eigentumsübertragung an Rechten** erfolgt durch die Einigung und eine Abtretung (§ 398 f. BGB). Im Falle von Warenwertpapieren wie dem **Namenskonnossement** erfolgt die Abtretung durch Zession (= Forderungsabtretung), bei einem **Orderkonnossement** durch Indossament; bei Wertpapieren wie Aktien auch Übertragung.

3.1.1 Eigentumsvorbehalt

Um die Zahlungspflicht des Käufers bei Käufen auf Ziel (nach Rechnungserhalt) oder bei Ratengeschäften zu sichern, behält sich der Verkäufer einen (einfachen) Eigentumsvorbehalt vor (§ 455 BGB). Der Verkäufer bleibt somit bis zur vollständigen Bezahlung des Kaufpreises Eigentümer der Ware. Der Käufer bleibt so lange lediglich Besitzer, so beispielsweise beim Ratenkauf eines Gabelstaplers, der auf dem Lager der Wall GmbH – Spedition & Logistik eingesetzt wird. Durch eine vorzeitige Weiterveräußerung würde sich die Wall GmbH bei vereinbartem Eigentumsvorbehalt mit dem Verkäufer im ersten Kaufvertrag strafbar machen.

Einfacher Eigentumsvorbehalt

Der Verkäufer (als Eigentümer) behält sich durch den einfachen Eigentumsvorbehalt das Recht vor, um

- bei Nichtzahlung durch den Käufer vom Vertrag zurückzutreten und seine Ware zurückzubekommen (in Besitz zu nehmen). Der Verkäufer benutzt dieses Recht, um die ausstehenden (Rest-)Forderungen zu sichern;
- bei einem Vergleich oder Insolvenzverfahren die Aussonderung seiner Waren beim Käufer zu erreichen, damit er den Erhalt seiner (Rest-)Forderungen sicherstellt; und um
- die Verpfändung der Ware (seines Eigentums) beim Käufer auszuschließen.

Ein (einfacher) Eigentumsvorbehalt erlischt, wenn

- die Sache bezahlt ist,
- an gutgläubige Dritte verkauft bzw. verpfändet ist,
- als wesentlicher Teil mit einem Grundstück verbunden ist oder
- im Falle von Rohstoffen, Halbfertigprodukten, Hilfsstoffen o. Ä. verarbeitet, verbraucht oder vernichtet ist (§§ 932, 946, 950 BGB).

Erweiterter und verlängerter Eigentumsvorbehalt

Da das Erlöschen des einfachen Eigentumsvorbehaltes durch die Weiterverarbeitung, den Verbrauch oder die Vernichtung dem Verkäufer keine ausreichende Zahlungssicherheit bietet, vereinbart der Verkäufer mit dem Käufer einen verlängerten oder einen erweiterten Eigentumsvorbehalt:

- Der **verlängerte Eigentumsvorbehalt** räumt dem Verkäufer das Recht auf Übereignung der durch die Verarbeitung neu entstandenen Sachen ein (§ 929 BGB) oder beinhaltet (im Voraus) die Abtretung von Forderungen an Dritte aus dem Weiterverkauf der entstandenen Sachen (§ 398 ff. BGB).
  Beispielsweise könnte für die von der Wall GmbH beförderte Sendung von 12 t Äpfeln ein verlängerter Eigentumsvorbehalt vereinbart sein. Die Äpfel werden vom Empfänger zu Apfelsaft verarbeitet. Als verlängerter Eigentumsvorbehalt könnte vereinbart sein, dem Verkäufer das Eigentum an dem Apfelsaft so lange zu verschaffen, bis der Kaufpreis der Äpfel bezahlt ist. Ebenso ist es möglich, die Forderungen, die aus dem Verkauf des Apfelsaftes entstanden sind, so lange an den Verkäufer der Äpfel abzutreten, bis der Kaufpreis der Äpfel bezahlt ist.
  Beim einfachen Eigentumsvorbehalt würde der Verkäufer als Eigentümer der Äpfel, nach deren Verarbeitung zu Apfelsaft, seinen Eigentumsanspruch verloren haben.
- Der **erweiterte** (Kontokorrent-/Konzern-)**Eigentumsvorbehalt** beschreibt den Eigentumsvorbehalt auf alle Lieferungen an den Käufer inklusive der Vorbehaltslieferung, bis sämtliche Forderungen, also die Summe aller Einzelforderungen, beglichen sind.
  Bezug nehmend auf das Beispiel des verlängerten Eigentumsvorbehaltes würde sich der erweiterte Eigentumsvorbehalt auf den Eigentumsanspruch auf alle Apfel- bzw. Apfelsaftsendungen beziehen.

3.1.2 Gutgläubiger Eigentumserwerb

Grundsätzlich kann das Eigentum nur vom Eigentümer übertragen werden. Kann ein Käufer jedoch nicht wissen, dass die gekaufte Sache nicht das Eigentum des Verkäufers ist, kann er (§ 932 BGB [Gutgläubiger Eigentumserwerb]) im guten Glauben Eigentümer werden, d. h., der Käufer muss darauf vertrauen können, dass die Sache dem Verkäufer gehört.

Das ist z.B. der Fall, wenn ein Kunde der Wall GmbH als Verkäufer von vier Kartons Konservendosen mit dem Käufer, z.B. einem Einzelhändler, im Kaufvertrag einen einfachen Eigentumsvorbehalt bis zur Zahlung des Kaufpreises vereinbart hat (= ①). Der Einzelhändler hat die Ware aber als Verkäufer in seinem Geschäft weiterverkauft. Die Kunden des Einzelhändlers können von diesem Eigentumsvorbehalt nichts wissen und kaufen somit im guten Glauben, d.h., sie erwerben das Eigentum an den Konserven (= ②).

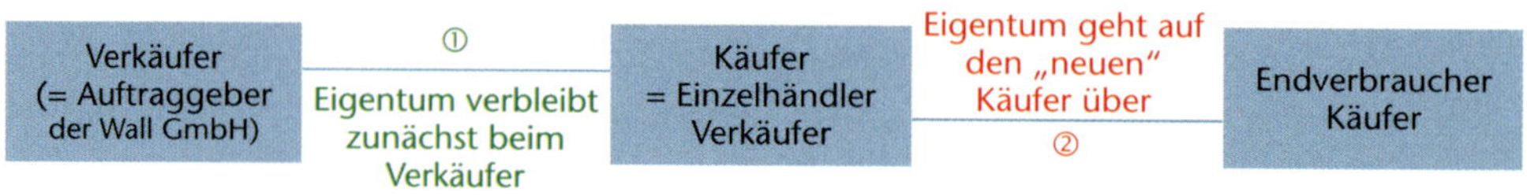

Ausschluss

Gutgläubiger Erwerb ist ausgeschlossen, wenn es sich um gestohlene, verlorene oder anderweitig abhanden gekommene Sachen handelt (§ 935 BGB). Das gilt insbesondere, wenn der Käufer wusste oder hätte wissen müssen, dass es sich nicht um das Eigentum des Verkäufers handelt.

Herrenlose Sachen

Das Eigentum an einer Sache kann erworben werden, wenn eine herrenlose Sache, deren Eigentümer nicht zuzuordnen ist – ein Geldschein, ein Inhaberscheck oder ein Inhaberlagerschein liegt auf der Straße –, wie eine Fundsache in Besitz genommen wird (§ 958 BGB). Es sei denn, die Aneignung dieser „Fundsache" ist gesetzlich verboten oder verletzt die Rechte Dritter – der Geldschein, der Inhaberscheck oder der **Inhaberlagerschein** befindet sich in einer Geldbörse und ist somit als das Eigentum einer Person zuzuordnen.

LSL

3.2 Besitz- und Eigentumsübertragung an unbeweglichen Sachen

Zur Übertragung des Eigentums an einer unbeweglichen Sache (Grundstück) ist die Einigung (= **Auflassung**) über Eigentümerwechsel zwischen dem Verkäufer und dem Käufer ebenso notwendig, wie die **Eintragung** des Eigentümerwechsels ins Grundbuch (§ 873 BGB).

- Die **Auflassung** bedeutet, dass Verkäufer und Käufer sich auf den Eigentumsübergang geeinigt haben und dass der Verkaufsvertrag bei gleichzeitiger Anwesenheit des Verkäufers und des Käufers notariell beurkundet wurde (§§ 313, 925 BGB).
- Die **Eintragung** in das Grundbuch beinhaltet die Bekanntgabe des Verkaufs des Grundstücks nach außen. Zu beachten ist, dass die Eintragung nur erfolgen kann, wenn
  - die Auflassung nachgewiesen ist,
  - die Eintragung beantragt und bewilligt ist und
  - die Grunderwerbssteuer bezahlt ist.

  Die Eigentumsübertragung ist abgeschlossen (rechtserzeugend/konstitutiv), sobald die Eintragung erfolgt ist.

ZUSAMMENFASSUNG

Besitz und Eigentum
= Herrschaft über eine Sache

	Besitz = tatsächliche Herrschaft	**Eigentum** = rechtliche Herrschaft
Übertragung	**bei beweglichen Sachen:** ▪ rechtmäßig durch Übergabe zum Gebrauch ▪ Fund ▪ unrechtmäßige Inbesitznahme	**bei beweglichen Sachen:** ▪ Einigung und Übergabe ▪ Einigung und Abtretung des Herausgabeanspruchs ▪ Einigung und Besitzkonstitut
	bei unbeweglichen Sachen: ▪ durch Überlassung der Sache	**bei unbeweglichen Sachen:** ▪ Auflassung und Eintrag des Eigentümerwechsels in das Grundbuch
Rechte	Gebrauch der Sache	mit dem Eigentum nach Belieben verfahren
Pflichten	vertragsgemäßer Gebrauch	Sache zum Wohle der Allgemeinheit verwenden und nicht gegen Gesetze oder Rechte Dritter verstoßen

Eigentumsvorbehalt	**einfacher Eigentumsvorbehalt** ▪ Eigentum an unveränderter Sache verbleibt beim Verkäufer. **verlängerter Eigentumsvorbehalt** ▪ Eigentum an veränderter Sache oder daraus entstehende Forderungen werden an den Verkäufer abgetreten. **erweiterter Eigentumsvorbehalt** ▪ Eigentum an un-/veränderten Sachen sämtlicher Lieferungen verbleiben beim Verkäufer, bis alle Forderungen beglichen sind.
Gutgläubiger Erwerb	ist der Kauf in gutem Glauben, es sei denn, guter Glaube kann nicht angenommen werden.

Bearbeitungsvorschläge

1. Entscheiden Sie, wer der Besitzer und wer der Eigentümer in den nachfolgenden Falldarstellungen ist, und begründen Sie, ob der Besitz bzw. das Eigentum rechtmäßig übergegangen ist.

   Im Leben von Frau Windig, Sachbearbeiterin in der Seehafenimportabteilung der Wall GmbH, tut sich einiges. Gerade hat sie einen Vertrag mit einem Makler über den Kauf eines **Grundstückes** abgeschlossen und die Maklercourtage bereits per Banküberweisung angewiesen. Aus Freude darüber musste sie sich mit einem neuen **Kleid** belohnen. Da sie in bar bezahlt hat, konnte sie einen Rabatt in Höhe von 10 % aushandeln. Außerdem hat sie den Auftrag, für die Wall GmbH eine Geschirrspülmaschine zu kaufen. Sie konnte erreichen, den **Geschirrspüler** für zwei Wochen zur Probe geliefert zu bekommen. Sie ist von der **Spülmaschine** überzeugt und vereinbart mit dem Verkäufer eine Ratenzahlung über 18 Monate mit einfachem Eigentumsvorbehalt.

LSL

Im Rahmen ihrer Tätigkeit als Importsachbearbeiterin bearbeitet sie Importaufträge. Gerade heute sollte sie **12 Kisten Dekorationsartikel** mit 356 kg zollrechtlich zum freien Verkehr abfertigen und bei ihrem Kunden, der Firma Deko-Shop in Flensburg, anliefern (Lieferbedingung FOB-Hongkong). Bei der Abnahme am Lager der Wall GmbH wurde durch den Fahrer und den Lagermeister allerdings festgestellt, dass eine der zwölf Kisten nicht aufzufinden ist. Frau Windig erledigt die notwendigen Schritte (Haftbarhaltung an das Lager, Meldung bei der Versicherung, Änderung des Zollantrages ...), geht aber davon aus, dass diese **Kiste** wohl von einem Mitarbeiter als „herrenlos" betrachtet wurde und somit in seinen Besitz übergegangen ist.

2. Drei Kunden fragen bei der Wall GmbH – Spedition & Logistik in Hamburg an, wie sie für die folgenden Fälle die Zahlung ihrer Waren sichern können. Begründen Sie Ihre Entscheidung.
   a) Ein Ersatzteil für eine Flaschenabfüllmaschine soll direkt nach der Anlieferung in die Maschine eingebaut werden, da ansonsten die Produktion stillstehen würde. Allerdings verlangt der Käufer ein Zahlungsziel von vier Wochen.
   b) Regelmäßige Transporte von wöchentlich durchschnittlich 2000 kg Mehl sollen an einen Bäcker verbracht werden. Als Zahlungsziel sollen 15 Tage vereinbart werden.
   c) Ein Logistik-Dienstleister bietet einem Kunden ein Hochregal an. Es soll per Ratenzahlung innerhalb von zwölf Monaten abbezahlt werden.

3. Entscheiden Sie für folgende Beispiele durch Angabe von richtig (r) oder falsch (f), ob es sich um gutgläubigen Eigentumserwerb handelt. Begründen Sie Ihre Entscheidung.

   1. Die Wall GmbH kauft bei der Firma Dössel & Rademacher 10 Kartons Vordrucke der €.1, um Präferenznachweise erstellen zu können. (r/f)
   2. Im Lager der Wall GmbH findet der Lagerarbeiter Herr Prahl einen Geldschein (10,00 €) und steckt ihn ein. (r/f)
   3. Ein Fahrer der Firma Johannson & Sohn holt gemäß Frachtvertrag eine Palette T-Shirts vom Eurokai ab. (r/f)
   4. Der Auszubildende Mark verleiht an einen Freund einen CD-Player. Dieser Freund verkauft ihn:
      a) an einen Bekannten, der weiß, dass der CD-Player Mark gehört. (r/f)
      b) an einen Bekannten, der nicht weiß, dass der CD-Player Mark gehört. (r/f)

4 Bedarfsplanung

LERNSITUATION

Herr Kohn, Sachbearbeiter in der Abteilung Nationaler Güterkraftverkehr der Wall GmbH – Spedition & Logistik in Hamburg, hat per Telefon folgenden Kundenauftrag übermittelt bekommen. Die Sendungen sollen am morgigen Tage per Lkw von Hamburg nach Dresden befördert werden:

Wall GmbH
Spedition & Logistik

Wall GmbH – Spedition & Logistik, Großmannstraße 253, 20539 Hamburg

E-Mail: service@wall-gmbh.de
Internet: www.wall-gmbh.de
Tel. +49 40 31104-0
Fax +49 40 31104-99

Gesprächsnotiz: **Gesprächspartner:** *Frau Meckler* **für:** *Kohn*

☐ zur Kenntnisnahme ☒ zur Erledigung ☐ zur Ablage

Position:

Datum: 02.03.20..

21 Europaletten. Ersatzteile à 550 kg, je 1,20 m x 0,80 m x 1,70 m
38 Industriepaletten Ersatzteile à 245 kg, je 1,00 m x 0,80 m x 1,17 m; stapelbar
ex Maschinenbauer OHG, Haubachstr. 52, 22765 Hamburg
für Werkstatt & Mehr GmbH, Basteistr. 12, 01277 Dresden
Achtung: Stauraumverlust durch Überhänge bei den Paletten mind. 1,5 cm zwischen den Paletten auf der Stellfläche!

Da die eigenen Lkws bereits ausgelastet sind, kommt ein Selbsteintritt nicht in Betracht. Auch die Frachtraumsuche bei seinen normalerweise eingesetzten Frachtführern blieb erfolglos, da diese ihre Kapazitäten für den morgigen Tag bereits ausgeschöpft haben. Um die Kosten der Frachtraumbeschaffung möglichst gering zu halten, hat er sich bereits die im Anschluss dargestellten „Frachtangebote" aus einer Frachtenbörse heruntergeladen. Die wesentlichen Daten lauten wie folgt: LSL

- Zugmaschine: 6,25 (L) × 2,44 (B) × 2,50 (H) m, Hänger: 8,25 (L) × 2,44 (B) × 2,50 (H) m
  Preis: 400,00 €
- Zugmaschine: 7,45 (L) × 2,44 (B) × 2,50 (H) m, Hänger: 7,45 (L) × 2,44 (B) × 2,50 (H) m
  Preis: 500,00 €
- Zugmaschine: 7,82 (L) × 2,44 (B) × 2,50 (H) m, Hänger: 7,82 (L) × 2,44 (B) × 2,50 (H) m
  Preis: 550,00 €
- Zugmaschine: 7,15 (L) × 2,44 (B) × 2,50 (H) m, Hänger: 7,15 (L) × 2,44 (B) × 2,50 (H) m
  Preis: 450,00 €

Vor Abschluss eines Frachtvertrages muss Herr Kohn einen Stauplan erstellen, um zu entscheiden, welchen der Lkws er beim Frachtführer direkt buchen sollte.

Aufgaben

LSL

1. Erstellen Sie den Stauplan für Herrn Kohn für die durch die Frachtenbörse vorgeschlagenen Lkws und begründen Sie, welchen Lkw Sie durch Abschluss eines Frachtvertrages buchen würden. (Hinweis: Ermitteln Sie zunächst die notwendigen Lademeter!)
2. Erläutern Sie das Prinzip einer Frachtenbörse im Internet und versuchen Sie, über einen Gastzugang bei einer Frachtenbörse ähnliche Frachtraumangebote zu sichten, und stellen Sie den Bezug zur Bedarfsplanung her.
3. Erläutern Sie mithilfe des Beispiels, was Sie unter Bedarfsplanung verstehen und von welchen Kriterien eine solche Planung abhängig ist.

Die Bedarfs- bzw. Beschaffungsplanung ergibt sich aus dem Bedarf eines Unternehmens an Sachgütern und Dienstleistungen, um die eigenen Produkte – gemäß den gesetzten Qualitätsansprüchen – anbieten zu können und die Befriedigung der Kundenwünsche zu sichern. Der Bedarf eines **Spediteurs** ergibt sich u. a. aus seinen **Kernaufgaben** wie die Abwicklung von Lager-, Fracht- und Speditionsgeschäften sowie allen damit verbundenen speditionsüblichen und speditionsüblichen logistischen Tätigkeiten wie Dokumentenerstellung und -abwicklung, Kundenberatung, Behandlung des Gutes sowie Kommissionieren, Neutralisieren, Markieren. In den letzten Jahren hat sich die Angebotspalette vor allem um speditions**unübliche logistische Dienstleistungen** erweitert. Dazu gehören die Übernahme von Inkasso- oder Kaufvertragsaufgaben, Regalpflege, Qualitätskontrollen, Montagearbeiten, computergestützte Erteilung von Nachschubaufträgen und sonstige value-added-services. Aus dieser erweiterten Angebotspalette ergeben sich neue Bedarfe an zusätzlich qualifiziertem Personal, Fort- und Weiterbildung sowie Hard- und Softwareausstattung u. v. a. m.

LSL

Um einen – regelmäßigen – Bedarf feststellen zu können, muss sich ein Unternehmen ebenso wie Privatpersonen – laufend – an den für sie **relevanten Faktoren** orientieren (i. d. R.)[1]:

- die Art und Qualität des Gutes bzw. der Dienstleistung,
- den Ort der Bereitstellung bzw. Lieferung,
- Einzel- oder Gesamtmenge,
- den optimalen Zeitpunkt der Bereitstellung bzw. Lieferung,
- Lieferanten,
- Beschaffungspreis.

4.1 Qualitativer Bedarf

Die Art und Qualität des zu beschaffenden Gutes oder einer Dienstleistung hängt im Wesentlichen von den gestellten Anforderungen an das zu erstellende Gut (z. B. Vanilleeis) oder die zu erstellende Dienstleistung (z. B. Besorgung eines Transportes) ab. Die Qualitätsfestsetzung spiegelt sich im Einkaufs- und späteren Verkaufspreis wider (= Preis-Leistungs-Verhältnis). So ist die Herstellung von Vanilleeis mit chemisch hergestellter Vanille preiswerter als mit echter Vanilleschote. Zudem ist die Beförderung von chemisch hergestellter Vanille günstiger als der Transport frischer Vanilleschoten, weil künstlich hergestellte Vanille keiner besonderen Behandlung bedarf.

4.2 Quantitativer Bedarf

Grundlage der Bedarfsermittlung ist die Menge an zu produzierenden Gütern (wie Vanilleeis) oder Dienstleistungen (wie Besorgen einer Transportleistung). Sie wird anhand der in der Vergangenheit verkauften Menge an Gütern (Vanilleeis) und Dienstleistungen (Transportbesorgung) gemessen und für die Zukunft prognostiziert. Zu diesem Zweck werden in den Unternehmen – mittel- und langfristig – Ein- und Verkaufsstatistiken geführt. So lässt sich für eine Spedition mit eigenem Fuhrpark durch das Führen solcher Kundenstatistiken der vermutliche Bedarf an Ladekapazität aufgrund des durchschnittlichen Warenaufkommens der Kunden feststellen. Auf Grundlage dessen kann entsprechend Laderaum vorgehalten werden.

---

[1] *Hierauf wird in den folgenden Kapiteln „Auswahl der Lieferer" und im Rahmen des „Zustandekommens des Kaufvertrages" im Angebot und Angebotsvergleich eingegangen (s. dort).*

Unvorhersehbare Änderungen im Käuferverhalten oder bei der Gesetzgebung müssen allerdings berücksichtigt werden. So konnte ein im Jahr 2000 auf den Transport von Futtermitteln spezialisierter Frachtführer mit wöchentlich fünf Transporten im Jahr 2001 nicht mehr auf solche Transporte hoffen, da durch die BSE-Krise die Zufütterung von bestimmten Futtermitteln verboten wurde und somit der Bedarf an diesen Transporten nicht mehr bestand; Ersatz musste beschafft werden. Ebenso ging der Verzehr von Rindfleisch zurück, auch diese Transporte mussten eingeschränkt werden. Ähnliche Auswirkungen haben auch Schutzzölle oder die wirtschaftliche Lage der Abnehmerländer (s. dort).

Neben der mittel- und langfristigen Planung von durchschnittlichen Bedarfen können kurzfristige Bedarfe entstehen, die innerhalb kurzer Zeiträume geplant werden müssen. Beispielsweise kann ein kurzfristig – unvermutetes – ansteigendes Auftragsvolumen dazu führen, dass für den Spediteur in der Lkw-Disposition oder bei der Planung von Exportsammelgutcontainern ein Mehrbedarf an Frachtraum und Containern entsteht.

Aufgrund von Logistiktätigkeiten oder beispielsweise bei der Beschaffung von Laderaum steht der Spediteur vor der Aufgabe, die optimale Bestellmenge zu ermitteln, um den Kundenaufträgen gerecht zu werden.
Im Rahmen der logistischen Aufgaben hat der Spediteur, ebenso wie andere Unternehmen, grundsätzlich die Möglichkeit, **viel und selten oder wenig und häufig** zu bestellen. LSL

Innerhalb dieser Extreme gibt es diverse Möglichkeiten von Mengen und Zeitabständen, die der Einkäufer in Abhängigkeit von der Höhe der Kosten (und den Kundenwünschen) abwägt. Neben den **unmittelbaren Beschaffungskosten** in Form der Einkaufspreise LSL sind die mittelbaren Beschaffungs- und die Lagerkosten zu berücksichtigen:

- Die – **mittelbaren – Beschaffungskosten** beinhalten die Kosten der Tätigkeiten und des Zeitbedarfs, die zur Bestellung, sowohl für die Logistikaufgaben als auch die Laderaumbeschaffung führen. D. h. das Schreiben von Anfragen, Telefonieren, die Bearbeitung eingehender Angebote, den Angebotsvergleich, die Auswahl und die eigentlichen Kosten der Bestellung wie z. B. Wareneingang (Schnittstellenkontrolle), evtl. Reklamationsbearbeitung, die Rechnungsprüfung und Bezahlung.[1] Bei bereits bestehenden Geschäftsbeziehungen zu Lieferanten oder Frachtführern entfallen einzelne Tätigkeiten und so die damit verbundenen Kosten.
  Generell gilt jedoch, dass je größer die Bestellmenge ist,
  - desto geringer die Beschaffungskosten pro bestellter Einheit,
  - desto größer der Zeitabstand zur nächsten Bestellung und
  - desto größer die Wahrscheinlichkeit, einen Rabatt in Anspruch nehmen zu können.
- Die **Lagerkosten** steigen, LSL
  - je größer die einzulagernde Menge ist,
  - mit höherem Raumbedarf bei größerer Bestellmenge,
  - mit der Dauer der Lagerung und LSL
  - damit verbunden der Personalbedarf der im Lager Beschäftigten.

Andere Faktoren wie eine begrenzte Lagerkapazität, eingeschränkte finanzielle Möglichkeiten, hohe Preisschwankungen, eine eventuelle Verknappung der Vorprodukte wie Rohstoffe u. a. können den optimalen Bestellzeitpunkt ebenso beschränken. LSL

---

[1] *Zur Ermittlung der optimalen Bestellmenge müssten zusätzlich die Zinsen eingerechnet werden, die anfallen, um den Einstiegspreis der Waren oder Dienstleistungen bis zum Zeitpunktder Bezahlung nach dem Verkauf der Endprodukte vorzufinanzieren. (Dieser Sachverhalt wird an dieser Stelle vernachlässigt.)*

Zur Ermittlung der **optimalen Bestellmenge** gilt es, die **Gesamtkosten möglichst gering** zu halten:

Gesamtkosten	=	unmittelbare Beschaffungskosten (Einkaufspreis)	+	mittelbare Beschaffungskosten (Bestellkosten)	+	Lagerkosten

LSL

Angenommen die Gesamtkosten für den Laderaum eines kompletten Lkw für den Transport von 20 t von Hamburg nach München betragen 400,00 € und der Transport von 10 t frachtpflichtigem Gewicht (als Basisladung in einem Lkw) von Hamburg nach München 250,00 €. Das Beispiel zeigt, dass die Kosten für die Beschaffung steigen, je geringer die Bestellmenge ist. Der Transport der 20 t kostet hier im Durchschnitt 20,00 €/t, die 10 t durchschnittlich 25,00 €/t. Umgekehrt lässt sich ableiten, dass die Beschaffungskosten sinken, je höher die Bestellmenge ist. Für die optimale Bestellmenge gilt, dass sich sinkende Bestellkosten und steigende Lagerkosten ausgleichen. Bei gleich bleibendem Verbrauch würde eine höhere Bestellmenge länger gelagert werden müssen, als dies z. B. bei JIT-Lieferungen der Fall wäre. Demgegenüber steigen jedoch die Kosten der Beschaffung bei JIT-Lieferungen durch z. B. die höheren Transportkosten bei regelmäßiger Lieferung, d. h. hier häufigere Lieferungen von kleineren Sendungen. Bei hoher Bestellmenge hingegen lägen die Beschaffungskosten niedriger, die Lagerkosten würden aber steigen, da die Waren bis zum Verbrauch gelagert werden müssten.

4.3 Bedarfsort

LSL

Der Ort des Bedarfs bezeichnet den Ort, an dem der Bedarf an Gütern oder Dienstleistungen entsteht, so die Anlieferadresse für einen Frachtführer. Dieser Ort muss nicht mit dem Ort der Lieferung übereinstimmen. In Abhängigkeit von der Lieferbedingung kann der Übergabeort an anderer Stelle liegen. Beispielsweise kann die **Lieferbedingung** FOB HongKong lauten, d. h. die Lieferung (Gefahren-, Kosten- und Dispositionsübergang) erfolgt bereits, wenn die Ware die Reling im Verschiffungshafen – hier: Hongkong – überschritten hat. Der Ort des Bedarfs liegt aber in einer Fabrik in Hamburg. (Die Differenz der Kosten aus dem Gefahren-, Kosten- und Dispositionsübergang vom Liefer- zum Bedarfsort stellen dementsprechend Beschaffungskosten für den Käufer dar.)

4.4 Optimaler Bestellzeitpunkt

LSL

Nach Festlegung der optimalen Bestellmenge ist der optimale Zeitpunkt zu bestimmen. Für den **optimalen Bestellzeitpunkt** sind zu berücksichtigen:

- der Beschaffungszeitraum,
- die Lagerfähigkeit der Waren,
- die Preisentwicklung auf dem Markt,
- die maximale Lagerkapazität,
- die Geschwindigkeit des eigenen Umsatzes (Absatz).

MERKE

Der optimale (kostengünstigste) Bestellzeitpunkt beschreibt den Zeitpunkt, zu dem eine Bestellung erfolgen muss, damit die Herstellung der (eigenen) Güter oder Dienstleistungen reibungslos erfolgen kann und gleichzeitig die anfallenden Kosten möglichst niedrig bleiben. Dies wird insbesondere bei JIT-Lieferungen deutlich, d. h. die Lieferung der richtigen Ware, zum richtigen Zeitpunkt, in der richtigen Menge, am richtigen Ort, wodurch die Lagerhaltung möglichst gering gehalten werden kann.

Bei der Bestimmung des optimalen Bestellzeitpunktes ist ein sogenannter **Mindestbestand** bzw. die eiserne Reserve zu berücksichtigen. Das ist die Menge an Vorräten, die nie unterschritten werden darf, damit die Produktion oder das Erbringen der Dienstleistung, auch bei kurzfristigen Lieferschwierigkeiten, aufrechterhalten werden kann. Der **Meldebestand** ist die Menge, die als Vorrat gehalten werden muss, um den Beschaffungszeitraum zu überbrücken:

Meldebestand = Mindestbestand + (Tagesbedarf · Lieferzeit)

Für den Spediteur besteht der Mindestbestand im Vorhalten von Kapazitäten für regelmäßig wiederkehrende Kundenaufträge. Der Tagesbedarf hängt ab von den dazu – zusätzlich – einkommenden Aufträgen, die zumeist kurzfristig zu erledigen sind. Somit kann sich für den Spediteur beispielsweise in der Lkw-Disposition der Meldebestand und damit die Beschaffung für Frachtraum täglich neu aus dem Ladungsaufkommen der Stammkunden und zusätzlichen Aufträgen anderer Kunden ergeben.

ZUSAMMENFASSUNG

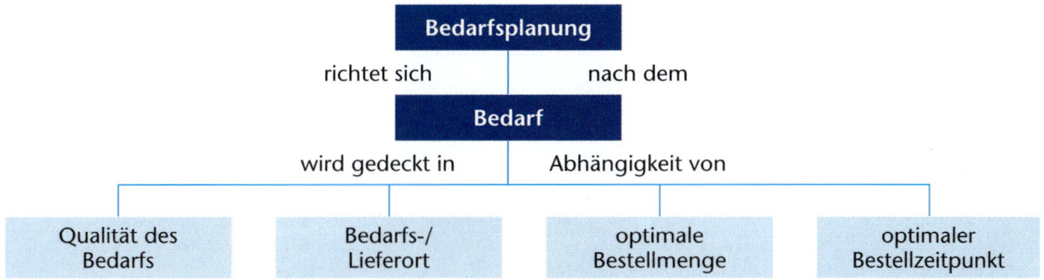

Bearbeitungsvorschläge

1. Im Rahmen logistischer Dienstleistungen bietet die Wall GmbH, Spedition & Logistik, ihren Kunden u. a. die Abwicklung von Einkaufs- und Verkaufsaufgaben an. Für die Schmidt-Schrauben OHG hat die Wall GmbH die Aufgabe übernommen, gemäß den im Anschluss dargestellten Daten für den entsprechenden Warenbestand zu sorgen. Um die notwendigen Zahlenwerte für den Einkauf zu bekommen, ist im Normalfall ein Computerprogramm vorhanden, welches die Zahlen per DFÜ an den Lieferer übersendet, sodass die Ware am folgenden Tag abgeholt werden kann. Da direkt nach dem Ausdrucken einer Bestandsliste der Computer ausfällt und nicht mehr hochgebootet werden kann, bittet die Abteilungsleiterin, Frau von Blumenfeld, den Auszubildenden, Mark Köhler, die Bedarfsplanung vorzunehmen und ihr die Ergebnisse zur Bestellung vorzulegen.

Bestandsauszug für Schrauben OHG, Hamburg am 15.02.20..					
Artikel		Artikel-Nr.	Größe in mm	Material	Bestell-Nr.
Kreuzschraube		**KS045/98-120**	**120**	**Stahl**	**ZL5239-120**
Datum/Bestand in Tsd. Stck.	Bestellung in Tsd. Stck. durch Wall GmbH	Bestellungen für Folgetag in Tsd. Stck. (Kd.)	Mindest-bestand (MB) in Tsd. Stck.	Meldebe-stand in Tsd. Stck. (= 2 Tage à Ø 1,5 × · MB + MB)	Kapazitäts-grenze in Tsd. Stck. (= 100-facher MB)
15-02-20../800		200	200		
		220			
		170			
		210			
		190			
		210			
		120			
		230			

a) Helfen Sie Mark Köhler bei der Erstellung der Bedarfsplanung, indem Sie die optimale Bestellmenge (geringst mögliche Menge) und den optimalen Bestellzeitpunkt ermitteln.

b) Überprüfen Sie Ihr Ergebnis mithilfe einer Excel-Tabelle, indem Sie die Bezüge herstellen und die noch notwendigen Daten eingeben.

2. Kalkulieren Sie ebenfalls die optimale Bestellmenge für folgende Daten eines Neukunden.
   - Jahresbedarf (Σx) = 24 000 Stück
   - Bestellkosten pro Bestellung (B/B) = 250,00 €
   - Preis (p) pro Stück = 3,50 €
   - Lagerkosten (LK) = 7,5 % vom durchschnittlichen Lagerbestand

Bestell-häufig-keit pro Jahr	Bestell-menge in Stück	Beschaf-fungs-kosten in €	Ø-licher Lagerbe-stand (LB) in €	Ø-liche LK in €	Bestell-kosten (BK) in €	Gesamt-kosten (GK) in €
Formel:	x	(Σx) · p	(x : 2) · p	7,5 % von LB	B/B · Anz. d. Bestellung	Σaller Kst.
12-mal						87.262,50
4-mal						
3-mal						
2-mal						
1-mal						

3. Erläutern Sie mit eigenen Worten, wozu die optimale Bestellmenge und der optimale Bestellzeitpunkt dienen.

5 Auswahl der Lieferer

LERNSITUATION

Karen Meckel ist Auszubildende der Wall GmbH – Spedition & Logistik und seit vier Monaten in der Lkw-Disposition, **Internationaler Verkehr**, eingesetzt. Sie kennt die **Arbeitsabläufe** bereits sehr gut und bearbeitet normalerweise die Speditionsaufträge von Stammkunden, für die es durch ein **Qualitätsmanagement** festgelegte Arbeitsanweisungen gibt. Zur Erledigung der Aufträge hat Karen Meckel bisher immer eigene Lkws nutzen können, sodass sie keine Veranlassung hatte, sich über andere Frachtführer zu informieren. Als Urlaubsvertretung für Frau Schleif, Disponentin, bekommt sie nun den Auftrag, einen kompletten Lkw von Hamburg nach Moskau zu organisieren, für den sie die Daten selbst aufgenommen hat (siehe unten). Die Lkws der Wall GmbH sind allerdings für derartige Transporte nicht geeignet (s. Verschlussanerkenntnis). Ein **Selbsteintritt** kommt somit nicht in Betracht. Da die übrigen Mitarbeiter ihr zurzeit nicht helfen können, weil sie mit ihren eigenen Aufgabengebieten voll ausgelastet sind, nimmt Karen sich deshalb die Arbeitsanweisungen (Checkliste) zur Auswahl eines Frachtführers zur Hand.

LSL

LSL

Wall GmbH
Spedition & Logistik

Wall GmbH – Spedition & Logistik, Großmannstraße 253, 20539 Hamburg

E-Mail: service@wall-gmbh.de
Internet: www.wall-gmbh.de
Tel. +49 40 31104-0
Fax +49 40 31104-99

Checkliste – qualitätsorientierte Arbeitsanweisungen – zur Auswahl eines Frachtführers:

Sendungsdaten:

- *594 Kartons à 25 kg, 0,79 · 0,39 · 0,4 m; mit Wolldecken = 16 500 kg,*
- *Palettisieren (Europaletten) à 9 Kartons (Palettenhöhe ca. 0,15 m) ≈ je Pal. 1,20 · 0,80 · 1,35 m*
- *≈ Sattelschlepper mit 13,6 m; Lademeter (13,2 mit 2,46 m Höhe und ca. 2,40 m Breite)*
- *Zollverfahren: TIR-Carnet*

Versender:
Wolldecken-Export GmbH, ..., Hamburg

Empfänger:
Moskau-Import, ..., Moskau

Termin/sonstiges:
Abnahme nächsten Montag, Anlieferung eine Woche später!

LSL

Termin/sonstiges:

☒ **ausreichende Kapazität** ✓ *Sattelschlepper bereit*	☒ **Erlaubnis** ✓ *Zugangsvoraussetzungen*	☒ **Betriebssicherheit** ✓ *bereits Geschäftsbeziehungen*
☒ **angemessene Fracht** ✓ *verschiedene Offerten angefordert + ausgewertet*	☒ **sonst. Genehmigungen** ✓ *bilaterale-, Transport-, CEMT- bzw. ITF-Genehmigung*	☒ **Finanzkraft** ✓ *um evtl. Nachnahme einzuziehen*
☒ **Verschlussfähigkeit (Lkw)** ✓ *für TIR-Carnet*	☒ **Zuverlässigkeit** ✓ *bereits Geschäftsbeziehungen*	☒ **Einhaltung der Gesetze** ✓ *Lenk- + Ruhezeiten ...*
☒ **Flexibilität/Service** ✓ *bereits Geschäftsbeziehungen*	☒ ... ✓ ...	☒ **ADR-Bescheinigung** *hier nicht erforderlich*

Verschiedene Kriterien dieser Checkliste wird Karen gegeneinander abwägen, um einen geeigneten Frachtführer auszuwählen.

Aufgaben

1. Erklären Sie, was unter einem Lademeter zu verstehen ist, und erläutern Sie, warum dieses Kriterium zugrunde gelegt werden kann.
2. Erklären Sie die Stichworte der Checkliste zum Feststellen eines geeigneten Frachtführers und geben Sie an, woher Sie diese Informationen beziehen können.
3. Begründen Sie, warum gerade diese Kriterien bei der Auswahl eines geeigneten Frachtführers besonders hilfreich und ausschlaggebend sind.
4. Erkundigen Sie sich, was in einer Spedition unter dem Begriff **„Qualitätsmanagement"** verstanden wird.

LSL

Nach der Bedarfsplanung müssen geeignete Lieferer gefunden und ausgewählt werden.

Bei immer gleichem oder ähnlichem Bedarf wird zumeist auf bekannte Lieferer/Lieferanten zurückgegriffen. Das kann z. B. begründet sein in:

- einem Sicherheitsstreben der Mitarbeiter („um nichts falsch zu machen"),
- bestehenden und damit bindenden Verträgen (wie bei Autozulieferbetrieben),
- einer Monopolstellung des Zulieferers (wie die Lieferung von Wasser durch den Gebietsmonopolisten wie die Hamburger Wasserwerke),
- der Bequemlichkeit der Mitarbeiter (wegen des Arbeitsaufwandes beim Angebotsvergleich) oder
- einer wiederholten Überprüfung des Lieferers anhand notwendiger Kriterien (wie beispielhaft in der Checkliste innerhalb der Lernsituation dargestellten) in Abwägung zu anderen konkurrierenden Lieferern.

MERKE

Eine regelmäßige Überprüfung der Bedingungen, die zur Lieferung führen, ist schon deshalb wichtig, weil die wirtschaftliche Situation einer Unternehmung auch von den Lieferantenpreisen abhängt.

Um eine reibungslose Abwicklung von Aufträgen zu gewährleisten, sind gute Geschäftsbeziehungen im Grunde unerlässlich. Deshalb sind die Daten der bekannten Lieferer i. d. R. in Form von Offerten oder in Form von Datensätzen im Computersystem nach den Auswahlkriterien (vgl. auch Abschnitt 6.3, Angebotsvergleich) hinterlegt (Bezugsquellendatei). Zu solchen Daten können gehören:

LSL

Produktpalette, Preise, Liefer- und Zahlungsbedingungen, eine **ADR-Bescheinigung** im Lkw-Verkehr oder der Möglichkeit, **NVOCC**- oder auch **FIATA-Konnossemente** im Seeverkehr ausstellen zu können, um den Anforderungen bei Akkreditivgeschäften bei Stückgutsendungen (LCL-Sendungen) im Exportsammelgut in eigenen Sammelgutcontainern gerecht zu werden. Ebenso gehören die Einhaltung der versprochenen Leistung, vereinbarte Termine und sonstige Konditionen dazu. (Die Anforderungen an einen Lieferer ließen sich je nach Bedarf beliebig erweitern und zudem auf sämtliche Geschäftszweige einer Spedition ausdehnen.)

Ziel muss es sein, den Markt zu beobachten, um einen geeigneten Lieferer auswählen zu können. Ebenso müssen neue Bezugsquellen gesucht werden, wenn ein Lieferer eine Sache oder Dienstleistung nicht mehr oder zu ungünstigen Bedingungen erbringen kann.

Beispielsweise, wenn ein Spediteur eine Sammelgutrelation im Seeverkehr von Amsterdam nach Sydney nicht anbieten kann. Möglichkeiten des Spediteurs: LSL

- Ein Spediteur kennt sich i. d. R. innerhalb seiner Branche gut aus, sodass er als Beilader bei einer anderen Spedition zuladen würde.
- Der Spediteur informiert sich an geeigneter Stelle über neue Lieferer. Spediteure und andere Branchen wie Außenhändler, Industrieunternehmen können sich bei der jeweiligen Handelskammer branchenspezifische Anbieter in Buchform besorgen. Andere Bezugsquellen sind das „ABC der deutschen Wirtschaft“, Fachzeitschriften, Branchenbücher, (Fach-)Messen, Mundpropaganda durch Geschäftsfreunde und insbesondere auch das Internet u. v. a. m.

ZUSAMMENFASSUNG

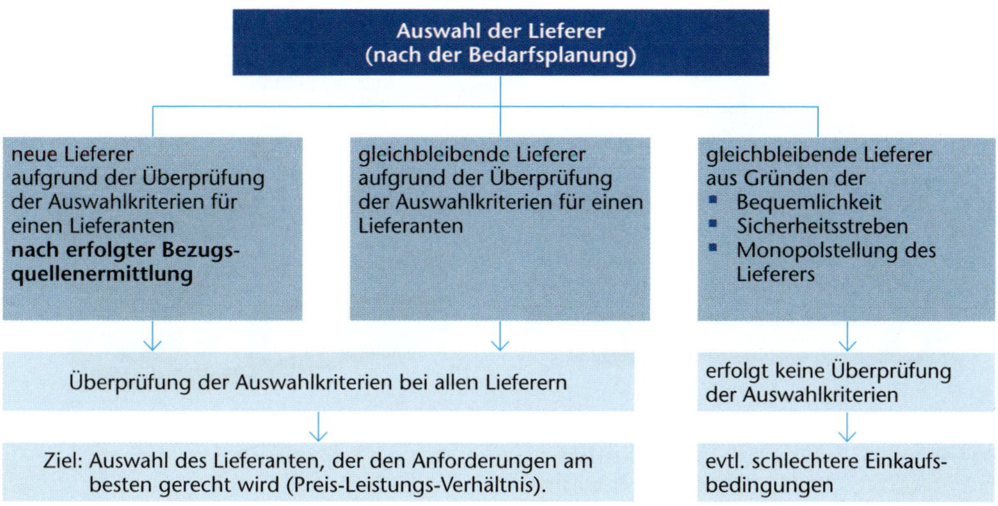

Bearbeitungsvorschläge

1. Sie werden beauftragt, 19 cbm Möbel in einen 20´-Container zu verpacken und von Wuppertal über Hamburg nach Hongkong zu verschiffen. LSL
   1. Erstellen Sie eine Checkliste für die Auswahl von Frachtraum.
   2. Organisieren Sie (theoretisch) den Vorlauf.
   3. Nutzen Sie u. a. das Internet, um:
      a) Reedereien zu ermitteln, die diese Relation bedienen.
      b) sich nach Preisen und Abfahrts- sowie Ankunftsdaten zu erkundigen.
      c) ein Containerdepot im Inland zu recherchieren.

2. Ihnen liegt ein Speditionsauftrag vor, der Ihnen vorschreibt, eine Sendung von vier Kisten Büromaterial mit 80 kg als Termingut (Anlieferung in einer Woche) von Rosenheim nach Santiago de Chile in Chile zu besorgen.
   Beschreiben Sie Ihr Vorgehen bei der Auswahl eines geeigneten Frachtführers.

6 Zustandekommen eines Kaufvertrages

LSL

LERNSITUATION

Die Wall GmbH – Spedition & Logistik beabsichtigt, für den eigenen Fuhrpark einen neuen Lkw anzuschaffen. Herr Hansen, Leiter der Nationalen Lkw-Disposition, hat sich bereits um nähere Informationen bemüht:

Wall GmbH
Spedition & Logistik

Wall GmbH – Spedition & Logistik, Großmannstraße 253, 20539 Hamburg

Wall GmbH – Spedition & Logistik, Großmannstraße 253, 20539 Hamburg

E-Mail: service@wall-gmbh.de
Internet: www.wall-gmbh.de
Tel. +49 40 31104-0
Fax +49 40 31104-99

Anfrage 25.05.20..

Sehr geehrte Damen und Herren,

bitte übersenden Sie uns ein Angebot für den Kauf eines Lkw. Folgende Anforderungen sind zu berücksichtigen:

- Pritschenwagen
- Nutzlast 10 t, wünschenswert wären 14 t
- Lieferbedingung
- Zahlungsbedingung
- Auslieferung innerhalb eines halben Jahres

Bitte weisen Sie im Preis sowohl den eingeräumten Rabatt und einen Skonto als auch die übrigen Kosten gesondert aus.

(...)

Mit freundlichen Grüßen

Aufgrund der umseitigen Anfrage, die an verschiedene mögliche Lieferanten verschickt wurde, geht bei der Wall GmbH das folgende Angebot ein:

...
Angebot (1) 02.06.20..

Sehr geehrter Herr Hansen,

gerne sind wir bereit, Ihnen folgendes Angebot zu unterbreiten:

- Pritschenwagen gem. beil. Prospekt
- Nutzlast 14 t
- Preis: 100 000,00 €
- Rabatt: 2 %
- Skonto: 3 % bei Zahlung innerhalb von 10 Tagen
- Überführungskosten inkl. Anmeldung 900,00 €
- Auslieferung drei Monate nach Bestelldatum

...
Unsere Lieferbedingung: ab Werk. Wir bieten Ihnen die Bezahlung nach Rechnungserhalt an.

Mit freundlichen Grüßen

i. V. Ahrens

Erfüllungsort und Gerichtsstand: Hamburg

Neben dem vorliegenden Angebot gehen Herrn Hansen weitere Angebote zu. Diese führt er im folgenden Angebotsvergleich zusammen.

Angebotsvergleich (1)			
Kriterien:	**Angebot 1**	**Angebot 2**	**Angebot 3**
Art, Güte Beschaffenheit	Pritschenwagen Nutzlast: 14 t. ...	Pritschenwagen Nutzlast: 10 t. ...	Pritschenwagen Nutzlast: 7,5 t. ...
Preis ▪ Rabatt ▪ Skonto	100 000,00 € ▪ 2 % = 2 000,00 ▪ 3 % = 2 940,00 ▪ Σ = 95 060,00	90 000,00 € ▪ 2 % = 1 800,00 ▪ 2,5 % = 2 205,00 ▪ Σ = 85 995,00	80 000,00 € ▪ 2 % = 1 600,00 ▪ 2 % = 1 568,00 ▪ Σ = 76 832,00
Menge	jede Menge lieferbar	jede Menge lieferbar	jede Menge lieferbar
Zahlungsbedingungen	auf Ziel	auf Ziel	auf Ziel
Lieferbedingungen	ex Works	ex Works	ex Works
Erfüllungsort	Hamburg	Hamburg	Hamburg
Gerichtsstand	Hamburg	Hamburg	Hamburg
Lieferzeit	3 Monate	6 Monate	9 Monate

LSL

Aufgaben

1. Erläutern Sie, warum Herr Hansen neben den vorhandenen Prospekten und Katalogen zusätzlich eine Anfrage an die verschiedenen Anbieter verschickt.
2. Erklären Sie, ob bereits ein Kaufvertrag zustande gekommen ist.
3. Klären Sie, was im zweiten Angebot unter „unverbindlich" zu verstehen ist.
4. Erklären Sie, für welches der Angebote Sie sich entscheiden würden, und begründen Sie Ihre Entscheidung.
5. Geben Sie an, wie in diesem Fall der Kaufvertrag vermutlich abgeschlossen werden wird.
6. Stellen Sie andere Möglichkeiten dar, einen Kaufvertrag abzuschließen.
7. Geben Sie an, welche Inhalte wichtig für den Abschluss eines Kaufvertrages sind.
8. Erläutern Sie die Pflichten, die sich für den Verkäufer und den Käufer nach dem Abschluss des Kaufvertrages ergeben.

Das Geschäfts- und auch das Privatleben sind durch das Abschließen von Kaufverträgen geprägt.

MERKE
Ein Kaufvertrag kommt durch zwei inhaltlich übereinstimmende und rechtsgültige Willenserklärungen von Verkäufer und Käufer zustande. Beide Kaufvertragsparteien geben eine Erklärung ab, indem sie ihren Willen erklären, den Kaufgegenstand zu kaufen bzw. zu verkaufen.

LSL

Einer der Beteiligten, z.B. der Verkäufer, gibt eine erste, rechtsverbindliche Willenserklärung gegenüber dem Käufer ab und stellt damit einen **Antrag**. Der andere Vertragspartner, hier der Käufer, nimmt den Antrag unter der Voraussetzung an, dass er mit allen Bedingungen (hier des Verkäufers) vollkommen einverstanden ist. Diese zweite, rechtsverbindliche Willenserklärung ist die **Annahme** (vgl. Abschnitt 6.4).

Je nachdem, ob Kontakte zu neuen Geschäftspartnern aufgebaut werden sollen, ob bereits Geschäftsbeziehungen bestehen (Stammkundschaft) oder bestehende Geschäftsverhältnisse überprüft werden sollen, ergibt sich ein Kaufvertrag aus der Anbahnung, dem Abschluss und der Erfüllung des Kaufvertrages.

6.1 Anbahnung eines Kaufvertrages

In allen Unternehmen wie Speditionen der verladenden Wirtschaft und der produzierenden Industrie müssen fortlaufend Güter oder Dienstleistungen beschafft/gekauft werden. Nach Feststellung der **Bedarfe** im Rahmen der **Bedarfsplanung** sind Angebote einzuholen und auf die angegebenen Verkaufsbedingungen zu prüfen. Angebote sollten gegeneinander abgewogen werden.

6.1.1 Anfrage

Ein Angebot kann durch eine Anfrage bei einem oder mehreren Lieferern eingeholt werden. Durch eine Anfrage informiert sich der Käufer über die **Verkaufsbedingungen**. Hierzu bittet der Käufer die möglichen Lieferanten, **rechtlich verbindliche Auskünfte zu den Produkten, Preisen, Zahlungs- und Lieferbedingungen sowie anderen notwendigen Informationen wie Kapazitäten** u. v. a. m. abzugeben.

Eine Anfrage kann allgemein gehalten sein. Z. B. durch die Bitte um Kataloge, Preislisten, Warenmuster oder den Besuch eines Vertreters. Ein Spediteur könnte beispielsweise in einer allgemeinen Anfrage um eine Preisliste für den Kauf von Lkw oder auch Paletten, Regalen, Hubwagen o. Ä. bitten.

Eine Anfrage kann auch ein bestimmtes Produkt, in einer bestimmten Menge, Art, Beschaffenheit und Güte, Farbe, mehrere oder bestimmte Produkte oder die Verkaufsbedingungen u. a. betreffen. So, wenn ein Spediteur beispielsweise den Preis für einen näher bestimmten Lkw oder Euro- bzw. Industriepaletten u. a. konkret anfragt.

Eine Anfrage kann **formfrei**, also mündlich oder schriftlich erfolgen.

MERKE
Die Anfrage stellt keine Willenserklärung dar, d. h., der Anfragende gibt keine rechtlich wirksame Erklärung ab. Er bahnt lediglich ein Rechtsgeschäft an, d. h., es handelt sich um einen ersten (vorbereitenden) Schritt zum Abschluss eines (Kauf-)Vertrages.

Der **Grund**, an verschiedene Lieferer eine Anfrage zu stellen, liegt darin, einen Lieferer zu finden, der die Verkaufsbedingungen anbietet, die dem Käufer am ehesten zusagen.

Die **Reaktion** eines Verkäufers auf eine Anfrage ist (i. d. R.) ein Angebot/eine Offerte.

6.1.2 Anpreisung und Angebot

Ein Verkäufer hat verschiedene Möglichkeiten, seine Güter oder Dienstleistungen allgemein und unverbindlich anzupreisen oder konkret, rechtsverbindlich anzubieten.

Anpreisung

Eine Anpreisung ist die Willenserklärung eines Verkäufers, seine Waren oder Dienstleistungen zu seinen Bedingungen verkaufen zu wollen. Eine Anpreisung richtet sich allerdings **an die Allgemeinheit** wie bei Prospekten, Katalogen, Werbung in Hörfunk und Fernsehen, im Internet, auf Flyern, in Schaufenstern sowie auch als „Sonderangebot" auf dem „Grabbeltisch" im Kaufhaus. Da eine Anpreisung **nicht an eine bestimmte Person oder Personengruppe** gerichtet ist, ist sie **unverbindlich, d. h., sie stellt keinen rechtsverbindlichen Antrag** dar. Der Anpreisende ist somit nicht an die Anpreisung gebunden, d. h., dass ein Verkäufer seine Waren oder Dienstleistungen aus eigenem Entschluss, im Rahmen von Werbemaßnahmen anpreist und darauf wartet, dass ein Käufer seinen Antrag (1. rechtsverbindliche Willenserklärung) abgibt.

Angebot

Als Reaktion auf eine Anfrage oder aus Eigeninitiative, beispielsweise in Form einer Marketingmaßnahme, kann (z. B.) der Verkäufer ein Angebot abgeben. Ein Angebot bzw.

eine Offerte ist **an eine genau bestimmte Person oder Personengruppe** gerichtet. Zudem ist ein Angebot **die Zusammenfassung der Verkaufsbedingungen** des (hier) Verkäufers, zu denen er bereit ist, eine Ware oder Dienstleistung zu verkaufen. Ein solches Angebot ist somit **verbindlich** und stellt einen **Antrag** an den Käufer dar.

gesetzliche Regelung, sofern vertragliche Vereinbarungen fehlen:	***Mindestbestandteile eines Angebotes:***
	▪ die Beschreibung **der Art, der Güte und der Beschaffenheit der Ware** durch handelsübliche Bezeichnung, z. B. ein Pritschenwagen 49-12 D von IVECO; – Kauf von Waren verschiedener Qualität im Ganzen, so der Kauf einer Briefmarkensammlung **(Ramschkauf)**.
bei Gattungsschuld: eine Ware mittlerer Art und Güte	– Kauf einer Ware oder Dienstleistung (mittlerer Art und Güte), die lediglich der Gattung nach bestimmt ist, so der Kauf eines neuen Lkw mit handelsüblicher Bezeichnung, d. h., es handelt sich um **einen** Lkw aus einer Reihe identisch gebauter Lkws **(Gattungskauf)**. – Kauf eines Einzelstückes, einer nicht vertretbaren Sache, so der Kauf eines gebrauchten Lkw oder eines Bildes von Picasso oder eines Maßanzuges **(Stück-[Spezies-]Kauf)**.
	▪ die genaue **Menge** bzw. Kapazität in einer anerkannten Maßeinheit wie Stück, Liter, Meter, Kubikmeter, Gewicht in Kilogramm, Sack, Ballen, Kisten u. a.;
	LSL ▪ die konkrete **Preisangabe einschließlich** eventueller **Preisnachlässe** wie Skonto oder Rabatt; – Der **Skonto** ist ein Preisnachlass für vorzeitige Zahlung (Zahlung vor Ablauf des Zahlungsziels innerhalb des vom Rechnungsersteller eingeräumten Zeitrahmens). – Der **Rabatt**[1] ist ein Nachlass für einen bestimmt definierten Umstand wie die Abnahme einer bestimmten Menge (Mengenrabatt), für bestimmte Anlässe wie Jubiläen (Sonderrabatt), für Betriebsangehörige (Personalrabatt), für langjährige Kunden (Treuerabatt), für Händler (Wiederverkäuferrabatt), und für das Erreichen oder Überschreiten eines Mindestumsatzes innerhalb eines festgelegten Zeitraumes (Bonus); wenn z. B. der Spediteur mit einem Reeder vereinbart, sämtliche Sendungen in einer Relation mit dieser Reederei zu verladen, so erhält der Spediteur (für die freiwillige Beschränkung) eine Verschiffungs- bzw. Spediteurkommission. LSL

[1] *Seit dem 26.07.2001 ist das sog. Rabattgesetz ersatzlos gestrichen worden, sodass jedes Unternehmen jederzeit Rabatte, auch in Form von Geschenken, gewähren darf.*

gesetzliche Regelung, sofern vertragliche Vereinbarungen fehlen: Zahlung unverzüglich bei Lieferung	***weitere Mindestbestandteile eines Angebotes:*** ▪ die **Zahlungsbedingungen**, d.h. den Zahlungszeitpunkt – nach den **ADSp** sofort nach Rechnungserhalt, spätestens nach 30 Tagen – und die Zahlungsmodalitäten; so in einem Kaufvertrag die Zahlung im Voraus, Anzahlung, per Dokumentenakkreditiv, auf Raten, per Nachnahme oder auf Ziel (siehe dort); LSL LSL
	▪ die **Lieferbedingungen**, d.h. die Regelung des Dispositions-, Kosten- und Gefahrenüberganges (vgl. **Incoterms®**);
Dispositionspflicht des Käufers ab Übernahme der Ware	– Der **Dispositionsübergang** gibt den Ort an, bis zu dem der Verkäufer und ab dem der Käufer die Organisation und die Dokumentation der Beförderung übernimmt.
Kostenübergang auf den Käufer ab Übernahme der Ware	– Der **Kostenübergang** beschreibt den Ort, bis zu dem der Verkäufer und ab dem der Käufer die Beförderungs- und Dokumentationskosten trägt.
Gefahrenübergang auf den Käufer ab Übernahme der Ware	– Der **Gefahrenübergang** beschreibt den Ort, an dem die Gefahr eines zufälligen Untergangs der Ware und einer evtl. Haftungslücke bei Beschädigung oder Verlust der Ware vom Verkäufer auf den Käufer übergeht.
Die Leistung muss an dem Ort erfolgen, an dem der Schuldner zurzeit der Entstehung der Pflicht seinen Wohn- bzw. Geschäftssitz hat/te.	▪ der **Erfüllungsort** beschreibt den Ort, an dem der jeweilige Kaufvertragspartner seine Pflichten zu erfüllen hat; – Der Käufer schuldet die Zahlung des Kaufpreises, muss das Geld von seinem Wohn- oder Geschäftssitz an den Verkäufer schicken („Geldschulden sind Schick-/Bringschulden"). – Der Verkäufer schuldet die Bereitstellung der Ware oder Dienstleistung an seinem Wohn- oder Geschäftssitz, muss die Ware oder Dienstleistung demnach zur Abholung bereithalten. („Warenschulden sind Holschulden").
Ist einer der Kaufvertragspartner eine Privatperson, gilt immer der Wohnort des Käufers als Gerichtsstand, ansonsten wird er durch den Erfüllungsort (siehe dort) bestimmt.	– Sofern einer der Vertragspartner eine der Pflichten aus dem Kaufvertrag nicht vereinbarungsgemäß erfüllt, wird der Gläubiger der Schuld das Amts- oder Landesgericht (**Gerichtsstand**) anrufen. Im Regelfall wird der Erfüllungsort und der Gerichtsstand vertraglich am selben Ort vereinbart. Abweichend von der gesetzlichen Regelung würde sowohl ein Zahlungsverzug des Käufers als auch eine mangelhafte Lieferung des Verkäufers an dem im Kaufvertrag vereinbarten Ort eintreten, der Gläubiger würde an diesem Ort das Gericht anrufen.
Käufer trägt die Bezugskosten	▪ die **Bezugskosten** sind die Kosten der Versandverpackung, der Beförderung oder der Zahlung, sofern diese im Preis nicht enthalten sind (vgl. **Incoterms®**);

gesetzliche Regelung, sofern vertragliche Vereinbarungen fehlen:

Unverzüglich nach Vertragsabschluss

weitere Mindestbestandteile eines Angebotes:

- die **Lieferzeit**, der Zeitraum, innerhalb dem die Ware oder Dienstleistung zu erbringen ist.
  - **Sofortkauf**: Lieferung sofort nach der Bestellung wie bei „sofortige Lieferung";
  - **Terminkauf**: Lieferung innerhalb eines bestimmten, festgelegten Zeitraumes, z. B. die „Lieferung innerhalb einer Woche nach Vertragsabschluss" oder Lieferung bis zu einem festgelegten Termin, wie die „Lieferung **bis** zum 15. des laufenden Monats" oder „Lieferung **bis** zum 15.02.20..";
  - **Fixkauf**: Lieferung zu einem genau festgelegten fixen (Fix-)Termin, beispielsweise „Lieferung **am** 23. des laufenden Monats";
  - **Spezifikations-(Bestimmungs-)Kauf**: Lieferung erst, nachdem der Käufer die Ware oder die Dienstleistung nach Form, Farbe, Maß oder anderes näher bestimmt hat.

Im Zusammenhang mit der Lieferzeit steht **evtl.** die **Art des Kaufes**:

- **Kauf nach Sicht:** Der Käufer kann den Kaufgegenstand vor dem Kauf besichtigen, um evtl. Mängel zu erkennen, beispielsweise der Kauf eines gebrauchten Lkw;
- **Kauf auf Probe:** Der Käufer hat das Recht, den Kaufgegenstand innerhalb eines bestimmten Zeitraums auszuprobieren und bei Nichtgefallen zurückzugeben, z. B. der Kauf (auf Probe) eines Staubsaugers;
- **Kauf nach Probe oder Kauf nach Muster:** Der Käufer kauft die Ware oder die Dienstleistung nach einer zuvor vom Käufer selbst getesteten Probe bzw. nach einem Muster. Die Eigenschaften wie die Qualität des Kaufgegenstandes müssen mit denen des Musters/der Probe übereinstimmen, z. B. neu einzuführende Hemden oder Scanner beim Barcoding für den Einsatz bei der Schnittstellenkontrolle **(Tracking und Tracing)**;
- **Kauf zur Probe:** Der Käufer kauft zunächst eine kleine Menge des Kaufgegenstandes zum Ausprobieren. Entspricht die Ware den Anforderungen des Käufers, so bestellt er eine größere Menge, z. B. Folie zum Einschweißen von Paletten, auch beim Kauf zur Probe müssen die Eigenschaften des Kaufgegenstandes wie Qualität mit der Probe übereinstimmen.

LSL

6.2 Exkurs: ICC – International Chamber of Commerce – INCOTERMS® 2010[1]

Aufgrund unterschiedlicher Rechtsprechung und Handelsbräuche sowie den daraus resultierenden Missverständnissen, Schwierigkeiten und Auseinandersetzungen zwischen den Kaufvertragsparteien (und dem damit verbundenen Aufwand an Zeit und Kosten) kann es sinnvoll sein, auf nationaler und internationaler Ebene anerkannte, einheitliche **Lieferbedingungen** ausdrücklich im Kaufvertrag zu vereinbaren. Dies ermöglicht den Kaufvertragsparteien, bestimmte Rechte und Pflichten aus dem Kaufvertrag eindeutig festzulegen.

Aufnahme der Incoterms® in den Kaufvertrag

In Anbetracht der neuen, seit dem 01.01.2011 gültigen Incoterms® 2010 sollten die Kaufvertragsparteien darauf achten, ausdrücklich die Incoterms® 2010 im Kaufvertrag zu vereinbaren, um einem Streit über die vereinbarte Fassung vorzubeugen. Es ist zudem weiterhin möglich, Vorversionen wie die Incoterms® 2000 (rechtsgültig) zu vereinbaren.

Um Missverständnisse zu vermeiden, sollte bei Vereinbarung einer Incoterms®-Klausel auf Vollständigkeit geachtet werden. Das Drei-Buchstabenkürzel der jeweiligen Klausel, so genau wie möglich bezeichnete Liefer- oder Bestimmungsorte sowie der Zusatz (ICC-) Incoterms® 2010 sollten darin enthalten sein.

Beispiel: FOB Hamburg, Container Terminal Altenwerder, (ICC-) Incoterms® 2010

Aufbau der Incoterms®

In jeder Incoterms®-Klausel sind die Verpflichtungen – falls zutreffend, d. h., wenn diese bestehen – des Verkäufers (**A**) den Verpflichtungen des Käufers (**B**) „spiegelbildlich" gegenübergestellt:

A	Verpflichtungen des Verkäufers	B	Verpflichtungen des Käufers
A1	Allgemeine Verpflichtungen des Verkäufers	B1	Allgemeine Verpflichtungen des Käufers
A2	Lizenzen, Genehmigungen, Sicherheitsfreigaben und andere Formalitäten	B2	Lizenzen, Genehmigungen, Sicherheitsfreigaben und andere Formalitäten
A3	Beförderungs- und Versicherungsverträge	B3	Beförderungs- und Versicherungsverträge
A4	Lieferung	B4	Übernahme
A5	Gefahrenübergang	B5	Gefahrenübergang
A6	Kostenverteilung	B6	Kostenverteilung
A7	Benachrichtigungen an den Käufer	B7	Benachrichtigungen an den Verkäufer
A8	Transportdokument	B8	Liefernachweis
A9	Prüfung – Verpackung – Kennzeichnung	B9	Prüfung der Ware
A10	Unterstützung bei Informationen und damit verbundene Kosten	B10	Unterstützung bei Informationen und damit verbundene Kosten

Darstellung der Incoterms® 2010

Die Incoterms® 2010 sind in zwei Kategorien danach untergliedert, für welche Transportarten sie (besonders) geeignet sind. Die erste Kategorie umfasst sieben der elf Incoterms®-2010-Klauseln. Sie eignen sich gleichermaßen für alle Transportarten, ob Schienen-, Straßen-, Luft- oder Seetransport oder auch für Kombinationen mehrerer Transportarten.

---

[1] *Incoterms® ist ein eingetragenes Markenzeichen der International Chamber of Commerce. Informationen zum Originaltext der Incoterms® 2010 finden Sie unter www.icc-deutschland.de.*

Klauseln für alle Transportarten	
EXW	ex works (insert named place of delivery)
	ab Werk (fügen Sie den benannten Lieferort ein)
FCA	free carrier (insert named place of delivery)
	frei Frachtführer (fügen Sie den benannten Lieferort ein)
CPT	carriage paid to (insert named place of destination)
	frachtfrei (fügen Sie den benannten Bestimmungsort ein)
CIP	carriage and insurance paid to (insert named place of destination)
	frachtfrei versichert (fügen Sie den benannten Bestimmungsort ein)
DAT	delivered at terminal (insert named terminal at port or place of destination)
	geliefert Terminal (fügen Sie den benannten Terminal am Bestimmungshafen/-ort ein)
DAP	delivered at place (insert named place of destination)
	geliefert benannter Ort (fügen Sie den benannten Bestimmungsort ein)
DDP	delivered duty paid (insert named place of destination)
	geliefert verzollt (fügen Sie den benannten Bestimmungsort ein)

Die Klauseln der ersten Kategorie können unabhängig davon angewendet werden, ob ein Schiff für einen Transportabschnitt eingesetzt wird.

Die zweite Kategorie der Incoterms® 2010-Klauseln umfasst diejenigen Klauseln, die sich insbesondere für den See- und Binnenschiffstransport eignen, weil sowohl der Ort der Lieferung als auch der Ort, bis zu dem die Ware zum Käufer befördert wird, Häfen sind:

Klauseln für den See- und Binnenschiffstransport	
FAS	free alongside ship (insert named port of shipment)
	frei Längsseite Schiff (fügen Sie den benannten Verschiffungshafen ein)
FOB	free on board (insert named port of shipment)
	frei an Bord (fügen Sie den benannten Verschiffungshafen ein)
CFR	cost and freight (insert named port of destination)
	Kosten und Fracht (fügen Sie den benannten Bestimmungshafen ein)
CIF	cost, insurance and freight (insert named port of destination)
	Kosten, Versicherung und Fracht (fügen Sie den benannten Bestimmungshafen ein)

MERKE

Aus den Klauseln ergibt sich, zu welchem Zeitpunkt bzw. an welchem Ort die Gefahr des Verlusts oder der Beschädigung der Ware **(Gefahrenübergang)** sowie die Pflicht, die durch Transport und Verpackung der Ware bedingten Kosten zu tragen **(Kostenübergang)**, und die sich aus den Regelungen der Incoterms® ergebenden Besorgungs- bzw. Organisationspflichten **(Dispositionsübergang)** vom Verkäufer auf den Käufer übergehen. Diese Übergänge können je nach Klausel zeitlich und räumlich auseinanderfallen.

Gefahrenübergang, Kostenübergang und Dispositionsübergang

Der Gefahrenübergang regelt, bis zu welchem Zeitpunkt der Verkäufer alle Gefahren des Verlustes, Untergangs oder der Beschädigung der Ware trägt. Mit der Lieferung gehen die Gefahren vom Verkäufer auf den Käufer über, es sei denn, der Verkäufer ist zu diesem Zeitpunkt noch nicht allen seinen Verpflichtungen nachgekommen. Dies wäre z. B. der Fall, wenn der Verkäufer den Käufer auf dessen Verlangen, Gefahr und Kosten nicht bei der Beschaffung von Ein-/Ausfuhrgenehmigungen, anderen behördlichen Genehmigungen, Sicherheitsfreigaben oder sonstigen Formalitäten unterstützt oder nicht rechtzeitig alle Dokumente und Informationen zur Verfügung stellt, die der Käufer dafür benötigt. Auf der anderen Seite geht die Gefahr schon vor der Lieferung auf den Käufer über, wenn dieser seine Pflichten (aus B5) gegenüber dem Verkäufer nicht erfüllt, z. B. weil er ihm notwendige Auskünfte nicht erteilt, wie z. B., bei der FOB-Klausel, den Namen des Schiffs, die Ladestelle und ggf. die gewählte Lieferzeit innerhalb des vereinbarten Lieferzeitraums.

Ein weiterer Aspekt, den es beim Gefahrenübergang zu beachten gilt, ist, dass Verkäufer und Käufer häufig Erfüllungsgehilfen für die Transportabwicklung einsetzen, die den Vertragsparteien gemäß des jeweils anwendbaren Rechts für Verlust und Beschädigung haften. Der Haftungsumfang kann dabei von dem vertraglich zwischen den Parteien vereinbarten Haftungsumfang abweichen. Das Risiko für ein sich so unter Umständen ergebendes Defizit in der Haftungsdeckung (sog. Haftungslücke) trägt der Verkäufer bis zum Ort des Gefahrenübergangs. Dasselbe gilt für das Risiko des zufälligen Untergangs der Ware durch unabwendbare Ereignisse. LSL

Der **Kostenübergang** (von der ICC auch Transportkosten genannt) ist von dem Verkäufer, je nach Klausel, bis zur Lieferung oder auch darüber hinaus bis zum vereinbarten Ort zu tragen. Diese umfassen die anfallenden Kosten für Transport, Dokumentation, Im- und Exportzollformalitäten sowie Sicherheitsfreigaben und deren Besorgen bzw. Organisation.

Unter dem **Dispositionsübergang** (von der ICC auch Transportverpflichtungen genannt) versteht man die Besorgungs- bzw. Organisationspflichten für Transport und Dokumentation, inklusive der Zollformalitäten für Im- und Export sowie Sicherheitsfreigaben. Diese gehen i. d. R. mit der Lieferung vom Verkäufer auf den Käufer über, einzig in der DAT-Klausel ist der Übergang abweichend geregelt.

Auswahl und Inhalt der Incoterms®-Klausel

Bei der Auswahl einer geeigneten Incoterms®-Klausel sind die zu nutzende(n) Transportart(en) (inklusive oder exklusive eines Schiffstransports), die zu erledigenden Zollformalitäten (insbesondere bei der Wahl der DDP-Klausel, weil es für einen Nichtortsansässigen u. U. kaum möglich ist, eine Export- oder gar eine Importgenehmigung zu erhalten) sowie bestimmte Begleitumstände von Transportvarianten (z. B. beim Containertransport, da die Ware nicht unmittelbar durch den anliefernden Frachtführer auf das Schiff geliefert werden kann) zu berücksichtigen.

Beispiel für den Containertransport:

Die Obhut über die Ware wechselt bereits durch die Übergabe an einen Dritten wie dem Container Yard Betreiber (= Abgangsterminal). Bei der Auswahl einer geeigneten Incoterms®-Klausel ist zu prüfen, ob der Gefahrenübergang vom Verkäufer auf den Käufer statt auf dem Schiff (wie bei FOB, CFR und CIF) nicht bereits bei der Lieferung der Ware an den Dritten (wie den Container Yard Betreiber bei FCA, CPT und CIP) stattfinden soll.

Die Incoterms® 2010 lassen sich in vier **System-Gruppen** einteilen:

Gruppe E:	Abholklausel
EXW	

Beispiel:

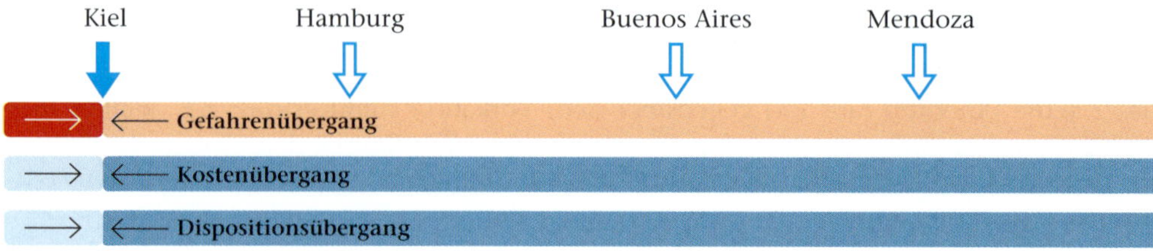

EXW ist für alle Transportarten geeignet und enthält die **Minimumverpflichtung für den Verkäufer**. Der Verkäufer stellt die Ware am benannten Lieferort – in der Regel auf seinem eigenen Gelände – dem Käufer ohne Beladung zum vereinbarten Zeitpunkt oder innerhalb der vereinbarten Frist zur Verfügung. Das Besorgen und Bezahlen von eventuellen Ausfuhr- und Einfuhrgenehmigungen und sämtlichen Export-, ggf. Durchfuhr- und Importzollformalitäten obliegt dem Käufer. Der Gefahrenübergang sowie der Dispositionsübergang und der Kostenübergang finden mit der Lieferung, d.h. dem zur Verfügung stellen der Ware auf dem Gelände des Verkäufers, vom Verkäufer an den Käufer statt.

Gruppe F:	Haupttransport vom Verkäufer nicht bezahlt	
FCA	FAS	FOB

Beispiel:

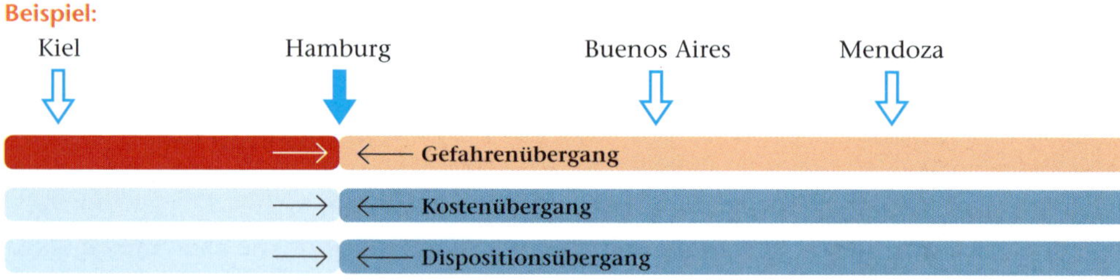

Bei der System-Gruppe **F** verpflichtet sich der Verkäufer, den Vortransport der Ware **bis zum vereinbarten Lieferort/Verschiffungshafen** zum vereinbarten Zeitpunkt oder innerhalb der vereinbarten Frist zu veranlassen. Der Verkäufer hat keine Verpflichtung, einen (darüber hinausgehenden) Beförderungsvertrag zugunsten des Käufers abzuschließen („**echtes FOB-Geschäft**“; gilt auch für FCA und FAS). Wenn der Käufer es aber verlangt oder es in der Handelspraxis üblich ist und der Käufer rechtzeitig keine gegenteilige Weisung erteilt, kann der Verkäufer zu üblichen Bedingungen den Beförderungsvertrag auf Gefahr und Kosten des Käufers abschließen („**unechtes FOB-Geschäft**“; gilt auch für FCA und FAS). Der Verkäufer kann dies allerdings ablehnen, wenn er den Käufer umgehend davon in Kenntnis setzt. Das Besorgen und Bezahlen von eventuellen Ausfuhrzollformalitäten und Exportgenehmigungen hat der Verkäufer zu erledigen;

eventuelle Einfuhrgenehmigungen und sämtliche Importzollformalitäten, ggf. auch Durchfuhrformalitäten, gehen zulasten des Käufers. Der Gefahrenübergang sowie der Dispositionsübergang und der Kostenübergang finden mit der Lieferung vom Verkäufer an den Käufer statt.

Die Lieferung gemäß der für alle Transportarten geeigneten **FCA**-Klausel erfolgt zum vereinbarten Zeitpunkt oder innerhalb der vereinbarten Frist

- am benannten Ort (oder durch Annahme einer anderen, vom Käufer benannten Person), sobald die Ware auf dem vom Käufer bereitgestellten Beförderungsmittel übergeben wird. *So kann die Ware durch den Verkäufer auf ein vom Käufer beauftragtes, abholendes Fahrzeug, das den Haupttransport durchführt, verladen werden;*
  oder
- (in allen anderen Fällen), wenn die Ware dem Frachtführer (oder einer anderen vom Käufer benannten Person) auf dem Beförderungsmittel des Verkäufers entladebereit zur Verfügung gestellt wird. So auch, wenn die Ware von einem vom Verkäufer beauftragten Frachtführer dem Käufer am Terminal für den Seetransport entladebereit zur Verfügung gestellt wird. Der benannte Terminal (Umschlagsbetrieb, d. h. der Erfüllungsgehilfe des Haupttransportfrachtführers) übernimmt die Ware vom ankommenden Beförderungsmittel.

Die Lieferung gemäß der für See- und Binnenschiffstransporte geeigneten **FOB**-Klausel erfolgt zum vereinbarten Zeitpunkt oder innerhalb der vereinbarten Frist,

- indem der Verkäufer die Ware an Bord des vom Käufer benannten Schiffs an der gegebenenfalls vom Käufer bestimmten Ladestelle im benannten Verschiffungshafen verbringt (Incoterms® 1990: bei Überschreiten der Schiffsreling, Incoterms® 2000: nach Überschreiten der Schiffsreling);
  oder
- indem der Verkäufer die so gelieferte Ware verschafft („string sales“).

MERKE

Beim Verkauf schwimmender Ware, insbesondere bei Rohstoffen, die während eines Transportes häufig mehrfach weiterverkauft werden, sog. **Kettengeschäfte („string sales“)**, kann der Verkäufer die Ware nicht so zur Verfügung stellen. Er stellt die Ware lediglich auf dem Beförderungsmittel (dokumentiert durch die ausgestellten Dokumente) zur Verfügung.

Bei der **Auswahl zwischen FOB oder FCA** ist auch die im Kaufvertrag vereinbarte **Zahlungsbedingung** zu berücksichtigen. Wenn ein reines Konnossement mit einem „on board“-Vermerk in einem Dokumentenakkreditiv (letter of credit = L/C) vorgeschrieben ist, kann der Verkäufer diesen Nachweis gemäß seiner Verpflichtungen in A4 bei FCA nicht erbringen, da er lediglich die Übergabe an den Frachtführer als Lieferort (= Terminal) mit einem Übernahme-B/L („received for shipment“) nachweisen kann. Das Akkreditivgeschäft ließe sich somit nicht L/C-konform durchführen. Einen nachträglichen „on board“-Vermerk könnte nur der Käufer erreichen. LSL

Die Lieferung gemäß der für See- und Binnenschiffstransporte geeigneten **FAS**-Klausel erfolgt zum vereinbarten Zeitpunkt oder innerhalb der vereinbarten Frist,

- indem der Verkäufer die Ware (wasser- oder landseitig, unentladen auf dem anliefernden Beförderungsmittel) längsseits des vom Käufer benannten Schiffs im benannten Verschiffungshafen bereitstellt;
  oder
- indem der Verkäufer dem Käufer die so gelieferte Ware verschafft („string sales“).

Gruppe C:	Haupttransport vom Verkäufer bezahlt		
CPT	CIP	CFR	CIF

Beispiel:

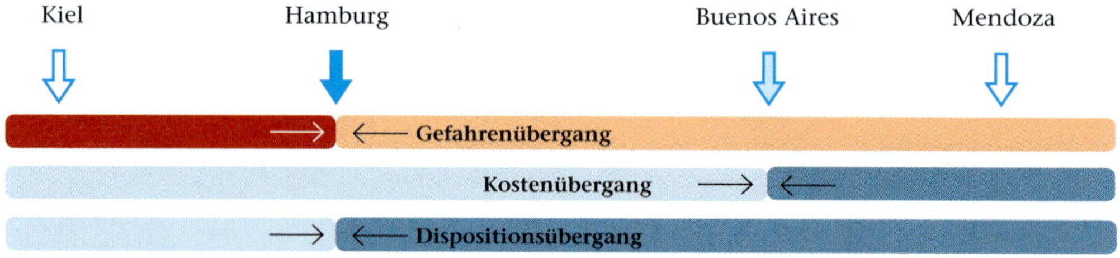

LSL

Nach der System-Gruppe C hat der Verkäufer auf eigene Rechnung in der üblichen Weise (bei CFR und CIF durch ein Schiff) zu den üblichen Bedingungen und auf der üblichen Route den Beförderungsvertrag abzuschließen. Folglich zahlt er die Beförderungskosten, inklusive eventuell üblicher Umladekosten während des Haupttransportes sowie die ggf. in der Haupttransportfracht enthaltenen Entladekosten. *So könnten in der Seefracht neben Zuschlägen wie CAF und BAF auch die Entladekosten (THC) enthalten sein. Damit würde der Verkäufer die THC bezahlen. Ist die THC nicht in der Seefracht inklusive CAF und BAF enthalten, so werden die THC vom Käufer getragen.*

MERKE

Der Gefahrenübergang vom Verkäufer auf den Käufer erfolgt bei der Lieferung (an den benannten Frachtführer). Darüber hinaus ist der Verkäufer verpflichtet, die beschriebenen haupttransportrelevanten Kosten (auch nach der Lieferung) zu tragen. Ggf. anderweitig anfallende Kosten wie Havariekosten, die nach der Lieferung entstehen, hat der Käufer zu tragen.

Das Besorgen und Bezahlen von eventuellen Ausfuhrzollformalitäten und Exportgenehmigungen hat der Verkäufer zu erledigen; eventuelle Einfuhrgenehmigungen und sämtliche Importzollformalitäten, ggf. auch Durchfuhrformalitäten, gehen zulasten des Käufers. Der Gefahrenübergang und der Dispositionsübergang gehen nach der Lieferung vom Verkäufer auf den Käufer über. Den Kostenübergang trägt der Verkäufer jedoch weiterhin.

Die Lieferung gemäß der für alle Transportarten geeigneten **CPT- und CIP**-Klauseln erfolgt zum vereinbarten Zeitpunkt oder innerhalb der vereinbarten Frist dadurch, dass der Verkäufer die Ware dem von ihm für den Käufer beauftragten Frachtführer (z.B. Container Yard Betreiber stellvertretend für den Reeder) unentladen übergibt, vorausgesetzt, er hat für die Ware einen Beförderungsvertrag von der ggf. vereinbarten Lieferstelle bis zum benannten Bestimmungsort oder einer ggf. vereinbarten Stelle an diesem Ort abgeschlossen oder verschafft.

Die Lieferung gemäß der für alle See- und Binnenschiffstransporte geeigneten **CFR- und CIF**-Klauseln erfolgt zum vereinbarten Zeitpunkt oder innerhalb der vereinbarten Frist, dadurch dass der Verkäufer die Ware entweder

- an Bord des Schiffes verbringt;
  oder
- indem er dem Käufer die so gelieferte Ware verschafft („string sales").

LSL

Gemäß den **CIF- und CIP**-Klauseln hat der Verkäufer außerdem auf eigene Kosten für Transport-**Versicherungsschutz** (A3/B3) des Käufers nach Gefahrenübergang zu sorgen. In den Incoterms® 2010 ist eine **Mindestdeckung** vorgesehen, die den Klauseln (C) der Institute Cargo Clauses (LMA/IUA) oder ähnlichen Klauseln entspricht, weil für verschiedenste Waren wie insbesondere Massengüter lediglich eine Minimumversicherung angeboten wird und es teilweise Ländervorschriften gibt, die für zu exportierende Ware einen nationalen Versicherer vorsehen. Da die Zahlungsfähigkeit dieser Versicherer häufig als schwach eingeschätzt wird, schließt der Importeur häufig selbst eine zusätzliche Versicherung mit höherem Versicherungsschutz ab. Aber bei einer (vorgeschriebenen) Minimumversicherung kann er die Kosten dafür geringer halten.

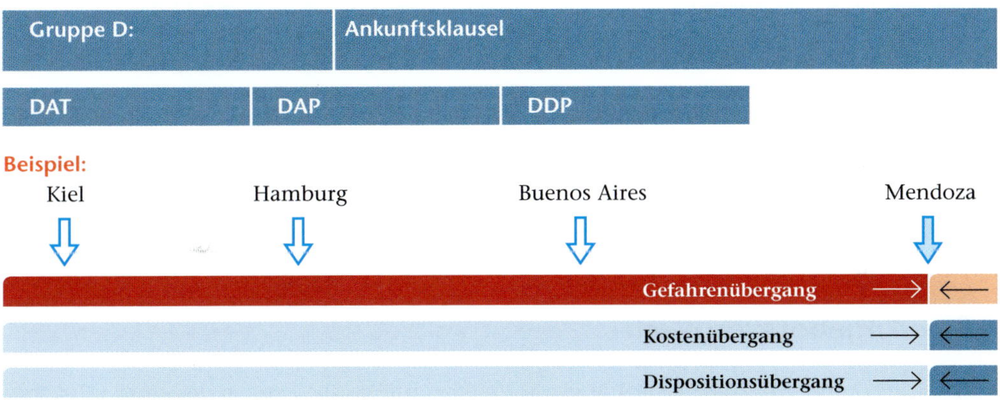

Nach der für alle Transportarten geeigneten System-Gruppe **D** stellt der Verkäufer die Ware zum vereinbarten Zeitpunkt oder innerhalb der vereinbarten Frist am für die Ankunft der Ware vereinbarten Ort zur Verfügung. Der Verkäufer hat alle Gefahren, Kosten und Transportpflichten bis zur Ankunft der Ware an diesem Ort zu tragen. Der Verkäufer ist damit verpflichtet, die Beförderung bis zu dem benannten Bestimmungsort zu besorgen.

Das Besorgen und Bezahlen von eventuell notwendigen Ausfuhrgenehmigungen und sämtliche Exportzollformalitäten, ggf. auch Durchfuhrformalitäten (abhängig vom benanntem Bestimmungsort), obliegen bei **DAT und DAP** dem Verkäufer; eventuelle Einfuhrgenehmigungen und sämtliche Importzollformalitäten dem Käufer. Bei **DDP** hat der Verkäufer sämtliche Genehmigungen zu erwirken sowie Zollformalitäten der Ausfuhr, ggf. der Durchfuhr und der Einfuhr abzuwickeln.

Die Lieferung gemäß der für alle Transportarten geeigneten **DAT**-Klausel erfolgt zum vereinbarten Zeitpunkt oder innerhalb der vereinbarten Frist am benannten Terminal im Bestimmungshafen oder -ort, d.h. **durch das zur Verfügung stellen nach dem Entladen vom angekommenen Beförderungsmittel**. Ist kein bestimmter Terminal benannt und ergibt sich dieser auch nicht aus der Handelspraxis, kann der Verkäufer den am besten geeigneten Terminal im vereinbarten Bestimmugshafen oder -ort auswählen. Der Verkäufer trägt alle Gefahren, die im Zusammenhang mit der Beförderung der Ware bis zu diesem Ort sowie der Entladung entstehen.

Die Lieferung gemäß der für alle Transportarten geeigneten DAP- und DDP-Klausel erfolgt zum vereinbarten Zeitpunkt oder innerhalb der vereinbarten Frist am benannten Bestimmungsort, d.h. durch das entladebereite zur Verfügung stellen der Ware auf dem ankommenden Beförderungsmittel. Ist kein eindeutiger Bestimmungsort benannt und ergibt sich dieser auch nicht aus der Handelspraxis, kann der Verkäufer den Bestimmungsort auswählen, der für diesen Zweck am geeignetsten ist. Der Verkäufer trägt alle Gefahren, die im Zusammenhang mit der Beförderung der Ware bis zu diesem Ort entstehen.

Zu beachten ist, dass bei DDP als Lieferort jeder Ort zwischen Bestimmungshafen (im Beispiel: Buenos Aires) und Sitz des Käufers (im Beispiel: Mendoza) vereinbart werden kann. Problembehaftet bleibt die Zahlung der Einfuhrumsatzsteuer. Ist keine Einigung zwischen den Kaufvertragspartnern (als Abweichung zu DDP) vereinbart, ist der Verkäufer zur Zahlung verpflichtet.

MERKE

Eine mögliche kaufvertragliche Abänderung von einer Incoterms®-Klausel sollte eindeutig sein und keinesfalls Überraschungen beinhalten. Eine solche Vereinbarung sollte drucktechnisch hervorgehoben werden. Zu beachten ist, dass eine Änderung der Pflicht, den Kostenübergang zu tragen, ebenfalls eine Änderung des Gefahrenüberganges mit sich bringen kann.

6.3 Angebotsvergleich

Preise und damit im Zusammenhang die Preisnachlässe sind normalerweise entscheidende Faktoren zur Auswahl eines Angebotes **(quantitative Kriterien)**. Von großer Bedeutung für die Auswahl eines Angebotes sind in Abhängigkeit vom Preis die Vergleichbarkeit der Qualität der Ware oder der Dienstleistung, das Zurverfügungstellen einer bestimmten Menge, die Zahlungs- und Lieferbedingungen, die Bezugskosten und die Lieferzeit sowie der Erfüllungsort und evtl. der Gerichtsstand **(qualitative Kriterien)**. Ein Käufer muss die Angaben bei vorliegenden Angeboten entsprechend seinen Ansprüchen bzw. Präferenzen gegeneinander abwägen. Dafür ist es sinnvoll, eine Rangfolge der Kriterien nach ihrer Wichtigkeit für den Käufer zu bestimmen, da sich Angebote bei selbst zugrunde gelegten Anforderungen (Schwerpunktsetzung) i. d. R. im Vergleich unterscheiden:

Das erste Angebot [vgl. zu folgenden Ausführungen den Angebotsvergleich (1) auf S. 220] übertrifft die in der Eingangssituation dargestellten Anforderungen in Bezug auf die Nutzlast von mindestens 10 t, das zweite Angebot entspricht den Anforderungen, das dritte Angebot bietet nicht die gewünschte Nutzlast. Bei vorliegender Schwerpunktsetzung würde das dritte Angebot bereits zur Auswahl nicht mehr berücksichtigt werden können. Läge der Auswahlschwerpunkt auf dem Kriterium „Art, Güte und Beschaffenheit", so übertrifft das Angebot 1 die Erwartungen/Anforderungen. Da mindestens 10 t Nutzlast angefragt wurden, könnte der Ausschlag zugunsten des ersten Angebotes ausfallen. Andererseits ist das zweite Angebot günstiger und der Preis könnte den Ausschlag zugunsten des zweiten Angebotes geben, sofern eine Nutzlast von 10 t ausreichend ist; dieser Anforderung wird entsprochen. Da sich die Angebote lediglich noch bei der Lieferzeit unterscheiden, könnte dieses Kriterium die Entscheidung zusätzlich beeinflussen. Da die Lieferzeit bei der gegebenen Schwerpunktsetzung allerdings an das Ende gesetzt wurde, ist in diesem Fall davon auszugehen, dass der Ersatzzeitpunkt für den Lkw variabel ist, d. h., dass der Lkw nicht unbedingt sofort ersetzt werden muss. Die Art, Güte und Beschaffenheit des Lkw oder der Preis wären die wesentlichen Entscheidungskriterien.

Bereits bei veränderten Rahmenbedingungen bzw. einer anderen Schwerpunktsetzung bei den Auswahlkriterien ergeben sich – auch hier für das Eingangsbeispiel – unterschiedliche Ergebnisse in Bezug auf die Auswahl des Angebotes.

Zusätzlich zu den konkreten Angaben in einem Angebot können weitere Kriterien entscheidend zur Auswahl eines Angebotes beitragen. Solche Kriterien können Service, Flexibilität, Kulanz, Garantiezeit, Ansprechbarkeit, Zusatzleistungen beim Kaufgegenstand, Übernahme bestimmter Tätigkeiten durch den Verkäufer u.v.a.m. sein (qualitative Kriterien) – vgl. hierzu auch das Kapitel „Auswahl der Lieferer".

BEISPIEL

Angebotsvergleich (2)

– bei veränderten Rahmenbedingungen –

Kriterien:	Angebot 1	Angebot 2	Angebot 3
Lieferzeit	3 Monate	6 Monate	9 Monate
Preis ▪ Rabatt ▪ Skonto	100 000,00 € ▪ 2 % = 2 000,00 ▪ 3 % = 2 940,00 ▪ Σ = 95 060,00	90 000,00 € ▪ 2 % = 1 800,00 ▪ 2,5 % = 2 205,00 ▪ Σ = 85 995,00	80 000,00 € ▪ 2 % = 1 600,00 ▪ 2 % = 1 568,00 ▪ Σ = 76 832,00
Service	kein Service im Haus	Inspekt. bei Bedarf	regelm. Inspektion
Garantiezeit	gesetzlich 2 Jahre	3 Jahre	4 Jahre
Kulanz	umstandsabhängig	nach einem Jahr keine	nach 2 Jahren keine
Menge	jede Menge lieferbar	jede Menge lieferbar	jede Menge lieferbar
Zahlungsbedingung	auf Ziel	auf Ziel	auf Ziel
Lieferbedingung	ex Works	ex Works	ex Works
Art, Güte,	Pritschenwagen	Pritschenwagen	Pritschenwagen
Beschaffenheit	Nutzlast: 14 t	Nutzlast: 10 t	Nutzlast: 7,5 t
Erfüllungsort	Hamburg	Hamburg	Hamburg
Gerichtsstand	Hamburg	Hamburg	Hamburg

Bei diesem Angebotsvergleich wird der Schwerpunkt auf die Lieferzeit gelegt.

Sie ist ausschlaggebend, wenn der Bedarf am Kaufgegenstand sofort oder zeitnah besteht, beispielsweise fällt der zuvor genutzte Lkw durch einen Totalschaden aus. Die Entscheidung wäre damit sofort getroffen, sofern z. B. wegen der hohen Kosten kein Lkw für den Überbrückungszeitraum zur Verfügung stünde. Handelt es sich allerdings um einen Lkw, der nach Abschreibung planmäßig ersetzt werden soll und die Angebote wurden rechtzeitig (vorher) eingeholt, kann der Ersatz evtl. zu einem späteren Zeitpunkt erfolgen. Das Kriterium Lieferzeit wäre innerhalb eines festen Zeitraumes zu erfüllen. Das zweite Kriterium, hier der Preis, könnte den Ausschlag geben.

Trotz der zuvor festgelegten Gewichtung der Auswahlkriterien können i. d. R. die übrigen Kriterien nicht völlig außer Acht gelassen werden. Möglicherweise müssten einzelne oder sämtliche Kriterien gleich gewichtet werden. Die Summe der Vorzüge des einzelnen Angebotes würde den Ausschlag geben.

Die Kriterien Service, **Garantie** (Zusicherung der Gewährung von Rechten über die gesetzliche Gewährleistungsfrist hinaus) und **Kulanz** (großzügiges Entgegenkommen bei

Unregelmäßigkeiten bei der Erfüllung eines Kaufvertrages) können wesentlich zum reibungslosen Ablauf des Geschäftsbetriebes eines Frachtführers beitragen und bei Nichtbeachtung zu hohen Folgekosten beispielsweise in Form von Kosten für Materialersatz und Reparatur führen, die nicht über Garantie oder Kulanz getragen werden. Bei dem vorliegenden Beispiel lägen die Vorzüge beim dritten Angebot – siehe dort. Die Art, Güte und Beschaffenheit würden nachrangig betrachtet werden, da sich die Anfrage auf eine „wünschenswerte Nutzlast“ bezieht. Eine geringere Nutzlast könnte in diesem Fall ausreichend sein. Nur dann bekäme das dritte Angebot den Zuschlag, hier wäre auch der Preis vorteilhafter als bei den anderen beiden Angeboten.

Formvorschriften

Angebote sind **nicht** an Formvorschriften gebunden. Angebote können mündlich, im Beisein beider Vertragspartner, am Telefon oder schriftlich durch Brief, per Telegramm, Fax, Fernschreiben/Telex oder mittels E-Mail erfolgen.

LSL

Es ist allerdings sinnvoll, spätestens bei Vertragsabschluss sämtliche Inhalte des Vertrages in einem Schriftstück festzuhalten. Die Schriftform ist aus Gründen der **Beweislast** empfehlenswert. Sie ist vor allem bei Unklarheiten, die den Inhalt des Vertrages nach Vertragsabschluss betreffen, wichtig, weil mindestens einer der Vertragspartner den Beweis der Richtigkeit seiner Aussage führen können muss.

Bindungsfristen

Angebote ohne Einschränkungen sind grundsätzlich **(rechts-)verbindlich**.

Der § 147 BGB schreibt vor, dass ein Angebot, in dem **keine Frist** angegeben ist (= unbefristetes Angebot), **unverzüglich** angenommen werden muss. Das heißt, dass

- ein mündlich abgegebenes Angebot (unter Anwesenden, § 147, Abs. 1 BGB)
  - im Beisein beider Vertragspartner so lange bindend ist, wie die Unterredung andauert,
  - am Telefon so lange bindend ist, wie das Telefongespräch andauert.
- ein schriftlich abgegebenes Angebot (rechts-)wirksam wird, sobald es dem Empfänger zugeht (unter Abwesenden, § 147, Abs. 2 BGB). Der Anbieter ist so lange an dieses Angebot gebunden, wie unter handelsüblichen Bedingungen mit einer Antwort zu rechnen ist:
  - Ein Angebotsbrief ist (handelsüblich) innerhalb Deutschlands ca. eine Woche gültig. Der Postweg dauert ungefähr zwei Tage zum Empfänger und die Antwort benötigt den gleichen Zeitraum zurück. Hinzu kommt die Bearbeitungszeit von ungefähr einem Tag, also ca. 24 Stunden.
  - Ein Angebot per Fax oder E-Mail beansprucht lediglich wenige Sekunden, bis es dem Empfänger zugeht. Es wird eine Bearbeitungszeit von ebenfalls ca. 24 Stunden angenommen.

Die gesetzliche Vorschrift, ein Angebot unverzüglich annehmen zu müssen, kann zur Folge haben, dass

- der Verkäufer bei verspäteter Annahme des Angebotes durch den Käufer nicht mehr an das Angebot gebunden ist – die verspätete Annahme stellt einen neuen Antrag dar,
- der Käufer das Angebot ablehnt oder nicht darauf reagiert,
- der Käufer eine Bestellung aufgibt, die inhaltlich vom Angebot abweicht – keine Annahme des Angebotes, stellt einen neuen Antrag dar,
- der Verkäufer sein Angebot dem Käufer gegenüber rechtzeitig widerruft. Rechtzeitig meint, dass der Widerruf spätestens mit dem Angebot dem Empfänger zugeht – Verkäufer hat keinen Antrag gestellt.

Vertragliche Regelung
Die gesetzliche Regelung kann vertraglich abgeändert werden:

- Bei der vertraglichen Bindungsfrist gibt der Verkäufer in seinem Angebot ein Datum an, bis zu dem das Angebot verbindlich ist. Lautet die Frist beispielsweise „Das Angebot ist bis zum 14.04.20.. gültig", so muss die Bestellung bis zum 14.04.20.. beim Verkäufer eingegangen sein.
- Durch Freizeichnungsklauseln kann der Anbieter die Verbindlichkeit des Angebotes ganz oder teilweise ausschließen:
  - Klauseln wie „freibleibend" oder „unverbindlich" kennzeichnen ein Angebot, das nicht (rechts-)verbindlich ist.
  - Eine Freizeichnung wie „solange der Vorrat reicht" bringt zum Ausdruck, dass die Menge nicht verbindlich ist, d.h. nicht zugesichert wird.
  - „Preisänderungen vorbehalten" meint, dass der Preis unverbindlich ist, also variieren kann.

...

6.4 Abschluss eines Kaufvertrages

Ein Kaufvertrag ist ein zweiseitiges, beidseitig verpflichtendes Rechtsgeschäft. Das heißt, ein Kaufvertrag kommt durch die beiden inhaltlich übereinstimmenden Willenserklärungen von Verkäufer und Käufer zustande.

Die zuerst abgegebene Willenserklärung ist der **Antrag**, die zweite Willenserklärung, die mit der ersten übereinstimmt, ist die **Annahme**, unabhängig davon, welche der Vertragsparteien, Käufer oder Verkäufer, den Antrag stellt und welche diesen annimmt:

Antrag (= 1. Willenserklärung) + **Annahme** (= 2. Willenserklärung)

stimmen (inhaltlich) überein

↓

= Abschluss des Kaufvertrages

↓

Möglichkeiten

↓

Der Verkäufer gibt ein verbindliches Angebot ab.	**Angebot**	+	**Bestellung**	Der Käufer bestellt zu den Angebotsbedingungen.
Der Käufer bestellt z. B. aufgrund einer Anpreisung **oder** durch inhaltliche Abänderung eines vom Verkäufer abgegebenen Angebotes **oder** bei bekanntem Lieferanten	**Bestellung**	+	**Auftragsbestätigung**	Der Verkäufer bestätigt den Eingang der Bestellung und akzeptiert die Bedingungen.
	Bestellung	+	**Lieferung**	Der Verkäufer liefert den Kaufgegenstand (schlüssiges bzw. konkludentes Handeln bei bestehenden Geschäftsbeziehungen).

Bürgerlicher Kauf und Handelskauf

Für den Abschluss eines Kaufvertrages ist zudem der **bürgerliche Kauf** vom **Handelskauf** zu unterscheiden:

- Bei einem **bürgerlichen Kauf** handelt es sich bei den Vertragspartnern um zwei Privatpersonen.
- Bei einem **Handelskauf** ist mindestens einer der beiden Vertragspartner ein Kaufmann, der im Namen seines Handelsgewerbes einen Kaufvertrag abschließt.
  - Ein **einseitiger Handelskauf** liegt vor, wenn einer der beiden Vertragspartner ein Kaufmann ist und der andere Kaufvertragspartner eine Privatperson.
  - ein **zweiseitiger Handelskauf** liegt vor, wenn beide Kaufvertragspartner als Kaufleute handeln.

Beim einseitigen Handelskauf ergibt sich für den Abschluss eines Kaufvertrages zum Schutze von Privatpersonen aus dem BGB und dem HGB, dass das Stillschweigen einer Privatperson als Ablehnung des Angebotes in Form der Lieferung von Waren (= Antrag) gilt.

Der Verkäufer (Kaufmann) liefert einen Kaufgegenstand ohne vorherige Aufforderung durch den Empfänger.	Lieferung	+	~~Annahme~~ lediglich Entgegennahme der Ware	Eine Privatperson nimmt den Kaufgegenstand zunächst an, will den Kaufgegenstand aber nicht kaufen.

↓

Der Kaufvertrag ist **nicht** abgeschlossen, da die Willenserklärungen nicht übereinstimmen.

Der Empfänger der Ware (Privatperson – oben – oder Kaufmann – unten) ist allerdings verpflichtet, die Ware für einen bestimmten Zeitraum aufzubewahren, nicht aber sie zurückzusenden.

Bei dem zweiseitigen Handelskauf ist ausschlaggebend, ob bereits Geschäftsbeziehungen zwischen den Kaufleuten bestehen. Bestehen keine Geschäftsbeziehungen, so gilt das Stillschweigen des Kaufmanns **ohne** Geschäftsbeziehungen als Ablehnung des Angebotes (= Lieferung der Ware als Antrag).

Der Verkäufer (Kaufmann) liefert einen Kaufgegenstand ohne vorherige Aufforderung durch den Empfänger.	Lieferung	+	~~Annahme~~ lediglich Entgegennahme der Ware	Ein Kaufmann, zu dem keine Geschäftsbeziehungen bestehen, nimmt den Kaufgegenstand zunächst an, will den Kaufgegenstand aber nicht kaufen.

↓

Der Kaufvertrag ist **nicht** abgeschlossen, da die Willenserklärungen nicht übereinstimmen.

Bestehen jedoch Geschäftsbeziehungen zwischen den Kaufleuten, so gilt:

Der Verkäufer (Kaufmann) liefert einen Kaufgegenstand ohne vorherige Aufforderung durch den Empfänger.	Lieferung	+	Annahme	Ein Kaufmann, zu dem bereits Geschäftsbeziehungen bestehen, nimmt den Kaufgegenstand an, indem er z. B. einen Teil verbraucht.

stimmen (inhaltlich) überein

↓

= Abschluss des Kaufvertrages

Will der Empfänger den Kaufgegenstand jedoch nicht kaufen, so muss er dies dem Verkäufer unverzüglich, d. h. ohne schuldhaftes Verzögern, mitteilen und zudem die Ware aufbewahren und ggf. zurückschicken.

6.5 Mängel bei Kaufvertragsabschlüssen

Die rechtliche Wirksamkeit eines Kaufvertrages (hier stellvertretend auch für andere Rechtsgeschäfte) kann nur eintreten, sofern die Willenserklärung (= gewollte Rechtswirkung) ohne Mängel ist. Liegen Mängel bei der Willenserklärung vor, kann der Kaufvertrag (von Anfang an = ex tunc) nichtig sein oder werden.

Nichtigkeit

Nichtigkeit eines Kaufvertrages heißt, dass der Kaufvertrag rechtsunwirksam ist, wenn dies vom Gesetzgeber vorgeschrieben ist.

Der Gesetzgeber schreibt die Gründe für die Nichtigkeit vor (Auszug):	
§ 116 BGB [Geheimer Vorbehalt]	Eine Willenserklärung ist nicht nichtig, wenn der Erklärende sich insgeheim vorbehält, das Erklärte nicht zu wollen (weil der Kaufvertragspartner nicht weiß, dass z. B. ein Mitanbieter auf eBay nur mitbietet, weil er den Kaufpreis in die Höhe treiben will). Die Willenserklärung ist dann nichtig, wenn der Kaufvertragspartner diesen Vorbehalt kennt (wenn im Beispiel die vom „Preistreiber" abgegebene Willenserklärung durchschaut worden ist).
§ 117 BGB [Scheingeschäft]	Beim Scheingeschäft handelt es sich um eine simulierte Erklärung, die also zum Schein abgegeben wird. So beispielsweise beim Kauf eines Grundstückes. Wenn der tatsächliche Kaufpreis bei 250 000,00 € liegt, im Kaufvertrag beim Notar jedoch nur 120 000,00 € vermerkt sind, um Steuern und Notarkosten zu sparen. Es liegt ein Scheingeschäft vor. Solche Kaufverträge sind grundsätzlich nichtig. Verdeckt allerdings ein Scheingeschäft ein anderes Rechtsgeschäft, dann gelten die Vorschriften für das andere (verdeckte) Rechtsgeschäft. In diesem Falle der Kaufvertrag über die 250 000,00 € (hier nach Auflassung und Eintrag ins Grundbuch – siehe dort)[1].
§ 118 BGB [Mangel der Ernstlichkeit]	Die abgegebene Willenserklärung ist nicht ernst gemeint, wobei derjenige, der die Willenserklärung abgibt, davon ausgeht, dass der Empfänger der Erklärung dies erkennt („guter Scherz"). So der Verkauf eines Pkw für 5,00 € bei gleichzeitigem Augenzwinkern. Auch wenn einer (hier der Käufer) dies nicht erkennt, ist die Willenserklärung nichtig. (Beachte hierbei die Möglichkeit eines Schadenersatzes nach § 122 BGB.)
§ 134 BGB [Gesetzliches Verbot]	Ein Kaufvertrag, der gegen ein gesetzliches Verbot verstößt, ist nichtig (wenn sich aus einem anderen Gesetz nichts anderes ergibt). So ist es ohne staatliche Genehmigung verboten, Dual-Use-Produkte in Krisengebiete zu verkaufen, weil aus diesen Produkten Waffen (Kriegsmaterial) hergestellt werden könnten.

[1] *vereinfachte Darstellung*

Der Gesetzgeber schreibt die Gründe für die Nichtigkeit vor (Auszug):	
§ 138 BGB [Sittenwidriges Rechtsgeschäft; Wucher]	Ein Kaufvertrag, der gegen die guten Sitten verstößt, ist nichtig. Insbesondere, wenn der Kaufvertragspartner unter Ausbeutung einer Zwangslage (z. B. Kreditvergabe bei einem Zins von 25 % bei einem banküblichen Zins von 5 %), aus Unerfahrenheit, wegen fehlenden Urteilsvermögens, erheblicher Willensschwäche benachteiligt wird oder einem Dritten unverhältnismäßige Vermögensvorteile für eine Leistung versprochen bzw. gewährt werden (wie bei einer Bestechung).

Nichtige Kaufverträgen sind von Anfang an ungültig (= rechtsunwirksam). Ist der Kaufvertrag (in Teilen) bereits erfüllt, so muss der somit bereicherte Kaufvertragspartner dies wieder zurückgeben (§ 812 f. BGB). Beispielsweise muss ein vom Käufer bereits bezahlter Kaufpreis vom Verkäufer zurückerstattet werden.

Anfechtung

Beim Abschluss von (Kauf-)Verträgen können Mängel vorliegen, die nicht zwangsläufig zur Nichtigkeit führen. Der jeweils Berechtigte hat allerdings das Recht, das Rechtsgeschäft anzufechten.

Voraussetzungen zur Durchführung einer Anfechtung:

- Anfechtungserklärung
- innerhalb einer bestimmten Anfechtungsfrist
- Vorliegen eines Anfechtungsgrundes (muss erheblich bzw. beachtlich sein)

Eine erfolgreiche Anfechtung führt dazu, dass das Rechtsgeschäft (von Anfang an) rechtsunwirksam ist, ggf. ist das Rechtsgeschäft rückabzuwickeln.

Fristen für eine Anfechtung (§§ 121, 124 BGB):	
Irrtumsanfechtung:	unverzüglich, ohne schuldhaftes Verzögern nach Kenntnis des Anfechtungsgrundes
Anfechtung wegen arglistiger Täuschung oder widerrechtlicher Drohung:	binnen Jahresfrist

Irrtum (Auszug)

Im Wesentlichen werden der Erklärungs-, der Inhalts- und der Eigenschaftsirrtum unterschieden (§§ 119, 120 BGB).

Erklärungsirrtum	Inhaltsirrtum	Eigenschaftsirrtum
Das Erklärte entspricht nicht dem Gewollten, d. h., die erklärte Willenserklärung ist ungleich der gewollten Willenserklärung.	Das Erklärte entspricht dem Gewollten. Der Erklärende irrt jedoch darüber, wie seine Willenserklärung verstanden wird.	Eigenschaftsirrtum liegt vor beim Fehlen von (verkehrs-) wesentlichen Eigenschaften bei Personen oder Sachen.
Typisch für einen Erklärungsirrtum sind das Verschreiben, das Versprechen und das Vergreifen im Ausdruck oder in der Wahl einer Sache.	Die Merkmale eines Inhaltsirrtums können eine Verwechslung (Identitätsirrtum) oder die Annahme eines falsch verstandenen Angebotes sein.	Bei Personen kann dies das Alter, die Kreditwürdigkeit oder Qualifikation sein. Bei Sachen sind es alle wertbildenden Eigenschaften (außer Wert oder Preis).

Beispiel:

Zum Erklärungsirrtum: Durch den Fehler der Sekretärin von Frau Seeding werden statt 100 000 Stück Papier 1 000 000 Stück bestellt und vom Papierlieferant geliefert. Da der Unterschied erheblich ist, besteht der Anfechtungsgrund des Erklärungsirrtums. Wenn die Sekretärin oder Frau Seeding diesen Fehler erkannt hätten, wäre der Auftrag nicht rausgeschickt worden.

Zum Inhaltsirrtum: Beim Einkauf in einem diätischen Supermarkt lässt sich Frau Seeding auf ihre Bitte hin von einer Verkäuferin ein Sixpack Bier geben. Nach dem Bezahlen stellt Frau Seeding fest, dass es sich um alkoholfreies Bier handelt, sie wollte aber kein alkoholfreies Bier. Es handelt sich in jedem Fall um Bier. Die Verkäuferin konnte aber vermuten, dass Frau Seeding alkoholfreies Bier wollte.

Zum Eigenschaftsirrtum: Ein Juwelier verkauft Frau Seeding eine Uhr für 100,00 €, tatsächlich hat sie einen Wert von 10 000,00 €. Dieser Kaufvertrag ist nicht anfechtbar. Wenn der Juwelier allerdings denkt, die Uhr wäre aus Stahl, in Wirklichkeit ist sie aber aus Weißgold, dann liegt ein Eigenschaftsirrtum vor. Der Kaufvertrag wäre anfechtbar.

Unberücksichtigt bei einer Anfechtung bleibt z. B. der sogenannte Motivirrtum. Er liegt vor, wenn Frau Seeding als Geschäftsführerin der Wall GmbH dem Hauptabteilungsleiter Herrn Permuth zum Geburtstag einen Golfschläger schenken will und deshalb einen Kaufvertrag abschließt. Stellt sich nun heraus, dass Herr Permuth kein Golf mehr spielen kann und insofern den Schläger nicht benötigt, kann Frau Seeding den Kaufvertrag aus diesem Grund nicht rückgängig machen. Der Irrtum bestand bereits vor Abschluss des Kaufvertrages (auch wenn Frau Seeding das nicht wusste).

Arglistige Täuschung

Arglistige Täuschung liegt vor, wenn der Kaufvertragspartner (Verkäufer oder Käufer) einen Irrtum vorsätzlich herbeiführt. Dies kann durch das aktive Vortäuschen von Tatsachen oder durch Unterlassen (keine Aufklärung über einen bestimmten Tatbestand) erfolgen. Ein solches Rechtsgeschäft ist anfechtbar.

Beispiel:

Frau Seeding möchte für ihren Sohn einen gebrauchten Pkw bei einem Gebrauchtwagenhändler kaufen. Dabei ist es die Pflicht des Gebrauchtwagenhändlers, Frau Seeding über vorherige Unfallschäden aufzuklären. Unterlässt er dies, so liegt eine arglistige Täuschung vor, sowohl wenn er dies wissentlich tut aber auch, wenn er das Fahrzeugs ohne nähere Untersuchung als unfallfrei bezeichnet.

Widerrechtliche Drohung

Eine Drohung muss widerrechtlich sein, d. h., sie darf nicht erlaubt sein. Zudem muss die Drohung im Zusammenhang mit einem Kaufvertrag (Rechtsgeschäft) stehen. Liegen beide Voraussetzungen vor, so ist der Kaufvertrag anfechtbar.

Widerrechtlichkeit		
Der Zweck ist rechtens, die Mittel sind widerrechtlich.	Das Mittel ist rechtens, der Zweck ist widerrechtlich.	Mittel und Zweck sind rechtens, ihre Verknüpfung ist widerrechtlich.

Beispiel:

Androhung von körperlicher Gewalt, damit ein Schuldner seine Forderungen begleicht.	Drohung mit einem gerichtlichen Mahnverfahren, wenn der Schuldner keine weiteren Aufträge erteilt.	Drohung mit einem gerichtlichen Mahnverfahren, wenn der Schuldner keine Bürgschaft für den Gläubiger gibt (ein objektiver Zusammenhang fehlt).

6.6 Verpflichtungs- und Erfüllungsgeschäft

Beim Abschluss eines Kaufvertrages versprechen die Kaufvertragsparteien, bestimmte Pflichten einzugehen (= Verpflichtungsgeschäft) und diese auch zu erfüllen (= Erfüllungsgeschäft).

Pflichten des Verkäufers sind,	Die Pflichten des Käufers sind,
▪ den Kaufgegenstand ohne Mangel zu liefern, d. h. ohne Beschädigung und ohne Beanstandung an den im Kaufvertrag zugesicherten Eigenschaften des Gutes bzw. der Dienstleistung, ▪ den Kaufgegenstand rechtzeitig zu liefern, d. h. zu dem zugesicherten Termin oder, wenn nichts vereinbart ist, unverzüglich zu liefern (= Rechtzeitig-Lieferung), ▪ dem Käufer das Eigentum an dem Kaufgegenstand zu verschaffen, ▪ den Kaufpreis anzunehmen.	▪ den Kaufgegenstand anzunehmen, ▪ den Kaufgegenstand auf Vollständigkeit, Identität, äußere Beschaffenheit und, soweit möglich, auf Art, Beschaffenheit und Güte gemäß Kaufvertrag zu überprüfen, ▪ den Kaufpreis rechtzeitig zu zahlen (= Rechtzeitig-Zahlung).

MERKE
Es gilt, dass die Pflichten des einen Vertragspartners die Rechte des anderen darstellen.

Der Schuldner der jeweiligen Pflicht hat diese so zu erfüllen, wie Treu und Glauben mit Rücksicht auf die Verkehrssitte, d. h. die handelsübliche Geschäftsabwicklung, es erfordern.

ZUSAMMENFASSUNG

Zustandekommen eines Kaufvertrages

Möglichkeiten der Anbahnung eines Kaufvertrages

Anpreisung
- an die Allgemeinheit gerichtet
- unverbindlich

Anfrage
- an bestimmten Lieferanten gerichtet
- unverbindlich

Angebot
- an bestimmte Person/Personengruppe gerichtet
- ohne Einschränkung des Anbieters: verbindlich

ohne Formvorschrift, d. h. schriftlich oder mündlich (evtl. konkludentes Handeln)

Bindungsfristen

unbefristete Angebote
(= gesetzliche Regelung)
- telefonisch: solange das Telefonat andauert
- mündlich: solange das Gespräch dauert
- schriftlich: Weg des Zugangs und Rücklaufs plus ca. 24 Std.

befristete Angebote
(= vertragliche Regelung)
verbindlich bis zum Ablauf der vereinbarten Frist

Angebote mit Freizeichnung
(= vertragliche Regelung)
je nach Freizeichnungsklausel ganz oder teilweise unverbindlich

Angebote erlöschen nach Ablauf der Bindungsfristen und durch inhaltliche Änderung des Angebotes

↓

Angebotsvergleich

Mindestbestandteile:	**Art, Beschaffenheit und Güte**	**Menge**	**Preis**	**Zahlungsbedingungen**	**Lieferbedingungen**
gesetzl. Regelung	bei Gattungsware: mittl. Art und Güte	vorgeschriebene Maßeinheit	ohne Abzug	Zahlung bei Lieferung	Übernahme beim Verkäufer
vertragl. Regelung	genaue Beschreibung	genaue Mengenangabe	Rabatt Skonto	vereinbarte Zahlungsbedingung	vereinbarte Lieferbedingung
Mindestbestandteile:	**Gerichtsstand**	**Erfüllungsort**	**Bezugskosten**	**Lieferzeit**	**Art des Kaufs**
gesetzl. Regelung	Privatpers. Wohnort des Käufers, sonst Erfüllungsort	Wohn-/ Geschäftssitz des Schuldners	trägt der Käufer	unverzüglich nach Vertragsabschluss	nicht vorgeschrieben
vertragl. Regelung	Vereinbarung	Vereinbarung	Vereinbarung	Vereinbarung	Vereinbarung

+ sonstige Auswahlkriterien

Service	Flexibilität	Kulanz	Garantiezeit	Ansprechbarkeit	Zusatzleistungen	gesonderte Tätigkeiten	andere …

↓

Kaufvertrag durch zwei inhaltlich übereinstimmende Willenserklärungen:

Antrag (= 1. Willenserklärung) + **Annahme** (= 2. Willenserklärung)

- Angebot + Bestellung
- Bestellung + Bestätigung
- Bestellung + Lieferung

  aufgrund einer Anpreisung, eines abgeänderten Angebots, nach Erlöschen der Bindungsfrist, bei bekanntem Lieferanten (ohne Angebot)
- Lieferung + Annahme

  durch Kaufmann mit bereits bestehenden Geschäftsbeziehungen

↓

Im Verpflichtungsgeschäft verpflichten sich der:

Verkäufer,
- den Kaufgegenstand mangelfrei zu liefern,
- den Kaufgegenstand rechtzeitig zu liefern,
- dem Käufer das Eigentum am Kaufgegenstand zu verschaffen,
- den Kaufpreis anzunehmen.

Käufer,
- den vertragsgemäß gelieferten Kaufgegenstand nach Prüfung abzunehmen,
- den vertragsgemäß gelieferten Kaufgegenstand rechtzeitig zu bezahlen,
- Schnittstellenkontrolle.

↓

Die Pflichten des Verkäufers entsprechen den Rechten des Käufers und umgekehrt.

↓

Gemäß Verpflichtung haben die Kaufvertragspartner die Erfüllung ihrer Pflichten zu bewirken.

Bearbeitungsvorschläge

1. Unter der Annahme, Herr Hansen würde am 20.07.20.. folgendermaßen auf die Angebote der Eingangssituation reagieren:

Wall GmbH
Spedition & Logistik

Wall GmbH – Spedition & Logistik, Großmannstraße 253, 20539 Hamburg

E-Mail: service@wall-gmbh.de
Internet: www.wall-gmbh.de
Tel. +49 40 31104-0
Fax +49 40 31104-99

...

Bestellung (1) 20.07.20..

Sehr geehrte Damen und Herren,

Bezug nehmend auf Ihr Angebot vom 02.07.20.. möchten wir den in Ihrem Angebot beschriebenen Pritschenwagen mit 14 t Nutzlast zu 100 000,00 € (abzgl. 2 % Rabatt und 3 % Skonto) bestellen.
Mit den übrigen in Ihrem Angebot beschriebenen Bedingungen sind wir einverstanden.
Lieferzeitpunkt soll Ende September dieses Jahres sein.
...

Mit freundlichen Grüßen
i. V. Hansen

Wall GmbH
Spedition & Logistik

Wall GmbH – Spedition & Logistik, Großmannstraße 253, 20539 Hamburg

E-Mail: service@wall-gmbh.de
Internet: www.wall-gmbh.de
Tel. +49 40 31104-0
Fax +49 40 31104-99

...

Bestellung (2) 20.07.20..

Sehr geehrte Damen und Herren,

Bezug nehmend auf Ihr Angebot vom 02.07.20.. möchten wir den in Ihrem Angebot beschriebenen Pritschenwagen mit 10 t Nutzlast zu 90 000,00 € (abzgl. 2,5 % Rabatt und 2,5 % Skonto) bestellen.
Mit den übrigen in Ihrem Angebot beschriebenen Bedingungen sind wir einverstanden.
Lieferzeitpunkt soll Ende Dezember dieses Jahres sein.
...

Mit freundlichen Grüßen
i. V. Hansen

Wall GmbH
Spedition & Logistik

Wall GmbH – Spedition & Logistik, Großmannstraße 253, 20539 Hamburg

E-Mail: service@wall-gmbh.de
Internet: www.wall-gmbh.de
Tel. +49 40 31104-0
Fax +49 40 31104-99

...

Bestellung (3) 20.07.20..

Sehr geehrte Damen und Herren,

Bezug nehmend auf Ihr Angebot vom 02.07.20.. möchten wir den in Ihrem Angebot beschriebenen Pritschenwagen mit 7,5 t Nutzlast zu 80 000,00 € (abzgl. 2 % Rabatt und 2 % Skonto) bestellen.
Mit den übrigen in Ihrem Angebot beschriebenen Bedingungen sind wir einverstanden.
Lieferzeitpunkt soll Ende Dezember dieses Jahres sein.

...

Mit freundlichen Grüßen
i. V. Hansen

Geben Sie an, ob die Bestellungen des Herrn Hansen zum Abschluss eines Kaufvertrages geführt haben. Begründen Sie Ihre Entscheidung.

2. a) Führen Sie für die im Anschluss dargestellten Angebote für Gabelstapler einen Angebotsvergleich durch und entscheiden Sie sich begründet für eines der Angebote. Gehen Sie davon aus, dass die folgenden Kriterien in den Angeboten berücksichtigt sind:

- Tragkraft 2 500 kg bei 500 mm Lastschwerpunktabstand
- Motor: 2 Elektr-Fahrmotoren: 2 · 4,5 KW
- Schaltung: Impulssteuerung, stufenlos
- Bremsen: doppelte Scheibenbremsen
- Bereifung: 4-fach Super-Elastik:
  2 Antriebsräder vorn: 21 · 8–9
  2 Lenkräder hinten: 16 · 6–8
- Lackierung: Jerba rot
- Hubgerüst: Standard Vollfreisicht
- Bauhöhe: 2 185 mm, Hubhöhe: 3 270 mm, Freihub: 130 mm

b) Schreiben Sie mithilfe eines Textverarbeitungsprogramms die notwendigen Dokumente, um einen Kaufvertrag abzuschließen. (Erläutern Sie Ihr Vorgehen.)

...

Angebot (1) 15.07.20..

Sehr geehrter Herr Hansen,

gemäß Ihrer Anfrage bieten wir Ihnen bis zum 15.08.20.. für die Abnahme von 5 Gabelstaplern wie folgt an:

- Gabelstapler, Typ ME 25 G (gemäß vorliegendem Prospekt)

  ...
- Preis: 25 000,00 €/Stück
  Rabatt: 3 % ab Abnahme von 5 Stück
  Skonto: 3 % bei Zahlung innerhalb von 10 Tagen
- Auslieferung innerhalb eines Monats ab Bestelldatum (gem. Ihrer Anfrage)

  ...

Unsere Lieferbedingungen sind ab Werk. Wir bieten Ihnen die Bezahlung nach Rechnungserhalt an.

Garantiezeit: 4 Jahre
Service: halbjährliche Inspektion

Mit freundlichen Grüßen
i. V. Wohlens

Erfüllungsort und Gerichtsstand: Hamburg

LSL

…
Angebot (2) 15.07.20..

Sehr geehrter Herr Hansen,

gerne unterbreiten wir Ihnen gemäß Ihrer Anfrage für 5 Gabelstapler folgendes Angebot:

- Gabelstapler, Typ KR 24 R (gemäß vorliegendem Prospekt)

…

- Preis: 23 000,00 €/Stück
  Rabatt: 2 % ab Abnahme von 3 Stück
  Skonto: 2 % bei Zahlung innerhalb von 10 Tagen
- Auslieferung: jederzeit

…

Unsere Lieferbedingungen sind ab Werk. Wir bieten Ihnen die Bezahlung nach Rechnungserhalt an.

Garantiezeit: 2 Jahre
vierteljährliche Inspektion

Mit freundlichen Grüßen
i. V. Pommulo

Erfüllungsort und Gerichtsstand: Hamburg

LSL

…
Angebot (2) 15.07.20..

Sehr geehrter Herr Hansen,

unverbindlich übermitteln wir Ihnen die folgenden Daten zur Abnahme von 5 Gabelstaplern:

- Gabelstapler, Typ PE 27 X (gemäß vorliegendem Prospekt)

…

- Preis: 24 000,00 €/Stück
  Rabatt: 3 % ab Abnahme von 6 Stück
  Skonto: 2,5 % bei Zahlung innerhalb von 10 Tagen
- Auslieferung nach sechs Monaten ab Bestelldatum

…

Unsere Lieferbedingungen sind ab Werk. Wir bieten Ihnen die Bezahlung nach Rechnungserhalt an.

Garantiezeit: 3 Jahre
Service: jährliche Inspektion

Mit freundlichen Grüßen
i. V. Trave

Erfüllungsort und Gerichtsstand: Hamburg

3. Um 40 000 Blatt Papier zu beschaffen, hat die Auszubildende zur Kauffrau für Spedition und Logistikdienstleistung der Wall GmbH – Spedition & Logistik, Abteilung Verwaltung, Franka Pohlens, den Auftrag erhalten, einen geeigneten Lieferanten auszusuchen. Dafür hat sie sich die Daten des letzten Lieferanten, der Papier OHG in Hamburg, aus der Lieferantenkartei besorgt und eine Anfrage bei der PaGuBi Gbr. mit folgendem Ergebnis gestellt: – Auszug (Angebotsbrief der PaGuBi Gbr.)

<u>Lieferantenkartei</u>	für Papier
Lieferant:	Papier OHG,
Adresse:	Kieler Str. 234 22525 Hamburg
Ansprechpartn.:	Frau Droslew
Telefon:	+49 40 5467853
Fax:	+49 40 5467223
E-Mail:	Papier-ohg-droslew@t-online.de
Artikel:	100 g/m² chlorfrei, gebleicht
Artikelnummer:	12996
Listenpreis:	19,75 €/1 000 Blatt
Mindestabnahme:	5 Pakete à 1 000 Blatt
Mengenrabatt:	ab 50 Pakete 3 %
Zahlungsbed.:	2 % bei Zahlung innerhalb 10 Tage

2. des laufenden Monats

Sehr geehrte Frau Pohlens,

vielen Dank für Ihr Interesse an unseren Produkten. Gerne unterbreiten wir Ihnen folgendes Angebot:

Je Paket mit 1 000 Blatt Papier 100 g pro m² chlorfrei gebleicht (Art.-Nr.: 44678) berechnen wir 21,00 €/Paket. Wir gewähren bei der Abnahme von 20 Paketen einen Rabatt von 2 %, ab 40 Paketen 4 %.

Das Papier, das in allen Geschäftsbereichen einsetzbar ist, ist mit einer Mindestabnahme von 10 Paketen abzunehmen.

Lieferbedingung:	EXW
Anfuhr (Kosten):	10,00 €/50 Pakete, mind. 6,00 €
Verladung (Kst.):	10,00 €/50 Pakete, mind. 6,00 €
Zufuhr (Kosten):	16,00 €/50 Pakete, mind. 13,00 €
Liefertermin:	sofort
Angebotsbefrist.:	bis Ende diesen Jahres
Verbindlichkeit:	keine Freizeichnungsklausel
Zuverlässigkeit:	langjährige Geschäftsbeziehung
Reklamationen:	selten
Kulanz:	sehr kulant
Erfüllungsort:	Hamburg
Gerichtsstand:	Hamburg

Die Lieferung (innerhalb von 7 Tagen) erfolgt frei, wobei wir Ihnen für die Zufuhr von je 80 Paketen 15,00 €, mindest. 12,00 € je Lieferung berechnen.

Die Rechnung ist innerhalb von 30 Tagen ohne Abzug, bei Zahlung binnen 10 Tagen mit 3 % Skonto zahlbar.

Unser Angebot ist bis zum Ablauf dieses Monats gültig. Erfüllungsort und Gerichtsstand ist Hamburg.

Mit freundlichen Grüßen

LSL

a) Führen Sie einen Angebotsvergleich durch, in dem Sie das in Bezug auf den Preis vorteilhafteste Angebot mithilfe der folgenden Matrix ermitteln.

b) Bewerten Sie die Aussagen hinsichtlich der Kulanz und der Anzahl der Reklamationen für beide Lieferanten und entscheiden Sie sich grundsätzlich für einen der beiden Lieferanten.

c) Erläutern Sie begründet, ob die folgend in Auszügen abgedruckte Bestellung zum Abschluss eines Kaufvertrages geführt hat.

Menge: 40 000 Blatt	Lieferant: Papier OHG, %-Satz/€	Betrag in €	Lieferant: PaGuBi Gbr. %-Satz/€	Betrag in €
Listenpreis				
– Rabatt				
Zieleinkaufspreis				
– Skonto				
Bareinkaufspreis				
+ Bezugskosten	./.		./.	
= + Anfuhr		./.		./.
= + Verladung		./.		./.
= + Zufuhr		./.		./.
= Bezugspreis				
+ MwSt.				
Bruttorechnungsbetrag				

4. Markieren Sie für die folgenden Beispiele, wer den (letzten) Antrag stellt und wer eventuell annimmt. Geben Sie ferner an, ob der Kaufvertrag abgeschlossen wurde und um welche Art von Kaufvertrag es sich handeln würde. (Begründen Sie Ihre Entscheidung.)

1. (Willenserklärung) = Antrag durch V (= Verkäufer) oder K (= Käufer);
2. (Willenserklärung) = Annahme durch V (= Verkäufer) oder K (= Käufer),
KV = Kaufvertrag abgeschlossen (Ja/Nein);
K = Art des Kaufes: B für bürgerlicher Kauf, E für einseitiger Handelskauf, Z für zweiseitiger Handelskauf

	1.	2.	KV	K
1. Ein vor zwei Wochen eingegangenes verbindliches Angebot eines Schreibtischstuhlanbieters wird von Frau Seeding von der Wall GmbH angenommen.				
2. Ein Mitarbeiter der Wall GmbH – Spedition & Logistik bietet im Rahmen logistischer Tätigkeiten dem Gesellschafter eines befreundeten Speditionsunternehmens, Herrn Gerster, für private Zwecke eine Kiste Kaviar zum Kauf an. Herr Gerster nimmt das Angebot telefonisch an und bekommt von dem Mitarbeiter der Wall GmbH eine Auftragsbestätigung.				
3. Aufgrund einer Anfrage bekommt die Wall GmbH – Spedition & Logistik ein unverbindliches Angebot über den Kauf einer Küche übersandt. Da die genauen Abmessungen der Küche noch ausstehen, wird der Preis vorbehaltlich benannt.				
4. Frau Seeding von der Wall GmbH werden sechs Schreibtische zu je 400,00 € zum Kauf angeboten. Frau Seeding bestellt fünf dieser Schreibtische zu 380,00 €. Mit dem Preis einverstanden, liefert der Verkäufer die im Angebot benannten sechs Tische.				
5. Die Aufgaben der Wall GmbH – Spedition & Logistik gegenüber dem Kunden, Fleischgroßhandel Beef AG, umfassen neben den speditionellen Tätigkeiten auch die Kaufvertragsabwicklung. In diesem Zuge übersendet die Wall GmbH an ein „Steakhouse" ein befristetes Angebot über vorhandene Restposten. Da der Geschäftsführer des Steakhouses im Urlaub war, bestellt er zwei Tage nach Ablauf der Frist zu den im Angebot benannten Bedingungen.				
6. Herr Permuth will sich für sein privates Arbeitszimmer an seinem Wohnort einen Kamin kaufen. Ihm liegen seit dem Vormittag drei schriftliche Angebote zur Auswahl vor. Er wählt das günstigste Angebot aus und bestellt den Kamin per Fax.				
7. Wegen der Fülle an kurzfristig eingegangenen Aufträgen ist der Anbieter des obigen Angebotes (6.) nicht in der Lage, rechtzeitig zu liefern. Die beiden Vertragspartner einigen sich, eine Woche nach Abschluss des Kaufvertrages, den Kaufvertrag rückgängig zu machen. Herr Permuth schreibt daher eine Bestellung zu dem zweitgünstigsten, oben erwähnten Angebot und sendet es ab.				
8. Frau von Blumenthal der Wall GmbH bestellt aus einer ihr vorliegenden Preisliste 10 000 Blatt Kopierpapier. Sie erhält umgehend eine Auftragsbestätigung.				
9. Der Auszubildende Mark Köhler ruft aufgrund eines in der Berufsschule ausliegenden Flyers, auf dem Konzertkarten angeboten werden, bei der benannten Telefonnummer an. Er fragt nach dem Preis der Karten und bestellt vier. Die Mutter des Drummers nimmt den Auftrag entgegen. Zur Bezahlung soll Mark Köhler bei der Wohnung des Drummers vorbeikommen.				
10. Aufgrund einer Annonce in der Zeitung ruft die Auszubildende der Wall GmbH – Spedition & Logistik María de la Cruz, bei dem Rentner Fritz Wegener an. Sie möchte ein Auto kaufen. Sie bietet Herrn Wegener 2 000,00 € für das Fahrzeug an, er verlangt 2 200,00 €. María bittet sich Bedenkzeit aus. Nach einer halben Stunde ruft sie zurück und bietet 2 100,00 € für das Auto.				
11. In einem Supermarkt sieht Herr Brüsse, Abteilungsleiter der Seehafenexportabteilung der Wall GmbH, ein „Sonderangebot" über CD-Rohlinge. Er nimmt einen Zehnerpack, geht zur Kasse, die Kassiererin tippt den Betrag ein.				

	1.	2.	KV	K
12. Auf ein vor zwei Monaten per Post eingegangenes Angebot über eine genau bezeichnete Regalwand für das Lager der Wall GmbH, reagiert die Wall GmbH mit einer Bestellung. Sie bestellt allerdings zwei Regalwände. Der Hersteller der Regalwände schickt zwei Regalwände, der Preis auf der beiliegenden Rechnung liegt allerdings um 10 % höher als im ursprünglichen Angebot angegeben.				
13. Ein in einer Zeitungsannonce angebotener antiker Schrank ist laut Verkäuferin, Frau Rosen, für 4 000,00 € zu verkaufen. Am Telefon bietet Frau Windig 3 800,00 €. Die Verkäuferin erbittet sich Bedenkzeit. Frau Windig ruft zwei Tage später nochmals an.				
14. Herr Pflug, Abteilungsleiter Luftfrachtexport, sucht sich aus dem Branchenbuch einen Lieferanten für Büromaterial und fragt für verschiedene Dokumentenvordrucke die Kosten an. Der Lieferant schickt eine Auswahl an Dokumentenvordrucken an Herrn Pflug in die Wall GmbH. Da die Vordrucke zu teuer sind, bestellt er nicht. Auf eine gelieferte Sendung reagiert er nicht.				
15. Herr Moosgrund, als Hauptabteilungsleiter der Luftfrachtabteilung, hat eine Auswahl an Prospekten über Scanner zur Übermittlung von Barcodelabeln in das EDV-System vorliegen. Er schlägt einem Lieferanten vor, bei der Abnahme von 40 Scannern (für die Wall GmbH – Spedition & Logistik) insgesamt einen Nachlass von 15 % pro Stück zu gewähren. Nachdem die beiden Herren ca. 10 Minuten über allgemeine Inhalte des Tracking und Tracing sprachen, stimmt der Verkäufer dem 15-%igen Nachlass zu.				
16. Im Rahmen ihrer logistischen Aufgaben bietet die Wall GmbH einem langjährigen Kunden einen Restposten Fliesen an. Die Wall GmbH erwähnt zusätzlich, dass die Menge „freibleibend" ist. Der Kunde bestellt die gesamte Partie. Da die Wall GmbH dieses Angebot auch anderen Kunden unterbreitet hat, kann sie nur noch die Hälfte der Partie anliefern. Nach der Anlieferung reagiert der Kunde nicht, sondern bezahlt die Sendung innerhalb der festgesetzten Frist.				

5. Erläutern Sie die Formvorschriften zum Abschluss von Kaufverträgen und begründen Sie, warum es sinnvoll ist, einen Handelskauf schriftlich niederzulegen.

6. Erklären Sie anhand eines selbst gewählten Beispiels die Pflichten, die erstens der Verkäufer und zweitens der Käufer durch den Abschluss eines Kaufvertrages eingeht.

7. Beschreiben Sie mithilfe eines selbst gewählten Beispiels das Zustandekommen eines Kaufvertrages von der Anbahnung bis zum Abschluss. (Nutzen Sie die Zusammenfassung als Hilfestellung.)

7 Pflichtverletzungen beim Kaufvertrag

LSL

LERNSITUATION

Die Wall GmbH – Spedition & Logistik hat im Rahmen ihrer logistischen Tätigkeiten für ihre Kunden verschiedene Aufgaben aus dem Kaufvertrag übernommen.

So hat die Wall GmbH für die „Malen mit Schnidt OHG" die Belieferung eines festen Kundenstammes übernommen. Das heißt, diese Kunden schicken der Wall GmbH per E-Mail die Bedarfsmeldungen zu und die Wall GmbH kommissioniert die auf ihrem Lager befindlichen Artikel entsprechend der Bestellung und liefert sie auftragsgemäß, d.h. bedarfsgerecht und zeitnah, aus. Dabei kommt es immer wieder zu unliebsamen Vorfällen:

Bei der Kommissionierung der bestellten Waren kommt es in letzter Zeit vermehrt dazu, dass die auf dem Lager beschäftigten Aushilfen von einigen der bestellten Artikel zu wenig oder zu viel und z.T. sogar andere als die bestellten Artikel verpacken. Die Paletten werden anschließend eingeschweißt und auf die entsprechenden Plätze zur Auslieferung gestellt.

Zudem beschweren sich die Kunden des Öfteren, dass die Ware beschädigt oder verspätet (häufig erst nach Geschäftsschluss) eintrifft, obwohl feste Termine vereinbart sind.

Bei einem Artikel, bei den wasserfesten und abwaschbaren Tapeten, häufen sich seit einiger Zeit die Beschwerden darüber, dass diese nach der Verarbeitung weder wasserfest noch abwaschbar sind. Obgleich die Wall GmbH diesen Sachverhalt der „Malen mit Schnidt OHG" bereits mehrfach mitgeteilt hat, schafft diese keine Abhilfe.

In allen Fällen drohen die Kunden der „Malen mit Schnidt OHG" bzw. stellvertretend der Wall GmbH zum einen mit Gewährleistungsansprüchen und zum anderen, sich neue Lieferanten zu suchen, wenn die Vorfälle so blieben und keine Abhilfe geschaffen werde.

Die Wall GmbH muss sich allerdings auch mit anderen Problemen beschäftigen: Obgleich die Bestellungen per E-Mail bei der Wall GmbH eingehen und zumindest weitgehend bedarfsgerecht ausgeführt werden, kommt es verstärkt bei einem der Kunden der „Malen mit Schnidt OHG" vor, dass dieser die von ihm bestellte Ware mit der Begründung ablehnt, dass er die Ware nicht mehr bräuchte oder anderweitig günstiger bekäme.

Außerdem übernimmt die Wall GmbH neben der eigenen Rechnungserstellung für die speditionellen Tätigkeiten auch die Rechnungslegung für die „Malen mit Schnidt OHG", die diese dann später in ihrer Buchhaltung übernimmt. Da die Wall GmbH neben der Rechnungslegung auch das Inkasso für die „Malen mit Schnidt OHG" übernommen hat, stellt sie bei der regelmäßigen Prüfung der Außenstände fest, dass vor allem zwei Kunden mit den Zahlungen immer wieder in Rückstand geraten.

Aufgaben

1. Geben Sie an, welche Verträge hier abgeschlossen wurden.
2. Betrachten Sie nochmals die Rechte und Pflichten aus dem Kaufvertrag und stellen Sie fest, welche Pflichten aus dem Kaufvertrag verletzt wurden. (Grenzen Sie diese Pflichtverletzungen des Kaufvertrages gegen die Verletzung anderer Verträge ab.)
3. Beschreiben Sie, was Sie in obigen Fällen unternehmen würden, um Ihre oder die Rechte Ihres Kunden zu schützen.
4. Überprüfen Sie, ob Ihr Vorgehen mit den gesetzlichen Möglichkeiten übereinstimmt.

Im Regelfall erfüllen die Beteiligten an **Schuldverhältnissen**[1] ihre Pflichten, sodass bei der Erfüllung der **Rechtsgeschäfte** keinerlei Probleme entstehen. Das **Schuldrecht** wird damit ausschließlich bei **Pflichtverletzungen** (= Leistungsstörungen) angewendet (§§ 241–853 BGB).

MERKE
Das Schuldrecht gilt für gegenseitig verpflichtende Verträge wie etwa Kauf- (§ 434 ff. BGB), Werk- (§ 633 BGB), Miet- (§ 536 ff. BGB), Pacht- oder Darlehensvertrag sowie Dienst- oder Arbeitsvertrag (§ 280 BGB) (s. dort). Bei Pflichtverletzungen gelten also zu den §§ 241–322 zusätzlich die §§ 323–853 des BGB. Zudem gilt das Schuldrecht für einseitig verpflichtende Verträge wie Schenkung, Bürgschaft, Auslobung (= Lösung einer Verlobung), Vermächtnis u. a. (s. dort). Hier gelten jedoch lediglich die §§ 241–322 des BGB.

Im Folgenden sollen lediglich die gegenseitig verpflichtenden Verträge am Beispiel des Kaufvertrages betrachtet werden. Die gegenseitig verpflichtenden Verträge legen den Austausch von Pflichten fest, wie dies z. B. beim Kaufvertrag der Fall ist. Der Verkäufer ist verpflichtet, dem Käufer die Sache zu übergeben und ihm das Eigentum an der Sache zu verschaffen sowie dem Käufer die Sache frei von Sach- und Rechtsmängeln (s. u.) auszuhändigen (§ 433 Abs. 1 BGB). Der Käufer ist verpflichtet, dem Verkäufer den vereinbarten Kaufpreis zu zahlen und die Sache abzunehmen (§ 433 Abs. 2 BGB).

MERKE
Das hier beschriebene neue Schuldrecht gilt für Verträge, die seit dem 1. Januar 2002 geschlossen worden sind.

[1] *Aus dem Abschluss von Rechtsgeschäften ergeben sich für die Beteiligten Rechte und Pflichten. Mindestens einer der beiden Beteiligten (einseitig oder gegenseitig verpflichtende Verträge) schuldet dem anderen die Erfüllung der vereinbarten Leistung(en). Sie stehen somit in einem Schuldverhältnis zueinander.*

7.1 Pflichtverletzungen

Erfüllt einer der beiden Kaufvertragspartner seine Pflichten nicht, so liegt eine Pflichtverletzung vor. Je nach Form der Pflichtverletzung stehen dem Käufer bzw. dem Verkäufer daraus gesetzlich bestimmte Wahlrechte zu, mithilfe derer der Käufer oder Verkäufer einen Ausgleich für die Nichterfüllung bekommt. Dazu ist es jedoch zunächst notwendig, auf die aufgetretene Pflichtverletzung sachgerecht zu reagieren, damit die Folgen, die daraus entstehen, nicht zu den eigenen Lasten gehen.

7.1.1 Mangelhafte Lieferung (Schlechtleistung)

Der Verkäufer haftet bis zum Zeitpunkt des Gefahrenüberganges dafür, dass der Kaufgegenstand nicht mit Mängeln behaftet ist, d.h., dass die richtige Menge des Kaufgegenstandes in der richtigen Art, im ordnungsgemäßen und im vereinbarten Zustand geliefert wird. Bei einer Störung lassen sich demnach Mängel der Art nach unterscheiden:

Unterscheidung von Mängeln nach ihrer Art in:

Sachmangel (§ 434 BGB)

liegt vor, **wenn die verkaufte Sache zum Zeitpunkt des Gefahrenüberganges nicht** die **vereinbarte** Beschaffenheit hat, nicht den Anpreisungen aus der Werbung entspricht, falsch montiert wird, eine falsche Montageanleitung vorliegt, eine andere als die bestellte Ware oder eine falsche Menge (Quantität) **geliefert wird.**

Rechtsmangel (§ 435 BGB)

liegt vor, **wenn die verkaufte Sache nicht frei von Rechten Dritter ist,** so wenn die Sache einem Dritten gehört oder die Sache mit Rechten Dritten gegenüber behaftet ist, von denen der Käufer zum Zeitpunkt des Kaufes nichts wusste oder hätte wissen können, so z. B. Pfandrechte, Grundschulden oder Hypotheken o. a. (s. dort)

Mangel in der Beschaffenheit.
Ein Mangel liegt vor, wenn die im Kaufvertrag vereinbarte Beschaffenheit des Kaufgegenstandes fehlt, so z. B. bei beschädigter oder verdorbener Ware sowie beim Fehlen einer zugesicherten Eigenschaft (= fehlerhafte Ware).
Zur Beschaffenheit gehören auch die Eigenschaften, die der Verkäufer oder Hersteller oder sein Erfüllungsgehilfe (wie Händler) öffentlich, z. B. über die Werbung, äußert. Für den Verkäufer (hier der Händler) gilt allerdings, dass er von der öffentlichen Äußerung des Herstellers Kenntnis erlangt haben muss, um den Mangel gegen sich gelten zu lassen. So wirbt ein Automobilhersteller z. B. für ein Auto mit einem durchschnittlichen Benzinverbrauch von drei Litern pro 100 Kilometer, tatsächlich verbraucht das Fahrzeug jedoch acht Liter im Durchschnitt.
Beachte: Wurde keine bestimmte Beschaffenheit vereinbart, so gilt, was bei Sachen gleicher Art (= Gattungsware) als üblich anzusehen ist und was der Käufer nach der Art der Sache erwarten kann. Nichterfüllung begründeter Erwartungen läge z. B. vor beim Kauf einer Uhr, die zu langsam läuft.

Mangelhafte Montage. Ein Mangel liegt vor, wenn die Montage des Kaufgegenstandes durch den Verkäufer oder seinen Erfüllungsgehilfen unsachgemäß durchgeführt wird. So beispielsweise der Einbau einer Küche durch den Hersteller, bei der die Schranktüren nicht zu öffnen sind.

Mangelhafte Montageanleitung (IKEA-Klausel). Ein Mangel liegt vor, wenn einem an sich mangelfreien Kaufgegenstand eine fehlerhafte Montageanleitung beiliegt; es sei denn, dieser Kaufgegenstand ist bereits fehlerfrei montiert. Als Beispiel sei eine falsche Anleitung zur Montage eines Schrankes benannt, der aufgrund dieser Montageanleitung nicht oder nur falsch zusammengebaut werden kann.

Mangel in der Art. Es besteht ein **Gattungsmangel,** da der Verkäufer eine andere als die bestellte Ware geliefert hat (= Falschlieferung).

Mangel in der Quantität. Mangel in der Menge, d. h., der Verkäufer hat eine zu geringe (oder – auch möglich – eine zu große) Menge geliefert.

Im Regelfall ist der Spediteur bei der Abwicklung von Kaufverträgen der Erfüllungsgehilfe seines Auftraggebers (des Käufers oder Verkäufers) und übernimmt insofern (zumindest teilweise) die Aufgaben seines Auftraggebers, so z. B. die Lieferung der Ware bis zum oder ab dem Gefahrenübergang. Die Verantwortung für das Handeln des eingesetzten Spediteurs – für das Wahrnehmen der Kaufvertragspflichten seines Auftraggebers – und die daraus entstehenden Folgen hat jedoch nach § 278 BGB weiterhin der Kaufvertragspartner zu tragen. Dies entbindet den Spediteur natürlich nicht von seinen Verpflichtungen in Bezug auf den Umgang mit dem Gut und seinen Haftungsverpflichtungen bei fahrlässiger Beschädigung oder Verlust bzw. vorsätzlichem oder grob fahrlässigem Handeln. Im Rahmen seiner speditionellen und logistischen Dienstleistungen ist der Spediteur aufgrund der ADSp dazu verpflichtet, Schnittstellenkontrollen am Ende jeder Beförderungsstrecke oder bei einem Rechtspersonenwechsel durchzuführen: LSL

- Ein **Mangel in der Beschaffenheit** kann nur insofern vom Spediteur erkannt werden, wenn dieser offensichtlich ist. Der Spediteur kann nur an der äußerlichen Verpackung erkennen, ob ein Mangel vorliegt, so beispielsweise, wenn ein Karton mit T-Shirts von außen nass ist. Dies lässt vermuten, dass auch die T-Shirts nicht in Ordnung sind. Der Karton wird (vom Spediteur) geöffnet, um eine Inhaltsfeststellung durchzuführen. Der Spediteur kann somit feststellen und dokumentieren, ob bis zum Ort und zum Zeitpunkt der Schnittstellenkontrolle ein solcher Mangel vorliegt.

- Eine **mangelhafte Montage** könnte durch einen Spediteur im Rahmen seiner logistischen Dienstleistungen verursacht werden, indem er als Erfüllungsgehilfe des Verkäufers die Montage der Ware übernimmt. Bei der Abnahme der Ware durch den Kunden könnte dieser Mangel ersichtlich werden. Andererseits könnte der Spediteur im Rahmen eines Kaufvertrages als Käufer die Montage von Regalen im eigenen Lager beauftragen und somit einen Montagefehler bzw. Aufbaufehler beim Nutzen der Regale feststellen.

- Obgleich der Spediteur eine reine Ablieferquittung bei seinem Auftraggeber vorlegen kann, weil die Ware ordnungsgemäß und ohne Mangel beim Kunden (= Käufer) angeliefert wird, kann ein Mangel aufgrund der vom Verkäufer mitgelieferten **mangelhaften Montageanleitung** im Nachhinein auftreten.

- Einen **Mangel in der Art** kann ein Spediteur im Regelfall nur feststellen, wenn die Ware nicht verpackt ist. Dann ist offensichtlich, dass es sich nicht um die in den Dokumenten benannte Ware handelt, z. B. sind Fenster üblicherweise nur am Rahmen gegen Schäden geschützt. Ein anderes als das bestellte Fenster wäre zu erkennen.

- Für den Spediteur ist ein **Mangel in der Quantität** bei einer Schnittstellenkontrolle insofern sofort zu erkennen, da er von seinen Kunden eine bestimmte Packstück-Anzahl vorgegeben bekommt. Stimmt die benannte Kollianzahl nicht mit der tatsächlichen Anzahl der vorhandenen Kolli überein, stellt der Spediteur diesen Mangel bereits bei der Abnahme der Ware fest. Der Spediteur ist allerdings nicht dazu verpflichtet, die Menge innerhalb eines Packstückes zu überprüfen.

Die Möglichkeiten des Spediteurs, bei einer Schnittstellenkontrolle Mängel festzustellen, beschränken sich i. d. R. auf die sofort erkennbaren und somit offensichtlichen Mängel. Zudem lassen sich Mängel nach ihrer **Erkennbarkeit** in versteckte und arglistig verschwiegene Mängel unterscheiden:

- **Offene Mängel** sind sofort erkennbar, so z. B. bei einer großen, in zwei Teile zerbrochenen Vase, die auf einer eingeschweißten Palette steht.

- **Versteckte Mängel** sind nicht sofort erkennbar, d. h., der Fehler ist beispielsweise erst feststellbar, wenn die Ware ausgepackt oder in Funktion genommen wird. So beim Kauf eines Taschenrechners, der bestimmte Funktionen wie Programmierbarkeit aufweisen soll, aber nicht entsprechend funktioniert.

- **Arglistig verschwiegene Mängel** sind nicht (sofort) erkennbar und zudem bewusst vom Verkäufer verschwiegen. So beispielsweise eine Sommerjacke, die aufgrund des Stoffes wasserabweisend sein soll. Obgleich der Hersteller weiß, dass das Imprägniermittel bei der Produktion nicht aufgetragen wurde, verkauft er die Jacke als regenfest. Beim Tragen der Jacke bei Regen stellt der Käufer fest, dass die Jacke wasserdurchlässig ist (= Fehlen der vereinbarten Beschaffenheit).

MERKE

Um Gewährleistungsansprüche geltend zu machen, ist der Käufer dazu verpflichtet, die Ware beim Eingang zu prüfen und (auch später) bei Feststellen eines Mangels diesen zu rügen. Eine Rüge meint die Bekanntmachung des Mangels gegenüber dem Verkäufer (= Mängelanzeige bzw. Mängelrüge) und das Wahren der vertraglich vereinbarten bzw. der gesetzlichen Rechte (= Wahlrechte) – siehe unten.

Für das Prüfen bzw. das Rügen sind bestimmte **Fristen** einzuhalten, wobei sich diese Fristen beim bürgerlichen, beim einseitigen- und zweiseitigen Handelskauf unterscheiden:

Erkennbarkeit des Mangels	Prüfungs- bzw. Rügefrist ... ... für Kaufleute	... für Nicht-Kaufleute
offener Mangel	unverzüglich, d. h. ohne schuldhaftes Verzögern, nach Ablieferung der Ware – Schnittstellenkontrolle bei Eingang – auf Art, Menge und Qualität (§§ 377, 378 HGB).	innerhalb von zwei Jahren (§ 438 BGB). Sofern der Mangel – im Rahmen des Verbrauchsgüterkaufs nach § 474 BGB – innerhalb von sechs Monaten angezeigt wird, muss der Verkäufer beweisen, dass die Ware zum Zeitpunkt des Gefahrenüberganges mangelfrei war, ansonsten muss der Verkäufer für den Mangel haften (§ 476 BGB **[Beweislastumkehr]** [s. dort]). Nach den sechs Monaten trägt der Käufer die Beweislast.
versteckter Mangel	unverzüglich nach Entdecken, innerhalb von zwei Jahren (§ 438 BGB).	
arglistig verschwiegener Mangel	unverzüglich nach Entdecken, innerhalb von 3 Jahren (§ 438 BGB).	innerhalb von 3 Jahren.

LSL

MERKE

Rechtsfolgen können lediglich geltend machen, wenn folgende Voraussetzungen erfüllt sind:
(1) es muss ein Sachmangel vorliegen,
(2) der Sachmangel muss bei Gefahrenübergang vorhanden sein,
(3) es liegen keine Haftungsausschlussgründe vor und
(4) eine Verjährung (siehe dort) ist noch nicht eingetreten.

7.1.1.1 Rechtsfolgen (Gewährleistungsansprüche) aus einer mangelhaften Lieferung

Nach dem fristgerechten Rügen eines Mangels stehen dem Käufer bestimmte **Gewährleistungs- bzw. Mängelansprüche** (= **Rechtsfolgen**) gemäß des folgenden **Prüfschemas** zu. Dabei gilt es allerdings zu beachten, dass der Käufer bei behebbarem Mangel (i. d. R.) zunächst die Rechte der Nacherfüllung in Anspruch nehmen muss (= **vorrangig**) und erst dann weitere Rechte geltend machen kann (= **nachrangig**).

Möglicher Mangel an einer Sache

Sachmangel | **Rechtsmangel**

Mängelrüge

Gleiche Rechtsfolgen (§ 437 BGB)

(1.) Vorrangige Wahlrechte: Nacherfüllung (§§ 437, 439, 440, 441, 281 BGB)

Der Käufer hat (unabhängig vom eigenen Verschulden) ein Wahlrecht zwischen

Nachbesserung (= Beseitigung des Mangels) **oder** **Neulieferung** (= Umtausch in mangelfreie Ware)

Voraussetzungen:

a) Es liegt ein – geringfügiger oder erheblicher – behebbarer Mangel vor.[1]
b) Der Käufer hat eine angemessene Frist gesetzt und wartet den Fristablauf ab.
   - Liegt kein behebbarer Mangel vor, kann auf eine Nachfristsetzung verzichtet werden, der Käufer kann sofort die unten aufgeführten (nachrangigen) Rechte geltend machen.
c) Es liegt keine Unzumutbarkeit vor, d. h., die Nacherfüllung ist nicht mit unverhältnismäßig hohen Kosten verbunden.
   - Der Verkäufer muss die Aufwendungen der Nacherfüllung wie Arbeits-, Transport- und Materialkosten tragen.
   - Sofern der Verkäufer die Nacherfüllung verweigert, hat der Käufer sofort die Möglichkeit, die unten aufgeführten (nachrangigen) Wahlrechte in Anspruch zu nehmen.
d) Die Nachbesserung ist nach **zwei** erfolglosen Nachbesserungsversuchen fehlgeschlagen.

Liegt zudem ein **Verschulden seitens des Verkäufers** vor,

hat der Käufer neben der Nacherfüllung ebenso einen Anspruch auf **Schadensersatz** (s. u.), sofern ein Schaden entstanden ist.

und / oder

hat der Käufer die Möglichkeit, neben der Nacherfüllung eine ***Minderung*** (s. u.) zu verlangen, sofern der Wert des Kaufgegenstandes gesunken ist.

MERKE

Sofern ein behebbarer Mangel vorliegt,
- der Käufer bei diesem behebbaren Mangel dem Verkäufer zur Nacherfüllung eine angemessene Frist setzt und den Fristablauf abwartet,
- der Verkäufer die Nacherfüllung wegen Unzumutbarkeit nicht verweigert, aber die zwei Nachbesserungsversuche erfolglos bleiben,

kann der Käufer die folgend dargestellten (nachrangigen) Rechte geltend machen.

---
[1] *Ausschlussgründe ergeben sich aus den §§ 442 und 444 des BGB.*

(2.) Nachrangige Wahlrechte: i. d. R. nach Fristsetzung und erfolglosem Fristablauf.
Es ergeben sich verschiedene Wahlmöglichkeiten für den Käufer:

bei erheblichem Mangel	bei erheblichem Mangel	bei erheblichem Mangel	bei erheblichem Mangel
nicht bei geringfügigem Mangel	**auch** bei geringfügigem Mangel	**nicht** bei geringfügigem Mangel	**nicht** bei geringfügigem Mangel
Rücktritt vom Kaufvertrag (§§ 437 (2), 323 BGB)	**Minderung des Kaufpreises** (§§ 437 (2), 441 BGB)	**Schadensersatz** (§§ 437 (3), 280, 281, 283, 325, 440 BGB)	**Ersatz vergeblicher Aufwendungen** (§§ 437 (3), 284 BGB)

Rücktritt **oder** Minderung **und/oder** Schadensersatz **oder** Ersatz vergeblicher Aufwendungen

Rücktritt / Minderung: alternativ

Voraussetzungen unabhängig voneinander:
- wenn der Mangel nicht behebbar ist,
- wenn der Verkäufer die Nacherfüllung verweigert,
- wenn zwei Versuche der Nacherfüllung erfolglos geblieben sind,
- wenn die Nacherfüllung für einen der beiden Vertragspartner unzumutbar ist,
- wenn die maßgebliche Verantwortung des Mangels beim Verkäufer liegt,
- wenn ein Fixgeschäft (s. dort) oder ein Zweckkauf (s. dort) vorliegt,
- wenn besondere Umstände vorliegen.

Auf eine Nachfrist (zusätzlich zur Nacherfüllungsfristsetzung) kann verzichtet werden (§§ 323, 440, 441 BGB).

Schadensersatz / Ersatz vergeblicher Aufwendungen: alternativ

Voraussetzungen unabhängig voneinander:
- wenn der Mangel nicht behebbar ist,
- wenn der Verkäufer die Nacherfüllung verweigert,
- wenn zwei Versuche der Nacherfüllung erfolglos geblieben sind,
- wenn die Nacherfüllung für den Verkäufer unzumutbar ist,
- wenn die maßgebliche Verantwortung des Mangels beim Verkäufer liegt,
- wenn besondere Umstände vorliegen.

Auf eine Nachfrist (zusätzlich zur Nacherfüllungsfristsetzung) kann verzichtet werden (§§ 323, 440, 441 BGB).

➡ Zudem muss den Verkäufer ein **Verschulden** treffen, d. h., er hat den Mangel zu vertreten (§ 280 BGB).

alternativ / alternativ

Der **Rücktritt vom Kaufvertrag** verpflichtet zur wechselseitigen Rückgabe des bereits Empfangenen, z. B. hat der Verkäufer bereits geleistete Zahlungen zurückzuerstatten (§ 346 BGB)	Eine **Minderung** ist nur möglich, wenn der Käufer nicht vom Kaufvertrag zurücktritt (= **alternative Anwendung zum Rücktritt).** Minderung ist die Herabsetzung des Kaufpreises.	Die Forderung nach Schadensersatz bei entstandenem Schaden ist bei Rücktritt (statt der Leistung) oder ohne Rücktritt (neben der Leistung) möglich, sofern ein Schaden entstanden ist.	Statt Schadensersatz bei Rücktritt, kann der Käufer den **Ersatz vergeblicher Aufwendungen** verlangen, wenn diese **im Vertrauen auf den Erhalt der fehlerfreien Leistung entstanden** sind.

Die Gründe des Käufers, Rechte aus einer Pflichtverletzung (unter Wahrung der jeweiligen Voraussetzungen) geltend zu machen, können sein:

- Die **Nachbesserung**, sofern ein behebbarer Mangel vom Verkäufer leicht behoben werden kann, wie z.B. die Nachlieferung einer (mitzuliefernden) Farbpatrone für einen Drucker.

- Die **Neulieferung** (= Umtausch), wenn der behebbare Mangel evtl. nur unter unzumutbaren Umständen für den Käufer zu beheben ist, so z.B., wenn ein defekter Fernseher für drei Monate zur Reparatur nach Japan zurückgeschickt werden müsste und ein Ersatzgerät – für diese Zeit (hier drei Monate) – vom Verkäufer nicht zur Verfügung gestellt wird. Ein Umtausch wäre jedoch sofort möglich. Der Käufer würde auf mangelfreie Ware bestehen, wenn dieser Fernseher nicht inzwischen günstiger oder qualitativ besser von anderen Lieferanten angeboten wird.

- Der **Rücktritt** (alternativ zur Minderung)
  - bei einem erheblichen und behebbaren Mangel, wenn zwei Versuche zur Nacherfüllung bereits erfolglos blieben. Der Käufer tritt beispielsweise vom Kaufvertrag zurück, weil die Sache inzwischen anderweitig günstiger zu beschaffen ist, so beim Kauf eines mangelhaften Computers vor der Computermesse CeBIT.
  - bei Unzumutbarkeit für den Käufer. Wenn dem Käufer durch den Verkäufer z.B. zugemutet wird, drei Monate auf eine Nachbesserung zu warten, der Verkäufer eine Neulieferung aus Kostengründen aber ablehnt. Dies könnte der Fall sein, wenn dieser Fernseher günstiger zu reparieren als neu zu beschaffen wäre. Der Käufer könnte zurücktreten, weil er einen qualitativ gleich- oder höherwertigen Fernseher zum gleichen oder niedrigeren Kaufpreis erstehen könnte.
  - bei Zweckkauf, wenn also die Lieferung aufgrund des Mangels für den eigentlichen Zweck nicht zu verwenden ist. Beispielsweise der Kauf von Schokoladenfiguren, die, in einer Aluminiumverpackung eingewickelt, Weihnachtsmänner darstellen sollen. Der Zweck ist der Weiterverkauf als Schokoladenweihnachtsmänner. Ein Mangel, der diesem Zweck entgegensteht, wäre, wenn diese Schokoladenfiguren in eine Aluminiumverpackung gewickelt wären, die einen Osterhasen darstellt. Der Käufer könnte diese nicht zur Weihnachtszeit als Weihnachtsmänner verkaufen und würde deshalb vom Kaufvertrag zurücktreten.
  - bei Fixkauf, d.h., wenn zu dem vertraglich vereinbarten Termin eine mangelhafte Ware geliefert wird und der Anlass des Kaufes somit hinfällig wird. D.h. beispielsweise, dass eine vom Verkäufer zu einem bestimmten Termin (z.B. 44. Kalenderwoche) bestätigte Bestellung von 10000 Stück T-Shirts mit dem besonderen Werbeaufdruck „Jubiläumswoche“ zur Durchführung einer Werbeaktion in der 45. Kalenderwoche vertraglich vereinbart ist. Zum Termin werden 10000 Stück T-Shirts, allerdings mit dem Aufdruck „Jobihleumswoche“, geliefert. Der Mangel besteht darin, dass der bestellte Aufdruck fehlt und die T-Shirts deshalb nicht zur Unterstützung der Werbeaktion verwendet werden können. Der Käufer tritt vom Kaufvertrag zurück.
  - **sofort, bei einem nicht behebbaren und erheblichen Mangel.** Der Käufer kann dieses Recht in Anspruch nehmen, weil er das Produkt z.B. anderweitig günstiger oder in besserer Qualität zum gleichen Preis erwerben kann. Beispielsweise, wenn beim Kauf eines Schreibtischstuhles, der als letzter Stuhl eines Auslaufmodells an den Käufer ausgeliefert wird, die Höheneinstellung nicht reparabel, also defekt ist. Sofern ein anderer Hersteller einen qualitativ gleichwertigen Stuhl im Rahmen einer Sonderaktion günstiger verkauft, wird der Käufer vom Kaufvertrag zurücktreten. Er wird sich kaum auf eine Minderung einlassen.

- Die **Minderung** (alternativ zum Rücktritt), sofern der Mangel den Gebrauchswert für den Käufer nicht wesentlich schmälert. So, wenn ein geliefertes Möbelstück einen Krat-

zer aufweist, der dem Käufer als nicht so wesentlich erscheint. Der Käufer könnte diesen Mangel unter der Voraussetzung akzeptieren, dass der Kaufpreis gemindert (reduziert) wird. Eine nicht so wesentliche Schmälerung des Gebrauchswertes könnte ebenso sein, wenn der gelieferte Kaufgegenstand trotz des Mangels weiterverarbeitet oder verbraucht werden kann. So beispielsweise bei bestellten weißen und gelieferten grauen Daunen, die als Futter für Daunendecken und -kissen vorgesehen waren. Nach der Verarbeitung ist dieser Mangel nicht mehr ersichtlich.
Je nach dem Zeitpunkt der Erkennung des Mangels kann der Kaufpreis vor oder bei der Zahlung gemindert werden. Wird der Mangel und infolgedessen die Minderung erst nach der Bezahlung des Kaufpreises geltend gemacht, so ist der Verkäufer verpflichtet, den Differenzbetrag (die Wertminderung) aus dem bereits gezahlten Kaufpreis und dem tatsächlichen Wert der Ware an den Käufer zurückzuzahlen.

- Der **Schadensersatz** (nur bei erheblichem Mangel) kann nur bei tatsächlich entstandenem Schaden, den der Käufer jedoch nicht zu vertreten hat (das Verschulden liegt aufseiten des Verkäufers), in Anspruch genommen werden. Und zwar:
  - **Schadensersatz neben der Leistung.** Ist ein Gabelstapler beispielsweise bis zur Nacherfüllung nicht einsetzbar und vom Lieferanten wird kein Ersatz gestellt, müsste ein Spediteur einen anderen Gabelstapler mieten, um seine Lagerarbeiten durchführen zu können bzw. um keine Kundenaufträge ablehnen zu müssen. Die daraus entstehenden Kosten (die Miete für den Gabelstapler) oder Folgeschäden (Kundenaufträge können nicht erfüllt oder müssen abgelehnt werden) macht der Spediteur als Schaden in Form eines Schadensersatzes geltend.
    Unter der Voraussetzung, dass ein Umtausch durch den Verkäufer wegen unzumutbar hoher Kosten abgelehnt wird, könnte der Spediteur **zusätzlich** eine **Minderung** geltend machen. Dies gilt, wenn die Nachbesserung des Mangels zu einer Wertminderung des Kaufgegenstandes führt, aber der Mangel den Gebrauchswert für den Spediteur – als Käufer – nicht schmälert. Der Mangel wird also vom Spediteur toleriert. So könnte der Gabelstapler (für den Spediteur akzeptabel) geringfügig in seiner Tragkraft eingeschränkt sein. Der Spediteur würde auf der Lieferung des Gabelstaplers bestehen und den benannten Schadensersatz sowie die Wertminderung geltend machen.
  - Schadensersatz anstatt der Leistung, sofern der Lieferant nicht in der Lage ist, innerhalb der gesetzten Frist eine Nachbesserung oder einen Umtausch zu realisieren. Dann macht der Spediteur den o. g. Schaden geltend und tritt vom Kaufvertrag zurück, weil der Gabelstapler auch nach zwei erfolglosen Nachbesserungsversuchen nicht funktionsfähig ist und der Spediteur – als Käufer – in der Zwischenzeit möglicherweise einen dem technischen Fortschritt entsprechenden Gabelstapler zu einem günstigeren Preis erwerben kann.
    Aus dem gleichen Grund kann er vom Kaufvertrag zurücktreten, wenn der Gabelstapler so in seiner Funktionsfähigkeit eingeschränkt ist, dass beim Erkennen des Mangels bereits feststeht, dass dieser Mangel nicht zu beheben ist.

- Den **Ersatz vergeblicher Aufwendungen** bei einem erheblichen Mangel kann der Käufer **neben dem Rücktritt** vom Kaufvertrag dann in Anspruch nehmen, wenn vergebliche Aufwendungen tatsächlich entstanden sind. So beispielsweise, wenn ein Kaufhaus eine größere Partie T-Shirts (10 000 Stück) bestellt und Prospekte drucken lässt, um diese T-Shirts im Rahmen einer Sonderwerbeaktion verkaufen zu können. Sind die T-Shirts aufgrund des Mangels nicht zu verkaufen, so kann das Kaufhaus auch die Prospekte nicht verwenden. Die so entstandenen Kosten stellen einen vergeblichen Aufwand für das Kaufhaus dar, den das Kaufhaus – als Käufer – nur verursacht hat, weil es davon ausgegangen ist, mangelfreie Ware zu erhalten. Der Käufer tritt vom Kaufvertrag zurück und macht den Ersatz der vergeblichen Aufwendungen geltend.

Schadensersatz

Der Schaden selbst und damit der Anspruch auf Schadensersatz entsteht, weil die vorhandene Leistung (= Lieferung mangelhafter Ware) nicht der vereinbarten Leistung im Kaufvertrag (= Lieferung mangelfreier Ware) entspricht. Beim Schadensersatz handelt es sich i. d. R. um einen mangelbedingten Folgeschaden, der dem Käufer nur infolge des vorhandenen Mangels entsteht. Das heißt, der Käufer kann den Kaufgegenstand nicht wie vorgesehen verwenden, wodurch beispielsweise die Produktion eingestellt werden muss und dem Käufer ein Schaden in Form eines Produktionsausfalles entsteht. Der Schadensersatz stellt somit einen dem Käufer unfreiwillig verursachten Vermögensverlust dar.

Dabei gilt es immer die **Frage** zu beantworten, ob der vorhandene **Schaden nach Erhalt der mangelhaften Lieferung** entstanden ist, **weil die mangelhafte Ware nicht zu verwenden war**.

Ersatz vergeblicher Aufwendungen

Vergebliche Aufwendungen und damit das Anrecht auf den Ersatz vergeblicher Aufwendungen entsteht, weil der Käufer diese Aufwendungen im Vertrauen auf den Erhalt mangelfreier Ware, sozusagen aus eigenem Willen verursacht. Geht der Käufer also von der im Kaufvertrag vereinbarten Leistung (= Lieferung mangelfreier Ware) aus, so kann er aufbauend auf den Erhalt dieser mangelfreien Ware weitere Verträge abschließen. Entspricht die Leistung nicht der Vereinbarung (= Lieferung der Ware ist mangelhaft), so kann es sein, dass die Leistungen der daraufhin abgeschlossenen Verträge hinfällig werden. Sofern diese Verträge nicht rückgängig zu machen sind oder die (neue/n) Leistung/en unbrauchbar werden, kann der Käufer diese Leistungen als vergebliche Aufwendungen geltend machen, die ihm durch die mangelhafte Lieferung entstanden sind. Die vergeblichen Aufwendungen stellen somit einen durch den Käufer freiwillig verursachten Vermögensverlust dar. (Näheres zum Ersatz vergeblicher Aufwendungen: siehe dort)

Dabei gilt es immer die **Frage** zu beantworten, ob die **vergeblichen Aufwendungen vor dem Erhalt der mangelhaften Lieferung** entstanden sind, **und** ob diese **vorherigen Aufwendungen** aufgrund des Mangels **vergeblich** wurden, **weil die mangelhafte Lieferung nicht zu verwenden war**.

MERKE

Aufgrund der unterschiedlichen Gründe, die zu dem Vermögensverlust führen, können Schadensersatz und Ersatz der vergeblichen Aufwendungen lediglich alternativ angewendet werden.

7.1.1.2 Mängelrüge

Eine Mängelrüge bzw. eine Mängelanzeige (§§ 377, 378 HBG, § 475 BGB) kann formlos abgegeben werden. Aus Beweisgründen sollte sie schriftlich abgefasst sein. Als empfangsbedürftige Willenserklärung hat der Käufer darauf zu achten, dass die Mängelrüge innerhalb der vorgeschriebenen Frist (siehe oben) beim Verkäufer eingeht und dass der Empfang bestätigt wird wie z. B. durch ein Einschreiben – evtl. mit Rückschein. Eine Mängelrüge sollte folgende **Bestandteile** aufweisen:

- Eine **Empfangsbestätigung** über die genau spezifizierte mangelhafte Ware, beispielsweise im Lieferschein oder Entladebericht. LSL
- Genaue **Spezifikation** bzw. Beschreibung der festgestellten Mängel wie beispielsweise ein tiefer Kratzer auf der Arbeitsplatte eines Schreibtisches, sofern dieser erkennbar ist, oder eine in zwei Teile zerbrochene Vase auf einer eingeschweißten Palette.

- Die **Beanstandung** sollte zum Ausdruck bringen, dass der Käufer mit der gelieferten Ware unzufrieden ist.
- Obgleich in der Mängelrüge noch nicht erforderlich, sollte(n) die zu wählende(n) **Gewährleistungsansprüche** geltend gemacht oder zumindest vorbehalten werden.
- Dem Verkäufer ist, sofern erforderlich, eine **angemessene Frist zur Nacherfüllung** zu setzen, sodass der Verkäufer innerhalb dieser (gesetzlich vorgeschriebenen) Frist reagieren kann.

7.1.1.3 Verjährung(sfristen) von Mängelansprüchen

Der Käufer kann die Mängelansprüche nur innerhalb der gesetzlich vorgeschriebenen Verjährungsfrist beanspruchen, d. h. vom Zeitpunkt des Gefahrenüberganges bis zum Ablauf der Verjährungsfrist (§§ 195, 438 BGB). Daraus ergibt sich, dass der Verkäufer nach Ablauf dieser Frist (= Verjährung) die Erfüllung der Mängelansprüche verweigern kann (= Verjährungseinrede), d. h., der Anspruch auf Gewährleistungsansprüche aus einer Pflichtverletzung erlischt.[1]

Verjährungsfristen	Beginn der Verjährungsfrist
regelmäßige Verjährungsfrist für Mängel aus dem Kaufvertrag (§ 438 BGB): **2 Jahre**	Beginn: mit der Ablieferung der Sache (§ 438 BGB).
vom Verkäufer arglistig verschwiegene Mängel, u. a. (= regelmäßige Verjährungsfrist; §§ 195, 438 BGB): **3 Jahre**	Beginn: Ende des Jahres, in dem der Anspruch entstand und der Gläubiger (ohne grobe Fahrlässigkeit) davon Kenntnis erlangen konnte (§ 199 BGB).
bei Bauwerksmängeln oder einer mangelhaften im/am Bauwerk eingebauten Sache (§ 438 BGB): **5 Jahre**	Beginn: mit der Ablieferung der Sache (§ 438 BGB).
bei Mangel mit dinglichem Recht auf Herausgabe der Kaufsache durch einen Dritten (= Rechtsmangel) oder wegen eines im Grundbuch eingetragenen Rechts, u. a. (§ 438 BGB): **30 Jahre**	Beginn: mit Übergabe, z. B. des Grundstücks (§ 438 BGB).

MERKE

Für den Eintritt der Verjährung ist der Zeitpunkt zu berücksichtigen, ab welchem die Verjährung bzw. das Erreichen der Verjährungsfristen beginnen (§ 194 ff. BGB).

Zudem kann die Verjährungsfrist gehemmt werden, d. h., dass der Zeitraum während der **Hemmung** (= Unterbrechung) nicht in die Verjährungsfrist eingerechnet wird. Der bereits abgelaufene Zeitraum und der Zeitraum im Anschluss an die Hemmung werden zusammengerechnet und als Verjährungsfrist angerechnet. Gründe der Hemmung können z. B. die Stundung einer Forderung oder die Aussetzung der Rechtsverfolgung sein. Letzteres meint z. B., dass der Gläubiger an der Rechtsverfolgung, z. B. durch höhere Gewalt, gehindert wurde (Näheres unter den §§ 203, 204, 205, 206 BGB, § 439 HGB, Art. 32 CMR).

Die Verjährungsfrist kann auch unterbrochen werden. Zum Beispiel, wenn der Schuldner ein Schuldanerkenntnis abgibt oder um Stundung bittet u. a. (§ 212 BGB). In diesen Fällen beginnt ab der **Unterbrechung** die Verjährungsfrist neu.

[1] *Verjährungsfristen aus anderen als mangelbedingten Ansprüchen ergeben sich aus den §§ 194–202 BGB.*

Exkurs

Die **Verjährungsfristen für Spediteure** richten sich z. B. im nationalen Recht für Speditions-, Fracht- und Lagergeschäfte mit Ausnahme des Seefrachtrechts (§§ 612, 901, 903 HBG und §§ 196, 201 BGB) nach den §§ 439, 463, 475a HGB und § 196 BGB für teilweisen Verlust, Beschädigung des Gutes oder Überschreitung der Lieferfrist mit dem Tage der Ablieferung des Gutes. Bei gänzlichem Verlust beginnt die Verjährungsfrist mit dem 30. Tage nach Ablauf der vereinbarten Lieferfrist und mit dem 60. Tage nach der Übernahme des Gutes durch den Frachtführer. In den anderen Fällen wie beispielsweise Frachtzahlungen beginnt die Verjährungsfrist mit Ablauf von drei Monaten nach Abschluss des Beförderungsvertrages. Grundsätzlich beträgt die Verjährungsfrist ein Jahr (§ 435 HGB).[1] Diese beginnt mit Ablieferung des Gutes.

LSL

7.1.1.4 Verbrauchsgüterkauf

Bei dem Verbrauchsgüterkauf handelt es sich um einen einseitigen Handelskauf (§ 474 ff. BGB). Wie bereits angedeutet, genießt der Endverbraucher einen besonderen Schutz.

Einseitiger Handelskauf	**Verkäufer: Unternehmen (§ 14 BGB) Käufer: Privatperson (= Verbraucher/Endverbraucher) (§ 13 BGB)**
Abweichende Vereinbarungen (§ 475 BGB)	Die im BGB festgelegten Regeln dürfen nicht zum Nachteil des Verbrauchers (vertraglich) verändert werden, d. h., Individualvereinbarungen oder allgemeine Geschäftsbedingungen dürfen die gesetzlichen Bestimmungen nicht einschränken (= eingeschränkte Vertragsfreiheit für den Verkäufer). Verboten sind somit Vertragsklauseln wie „Gekauft wie gesehen" oder „Gewährleistungsansprüche sind ausgeschlossen".
	Eine **Ausnahme** stellt der Kauf von **gebrauchten Sachen** dar. Hier kann die Gewährleistungsfrist auf **minimal ein Jahr** vertraglich vereinbart werden. Ohne diese vertragliche Vereinbarung bleibt der Gewährleistungsanspruch zwei Jahre.
Beweislastumkehr (§ 476 BGB)	Zeigt sich bei neuen Waren ein Sachmangel innerhalb von sechs Monaten, so wird vermutet, dass der Mangel bereits zum Zeitpunkt des Gefahrenüberganges bestanden hat (= **Beweislastumkehr** zugunsten des Käufers). In diesem Fall hat der Verkäufer zu beweisen, dass dieser Mangel zum Zeitpunkt des Gefahrenübergangs noch nicht bestanden hat. **Nur** wenn er beweisen kann, dass dieser Mangel nicht bestanden hat, kann der Käufer keine Rechte geltend machen. Das heißt, der Käufer hat den Mangel nachweisbar selbst verursacht. Die Vermutung, dass ein Mangel zum Zeitpunkt des Gefahrenüberganges bestanden hat, ist **ausgeschlossen,** wenn die Art des Gutes (z. B. die Verringerung des Gewichts bei Sand, da dies bei höheren Temperaturen normal ist) oder der Mangel selbst (z. B. verfaultes Obst wegen der kurzen Haltbarkeit) diese Vermutung ausschließen. Nach Ablauf von sechs Monaten muss der Käufer die **Beweislast** selbst tragen, d. h., **der Käufer muss beweisen, dass dieser Mangel bereits zum Zeitpunkt des Gefahrenüberganges bestanden hat.** So beispielsweise beim Kauf eines neuen Kühlschranks, wenn der Käufer nachweisbar direkt nach Erhalt für z. B. acht Monate ins Krankenhaus musste, der Kühlschrank dementsprechend nicht benutzt wurde. Der Mangel wird sofort nach dem Anschließen (nach dem Krankenhausaufenthalt) festgestellt und gerügt.
Sonderbestimmungen für Garantien (§ 477 BGB)	Garantien müssen einfach und verständlich sein. Eine Garantie muss Hinweise beinhalten, ▪ dass die gesetzlichen Rechte durch die Garantie nicht eingeschränkt werden, ▪ dass die Geltendmachung der Ansprüche ermöglicht wird. So wesentliche Angaben zu Dauer und Geltungsbereich des Garantieschutzes sowie Namen und Anschrift des Garantiegebers.

---

[1] *Die Verjährungsfrist kann sich bei qualifiziertem Verschulden auf drei Jahre erhöhen. Auf diesen Sachverhalt soll an dieser Stelle nicht näher eingegangen werden.*

7.1.1.5 Garantie und Kulanz

Die gesetzliche Gewährleistungspflicht des Verkäufers ist nicht mit Garantie oder Kulanz zu verwechseln.

- **Garantie** beschreibt eine **freiwillige, zeitlich begrenzte Gewährung von Rechten** gegenüber dem Käufer. Die Garantiezeit läuft zumeist länger als die gesetzlich vorgeschriebene Gewährleistungsfrist des Verkäufers, sodass der Käufer nach Ablauf der Gewährleistungspflicht auf die Garantie der Hersteller oder Händler zurückgreifen kann.
- **Kulanz** meint die **Gewährung von Ansprüchen** durch den Hersteller oder Händler **nach Ablauf der Gewährleistungsfrist und der Garantiezeit**. Um einen Kunden nicht zu verlieren – für den Kauf neuer Produkte dieses Herstellers zu binden – oder weil der Anspruch sachlich gerechtfertigt ist, geht der Verkäufer, ohne dazu gesetzlich oder vertraglich verpflichtet zu sein, auf die Forderungen des Käufers ein.

7.1.1.6 Rückgriff des Verkäufers in der Lieferkette

Sofern der Käufer aufgrund eines bereits bei der Herstellung mangelhaften Kaufgegenstandes vom Kaufvertrag zurückgetreten ist oder Minderung sowie ggf. Schadensersatz oder auch bei Rücktritt Ersatz vergeblicher Aufwendungen geltend gemacht hat, kann der Verkäufer (= Händler) dieser Sache ohne Fristsetzung von seinem Lieferanten (= Hersteller) Gewährleistung, also den Schadensersatz, den Ersatz der Aufwendungen, die er dem Käufer gewährt hat, sowie den Kaufgegenstand (bzw. den Gegenwert des Kaufgegenstandes) verlangen (§ 478 BGB).

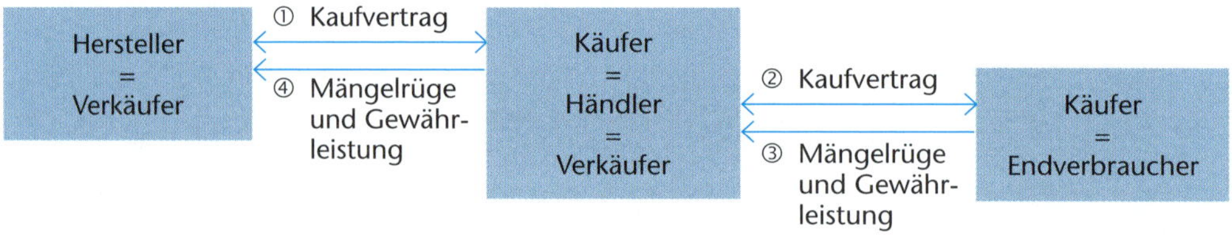

Da der Käufer einen Mangel bis zum Ablauf der Verjährungsfrist (= zwei Jahre) geltend machen kann, verlängert sich die Verjährungsfrist des Verkäufers (= Händler) gegenüber dem Hersteller um jeweils (mindestens) zwei Monate (auf dann mindestens 26 Monate). Innerhalb dieser Zeit kann der Verkäufer seinen Gewährleistungsanspruch, also sämtliche Rückabwicklungsaufwendungen, dem Hersteller gegenüber geltend machen (= Verjährung der Rückgriffsansprüche; § 479 BGB).

Aufbewahrung der gerügten Ware

Der Käufer muss die gerügte Ware bis zur Rückgabe aufbewahren und dem Verkäufer zur Verfügung stellen (§ 346, 439 (2) BGB). D. h., der Käufer könnte die Ware zulasten des Verkäufers ordnungsgemäß aufbewahren, so beispielsweise (selbst oder durch einen Dritten) einlagern, bis die Entscheidung über die Gewährleistung getroffen oder über die Rückabwicklung des Kaufvertrages entschieden ist.

7.1.2 Nicht-Rechtzeitig-Leistung (Lieferungs- und Zahlungsverzug)

Bei der Nicht-Rechtzeitig-Leistung handelt es sich um eine Pflichtverletzung des Kaufvertrages, den der Schuldner der Leistung (= Käufer oder Verkäufer) verursacht, indem er zu spät oder überhaupt nicht leistet (= Schuldnerverzug).

Zunächst gilt es festzustellen, welche Art von Nicht-Rechtzeitig-Leistung vorliegt:

Nicht-Rechtzeitig-Leistung des Schuldners (= Schuldnerverzug)

Nicht-Rechtzeitig-Lieferung (= Verzug der Lieferung durch den Verkäufer) oder **Nicht-Rechtzeitig-Zahlung (= Verzug der Zahlung durch den Käufer)**

MERKE

Ein **Schuldnerverzug** kann nur vorliegen, sofern es sich um **Gattungsware** handelt. Im Sinne des BGB ist das gesetzliche Zahlungsmittel, der Euro, als Gattungsware zu betrachten, da Geld ebenso wie z. B. eine Waschmaschine austauschbar ist. Da also beide Kaufvertragsparteien einen Schuldnerverzug verursachen können, muss die Nicht-Rechtzeitig-Lieferung durch den Verkäufer von der Nicht-Rechtzeitig-Zahlung durch den Käufer unterschieden werden.

Daraus folgt auch, dass eine Nicht-Rechtzeitig-Lieferung nur vorliegen kann, wenn der Verkäufer die versprochene Leistung, also die rechtzeitige Lieferung der Ware, **verspätet nachholen kann.** Eine nachträgliche Lieferung ist bei Gattungsware möglich. Handelt es sich nicht um Gattungsware, wie bei einem Spezieskauf (z. B. ein Bild von Picasso) und der Kaufgegenstand wird nach Kaufvertragsabschluss beispielsweise unwiederbringlich vernichtet (z. B. wenn das Lager des Verkäufers abbrennt), dann ist von einer **nachträglichen Unmöglichkeit** der Leistung zu sprechen.[1]

Die Nicht-Rechtzeitig-Lieferung bzw. die Nicht-Rechtzeitig-Zahlung lassen sich jeweils weiter unterscheiden in:

	Nicht-Rechtzeitig-Lieferung	Nicht-Rechtzeitig-Zahlung
▪ **Verzögerungsschaden**	Entstehung eines Schadens, weil die Lieferung nicht wie vereinbart beim Gläubiger (= Käufer) eintrifft.	Entstehung eines Schadens, weil die Zahlung nicht wie vereinbart beim Gläubiger (= Verkäufer) eintrifft.
▪ **Nichterfüllungsschaden**	Entstehung eines Schadens, weil keine Lieferung erfolgt.	Entstehung eines Schadens, weil keine Zahlung erfolgt.

Als Käufer von Regalen für das eigene Lager könnte für einen Spediteur ein

- **Verzögerungsschaden aus der Nicht-Rechtzeitig-Lieferung**[2] eintreten, wenn der Verkäufer die Regale z. B. nicht zum vereinbarten Termin, sondern eine Woche später liefert, und der Spediteur – in Ermangelung geeigneter Lagereinrichtungen – die Sendungen seiner Auftraggeber bei einem anderen Spediteur einlagern muss. Der Schaden könnte in der notwendigen Umfuhr sowie den entstehenden Lagerungskosten und evtl. den Personalkosten, die für den Umschlag der Ware im eigenen Lager notwendig gewesen wären, bestehen. Ebenso verhielte es sich beispielsweise bei der verspäteten Lieferung eines Kühlaggregates, welches zur Kühlung bestimmter Waren eingesetzt werden sollte. Das Kühlgut muss für diesen Zeitraum (z. B. eine Woche), um nicht zu verderben, anderweitig – kostenpflichtig – eingelagert werden.

[1] *Hier gelten die §§ 280 und 275 BGB: [Ausschluss der Leistungspflicht] bei nachträglicher Unmöglichkeit (siehe dort).*

[2] *Eine nicht wie vereinbarte Lieferung könnte z. B. auch eine mangelbedingte Nicht-Rechtzeitig-Lieferung sein, d. h., dadurch, dass die Ware mangelhaft geliefert wurde, kommt der Verkäufer in den Verzug der Lieferung, weil die mangelfreie Lieferung noch aussteht. Dieses soll im Einzelnen nicht näher erörtert werden.*

- **Nichterfüllungsschaden aus der Nicht-Rechtzeitig-Lieferung** eintreten, wenn der Verkäufer die Lieferung beispielsweise verweigert und der Spediteur sich die Regale oder das Kühlaggregat anderweitig beschaffen muss. Der Nichterfüllungsschaden bestünde dann in einem möglicherweise höheren Kaufpreis für die Regale oder das Kühlaggregat eines anderen Lieferanten sowie ggf. der Kosten für die Umfuhr und die Lagerung, weil der Spediteur aufgrund dieser Nichterfüllung (zumindest für die Zeitspanne, bis die neuen Regale/das neue Kühlaggregat eintreffen) Waren bei einem anderen Spediteur einlagern musste.

Als logistische Dienstleistung könnte ein Spediteur für seinen Auftraggeber im Rahmen der Kaufvertragsabwicklung die Rechnungserstellung und Inkasso-Aufgaben übernehmen, d.h. neben der Rechnungslegung den Eingang von Zahlungen überwachen und ggf. Gewährleistungsansprüche im Namen des Auftraggebers in Anspruch nehmen. Diese Schäden könnten sein:

- **Verzögerungsschaden aus der Nicht-Rechtzeitig-Zahlung.** So kann der Gläubiger (hier der Spediteur in Vertretung des Verkäufers) einen Ausgleich dafür beanspruchen, dass der noch ausstehende Betrag nicht anderweitig investiert werden konnte. Wenn der Spediteur bzw. der Verkäufer dieses Geld beispielsweise dafür nutzen wollte, seinen eigenen Kunden einen Skonto zu gewähren, könnte er dies nur, wenn er diesen Skonto (dem Dritten gegenüber) z. B. über einen Kontokorrentkredit bei seiner Hausbank finanziert. Der Kontokorrentkredit wäre erst ausgeglichen, wenn die überfällige Zahlung (= Nicht-Rechtzeitig-Zahlung des eigentlichen Schuldners) eingeht. Der in der Zeit der überfälligen Zahlung bis zum Eingang der Zahlung anfallende Zins für die Inanspruchnahme des Kontokorrentkredites stellt dann den Verzögerungsschaden dar (Näheres zu Verzugszinsen: siehe unten). Ebenso verhält es sich, wenn die Zahlungen zum Begleichen eigener Rechnungen genutzt werden sollten. Im Falle der Nicht-Rechtzeitig-Zahlung müsste er zum Bezahlen der ausstehenden Verbindlichkeiten seinen Kontokorrentkredit in Anspruch nehmen.
- **Nichterfüllungsschaden aus der Nicht-Rechtzeitig-Zahlung.** Liegt z. B. vor, wenn der Schuldner (= Käufer) die Zahlung gänzlich verweigert und der Spediteur (in Vertretung oder als Verkäufer) aufgrund dessen vom Vertrag zurücktritt. Das hätte zur Folge, dass der in Verzug geratene Käufer die bereits erhaltene Ware zurückgeben müsste. Ein Grund für den Rücktritt vom Vertrag könnte sein, dass für die Ware inzwischen ein höherer Preis erzielt oder die jetzt knapp gewordene Ware an einen anderen Kunden verkauft werden könnte. Der Nichterfüllungsschaden ergibt sich in diesem Beispiel aus dem Zins (= Verzugszinsen; s. u.), der für den Zeitraum zu zahlen ist, in dem die Zahlung hätte eingehen müssen und dem Zeitpunkt, zu dem die Zahlung durch den (zweiten) Käufer eingeht.

7.1.2.1 Rechtsfolgen (Gewährleistungsansprüche) aus Nicht-Rechtzeitig-Leistung

Nach Feststellung der Verzugsart müssen die möglichen **Gewährleistungsansprüche** (= Wahlrechte des Gläubigers) ermittelt werden:

MERKE
Für die Inanspruchnahme der Gewährleistungsansprüche sind die an entsprechender Stelle gekennzeichneten Voraussetzungen für die Nicht-Rechtzeitig-Lieferung und die Nicht-Rechtzeitig-Zahlung zu unterscheiden.

Gewährleistungsansprüche bei Nicht-Rechtzeitig-Leistung

oder · und/oder

Verzögerungsschaden

Leistung in Form von Lieferung oder Zahlung verlangen (= kein Rücktritt) **und evtl. Schadensersatz geltend machen.**

(§§ 280, 286 BGB)

Verzögerungs- bzw. Nichterfüllungsschaden

Rücktritt vom Kaufvertrag (alternativ dazu Schadensersatz oder Ersatz vergeblicher Aufwendungen).

(§ 323 BGB)

gleichzeitig anwendbar

Nichterfüllungsschaden

oder

Schadensersatz bei Rücktritt geltend machen.

(§ 281 BGB)

Ersatz vergeblicher Aufwendungen (bei Rücktritt) geltend machen.

(§ 284 BGB)

Es ergeben sich aus der Nicht-Rechtzeitig-Leistung verschiedene Gewährleistungsansprüche. Anhand von bestimmten Voraussetzungen ist festzustellen, ob und inwiefern diese tatsächlich in Anspruch genommen werden können.

Leistung in Form von Lieferung oder Zahlung verlangen **und evtl. Schadensersatz** beim Verzögerungsschaden geltend machen (§§ 280, 286 BGB)

Voraussetzungen:

1. Nichtleistung (Nichtlieferung oder Nichtzahlung) nach Eintritt der Fälligkeit.
2. Der Schuldner der Leistung muss die Nichtleistung zu vertreten haben, d. h., ihn muss ein Verschulden treffen (s. u.).
3. Es muss durch die Pflichtverletzung ein (Verzögerungs-)Schaden beim Gläubiger entstanden sein.
4. Die Aufforderung zur Leistung ist z. B. durch eine Mahnung u. a. (s. u.) erfolgt.
   (Der Schuldner der Leistung kommt durch die Mahnung – durch den Gläubiger – in den Verzug.)

   Auf die Aufforderung zur Leistung (= Mahnung) kann verzichtet werden, wenn bei der

Nicht-Rechtzeitig-Lieferung

- der Termin der Leistung kalendermäßig bestimmt war (Fixkauf; z. B. am 24.02.20..), oder
- der Termin der Leistung sich vor einem Ereignis (wie Weihnachten) kalendermäßig bestimmen lässt (Zweckkauf), oder
- der Schuldner die Lieferung verweigert,
- oder besondere Gründe eintreten wie
  - die Selbstmahnung(-inverzugsetzung) des Schuldners, indem er die Lieferung zu einem bestimmten Termin ankündigt,
  - das Eintreten eilbedürftiger Pflichten, so z. B. die Reparatur einer Gas- oder Wasserleitung

Nicht-Rechtzeitig-Zahlung

- der Termin der Leistung kalendermäßig bestimmt war (Fixkauf), oder
- 30 Tage seit der Fälligkeit und Rechnungszugang verstrichen sind, oder
- der Schuldner die Zahlung verweigert,
- oder besondere Gründe eintreten wie die Selbstmahnung (-inverzugsetzung) des Schuldners, indem er die Zahlung zu einem bestimmten Termin ankündigt.

Verschulden des Verkäufers bei Nicht-Rechtzeitig-Lieferung

Zu prüfen ist, ob der Verkäufer bzw. der Lieferer die Nicht-Rechtzeitig-Lieferung zu vertreten hat bzw. verschuldet:

Der Verkäufer muss die Nicht-Rechtzeitig-Lieferung zu vertreten haben, d. h., er (oder sein Erfüllungsgehilfe wie der Spediteur) hat durch **fahrlässiges** oder **vorsätzliches Handeln** die Nicht-Rechtzeitig-Lieferung verschuldet (§§ 276, 277, 278 BGB)[1].

LSL
- **Fahrlässig** meint, dass der Verkäufer oder sein Erfüllungsgehilfe die verkehrsübliche Sorgfaltspflicht nicht beachtet. So beispielsweise, wenn der Spediteur statt der Lieferung nach Frankfurt am Main die Ware nach Frankfurt an der Oder liefert, obwohl ihm der Irrtum bei sorgfältigem Lesen des Auftrages (und in Kenntnis, dass es zwei Städte in Deutschland mit diesem Namen gibt) hätte auffallen müssen.

LSL
- **Vorsätzliches Handeln** heißt, dass der Verkäufer eine besonders schwere Verletzung der im Geschäftsverkehr üblichen Sorgfaltspflicht begangen hat. Zum Beispiel wenn der Spediteur gewusst hat, dass die obige Ware nach Frankfurt am Main soll, er die Lieferung nach Frankfurt an der Oder trotzdem absichtlich veranlasst.

MERKE

Wird eine Lieferung der Ware in der Zeit nach Eintritt des Verzuges bis zum Zeitpunkt der nachträglichen Lieferung unmöglich, weil die Sendung nach Eintritt der Fälligkeit teilweise oder vollständig beschädigt wird, so hat der Verkäufer für jede Fahrlässigkeit (s. dort) zu haften. Dies gilt allerdings nicht, wenn dieser Schaden auch bei einer pünktlichen Lieferung eingetreten wäre (§ 287 BGB).

Unter der Bedingung, dass die Voraussetzungen erfüllt sind, **könnte der Gläubiger der Leistung** (= der Käufer bei der Nicht-Rechtzeitig-Lieferung bzw. der Verkäufer bei der Nicht-Rechtzeitig-Zahlung) dieses **(Wahl-)Recht auf Erfüllung (kein Rücktritt) und evtl. Schadenersatz in Anspruch nehmen, wenn er das andere (Wahl-)Recht (= Rücktritt vom Kaufvertrag) als unzumutbar für sich empfindet**. So,

- im Falle der **Nicht-Rechtzeitig-Lieferung**, wenn der Kauf eines solchen Kaufgegenstandes beispielsweise bei keinem anderen Lieferanten oder nur unter großem Zeit- und Arbeitsaufwand gelingen kann.
- im Falle der **Nicht-Rechtzeitig-Zahlung**, wenn z. B. der (Weiter-)Verkauf der Ware nur unter schwierigen, d. h. unter großem Zeit- und Arbeitsaufwand, zu realisieren wäre.

Unter der Bedingung, dass die Voraussetzungen erfüllt sind, **könnte der Gläubiger der Leistung** (= der Käufer bei der Nicht-Rechtzeitig-Lieferung bzw. der Verkäufer bei der Nicht-Rechtzeitig-Zahlung) **dieses (Wahl-)Recht auf Rücktritt vom Kaufvertrag in Anspruch nehmen, wenn er das andere (Wahl-)Recht** (= Erfüllung und evtl. Schadensersatz) **als unzumutbar für sich empfindet**:

- Im Falle der **Nicht-Rechtzeitig-Lieferung**, wenn der Käufer diesen Kaufgegenstand beispielsweise bei einem anderen Lieferanten (in gleicher oder besserer Qualität) für einen geringeren Kaufpreis erwerben kann. Sofern der Käufer bereits eine (Teil-)Lieferung erhalten hat, ist er dazu verpflichtet, diese bereits erbrachte Leistung (den Kaufgegenstand) zurückzugeben.

LSL

[1] *Für den Spediteur gilt die Obhuts- bzw. Gefährdungshaftung, für die der Spediteur seinem Auftraggeber gegenüber zu haften hat. An dieser Stelle ist davon auszugehen, dass der Verkäufer zunächst für die von seinem Erfüllungsgehilfen (Spediteur) verursachten Schäden einzustehen hat. Die Haftung des Spediteurs gegenüber dem Verkäufer ergibt sich dann aus den ADSp (siehe dort).*

- Im Falle der **Nicht-Rechtzeitig-Zahlung**, wenn z. B. der Kaufpreis des Kaufgegenstandes zwischenzeitlich gestiegen ist und es dem Gläubiger dadurch möglich wäre, einen höheren Umsatz bzw. Gewinn zu erzielen. Zu beachten ist, dass der Schuldner den bereits erhaltenen Kaufgegenstand (als bereits erbrachte Leistung) zurückgeben muss.

Rücktritt vom Kaufvertrag
bei einem Verspätungs- bzw. Nichterfüllungsschaden (§ 323 BGB)

Voraussetzungen:
1. Nichtleistung (**Nichtlieferung** oder **Nichtzahlung**) nach Eintritt der Fälligkeit.
2. Aufforderung zur Leistung oder zur Nacherfüllung innerhalb einer angemessenen Frist bleibt erfolglos (**Verzug tritt ein**).

Auf die Aufforderung zur Leistung kann verzichtet werden, wenn bei der

Nicht-Rechtzeitig-Lieferung
- der Termin der Leistung kalendermäßig bestimmt war (Fixkauf) oder
- der Termin der Leistung sich vor einem Ereignis (wie Weihnachten) kalendermäßig bestimmen lässt (Zweckkauf) oder
- der Schuldner die Lieferung verweigert oder
- besondere Umstände eintreten, die einen Rücktritt rechtfertigen.

Nicht-Rechtzeitig-Zahlung
- der Termin der Leistung kalendermäßig bestimmt war (Fixkauf) oder
- der Schuldner die Zahlung verweigert oder
- besondere Umstände eintreten, die einen Rücktritt rechtfertigen.

MERKE

Neben dem Rücktritt vom Kaufvertrag kann der Gläubiger der Leistung (= der Käufer bei der Nicht-Rechtzeitig-Lieferung bzw. der Verkäufer bei der Nicht-Rechtzeitig-Zahlung) auch Schadensersatz oder Ersatz vergeblicher Aufwendungen verlangen.

Schadensersatz bei Rücktritt (§§ 280, 281 BGB) **oder** **Ersatz vergeblicher Aufwendungen** bei Rücktritt (§§ 280, 281, 284 BGB)
bei einem Nichterfüllungsschaden verlangen

Voraussetzungen:
1. Nichtleistung (**Nichtlieferung** oder **Nichtzahlung**) nach Eintritt der Fälligkeit.
2. Der Schuldner der Leistung muss die Nichtleistung zu vertreten haben, d. h., ihn muss ein **Verschulden** (s. u.) treffen.
3. Es muss durch die Pflichtverletzung ein **(Nichterfüllungs-)Schaden oder vergeblicher Aufwand** beim Gläubiger entstanden sein.
   Aufforderung zur Leistung oder zur Nacherfüllung innerhalb einer angemessenen Frist bleibt erfolglos (**Verzug tritt ein**).

Auf die Aufforderung zur Leistung kann verzichtet werden, wenn bei der

Nicht-Rechtzeitig-Lieferung
- der Schuldner die Lieferung verweigert, oder
- besondere Umstände eintreten, die einen sofortigen Rücktritt rechtfertigen.

Nicht-Rechtzeitig-Zahlung
- der Schuldner die Zahlung verweigert, oder
- besondere Umstände eintreten, die einen sofortigen Rücktritt rechtfertigen.

Nimmt der Gläubiger neben dem **Rücktritt** vom Kaufvertrag **Schadensersatz** in Anspruch, so kann er

- im Falle der **Nicht-Rechtzeitig-Lieferung** den entstandenen Schaden, der aufgrund der vom Verkäufer verschuldeten Pflichtverletzung eingetreten ist, geltend machen. So könnte dem Käufer, obwohl er diesen Kaufgegenstand (z. B. einen Gabelstapler) inzwischen bei einem anderen Lieferanten für einen geringeren Kaufpreis erwerben kann, für die Zeit vom Rücktritt des eigentlichen (ersten) Kaufvertrags bis zum Erhalt des Gabelstaplers von einem anderen Lieferanten (zweiter Kaufvertrag), ein Schaden in Form von Mietgebühren für die Nutzung eines dritten Gabelstaplers (von einer Verleihfirma z. B.) entstehen. Ebenso verhielte es sich beispielsweise, wenn ein Spediteur zur Gewährleistung von Just-in-time-Lieferungen zusätzlichen Lkw-Frachtraum buchen muss, weil die Lieferung bestellter Lkws verspätet erfolgt;
- im Falle der **Nicht-Rechtzeitig-Zahlung** einen Schaden in Form von Verzugszinsen geltend machen, weil der Verkäufer aufgrund der verspäteten Zahlung selbst nicht frei über dieses (sein) Geld verfügen konnte und ihm somit ein Schaden in Form von Kontokorrentzinsen für die Gewährung von Skonto einem Dritten gegenüber entstanden sein kann. Der Verkäufer macht den Schadenersatz geltend und tritt zudem vom Kaufvertrag zurück, weil der Kaufpreis des Kaufgegenstandes gestiegen sein könnte und es dem Verkäufer dadurch (im Nachhinein) möglich wäre, einen höheren (und damit – zusätzlichen) Umsatz bzw. Gewinn zu erzielen.

Macht der Gläubiger neben dem **Rücktritt** vom Kaufvertrag den **Ersatz vergeblicher Aufwendungen** geltend, so kann er

- im Falle der **Nicht-Rechtzeitig-Lieferung** den vergeblichen Aufwand, der aufgrund der vom Verkäufer verschuldeten Pflichtverletzung entstanden ist, geltend machen. So könnte der Käufer, weil er die rechtzeitige Lieferung erwarten durfte, Prospekte zum Weiterverkauf dieser Ware drucken lassen. Wenn diese Prospekte wegen der verspäteten Lieferung nicht mehr zu gebrauchen sind – weil z. B. eine in den Prospekten beschriebene Aktions- oder Jubiläumswoche dann erwähnt, das beworbene Produkt aber nicht rechtzeitig geliefert wurde –, kann er die dafür entstandenen Aufwendungen neben dem Rücktritt vom (ursprünglichen) Kaufvertrag geltend machen;
- im Falle der **Nicht-Rechtzeitig-Zahlung** einen vergeblichen Aufwand in Form von beispielsweise Vertragskosten geltend machen, weil der Verkäufer im Vertrauen auf den Erhalt des Kaufpreises einen Vertrag geschlossen hat, in dem bei Nichteinhaltung eine sog. Konventionalstrafe vereinbart ist. Wenn der Verkäufer also diesen Vertrag nicht einhalten kann, weil die Zahlung nicht rechtzeitig erfolgte – somit die für den zweiten Vertrag notwendige Investition nicht gewährleistet ist –, kann er diese vergeblichen Aufwendungen dem (ursprünglichen) Käufer gegenüber geltend machen. Der Verkäufer macht die vergeblichen Aufwendungen geltend und tritt vom Kaufvertrag zurück, weil der Kaufpreis des Kaufgegenstandes gestiegen sein könnte und es dem Verkäufer dadurch (im Nachhinein) möglich wäre, einen höheren zusätzlichen Umsatz bzw. Gewinn zu erzielen.

7.1.2.2 Gerichtliches und außergerichtliches Mahnverfahren

Der Verkäufer (bzw. Gläubiger) kann den Schuldner (bzw. Käufer) an die Fälligkeit seiner Forderungen mit einer **Mahnung** erinnern. Dies macht im Regelfall auch ein Spediteur, obgleich dies nach den ADSp im Grunde nicht notwendig ist, da der Zahlungspflichtige dreißig Tage nach Rechnungserhalt bereits im Zahlungsverzug ist. Sofern der Fälligkeitstermin kalendermäßig nicht bestimmt ist, übersendet der Gläubiger dem Schuldner i. d. R. zunächst eine Zahlungserinnerung, dann eine erste Mahnung mit Angabe einer Zahlungsfrist. Zahlt der Schuldner daraufhin nicht, schickt der Gläubiger ihm eine zweite Mahnung und setzt ihm eine Zahlungsfrist. Lässt der Schuldner auch diese verstreichen, lässt der Gläubiger dem Schuldner eine dritte Mahnung mit einem letzten Zahlungstermin und der Androhung gerichtlicher Schritte zukommen. Durch das Setzen einer

LSL

Zahlungsfrist setzt der Gläubiger den Schuldner bei Verstreichen dieses Termins in den Zahlungsverzug (= **außergerichtliches Mahnverfahren**).
Erfüllt der Schuldner seine Zahlungsverpflichtung aus dem Kaufvertrag auch nach den Mahnbescheiden nicht, wird der Gläubiger nun versuchen, seine (einwandslosen) Forderungen durch ein **gerichtliches Mahnverfahren** geltend zu machen. Hierzu stellt der Gläubiger bei dem zuständigen Amtsgericht[1] einen Antrag auf **Erlass eines Mahnbescheides**.

In diesem Mahnbescheid wird der Schuldner als Antragsgegner aufgefordert,

- die Verbindlichkeit innerhalb einer festgesetzten Frist nach der Zustellung des Mahnbescheides zu begleichen oder
- dem Amtsgericht mitzuteilen, inwiefern der Schuldner den Ansprüchen des Gläubigers widerspricht, also mitteilt, aus welchen Gründen der die Forderungen (in voller Höhe oder teilweise) ablehnt bzw. bestreitet.

Zahlt der Gläubiger, ist das Verfahren (zu jedem Zeitpunkt der Zahlung) beendet.
Erfolgt nach der Zustellung des Mahnbescheides kein Widerspruch durch den Schuldner, stellt der Gläubiger einen Antrag auf Erlass eines Vollstreckungsbescheides. Dieser wird vom Amtsgericht ausgefertigt und dem Schuldner zugestellt.

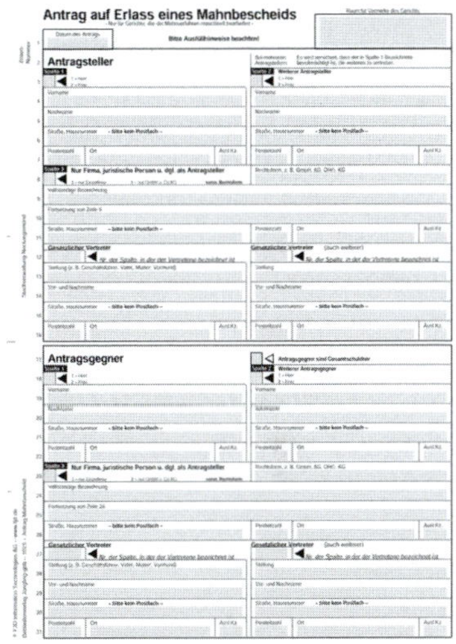
Antrag auf Erlass eines Mahnbescheids

Antragsteller

Antragsgegner

Legt der Schuldner hiergegen keinen Einspruch ein, bekommt der Gläubiger nach Ablauf einer **zweiwöchigen** Einspruchsfrist einen vollstreckbaren Titel (= *Zwangsvollstreckung*).

Legt der Schuldner hiergegen innerhalb der bestimmten Frist nach der Zustellung des Zwangsvollstreckungsbescheides Einspruch ein, kommt es zu dem (sog.) Klageverfahren.

Klageverfahren

bei Widerspruch gegen den Erlass auf Mahnbescheid (s. o.)

oder

wenn der Gläubiger mit Ein- oder Widerspruch gegen den Mahnbescheid durch den Schuldner rechnet

oder

bei Einspruch gegen den vollstreckbaren Titel

Im (ordentlichen) Klageverfahren wird eine mündliche Verhandlung anberaumt, in der Schuldner (= Beklagter) und Gläubiger (= Kläger) den Sachverhalt aus der jeweiligen Perspektive darlegen, das Gericht in die Beweisaufnahme (durch Dokumente, Zeugen, Sachverständige u. v. m.) eintritt.

Die Kaufvertragsparteien (Gläubiger und Schuldner) stellen einen Vergleich auf, d. h., sie einigen sich.

oder

Das Gericht urteilt je nach Beweislage. Bei berechtigten Einreden des Gläubigers erhält dieser einen vollstreckbaren Titel (= Zwangsvollstreckung).

[1] *Der Antrag wird bei dem Amtsgericht gestellt, bei dem der Gläubiger als Antragsteller seinen Wohn- oder Geschäftssitz hat. Dabei prüft das Amtsgericht die Rechtmäßigkeit der Ansprüche nicht (auch im automatisierten Online-Mahnverfahren nach entsprechender Zulassung möglich).*

Eine **Zwangsvollstreckung** meint die **Pfändung** von Sachen oder Rechten aus dem Eigentum bzw. Vermögen des Schuldners durch einen Gerichtsvollzieher.
Die Pfändung kann erfolgreich und erfolglos sein:

LSL

- Bei der **erfolgreichen Pfändung** wird die gepfändete Sache verwertet, die Ansprüche des Gläubigers befriedigt, d. h. die Forderungen beglichen. Das Verfahren ist beendet.
- Bei der **erfolglosen Pfändung** ist keine Sache bzw. kein Recht (wie Wertpapiere) zum Pfänden gefunden worden. Das Amtsgericht stellt eine Unpfändbarkeits- bzw. Fruchtlosigkeitsbescheinigung aus, d. h., die Pfändung ist ohne Erfolg geblieben. Diese Prozedur kann mehrfach wiederholt werden, bis die Pfändung erfolgreich wird. Der Schuldner kann allerdings eine eidesstattliche Versicherung abgeben. Hierbei muss der Schuldner eine Liste der vorhandenen Vermögenswerte aufstellen und deren Richtigkeit an Eides statt versichern. Die hätte für den Gläubiger möglicherweise zur Folge, da keine Wertgegenstände vorhanden sind, dass die ausstehenden Forderungen vom Gläubiger nicht mehr beglichen werden (müssen).
  (Beachte: Nicht pfändbar sind Einkommensteile, die dem Lebensunterhalt dienen und Gegenstände, die der Sicherung eines minimalen Lebensstandards dienen.)

7.1.2.3 Verzugszinsen (bei Nicht-Rechtzeitig-Zahlung)

Zahlt der Käufer als Schuldner des Geldes nicht bis zur Fälligkeit, so kann der Verkäufer als Gläubiger Verzugszinsen geltend machen.

MERKE
Eine Geldschuld ist während des Verzugszeitraumes zu verzinsen (§ 288 BGB).

Für die Höhe der gesetzlich vorgeschriebenen Verzugszinsen ist ausschlaggebend, ob eine Privatperson am Kaufvertrag beteiligt ist. So beträgt der Verzugszins

- beim **bürgerlichen Kauf** und beim **einseitigen Handelskauf** fünf (5) % über dem (zum Zeitpunkt des Eintrittes des Verzugs gültigen) Basiszinssatz (§ 288 BGB – der Basis- bzw. Leitzinssatz wird durch die Europäische Zentralbank (EZB) festgelegt; s. dort). Bei einem angenommenen Basiszinssatz von 3,5 % läge der Zinssatz für den Verzug bei 8,5 % pro Jahr ab Fälligkeitstermin.
- beim **zweiseitigen Handelskauf** acht (8) % über dem (zum Zeitpunkt des Eintritts des Verzugs gültigen) Basiszinssatz (§ 288 BGB). Bei einem angenommenen Basiszinssatz von 3,5 % läge der Zinssatz für den Verzug bei 11,5 % pro Jahr ab Fälligkeitstermin.

Beispiel

Bei einem eingeräumten Zahlungsziel von zwei Wochen ergibt sich:[1]

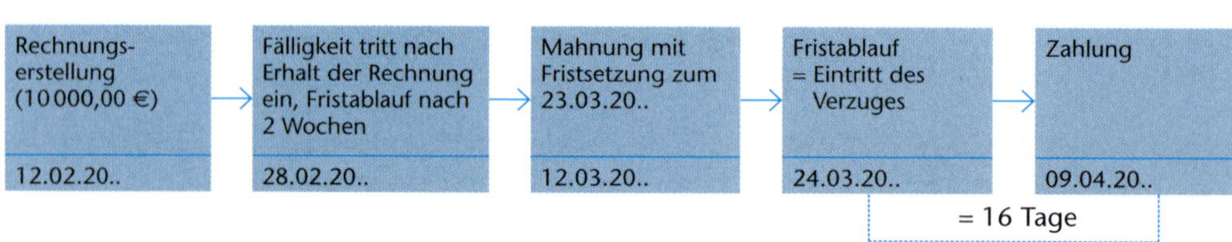

[1] *Es wird an dieser Stelle davon ausgegangen, dass der Schuldner (= Endverbraucher) nicht ausdrücklich auf den Verzug vier Wochen nach Erhalt der Rechnung hingewiesen wurde. Ferner ist der Verzug kalendermäßig nicht bestimmbar (Letzteres gilt für den bürgerlichen und den Handelskauf).*

$$\text{Verzugszins} = \frac{\text{Rechnungsbetrag} \cdot (\text{Verzugszinssatz}) \cdot \text{Tage des Verzuges}}{100\ (\text{für Prozent}) \cdot 360\ \text{Tage}}$$

Für den bürgerlichen sowie den einseitigen Handelskauf ergibt sich:

$$\text{Verzugszins} = \frac{10\,000{,}00\ € \cdot 8{,}5 \cdot 16\ \text{Tage}}{100 \cdot 360\ \text{Tage}} = \underline{\underline{37{,}78\ €}}$$

LSL

Für den zweiseitigen Handelskauf ergibt sich:

$$\text{Verzugszins} = \frac{10\,000{,}00\ € \cdot 11{,}5 \cdot 16\ \text{Tage}}{100 \cdot 360\ \text{Tage}} = \underline{\underline{51{,}11\ €}}$$

Kann auf eine Nachfristsetzung verzichtet werden (Verzug tritt 30 Tage nach Erhalt der Rechnung ein), so ergäbe sich eine andere Frist:

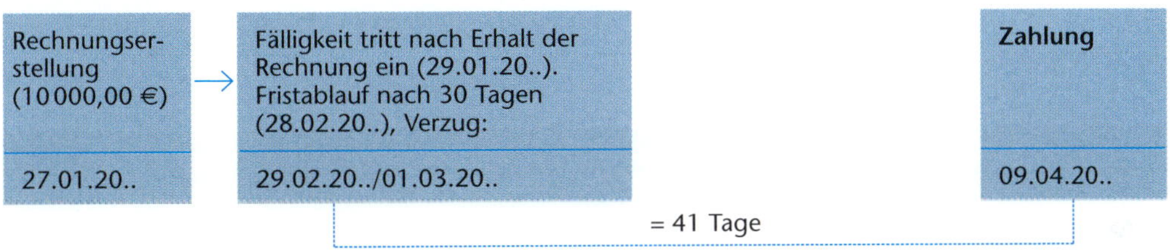

Für den bürgerlichen sowie den einseitigen Handelskauf ergibt sich:

$$\text{Verzugszins} = \frac{10\,000{,}00\ € \cdot 8{,}5 \cdot 41\ \text{Tage}}{100 \cdot 360\ \text{Tage}} = \underline{\underline{96{,}81\ €}}$$

Für den zweiseitigen Handelskauf ergibt sich:

$$\text{Verzugszins} = \frac{10\,000{,}00\ € \cdot 11{,}5 \cdot 41\ \text{Tage}}{100 \cdot 360\ \text{Tage}} = \underline{\underline{130{,}97\ €}}$$

Dem Verkäufer steht als **Schadensersatz zusätzlich** der Ersatz seiner angefallenen Kosten aus Nicht-Rechtzeitig-Zahlung für Mahnungen, evtl. die Zinsen eines Bankkredites zur Zwischenfinanzierung, da die Kundenzahlungen zunächst ausgeblieben sind, sowie Porto, Telefon-, Anwalts- und sonstige Gebühren zu.

7.1.3 Annahmeverzug

Durch die Annahme der im Kaufvertrag vereinbarten Ware geht der Gefahrenübergang vom Verkäufer auf den Käufer über (§ 300 BGB), d. h., wenn die Lieferung erfolgt ist (vgl. Incoterms® 2010).

MERKE
Ein Annahmeverzug liegt unabhängig von Gründen vor, wenn der Käufer die zur richtigen Zeit, am richtigen Ort und mangelfrei (= ordnungsgemäß) gelieferte Ware nicht annimmt (§§ 293, 294 BGB).

---

[1] *Hier wird von 360 Banktagen ausgegangen, sodass jeder Monat mit 30 Tagen gerechnet wird; 365 Tage wären auch möglich, dann muss aber jeder Monat mit den tatsächlichen Tagen des jeweiligen Monats gerechnet werden.*

Rechtsfolgen (Gewährleistungsansprüche) aus dem Annahmeverzug

Verweigert der Käufer die Annahme des Kaufgegenstandes, so stehen dem Verkäufer bestimmte Wahlrechte zu:

Gewährleistungsansprüche bei Annahmeverzug

↓

Leistung in Form von Annahme der Ware verlangen **und evtl. Schadensersatz geltend machen.** (§§ 280, 286 BGB)

oder

Rücktritt vom Kaufvertrag (§ 323 BGB)

Damit Gewährleistungsansprüche geltend gemacht werden können, ist anhand bestimmter Voraussetzungen zunächst zu prüfen, ob und inwiefern diese tatsächlich geltend gemacht werden können.

Leistung in Form von Annahme der Ware verlangen und evtl. Schadensersatz geltend machen (§§ 280, 286, 293, 294 BGB)

↓

Voraussetzungen:

1. Nichtleistung (= Nichtannahme des tatsächlich angebotenen Kaufgegenstandes) nach Eintritt der Fälligkeit.
2. Der Verkäufer (= Schuldner) hat während des Verzuges des Käufers (= Gläubigers) nur grobe Fahrlässigkeit und Vorsatz zu vertreten, d. h. den Verkäufer trifft nur bei Vorsatz und grober Fahrlässigkeit ein Verschulden.
   (Daraus folgt, dass nur in diesem Falle der Verkäufer die Pflichtverletzung zu vertreten hätte!)
3. Um Schadensersatz geltend machen zu können, muss durch die Pflichtverletzung ein Schaden beim Verkäufer entstanden sein.
   (Evtl. entsteht ein zusätzlicher Schaden nach Fälligkeit, d. h., der Käufer haftet auch für den zufälligen Untergang der Ware wie z. B. bei höherer Gewalt.)
4. Auf die Aufforderung zur Leistung kann verzichtet werden, da der Käufer die Annahme bereits verweigert hat (= Eintritt des Verzuges).

↓

Einlagerung der Ware durch den Verkäufer z. B. beim Spediteur (auf Kosten und Gefahr des Käufers)

↓

Klage auf Abnahme der Ware (§ 286 BGB)

oder

Selbsthilfeverkauf (siehe unten) (§§ 383, 384, 385, 386 BGB, § 373 HGB)

Der Verkäufer wird auf der Erfüllung des Kaufvertrages bestehen, wenn z. B. der vereinbarte Kaufpreis zurzeit nicht mehr zu erzielen ist und er somit durch einen Rücktritt (= alternatives Wahlrecht) einen Verlust hinnehmen müsste. Der Verkäufer würde eine Klage auf Abnahme der Ware einreichen. Bei einem entstandenen Schaden würde er diesen, auch ohne vom Kaufvertrag zurückgetreten zu sein, geltend machen.

MERKE

Den Ersatz vergeblicher Aufwendungen kann der Verkäufer **nicht** geltend machen, weil er keine Aufwendungen haben konnte, da der Verkäufer vor der Lieferung der Ware nicht davon ausgehen konnte, dass der Käufer die Annahme verweigert.

LSL

Selbsthilfeverkauf

Bei einem Selbsthilfeverkauf wird der Kaufgegenstand öffentlich versteigert, da dieser nicht eingelagert werden kann (z. B. frische Früchte) oder dessen Lagerungskosten den Warenwert zu übersteigen drohen. Allerdings muss der Verkäufer die Versteigerung unter Angabe einer Abnahmefrist androhen. Der Versteigerungsort und -zeitpunkt ist dem Käufer mitzuteilen, sodass dieser ebenso an der Versteigerung teilnehmen kann wie der Verkäufer auch. Entstehende Kosten und ein möglicher Mindererlös sind vom Käufer zu tragen (= Schadensersatz). Ein Mehrerlös käme dem Käufer nach Abzug der angefallenen Kosten zugute.

Bei einem sog. **Notverkauf**, bei leicht verderblicher Ware, kann und muss der Verkäufer die Ware sofort und evtl. wegen des Zeitverlustes ohne vorherige Mitteilung an den Käufer versteigern, um den Schaden möglichst gering zu halten. Waren mit einem Börsen- oder Marktwert kann der Verkäufer zu diesem Preis (= freihändig) verkaufen.

Rücktritt vom Kaufvertrag
bei Annahmeverzug (§ 323 BGB)

↓

Voraussetzungen:

1. Nichtleistung (= Nichtannahme des tatsächlich angebotenen Kaufgegenstandes) nach Eintritt der Fälligkeit.
2. Der Verkäufer (= Schuldner) hat während des Verzuges des Käufers (= Gläubigers) nur grobe Fahrlässigkeit und Vorsatz zu vertreten, d. h., nur dann trifft den Verkäufer ein Verschulden. (Daraus folgt, dass in diesem Falle der Verkäufer die Pflichtverletzung zu vertreten hätte!)
3. Bei Eintritt eines Schadens (= nach Fälligkeit) haftet der Käufer auch für den zufälligen Untergang der Ware wie z. B. bei höherer Gewalt.
4. Auf die Aufforderung zur Leistung kann verzichtet werden, da der Käufer die Annahme bereits verweigert hat (= Eintritt des Verzuges).

Der Verkäufer wird vom Kaufvertrag zurücktreten, wenn er z. B. die Ware zum gleichen oder einem besseren Preis weiterverkaufen kann.

MERKE

Der Verkäufer kann beim Annahmeverzug durch den Käufer generell den Ersatz von Mehraufwendungen verlangen, die er für das erfolglose Anbieten des Kaufgegenstandes sowie die Aufbewahrung und Erhaltung dieses Kaufgegenstandes machen musste (§ 304 BGB).

7.2 Rechtsfolgen aus Pflichtverletzungen

Im Folgenden sollen die Rechtsfolgen, die aus den einzelnen Pflichtverletzungen entstehen können, kurz erläutert werden.

7.2.1 Rücktritt vom Kaufvertrag

Der Rücktritt vom Kaufvertrag meint, den abgeschlossenen Kaufvertrag rückabzuwickeln, d. h., dass eine bereits erbrachte Leistung wieder zurückzugeben ist. Der Kaufvertrag wird rückgängig gemacht.

7.2.2 Minderung

Minderung meint, eine Wertminderung des Kaufgegenstands geltend zu machen. Bei der Minderung des Kaufpreises ist der Wert ausschlaggebend, den der Kaufgegenstand zum Zeitpunkt des Kaufvertragsabschlusses (in mangelfreiem Zustand) hatte. Dieser Wert wird ins Verhältnis zu dem Wert gesetzt, den die Ware tatsächlich, d. h. in mangelhaftem Zustand, hat. Hierfür ist folgende Formel anzuwenden:

$$\text{Minderungsformel (= neuer Preis)} \; \frac{\text{Wert der mangelhaften Sache} \cdot \text{Kaufpreis}}{\text{Wert der mangelfreien Sache}}$$

Vereinfacht dargestellt, ergibt sich die Minderung als Differenz aus dem Wert der Ware in mangelfreiem Zustand und dem Wert der Ware in mangelhaftem Zustand.

7.2.3 Schadensersatz

Die Inanspruchnahme von Schadensersatz setzt voraus, dass tatsächlich ein Schaden durch die Pflichtverletzung (i. d. R. als Folgeschaden) eingetreten ist. Durch den Eintritt der Pflichtverletzung ist dem Gläubiger infolge der Pflichtverletzung ein Schaden entstanden. Diesen Schaden hat der Gläubiger ohne dies zu wollen, unfreiwillig, verursacht.

Die **Schadensberechnung** kann mit dem konkreten, also tatsächlichen Schadensbetrag sowie abstrakt oder nach vereinbarter Konventionalstrafe erfolgen:

- Die **konkrete Schadensberechnung** erfolgt, wenn der Käufer sich die bestellte Ware anderweitig für einen höheren als den mit dem ursprünglichen Verkäufer vereinbarten Kaufpreis beschafft hat. Anhand der (quittierten) Rechnung kann der Käufer dem in Verzug geratenen Verkäufer durch Ermitteln des Differenzbetrages beweisen, welcher Betrag ihm zusteht.
- Bei der **abstrakten Schadensberechnung** macht der Käufer dem Verkäufer gegenüber einen entgangenen Gewinn geltend, der ihm beim Zweck- oder Fixkauf beispielsweise dadurch entstanden ist, dass gekaufte Weihnachtsbäume zu spät geliefert wurden und infolgedessen die Lieferung abgelehnt wurde (§ 252 BGB). Die abstrakte Schadensberechnung ergäbe sich dann aus der Differenz zwischen dem Kaufpreis aus dem ursprünglichen Kaufvertrag (z. B. 2,00 €/Stück) und dem Wert, den der Käufer beim Weiterverkauf der Weihnachtsbäume hätte erzielen können (z. B. 8,00 €/Stück). Da der Differenzbetrag (im Beispiel 6,00 €/Stück) nicht erzielt werden konnte, weil die Lieferung nicht rechtzeitig erfolgte, ist von einem entgangenen Gewinn zu sprechen. Dieser Betrag kann somit lediglich abstrakt bzw. theoretisch ermittelt werden, weil der Weiterverkauf aufgrund der Pflichtverletzung nicht stattfinden konnte.
- Um den Verkäufer zum pünktlichen Liefern oder den Käufer zur Abnahme der Ware anzuhalten und um einen entgangenen Gewinn nicht nachweisen zu müssen, wird ein Geldbetrag als **Konventionalstrafe** im Kaufvertrag vereinbart. Dieser möglicherweise bei einer Bank hinterlegte Betrag fällt an, wenn der Verkäufer bzw. Käufer in Verzug gerät (§ 339 BGB). Das gleiche Recht kann der Gläubiger bei vertraglicher Vereinbarung auch bei Rücktritt verlangen (§ 340 BGB).

7.2.4 Ersatz vergeblicher Aufwendungen

Alternativ zum Schadensersatz bei Rücktritt vom Kaufvertrag wird das Recht auf Ersatz vergeblicher Aufwendungen in Anspruch genommen, sofern es sich nicht um einen Schaden handelt, der infolge der Pflichtverletzung unfreiwillig eingetreten ist.

Beim Ersatz vergeblicher Aufwendungen handelt es sich um einen Vermögensverlust, der eintritt, weil der Gläubiger darauf vertraut hat, die vereinbarte Leistung zu bekommen. Weil er angenommen hat, diese Leistung wie vereinbart zu erhalten, hat er zusätzliche Verträge abgeschlossen. Wenn nun eine Pflichtverletzung – aus dem ersten Vertrag – eintritt und die zusätzlichen Verträge hinfällig werden, so kann er (unter der Voraussetzung, diese Verträge nicht rückgängig machen zu können) die ihm entstandenen Aufwendungen geltend machen. Die so entstandenen Aufwendungen hat er im Regelfall nachzuweisen.

7.3 Unmöglichkeit

Unmöglichkeit bedeutet, dass eine Leistung (Pflicht aus dem Kaufvertrag), wie etwa die Lieferung des Kaufgegenstandes, unerbringlich ist.

MERKE
Während beim Verzug die geschuldete Leistung (verspätet) nachgeholt werden kann, kann die geschuldete Leistung bei Unmöglichkeit nicht mehr (nachträglich) erbracht werden.

Ursachen für die Unmöglichkeit einer Leistung (§ 275 BGB)

- tatsächliche Gründe (**echte Unmöglichkeit**):
  liegen z. B. vor, wenn die Liefersache (der Kaufgegenstand) vor der Erfüllung zerstört wurde oder der Lieferant (Verkäufer), z. B. weil die Produktionshalle zerstört ist, den Kaufgegenstand nicht produzieren kann.
- rechtliche Gründe (**faktische Unmöglichkeit**):
  beispielsweise die Beschlagnahme des Kaufgegenstandes oder beim Bestehen von Bauverboten
- überdurchschnittliche Erschwernisse bei der Leistungserstellung:
  wie die Lieferung des Kaufgegenstandes nur zu unvorhersehbar hohen Kosten oder die Beschaffung von Rohstoffen aus Krisengebieten

Zu unterscheiden ist die anfängliche (= ursprüngliche) Unmöglichkeit von der nachträglichen Unmöglichkeit. Ausschlaggebend für die Unterscheidung ist der Zeitpunkt des Vertragsabschlusses.

Anfängliche Unmöglichkeit

Grundsätzlich ist, nach dem BGB, ein abgeschlossener Kaufvertrag bei anfänglicher Unmöglichkeit voll wirksam. Dieser Kaufvertrag beinhaltet jedoch keine Leistungspflicht, weil die Leistung nicht (mehr) möglich ist.

MERKE
Steht bereits bei Vertragsabschluss fest, dass die Leistung nicht erbracht werden kann, so handelt es sich um anfängliche Unmöglichkeit.

Beispiel:
Kaufvertragsabschluss über ein Perpetuum mobile.

Nachträgliche Unmöglichkeit (Auszug)

Der Anspruch auf Leistung bei **echter** (tatsächlicher) **Unmöglichkeit** ist ausgeschlossen, unabhängig davon, ob den Schuldner ein Verschulden trifft. Bei der **faktischen Unmöglichkeit** ist die Erbringung der Leistung zwar grundsätzlich möglich, für den Schuldner der Leistung allerdings nur unter erschwerten Bedingungen möglich (= unzumutbar). Dem

Schuldner steht ein Leistungsverweigerungsrecht zu. Anders als bei der echten Unmöglichkeit ist bei der Zumutbarkeit das Verschulden des Schuldners zu berücksichtigen. Ist im Kaufvertrag, wie im obigen Beispiel, eine Speziesschuld vereinbart, so könnte der Schneider (Schuldner der Leistung) zwar einen ähnlichen Anzug nochmal schneidern (= gleicher Anzug), aber nicht denselben, denn dieser Anzug ist ja verbrannt. Würde es sich bei dem Anzug allerdings um den Anzug einer Gattung (= Gattungsschuld) handeln, so könnte der Kaufvertrag mit einem gleichen Anzug erfüllt werden. Unter der Voraussetzung, dass nicht sämtliche Anzüge zerstört sind, muss der Schuldner leisten. Ihm stünde kein Leistungsverweigerungsrecht zu.[1] Für den Fall, dass der Gläubiger die Unmöglichkeit verursacht, ist der Schuldner von seiner Leistungspflicht befreit, er muss kein zweites Mal leisten (= liefern).

MERKE
Steht erst **nach** Vertragsabschluss fest, dass die Leistung nicht erbracht werden kann, so handelt es sich um **nachträgliche Unmöglichkeit.**

Beispiel:
Kaufvertragsabschluss über einen Maßanzug mit einer Lieferfrist von zwei Wochen. Am Tag vor der Übergabe verbrennt der Schneider den Maßanzug.

Beispiel:
Frau Seeding kauft für Konferenzen ein neues Kaffeeservice. Sie vereinbart, dass der Bote der Wall GmbH das Service abholt. Als der Bote bei der Warenausgabe das Service abfordert, wird er an eine Rampe geschickt. Da es bei der Warenausgabe relativ eng ist, rangiert der Bote so unglücklich, dass er das Service beim Einparken, vor der Übergabe an den Lagerarbeiter, zerstört.

Obwohl der Schuldner nicht mehr leisten muss, bleibt die Pflicht des Gläubigers zur **Gegenleistung** (§ 326, Abs. 2 BGB), weil der Gläubiger Verursacher der Unmöglichkeit ist; im Beispiel muss Frau Seeding für die Wall GmbH als Käufer bezahlen, weil ihr Bote (stellvertretend für Frau Seeding) das Service zerstört hat.

LSL

Der Anspruch auf Gegenleistung bleibt ebenso bestehen, wenn der Eintritt der Unmöglichkeit im Zeitraum des Annahmeverzuges des Gläubigers entsteht **und** die Unmöglichkeit weder durch den Schuldner noch durch den Gläubiger verursacht wurde, z. B. auch bei zufälligem Untergang durch unabwendbare Ereignisse.

Beispiel:
Frau Seeding kauft für Konferenzen ein neues Service. Sie vereinbart, dass das Service am Geschäftssitz der Wall GmbH angeliefert wird. Da der Ansprechpartner (Frau Seeding) nicht genannt war und die Empfangsdame das Service keinem in der Wall GmbH zuordnen konnte, wurde die Annahme abgelehnt. Auf dem Rückweg wird das Lieferfahrzeug (unverschuldet vom Fahrer des Lieferfahrzeugs) von einem anderen Fahrzeug in einen Unfall verwickelt. Das Service wird dadurch vollständig zerstört.

Der Anspruch auf Gegenleistung (hier die Bezahlung) bleibt bestehen, da die Unmöglichkeit der Leistung (durch die Zerstörung des Services) nicht eingetreten wäre, wenn der Gläubiger (hier Frau Seeding) den Kaufgegenstand (das Service) rechtzeitig angenommen hätte.

---

[1] *Wenn hingegen ein bestimmter Anzug aus dem Vorrat gleicher Anzüge ausgewählt (= konkretisiert) wird, dann würde es sich wiederum um Speziesware handeln.*
Die persönliche Unmöglichkeit wird hier ebenso außer Acht gelassen wie die Möglichkeit eines Schadenersatzes statt der Leistung bei anfänglicher und nachträglicher Unmöglichkeit.

7.4 Pflichtverletzungen bei einseitigen und (anderen) gegenseitig verpflichtenden Verträgen

Wie bereits eingangs erwähnt, gilt das Schuldrecht für **gegenseitig verpflichtende Verträge** wie etwa Kauf-, Werk-, Dienst, Miet-, Pacht- oder Darlehensvertrag. Bei Pflichtverletzungen gelten zu den §§ 241–322 zusätzlich die §§ 323–853 des BGB. Zudem gilt das Schuldrecht für **einseitig verpflichtende Verträge** wie Schenkung, Bürgschaft, Auslobung (= Lösung einer Verlobung), Vermächtnis u.a. Hier gelten jedoch lediglich die §§ 241–322 des BGB (siehe dort).

Die Einschränkung auf die §§ 241–322 BGB hat beispielsweise zur Folge, dass bei einseitig verpflichtenden Verträgen ein Recht auf Rücktritt vom Vertrag ausgeschlossen ist. Bei einseitig verpflichtenden Verträgen und beim Leihvertrag[1] besteht lediglich der Anspruch auf Schadensersatz oder Aufwendungsersatz. So beispielsweise, wenn der Fuhrunternehmer Schnell & Sohn seinen eigenen Lkw nicht nutzen kann, weil dieser in der Inspektion ist und er einen befreundeten Unternehmer, Rasant OHG, fragt, ihm einen seiner Lkws für die Erfüllung eines Frachtvertrages zu leihen. Unter der Voraussetzung, dass die beiden einen Leihvertrag schließen und die Rasant OHG diesen nicht einhält, weil sie selbst einen Frachtvertrag schließen konnte, wird sie den Leihvertrag nicht einhalten. Da sich Schnell nicht zu einer Gegenleistung verpflichtet hat, kann er nicht von dem Leihvertrag zurücktreten, wohl aber den ihm entstandenen Schaden geltend machen.

ZUSAMMENFASSUNG

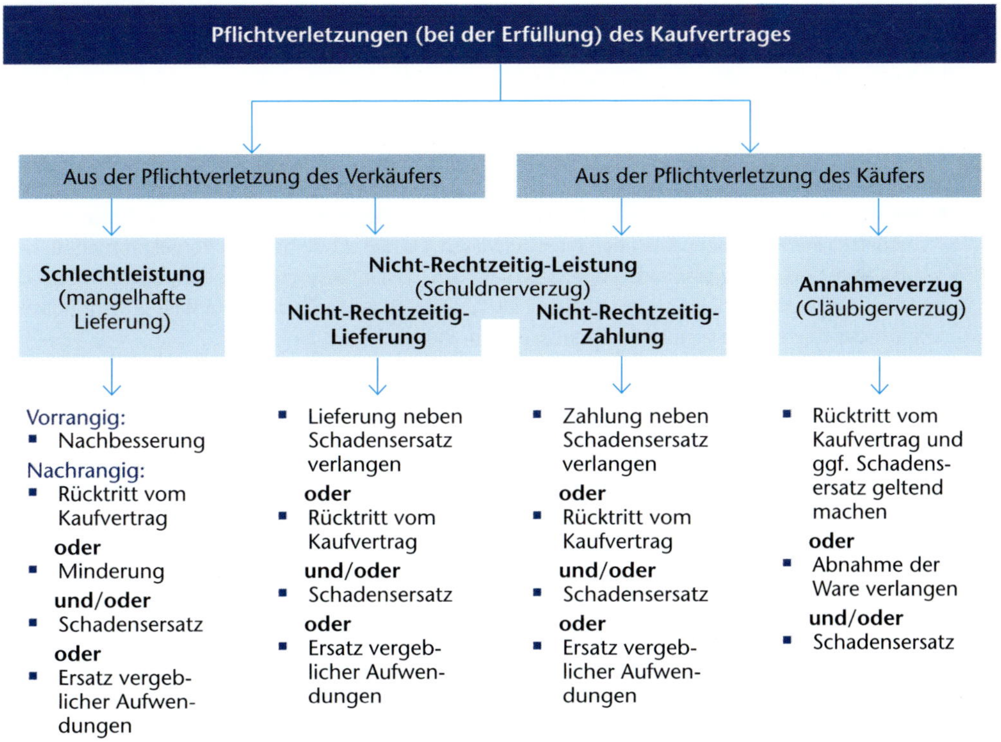

[1] *Der Leihvertrag ist ein unvollkommen zweiseitiger Vertrag, da die Gegenleistung des Entleihers, die Rückgabe der Sache, lediglich eine Neben(leistungs)pflicht darstellt.*

MERKE
Die vorherigen Ausführungen zum Schadensersatz bzw. zum Aufwendungsersatz gelten sowohl für einseitig als auch gegenseitig verpflichtende Verträge.

Bearbeitungsvorschläge

LSL

1. Die Lager- und Logistikabteilung der Wall GmbH – Spedition & Logistik hat für eine Einzelhandelskette die Bestellung, Wareneingangs- und -ausgangskontrolle inklusive der Zwischenlagerung, Kommissionierung und Verteilung von Kühlwaren wie gefrorenem Gemüse, Pizzen u. v. a. m. an die einzelnen Filialen übernommen. Dabei wurde generell vereinbart,

   - dass die einzelnen Filialen die bestellten Produkte von der Einzelhandelskette bzw. von bestimmten Herstellern kaufen und
   - dass die einzelnen Produkte nur in einer Kühlkette vom Hersteller bis zur Einzelhändlerfiliale bei mindestens minus 18 Grad angeliefert werden dürfen, da ansonsten die Auflagen des Gesundheitsamtes nicht erfüllt und gesundheitsschädliche Bakterien in den Lebensmitteln zu finden wären.

   Bei den Stichproben, die die Wall GmbH regelmäßig ziehen muss (durch die Fahrer bei der Abnahme der Ware), wird festgestellt, dass der Lieferant von gefrorenen Teigwaren diese häufig bei minus 11 Grad zur Verfügung stellt. Die Annahme wird von der Wall GmbH stets verweigert. Als Folge daraus ergibt sich, dass die Ware nicht auf dem Lager der Wall GmbH kommissioniert und bei den Filialen angeliefert werden kann. Da die Einzelhandelsfilialen die Pflichtverletzungen beanstanden und den entsprechenden Schaden geltend machen, muss die Wall GmbH angemessen reagieren.

   a) Geben Sie an, welche Kaufvertragsstörungen im obigen Beispiel aufgetreten sind und ordnen Sie diese nach Käufer- und Verkäuferrechten.
   b) Beschreiben Sie ausführlich, wie Sie anstelle der Kunden reagieren würden, und begründen Sie, welche rechtlichen Möglichkeiten sich ergeben.

2. Bei der Abteilungsleitung der Lager- und Logistikabteilung der Wall GmbH häufen sich zudem Mangelmeldungen:
   - Bei Warenproben durch das Gesundheitsamt wird des Öfteren festgestellt, dass die Pizzen mit Spinatbelag einen zu großen Bakterienanteil aufweisen. Da dies schon häufiger vorgekommen ist, sind die Fahrer und die Lagerarbeiter angewiesen worden, dass insbesondere die Warenkontrolle bei der Abnahme dieser Produkte stringent einzuhalten sind, sodass der Fehler keinesfalls in der Kühlkette nach der Übernahme vom Lieferanten zu finden sein wird.
   - Bei jeder Bestellung von Erbsen in Kartons à 12 × 500-Gramm-Packungen werden jedes Mal nur ein Zehntel der bestellten Menge angeliefert.
   - Beim Umpacken der Produkte in die Tiefkühltruhen der Einzelhandelsfilialen muss immer wieder festgestellt werden, dass das Eis am Stiel gebrochen und somit unverkäuflich ist.
   - Bei den Einzelhandelsfilialen häufen sich die Beschwerden, dass bei den „Baguettes al Bolognese" statt der zwei versprochenen immer grundsätzlich lediglich ein Baguette enthalten ist.
   - Anstatt der bestellten Bohnen in Tüten à 750 Gramm bekommen die Filialen permanent die Hälfte der bestellten Stückzahl mit einem Gewicht pro Tüte von 1 500 Gramm. Die größeren Tüten finden jedoch kaum Absatz.

   a) Unterscheiden Sie die beschriebenen Mängel nach ihrer Art und nach ihrer Erkennbarkeit.
   b) Stellen Sie jeweils sämtliche rechtlichen Möglichkeiten dar, die der Wall GmbH stellvertretend für ihren Kunden zustehen, und geben Sie begründet an, welche Sie auswählen würden.

3. Aus den unter 2 beschriebenen Mängeln lässt sich für die Einzelhandelsfilialen teilweise eine Nicht-Rechtzeitig-Lieferung ableiten.

   Stellen Sie heraus, in welchen Fällen dies zutrifft, und überlegen Sie alternative Reaktionsmöglichkeiten (stellvertretend für den Käufer).

4. Die Bestellungen der Einzelhandelsfilialen erfolgen per E-Mail. Dabei wird die verkaufte Anzahl der einzelnen Artikel gemäß Artikelnummer (Barcodes) über die Scanner-Kassen erfasst und bei Erreichen eines Mindestbestandes an die Wall GmbH gemeldet. Diese liefert am folgenden Tag die gemeldete Menge dieser Artikel aus. Ähnlich verhält es sich aus Sicherheitsgründen mit Artikeln, die innerhalb einer Woche nicht verkauft wurden. Bei der Programmierung wurde davon ausgegangen, dass diese Artikel bei den Bestellungen unberücksichtigt blieben. Kurz vor Erreichen des Verfallsdatums bekommt die Wall GmbH dann über das EDV-System die Meldung, dass diese Ware nicht verkauft wurde und durch neue Ware zu ersetzen ist.

   Zwei der Filialen haben den Artikel „Sauerkraut in Tüten" aus ihrem Programm genommen, ohne dies der Wall GmbH oder dem eigentlichen Verkäufer mitzuteilen. Bei der Anlieferung des Sauerkrauts lehnen die Filialen die Annahme ab.

   Beschreiben Sie, wie die Wall GmbH sich nach dem Gesetz verhalten könnte, und legen Sie begründet dar, wie sie sich verhalten sollte.

5. Im Rahmen ihrer Inkasso-Aufgaben für die Einzelhandelskette stellt die Wall GmbH fest, dass eine der Filialen seit einem Monat keine der versandten Rechnungen bezahlt hat.

   Reagieren Sie sachgerecht auf diese Nicht-Rechtzeitig-Zahlung, indem Sie den Ablauf und die rechtlichen Möglichkeiten darstellen.

Übungsaufgaben

1. Erläutern Sie den Unterschied zwischen einem Sach- und einem Rechtsmangel.
2. Unterscheiden Sie die Mängel nach ihrer Art.
3. Geben Sie an, was unter einer Prüf- und Rügefrist zu verstehen ist, und unterscheiden Sie diese für einen bürgerlichen Kauf, einen einseitigen und einen zweiseitigen Handelskauf. (Gehen Sie in diesem Zusammenhang auch auf eine Mängelrüge ein.)
4. Erläutern Sie, was unter Beweislast und unter Beweislastumkehr zu verstehen ist. Gehen Sie in diesem Zusammenhang insbesondere auf den bürgerlichen Kauf (= Verbrauchsgüterkauf) ein.
5. Geben Sie an, was unter Verjährungsfristen zu verstehen ist, und geben Sie die verschiedenen für einen Kaufvertrag möglichen Verjährungsfristen an.
6. Stellen Sie dar, wodurch Verjährungsfristen unterbrochen werden können.
7. Beschreiben Sie anhand eines selbst gewählten Beispiels, was unter dem Rückgriff des Verkäufers in der Lieferkette zu verstehen ist.
8. Unterscheiden Sie einen erheblichen von einem unerheblichen Mangel und geben Sie jeweils an, welche Gewährleistungsansprüche sich daraus ergeben.
9. Unterscheiden Sie einen behebbaren von einem nicht behebbaren Mangel und erläutern Sie die Gewährleistungsansprüche aus einem behebbaren Mangel (vorrangige und nachrangige Rechte).
10. Legen Sie den Unterschied zwischen Schadensersatz und Ersatz vergeblicher Aufwendungen dar.
11. Erstellen Sie für die nachfolgend dargestellten Fallbeispiele eine wie unten abgebildete Tabelle und
    a) legen Sie dar, ob es sich um einen bürgerlichen, einen einseitigen oder zweiseitigen Handelskauf handelt, (**B** = bürgerlicher Kauf, **E** = einseitiger Handelskauf, **Z** = zweiseitiger Handelskauf)
    b) geben Sie begründet an, um welche Art von Mangel es sich handelt,
    c) teilen Sie die Mängel nach ihrer Erkennbarkeit ein,
    d) stellen Sie dar, ob die Prüf- und Rügefristen eingehalten wurden,
    e) beschreiben Sie, welche Gewährleistungsansprüche (unter Einbezug der notwendigen Voraussetzungen) generell möglich sind,

(**N** = Nachbesserung, **U** = Umtausch/Neulieferung)
(**R** = Rücktritt, **M** = Minderung, **S** = Schadensersatz, **E** = Ersatz vergeblicher Aufwendungen)

f) entscheiden Sie begründet, für welchen Gewährleistungsanspruch Sie sich entscheiden würden.

Fall:	Kauf:	Mangel-art:	Erkenn-barkeit:	Prüf- und Rüge-frist:	Gewährleistungsansprüche:						gewählte Rechts-folge:
					vorrangig:		nachrangig:				
					N	U	R	M	S	E	
1.											
2.											
...											

Falldarstellungen:

1. Karl Meyer verkauft Jochen Fischer einen gebrauchten Pkw. Bei einer Routineuntersuchung in der Werkstatt wird festgestellt, dass es sich bei dem Pkw um ein Unfallauto handelt. Sofort will er sich bei Karl Meyer melden, dieser ist aber nicht aufzufinden. Bei der Polizei muss er feststellen, dass das Fahrzeug polizeilich als gestohlen (ermittelt anhand der Fahrzeugnummer) gemeldet ist.
2. Aufgrund der Fernsehwerbung für einen Pkw mit einem durchschnittlichen Kraftstoffverbrauch von vier Litern pro 100 km kauft sich der vierfache Familienvater dieses Fahrzeug. Für seine zwei Kleinkinder kauft er passend zu diesem Automodell zwei Kindersitze sowie Plastikfußmatten für alle, damit das Auto nicht so schnell verschmutzt. Da dieses Fahrzeug maßgeblich von seiner Frau gefahren wird, stellt er erst nach fünf Monaten fest, dass der Kraftstoffverbrauch bei 100 km bei durchschnittlich 7,5 Litern liegt. Zwei Wochen später geht er zum Händler, um mindestens den höheren Kraftstoffverbrauch und ggf. anderes mehr geltend zu machen.
3. Die Spedition Hall & Co GmbH hat aufgrund eines verbindlichen Angebotes 12 schwarze Schreibtischstühle bei einem Großhändler bestellt. Geliefert werden 12 dunkelbraune Schreibtischstühle, die im Übrigen mit den Angaben im verbindlichen Angebot übereinstimmen. Da die Geschäftsführung zurzeit auf Geschäftsreise ist, wird die falsche Farbe erst nach vier Wochen gerügt.
4. Die Seniorin Magda Ohkamp bekommt von einem Einrichtungshaus eine Übergardine geliefert. Sie hatte eine grüne bestellt. Da sie leider farbenblind ist, kann sie nicht sehen, dass diese Übergardine rot ist. Obwohl ihre Nachbarin sie mehrmals darauf aufmerksam gemacht hat, glaubt sie ihr nicht. Als ihre Tochter sie nach fünf Monaten (nach dem Kauf) besucht und ihr ebenfalls sagt, dass diese Übergardinen rot sind und diese überhaupt nicht zu dem in Grün renovierten Wohnzimmer passen, geht sie zu dem Einrichtungshaus, um den Mangel zu rügen.
5. Die Rose KG erhält von der Maschinen-Droste OHG eine Geschirrspülmaschine. Nach dem Öffnen der Verpackung sieht Herr Rose sofort, dass die Maschine Kratzer hat. Sofort ruft er bei der Maschinen-Droste OHG an.
6. Die Schneiderei „Schneid´-ab" hat einen Restposten Stoffe bei einem Großhändler bestellt. Geliefert bekommt die Schneiderei allerdings den Stapel Restposten, der bei der Beschau der Ware neben der bestellten Ware lag. Die Schneiderei gibt den Mangel sofort nach Entdecken bekannt.
7. Die Freundin von Greta Neumann hat sich in einem Kaufhaus eine Regenjacke gekauft, die sie allerdings zurückgegeben hat, weil diese wasserdurchlässig war und der Verkäufer meinte, dass der Hersteller nichts an der Machart ändern werde. Da Greta diese Regenjacke sehr schön fand, war sie verblüfft, dass es diese Regenjacke ein halbes Jahr später immer noch gab. Sie kauft sich diese Regenjacke und passend dazu eine Regenhose von einem anderen Hersteller. Sie musste aber auch feststellen, dass diese undicht war, obwohl ihr der Verkäufer zusicherte, dass diese Regenjacke keinesfalls wasserdurchlässig wäre. Zu ihrem Unglück hat diese Jacke auch noch gefärbt, sodass ihre weiße Bluse dunkle Flecken aufweist. Aufgebracht, wie sie ist, geht Greta Neumann zu dem

Verkäufer und rügt die Ware und macht den entstandenen Schaden sowie ihre vergeblichen Aufwendungen für die Regenhose geltend.

8. Die Spedition Rascher und Schneller OHG hat im Rahmen ihrer logistischen Tätigkeiten die Bestellung und den Transport von Konservendosen für eine Lebensmittelkette übernommen. Bei der Kommissionierung der Dosen auf dem Lager der Spedition stellt diese fest, dass in jedem Karton vier von insgesamt 20 Dosen fehlen. Der Lagermeister meldet dies sofort der Disposition, die geeignete Schritte einleitet.
9. Max Blaukrehe lässt sich von einem Möbelhaus eine Schrankwand anliefern und montieren. Nachdem die Handwerker fertig sind, prüft er, ob die Türen und Schubladen funktionieren. Bei zwei Türen muss er feststellen, dass diese zerkratzt sind und eine Schublade nicht herauszuziehen ist. Er teilt dies den Handwerkern sofort und telefonisch dem Möbelunternehmen mit.
10. Joseph Hermelin kauft in einem Supermarkt drei Gläser Babynahrung. Nachdem seine kleine Tochter davon gegessen hat, muss sie sich den ganzen Tag übergeben. Herr Hermelin hat durch das Gesundheitsamt feststellen lassen, dass diese Gläser verdorbene Lebensmittel beinhaltet haben. Er meldet diesen Mangel der Geschäftsleitung des Lebensmittelhändlers.
11. Die Baufirma Mantel GmbH hat bei einem Großhändler 14 Rollen Elektrokabel à 20 Meter gekauft. Nachdem die Baufirma Mantel GmbH die Hälfte verbraucht hat, stellt sie fest, weil noch nicht einmal die Hälfte der Kabel hätte verlegt sein dürfen, dass pro Rolle nur 15 Meter vorhanden sind. Sofort schreibt die Mantel GmbH eine Mängelrüge.
12. Karl Kohn schenkt seinem Sohn ein selbst zu montierendes Modellflugzeug. Leider ist es dem ansonsten handwerklich begabten Sohn aufgrund der beiliegenden Anleitung nicht möglich, das Flugzeug zusammenzubauen. Nachdem er den ganzen (extra gekauften) Kleber aufgebraucht hat, stellt Karl Kohn fest, dass diese Anleitung falsch ist.

12. Beschreiben Sie, was unter der Nicht-Rechtzeitig-Leistung zu verstehen. Unterscheiden Sie diese nach Lieferung und Zahlung, indem Sie u. a. angeben, wer jeweils Schuldner und wer Gläubiger ist.

    Erläutern Sie jeweils anhand eines Beispiels, was unter einem Verzögerungs- und einem Nichterfüllungsschaden sowohl für eine Nicht-Rechtzeitig-Lieferung als auch eine Nicht-Rechtzeitig-Zahlung zu verstehen ist.

13. Legen Sie dar, welche Voraussetzungen zum Erhalt von Gewährleistungsansprüchen zu erfüllen sind. (Unterscheiden Sie hierfür sowohl die Nicht-Rechtzeitig-Lieferung und die Nicht-Rechtzeitig-Zahlung sowie den Eintritt des Verzugs.)
14. Stellen Sie die Gewährleistungsansprüche aus der Nicht-Rechtzeitig-Leistung dar.
15. Was wird unter dem Verschulden des Verkäufers bei Nicht-Rechtzeitig-Lieferung verstanden?
16. Beschreiben Sie das außergerichtliche und das gerichtliche Mahnverfahren.
17. Ermitteln Sie die Verzugszinsen bei einer Nicht-Rechtzeitig-Zahlung für einen Rechnungsbetrag von 13 560,00 € bei einem angenommenen Basiszinssatz von 2,75 % sowohl für einen bürgerlichen Kauf als auch für einen einseitigen und zweiseitigen Handelskauf für eine Verzugszeit von je 38 Tagen.
18. Finden Sie Beispiele für die Nicht-Rechtzeitig-Lieferung bzw. -Zahlung, aus denen deutlich wird, dass
    a) es sich um einen Verzögerungsschaden oder Nichterfüllungsschaden handelt.
    b) die Voraussetzungen zur Inanspruchnahme von Gewährleistungsansprüchen vorliegen.
    c) mehrere Gewährleistungsansprüche sinnvoll sind.

    Stellen Sie Ihr Beispiel dem Plenum oder einer Kleingruppe vor und lassen Sie prüfen, welche Gewährleistungsansprüche diese geltend machen würden.
19. Erläutern Sie, was unter einem Annahmeverzug zu verstehen ist.
20. Legen Sie dar, welche Rechte sich im Falle eines Annahmeverzuges für den Verkäufer ergeben.
21. Beschreiben Sie, was unter einem Selbsthilfeverkauf zu verstehen ist.
22. Geben Sie an, wie ein Schadensersatz zu ermitteln ist.
23. Erklären Sie, was unter Minderung zu verstehen ist und wie eine Minderung zu ermitteln ist.

8 Investieren und Finanzieren

LERNSITUATION

Bei einer Sitzung der gesamten Geschäftsleitung ist festgestellt worden, dass Handlungsbedarf besteht: Die Wall GmbH-Spedition & Logistik muss investieren. Wegen der expandierenden Lager- und Logistik-Abteilung ist das eigene Lager zu klein. Das freistehende Nachbargrundstück im Werte von einer Million Euro soll gekauft und eine Lagerhalle darauf errichtet werden. Die voraussichtlichen Baukosten werden wiederum eine Million Euro betragen. Zudem müssen zwei Gabelstapler ersetzt werden, weil die sich im Gebrauch befindlichen bereits abgeschrieben (Buchwert ein Euro) und überdies permanent defekt sind. Ein weiterer Gabelstapler ist anzuschaffen, damit jeder Lagerarbeiter zum Erledigen seiner Tätigkeiten einen eigenen zur Verfügung hat und somit keine Wartezeiten entstehen. Die drei Gabelstapler haben einen Gesamtwert von 75 000,00 €. Aufgrund der gestiegenen Auftragszahlen im Lager- und Logistik-Bereich ist auch die nationale Lkw-Abteilung an ihre Kapazitätsgrenzen gestoßen. Sie kauft bereits teuren Frachtraum bei anderen Fuhrunternehmen ein. Durch die voraussichtlichen Bedarfszahlen ist festgestellt worden, dass die Wall GmbH zwei neue Lkws zu je 120 000,00 €, benötigt. Einer der vorhandenen Lkws muss zusätzlich ersetzt werden, weil er den technischen, ökologischen und den Sicherheitsansprüchen nicht mehr genügt. Das sind weitere 60 000,00 €, die zu finanzieren sind. Überdies ist geplant, der Geschäftsführerin, Frau Seeding, einen neuen Geschäftswagen im Wert von 38 000,00 € zu stellen. Im Übrigen ermahnt Frau Seeding die anderen Mitglieder der Geschäftsleitung die Mitarbeiter anzuweisen, die überfälligen Rechnungen der Frachtführer zu bezahlen, um gerichtlichen Mahnverfahren aus dem Wege zu gehen.

Neben der Investitionsentscheidung, d. h., das Grundstück zu kaufen, eine Lagerhalle errichten zu lassen, Gabelstapler, Lkws und Pkw anzuschaffen und zusätzlich die ausstehenden Rechnungen bei den Gläubigern zu begleichen, muss sich die Geschäftsführung Gedanken zur Finanzierung machen. Hierzu nimmt die Geschäftsleitung die Bilanz zur Hand und versucht, eine Lösung zu finden:

– Auszug –

Bilanz der Wall GmbH – Spedition & Logistik zum 31.12.20.. in Tsd. €

Aktiva			Passiva		
I. Anlagevermögen		**2 760**	**I. Eigenkapital**		**1 100**
Immobilien	2 000		Stammkapital	1 000	
Fuhrpark	600		Pensionsrückstellungen	100	
Wertpapiere	160		II. Fremdkapital (FK)		**2 440**
II. Umlaufvermögen		**724**	**langfristiges FK**		
Treibstoffvorräte	64		Darlehen	1 778	
Forderungen	660		mittelfristiges FK		
III. Liquide Mittel		**56**	Bankkredit	322	
Bank	40		**kurzfristiges FK**		
Kasse	16		Verbindlichkeiten	340	
Bilanzsumme		**3 540**	**Bilanzsumme**		**3 540**

Aufgaben

1. Helfen Sie der Geschäftsleitung bei der Lösung des Problems, indem Sie

   a) einzuteilen versuchen, welche der Anschaffungen langfristig und welche kurz- oder mittelfristig sind und

   b) durch welche Bilanzpositionen die Finanzierung zu realisieren wäre. (Beachten Sie, dass bei einer Finanzierung durch einen Dritten, also einem Gläubiger, eine Absicherung des Kredites notwenig wäre.)

2. Vergleichen Sie Ihre Ergebnisse mit den Möglichkeiten, die sich aus der Sachdarstellung ergeben.

8.1 Investition und Finanzierung

Um Waren- oder Dienstleistungen herstellen zu können, ist es unerlässlich, die finanziellen Mittel zur Verfügung zu haben, um notwendige Investitionen zur Anschaffung von Anlage- und Umlaufvermögen zu tätigen, sowie den Geschäftsbetrieb in Form von beispielsweise laufenden Gehalts- und Miet- sowie Strom- und Wasserzahlungen, Telefongebühren, Abgaben an den Staat und die Bezahlung der Lieferanten aufrechterhalten zu können.

Die Verwendung der finanziellen Mittel wird als **Investition** bezeichnet und wird als Vermögen auf der Aktivseite einer Bilanz dargestellt.

Die Beschaffung bzw. Bereitstellung von finanziellen Mitteln in Form von Geld oder Sachgütern bzw. in einem Geldwert ausgedrückte Rechte wird als **Finanzierung** bezeichnet. In einer Bilanz wird diese Kapitalbeschaffung auf der Passivseite dargestellt.

	Aktiva	Bilanz zum ....20.. Passiva	
langfristig	Vermögen ▪ Anlagevermögen = langfristig gebundenes Vermögen – z. B. Sachanlagen (Gebäude) – z. B. Sachanlagen (Maschinen) – z. B. Sachanlagen (Fuhrpark) – z. B. langfristige Forderungen – z. B. Rechte wie Patente – z. B. Rechte wie Wertpapiere ...	Kapital ▪ Eigenkapital = (i. d. R.) im Unternehmen verbleibendes Kapital – z. B. Einlagen durch Eigentümer – z. B. Rücklagen, -stellungen ▪ Fremdkapital = langfristiges Fremdkapital – z. B. Hypothekendarlehen – z. B. Grundschulddarlehen	langfristig
← kurz- bis mittelfristig	▪ Umlaufvermögen = mittelfristig gebundenes Vermögen – z. B. Treibstoffvorräte = kurzfristig gebundenes Vermögen – z. B. kurzfristige Forderungen – Bank und Kasse (flüssige Mittel)	= mittelfristiges Fremdkapital – z. B. mittelfristige Kredite = kurzfristiges Fremdkapital – z. B. kurzfristige Kredite, – z. B. Verbindlichkeiten – z. B. Bankschulden	← kurz- bis mittelfristig
	→ Mittelverwendung → Investieren	→ Mittelherkunft → Finanzieren	

Kapitalbindungsfrist ←—— Goldene Bilanzregel ——→ Kapitalrückzahlungsfrist

Hieraus ergibt sich, dass die Mittelbeschaffung bzw. -herkunft, also die Finanzierungsseite, und die Mittelverwendung, d.h. die Investitionsseite, eng miteinander verbunden sind. Die Art einer Investition und die Dauer der Kapitalbindung sind entscheidend für die Auswahl einer Finanzierung.

Unternehmen investieren bei der Gründung des Unternehmens und fortlaufend, um mehr Umsatz bzw. höhere Gewinne zu erzielen, die Wettbewerbsposition zu verbessern bzw. langfristig abzusichern, die Angebotspalette zu erweitern oder sicherzustellen sowie bei Auftragssteigerungen beispielsweise die Lager- und Transportkapazitäten zu erweitern u.v.a.m.

Eine Investition ist im Regelfall der Anlass einer Finanzierung. Dabei ist grundsätzlich zu beachten, dass einer Investition eine geeignete Finanzierung gegenübersteht. Das meint das Berücksichtigen des Finanzierungsgrundsatzes der Goldenen Bilanzregel. Die **Goldene Bilanzregel** verlangt eine Fristenkongruenz von Investieren und Finanzieren. Das heißt, dass die finanziellen Mittel einer Unternehmung (= Mittelherkunft) mindestens so lange im Unternehmen verbleiben sollten, wie es in dem angeschafften Vermögen (= Mittelverwendung) gebunden ist. Dementsprechend sind langfristige Investitionen in Anlagevermögen vorzugsweise durch Eigenkapital oder durch langfristiges Fremdkapital zu finanzieren. Das mittel- bzw. kurzfristig gebundene Umlaufvermögen sollte durch mittel- und kurzfristiges Fremdkapital gedeckt sein. Dabei stellt die Goldene Bilanzregel lediglich eine Faustregel dar, um das finanzielle Gleichgewicht einer Unternehmung zu gewährleisten. Das ist beispielsweise der Fall, wenn ein Lkw für 120 000,00 € für eine Laufzeit von vier Jahren auf Raten gekauft wird, die monatlichen Raten für Zins und Tilgung an den Verkäufer regelmäßig aus dem laufenden Leistungsprozess von der Bank überwiesen werden sollen **(= nicht fristenkongruent)**. Gesetzt den Fall, das Bankkonto würde die Rate nicht decken, weil ausstehende Forderungen durch die Kunden nicht beglichen werden, könnte die Rate nicht bezahlt werden und der Verkäufer würde sofort die Sicherheit in Form des Eigentumvorbehalts geltend machen können. Eine andere Alternative müsste gesucht werden. Bei einem über vier Jahre laufenden Bankkredit wäre die einmalige Zahlung an den Verkäufer sofort abgesichert **(= fristenkongruent)**. Die Absicherung der Bank erfolgt i.d.R. durch eine Sicherungsübereignung (s. dort). Aus dem Beispiel folgt, dass die Zahlungseingänge und -ausgänge eines Unternehmens einander ergänzen müssen, damit das Unternehmen stets liquide bleibt und somit seinen Zahlungsverpflichtungen immer rechtzeitig nachkommen kann.

Um den Kapitalbedarf bei einer Investitionsentscheidung, z.B. der Kauf eines Lagergebäudes, Maschinen, Gabelstapler, Lkw oder Treibstoffvorräte, zu decken, ist neben der Fristenkongruenz zwischen Kapitalbindung und Kapitalrückzahlung auch die Kapitalherkunft von Bedeutung.

MERKE
Zur Beschreibung der Kapitalherkunft werden als Finanzierungsarten die Innen- und die Außenfinanzierung unterschieden.

8.1.1 Innenfinanzierung

Bei der Innenfinanzierung stammt das Kapital aus dem Unternehmen selbst, d.h., dem Unternehmen werden von außen keine Mittel direkt zugeführt.

Neben dem vorhandenen Eigenkapital der Unternehmung wird das Kapital aus dem betrieblichen Leistungsprozess erwirtschaftet. Die Geldmittel fließen also indirekt, durch die Umsatzerlöse (ausgedrückt im Preis pro Einheit), von außen in das Unternehmen ein. In den kalkulierten Angebotspreisen sind mithilfe einer Deckungsbeitragsrechnung (s. dort) die anfallenden Kosten und außerdem Gewinne einkalkuliert. STK

MERKE
Voraussetzung für die Innenfinanzierung ist, dass das Unternehmen bereits mit Eigen- bzw. Fremdkapital aufgebaut ist und Erlöse erzielt.

Die Innenfinanzierung kann durch Selbstfinanzierung und durch die Finanzierung aus Abschreibungen erfolgen.

8.1.1.1 Selbstfinanzierung

Selbstfinanzierung ist das ganz oder teilweise Zurückbehalten von bereits aus dem Umsatzprozess erwirtschafteten Gewinnen. Diese Gewinne werden etwa als Rücklagen im Rahmen des Eigenkapitals bilanziert, sodass das Eigenkapital steigt.

- Bei der **offenen Selbstfinanzierung** wird die Zurückhaltung der Gewinne durch die Eigentümer der Unternehmung beschlossen. Es handelt sich um bereits versteuerte Gewinne, die als Rücklage im Rahmen des Eigenkapitals in der Bilanz dargestellt werden.
  Aktiengesellschaften sind dazu verpflichtet, stets mindestens 5 % des Jahresüberschusses so lange zurückzuhalten, bis mindestens 10 % des Grundkapitals als Rücklage gebildet sind.
  Das auf diese Weise gebundene Kapital kann zur Finanzierung von Investitionen herangezogen werden, solange die Rücklage nicht aufgelöst wird, wie bei der Auflösung von Pensionsrücklagen. Diese Möglichkeit der Selbstfinanzierung stellt eine Form der **Eigenfinanzierung** dar, da sich das Unternehmen aus eigenen Mitteln, von innen finanziert (= **Innenfinanzierung**).
- Bei der **stillen Selbstfinanzierung** handelt es sich um die Bildung stiller bzw. verdeckter Rücklagen, die nicht direkt in einer Bilanz erscheinen. Diese stillen Rücklagen bzw. stillen Reserven einer Unternehmung werden durch einen geminderten Gewinn gebildet, d. h., dass Aufwendungen höher als tatsächlich bzw. Gewinne niedriger als tatsächlich ausgewiesen werden. Eine Bilanzierung dieses versteckten Gewinnes erfolgt erst, wenn eine Neubewertung der betreffenden Bilanzpositionen oder eine Auflösung der Bilanzposition durch z. B. den Verkauf erfolgt. Erst nach der Offenlegung des Gewinns werden die Vermögens- und Gewerbekapitalsteuer auf diesen Gewinnteil erhoben, wodurch das Unternehmen aus der zeitlich verzögerten Zahlung der Steuern sowohl einen Liquiditäts- als auch einen Zinsvorteil erwirtschaftet.
  Soweit rechtlich gestattet, erfolgt die Bildung stiller Rücklagen durch:
  - die ***Unterbewertung bilanzierten Vermögens,***
    Im Rahmen von Abschreibungen ist es möglich, die Nutzungsdauer eines Lkw auf vier Jahre festzulegen. Bei einem Wert von 120 000,00 € läge die jährliche, lineare Abschreibung bei 30 000,00 €. Am Ende der vier Jahre wird der Lkw mit einem Buchwert von 1,00 € bilanziert. Tatsächlich ist der Lkw aber beispielsweise noch 60 000,00 € wert, weil der Lkw acht Jahre genutzt werden kann. Der reale Wert wäre nach vier Jahren erst durch einen Verkauf zu erkennen. Der versteckte Gewinn ergibt sich somit daraus, dass die eigentliche Abschreibung im Jahr bei 15 000,00 € läge und der Lkw erst nach acht Jahren abgeschrieben wäre. (Gleiches gilt für die Bilanzierung geringwertiger Wirtschaftsgüter, also mit einem Netto-Wert für Unternehmen von maximal 410,00 €. Diese werden im Anschaffungsjahr gänzlich als Aufwand abgeschrieben, obgleich sie län- STK

ger nutzbar sind. So beispielsweise der Kauf eines Druckers für 120,00 €, der nach einem Jahr bereits mit nur 1,00 € Buchwert bilanziert wird.)

Die Finanzierung einer Investitionsentscheidung könnte also durch den Verkauf oder die Neubewertung eines unterbewerteten Vermögensteils erfolgen, da dieser Vermögensgegenstand mit einem geringeren Buchwert als dem tatsächlichen Wert bilanziert war.

– die ***Überbewertung bilanzierten Kapitals.***
Ein Unternehmen kann **Rückstellungen** bilden, um langfristig betrieblich vereinbarte Renten auszuzahlen (= Pensionsrückstellungen) und kurzfristig Steuern zu bezahlen (= Steuerrückstellungen) sowie evtl. Prozesse zu führen (= Prozessrückstellungen) oder beispielsweise auch eine bestimmte Haftung abdecken zu können (= Aufwandsrückstellungen). Diese und andere mögliche Rückstellungen sind als spätere Verbindlichkeiten in ihrer Höhe und Fälligkeit ungewiss. Sie dienen dazu, drohende Verluste, zweifelhafte Verbindlichkeiten, Gewährleistung und Haftung, Instandhaltungsaufwendungen u. v. a. m. abzudecken. Um nicht durch unerwartet hohe Verbindlichkeiten und/oder deren vorzeitige Fälligkeit illiquide zu werden, sind diese Rückstellungen höher angesetzt, als sie vermutlich benötigt werden. Dies kann der Fall sein, wenn sich im Jahresdurchschnitt eine 15-prozentige Selbstbeteiligung an dem Haftungsteil der Speditionsversicherung eines Spediteurs auf 12000,00 € beläuft. Der Spediteur als Rückstellung jedoch 20000,00 € zurücklegt. Die Differenz von 8000,00 € stellt dann eine stille Reserve dar, die beispielsweise für eine unerwartet hohe Haftungsforderung in der Zukunft eingesetzt werden könnte.
Die Finanzierung einer Investitionsentscheidung könnte so lange durch das in Rückstellungen an das Unternehmen gebundene Kapital erfolgen, bis die Rückstellung dem eigentlichen Finanzierungszweck zugeführt werden soll. So könnte die Pensionsrückstellung für einen 20-jährigen Mitarbeiter in dem Zeitraum bis zum Rentenalter zu einer entsprechend lang andauernden Finanzierung eines Vermögensgegenstandes herangezogen werden.
Obgleich Rückstellungen eine Mittelzuführung von innen darstellen, sind sie bilanziell dem Fremdkapital zuzuordnen, weil es sich um erst zukünftig fällige Verbindlichkeiten handelt. Dementsprechend stellt diese Form der Selbstfinanzierung eine **Fremdfinanzierung** dar.

Vorteile der Selbstfinanzierung

- Der Unternehmung entstehen keine Kosten in Form von Zins- und Tilgungs-(= Kapitalrückzahlungs)verpflichtungen für die Kapitalbeschaffung.
- Das Unternehmen ist unabhängig von Kapitalgebern, die von außen Einfluss auf das Unternehmen nehmen könnten.
- Zudem führt die Eigenkapitalerhöhung zu zusätzlichen Gewinnen, wenn die finanziellen Mittel als Finanzanlage (z. B. auf einem Sparkonto) genutzt oder aufgrund einer erhöhten Investitionsbereitschaft investiert wird – wobei durch eine Investition davon ausgegangen wird, dass die Gewinne höher sein werden als ohne diese Investition.
- Der Fremdkapitalanteil am Gesamtkapital wird verringert, wodurch die Kreditwürdigkeit des Unternehmens sich erhöht.

Nachteile der Selbstfinanzierung

- Durch die vorhandenen finanziellen Mittel besteht die Gefahr von riskanten Spekulationsgeschäften und somit der Fehlinvestition des langfristig an das Unternehmen gebundenen Kapitals. Eine Investition in Aktien zu einem hohen Kurs und der Verkauf dieser Aktien – weil das Geld für die eigentliche Investition benötigt wird – zu einem niedrigen Kurs führt zu einem (Spekulations-)Verlust.

Nachteile der Selbstfinanzierung

- Die stille Selbstfinanzierung verschleiert die tatsächliche Rentabilität des Unternehmens, da die Vermögenswerte bzw. das bilanzierte Kapital nicht mit dem tatsächlichen Wert angegeben sind.
- Die Kapitalerhöhung wird durch die damit höher zu kalkulierenden Verkaufspreise finanziert – die die Liquidität des Unternehmens sichern –, die die Kunden des Unternehmens und letztlich die Verbraucher zahlen.

8.1.1.2 Finanzierung aus Abschreibungen

Das Anlagevermögen eines Unternehmens besteht zu großen Teilen aus Vermögensgegenständen wie Lkw oder Gabelstapler, die vornehmlich durch eine mehrjährige Abnutzung zum einen an Wert verlieren und zum anderen nach einer bestimmten Nutzungsdauer aus technischen, wirtschaftlichen, gesetzlichen oder ökologischen Gründen ersetzt werden müssen, um den Geschäftsbetrieb aufrechterhalten zu können (= Ersatzinvestition).
Der Wertverlust der Vermögensgegenstände wird in Form von Abschreibungen über die Nutzungsdauer als Aufwand verbucht.
Damit ein Unternehmen die Ersatzinvestition der Vermögensgegenstände zum Ersatzzeitpunkt leisten kann, muss das Unternehmen bereits während der Nutzungsdauer dafür sorgen, dass spätestens zum Ablauf der Nutzungsdauer die finanziellen Mittel erwirtschaftet sind, um diese Vermögensgegenstände durch jeweils einen neuen zu ersetzen. Aus diesem Grund werden die Abschreibungen als Kosten bei der Preiskalkulation berücksichtigt. Für einen Lkw, der für 120000,00 € für eine Nutzungsdauer von vier Jahren angeschafft wurde, werden im Jahr 30000,00 € als Wertminderung abgeschrieben. Dieser Betrag müsste in die Preiskalkulation eingebunden sein. Wird von einem durchschnittlichen Einsatz von 200 Tagen im Jahr unter gleichen Abnutzungsbedingungen pro Tag ausgegangen, so müssten im Angebotspreis (30000,00 € : 200 Tage) 150,00 € pro Tag als Abschreibungsgegenwert im Angebots- bzw. Verkaufspreis berücksichtigt werden[1]. Am Ende eines jeden Jahres fließen dem Unternehmen aus dem laufenden Umsatz somit 30000,00 €, nach Ablauf der vier Jahre Nutzungsdauer 120000,00 € zu. STK
Da die Ersatzinvestition erst nach vier Jahren erfolgen muss, kann das Unternehmen die aus dem Umsatz laufend erwirtschafteten Mittel zur Finanzierung anderer Investitionen (nach Ablauf des ersten Jahres 30000,00 € bis zum Ablauf der Nutzungsdauer hier also für weitere drei Jahre usw.) heranziehen.
Bei der Finanzierung aus Abschreibungen handelt es sich um einen Aktiv-Tausch. Aufgrund des Wertverlustes, ausgedrückt in den Abschreibungen, verringert sich das Anlagevermögen, während sich die liquiden Mittel durch die im Preis berücksichtigten Abschreibungsgegenwerte erhöhen. Diese Form der Vermögensumschichtung setzt allerdings voraus, dass die Abschreibungsgegenwerte nicht anderweitig für Investitionen verwendet werden, sondern beispielsweise auf einem Sparkonto hinterlegt werden. Dann würden die Abschreibungsgegenwerte nicht anderweitig investiert, wie oben beschrieben, sondern auf einem Sparkonto bis zum Zeitpunkt der Ersatzinvestition aufbewahrt. STK

Nachteile der Finanzierung aus Abschreibungen

- Vor allem bei kleinen und mittleren Unternehmen ist die Finanzierungsform nachrangig zu betrachten, da zu geringe Werte erwirtschaftet werden, um eine (größere) Investition durchzuführen.
- Zudem besteht die Gefahr, dass das aus Abschreibung finanzierte Kapital über den Ersatzzeitpunkt der eigentlichen Investition hinaus gebunden oder falsch investiert wird.

[1] *Es handelt sich hierbei um eine stark vereinfachte Kalkulationsgrundlage.*

Vorteile der Finanzierung aus Abschreibungen
▪ Keine Kosten in Form von Zins- und Tilgungsverpflichtungen für die Kapitalbeschaffung.
▪ Unabhängiger von Kapitalgebern, die von außen Einfluss auf das Unternehmen nehmen.
▪ Eigenkapitalerhöhung führt zu zusätzlichen Gewinnen, wenn finanzielle Mittel als Finanzanlage, z. B. auf einem Sparkonto, genutzt oder aufgrund erhöhter Investitionsbereitschaft (mit dem Ziel höherer Gewinne als dem Zins, der auf einem Sparbuch zu erzielen wäre) investiert werden.
▪ Der Fremdkapitalanteil am Gesamtkapital wird verringert, wodurch die Kreditwürdigkeit des Unternehmens sich erhöht.

8.1.2 Außenfinanzierung

Bei der Außenfinanzierung wird dem Unternehmen von außen Kapital zugeführt. Sie wird in Einlagen-/Beteiligungs- und Fremdfinanzierung unterschieden.

8.1.2.1 Einlagen- bzw. Beteiligungsfinanzierung

Die **Rechtsform** einer Unternehmung bestimmt, ob es sich um eine Einlagen- oder Beteiligungsfinanzierung handelt:

Kapitalerhöhung	Einlagenfinanzierung		Beteiligungsfinanzierung	
bei	**Personengesellschaften**		**Kapitalgesellschaften**	
wie z. B.	**Einzelunternehmung/GbR**	**OHG/KG**	**GmbH**	**AG**
durch	Einzahlung privater Geldmittel oder privaten Sachvermögens oder Rechte.	zusätzliche Einlagen bisheriger Gesellschafter oder Aufnahme neuer Gesellschafter.	Erhöhung des Stammkapitals, indem bisherige oder neue Gesellschafter Geldmittel zuführen.	Erhöhung des Grundkapitals durch Ausgabe junger Aktien.

Hinw
vgl.
Unte
nehm
form

MERKE

In beiden Fällen sind die Kapitalgeber die Eigentümer des Unternehmens. Diese Form der Eigenkapitalerhöhung stellt für die Unternehmen langfristig (i. d. R. unbefristet) zur Verfügung gestelltes Kapital dar, wobei die Kapitalgeber keinen Anspruch auf eine feste Verzinsung haben. Sie sind je nach Unternehmensform am erwirtschafteten Gewinn bzw. Verlust beteiligt.

Das der Unternehmung auf diese Weise überlassene Kapital könnte zur Finanzierung für jegliche Investitionsentscheidung verwendet werden.

Vorteile der Einlagen- bzw. Beteiligungsfinanzierung
▪ Der Unternehmung entstehen keine Kosten in Form von Zins- und Tilgungsverpflichtungen für die Kapitalbeschaffung.
▪ Durch die Investition aufgrund der Kapitalerhöhung sollten zusätzliche Gewinne entstehen. Zu beachten ist allerdings, dass dadurch der Gewinn eine erhöhte Kapitalverzinsung darstellen sollte und durch die neuen Miteigentümer zu einer veränderten Gewinnverteilung führt (z. B. 5 % statt zuvor 4 % in Bezug auf das vom Kapitalgeber ein- bzw. angelegte Kapital).

Vorteile der Einlagen- bzw. Beteiligungsfinanzierung

- Insbesondere durch die neuen Miteigentümer wird das unternehmerische Risiko (Verlust, Haftung) neu verteilt bzw. bei einer Veränderung des Eigentumsanteils verschoben/verändert.
- Der Fremdkapitalanteil am Gesamtkapital wird verringert, wodurch sich die Kreditwürdigkeit des Unternehmens erhöht.
- Bei einem höheren Eigenkapitalanteil ist eine Unternehmung in Krisensituationen weniger anfällig, weil z. B. bei einem Umsatzrückgang weder Zins noch Tilgung gezahlt werden müssen (s. Fremdfinanzierung), demzufolge die Liquidität gewährleistet bleibt.
- Die Unternehmung sichert ihren Fortbestand bzw. ihre Wettbewerbsfähigkeit zum einen durch die Kapitalerhöhung (für Neuinvestitionen) und zum anderen ggf. durch das zusätzliche Know-how der neuen Miteigentümer (z. B. Patente und Spezialkenntnisse).

Nachteile der Einlagen- bzw. Beteiligungsfinanzierung

- Neuen Gesellschaftern bzw. Miteigentümern muss je nach Unternehmensform ein Mitspracherecht und evtl. das Recht auf Geschäftsführung eingeräumt werden.
- Eventuell muss der Gesellschaftsvertrag in Bezug auf die Gewinn-/Verlust-Verteilung geändert werden, da sich der Eigentumsanteil der einzelnen Gesellschafter bzw. Miteigentümer verändern kann.
- Falls mehr Kapital eingebracht wird als für die aktuelle Investition benötigt, besteht die Gefahr von riskanten Spekulationsgeschäften und somit der Fehlinvestition des langfristig an das Unternehmen gebundenen Kapitals.

Die Einlagen- und Beteiligungsfinanzierung ist eine Form der Eigenfinanzierung einer Unternehmung. Dem Unternehmen wird dabei stets Kapital in Form von Geld, Sachleistungen oder Rechten von außen (**= Außenfinanzierung**) zugeführt.

8.1.2.2 Kreditfinanzierung

Kreditfinanzierung bzw. Fremdfinanzierung ist die Finanzierung durch **Kredite**, die von Kreditinstituten, Banken oder anderen Gläubigern, wie Autohäuser oder Versandkaufhäuser, in Form von Geldeinheiten im Rahmen eines Kreditvertrages[1] (**= Geldkredit**) ebenso gewährt werden, wie Kredite von z. B. Lieferanten in Form von Gütern oder Dienstleistungen (**= Sachkredite**). Sachkredite werden in Form von eingeräumten Zahlungszielen gewährt.

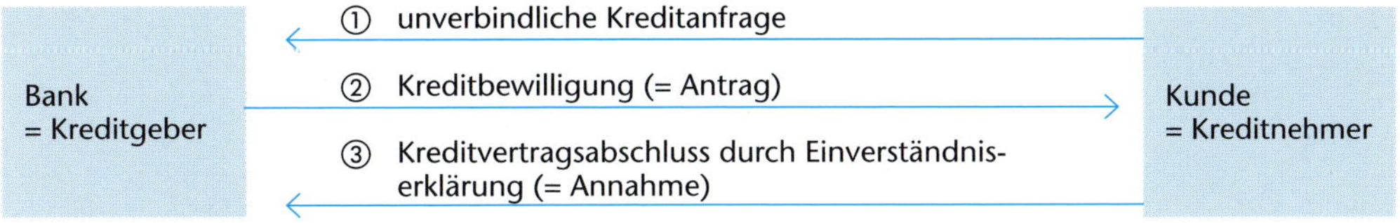

MERKE

Kredite lassen sich nach ihrer Laufzeit in kurzfristige, mittelfristige und langfristige Überlassung von Geld oder Sachen bzw. Rechten zweckfrei oder nutzungsgebunden, gegen die Zahlung von Zinsen einteilen.

---

[1] *Ein (i. d. R.) schriftlich abgeschlossener Kreditvertrag beinhaltet die Kredithöhe bzw. -grenze, evtl. den Auszahlungszeitpunkt, z. T. den Verwendungszweck, den zu zahlenden Zins und die Rückzahlungsmodalitäten sowie die Kündigungsfrist und evtl. Sicherheiten, die für die Vergabe von Krediten ausschlaggebend sein können.*

- **Kurzfristige Kredite** haben eine Laufzeit von bis zu sechs Monaten. Sie werden vornehmlich genutzt, um kurzfristige Zahlungsschwierigkeiten zu überbrücken. So beispielsweise, wenn ausstehende Forderungen eines Kunden zunächst ausbleiben oder Steuerzahlungen noch nicht erwirtschaftet wurden.
- **Mittelfristige Kredite** haben im Regelfall eine Laufzeit von sechs Monaten bis zu vier Jahren. So kann die Finanzierung eines Geschäftswagens (Pkw) mit einer Laufzeit von drei Jahren über einen mittelfristigen Kredit laufen.
- **Langfristige Kredite** haben eine Laufzeit von mehr als vier Jahren. Sie dienen vor allem der Finanzierung des (zumeist) langfristig im Unternehmen gebundenen Anlagevermögens wie Gebäude oder Fuhrpark sowie der Finanzierung des illiquiden Umlaufvermögens wie den eisernen Bestand von z. B. Treibstoffvorräten.

Die Höhe der Fremdkapitalbeschaffung sowie die Bindungsdauer des Kapitals hängen ab von der Kreditwürdigkeit bzw. Bonität des Unternehmens. Diese stehen in engem Zusammenhang mit der Größe der Eigenkapitalbasis, der wirtschaftlichen Situation des Unternehmens, den Kreditsicherungsmöglichkeiten, den Haftungsverhältnissen, der rechtlichen Regelungen wie Verpflichtung zu Rücklagenbildung und Publizitätspflicht u. v. a. m.

Die Finanzierung mit Fremdkapital ist eine Form der Fremdfinanzierung, bei der den Unternehmen stets Kapital in Form von Geld, Sachleistungen oder Rechten von außen **(= Außenfinanzierung)** zugeführt wird.

MERKE

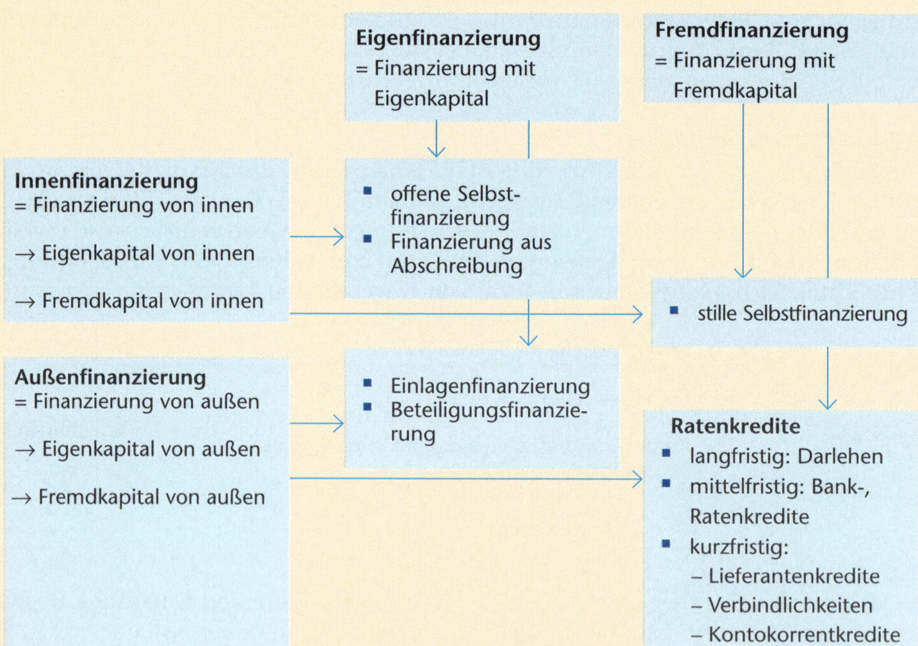

8.2 Kreditarten

Kredite können zweckgebunden oder zweckfrei, befristet oder unbefristet, in ihrer Höhe bis zu einem Höchstbetrag frei oder in der Höhe festgelegt vergeben werden.

8.2.1 Kontokorrentkredit

Beim **Kontokorrentkredit** räumen die Kreditinstitute ihren Kunden einen **laufenden** Kredit (im Privatleben: **Dispositionskredit**) ein.

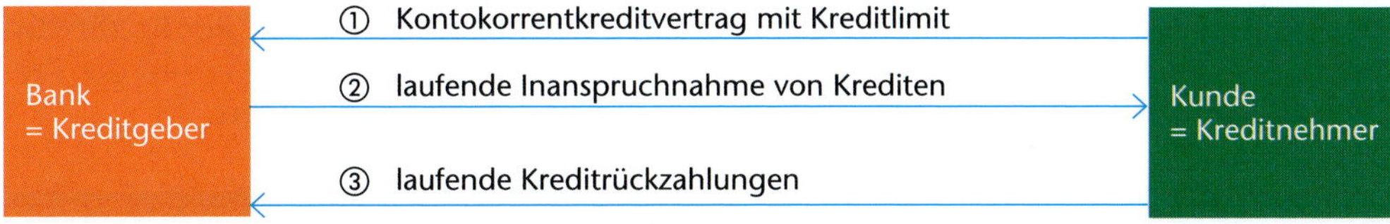

Der Kontokorrentkredit gibt dem Kunden die Möglichkeit, kurzfristig bis zu einem vereinbarten Höchstbetrag (= Kreditlimit bzw. Kreditlinie) über das Kontokorrentkonto (im Privatleben: Girokonto) im Soll zu verfügen. Die Möglichkeit einen Kontokorrentkredit in Anspruch zu nehmen, ist im Regelfall unbefristet. Der Kontokorrentkredit wird zweckfrei gewährt, obgleich er im Regelfall zur kurzfristigen Finanzierung des Umlaufvermögens Verwendung findet. Rechtlich betrachtet stellt der Kontokorrentkredit ein Darlehen dar, das in Höhe und Laufzeit laufend variiert.

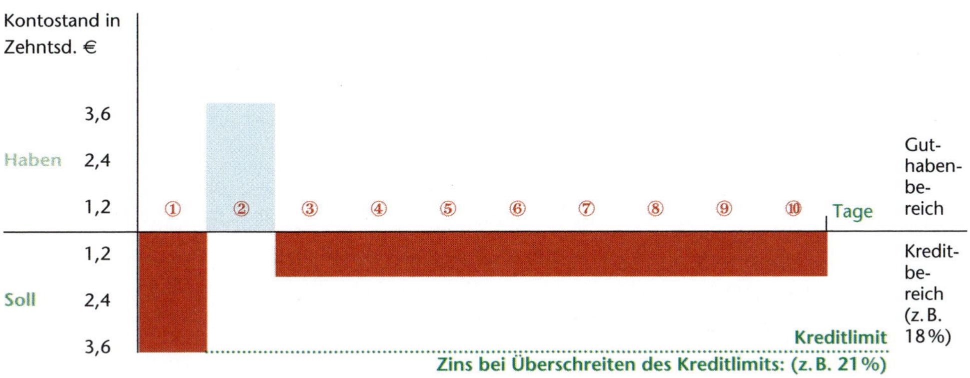

Der Kunde kann seinen Kredit laufend, entsprechend seiner Finanzierungsbedürfnisse in beliebiger Höhe (bis zum Erreichen des Kreditlimits) – zumeist kurzfristig – in Anspruch nehmen. Die Rückzahlung des Kredites erfolgt durch die Zahlungseingänge auf das Kontokorrentkonto durch eigene Einzahlungen oder den Forderungsausgleich durch die Kunden.

Am Ende einer Periode (zumeist ein Quartal, bestehend aus drei Monaten) erhält der Kunde eine genaue Aufstellung der in Anspruch genommenen Kredite in Höhe und Laufzeit des jeweilig beanspruchten Sollsaldos, die tagesgenau abgerechnet werden. Wird ein Kredit über dem Limit in Anspruch genommen, so erhöht sich der zu zahlende Zins (z. B. auf 21 %) über dem bis zum Kreditlimit vereinbarten Zinssatz (z. B. 18 %).

Für einen vereinbarten Kontokorrentzinssatz von 18 % hieße das für die Tage drei bis einschließlich zehn aus obigem Beispiel:

Beispiel

$$\text{Zinszahlung} = \frac{\text{Kreditbetrag} \cdot \text{Tage der Inanspruchnahme} \cdot \text{vereinbarter Zinssatz}}{\text{Jahr/360 Tage} \cdot 100}$$

$$= \frac{12\,000{,}00\ € \cdot 8\ \text{Tage} \cdot 18}{360\ \text{Tage} \cdot 100} = \underline{48{,}00\ €}\ \text{(für 8 Tage)}$$

LSL

Zurückzuzahlen wäre der Rückzahlungsbetrag (= Tilgung) von 12000,00 € und der Zins von 48,00 €. Pro Tag wäre eine Zinszahlung von (48,00 €/8 Tage) 6,00 € zu leisten.

Beim Kontokorrentkredit handelt es sich um einen relativ teuren Kredit, wie zum einen aus dem relativ hohen Zinssatz und zum anderen durch den Vergleich mit anderen Krediten deutlich wird. Die Höhe des Kontokorrentkredits ist abhängig von der Kreditwürdigkeit des Unternehmens (im Privatleben: von der Höhe des Einkommens und der Kreditwürdigkeit des Kreditnehmers); er wird als sog. Blankokredit verstanden.

Vorteile des Kontokorrentkredites
▪ Der Kreditnehmer kann frei über den Kontokorrentkredit verfügen, wobei sich die Höhe nach dem tatsächlichen Kreditbedarf richtet.
▪ Die Differenz zwischen dem tatsächlich in Anspruch genommenen Kredit und der Kreditlinie stellt eine Liquiditätsreserve dar.
▪ Der Kontokorrentkredit erhöht die liquiden Mittel der Unternehmung, denn – als Umsatz- und Betriebsmittelkredit eingesetzt, kann er der Finanzierung des Umlaufvermögens dienen. – durch das Ausnutzen der durch Lieferanten gewährten Skonti kann der teurere Lieferantenkredit (s. unten) vermieden werden. – er kann dem Kreditnehmer die Möglichkeit eröffnen, den eigenen Kunden Zahlungsziele einzuräumen. – er kann die Zwischenfinanzierung zwischen Einkauf von Vorprodukten und Verkauf der Endprodukte ermöglichen.
▪ Der Kontokorrentkredit kann als Vorfinanzierung einer Investition dienen oder einen Überbrückungskredit als Zwischenfinanzierung für langfristige Darlehen darstellen.
▪ Durch die Investition aufgrund der Fremdkapitalerhöhung sollten zusätzliche Gewinne entstehen. Zu beachten ist allerdings, dass der Gewinn durch die Zins- und Tilgungszahlungen geschmälert wird, sodass der zu erwartende Gewinn höher als die zu entrichtenden Zins- und Tilgungszahlungen sein sollte, damit eine Kreditaufnahme lohnenswert ist.
▪ Zinszahlungen können in Form von Betriebsausgaben steuerlich geltend gemacht werden.
▪ Für das Kreditinstitut stellt der Kontokorrentkredit eine Ertragsquelle dar, da Fremdmittel (Termin- und Sichteinlagen) kurzfristig in Form dieses Kredites vergeben werden können.

Nachteile des Kontokorrentkredites
▪ Der Unternehmung entstehen Kosten in Form von Zins- und Tilgungsverpflichtungen für die Kapitalbeschaffung, wodurch die Liquidität durch die laufenden Zahlungen an den Kreditgeber verringert wird.
▪ Das Unternehmen ist häufig abhängig von den Kapitalgebern, sofern diese die Möglichkeit haben, von außen Einfluss auf das Unternehmen zu nehmen.
▪ Die Kapitalgeber schließen eine Haftung für Verluste aus. Zudem können sie den vergebenen Kredit durch eine Sicherheitsleistung (z. B. eine Grundschuld) absichern, sodass sie im Falle der Nichtzahlung über die Nutzung der Sicherheit an ihr Geld kommen.
▪ Die Kapitalerhöhung wird durch höhere Preise finanziert, da Zins- und Tilgungszahlungen in die Angebotspreise einkalkuliert sind.
▪ Der Fremdkapitalanteil am Gesamtkapital wird erhöht, wodurch sich die Kreditwürdigkeit des Unternehmens für weitere Kredite verringert.

8.2.2 Lieferantenkredit (Sonderform)

Beim Lieferantenkredit räumt der Lieferant (= Verkäufer bzw. Exporteur) dem Kunden (= Käufer bzw. Importeur) einen kurzfristigen Waren- oder Dienstleistungskredit ein. Der Kredit entsteht durch die Gewährung eines Zahlungszieles von beispielsweise 30 Tagen. Außerdem räumt der Lieferant dem Kunden die Möglichkeit ein, bei Bezahlung innerhalb eines kürzeren Zeitraumes von z. B. acht Tagen, die Rechnung um einen Prozentsatz (= Skonto, i. d. R. 2 % – 3 %; hier: 2 %) zu kürzen.

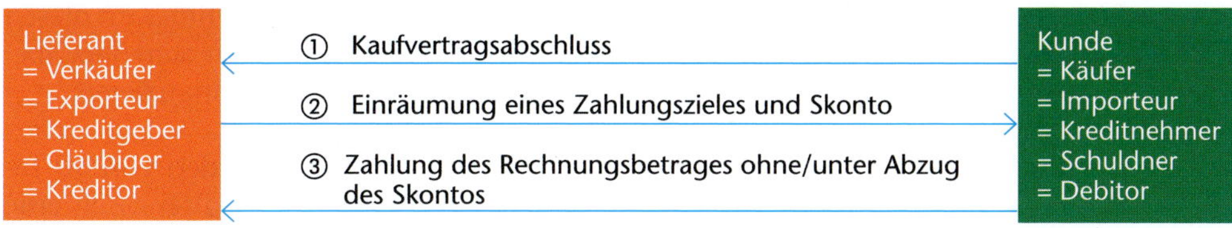

Dadurch, dass der Kunde den Skonto ausnutzt (= nicht zieht, d. h. nicht vor Ablauf der 30 Tage bezahlt), nimmt er für diesen Zeitraum einen Kredit in Anspruch, den der Lieferant als Kreditgeber zumeist über seinen Kontokorrentkredit zwischenfinanziert. Für eben diese Zeitspanne, von der Inanspruchnahme des Skontos (vom neunten Tag an) bis zum Ablauf des Zahlungszieles (im Beispiel späteste Zahlung nach 30 Tagen) muss er die vereinbarten Zinsen zahlen.

MERKE
Die hier eingeräumten 2 % beziehen sich nur auf die Skontofrist und das Zahlungsziel, nicht wie bei Zinsen üblich auf ein Jahr.

STK

Beispiel

$$\text{Jahreszins} = \frac{\text{Skontosatz} \cdot 360 \text{ Tage}}{\text{Zahlungsziel in Tagen abzgl. Skontofrist in Tagen}}$$

$$= \frac{2\,(\%) \cdot 360 \text{ Tage}}{30 \text{ Tage} - 8 \text{ Tage}} = \underline{\underline{32{,}73\,\%}} \text{ (gerundet)}$$

$$\text{Jahreszins} = \frac{\text{Kreditbetrag} \cdot \text{Tage der Inanspruchnahme} \cdot \text{Jahreszins}}{360 \text{ Tage} \cdot 100}$$

$$\text{Jahreszins} = \frac{12\,000{,}00\,€ \cdot 22 \text{ Tage} \cdot 32{,}73}{360 \text{ Tage} \cdot 100} = \underline{\underline{240{,}00\,€}} \text{ (für 22 Tage)}^{1}$$

Beispiel

Zum Vergleich mit dem Kontokorrentkredit soll der Kreditbetrag weiterhin 12 000,00 € betragen, das Zahlungsziel 16 Tage, die Skontoziehung 8 Tage:
Inanspruchnahme des Skontos: oder 2 % von 12 000,00 € = 240,00 € (für 8 Tage)

$$\text{Jahreszins} = \frac{2\,(\%) \cdot 360 \text{ Tage}}{16 \text{ Tage} - 8 \text{ Tage}} = 90\,\%$$

$$\text{Zinszahlung} = \frac{12\,000{,}00\,€ \cdot 8 \text{ Tage} \cdot 90}{360 \text{ Tage} \cdot 100} = \underline{\underline{240{,}00\,€}} \text{ (für 8 Tage)}$$

$$\text{Jahreszins} = \frac{\text{Zinszahlung} \cdot 360 \text{ Tage} \cdot 100}{\text{Kreditbetrag} \cdot (\text{Zahlungsziel} - \text{Skontofrist})}$$

$$= \frac{240 \cdot 360 \text{ Tage} \cdot 100}{12\,000{,}00 \cdot (16 - 8)} = \underline{\underline{90\,\%}}$$

Zurückzuzahlen wäre der Rückzahlungsbetrag (= Zins und Tilgung) nach 16 Tagen von 12 000,00 €. Den Zins von 240,00 € könnte der Kreditnehmer (= Käufer) bei vorzeitiger Zahlung vom Rechnungsbetrag abziehen, sodass dieser 11 760,00 € zu zahlen hätte. Wird der Skonto nicht gezogen, ergäbe sich pro Tag demnach eine Zinszahlung von 30,00 € (= 240,00 €/8 Tage).

[1] *Die 0,02 € stellen eine Rundungsdifferenz dar.*

Ziehen des Skontos und Finanzierung über den Kontokorrentkredit:
Bei Zahlung zum akuten Tag ergibt sich ein zu zahlender Betrag von 11 760,00 € (= 12 000,00 € – 240,00 €). Daraus folgt für die Finanzierung der übrigen acht Tage über den Kontokorrentkredit:

$$\text{Zinszahlung} = \frac{11\,760{,}00 \cdot 8 \text{ Tage} \cdot 18}{360 \text{ Tage} \cdot 100} = \underline{\underline{47{,}04\ €}} \text{ (für 8 Tage); (= 5,88 €/Tag)}$$

Zieht der Kreditnehmer bei seinem Lieferanten den Skonto nach acht Tagen, so zahlt er dem Lieferanten keine Zinsen. Durch das Ziehen des Skontos macht der Kreditnehmer für diesen Zeitraum also einen Zinsgewinn von 240,00 €. Er muss jedoch die übrigen acht Tage (bei einer Gesamtlaufzeit von 16 Tagen) mit dem Kontokorrentkredit zwischenfinanzieren.

LSL

Auf den Spediteur übertragen ergibt sich ein Zahlungsziel für seine Kunden von 30 Tagen **(ADSp)**[1]. Für die Abfertigung zum freien Verkehr berechnet der Spediteur z. B. eine Provision für Zollabfertigung. Sofern der Spediteur die Verzollung über sein Aufschubnehmerkonto durchgeführt hat, entstehen dort die Zoll- und Einfuhrumsatzsteuerabgaben. Diese rechnet der Spediteur an den Kunden ab. Zudem berechnet er eine Vorlagegebühr auf Zoll und EUSt von beispielsweise 2 %. Dieses Vorgehen könnte z. B. auch bei einer verauslagten Seefracht angewandt werden. Häufig räumt er seinen Kunden ein, die Vorlagegebühr von der Rechnung abzuziehen, wenn die Rechnung innerhalb von zwei Tagen bezahlt wird. Der Spediteur verzichtet damit auf die Zwischenfinanzierung. Das Zahlenbeispiel ließe sich somit übertragen:

Beispiel

Zoll- und Einfuhrumsatzsteuer oder Seefracht:	12 000,00 €
2 % Vorlagegebühr von 12 000,00 €:	240,00 €
[(2 · 12 000,00 €) / 100]	= 12 240,00 €

Sollte die Vorlageprovision nicht abgezogen werden, die Zahlung also erst nach 30 Tagen erfolgen, so müsste der Kunde als Zins die 240,00 € tragen (Rechnungsbetrag: 12 240,00 €). Beim Lieferantenkredit handelt es sich um einen relativ teuren Kredit wie bereits aus dem Jahreszins deutlich wird. Die Inanspruchnahme erfolgt i. d. R. nur, wenn der Kreditnehmer seine Liquidität für den Zeitraum der Kreditgewähung erhöhen will.

Vorteile des Lieferantenkredites

- Für den Lieferanten ist der Lieferantenkredit ein Mittel der Absatzförderung, da er seinem Kunden eine Liquiditätsreserve durch Einräumung eines Zahlungszieles inklusive Skontofrist verschafft.
- Die Inanspruchnahme des Kredites stellt für den Kreditnehmer bzw. den Käufer eine Liquiditätsreserve dar.
- Der Lieferantenkredit erhöht die liquiden Mittel des Käufers, denn als Umsatz- und Betriebsmittelkredit eingesetzt, kann er der Finanzierung des eigenen Umlaufvermögens dienen, denn er verhindert, dass eigene Mittel (evtl. ein Bankkredit) eingesetzt werden müssen. Dies unter der Voraussetzung, dass die eigene Ware oder Dienstleistung innerhalb des vom Lieferanten eingeräumten Zahlungszieles weiterverkauft wird.

[1] *Allerdings ist es den Kunden eines Spediteurs nicht gestattet, einen Skonto zu ziehen.*

Vorteile des Lieferantenkredites

- In der Regel findet aufgrund der bestehenden Geschäftsbeziehungen keine Bonitätsprüfung statt – es wird ein Kredit ohne Sicherheit vergeben, es sei denn, eine Form des Eigentumsvorbehaltes wurde vereinbart.
- Der ohne große Formalitäten eingeräumte Kredit richtet sich weniger nach den Sicherheiten als vielmehr nach den zukünftigen Ertragsmöglichkeiten durch weitere Geschäfte mit dem Kreditnehmer, d. h. nach dem künftig zu erwartenden Absatz, ein Service dem Kunden gegenüber.

Nachteile des Lieferantenkredites

- Der Lieferantenkredit ist für den Kreditnehmer ein relativ teurer Kredit (z. B. im Vergleich zum Kontokorrentkredit); der Kreditgeber (Lieferant) muss den gewährten Kredit zwischenfinanzieren.
- Das Gewähren des Lieferantenkredites ist abhängig von der Machtposition der beiden Beteiligten.
- Die Kreditgeber schließen eine Haftung für Verluste aus. Zudem sichern sie den vergebenen Kredit durch eine Sicherheitsleistung z. B. in Form eines Eigentumsorbehaltes ab, sodass sie im Falle der Nichtzahlung über die Sicherheit an ihr Geld kommen (Nachteil des Kreditnehmers).

8.2.3 Ratenkredit

Durch einen Ratenkredit räumen die Kreditinstitute ihren Kunden einen Kredit mit einem feststehenden Kreditbetrag und einer festgelegten Laufzeit für einen bestimmten Zweck ein.

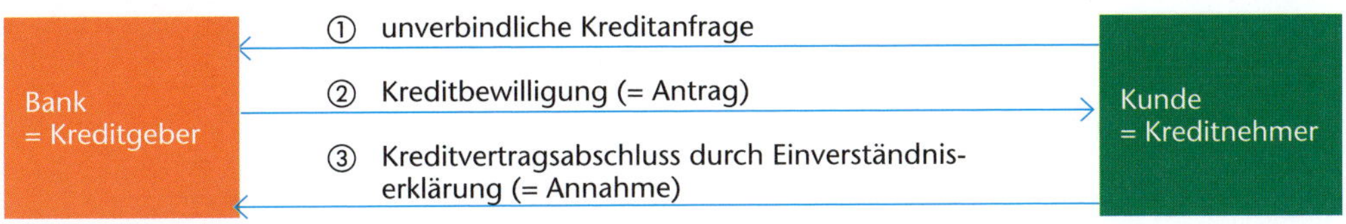

Das **Darlehen** als vornehmlich mittel- oder langfristiger Kredit gibt dem Kunden die Möglichkeit, mittel- oder langfristig an das Unternehmen gebundenes Vermögen anzuschaffen. Die Rückzahlung erfolgt in Raten innerhalb der festgelegten Laufzeit, im Rahmen eines zuvor festgelegten Tilgungsplans. Dabei beinhaltet jede Rate zum einen Tilgungs- und zum anderen Zinszahlungen.

Laufzeitzinsdarlehen

Ratenkredite (Laufzeitzinsdarlehen) mit einer Laufzeit zwischen sechs und 72 Monaten werden Unternehmen sowie Privatpersonen für die Anschaffung von Gebrauchsgütern wie Pkw u. a. gewährt. Die monatlich festen Raten beinhalten neben dem jeweiligen Rückzahlungsbetrag (= Tilgung) und dem vereinbarten Zins, eine meist zweiprozentige Provision vom Kreditbetrag als Bearbeitungsgebühr.
Für einen vereinbarten (nominalen) Zinssatz von 8 % pro Jahr hieße das für eine 36-monatige Laufzeit eines Kredites für 12 000,00 €:

Beispiel

benötigter Kreditbetrag (= Nettokredit hier gleich Auszahlungsbetrag)	12 000,00 €
+ Bearbeitungsgebühr (= Provision in Höhe von 2 % vom Kreditbetrag)	240,00 €
+ (Nominal-) Zins von 0,$\overline{666}$ % pro Monat (jeweils auf den Anfangskreditbetrag) bei einer Laufzeit von 36 Monaten (= 80,00 € im Monat)	2 880,00 €
= Gesamtkredit (= Gesamtrückzahlungsbetrag) für 3 Jahre (= 36 Monate)	15 120,00 €
Monatliche Rate (15 120,00 € : 36 Monate)	420,00 €

Um den Kredit zu tilgen, müssten im vorliegenden Beispiel (siehe oben) monatlich 420,00 € an die Bank gezahlt werden.

Exkurs:

Die Kreditkosten, zusammengesetzt aus einer evtl. Bearbeitungsgebühr, dem Zins und ggf. einer Restschuldversicherung, werden für die gesamte Laufzeit des Kredits im Voraus berechnet.
Die Bearbeitungsgebühr wird (einmalig) auf den Kreditbetrag erhoben.

$$\text{Bearbeitungsgebühr: } \frac{\textit{Kreditbetrag * Provisionssatz in \%}}{100\,\%} = \frac{\textit{12 000,00 € * 2 \%}}{100} = \underline{\underline{240{,}00\ €}}$$

Der Nominalzins ist ein Zinssatz der (insbesondere bei Krediten an Verbraucher) pro Monat gerechnet wird. Der Nominalzins wird über die gesamte Laufzeit stets vom Anfangskredit erhoben. (Ein in Jahren angegebener Zins wäre auf den jeweils tatsächlich in Anspruch genommenen Kredit zu berechnen.)

$$\text{Zinsen (nominal): } \frac{\textit{Kreditbetrag * Zins pro Monat in \% * Anzahl der Monate}}{100}$$

$$\frac{\text{12 000,00 € * 0,6 \% * 36 Monate}}{100} = \underline{\underline{2\,880{,}00\ €}}$$

Die im Voraus auf die gesamte Laufzeit ermittelten Kreditkosten ergeben in der Summe mit dem Kreditbetrag den Gesamtkreditbetrag.

Bei der Ermittlung der Raten ist der Gesamtkreditbetrag (= Gesamtrückzahlungsbetrag) durch die Gesamtlaufzeit (in Monaten) zu teilen.

$$\text{Monatsrate: } \frac{\text{Gesamtrückzahlungen}}{\text{Laufzeit (in Monaten)}} = \frac{2\,880{,}00\ €}{\text{36 Monate}} = \underline{\underline{420{,}00\ €/\text{Monat}}}$$

In der Praxis werden die monatlichen Raten allerdings (i. d. R.) auf volle Euro, zumeist auf volle 5,00 € oder 10,00 €, gerundet – im vorherigen Beispiel nicht notwendig.

- Für den Fall, dass die Monatsrate abgerundet wird, ergibt sich für die letzte Rate eine höhere Ausgleichsrate:

benötigter Kreditbetrag (= Nettokredit bzw. Auszahlungsbetrag)	52 000,00 €
+ Bearbeitungsgebühr (= Provision in Höhe von 2 % vom Kreditbetrag)	1 040,00 €
+ (Nominal-) Zins von 0,38 % pro Monat (jeweils auf den Anfangskreditbetrag) bei einer Laufzeit von 36 Monaten	7 113,60 €
= Gesamtkredit (= Gesamtrückzahlungsbetrag) für 3 Jahre (= 36 Monate)	60 153,60 €

Die monatliche Rate (60 153,60 € : 36 Monate) läge bei 1 670,93 €/Monat. **Auf volle 5,00 € abgerundet**, ergäbe sich eine monatliche Rate für Monat 1 bis einschließlich Monat 35 in Höhe von 1 670,00 € pro Monat (= 35 Monate je 1 670,00 = 58 450,00 €). Als **letzte Rate** im Monat 36 ergäben sich (60 153,60 € – 58 450,00 € =) 1 703,60 €.

- Für den Fall, dass die Monatsrate aufgerundet wird, ergibt sich für die erste Rate eine niedrigere Ausgleichsrate:

benötigter Kreditbetrag (= Nettokredit- bzw. Auszahlungsbetrag)	52 000,00 €
+ Bearbeitungsgebühr (= Provision in Höhe von 2 % vom Kreditbetrag)	1 040,00 €

+ (Nominal-)Zins von 0,38 % pro Monat (jeweils auf den Anfangskreditbetrag) bei einer Laufzeit von 36 Monaten	7 113,60 €
= Gesamtkredit (= Gesamtrückzahlungsbetrag) für 3 Jahre (= 36 Monate)	60 153,60 €

Die monatliche Rate (60 153,60 €: 36 Monate) läge bei 1 670,93 €/Monat. **Auf volle 5,00 € aufgerundet**, ergäbe sich eine monatliche Rate für Monat 2 bis einschließlich Monat 36 in Höhe von 1 675,00 € pro Monat (= 35 Monate je 1 675,00 = 58 625,00 €). Als **erste Rate** im Monat 36 ergäben sich (60 153,60 € – 58 625,00 € =) 1 528,60 €.

Da neben dem vereinbarten (nominalen) Zinssatz zusätzlich eine Bearbeitungsgebühr verlangt wird, erhöhen sich die Kreditkosten.

MERKE
Bei der Effektivverzinsung werden die tatsächlichen Kreditkosten pro Jahr (p. a./per anno) angegeben. Die Effektivverzinsung berücksichtigt sämtliche Kreditkosten.

Die Nominalzinsen werden stets auf den Anfangskredit berechnet, obgleich der effektive Kreditbetrag (Nettokredit bzw. Auszahlungsbetrag) sich durch die Ratenzahlung pro Monat verringert. Daraus folgt, dass sich der zu finanzierende Kreditbetrag durch die Rückzahlungen tatsächlich in jedem Monat verringert (vgl. Annuität).

Beispiel[2]

$$\text{Effektivverzinsung (P)} = \frac{\text{Kreditkosten in €} \cdot 100 \cdot 12 \text{ (Monate)}}{\text{Nettokredit in €} \cdot \text{(Laufzeit (in Monaten))}} = \frac{(2\,880{,}00 + 240{,}00) \cdot 100 \cdot 12}{12\,000{,}00 \cdot 18{,}5}$$
$$= \underline{16{,}864864\,\%\text{ pro Jahr}}$$

Exkurs:
Die Effektivverzinsung ist für die Beurteilung eines Kredites maßgeblich, weil sämtliche Kreditkosten, bestehend aus Zins, ggf. Bearbeitungsgebühr und Restschuldversicherung, ebenso berücksichtigt werden wie die damit verbundene tatsächliche Kredithöhe und die tatsächliche Kreditlaufzeit.
Zur Ermittlung der durchschnittlichen Laufzeit dient folgende Formel:

$$\varnothing\text{ Laufzeit} = \frac{\text{längste Laufzeit (in Monaten)} + \text{kürzeste Laufzeit (in Monaten)}}{2} = \frac{36+1}{2} = \frac{37}{2}$$
$$= \underline{18{,}5\text{ Monate}}$$

Grundsätzlich (und für das vorliegende Beispiel) lässt sich ein Vergleich zwischen Kontokorrent-, Lieferanten- und Bankkredit nur bedingt anführen, da diese Kredite für unterschiedliche Laufzeiten gewährt werden. Im Unterschied zum Lieferanten- bzw. Kontokorrentkredit handelt es sich bei dem Bankkredit um einen relativ günstigen Kredit, wie aus dem relativ niedrigen Zinssatz deutlich wird. Der Kreditnehmer ist jedoch durch den

---

[1] *Mögliche Anlaufzinsen sowie die Laufzeitberechnung an sich sollen an dieser Stelle vernachlässigt werden. Obgleich aufgrund der unterschiedlichen Laufzeiten in der Praxis nicht umsetzbar, könnte für den Vergleich mit dem Lieferanten- bzw. Kontokorrentkredit der jährlich zu entrichtende Zins auf einen Tag umgerechnet werden (stark vereinfachte Darstellung):*

$$\text{Zinszahlung (pro Tag)} = \frac{\text{Auszahlungsbetrag} \cdot \text{effektiver Jahreszins}}{360 \cdot 100} = \frac{12\,000{,}00 \cdot 16{,}864864}{360 \cdot 100}$$
$$= 5{,}621621622 = \underline{5{,}62\text{ €/Tag}}$$

[2] *Abweichungen bei der Ermittlung der Effektivverzinsung sind durch andere finanzmathematische (genauere) Rechenmethoden möglich.*

Abschluss des Kreditvertrages i. d. R. für einen längeren Zeitraum (sechs bis 72 Monate i. d. R.) zur Zahlung verpflichtet und muss für den zumeist zweckgebundenen Kredit i. d. R. eine Sicherheit leisten, um den Kredit zu erhalten.

Darlehen

Darlehen an Unternehmen oder Privatpersonen sind langfristige Kredite (im Regelfall ab 73 Monaten) zur Finanzierung von langfristigem Anlagevermögen wie Gebäude und Grundstücke, die durch Grundpfandrechte wie eine Hypothek (= Hypothekendarlehen) oder eine Grundschuld abgesichert werden. Sie werden als **Realkredite** bezeichnet, weil die Absicherung der Kredites über ein unmittelbares Zugriffsrecht auf eine Sache erfolgt (siehe dort).

STK

Die in einem Tilgungsplan festgelegten, monatlich festen Raten beinhalten i. d. R. neben dem jeweiligen Rückzahlungsbetrag (= Tilgung) den vereinbarten Zins.

Der **Realkredit** wird unterschieden nach der:

- **Zinsbindung**
  - *Darlehen mit Festzins*
    Der Zinssatz ist für einen bestimmten Zeitraum festgeschrieben (z. B. 10 Jahre). Danach wird der Zinssatz für einen weiteren Zeitraum ausgehandelt.
  - *Darlehen ohne Festzins*
    Der Zinssatz wird dem ständig aktuellen, marktüblichen Zinssatz angepasst, der Zinssatz ist während der Laufzeit des gewährten Darlehens variabel.
- **Rückzahlung**
  - *Annuitätendarlehen*
    Die Annuität (= Zahlung für Zins und Tilgung) ist für die vereinbarte Laufzeit (hier 15 Jahre mit einem Zinssatz pro Jahr)[1] konstant. Dabei wird ein anfänglicher Tilgungssatz vereinbart. Der Anteil der Tilgung steigt von Monat zu Monat (beachte, dass wie beim Bankkredit auch beim Darlehen monatliche Raten bezahlt werden und insofern Zins und Tilgung auch pro Monat geleistet werden – Rechenweg: siehe unter Bankkredit), da am Ende eines jeden Monats bereits ein Teil des Darlehensbetrages getilgt wird. Dementsprechend wird der Anteil der monatlich zu entrichtenden Zinszahlungen kleiner. In der Summe lassen sich die monatlichen Zinsen und die Tilgung pro Jahr zusammenfassen. Wie im folgenden Beispiel ersichtlich, werden vom jeweiligen Restbetrag des Darlehens 0,5 % pro Monat (bei einem angenommenen Jahreszins von 6 % p. a.) Zinsen ermittelt, der Differenzbetrag zur Annuität ergibt die Tilgung (die im Beispiel mit anfänglich 1 % pro Jahr angenommen wird [Tilgungsverrechnung]). Die Annuität wird am Ende eines Monats vom verbleibenden Darlehensbetrag abgezogen.

$$\text{Zins} = \frac{\text{Darlehensbetrag in €} \cdot \text{Zinssatz pro Monat}}{100} = \frac{120\,000{,}00 \cdot 0{,}5}{100} = \underline{600{,}00\text{ € im 1. Monat}}$$

$$\text{Tilgung} = \frac{\text{Tilgungssatz pro Monat} \cdot \text{Darlehensbetrag}}{100} = \frac{\frac{1}{12} \cdot 120\,000{,}00\text{ €}}{100} = \underline{100{,}00\text{ € im 1. Monat}}$$

ergibt Annuität (1. Monat) = Zins + Tilgung = 600,00 € + 100,00 € = <u>700,00 € im 1. Monat</u>

$$\text{Zins} = \frac{\text{Darlehensbetrag in €} \cdot \text{Zinssatz pro Monat}}{100} = \frac{119\,900{,}00 \cdot 0{,}5}{100} = \underline{599{,}50\text{ € im 2. Monat}}$$

---

[1] *Darlehen werden i. d. R. für eine bestimmte Laufzeit vereinbart, auch wenn der Darlehensbetrag danach noch nicht vollständig getilgt ist. Nach Ablauf der Laufzeit werden die Modalitäten (wie Zinssatz) für den noch ausstehenden Betrag neu ausgehandelt.*

Tilgung = Annuität – Zins = 700,00 € – 599,50 € = 100,50 € im 2. Monat
ergibt Annuität (2. Monat) = Zins + Tilgung = 599,50 € + 100,50 € = 700,00 € im 2. Monat

Jahr	Monat	Restdarlehen	monatl. Zinsen (6% p.a. = 0,5% im Monat	monatl. Tilgung (anfänglich 1% p.a. = ein Zwölftel pro Monat)	jahrliche Tilgung (aufsummiert)	Annuität
1	Januar	120 000,00 €	600,00 €	100,00 €		700,00 €
1	Februar	119 900,00 €	599,50 €	100,50 €		700,00 €
1	März	119 799,50 €	599,00 €	101,00 €		700,00 €
1	April	119 698,50 €	598,49 €	101,51 €		700,00 €
1	Mai	119 596,99 €	597,98 €	102,02 €		700,00 €
1	Juni	119 494,97 €	597,47 €	102,53 €		700,00 €
1	Juli	119 392,45 €	596,96 €	103,04 €		700,00 €
1	August	119 289,41 €	596,45 €	103,55 €		700,00 €
1	September	119 185,86 €	595,93 €	104,07 €		700,00 €
1	Oktober	119 081,79 €	595,41 €	104,59 €		700,00 €
1	November	118 977,20 €	594,89 €	105,11 €		700,00 €
1	Dezember	118 872,08 €	594,36 €	105,64 €	1 233,56 €	700,00 €
2	Januar	118 766,44 €	593,83 €	106,17 €		700,00 €
2	Februar	118 660,28 €	593,30 €	106,70 €		700,00 €
2	März	118 553,58 €	592,77 €	107,23 €		700,00 €
2	...	...	...	...	1 309,64 €	...
3	...	...	...	...	1 390,41 €	...
4	...	...	...	...	1 476,17 €	...
...	...	...	...	...	...	...
32	Dezember	12 755,53 €	63,78 €	636,22 €	7 887,40 €	700,00 €
33	Januar	4 231,91 €	21,16 €	678,84 €		700,00 €
...	...	...	...	...	...	...
33	Juni	803,60 €	4,02 €	695,98 €		700,00 €
33	Juli	107,61 €	0,54 €	107,61 €		108,15 €

Die monatliche Rate beträgt im gegebenen Beispiel 700,00 € (Annuität zusammengesetzt aus 600,00 € Zinszahlung und 100,00 € Tilgung im ersten Monat bzw. 599,50 € und 100,50 € im zweiten Monat usw.). Dieses Annuitätendarlehen wäre nach 33 Jahren und 6 Monaten bei einer Annuität von 700,00 € (in diesem Monat 4,02 € Zins und 695,98 € Tilgung) und einer Restannuität im siebten Monat in Höhe von 108,15 € (zusammengesetzt aus 0,54 € Zinszahlung und 107,61 € Tilgung = Restschuld) abbezahlt. Nach insgesamt 32 Jahren und sieben Monaten werden in der Summe 153 108,15 € an Zinsen fällig mit einem anfänglichen Effektivzins (siehe dort) von 6,17 %.[1]

– *Abzahlungsdarlehen*
  Beim Abzahlungsdarlehen wird eine feste Tilgung (= gleichbleibende Tilgungsraten; im Beispiel jeweils 1 % von der Darlehenssumme) sowie ein Zinssatz (im Beispiel 6 % p.a.) vereinbart. Die Zinsen verringern sich, da die Zinsen auf die jeweils verbleibende Restschuld berechnet werden. Damit verändert sich die Annuität laufend, da die Zinsen auf die sich laufend verringernde Darlehenssumme berechnet werden. Die Zinszahlungen werden geringer, der Tilgungsanteil bleibt konstant. Dies führt zu einer fortwährenden Verringerung der Annuität.

$$\text{Zins} = \frac{\text{Darlehensbetrag in €} \cdot \text{Zinssatz pro Monat}}{100} = \frac{120\,000{,}00 \cdot 0{,}5}{100} = \underline{600{,}00\text{ € im 1. Monat}}$$

$$\text{Tilgung} = \frac{\text{Tilgungssatz pro Monat} \cdot \text{Darlehensbetrag}}{100} = \frac{\frac{1}{12} \cdot 120\,000{,}00\text{ €}}{100} = \underline{100{,}00\text{ € im 1. Monat}}$$

ergibt Annuität (1. Monat) = Zins + Tilgung = 600,00 € + 100,00 € = <u>700,00 € im 1. Monat</u>

$$\text{Zins} = \frac{\text{Darlehensbetrag in €} \cdot \text{Zinssatz pro Monat}}{100} = \frac{119\,900{,}00 \cdot 0{,}5}{100} = \underline{599{,}50\text{ € im 2. Monat}}$$

$$\text{Tilgung} = \frac{\text{Tilgungssatz pro Monat} \cdot \text{Darlehensbetrag}}{100} = \frac{\frac{1}{12} \cdot 120\,000{,}00\text{ €}}{100} = \underline{100{,}00\text{ € im 2. Monat}}$$

ergibt Annuität (2. Monat) = Zins + Tilgung = 599,50 € + 100,00 € = <u>699,50 € im 2. Monat</u>

Jahr	Monat	Restdarlehen	monatl. Zinsen (6% p.a. = 0,5% im Monat	monatl. Tilgung (1% p.a. = ein Zwölftel pro Monat)	jährliche Tilgung (aufsummiert)	Annuität
1	Januar	120 000,00 €	600,00 €	100,00 €		700,00 €
1	Februar	119 900,00 €	599,50 €	100,00 €		699,50 €
1	März	119 800,00 €	599,00 €	100,00 €		699,00 €
1	April	119 700,00 €	598,50 €	100,00 €		698,50 €
1	Mai	119 600,00 €	598,00 €	100,00 €		698,00 €
1	Juni	119 500,00 €	597,50 €	100,00 €		697,50 €
1	Juli	119 400,00 €	597,00 €	100,00 €		697,00 €
1	August	119 300,00 €	596,50 €	100,00 €		696,50 €
1	September	119 200,00 €	596,00 €	100,00 €		696,00 €
1	Oktober	119 100,00 €	595,50 €	100,00 €		695,50 €
1	November	119 000,00 €	595,00 €	100,00 €		695,00 €
1	Dezember	118 900,00 €	594,50 €	100,00 €	1 200,00 €	694,50 €
2	Januar	118 800,00 €	594,00 €	100,00 €		694,00 €
2	Februar	118 700,00 €	593,50 €	100,00 €		693,50 €
2	März	118 600,00 €	593,00 €	100,00 €		693,00 €
2	...	...	...		1 200,00 €	
3	...	...	...	...	1 200,00 €	
4	...	...	...	...	1 200,00 €	
...	...	...	...	...	...	
98	Dezember	1 300,00 €		100,00 €	1 200,00 €	106,50 €
99	Januar	1 200,00 €		100,00 €		106,00 €
...	...	...	...	...	...	
99	Dezember	100,00 €	0,50 €	100,00 €		100,50 €
100	Januar	0,00 €	0,00 €			0,00 €

Die monatliche Tilgung ist mit 100,00 € konstant. Der zu zahlende Zins verringert sich monatlich, beginnend mit 600,00 €, im Beispiel um 0,50 € pro Monat. Damit variiert auch die Annuität monatlich um 0,50 €, ausgehend von 700,00 € im ersten Monat. Das Abzahlungsdarlehen, das in der Immobilienfinanzierung nicht üblich ist, wäre nach 100 Jahren Laufzeit mit einer Restannuität im (hier) Dezember des Jahres 99 in Höhe von 100,50 € (zusammengesetzt aus 0,50 € Zinszahlung und 100,00 € Tilgung = Restschuld) abbezahlt. Nach insgesamt 100 Jahren werden in der Summe 360 300,00 € an Zinsen fällig.

– *Festdarlehen*
Die Annuität besteht lediglich aus dem Zins. D.h., es wird regelmäßig ein Zins bezahlt, die Tilgung erfolgt einmalig am Ende der vereinbarten Laufzeit des Darlehens (= endfälliges Darlehen).

$$\text{Zins} = \frac{\text{Darlehensbetrag in €} \cdot \text{Zinssatz pro Monat}}{100} = \frac{120\,000{,}00 \cdot 0{,}5}{100} = \underline{600{,}00 \text{ € im 1. Monat}}$$

Tilgung = <u>0,00 € im 1. Monat</u>

ergibt Annuität (1. Monat) = Zins + Tilgung = 600,00 € + 0,00 € = <u>600,00 € im 1. Monat</u>

$$\text{Zins} = \frac{\text{Darlehensbetrag in €} \cdot \text{Zinssatz pro Monat}}{100} = \frac{120\,000{,}00 \cdot 0{,}5}{100} = \underline{600{,}00 \text{ € im 2. Monat}}$$

Tilgung = <u>0,00 € im 2. Monat</u>

ergibt Annuität (2. Monat) = Zins + Tilgung = 599,50 € + 100,00 € = <u>600,00 € im 2. Monat</u>

Jahr	Monat	Restdarlehen	monatl. Zinsen (6% p.a. = 0,5% im Monat	monatl. Tilgung (= Null, da Darlehensbetrag am Ende der Laufzeit gezahlt wird)	jahrliche Tilgung (aufsummiert)	Annuität
1	Januar	120 000,00 €	600,00 €	0,00 €		600,00 €
1	Februar	120 000,00 €	600,00 €	0,00 €		600,00 €
1	März	120 000,00 €	600,00 €	0,00 €		600,00 €
1	April	120 000,00 €	600,00 €	0,00 €		600,00 €
1	Mai	120 000,00 €	600,00 €	0,00 €		600,00 €
1	Juni	120 000,00 €	600,00 €	0,00 €		600,00 €
1	Juli	120 000,00 €	600,00 €	0,00 €		600,00 €
1	August	120 000,00 €	600,00 €	0,00 €		600,00 €
1	September	120 000,00 €	600,00 €	0,00 €		600,00 €
1	Oktober	120 000,00 €	600,00 €	0,00 €		600,00 €
1	November	120 000,00 €	600,00 €	0,00 €		600,00 €
1	Dezember	120 000,00 €	600,00 €	0,00 €	0,00 €	600,00 €
2	Januar	120 000,00 €	600,00 €	0,00 €		600,00 €
2	Februar	120 000,00 €	600,00 €	0,00 €		600,00 €
2	März	120 000,00 €	600,00 €	0,00 €		600,00 €
2	...	...	...		0,00 €	
3	...	...	...	...	0,00 €	
4	...	...	...	...	0,00 €	
...	...	...	...	...	...	
11	Dezember	120 000,00 €		0,00 €	0,00 €	600,00 €
12	Januar	120 000,00 €		0,00 €		600,00 €
...	...	...	...	...	...	
12	Dezember	120 000,00 €	600,00 €	120 000,00 €		120 600,00 €
13	Januar	0,00 €	0,00 €			0,00 €

Eine monatliche Tilgung entfällt. Der zu zahlende Zins bleibt mit monatlich 600,00 € während der gesamten Laufzeit ebenso konstant wie die Annuität (0,00 € + 600,00 € = 600,00 €). Das Festdarlehen ist nach der vereinbarten Laufzeit mit einer Restannuität im (hier) Dezember des zwölften Jahres in Höhe von 120.600,00 € (zusammengesetzt aus 600,00 € Zinszahlung und 120 000,00 € Tilgung = Einmalzahlung der Restschuld) abbezahlt. Nach insgesamt 12 Jahren werden in der Summe 86 400,00 € an Zinsen fällig.

Aufgrund der langen Laufzeit und der Verwendung eines Darlehens ist es nicht mit dem kurz- oder mittelfristigen Bank- oder dem Kontokorrentkredit zu vergleichen.[1]

Die tatsächlichen Kosten eines Darlehens können durch eine Bearbeitungsgebühr, Darlehensbereitstellungsprovision und einen Disagio erhöht werden. Dementsprechend ist zu unterscheiden zwischen:

- dem **Nominalzinssatz**, d.h. dem auf den Darlehensbetrag bezogenen Zinssatz; für obiges Beispiel des Annuitätendarlehens: 6 % für 120 000,00 €
- dem **Disagio**, einem Abschlag, der von dem Darlehensbetrag bei der Auszahlung abgezogen wird, um beispielsweise eine Bearbeitungsgebühr oder einen geringeren Nominalzinssatz abzudecken;
  für obiges Beispiel: ein angenommener Betrag von 10 000,00 €, der also nicht zur Finanzierung genutzt werden könnte.
- dem **effektiven Zinssatz**, d.h. dem Zinssatz, der tatsächlich zu zahlen ist. Dieser setzt sich aus den tatsächlich anfallenden Kreditkosten wie Zins, Bearbeitungsgebühr und ggf. einer Restschuldversicherung zusammen (vgl. Effektivverzinsung).

Vorteile der Fremdfinanzierung (Ratenkredite)
▪ Die Fremdfinanzierung ermöglicht in Abhängigkeit von der Kreditwürdigkeit eine Investition, die wegen fehlenden Eigenkapitals nicht erfolgen könnte.
▪ Die Kapitalgeber werden nicht an der Geschäftsführung beteiligt, wenngleich eine Einflussnahme als Bedingung für den Kredit möglich ist.
▪ Durch die Investition aufgrund der Fremdkapitalerhöhung sollten zusätzliche Gewinne entstehen. Zu beachten ist allerdings, dass der Gewinn durch die Zins- und Tilgungszahlungen geschmälert wird, sodass der zu erwartende Gewinn höher als der zu entrichtende Zins sein sollte. Zudem wird hieraus die Eigenkapitalrentabilität erhöht (umgekehrt wäre dies ein Nachteil).
▪ Zinszahlungen können in Form von Betriebsausgaben steuerlich geltend gemacht werden.
▪ Die Gefahr riskanter Spekulationsgeschäfte bzw. Fehlinvestitionen ist geringer, da Fremdkapital i.d.R. an eine Investition zweckgebunden vergeben wird.
▪ Es handelt sich um einen relativ günstigen Kredit.

Nachteile der Fremdfinanzierung (Ratenkredite)
▪ Der Unternehmung entstehen Kosten in Form von Zins- und Tilgungsverpflichtungen für die Kapitalbeschaffung, wodurch die Liquidität durch die laufenden Zahlungen verringert wird.
▪ Das Unternehmen ist häufig abhängig von den Kapitalgebern, sofern diese die Möglichkeit haben, von außen Einfluss auf das Unternehmen zu nehmen, indem sie die Einflussnahme als Bedingung zur Kreditvergabe fordern. Insbesondere von Banken ausgegebene Kredite sind zumeist zweckgebunden und teilweise mit bestimmten (das Unternehmen einschränkenden) Auflagen verbunden.
▪ Die Kapitalgeber schließen eine Haftung für Verluste aus. Zudem sichern sie den vergebenen Kredit durch eine Sicherheitsleistung ab, sodass sie im Falle der Nichtzahlung über die Sicherheit an ihr Geld kommen.
▪ Die Kapitalerhöhung wird durch höhere Preise finanziert, da Zins- und Tilgungszahlungen in die Angebotspreise einkalkuliert sind und von den Kunden – und letztlich vom Endverbraucher – zu tragen sind.
▪ Der Fremdkapitalanteil am Gesamtkapital wird erhöht, wodurch sich die Kreditwürdigkeit des Unternehmens – für einen neuen, folgenden Kredit – verringert, da sich der Kreditnehmer mittel- oder langfristig zur Tilgung eines Kredites verpflichtet.

[1] *Wegen des geringeren Zinssatzes ist das Darlehen jedoch günstiger als die zuvor angeführten.*

MERKE
Um einen Kredit zu erhalten, muss ein Unternehmen oder eine Privatperson i. d. R. Sicherheiten leisten, damit der Kreditgeber bei Nichtzahlung oder verspäteter Zahlung darauf zurückgreifen kann. Dadurch stellt das Kreditinstitut sicher, u. a. die Kreditsumme zurückzuerhalten.

8.2.4 Kreditsicherungen

Die Sicherheiten, die ein Kreditinstitut verlangt, richten sich nach der Art des Kredites. So können kurz- und mittelfristige Kredite u. a. durch die Kreditwürdigkeit der Person, Bürgschaft, Sicherungsabtretung, Diskontierung und Akzept sowie durch die Verpfändung, Sicherungsübereignung und Dokumentenbevorschussung abgesichert werden. Langfristige Darlehen wie der Kauf eines Grundstückes oder der Bau eines Lagerhauses werden durch Grundpfandrechte wie eine Hypothek oder eine Grundschuld abgesichert.

Kreditsicherung

Persönliche Sicherheiten:
- Kreditwürdigkeit der Person
- Bürgschaft
- Zession
- Diskontierung

Dingliche Sicherheiten:
- Eigentumsvorbehalt (s. dort)
- Pfandrecht
- Sicherungsübereignung
- Dokumentenbevorschussung
- Grundpfandrechte

Persönliche Sicherheiten
Als persönliche Sicherheit haftet der Kreditnehmer oder mindestens eine weitere Person persönlich für die Erfüllung des Kreditvertrages.

Kreditwürdigkeit der Person
Die in der Person des Kreditnehmers liegende Kreditwürdigkeit beruht auf dem Ruf der Person, den Vermögens- und Einkommensverhältnissen, dem Vertrauen auf Fleiß und Zuverlässigkeit, der beruflichen Erfahrung der Person und den Arbeitseinsatz sowie der Vertrautheit mit der Person bei vorherigen Kreditgeschäften und ggf. der Rechtsform des Unternehmens.

Bürgschaft
Die Bürgschaft ist das Zahlungsversprechen eines Bürgen. Er verspricht im Bürgschaftsvertrag die Verbindlichkeiten des Hauptschuldners aus dem Kreditvertrag zu übernehmen, wenn dieser seinen Zahlungsverpflichtungen nicht nachkommt. Der Bürge wird somit zum Nebenschuldner. Der Bürgschaftsvertrag wird i. d. R. schriftlich abgeschlossen (bei Kaufleuten aus Beweisgründen).[1]

Exkurs:
Ein **Aval** bzw. **Avalkredit** bezeichnet die Absicherung des Zahlungsausfallrisikos durch ein Kreditinstitut, welches für eine Forderung die Bürgschaft (nach den § 765 ff. BGB) übernimmt bzw. die Stellung einer Garantie gewährt. Das Kreditinstitut stellt in erster

[1] *vgl. auch B/L-Garantie.*

Linie ihre eigene Kreditwürdigkeit (und erst bei Inanspruchnahme einen Geldbetrag) zur Verfügung. Avale gelten somit als Eventualverbindlichkeiten, weil sie nur echte Verbindlichkeiten werden, wenn die Inanspruchnahme des Avals erfolgt. Das Kreditinstitut stellt liquide Mittel also nur zur Verfügung, wenn die Eventualverbindlichkeit in Anspruch genommen wird. Das Kreditinstitut ist damit verpflichtet, für die Verbindlichkeiten des Kreditnehmers (im vereinbarten Rahmen) einem Dritten gegenüber in der Zukunft einzustehen (= akzessorisch).

Die besondere Bedeutung des Avals für Speditionen und Logistikdienstleister liegt beispielsweise im sog. Zollaval. Dieser kann genutzt werden für das Aufschubnehmerkonto, das der Spediteur beim Zoll beantragt hat, damit mögliche Eingangsabgaben wie Zoll und EUSt. bei der Abfertigung zum einfuhrumsatzsteuer- und zollrechtlich freien Verkehr nicht in bar, sondern am 15. des Folgemonats (stellvertretend für den eigentlichen Antragsteller = Importeur) beglichen werden können. Gleiches gilt für die vorzulegende sog. Bürgschaft im Rahmen eines T1-Versandscheinverfahrens für den Fall der Nichterledigung des T1-Versandscheinverfahrens und der damit fälligen Eingangsabgaben für den Spediteur als Hauptverpflichtetem.

LSL

Insbesondere bei Außenhandelskaufverträgen mit länger- oder mittelfristigem Zahlungszielen ermöglicht ein Avalkredit eine zuverlässige und zügige Zahlungsabwicklung, da durch die gewährten Zahlungsversprechen der Kreditinstitute durch das Gewähren eines Avals keine zusätzlichen Absicherungen notwendig werden. Eine noch höhere Sicherheit bei Auslandstransaktionen gestattet die Forfaitierung, bei der eine (längerfristige) Forderung, ohne Rückgriffsmöglichkeit auf den Verkäufer beim Zahlungsausfall, abgekauft wird. Abzugrenzen von der Forfaitierung ist das Factoring, bei dem die Möglichkeit besteht, auf den Verkäufer (bei eher kurzfristigen Forderungen) zurückzugreifen (vgl. Kapitel 8.2.5).

Bei der **Ausfallbürgschaft** verspricht der Bürge die Zahlung, wenn die Zahlungen auch nach Zwangsvollstreckungsmaßnahmen beim eigentlichen Schuldner ausbleiben.

Kreditinstitute verlangen jedoch im Regelfall von Privatleuten eine **selbstschuldnerische Bürgschaft**. Bei der selbstschuldnerischen Bürgschaft hat das Kreditinstitut die Möglichkeit, den Bürgen direkt zur Zahlung am Fälligkeitstag aufzufordern, wobei dem Bürgen die Rechte des Hauptschuldners zustehen, so beispielsweise die Möglichkeit der Stundung. **Bürgschaften von Kaufleuten beim Handelsgeschäft sind stets selbstschuldnerisch.**

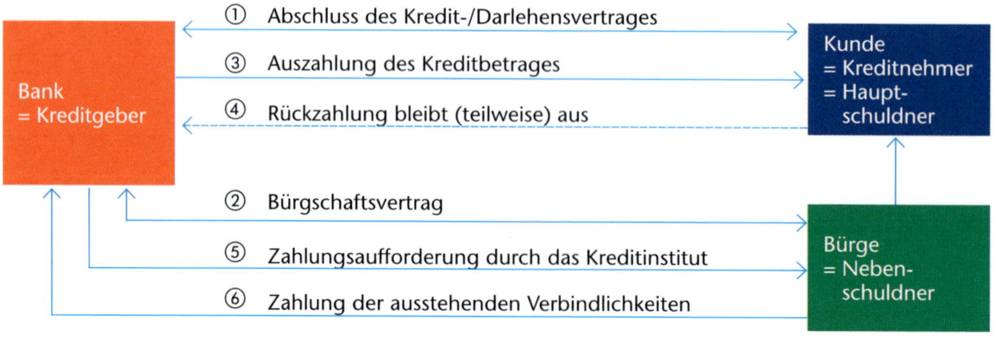

Ein Bürgschaftsvertrag erlischt, wenn die Verbindlichkeiten ausgeglichen sind, nach Fristablauf oder durch Kündigung des Bürgschaftsvertrages durch den Bürgen, wenn ihm die Bürgschaft nicht mehr zuzumuten ist.

Stirbt ein Bürge, so gehen die Verpflichtungen aus dem Bürgschaftsvertrag an die Erben über.

Zession (Sicherungsabtretung)
Die Zession bzw. Sicherungsabtretung beinhaltet (zur Sicherung des vergebenen Kredites) die Abtretung von Forderungen an den Kreditgeber, die der Kreditnehmer Dritten gegenüber hat. Die Abtretung der Forderungen meint, dass die Zahlung durch den Drittschuldner an den Kreditgeber erfolgt, sofern der Kreditnehmer seinen Zahlungsverpflichtungen aus dem Kreditvertrag nicht nachkommt.

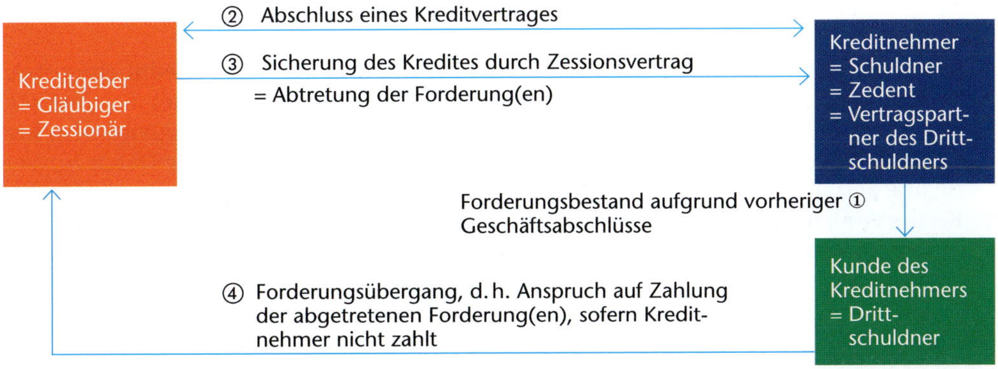

Der Zessionsvertrag ist formlos, aus Gründen der Beweislast wird er i. d. R. in Schriftform abgeschlossen. Der Drittschuldner darf aber nicht schlechter gestellt sein als vor der Zession, d. h., er hat weiterhin die Möglichkeit der Einrede aus dem vorherigen Geschäftsabschluss, z. B. bei mangelhafter Lieferung seine Rechte geltend zu machen (s. dort).

Stille Zession
Wegen des Rufes einer Unternehmung und der damit zusammenhängenden Kreditwürdigkeit unterbleibt häufig die Mitteilung der Zession, d. h., der Drittschuldner weiß nichts von der Zession, sodass die Zahlung (mit schuldbefreiender Wirkung) an den eigentlichen Zahlungsempfänger, den Zedenten erfolgt. Dieser leitet den Forderungsbetrag allerdings umgehend an den Kreditgeber (= Zessionar) weiter. Dieses Übereinkommen setzt ein hohes Maß an Vertrauen dem Zedenten gegenüber voraus.

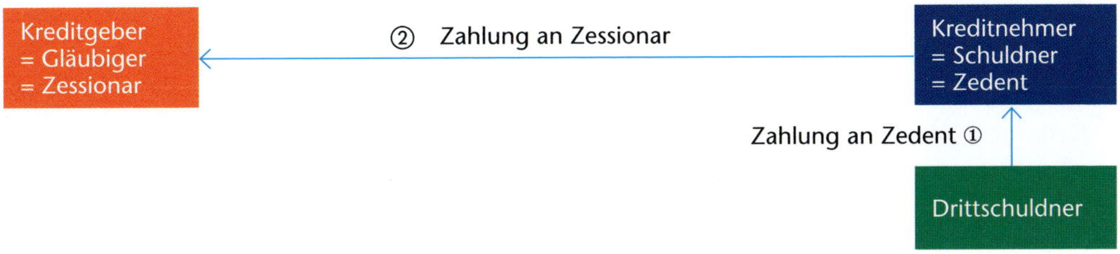

Offene Zession
Besteht ein solches Vertrauensverhältnis nicht, so wird dem Drittschuldner die Zession mitgeteilt und er zahlt (mit schuldbefreiender Wirkung) direkt an den Zessionar. Eine stille Zession kann jederzeit in eine offene umgewandelt werden.

Die Zession kann eine Einzelforderung oder mehrere Forderungen betreffen:

- Eine **Einzelzession** dient der Verringerung des Risikos des Gläubigers, sie deckt den Kreditbetrag ab. Da sie die Kreditwürdigkeit des Schuldners beeinträchtigt und für die Kreditinstitute arbeitsaufwendig ist, wird die Forderung meist still abgetreten. Aufgrund der Verpflichtung des Schuldners zur Zahlung und der Möglichkeit, bei einem zu erwartenden Forderungsausfall in eine offene Zession umzuwandeln, reicht eine stille Zession im Regelfall aus.
- Reicht die Abtretung einer einzelnen Forderung nicht aus, um den Kreditbetrag abzudecken, so wird eine bestimmte Anzahl von Forderungen mit einer bestimmten Mindesthöhe im Rahmen einer **Mantelzession** still abgetreten. Hierzu wird dem Kreditinstitut eine Debitorenliste (Schuldnerliste) mit den entsprechenden Daten zur Verfügung gestellt.
- Bei der **Globalzession** werden sämtliche bestehenden und zukünftigen Forderungen abgetreten, wobei die zukünftigen Forderungen bei ihrer Entstehung an den Zessionar abgetreten werden. Bei der Globalzession ist eine Mindesthöhe der Forderung zu beachten.

MERKE
Wegen des relativ hohen Risikos des Forderungsausfalles werden die Forderungen zumeist nur mit 50 % des (eigentlichen) Forderungswertes akzeptiert.

Diskontierung[1]

Die Diskontierung stellt den Verkauf eines Wechsels vor Fälligkeit des Wechsels dar. Der Wechsel wird diskontiert, d. h. vor Fälligkeit an eine Dritte Person übergeben, die den Wechsel zum sog. Barwert kauft.

Der Nennwert eines Wechsels ist der Wert, den der Wechsel am Verfallstag hat. Der Barwert ist der Wert, den der Wechsel am Tage des An-/Verkaufs hat. Die Differenz zwischen dem Barwert und dem Nennwert des Wechsels stellt die Zinszahlung (= **Diskont**) dar (vgl. Wechsel).

Der Diskont richtet sich nach dem von der Europäischen Zentralbank bestimmten Basis- bzw. Leitzinssatz. Bei einem angenommenen Basiszinssatz von 3 % ergäbe sich der Diskont wie folgt:

Beispiel

$$\text{Diskont} = \frac{\text{Nennbetrag} \cdot \text{Tage vor dem Verfallstag} \cdot \text{Basiszinssatz/Jahr}}{360 \text{ Tage} \cdot 100}$$

$$= \frac{12\,000{,}00\ € \cdot 8 \text{ Tage} \cdot 3}{360 \text{ Tage} \cdot 100} = \underline{\underline{8{,}00\ € \text{ (für 8 Tage)}}}$$

[1] *Nach § 1 des DÜG (Diskont-Übergangsgesetzes) ist anstelle des Diskontsatzes der sog. Basiszins als europäische Richtgröße getreten (vgl. auch Basiszinssatz-Bezugsgrößen-Verordnung; BAZBV). In Ermangelung geeigneten Vokabulars verbleibt die (zurzeit) übliche Begriffswahl für den Verkauf von Wechseln vor Fälligkeit.*

Der Barwert für einen Wechsel in Höhe von 12 000,00 € läge acht Tage vor dem Verfall bei (12 000,00 € – 8,00 €) 11 992,00 €.

Die Ziehung des Wechsels durch den Bezogenen an sich stellt bereits eine Kreditsicherung dar, da durch das Zahlungsversprechen des Bezogenen (daher eine persönliche Sicherheit) der Kredit abgesichert wird. Beim Weiterverkauf des Wechsels wird wiederum ein Zahlungsversprechen durch den Übergebenden abgegeben, sodass die Sicherheit der Kreditrückzahlung steigt.

Dingliche Sicherheiten

Als dingliche Sicherheit fungieren Sachwerte in Form von Waren, Wertpapieren oder Rechte für die Erfüllung des Kreditvertrages. Erfolgt die Absicherung des Kredites über den Zugriff auf eine bestimmte Sache, so handelt es sich um einen **Realkredit**.

Eigentumsvorbehalt

Der Eigentumsvorbehalt (s. dort) gilt so lange, bis sämtliche Kosten durch den Kreditnehmer beglichen sind. Zu unterscheiden sind der einfache vom erweiterten und verlängerten Eigentumsvorbehalt.

Der Eigentumsvorbehalt als Kreditsicherung findet seine Anwendung im Rahmen eines Lieferantenkredites oder eines Ratenkredites durch den Verkäufer.

Pfandrecht

Das Pfandrecht meint, nach dem Zurückbehalten einer Sache, das spätere Verpfänden der Sache, wenn die Forderungen aus dem Kreditvertrag nicht beglichen werden. Es dient der Absicherung des Kredites, weil der Pfänder (= Kreditgeber bzw. Gläubiger) nicht der Eigentümer, sondern lediglich Besitzer wird. Neben der Vereinbarung des Pfandes im Kreditvertrag ist der Verpfänder (= Kreditnehmer bzw. Schuldner) verpflichtet, dem Pfänder das Eigentum an dem Pfand zu verschaffen. LSL

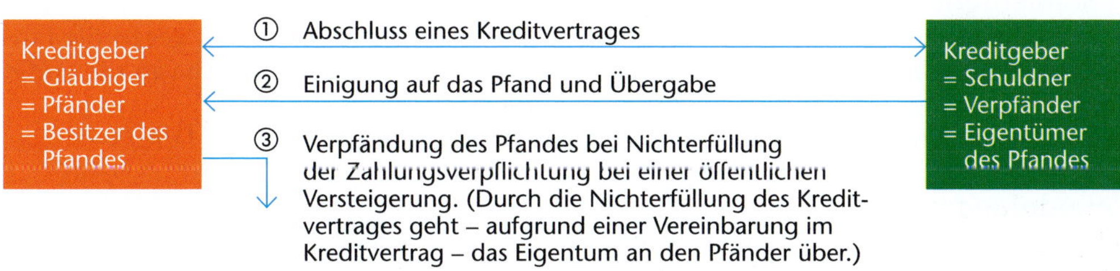

Für die Absicherung von Krediten bieten sich leicht verwertbare Gegenstände wie Schmuck oder Rechte wie Wertpapiere an. Die Sachen oder Rechte werden allerdings nur mit einem Bruchteil ihres eigentlichen Wertes (zwischen 50 und 90 %) beliehen.

Das Pfandrecht endet, wenn die ausstehende Forderung beglichen ist, das Pfand verpfändet wurde, das Pfand zurückgegeben wird oder der Pfänder auf das Pfand verzichtet.

Auch für den Spediteur ergeben sich neben dem Zurückbehaltungsrecht von Waren das (konnexe und inkonnexe) Pfandrecht im Fall des Nichtbegleichens einer oder mehrerer Forderungen. Es dient zur Absicherung der Zahlung der ausstehenden Forderungen, die aufgrund eines gewährten Zahlungszieles entstanden sind.

MERKE
Nicht alle Sachen oder Rechte eignen sich, um als Pfand für einen Kredit hinterlegt zu werden. Insbesondere bewegliche Sachen, die notwendig sind, um den Geschäftsbetrieb aufrecht erhalten zu können, wären nicht geeignet, als Pfand den Besitzer zu wechseln.

Sicherungsübereignung

Sicherungsübereignung heißt i.d.R. das Eigentum an der Sache, für die der Kredit gewährt wird, an den Kreditgeber zu übereignen. Der Besitz verbleibt beim Kreditnehmer.

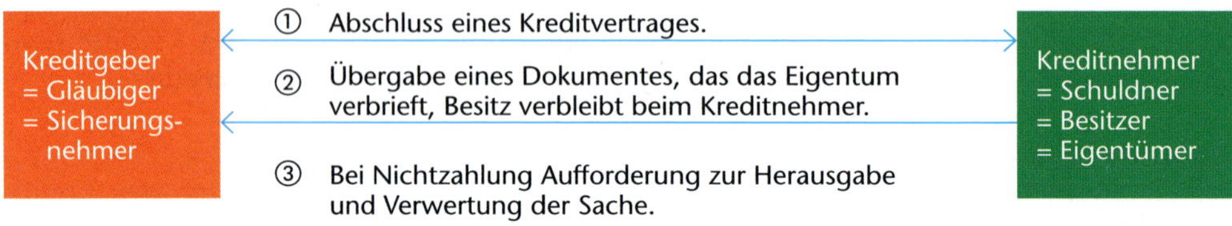

Kommt der Kreditnehmer seinen Zahlungsverpflichtungen nicht nach, hat der Kreditgeber den Anspruch auf Herausgabe der Sache, um selbst in den Besitz der Sache zu kommen und die Sache verwerten, wie z.B. verwenden, verkaufen u.a., zu können.

Die Sicherungsübereignung bietet sich vor allem bei Maschinen, Lkws oder Pkws an und dient der Absicherung eines Realkredites. Zum Abschluss des Kreditvertrages zur Finanzierung eines Lkw oder Pkw wird der Kfz-Brief, der das Eigentum an dem Pkw oder Lkw verbrieft, an den Kreditgeber übergeben. Weder der Lkw noch der Pkw können ohne den Kfz-Brief weiterverkauft werden, weil das Eigentum lediglich durch den Kfz-Brief weitergegeben werden kann. Der Kreditnehmer ist weiterhin im Kfz-Brief als Eigentümer eingetragen.

Dokumentenbevorschussung

Bei der Dokumentenbevorschussung gewährt der Kreditgeber den Kredit gegen die Einreichung von handelbaren Wertpapieren, wie zumeist Konnossemente, die an die Order der bevorschussenden Bank (als Consignee) aufgemacht sind.
(Siehe hierzu den Ablauf und Inhalt der Zahlungsbedingungen D/P, L/C, D/A.)

Grundpfandrecht

Zur Absicherung von langfristigen Krediten bevorzugen Kreditinstitute als Sicherungsobjekt die als wertbeständig geltenden Grundstücke und Gebäude **(= unbewegliche Sachen).** Zudem ist die Wertentwicklung von Immobilien unabhängig von der persönlichen und geschäftlichen Entwicklung des Kreditnehmers. Als Sicherheit wird ein Grundpfandrecht i.d.R. durch einen Notar bestellt, d.h., es erfolgt eine Einigung und ein Eintrag ins Grundbuch. Durch ein Grundpfandrecht wird dem Kreditgeber ein Pfandrecht an der unbeweglichen Sache eingeräumt, wobei der Eintrag ins Grundbuch die Übergabe ersetzt. In der Regel können Immobilien mit maximal 90% des Wertes beliehen werden.

Das **Grundbuch**, das beim jeweilig zuständigen Amtsgericht geführt wird, gibt Auskunft über die Rechtsverhältnisse, die auf einem Grundstück liegen. Wer berechtigt Einsicht in das Grundbuch nehmen darf, muss auf die Richtigkeit der Angaben vertrauen können (= öffentliches Register). Verzeichnet sind Eigentumsverhältnisse, Größe und Lage sowie Nutzungsart, Rechte und Lasten. Ein eingetragenes Grundpfandrecht gibt dem Kreditgeber die Möglichkeit, im Falle ausbleibender Zahlungen aus dem Kreditvertrag oder einer Fristüberschreitung eine Zwangsvollstreckung durchführen zu lassen.

Grundpfandrechte können im ersten Rang, im zweiten Rang usw. eingetragen werden. Kreditinstitute achten darauf, möglichst im ersten Rang eingetragen zu werden, weil bei einer Zwangsvollstreckung zunächst der erste Rang in Form von Auszahlung des Forderungsbetrages voll abgedeckt werden muss, dann der zweite Rang usw. Bei Zwangsversteigerungen wird im Regelfall ein niedrigerer Erlös erzielt als das Objekt tatsächlich wert ist, sodass bei niedrigerem (z. B. dem dritten oder vierten) Rang die Auszahlung zumeist geringer als der tatsächliche Forderungsbetrag ist.

Beim Grundpfandrecht ist die Hypothek von der Grundschuld zu unterscheiden:

- Eine **Hypothek** als Pfandrecht wird eingetragen, wenn der Kredit- bzw. Darlehensnehmer persönliche Forderungen zu begleichen hat. Die Sicherung des Darlehens besteht darin, dass die Immobilie (dinglich) für ein gewährtes Darlehen bzw. die daraus entstehende Forderung (= persönliche Forderung des Darlehensnehmers) haftet. Die Gewährung des Darlehens und der Eintrag der Hypothek ins Grundbuch sind eine untrennbare Einheit. Reicht das Grundstück im Falle einer Zwangsversteigerung beispielsweise zur Ablösung des Darlehens nicht aus, so haftet der Darlehensnehmer für den Differenzbetrag weiterhin mit seinem übrigen Vermögen.

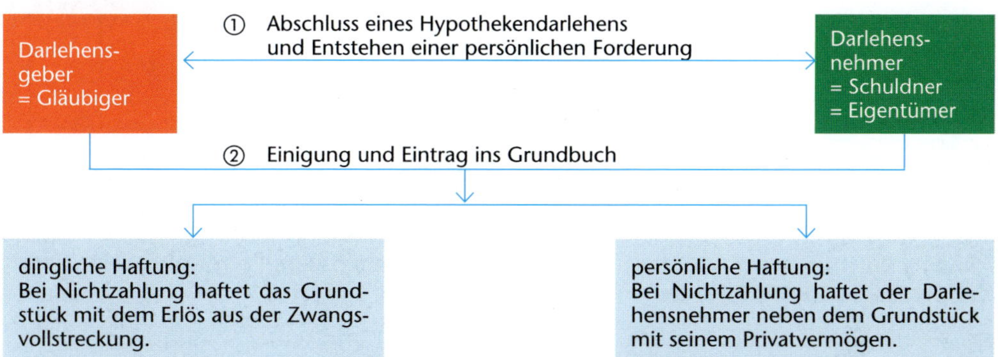

- Eine **Grundschuld** als Pfandrecht wird eingetragen, wenn es sich um eine personenunabhängige Schuld (= dingliche Schuld) handelt. Die Immobilie selbst wird mit einer bestimmten Geldsumme belastet. Daraus folgt, dass lediglich die Immobilie, nicht aber der Darlehensnehmer selbst haftet.

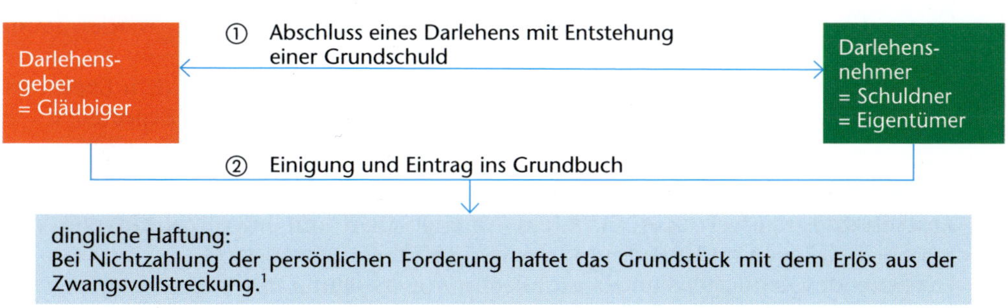

[1] *Ist der Erlös bei der Zwangsversteigerung höher als die Forderungen aus dem Kreditvertrag (inkl. sonstiger anfallender Kosten), so steht der Mehrerlös dem dann ehemaligen Eigentümer (Schuldner) zu.*

Der Eintrag einer Grundschuld ist nicht vom Bestand einer Forderung abhängig (= Abstraktheit der Grundschuld), sodass die Höhe der Forderung (besonders bei Realkrediten) variieren kann. D.h. z.B., wenn eine Forderung bzw. ein Kredit getilgt ist, kann ein neuer Kredit im Rahmen der bestehenden Grundschuld aufgenommen werden. Im Gegensatz zur Grundschuld steht der Eintrag einer Hypothek direkt in Verbindung mit einem aufgenommenen Darlehen (Forderung). Hierbei besteht eine rechtliche Verbindung zwischen Hypothek und Forderung (s. oben).

8.2.5 Sonderformen der Finanzierung

Factoring

Factoring ist der Kauf von kurzfristigen (Export-)Forderungen aus bereits erbrachten Warenlieferungen und Dienstleistungen eines Verkäufers bzw. Exporteurs durch einen Factor. Die Forderungen bestehen gegenüber dem Käufer (bzw. Importeur).

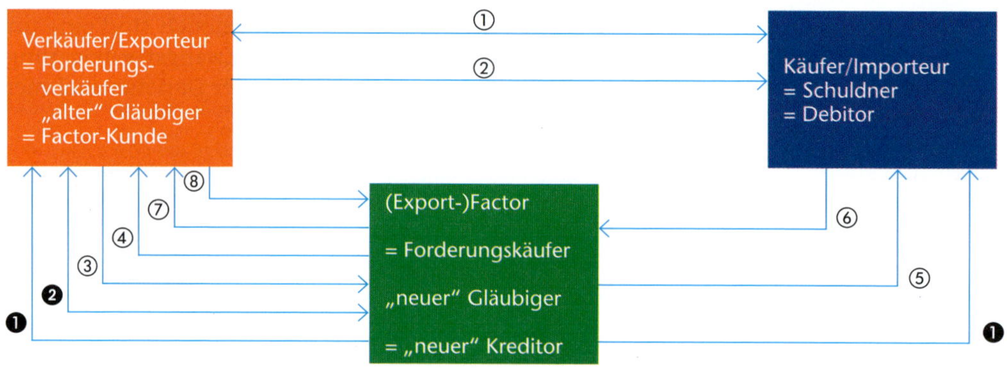

Vor dem eigentlichen Factoring muss ein Vertrag zwischen dem Factor und dem Factor-Kunden abgeschlossen werden:

❶ Es erfolgt eine Bonitätsprüfung des Factor-Kunden und seiner Schuldner, damit der (Export-)Factor das Risiko eines Forderungsausfalls einschätzen kann. Zudem wird ein Limit festgelegt, ein Prozentsatz von durchschnittlich 90%, zu dem die Forderungen angekauft werden.
Die übrigen 10% dienen als Sicherungseinbehalt für berechtigte Einreden des eigentlichen Käufers (Importeurs) wie mögliche Unklarheiten bei der Rechnungslegung, Abzug von Skonti und Rabatten sowie Gewährleistungsansprüche dem Verkäufer bzw. Exporteur gegenüber. Diese berechtigten Einreden werden vom Sicherungseinbehalt bei der Auszahlung abgezogen.

❷ Abschluss eines Factoring-Vertrages bzw. Rahmenvertrages zwischen dem Exporteur und dem (Export-)Factor über den Kauf sämtlicher Forderungen des Exporteurs.

Der Ablauf des Factorings gliedert sich wie folgt:

① Abschluss des Kaufvertrages, i.d.R. ein Warengeschäft, mit einem Zahlungsziel von maximal 90 Tagen im Inland und maximal 180 Tagen im Ausland.

② Lieferung des Kaufgegenstandes und Rechnungserstellung mit (obig angegebenem) Zahlungsziel.

③ Ankauf der (Export-)Forderungen durch den Factor vom Factor-Kunden. Es handelt sich um den Ankauf sämtlicher, fortlaufend entstehender, kurzfristiger Forderungen aus voll erbrachten Warenlieferungen und Dienstleistungen.

④ Gutschrift von durchschnittlich 90% des Forderungswertes, abzgl. der vereinbarten Factoring-Gebühr und 10% Sicherungseinbehalt.
⑤ Offenlegung des Forderungsverkaufs gegenüber dem Importeur, da die (schuldbefreiende) Zahlung der Forderung nun an den Factor zu erfolgen hat.
⑥ Zahlung der Forderungen durch den Importeur bei Fälligkeit an den Factor.
⑦ Auszahlung des Sicherungseinbehaltes nach Abzug berechtigter Einreden vom Factor an den Factor-Kunden.
⑧ Abrechnung und Zahlung der Zinsen für die in Anspruch genommene Bevorschussung der Forderungen.

Der Factor berechnet eine Gebühr, die in einem Prozentsatz von der Forderungshöhe ausgedrückt wird. In Abhängigkeit von der Dauer und der Intensität der Geschäftsbeziehungen, dem Verhältnis zwischen Umsatz und Anzahl der geschriebenen Ausgangsrechnungen, der Laufzeit der Forderungen, der Anzahl der Debitoren und evtl. vom Exportland beträgt diese Gebühr zwischen 0,8 bis 2,5% des Umsatzes. Die Factoringgebühr wird erhoben für die erbrachte Dienstleistung, die Finanzierung und das bestehende Ausfallrisiko.

Es ist ferner üblich, die anderen Positionen, wie die Bonitätsprüfung der Debitoren, in Rechnung zu stellen.

Die vom Factor-Kunden für den bevorschussten Betrag zu zahlenden Zinsen werden entsprechend eines Kontokorrentkredites abgerechnet (s. dort).

Vor Abschluss des Factoring-Vertrages zwischen dem Factor und dem Factor-Kunden erfolgt die Bonitätsprüfung des Factor-Kunden, die mithilfe seiner Geschäftsunterlagen durchgeführt wird. Zudem wird die Bonität der einzelnen Schuldner beispielsweise durch Bankauskünfte oder Auskunftsdateien überprüft. Nach § 18 Abs. 3 Kreditwesengesetz (KWG) kann die Bonitätsprüfung indirekt erfolgen, da der Factor in keinem Vertragsverhältnis mit dem Forderungsschuldner steht.

Der Factoring- bzw. Rahmenvertrag setzt voraus, dass die Forderungen laufend angekauft werden. Der Factor-Kunde haftet dem Factor für den rechtlichen Bestand der Forderungen, d.h., dass die Forderungen unstrittig sind. Durch den Kauf der in ihrer Höhe einwandfrei feststehenden Forderungen ergibt sich ein Gläubigerwechsel, wodurch die Forderungen in das Vermögen des Factors übergehen und er sie als Vermögenswert in seiner Buchhaltung erfasst. Aus diesem Umstand ergeben sich entsprechende Auswirkungen auf die Bilanz des Factor-Kunden.

Das Factoring wird bei einem Liquiditätsengpass angewendet, so z.B. bei Expansionsabsichten einer Unternehmung bei gleichzeitig ausgeschöpften Kreditrahmen. Ebenso können die Skontierungsmöglichkeiten der Lieferanten nicht ausgenutzt werden, weil aufgrund der hohen Außenstände (kurzfristige Forderungen) das Unternehmen nicht in ausreichendem Maße liquide ist. Zudem ist meist kein Insiderwissen im Umgang mit Forderungsausfällen im Ausland vorhanden.

Für das Factoring verlangt der Factor im Beispiel eine Bearbeitungsgebühr in Höhe von 1,2% des Gesamtumsatzes zuzüglich der banküblichen Sollzinsen für den beanspruchten Zeitraum der Bevorschussung.

Entsprechend dem obigen Beispiel ergäbe dies für 12 000,00 € und einem Zinssatz von 8 % pro Jahr:

Beispiel

Factoringbetrag:	12 000,00 €
+ Zins (8 % vom Factoringbetrag) = (12 000,00 € · 8)/100	960,00 €
Bearbeitungsgebühr	144,00 €
= Gesamtzahlbetrag im Jahr	13 104,00 €

Um die effektiven Factoring-Kosten zu ermitteln, ist der Zeitraum der Bevorschussung von Bedeutung, sodass die obigen 960,00 € auf einen Tag umgerechnet werden müssen. Die Bearbeitungsgebühren von 1,2 % ergeben sich wie folgt
(= [12 000,00 € · 1,2] /100 = 144,00 €).

Beispiel

$$\text{Effektive Factoring-Kosten} = \frac{[(\text{Kreditbetrag} \cdot \text{Zinssatz}) \cdot \text{Zeitraum der Inanspruchnahme}]}{360 \cdot 100} + \text{Bearbeitungsgebühr}$$

$$\text{Factoring-Kosten} = \frac{[(12\,000{,}00\,€ \cdot 8) \cdot 90\text{ Tage}]}{360 \cdot 100} + 144{,}00\,€ = \underline{\underline{384{,}00\,€}}$$[1]

Auf einen Tag umgerechnet lägen die Factoring-Kosten bei (384 €/90 Tage) 4,26(7) €. Somit wäre das Factoring bei den gegebenen Daten (vereinfachte Darstellung, da Sicherungseinbehalt unberücksichtigt bleibt) günstiger als der Kontokorrentkredit.

Aus dem **Factoring** ergeben sich drei wesentliche **Funktionen**, die Finanzierungs-, die Delkredere- und die Dienstleistungsfunktion:

- **Finanzierungsfunktion:**
  Unmittelbar nach der Entstehung der Forderung stellt der Factor dem Factor-Kunden durchschnittlich 90 % des Forderungsgegenwertes zur freien Verfügung. Für den Factor-Kunden ergeben sich insbesondere Vorteile für seine sofortige Liquidität. Die übrigen 10 % dienen als Sicherungseinbehalt und werden nach Abzug gerechtfertigter Einreden an den Factor-Kunden ausbezahlt. Für den bevorschussten Betrag der Gesamtforderung zahlt der Factor-Kunde Zinsen.
- **Delkrederefunktion:**
  Der Factor übernimmt das Ausfallrisiko der Forderungen bei Zahlungsunfähigkeit des Importeurs zu 100 %.[2] Der Factor schließt jedoch politische Risiken, wie ein Zahlungsverbots- oder Konvertierungsrisiko, generell aus.
- **Dienstleistungsfunktion:**
  Die Dienstleistungsfunktion besteht in der Übernahme eines Teils oder der gesamten Debitorenbuchhaltung, d. h. der Bonitätsprüfung, des Mahnwesens, des Inkassowesens und das gerichtliche Mahnverfahren bei überfälligen Forderungen. Die Dienstleistung dem Factor-Kunden gegenüber liegt darin, dem Factor-Kunden zumeist täglich die wesentlichen Daten der Debitorenbuchführung des Factors zumeist online zukommen zu lassen.

---

[1] *Vereinfachte Dastellung der Zinsermittlung, vgl. hierzu Bankkredit (Kapitel 8.2.3)*

[2] *Eine Unterscheidung zur Warenkreditversicherung, bei der eine Selbstbeteiligung von durchschnittlich 30 % erhoben wird, soll hier nicht erfolgen.*

Der Regelfall des Factoring (Standardfactoring) liegt vor, wenn die Factoringgesellschaft alle drei benannten Funktionen übernimmt, wobei der Factor-Kunde grundsätzlich auf die Inanspruchnahme einer der angebotenen Funktionen verzichten kann.

Vorteile des Factorings

- Die Liquidität des Factor-Kunden erhöht sich, da die forderungsbedingten Außenstände zu durchschnittlich 90 % durch den Factor unverzüglich abgebaut werden.
- Der Factor-Kunde (Verkäufer bzw. Exporteur) kann seinen Kunden (Käufer bzw. Importeur) längere Zahlungsziele einräumen und somit seine Wettbewerbsfähigkeit verbessern.
- Der Factor-Kunde kann bei Verbindlichkeiten seinen Lieferanten gegenüber die Möglichkeit der Skontoziehung in Anspruch nehmen.
- Der Factor-Kunde kann das Risiko des Forderungsausfalles ausschließen, da dieses Risiko vom Factor übernommen wird.
- Der Factor-Kunde reduziert Kosten bei der Debitorenbuchführung und Personalkosten sowie Kosten der Risikoabsicherung, des Inkassos und des Mahnverfahrens.
- Die Eigenkapitalquote des Factor-Kunden wird durch die Verkürzung der Bilanzsumme erhöht.

Nachteile des Factorings

- Der Factor hat die Möglichkeit, das Kundenlimit kurzfristig herabzusetzen. Das hat zur Folge, dass der Factor-Kunde kurzfristig über weniger liquide Mittel verfügen kann.
- Es besteht die Gefahr der falschen Mittelverwendung, nämlich zur Deckung mittel- oder langfristiger Verbindlichkeiten. Somit bestünde die Gefahr der Insolvenz.
- Es besteht das Risiko eines Prestige- und Kundenverlustes, weil durch die konsequente Durchführung des Inkassos, des Mahn- und Gerichtsverfahrens durch den Factor die Kunden zur Zahlung gezwungen werden. Die Zahlungsmoral einiger Kunden ist häufig schlecht. Diese überschreiten ein eingeräumtes Zahlungsziel, um ihre eigene Liquidität aufrechterhalten zu können.
- Der Factor-Kunde muss einen Mitarbeiter zur Verfügung stellen, um Differenzen und evtl. Reklamationen zeitnah zu klären.
- Sofern der Factor-Kunde nicht am Onlineverfahren beteiligt ist, bestehen postlaufzeitbedingte Verzögerungen bezüglich der Debitoreninformationen.

In Speditionsbetrieben wird das Factoring in der Praxis nur bedingt angewendet. LSL

Vom Factoring ist die **Zession** mit ausschließlicher Finanzierungsfunktion zu unterscheiden. Während bei einem Zessionskredit die Forderungen als Sicherheit für die Gewährung eines Kredites abgetreten werden (mit einer durchschnittlichen Beleihungsquote von 50 %), stellt die Abtretung einer Forderung beim Factoring die Erfüllung eines Kaufvertrages (bezüglich der Forderungen) dar.

Das Factoring ist ebenfalls von der einen Forderungsverkauf darstellenden **Forfaitierung** abzugrenzen. Diese Forderungen haben jedoch zumeist eine mittel- bis langfristige Laufzeit und werden i. d. R., da es sich vorwiegend um hohe Forderungsbeträge handelt, einzeln verkauft und sind überwiegend durch Zahlungsversprechen abgesichert. Forfaitierte Forderungen schließen im Gegensatz zum Factoring meist ein politisches Risiko mit ein.

Leasing

Leasing[1] ist das entgeltliche Überlassen von beweglichen oder unbeweglichen Sachen durch den Hersteller (= direktes Leasing) oder eine zwischengeschaltete Leasing-Gesellschaft (= indirektes Leasing). Der Leasing-Geber bleibt weiterhin Eigentümer, der Leasing-Nehmer wird Besitzer und Nutznießer für den vertraglich festgelegten Zeitraum. Nutznießer meint, dass der Leasingnehmer die Sache entsprechend einem Mietverhältnis nutzen kann und ähnlich einem Pachtvertrag einen erwirtschafteten Erlös für sich verwerten kann (vornehmlich bei durch Unternehmen geleasten Sachen).

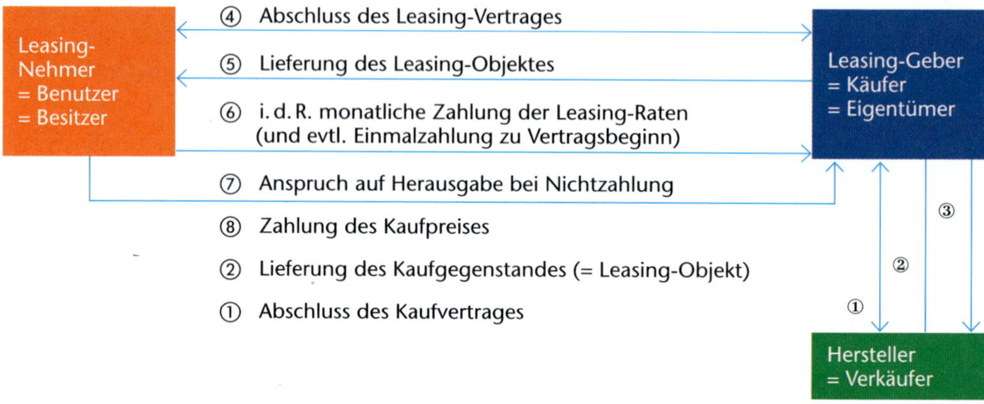

Nach Ablauf des Leasing-Vertrages muss das Leasing-Objekt zurückgegeben werden. Im Regelfall kann der Leasing-Nehmer das Leasing-Objekt nach Vertragsablauf kaufen oder den Vertrag verlängern.

Die Absicherung der Leasing-Finanzierung erfolgt über das Leasing-Objekt, das Eigentum des Leasing-Gebers bleibt. Während der Leasing-Laufzeit wird das Leasing-Objekt beim Leasing-Geber bilanziert. Der Leasing-Nehmer ist verpflichtet, das Leasing-Objekt auf Verlangen herauszugeben (= Besitzkonstitut). Im Leasing-Vertrag ist neben der Höhe der i.d.R. monatlichen Rate, der Laufzeit, dem Leasing-Objekt, eine mögliche Kündigungsfrist des Vertrages auch eine Versicherung benannt. Im Falle von Kraftfahrzeugen ist der Leasing-Nehmer verpflichtet, den Pkw oder Lkw (i.d.R.) Vollkasko zu versichern.

Da Zinsen u.a. von der Laufzeit abhängig sind, können nur die Kreditarten miteinander verglichen werden, deren Laufzeit einander entsprechen. Zur Ermittlung der monatlich gleich hohen Leasing-Rate soll hier vergleichend ein Bankkredit mit gleicher Laufzeit (hier: 36 Monate) herangezogen werden. Die (vom Leasing-Geber vorgegebene) Leasing-Rate berücksichtigt die Zinsen, die Abnutzung, Wertverlust des Objektes etc. (in folgender Grafik vereinfacht als Zins dargestellt), jedoch keine Tilgung, da der Leasing-Nehmer im Gegensatz zum Kreditnehmer bei einem Bankkredit nicht tilgen muss, weil kein Eigentum erworben wird. Zu finanzieren ist ein Pkw für 26000,00 €. Nach Ablauf der 36 Monate wird ein Restwert von 16000,00 € zugrunde gelegt. Der Restwert ist der Verkaufserlös des Pkw nach 36 Monaten. Zudem wird beim Leasing häufig eine Anzahlung verlangt. Diese soll in Form eines gebrauchten Pkw im Werte von 2000,00 € erfolgen, sodass dieser Betrag auch durch den Bankkredit nicht finanziert werden müsste.

---

[1] *Auf die Unterscheidung in Operating- und Finanzierungs-Leasing, Konsum- und Investitionsgüter-Leasing sowie Equipment- und Plant-Leasing soll an dieser Stelle verzichtet werden.*

in €	Leasing			Bankkredit		
Kreditbetrag	Leasingkosten 3 Jahre (21,7 % p. a.)	Tilgung	monatl. Rate	Kreditkosten für 3 Jahre (bei 8 % p. a. Nominalzins und einer angenommenen Effektivverzinsung von 16,87 % p. a.; siehe dort)	Tilgung	monatliche Rate
24 000,00	15 624,00	0,00	434,00	6 240,00	24 000,00	840,00

In der Summe hat der Leasing-Nehmer nach 36 Monaten 15 624,00 € (zzgl. der Anzahlung) zu Beginn der Laufzeit, in der Summe also 17 624,00 €) gezahlt. Der Kreditnehmer zahlt im gleichen Zeitraum (30 240,00 € – 16 000,00 € Wiederverkaufswert) 14 240,00 € (zzgl. der nicht mitfinanzierten Anzahlung in Höhe von 2 000,00 €, insgesamt 32 240,00 € – 16 000,00 € = 16 240,00 €).

Im Leasing-Vertrag wird zudem die Nutzung der Sache vereinbart. Insbesondere bei Mobilien wie Pkw oder Lkw wird eine km-Leistung vereinbart. Der Leasing-Nehmer gibt dabei den durchschnittlichen km-Verbrauch pro Jahr an. Aufgrund dessen wird die Rate ermittelt. Über- oder unterschreitet der Kreditnehmer die vereinbarte km-Leistung, so wird diese nachverrechnet, d. h. ein bestimmter Betrag pro km nachbelastet oder zurückerstattet.

Obgleich die monatlichen Raten beispielsweise bei einem Bankkredit im Regelfall höher liegen als die monatlichen Leasing-Raten, ist das Leasing teurer als die Finanzierung der Sache über einen Bankkredit. Denn bei gleicher Nutzungsdauer wird die Sache beim Leasing zurückgegeben (= Besitz), beim Bankkredit verkauft (= Eigentum). Bilanziell betrachtet wird die Sache beim Kauf durch einen Bankkredit während der Nutzungsdauer abgeschrieben. Es verbleibt ein Buchwert i. d. R. von einem €. Der Verkaufserlös liegt allerdings meist höher als der Buchwert. Dieser Erlös ist bei der Kalkulation des Bankkredites zu berücksichtigen.

Leasing als Sonderform der Finanzierung stellt neben der Einlagen- bzw. Beteiligungsfinanzierung und der Fremdfinanzierung eine zusätzliche Möglichkeit der Finanzierung dar, bei der das Eigenkapital geschont wird.

Vorteile des Leasings

- Durch das Leasing wird die Kreditwürdigkeit insofern nicht beeinträchtigt, als dass zur Finanzierung anderer Investitionen weiter Kredite aufgenommen werden können, d. h., der Kreditspielraum steigt.
- Die monatliche Rate ist i. d. R. niedriger als bei der Rückzahlung anderer Kreditarten, da keine Tilgung notwendig ist.
- Leasing ermöglicht eine umgehende Anpassung an den technischen Fortschritt, da zum Anschaffungszeitpunkt das Leasing-Objekt den neuesten technischen, Umwelt- und Sicherheitsanforderungen entspricht.
- Leasing-Raten können als Betriebsaufwendungen steuerlich geltend gemacht werden und stellen ein geringeres finanzielles Risiko dar.

Nachteile des Leasings

- Die Gesamtkosten sind im Regelfall höher als bei anderen Kreditarten.
- Es wird kein Eigentum erworben, das im Falle von Liquiditätsschwierigkeiten verkauft werden könnte.

Nachteile des Leasings
▪ Häufig ist eine Kündigung des Leasing-Vertrages nicht möglich oder mit hohen Kosten verbunden, sodass der Leasing-Nehmer für die Leasing-Laufzeit (auch bei Liquiditätsengpässen) gebunden ist.
▪ Regelmäßige Zahlung der Leasing-Raten schränkt die Liquidität des Leasing-Nehmers ein.

8.3 Kreditvergabemodalitäten der Kreditinstitute (Basel I/Basel II/Basel III)

Zur Schaffung einheitlicher Wettbewerbsbedingungen im internationalen Bankensystem und zur Risikominimierung bei zu befürchtender Insolvenz von Kreditinstituten wurde im Jahre 1975 der Baseler Ausschuss für Bankenaufsicht mit Sitz in Basel durch die G10-Staaten gegründet. Als Beratungsgremium ohne gesetzgeberische Kompetenz sind die Empfehlungen des Ausschusses letztlich über die entsprechende EU-Richtlinie (2004) in das nationale Recht der EU-Mitgliedstaaten eingegangen.

Im Ergebnis einigte sich die Bankenwelt in **Basel I** auf eine angemessene Eigenkapitalausstattung der Kreditinstitute bei einer Kreditvergabe, die Ende 1992 in Kraft trat. Diese sog. Eigenkapitalunterlegung des Kreditinstitutes bei der Kreditvergabe muss mindestens acht Prozent (8 %) der Kreditsumme betragen. Wollte ein Kreditinstitut einen Kredit in Höhe von 8 000 000,00 € vergeben, so musste sie diesen Kredit nach Basel I mit mindestens 640 000,00 € Eigenkapital unterlegen.

Um den dynamischen Finanzmärkten, den unterschiedlichen Finanzierungsmöglichkeiten (über die Kreditfinanzierung hinaus) und der unzureichenden Berücksichtigung des Kreditvergaberisikos bei Basel I gerecht zu werden, entwickelte der Baseler Ausschuss bis Mitte 2004 Basel II.[1]

Ziel und Zweck von **Basel II** ist die Verringerung des Kreditausfallrisikos. Basel II basiert auf drei Säulen:

Kredit(vergabekonditionen)		
Erfüllen der Mindestkapitalanforderungen durch das Kreditinstitut	(laufende und regelmäßige) Überprüfung der Kreditinstitute durch die Bankenaufsicht	Verpflichtung der Kreditinstitute zu Marktdisziplin und Offenlegung
Basel II		

Die Mindestkapitalanforderungen beinhalten die Eigenkapitalunterlegung, um z. B. ein Kreditausfallrisiko zu minimieren. So soll Basel II zusätzlich durch eine Bonitätsprüfung (des Kreditnehmers) zu einer risikogerechten Eigenkapitalunterlegung dienen. Hierzu werden sog. Ratings bei den Unternehmen durchgeführt, die einen Kredit beantragen.

Für das Rating eines künftigen Kreditnehmers, zur Ermittlung des individuellen Risikos, werden neben den internen Faktoren wie Jahresabschluss und Managementqualität sowie Managementstrategie des Unternehmens auch externe Wirtschaftsinformationen in Form von Branchenanalysen herangezogen.

[1] *Der Bundestag hat am 29.06.2006 das Gesetz zur Umsetzung der neu gefassten Bankenrichtlinie und der neu gefassten Kapitaladäquanzrichtlinie verabschiedet. Das Gesetz trat am 31.12.2006 in Kraft.*

Beispiel für interne Faktoren

Finanzrating (quantitative Kriterien)	Qualitatives Rating	Warnsignale	Haftungsverbünde
▪ Ertragslage ▪ Vermögenslage ▪ Finanzlage ▪ Bilanzentwicklung ▪ ...	▪ Finanzplanung ▪ Marketing ▪ Marktstellung ▪ Produktqualität ▪ Controlling ▪ Managementqualität ▪ Mitarbeiterpotenzial ▪ Unternehmensstrategie ▪ Risikomanagement	▪ Scheckrückgaben ▪ Pfändungen ▪ Nichtzahlung von Kreditraten ▪ ...	▪ Konzernstruktur ▪ ... **Erfahrungskriterien** ▪ Branchenentwicklung ▪ Qualitätsmanagement ▪ Standortfaktoren ▪ ...

Durch die Bonitätsprüfung (aufgrund des Resultats eines Ratings) wird die Ausfallwahrscheinlichkeit der Kreditrückzahlung gemessen. Je nach Liquidität des Unternehmens wird die Wahrscheinlichkeit ermittelt, wie ein gegebener Kredit (vermutlich) zurückgezahlt werden wird. Je nach ermittelter Ausfallwahrscheinlichkeit wird die Höhe des zurückzulegenden Eigenkapitals (zwischen 1,6 % und 12 % der Kreditsumme) unterschiedlich festgesetzt. Daraus folgt, dass ein Kreditinstitut für ein Unternehmen mit einer schlechteren Bonität (z. B. 12 % von 8 000 000,00 € = 960 000,00 €) mehr Eigenkapital zurückzulegen hat als bei einer besseren Bonität (z. B. 1,6 % von 8 000 000,00 € = 128 000,00 €). In der Folge ergibt sich für die nach ihrem individuellen Risiko eingeteilten Kreditnehmer, je nach dem ermittelten Risiko, die Konditionenfestlegung. Unternehmen mit schlechtem bzw. unvorteilhaftem Rating werden ungünstigere, solche mit einem guten bzw. vorteilhaften Rating werden bessere Kreditvergabekonditionen (z. B. die Höhe des zu zahlenden Zinses) erhalten.

Zur **Überprüfung der Kreditinstitute** dient

- die Interne Aufsicht durch eine Verfahrensverbesserung der eigenen Risikoanalyse des Kreditgebers, den Ausbau eines Risikomanagements sowie die Verbesserung interner Kontrollmechanismen;
- die Externe Aufsicht durch das Berücksichtigen externer Faktoren. Dabei werden bei Basel II nicht mehr nur die vergangenheitsbezogenen Zahlen des Kreditnehmers berücksichtigt. In die Bewertung sollen ebenfalls zukunftsbezogene Daten wie Konjunktureinflüsse oder Markttrends sowie Unternehmensstrategie und Personalmanagement des Unternehmens und auch mögliche Krisenszenarien und Gegenstrategien einbezogen werden;
- die Möglichkeit der Bankenaufsicht, ggf. Maßnahmen bei Zuwiderhandlungen zu ergreifen, sowie
- das Verbessern der Kommunikation zwischen Banken und Aufsichtsbehörde bei stärkerer Übernahme der Verantwortung bei Risikobewertung und -überwachung durch die Banken selbst.

Die **Marktdisziplin** durch **Offenlegungspflichten** (durch erweiterte Transparenz) umfassen (nachprüfbar):

- die Anwendung der Eigenkapitalvorschriften
- die Eigenkapitalstruktur
- die eingegangenen Risiken
- die Angemessenheit der Eigenkapitalausstattung

Aus Basel II ergibt sich für Kreditnehmer, dass diese mehr Auskünfte über ihre geschäftlichen Aktivitäten und Ergebnisse an den Kreditgeber weiterleiten müssen. In der Folge werden sich die Kreditnehmer vor Inanspruchnahme eines Kredites verstärkt mit den eigenen Unternehmensrisiken auseinandersetzen und ggf. ein Risikofrüherkennungssystem installieren, wodurch die Finanzierungskosten eines Kredites verringert werden könnten.

Aufgrund der Finanz- bzw. Wirtschaftskrise im Jahre 2008, verbunden mit der geringen Eigenkapitalausstattung der Kreditinstitute und einem zu hohen Verschuldungsgrad, hat der Basler Ausschuss für Bankenaufsicht mit seinen 27 Mitgliedern[1] am 12. September 2010 neue Kapital- und Liquiditätsvorschriften für Kreditinstitute beschlossen (Basel III[2]). Es handelt sich um ergänzende Empfehlungen zu Basel II, das in der EU durch die Bankenrichtlinie 2006/48/EG und die Kapitaladäquanzrichtlinie 2006/49/EG umgesetzt wurde und und in zwei Stufen zum 1. Januar 2007 und zum 1. Januar 2008 in Kraft getreten ist.

Basel III soll durch die Erhöhung der Mindesteigenkapitalanforderungen und die Einführung von Kapitalpuffern dazu führen, dass Banken sich im Krisenfall aus eigener Kraft stabilisieren, d. h. ihre Ausfallrisiken durch Eigenkapital abdecken, und somit eine Insolvenz abwenden. Durch Basel III soll also sichergestellt werden, dass Kreditinstitute auch in Krisenzeiten ausreichend Kapital zur Verfügung haben, um z. B. Zahlungsausfälle durch Kreditnehmer selbst ausgleichen zu können.

Hierzu sind die Kreditinstitute dazu angehalten, ihr sogenanntes Kernkapital deutlich zu erhöhen.
Das Kernkapital beschreibt das Kapital, das eine Bank als Reserve für den Fall finanzieller Schwierigkeiten verfügbar haben muss, um also in Finanzkrisen Verluste abzufangen, die aus Kreditausfällen und Wertverlusten bei Anlagen entstehen.

MERKE
Die Kernkapitalquote ist das Verhältnis des Eigenkapitals einer Bank zu ihren risikobehafteten Geschäften, also zu vergebenen Krediten und getätigten Geldanlagen.

Damit stellt die Kernkapitalquote den Risikopuffer eines Kreditinstitutes dar. Sie zeigt auf, wie viele risikotragende Positionen einer Bank mit Eigenkapital gedeckt sein müssen.

MERKE
Als Neuerungen in Basel III werden (im Wesentlichen) neben der Kernkapitalquote gleichzeitig auch die Vorschriften zur Zusammensetzung des Kernkapitals verschärft.

Den größten Anteil stellt dabei das sogenannte „harte Kernkapital" dar.

MERKE
hartes Kernkapital:
(Eigen)Kapital, auf das Geldgeber eingeschränkten Zugriff haben, wie z. B. einbehaltene Gewinne und Stammaktien.

Durch die Erhöhung des harten Kernkapitals müssen die Kreditinstitute künftig einen größeren Anteil ihrer Gewinne einbehalten oder sie werden gezwungen sein, ihre Kreditvergabe einzuschränken.

Gemäß **Basel III** müssen Kreditinstitute z. B. bei Kreditvergabe künftig deutlich mehr Eigenkapital vorhalten als bei Basel II: Die Kernkapitalquote, bestehend aus **hartem** (4,5 %; bisher 2 %) und **weichem Kernkapital** (1,5 %), hat bis zum Jahr 2015 sukzessive auf 6 Prozent erhöht zu werden.

---

1 *Im Baseler Ausschuss sind die Zentralbankgouverneure der Notenbanken und die Leiter der Finanzaufsichtsbehörden folgender Länder vertreten: Argentinien, Australien, Belgien, Brasilien, Kanada, China, Frankreich, Deutschland, Hong Kong SAR, Indien, Indonesien, Italien, Japan, Korea, Luxemburg, Mexiko, Niederlande, Russland, Saudi Arabien, Singapur, Südafrika, Spanien, Schweden, Schweiz, Türkei, USA und Großbritannien.*

2 *Diese Empfehlungen werden bis zum Jahr 2012 in europäische Richtlinien umgesetzt und ergänzen das Vorgehen der Bundesregierung auf nationaler Ebene.*

MERKE

weiches Kernkapital:

Darunter fallen z. B. stille Einlagen, wie die Beteiligung an Unternehmen, ohne als Teilhaber nach außen in Erscheinung zu treten und einer Publizitätspflicht zu unterliegen („stiller Teilhaber“) oder Einlagen, die als Staatshilfe gegeben wurden.

Daneben ist das **Ergänzungskapital** weiteres Eigenkapital eines Kreditinstitutes. Nach Basel III hat es künftig 2 Prozent zu betragen.

In der Summe muss ein Kreditinstitut dann inklusive Ergänzungskapital Eigenkapital in Höhe von mindestens 8 Prozent der Risikopositionen vorhalten (Gesamtkapitalquote). Daraus folgt beispielsweise, dass bei der Kreditvergabe von 100,00 € mindestens 8,00 € mit Eigenkapital hinterlegt sein muss. Wird diese Grenze unterschritten, muss bankenaufsichtsrechtlich ein **Insolvenzverfahren** bei der betreffenden Bank eingeleitet werden.

MERKE

Ergänzungskapital:

Das Ergänzungskapital ist neben dem Kernkapital Bestandteil des Eigenkapitals eines Kreditinstitutes, z. B. Genussrechte (= Gewinnanspruch bei Aktien ohne Stimmrecht) können dem Ergänzungskapital zugerechnet werden, wenn sie den entsprechenden aufsichtsrechtlichen Anforderungen genügen.

Zu ergänzen ist das Kernkapital ab 2016 durch einen sogenannten **Kapitalerhaltungspuffer**, der bis 2019 schrittweise auf 2,5 Prozent anwachsen soll, in Krisenzeiten allerdings unterschritten werden kann.

Die **Eigenkapitalanforderung bei Basel III** liegt in der Summe somit bei 10,5 %; bei Basel II bei 8 %. Für obiges Beispiel heißt das, dass bei der Kreditvergabe von 100,00 € mindestens 10,50 € mit Eigenkapital abgesichert sein müssen.

MERKE

Kapitalerhaltungspuffer:

Dieser verhindert, dass das Kapital im Krisenfall zu schnell aufgezehrt wird, um den Krisenfall ohne staatliche Hilfe zu überstehen. Unterschreitet das Kreditinstitut den vorgegebenen Wert, wird sie durch Beschränkungen ihrer Dividende oder andere geeignete Maßnahmen sanktioniert. Der Puffer erhöht so die Mindest-Kernkapitalquote.

Zudem können die einzelnen Länder einen weiteren **antizyklischen Puffer** von 0 bis 2,5 Prozent einfordern, um eine übermäßige Kreditvergabe einzuschränken. Dieser erhöht ebenfalls die harte Kernkapitalquote, sodass bei der Kreditvergabe von 100,00 € bis zu 13,00 € mit Eigenkapital zu hinterlegen ist.

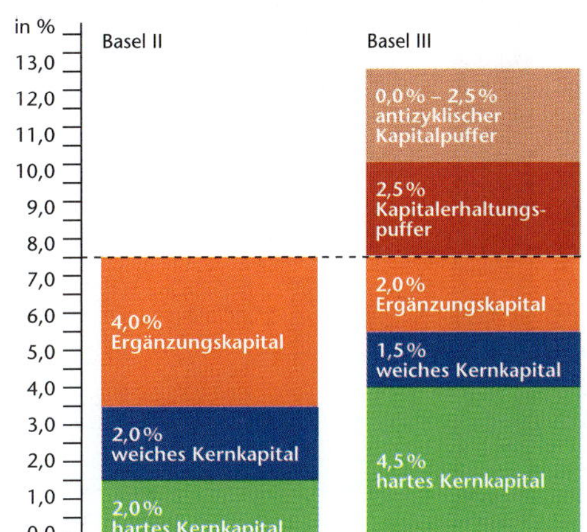

www.bundesfinanzministerium.de, abgerufen am 01.05.2011

MERKE

antizyklischer Puffer:

Kreditinstitute können mit dem zusätzlichen Puffer, den sie in guten Zeiten erwirtschaftet haben, ihre Verluste in schwierigen wirtschaftlichen Zeiten kompensieren.

ZUSAMMENFASSUNG

Eine Investitionsentscheidung ist i. d. R. Finanzierungsanlass für:

Eigenfinanzierung = Finanzierung mit Eigenkapital (EK)

- Außenfinanzierung = EK von außen
  - Einlagenfinanzierung
  - Beteiligungsfinanzierung
- Innenfinanzierung = EK von innen
  - offene Selbstfinanzierung
  - Finanzierung aus Abschreibungen

Fremdfinanzierung = Finanzierung mit Fremdkapital (FK)

- Innenfinanzierung = FK von innen
  - stille Selbstfinanzierung
- Außenfinanzierung = FK von außen
  - kurzfristig
    - Kontokorrentkredit
    - Lieferantenkredit
  - kurz- und mittelfristig
    - Bankkredit
    - andere Ratenkredite durch Autohersteller etc.
  - langfristig
    - Darlehen

Abdeckung des Fremdkapitals von außen durch:	persönliche Kreditsicherung	dingliche Kreditsicherung
– Kreditwürdigkeit der Person (evtl. Grundschuldeintrag)	X	(X)
– Kreditwürdigkeit der Person	X	
– Bürgschaft	X	
– Zession	X	
– Diskontierung	X	
– Eigentumsvorbehalt		X
– Pfandrecht		X
– Sicherungsübereignung		X
– Dokumentenbevorschussung		X
– ...		
– Grundpfandrechte	(X)	X
■ Hypothek		X
■ Grundschuld		

(Kreditvergabe durch Kreditinstitute nach Basel I, II und III)

Sonderformen			
	(kurzfristig)	Factoring	Forderungsverkauf
	(i. d. R. langfristig)	Forfaitierung	Forderungsverkauf
	(mittel- und langfristig)	Leasing	Leasing-Objekt

Bearbeitungsvorschläge

1. Legen Sie für die im Eingangsbeispiel dargestellte Bilanz der Wall GmbH, Spedition & Logistik, begründet dar, welche Finanzierungsmöglichkeit Sie zur Finanzierung der Gabelstapler, der Lkws, des Pkw und der fälligen Rechnungen in Anspruch nehmen würden, wenn
   a) im Rahmen einer Beteiligungsfinanzierung ein neuer Gesellschafter aufgenommen werden würde, dessen Einlage eine Million Euro beträgt.
   b) im Rahmen der Fremdfinanzierung ein Darlehen mit einer Grundschuldeintragung in Höhe von zwei Millionen Euro aufgenommen werden würde.
2. Beurteilen Sie ebenfalls begründet, welche der obigen Alternativen die für Sie sinnvollere wäre.
3. Erläutern Sie in diesem Zusammenhang die goldene Bilanzregel.

Übungsaufgaben

1. Unter Innenfinanzierung wird u. a. die offene und die stille Selbstfinanzierung verstanden. Erläutern Sie mithilfe von Beispielen, was darunter zu verstehen ist, und unterscheiden Sie begründet in Eigen- und Fremdfinanzierung.
2. Beschreiben Sie die Finanzierung aus Abschreibungen für einen in der Lkw-Abteilung als Botenfahrzeug genutzten Pkw, dessen Nutzungsdauer vier Jahre beträgt und der einen Anschaffungswert von 12 000,00 € hat.
3. Erklären Sie die Gemeinsamkeiten und die Unterschiede der Einlagen- und der Beteiligungsfinanzierung.
4. Unter Fremdfinanzierung werden die kurz-, mittel- und langfristigen Kredite zusammengefasst.
   a) Beschreiben Sie für ein selbst gewähltes Beispiel, unter welchen Bedingungen ein Kontokorrent- und unter welchen Bedingungen ein Lieferantenkredit in Anspruch genommen werden kann und werden sollte.
   b) Unterscheiden Sie zwischen einem Annuitäten-, einem Abzahlungs- und einem Festdarlehen. Gehen Sie auch auf die Voraussetzungen, Vor- und Nachteile der einzelnen Darlehensformen ein.
5. Stellen Sie ausführlich dar, warum die Einlagen- bzw. Beteiligungsfinanzierung mit einem langfristigen Darlehen vergleichbar ist und worin sich diese Form der Eigenfinanzierung von der Fremdfinanzierung unterscheidet. Wägen Sie in diesem Zusammenhang auch die Vor- und Nachteile der Finanzierungsarten gegeneinander ab.
6. Kennzeichnen Sie, was unter einer persönlichen Kreditsicherheit und was unter einer dinglichen Kreditsicherheit zu verstehen ist.
7. Erläutern Sie den Ablauf für die folgend benannten Kreditsicherungen und geben Sie begründet an, für welche Kreditart diese jeweils als Sicherheit verwendet werden.
   a) Kreditwürdigkeit der Person
   b) (Ausfall- und selbstschuldnerische) Bürgschaft
   c) (stille und offene) Zession
   d) Diskontierung
   e) Pfandrecht
   f) Sicherungsübereignung
   g) Dokumentenbevorschussung
   h) Hypothek
   i) Grundschuld
   j) Zollaval

8. Beim Factoring werden kurzfristige Forderungen verkauft.

a) Beschreiben Sie den Ablauf des Factorings.
b) Stellen Sie dar, was unter der Finanzierungs-, der Delkredere- und der Dienstleistungsfunktion zu verstehen ist.
c) Vergleichen Sie das Factoring mit der Zession.

9. Geben Sie begründet an, ob Sie die Finanzierung einer Investition über einen Bankkredit oder über Factoring finanzieren würden.

10. Wägen Sie die Vor- und Nachteile des Leasings gegen die Vor- und Nachteile eines Bankkredites ab.

11. Der Auszubildende der Wall GmbH, Kai Johannson, hat das Fuhrunternehmen seines Vaters geerbt. Er sieht die dringende Notwendigkeit, das Unternehmen mit EDV-Hardware auszustatten. Dabei stehen ihm verschiedene Finanzierungsarten zur Auswahl:

a) Als erste Alternative sieht er die Finanzierung mit Fremdkapital, die teils persönlich, teils dinglich gesichert werden kann.
   - Nennen Sie jeweils zwei Sicherungsmöglichkeiten und
   - beschreiben Sie die benannten Sicherungsmöglichkeiten.
b) Zum anderen denkt er daran, einen Teil der Investition aus Mitteln der Unternehmung zu finanzieren.
   - Erklären Sie, unter welcher Voraussetzung er auf die Selbstfinanzierung zurückgreifen kann, und
   - erläutern Sie ihm zwei Vorteile der Selbstfinanzierung gegenüber einem Bankkredit.
c) Als dritte Variante hätte Kai Johannson die Möglichkeit, die EDV-Hardware zu leasen.
   - Definieren Sie, was unter Leasing zu verstehen ist.
   - Erläutern Sie Kai, warum er sich für sein Unternehmen für Leasing entscheiden könnte, und
   - stellen Sie Kai Johannson fünf mögliche Vorteile und drei Nachteile des Leasings dar.

12. Zur Verbesserung der Wettbewerbsposition will Kai Johannsson expandieren. Er beabsichtigt, die zum Unternehmen gehörende Lagerhalle zu erweitern und mit moderner Umschlagstechnik auszustatten. Die Finanzierung dieser Investition beabsichtigt er zu 50 % aus eigenen Mitteln und zu 50 % durch Aufnahme von Bankkrediten zu finanzieren.

a) Benennen und beschreiben Sie die Finanzierungsarten, durch die Kai Johannson weiteres Eigenkapital beschaffen könnte.
b) Stellen Sie begründet dar, durch welche Sicherheiten Kai Johannson ein Bankdarlehen sichern könnte.
c) Der Bankkredit zur Finanzierung eines zusätzlichen Botenfahrzeugs soll durch eine Sicherungsübereignung abgesichert werden. Beschreiben Sie den wesentlichen Vorteil der Sicherungsübereignung für Kai Johansson als Kreditnehmer und das Kreditinstitut als Kreditgeber.

13. Kai Johannson überlegt, einen neuen Gesellschafter oder einen Bankkredit für eine zusätzliche Investition von 200 000,00 € aufzunehmen.

a) Legen Sie drei Vorteile der Beteiligungsfinanzierung gegenüber der Fremdfinanzierung dar.
b) Ein früherer Geschäftspartner seines Vaters bietet dem Einzelunternehmer Kai Johannson eine solche Beteiligung an. Er möchte allerdings nicht mitarbeiten und keine weiteren finanziellen Verpflichtungen eingehen. Geben Sie unter Einbezug der Forderungen des potenziellen Gesellschafters an, welche Unternehmensform für das Unternehmen von Kai Johansson infrage kommt.
c) Für den Bankkredit könnte die Mutter von Kai Johannson bürgen oder die Absicherung des Kredites könnte über eine Grundschuld auf sein Grundstück erfolgen.
   - Begründen Sie, warum Kreditinstitute im Regelfall selbstschuldnerische Bürgschaften verlangen und
   - warum die Eintragung einer Grundschuld zur Sicherung des Bankkredites besonders geeignet ist.

14. Erläutern Sie, warum zur Finanzierung eines Pkw ein Kontokorrentkredit weniger geeignet ist als ein Bankkredit und warum ein Kreditinstitut diesen Pkw wohl mit einem Kontokorrentkredit zwischenfinanzieren, nicht aber über die gesamte Laufzeit von beispielsweise drei Jahren finanzieren würde.

15. Bei der Rasant Speditions-GmbH stehen Investitionen an. Helfen Sie bei der Entscheidungsfindung hinsichtlich der Finanzierung.
Geben Sie unter Abwägung der jeweiligen Vor- und Nachteile und nach der Ermittlung der tatsächlichen Kosten begründet an, welche Finanzierungsart und ggf. welche Kreditsicherung Sie für die Anschaffung folgender Investitionen in Betracht ziehen würden.

a) Treibstoffkauf für 15 000,00 € auf Ziel, Zahlung innerhalb von 25 Tagen, 3 % Skonto bei Zahlung innerhalb 5 Tagen,
Kontokorrentzinsen: 13 %; Bankzinsen (für kurz- und mittelfristigen Kredit): 7 %, keine Bearbeitungsgebühr.

b) Lagerhausausbau für 200 000,00 €
Forderung eines potenziellen Gesellschafters: 4 % Verzinsung der Einlage (250 000,00 €); Darlehenszinsen (für langfristiges Annuitätendarlehen): 5,5 % bei anfänglicher Tilgung von 1,5 %. Stellen Sie einen Annuitätenplan auf und ermitteln Sie gleichzeitig die Laufzeit des Darlehens.

c) Anschaffung einer neuen Telefonanlage für 16 500,00 €
Bankzinsen (für kurz- und mittelfristigen Kredit): 7 %, Bearbeitungsgebühr: 2 %, Leasing-Rate: 779,00 €, Factoring-Daten vgl. Sachdarstellung, Laufzeit 36 Monate.

Verändern Sie die Bilanz so, als wären Ihre Finanzierungsformen durchgeführt worden.

– Auszug –

Bilanz der Rasant Speditions-GmbH 31.12.20.. in Tsd. €

Aktiva			Passiva		
I. Anlagevermögen		**552**	**I. Eigenkapital**		**330**
Immobilien	410		Stammkapital	290	
Fuhrpark	140		Rückstellungen	40	
Wertpapiere	2		**II. Fremdkapital (FK)**		**342**
II. Umlaufvermögen		**105**	**langfristiges FK**		
Treibstoffvorräte	55		Darlehen	190	
Forderungen	60		**mittelfristiges FK**		
III. Liquide Mittel		**15**	Bankkredit	89	
Bank	9		**kurzfristiges FK**		
Kasse	6		Verbindlichkeiten	63	
Bilanzsumme		**672**	**Bilanzsumme**		**672**

16. Erläutern Sie die Kreditmodalitäten der Kreditinstitute.

17. Legen Sie die drei Säulen dar, auf denen Basel II beruht.

18. Begründen Sie die Einführung von Basel III.

19. Erläutern Sie, wodurch ein Kreditinstitut gemäß Basel III eine Insolvenz abwenden können soll.

9 Bezahlen

LERNSITUATION

Die Auszubildenden der Wall GmbH – Spedition & Logistik werden in den verschiedenen Abteilungen der Wall GmbH ausgebildet. Da die Auszubildenden unterschiedlich lang im Unternehmen sind – sie befinden sich im ersten, zweiten und dritten Ausbildungsjahr –, haben sie unterschiedliche Erfahrungen in Bezug auf Zahlungsarten und Zahlungsweisen sammeln können. Im internen Betriebsunterricht werden sie aufgrund der unterschiedlichen Erfahrungen aufgefordert, ihr Vorwissen auf die folgenden Situationsbeschreibungen (hier in Form von bildlichen Darstellungen) zu übertragen und Zahlungsarten sowie Zahlungsbedingungen zu unterscheiden und zu erklären:

Aufgaben

1. Helfen Sie den Auszubildenden der Wall GmbH, indem Sie den Bildern die folgend aufgeführten Begriffe zuordnen und Ihre Entscheidung begründen.

   (Dokumenten-)Akkreditiv – Vorauszahlung – Dauerauftrag –

   Zahlungsaufschub – Kreditkarte – Girocard/Geldkarte

2. Geben Sie zudem an, welche der oben aufgeführten Begriffe „Zahlungsarten" und welche „Zahlungsbedingungen" sind, und führen Sie aufgrund Ihres bisherigen Erfahrungsschatzes aus, was unter Zahlungsart und Zahlungsbedingung zu verstehen ist.
3. Erläutern Sie die Ihnen bereits bekannten, obigen Zahlungsbedingungen und Zahlungsarten.
4. Beschreiben Sie, was Sie unter den Begriffen Bargeldzahlung, halbbare Zahlung und bargeldlose Zahlung verstehen, und ordnen Sie diesen Begriffen die obigen Zahlungsarten zu.

In der Zeit, in der es **Geld** als **Zahlungsmittel** noch nicht gab, wurden Waren gegen Waren eingetauscht. Auf die heutige Zeit übertragen, hätte dies beispielsweise zu bedeuten, dass ein Spediteur seine Dienstleistungen gegen Waren seines Auftraggebers eintauschen würde. Dann müssten diese Waren vom Spediteur in kleinere Einheiten aufgeteilt, als Entlohnung der Mitarbeiter und für den Spediteur selbst als Unternehmerlohn/-gewinn, sowie für die beauftragten Unternehmer mit einem Teil der ursprünglichen Ware als Zahlung (der Fracht) dienen. Diese aufgeteilten Waren müssten wiederum in kleinere Einheiten aufgeteilt als Gegenleistung für Miete und Lebensmittel eingetauscht werden. Diese „Stückelung" der Ware würde allerdings voraussetzen, dass z. B. der Vermieter die Ware des ursprünglichen Auftraggebers des Spediteurs als Miete oder die Mitarbeiter diese Ware als Entlohnung akzeptieren und eine Stückelung der Ware überhaupt möglich ist. Zudem müsste die Ware die Höhe der jeweiligen Forderungen abdecken, d. h. dem Wert der Forderungen entsprechend aufgeteilt werden können.

Das Beispiel zeigt, dass es sowohl früher als auch heute häufig schwierig war und wäre, den richtigen Tauschpartner mit der benötigten Ware in der richtigen Menge zu finden.

Im Laufe der Zeit setzten sich deshalb Münzen aus Edelmetallen als anerkanntes Zahlungsmittel durch. (Münz-)Geld war beliebig teilbar, und somit auch zum Tausch kleiner Warenmengen geeignet. Zudem war und ist Geld als Gegenwert bzw. Recheneinheit zu Waren aller Art allgemein anerkannt.

Auch in der heutigen sog. Geldwirtschaft erfüllt **Geld** Aufgaben, die sich aus den unterschiedlichen Verwendungszwecken ergeben:

- Geld wird als **Tauschmittel** gegen Waren bzw. Dienstleistungen und Arbeitsleistung eingesetzt.
  Beispielsweise kann die Organisation der Beförderung und der Transport von 2 Kolli Ersatzteile mit 80 kg von Frankfurt/M. nach Orlando gegen die Zahlung von 250,00 € „getauscht" werden. Nach Abzug der anfallenden Kosten wie Gehaltszahlungen und Forderungen der beauftragten Unternehmen verbleiben dem Spediteur als Gewinn vielleicht 10,00 €, die er gegen jede beliebige Ware eintauschen kann.
- Geld wird als **Recheneinheit und Wertmesser** verwendet, um Güter und Dienstleistungen miteinander zu vergleichen.
  Als Beispiel lässt sich der Spediteur für die Durchführung des Transportes von Frankfurt/M. nach Orlando verschiedene Angebote geben. Bei identischen Leistungen und Bedingungen wird sich der Spediteur für das preiswerteste Angebot entscheiden. Zudem wird er bzw. der Auftraggeber je nach Situation (Dringlichkeit) wertmäßig zwischen dem teureren Transportmittel Flugzeug und dem – bezogen auf die zu zahlende Fracht – günstigeren Seeschiff abwägen.
- Geld ist **gesetzliches Zahlungsmittel**, weil es vom Staat als solches eingesetzt wird, um Steuern, Strafen, Gebühren und Forderungen zu bewerten und zu begleichen.
- Geld ist **Wertübertragungsmittel**.
  So beim Kauf eines Grundstückes zum Bau eines Lagerhauses gegen Zahlung des Kaufpreises, der als Gegenwert in Geldeinheiten ausgedrückt wird; so lässt sich der Wert auch beim Verschenken oder Vererben ausdrücken.
- Geld ist **Wertaufbewahrungsmittel**.
  So werden in der Spedition einbehaltene Gewinne z. B. für Rücklagen (s. dort) nicht investiert, sondern auf einem Sparkonto zum Sparen, in Investmentfonds, Tagesgeldkonten o. Ä. angelegt, weil die erwarteten Zinserträge höher sind als die vermuteten Gewinne bei einer – alternativen – Investition. Die Vermögensbestände werden in Form von Geld gehalten, d. h. aufbewahrt.

MERKE
Geld kann diese Aufgaben erfüllen, weil es wertbeständig und beliebig teilbar, als Gegenwert zu Gütern und Dienstleistungen anerkannt und staatlich geschützt ist.

9.1 Zahlungsarten

Geld, und damit die Möglichkeiten, u. a. Forderungen zu begleichen, ist zu unterscheiden:

- in **Bargeld**, d. h. in Banknoten und Münzen, um entstandene Forderungen u. a. sofort und persönlich zu begleichen, beispielsweise das Einziehen von Nachnahmen in bar, direkt vor Auslieferung einer Sendung beim Empfänger sowie
- in **Buchgeld** oder **Giralgeld**, d. h. in **Sichtguthaben** der privaten Haushalte und Unternehmen auf Konten bei Banken und Sparkassen, um die Zahlung von Forderungen mithilfe von Konten u. a. zu einem späteren Zeitpunkt zu erfüllen.

Das Bezahlen von Forderungen hängt davon ab, ob die Beteiligten ein Konto bei einem Kreditinstitut haben. Zahlungen werden demnach eingeteilt in Bargeldzahlungen, in halbbare und bargeldlose Zahlungen.

9.1.1 Bar(geld)zahlung

Eine Barzahlung ist dadurch gekennzeichnet, dass die Forderungen durch den Schuldner dem Gläubiger gegenüber persönlich übergeben werden und keine Konten verwendet werden (= unmittelbare Zahlung). Die Übergabe könnte auch durch einen Handlungsgehilfen, wie dies ein Bote oder ein Frachtführer im Auftrag des Spediteurs ist, erfolgen.

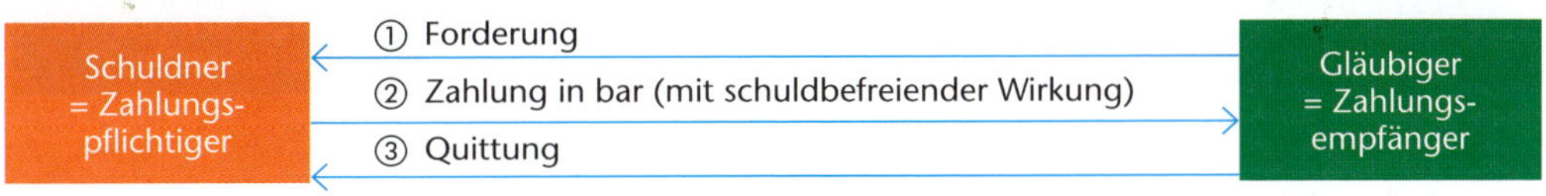

Die Barzahlung wird vornehmlich im Einzelhandel sowie z. B. bei der Benutzung öffentlicher Verkehrsmittel verwendet. Auch die **ADSp** (Ziffer 17) sehen für den Spediteur vor, dass Frachten, Wertnachnahmen, Zölle, Steuern und sonstige Abgaben sowie Spesen nicht ausgelegt werden müssen. Diese Forderungen könnten vor der Auslieferung von Waren in Form einer Nachnahme in bar (gegen **Quittung**[1]) verlangt werden. Überdies räumen auch die allgemeinen Geschäftsbedingungen für den Güterkraftverkehr (§ 35 VBGL) den Lkw-Unternehmern das Recht ein, Nachnahmen beim Empfänger in bar einzuziehen.

Vorteile der Barzahlung

- Die Liquidität, also das Vorhandensein von flüssigen Mitteln in Form von Geld, ist gesichert, d. h., die Zahlung, insbesondere von kleinen Beträgen, ist unverzüglich möglich.
- Der Zahlungseingang ist gesichert, d. h., insbesondere bei zahlungsunwilligen oder -unfähigen Kunden werden keine Mahnungen bzw. Mahnverfahren notwendig und die Gefahr ungedeckter Schecks ist ausgeschlossen.

Nachteile der Barzahlung

- Die Barzahlung verursacht Kosten wie Transport- und Lagerkosten (für das Geld) sowie Kosten für Geräte zur Identifikation von Falschgeld.
- Die Barzahlung beinhaltet Risiken wie das Risiko des Verlustes durch Diebstahl oder Verlierens, das Risiko des Verzählens sowie ein Falschgeldrisiko.
- Die Barzahlung verursacht einen Zeit(- und somit Zins)verlust durch die Beschaffung des (Wechsel-)Geldes, durch Vor- und Nachzählen sowie durch den Transport.

9.1.2 Halbbare Zahlung

Eine halbbare Zahlung ist dadurch gekennzeichnet, dass der Schuldner **oder** der Gläubiger für die (Ein-)Zahlung oder Auszahlung ein Konto bei seinem Kreditinstitut verwendet. Für den anderen Beteiligten, den Zahlungspflichtigen oder Zahlungsempfänger handelt es sich um eine Barzahlung.

---

[1] *Eine Quittung ist eine Empfangsbestätigung, enthält i. d. R. Zahlungsbetrag, Schuldner, Zahlungsgrund, Empfangsbestätigung, Ausstellungsort und -tag und Unterschrift des Gläubigers bzw. Ausstellers (§ 368 BGB).*

Hat nur der Gläubiger ein Konto bei einem Kreditinstitut, so kann der Schuldner die Forderungen per Zahlschein (siehe Überweisungsvordruck) begleichen.

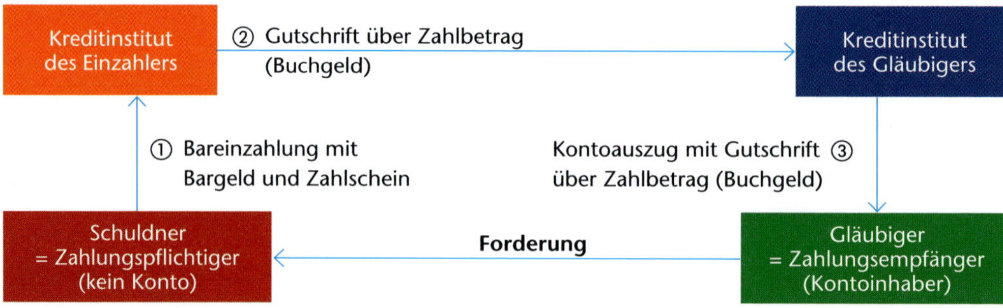

Hat lediglich der Schuldner ein Konto bei einem Kreditinstitut, so kann der Gläubiger den Forderungsbetrag durch eine Postanweisung oder einen **Barscheck** gegen Einreichung bei der Bank des Scheckausstellers in bar in Empfang nehmen.

MERKE
Die halbbare Zahlung wird insbesondere eingesetzt, wenn Zahlungsort bzw. der Ort der Auftragserteilung, z. B. in München, und der Ort des Zahlungseingangs, z. B. in Hamburg, unterschiedlich sind, d. h., eine räumliche Distanz zu überbrücken ist.

LSL

Der **Scheck** spielt im Zahlungsverkehr eine relativ große Rolle, weil der Gläubiger nach Einreichen des Schecks bei der Bank sofort über den Auszahlungsbetrag verfügen kann. So beispielsweise beim Einzug einer Nachnahme – Auslieferung nur gegen Zahlung des Kaufpreises und sämtlicher anfallender Kosten –, die per Scheck erfolgt. Ein Fuhrunternehmer übergibt eine auszuliefernde Sendung gemäß Weisung nur gegen Aushändigung eines Schecks und reicht diesen an seinen Auftraggeber weiter. (Frachtführer können Schecks zum Begleichen einer Nachnahme akzeptieren, müssen dies aber nicht.) Der Barscheck wird gegen eine Quittung ausgehändigt, um einen Aktenbeleg zu haben. Für den Schuldner ist der Kontoauszug die Buchungsunterlage über die erfolgte Kontobelastung.

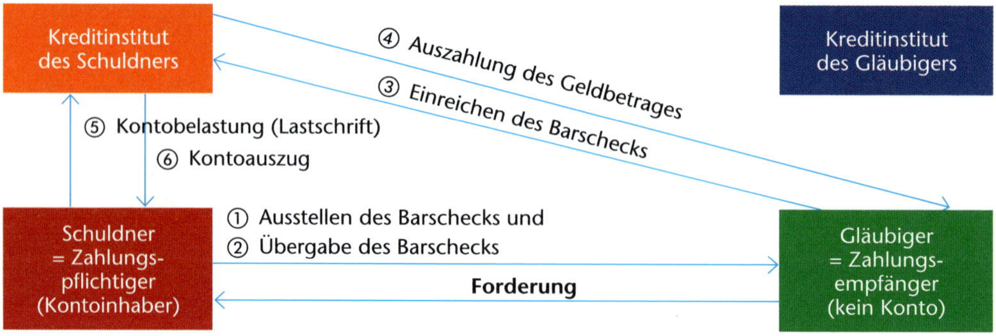

MERKE
Der Scheck ist ein übertragbares Wertpapier, das den Vorschriften des Scheckgesetzes zu entsprechen hat.

Nach dem Scheckgesetz muss ein Scheck aus mindestens sechs **Bestandteilen** bestehen: Auf der Urkunde muss das Wort „**Scheck**“ [①] erscheinen. Der Scheck muss die unbedingte Anweisung, einen bestimmten Auszahlungsbetrag auszuzahlen, enthalten [②]. Bei Unklarheiten zwischen dem in Zahlen und dem in Worten angegebenen Zahlbetrag gilt der in Worten ausgeschriebene Betrag. Zudem ist das bezogene Kreditinstitut zu nennen [③], d.h. die auszahlende Bank. Außerdem sind der Zahlungsort (Geschäftssitz des Geldinstituts) [④], der Ort und der Tag der Ausstellung [⑤] anzugeben sowie die Unterschrift des Ausstellers [⑥] zu leisten.

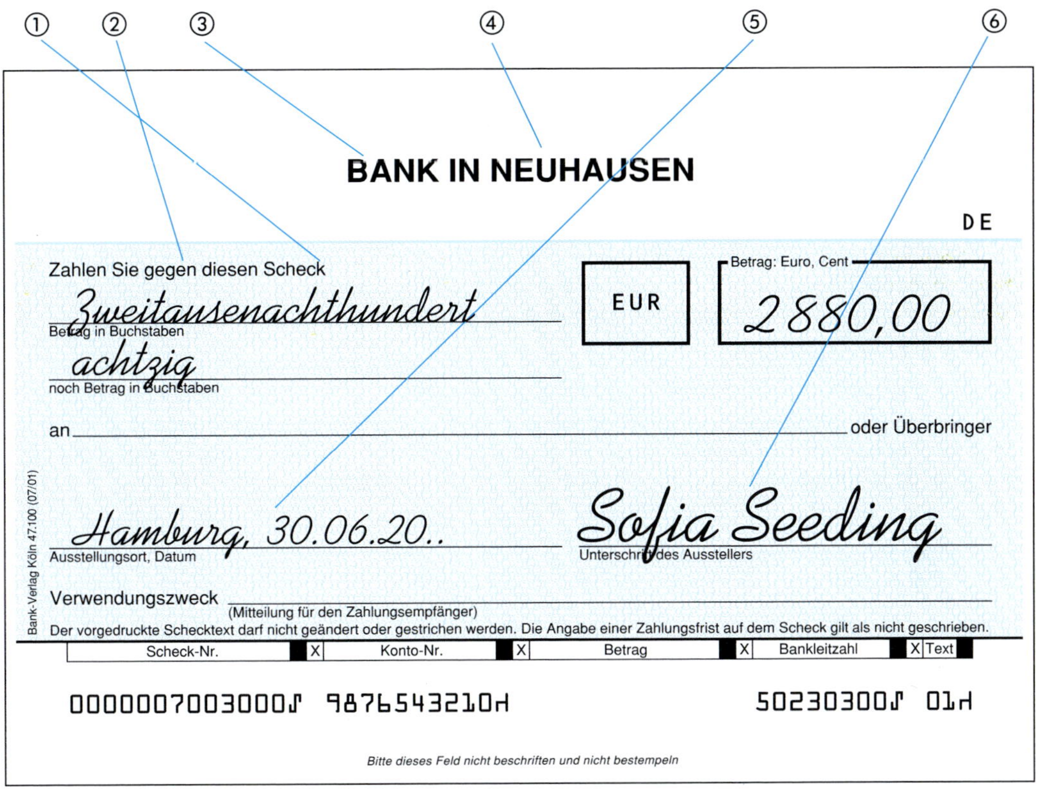

Neben der Möglichkeit, sich als Inhaber den Scheck vom bezogenen Kreditinstitut in bar auszahlen zu lassen, kann der Zahlungsempfänger den Scheck bei seiner eigenen Bank einreichen. Der Scheckbetrag wird dann durch die eigene Bank eingezogen, indem sie den Scheck bei der bezogenen Bank einreicht. Der Betrag wird dann dem Konto des Einreichers (im Rahmen eines Inkassoverfahrens, d.h. Eingang vorbehalten) gutgeschrieben (= **bargeldlose Zahlung**; Ablauf s.u. Verrechnungsscheck). Beispielsweise zahlen Speditionen bei seemäßig einkommenden Sendungen (i.d.R. im Auftrag ihrer Kunden) bei der Einreichung eines zeitlich ersten (lückenlos indossierten) Originalkonnossements[1] die evtl. anfallenden Kosten wie Seefracht, Terminal Handling

[1] *Vgl. kassatorische Klausel; neben dem Barscheck werden von den Speditionen vor allem auch Verrechnungsschecks zum Begleichen der Forderungen verwendet.*

LSL

Charges (THC), Bunkerzuschläge u. a. per Scheck, um die Freistempelung bzw. Freistellung des B/L zu erreichen. Der Erhalt des Schecks und somit die Bezahlung der Forderung wird zusätzlich auf der Rechnung mit einem Zusatz wie „Betrag dankend erhalten“ oder „bezahlt“ quittiert. Ohne die sofortige Bezahlung der ausstehenden Forderungen würde ein Reeder/Makler ein B/L nicht freistempeln oder freistellen. Die angenommenen Barschecks werden i. d. R. bei der eigenen Bank (hier des Reeders) eingereicht, da es einen zu großen Zeit- und Arbeitsaufwand bedeuten würde, sich die Schecks bei den unterschiedlichen (bezogenen) Kreditinstituten in bar auszahlen zu lassen und in einem Betrag bei der eigenen Bank einzuzahlen.

Nach Erhalt kann der Scheckinhaber den Scheck unverzüglich bei dem bezogenen Kreditinstitut einlösen, so auch einen vordatierten Scheck. Allerdings sind ab dem Ausstellungsdatum bestimmte **Fristen** zu beachten:

- Bei im Inland ausgestellten Schecks ist dieser innerhalb einer Acht-Tage-Frist einzulösen.
- Bei im europäischen Ausland ausgestellten Schecks ist eine Zwanzig-Tage-Frist einzuhalten.
- Bei im außereuropäischen Ausland ausgestellten Schecks ist eine Siebzig-Tage-Frist vorgeschrieben.

Endet die Vorlagefrist an einem Samstag, Sonntag oder Feiertag, so ist der letzte Vorlagetag der folgende Werktag.

Nach Ablauf der Frist vorgelegte Schecks dürfen vom bezogenen Kreditinstitut ausgezahlt werden. Zahlt das bezogene Kreditinstitut den Scheckbetrag nach Fristablauf jedoch nicht aus, hat der Gläubiger kein Rückgriffsrecht beim Schuldner. D. h., dass der Schuldner für alle aus der verspäteten Einreichung des Schecks anfallende Kosten nicht haftbar gehalten werden kann. Der eigentliche Forderungsbetrag bleibt dem Schuldner gegenüber allerdings bestehen.

Zudem hat der Aussteller des Schecks die Möglichkeit, den Scheck jederzeit zu widerrufen, sodass das bezogene Kreditinstitut den **gesperrten** Scheck nicht mehr einlösen darf. Löst das Kreditinstitut den Scheck dennoch ein, muss es dem Scheckaussteller den Betrag (wertstellungsgleich)[1] wieder gutschreiben.

Schecks werden außerdem nicht eingelöst, wenn Formmängel bei der Ausstellung bestehen, der Einlöser offensichtlich nicht zur Einlösung berechtigt ist oder gesetzliche Bestandteile auf dem Scheck fehlen.

MERKE
Das bezogene Kreditinstitut ist nur zum Einlösen des Schecks verpflichtet, wenn das Konto des Zahlungspflichtigen den ausgestellten Betrag deckt.

Vor- bzw. Nachteile der halbbaren Zahlung

- Die Zahlung kann in relativ kurzer Zeit erfolgen. Überdies kann ein Scheck genutzt werden, um Forderungen einer dritten Person gegenüber zu begleichen, da ein Scheck umgehend in liquide Mittel umgewandelt werden kann.
- Der Zahlungseingang ist nach Einreichung des Schecks beim Kreditinstitut sicher, d. h., insbesondere bei zahlungsunwilligen oder -unfähigen Kunden werden keine Mahnungen bzw. Mahnverfahren notwendig. Voraussetzung ist allerdings, dass der Scheck durch ein Guthaben auf dem Konto oder einen Überziehungskredit (= Kontokorrentkredit) gedeckt ist.
- Eine Gefahr stellt die Möglichkeit des Schuldners dar, den ausgestellten Scheck sperren zu lassen.

[1] *D. h. zum gleichen Termin wieder gutschreiben wie die – damit unrechtmäßige – Abbuchung erfolgte.*

Vor- bzw. Nachteile der halbbaren Zahlung
▪ Die halbbare Zahlung verursacht geringere Transport- und Lagerkosten als die Barzahlung.
▪ Bei der halbbaren Zahlung besteht eine geringere Diebstahlsgefahr und ein geringeres Transportrisiko als bei der Barzahlung.
▪ Die halbbare Zahlung verursacht kaum Zeitverluste bei der Zahlungsanweisung durch/für den Schuldner. Der Zeitpunkt der Auszahlung für den Gläubiger ist allerdings abhängig von der Bearbeitungszeit des Kreditinstituts.

Inhaberscheck

Die i.d.R. von Kreditinstituten als Vordruck ausgegebenen Schecks sind Inhaberschecks. Sie zeichnen sich dadurch aus, dass auf dem Scheckformular neben dem Scheckempfänger der Zusatz **„oder Überbringer"** vermerkt ist. Diese Ergänzung macht einen Scheck zu einem **Inhaberpapier**, d.h., derjenige, der den Scheck besitzt, kann ihn auch einlösen. Daraus folgt, dass das Kreditinstitut den Auszahlungsbetrag bei Vorlage des Inhaberschecks an die Person auszahlt, die den Scheck übergibt, unabhängig davon, ob ein Zahlungsempfänger angegeben ist oder der dafür vorgesehene Raum frei bleibt. Eine eigenmächtige Streichung des Zusatzes ist rechts**un**wirksam. Das Kreditinstitut kann trotz der Streichung des Überbringerzusatzes an jeden Überbringer, rechtmäßiger oder unrechtmäßiger Inhaber, auszahlen.

Die **rechtliche Bedeutung** und die Übergabe von Inhaberschecks sind vergleichbar mit **Inhaberlagerscheinen** und **Inhaberkonnossementen**. LSL

Rektascheck

In Ausnahmesituationen, wie bei besonders hohen Auszahlungsbeträgen **aus dem Ausland**, können im Ausland Schecks verwendet werden, auf denen der **Zahlungsempfänger namentlich benannt** ist (allerdings nicht in Deutschland), aber **kein Überbringerzusatz** vermerkt ist. Daraus folgt, dass das (auch deutsche) Kreditinstitut bei Vorlage des Rektaschecks den Auszahlungsbetrag nur an den namentlich benannten Zahlungsempfänger auszahlen darf.

In seltenen Fällen wird der auf dem Rektascheck benannte Zahlungsempfänger den Scheck an eine dritte Person weiterreichen bzw. übergeben und durch einen schriftlichen Vermerk auf der Rückseite des Schecks eine (Forderungs-)Abtretung (= Zession) rechtswirksam übertragen.[1] Aufgrund der Zession darf die Bank den Auszahlungsbetrag nur an die Person auszahlen, an die die Forderung abgetreten wurde.

Die **rechtliche Bedeutung** und die Übergabe von Rektaschecks sind vergleichbar mit **Namenslagerscheinen** und **Namens-** bzw. **Rektakonnossementen**. LSL

Orderscheck

Ein Orderscheck ist dadurch gekennzeichnet, dass – **nur** – ein **Ordervermerk** wie z.B. „Order" oder „to order" auf dem Scheckvordruck eingetragen ist (siehe unten). Ein Überbringerzusatz ist auf dem Scheck nicht verzeichnet. Daraus folgt, dass das Kreditinstitut bei Vorlage des Orderschecks den Auszahlungsbetrag nur an den rechtmäßigen Zahlungsemp-

[1] *Theoretisch wäre es denkbar, dass der Rektascheck durch eine Zession an eine weitere Person übertragen wird (= lückenlose Zessionskette).*

fänger auszahlen darf. Rechtmäßiger Scheckeinreicher ist die Person, die den Scheck durch Übergabe und durch schriftliche Abtretungserklärung (= Indossament) erhalten hat.[1]

Ist **neben dem Ordervermerk ein Zahlungsempfänger** benannt, so muss dieser indossieren, um den Orderscheck rechtmäßig weiterzureichen. Der rechtmäßige Besitzer indossiert den Scheck und übergibt ihn zur Auszahlung der Bank oder einer dritten Person. Die dritte Person wäre dann zum Indossieren verpflichtet (= lückenlose Indossamentenkette).

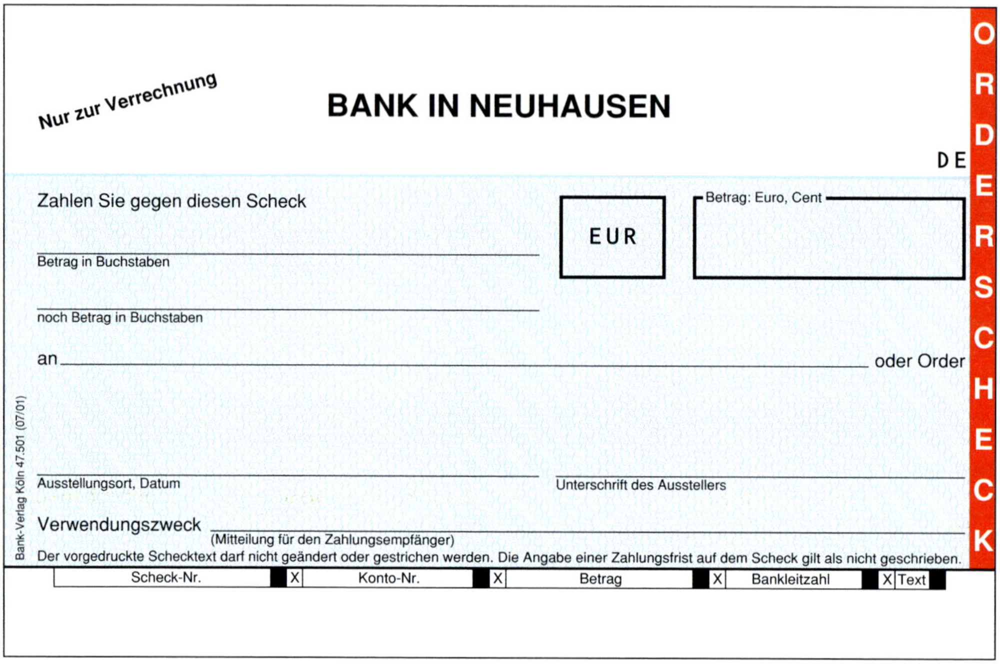

Der Orderscheck ist von Bedeutung, wenn davon ausgegangen wird, dass die ausstehende Forderung nicht an den Empfänger des Schecks ausgezahlt, sondern an eine dritte Person weitergereicht werden soll. So beispielsweise bei der Regulierung eines Schadensfalles. Sollte auf dem Lager der Wall GmbH – Spedition & Logistik eine Sendung, bestehend aus 8 Kisten Ersatzteilen mit 180 kg, vollständig zerstört werden, haftet die Wall GmbH gemäß der ADSp mit maximal 5,00 € pro kg brutto. Da die Haftungsversicherung der Wall GmbH für diesen Haftungsschaden eintritt, kann sich der Kunde direkt an den Versicherer oder an die Wall GmbH wenden. Gesetzt den Fall, der Kunde wendet sich an die Wall GmbH und diese an die **Haftungsversicherung**, dann kann die Haftungsversicherung den Betrag von (900,00 € abzgl. einer möglichen 15 %igen Selbstbeteiligung des Spediteurs = 135,00 €) 765,00 € in Form eines Orderschecks an die Wall GmbH übergeben. Die Wall GmbH kann diesen Scheck dann (indossiert) bei ihrem Kreditinstitut einreichen oder durch Indossament an den Kunden weiterreichen. Den Betrag der Selbstbeteiligung müsste die Wall GmbH zusätzlich selbst erstatten.

Die **rechtliche Bedeutung** und die Übergabe von Orderschecks sind vergleichbar mit **Orderlagerscheinen** und **Orderkonnossementen**.

---

[1] *Ein Orderscheck kann durch aufeinanderfolgende Indossamente, durch den jeweilig rechtmäßigen Besitzer – nacheinander –, an eine weitere – folgende – Person übergeben werden (= lückenlose Indossamentenkette).*

9.1.3 Bargeldlose Zahlung

Eine bargeldlose Zahlung ist dadurch gekennzeichnet, dass sowohl Schuldner als auch Gläubiger für die Buchung der Zahlung oder des Zahlungseingangs über ein Konto bei einem Kreditinstitut verfügen. Der Transfer des Geldes, d.h., die Zahlungsanweisung und der Empfang des Geldes, erfolgt in jedem Fall über die Konten der Beteiligten. Es handelt sich somit immer um **Buchgeld**. Als Buchungsbeleg, zum Beweis der Zahlung, dienen die Kontoauszüge.

Im Gegensatz zur doppelten Buchführung wird das Buchgeld beim Kreditinstitut bei Zahlungsausgängen auf dem Konto des Schuldners **(Debitor)** immer auf der Sollseite, bei Zahlungseingängen auf dem Konto des Gläubigers **(Kreditor)** auf der Habenseite gebucht.

Soll	Haben
Zahlungsausgang = Belastung = Sollumsatz	Zahlungseingang = Gutschrift = Habenumsatz

Für den bargeldlosen Zahlungsverkehr ist im Einzelnen zu unterscheiden, in welcher Form der Schuldner die Forderung begleicht. Die **Auswahl der Zahlungsform** hängt ab: LSL

- von der Häufigkeit der Forderung (einmalig oder regelmäßig),
- von der Höhe der Forderung (unterschiedlich oder gleichbleibend hoch) sowie
- von der im Kaufvertrag ausgehandelten Zahlungsbedingung (s. dort).

Im Folgenden werden die Möglichkeiten der bargeldlosen Zahlung unter Berücksichtigung der zuvor benannten Auswahlkriterien dargestellt.

Verrechnungsscheck

Durch den Zusatz „Nur zur Verrechnung"[1] wird aus einem **Barscheck** ein **Verrechnungsscheck.** Die Streichung dieses Zusatzes ist unzulässig und somit rechtsunwirksam, d.h., ein Verrechnungsscheck kann nicht in einen Barscheck umgewandelt bzw. umgekehrt werden.

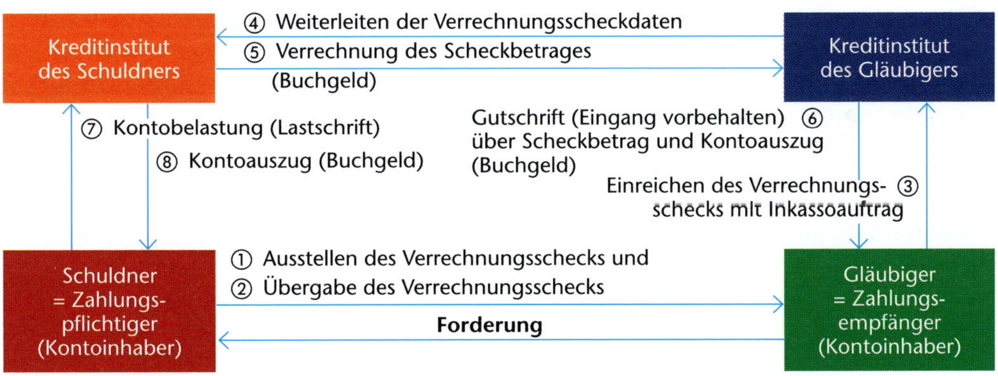

– Die Schritte ⑤ + ⑥ + ⑦ laufen nahezu zeitgleich ab. –

Der Scheckbetrag wird dem Einreicher des Schecks (Gläubiger bzw. Zahlungsempfänger) also nicht in bar ausgezahlt, sondern als Buchgeld dem Konto des Zahlungsempfängers (im Rahmen eines Inkassoverfahrens, wobei der Eingang vorbehalten – E.V. – bleibt) gutgeschrieben. Dabei wird nach dem Einreichen des Verrechnungsschecks (inklusive eines bei dem Kreditinstitut auszufüllenden Inkassoauftrages) ein Inkassoverfahren durchgeführt. Da es sich um einen beleglosen Scheckeinzug handelt, verbleibt der Originalverrechnungsscheck bei dem

[1] *Im Ausland ausgestellte gekreuzte Schecks werden nach den AGB der inländischen Kreditinstitute im Inland als Verrechnungsschecks behandelt.*

Kreditinstitut des Gläubigers. Die Daten des Verrechnungsschecks werden an das Kreditinstitut des Schuldners weitergeleitet und der Betrag von der Gläubigerbank eingezogen.

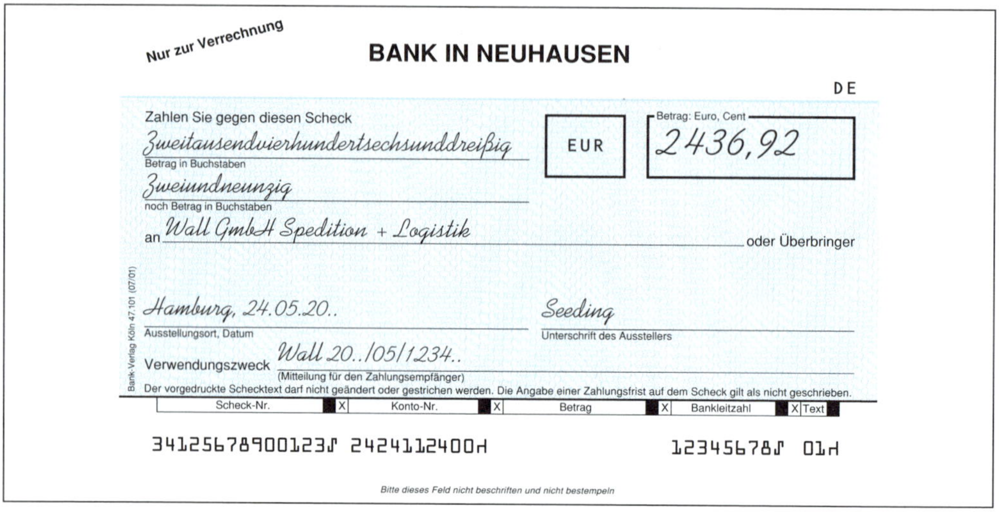
Nur zur Verrechnung
BANK IN NEUHAUSEN
DE
Zahlen Sie gegen diesen Scheck
Zweitausendvierhundertsechsunddreißig
Betrag in Buchstaben
EUR
Betrag: Euro, Cent
2436,92
Zweiundneunzig
noch Betrag in Buchstaben
an Wall GmbH Spedition + Logistik oder Überbringer
Hamburg, 24.05.20..
Ausstellungsort, Datum
Seeding
Unterschrift des Ausstellers
Verwendungszweck Wall 20../05/1234..
(Mitteilung für den Zahlungsempfänger)
Bank-Verlag Köln 47.101 (07/01)
Der vorgedruckte Schecktext darf nicht geändert oder gestrichen werden. Die Angabe einer Zahlungsfrist auf dem Scheck gilt als nicht geschrieben.
Scheck-Nr. X Konto-Nr. X Betrag X Bankleitzahl X Text
341256789001231 2424112400H 12345678Ɂ 01H
Bitte dieses Feld nicht beschriften und nicht bestempeln

Ein Verrechnungsscheck ist sicherer als ein Barscheck, weil ein unrechtmäßiger Einreicher, z. B. ein Dieb, seinen Namen und die eigene Kontonummer angeben müsste, um an den Betrag zu kommen.

Neben dem Barscheck wird auch der Verrechnungsscheck, z. B. in der Importspedition verwendet, da der Zahlungsverkehr einer Spedition und der Verfrachter (Reederei) im Regelfall über Konten erfolgt. Zudem können Speditionen ausstehende Eingangsabgaben (Zoll, Verbrauchssteuern, wie Branntweinsteuern, und Einfuhrumsatzsteuer) in bar oder mit einem Scheck gegen Quittung begleichen, sofern ihnen oder ihren Kunden kein eigenes Aufschubnehmerkonto beim Zoll zur Verfügung steht.

LSL

Schecks werden verwendet, wenn der Forderungsbetrag sofort fällig ist. Zudem bieten sich Schecks zur Bezahlung an, sofern wiederkehrende Forderungen unterschiedlich hoch sind und der Zahlungszeitpunkt nicht in gleich großen Abständen wie täglich, monatlich, vierteljährlich anfallen. So fallen in der Seehafenimportspedition bei den verschiedenen Kunden mit ihren unterschiedlichen Sendungen, die vom Spediteur ausgelegt werden, ungleich hohe Kosten für Seefracht etc. an. Der Zahlungszeitpunkt richtet sich u. a. nach den Ankunftsdaten der Seeschiffe.

Überweisung

Bei einer (Einzel-)Überweisung werden (nach Prüfung der Kontonummer und Bankleitzahl bzw. IBAN/BIC) die Zahlungsbeträge vom Girokonto des Schuldners auf das Konto des Gläubigers überwiesen. Diese müssen seit dem 01.01.2012 im EWR am nächsten Geschäftstag ankommen – für beleghafte Überweisungen verlängert sich die Frist um einen Geschäftstag. Der Betrag ist dem Empfängerkonto unverzüglich gutzuschreiben. Die Wertstellung ist der Tag, an dem die Empfängerbank den Betrag erhalten hat.
Der Widerruf einer Überweisung ist nicht mehr möglich, sobald der Überweisungsauftrag der Bank zugegangen ist. Ein solcher Widerruf ist nur auf Kulanz der Banken möglich, sofern die Überweisung von der Bank noch nicht veranlasst wurde; ansonsten ist der Überweisungsbetrag z. B. vom falschen Empfänger zurückzufordern.
Die Überweisungsformulare der Kreditinstitute sind einheitlich aufgemacht. Sie bestehen aus dem Überweisungsauftrag an die kontoführende bzw. überweisende Bank und

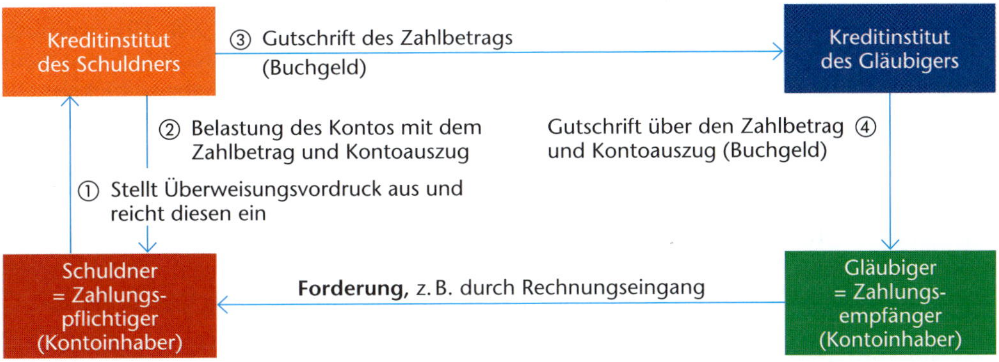

der Durchschrift bzw. einem Abschnitt für den Aussteller. Der Beleg für die Gutschrift des Gläubigers erfolgt durch den Kontoauszug.

Die **Mindestbestandteile beim nationalen Überweisungsverfahren** sind der Name des Empfängers (Begünstigter), die Kontonummer, Bankleitzahl und das Kreditinstitut des Kontoinhabers sowie des Empfängers, der Überweisungsbetrag, das Ausstellungsdatum und die Unterschrift. Zumeist wird zusätzlich ein Verwendungszweck wie Rechnungs- oder Positionsnummer (aus Zuordnungsgründen) angegeben. Dieses Verfahren wird durch die SEPA-Überweisung abgelöst und die Kontonummer und Bankleitzahl durch die IBAN und BIC ersetzt (vgl. Kapitel 9.2, SEPA-Überweisung).

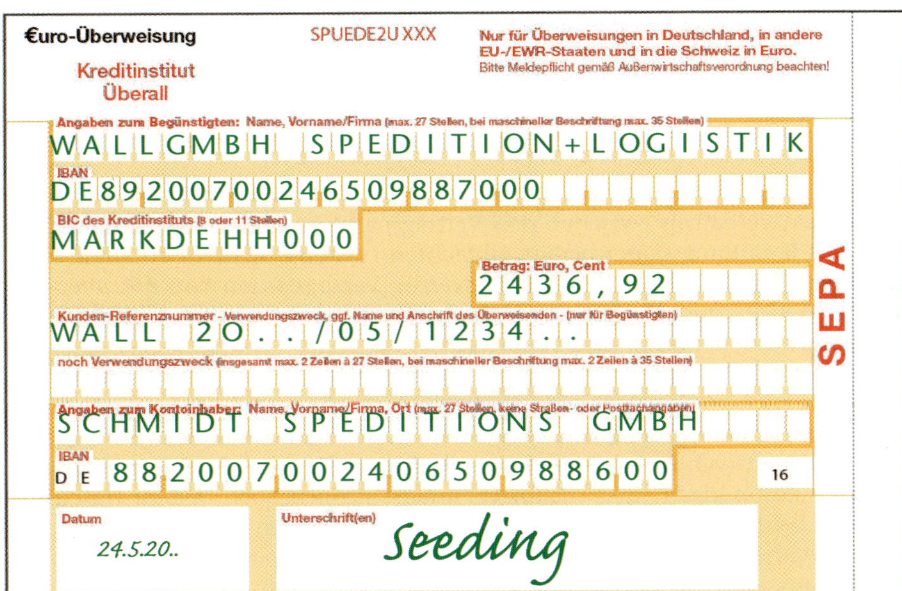
€uro-Überweisung
SPUEDE2U XXX
Nur für Überweisungen in Deutschland, in andere EU-/EWR-Staaten und in die Schweiz in Euro.
Bitte Meldepflicht gemäß Außenwirtschaftsverordnung beachten!
Kreditinstitut Überall
Angaben zum Begünstigten: Name, Vorname/Firma (max. 27 Stellen, bei maschineller Beschriftung max. 35 Stellen)
WALLGMBH SPEDITION+LOGISTIK
IBAN
DE89200700246509887000
BIC des Kreditinstituts (8 oder 11 Stellen)
MARKDEHH000
Betrag: Euro, Cent
2436,92
Kunden-Referenznummer - Verwendungszweck, ggf. Name und Anschrift des Überweisenden - (nur für Begünstigten)
WALL 20../05/1234..
noch Verwendungszweck (insgesamt max. 2 Zeilen à 27 Stellen, bei maschineller Beschriftung max. 2 Zeilen à 35 Stellen)
Angaben zum Kontoinhaber: Name, Vorname/Firma, Ort (max. 27 Stellen, keine Straßen- oder Postfachangaben)
SCHMIDT SPEDITIONS GMBH
IBAN
DE 88200700240650988600
16
Datum
24.5.20..
Unterschrift(en)
Seeding
SEPA

MERKE

Gleiches gilt bei der Verwendung von Überweisungsformularen beim Onlinebanking oder am Terminal der Geschäftsbank, wobei die Unterschrift des Ausstellers durch eine TAN (s. unten) oder PIN (s. unten) ersetzt wird.

Online(Home)banking gibt dem Zahlungspflichtigen die Möglichkeit, von jedem internetfähigen Gerät (z. B. PC, Tablet, Smartphone) aus seine Bankgeschäfte zu erledigen. Hierzu benötigt der Kontoinhaber ein Kennwort, um einen Zugang in das System der

Geschäftsbank zu bekommen. Nach der Anwahl der Funktion, wie z. B. Überweisung, und dem Ausfüllen der Überweisung, benötigt der Zahler für jede Transaktion eine neue TAN (Transaktionsnummer), um die Überweisung über das Internet abzuschicken. Die Übermittlung der Transaktionsnummer an den Kunden kann z. B. durch eine von der Bank vorab zugestellte TAN-Liste oder durch das Versenden einer „mobilen TAN" per SMS auf das registrierte Mobilfunkgerät des Kunden erfolgen.

Erledigt der Zahlungspflichtige seine Bankgeschäfte (hier Überweisung) an einem **Terminal** seiner Geschäftsbank, so ruft er den Vorgang „Überweisung" auf, gibt seine PIN (Persönliche Identifikationsnummer) ein, füllt die Überweisung aus und bestätigt den Vorgang.

Das **Telefonbanking** ermöglicht dem Kontoinhaber die Überweisung ebenso wie das Homebanking bzw. der Terminal der Geschäftsbank. Der Unterschied liegt lediglich in der fernmündlichen Angabe der entsprechenden Daten sowie eines Codes (Passwort) zur Identifikation.

Sammelüberweisung. Kontoinhaber haben die Möglichkeit, aus Gründen der Kosten- und Zeitersparnis eine Sammelüberweisung zu nutzen. In der Sammelüberweisung sind Zahlungsanweisungen an verschiedene Zahlungsempfänger mit unterschiedlichen Zahlbeträgen enthalten.

Überweisungen werden verwendet, wenn die Forderungen erst innerhalb eines festgelegten Zeitraums fällig werden. Nach den ADSp sind Rechnungen von Spediteuren sofort nach Erhalt einer Rechnung ohne Abzug zahlbar. Dreißig Tage nach Rechnungserhalt tritt der Zahlungsverzug ein. Der in den ADSp beschriebene Zahlungszeitraum beträgt
LSL also maximal dreißig Tage nach Rechnungserhalt. Die Überweisung steht eng im Zusammenhang mit der „Zahlung auf Ziel" (vgl. dort).

Im Gegensatz zur Zahlung mit einem Scheck setzt die Zahlungsform Überweisung ein gewisses Vertrauensverhältnis zwischen den Vertragspartnern voraus, da der Gläubiger Gefahr läuft, die Bezahlung seiner bereits erbrachten Leistung nicht zu erhalten. Nach den ADSp stehen dem Spediteur bei Zahlungsverzug Verzugszinsen von 8 % über dem Basiszins zu, also 8 % zuzüglich geltendem Basiszins. Ferner hat er die Möglichkeit des
LSL (inkonnexen) Zurückbehaltungs- und Pfandrechts.

Überweisungen werden im Geschäftsleben i. d. R. bei der Zahlungsbedingung **Zahlung auf Ziel** genutzt, da der Schuldner den Zahlungszeitraum ausnutzt und die **Überweisung** lediglich einige Tage dauert (vgl. Finanzierung). Ferner werden Überweisungen genutzt, wenn die eingehenden Rechnungen eines Gläubigers unterschiedlich hoch und zu verschiedenen Zeitpunkten beim Schuldner eingehen. Beispielsweise stellt ein Kaibetrieb einer Spedition für jeden erteilten Auftrag in der Seehafenimport- und -exportspedition eine (Sammel-)Rechnung aus, die von der Spedition auf Richtigkeit nach Art der Leistung und Rechnungsbetrag u. a. überprüft und überwiesen wird. Eine sofortige Bezahlung in bar ist nicht notwendig, da die Speditionen ihre Aufträge an die Kaibetriebe, wie z. B. in Hamburg
LSL beim Import, auf einem Verpflichtungsschein erteilen und sich gleichzeitig zur Kostenübernahme über ein Stundungskonto verpflichten. Dementsprechend rechnen die Kaibetriebe die anfallenden Kosten (i. d. R.) im Nachhinein auf Rechnung, also Zahlung auf Ziel, ab.

Sonderformen der Überweisung sind neben der Sammelüberweisung auch der **Dauerauftrag** und das **Lastschriftverfahren**.

Dauerauftrag als Sonderform der Überweisung

Bei einem Dauerauftrag werden gleich hohe Zahlbeträge in einem bestimmten, regelmäßig wiederkehrenden Zeitraum (z. B. monatlich, vierteljährlich, jährlich) nach der Einrichtung des Dauerauftrages durch den Schuldner vom Girokonto des Schuldners auf das Konto des Gläubigers überwiesen.

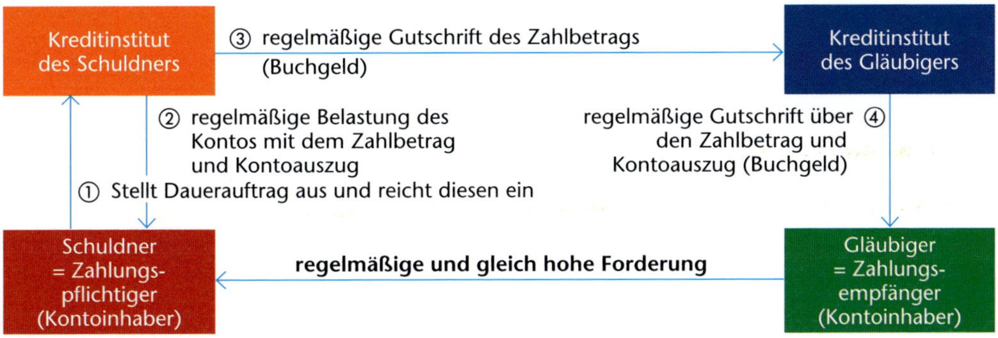

Im Gegensatz zur (Einzel- oder Sammel-)Überweisung (s. o.) gibt der Schuldner einen meist zeitlich unbefristeten, regelmäßig wiederkehrenden Zahlungsauftrag nur einmal. Er kann diesen Auftrag jederzeit stornieren (zurückziehen). So beispielsweise beim Begleichen der Miete, eines Zeitungs- oder Nahverkehrsabonnements oder von Beiträgen für Sportvereine und Gewerkschaften. Da Unklarheiten bei der Forderungshöhe nicht der Regelfall sind, sollte das Mehr an Zeit- und Arbeitsaufwand bei regelmäßiger Ausstellung von Überweisungen zugunsten eines Dauerauftrages überdacht werden.

Im Privatleben und Geschäftsleben wird ein Dauerauftrag z. B. für das Zahlen von Miete, Strom und Versicherungsprämien wie Hausrat- und Haftpflichtversicherung, Abschlagszahlungen für Strom und Wasser verwendet. (Die Zahlung dieser Positionen könnte ebenso über eine Einzugsermächtigung erfolgen.)

Vorteile des Dauerauftrages:

- für den Zahlungspflichtigen (Schuldner):
  - Die Zahlungstermine werden nicht überschritten, da der Dauerauftrag nach der ersten Anweisung immer automatisch, zum vorbestimmten Termin erfolgt.
  - Durch die einmalige Auftragserteilung der regelmäßigen Zahlung spart der Zahlungspflichtige die Arbeit und die Zeit der wiederholten Auftragserteilung.
- für das Kreditinstitut:
  - Sofern der Dauerauftrag schriftlich erteilt wird, muss das Kreditinstitut die Daten wie die Unterschrift nur einmal prüfen. Im Onlinegeschäft ober beim Telefonbanking entfällt die papiermäßige Erfassung.
- für den Zahlungsempfänger (Gläubiger):
  - Aufgrund des pünktlichen Zahlungseinganges entfallen Arbeits- und Zeitaufwand für beispielsweise Mahnungen.

Nachteile des Dauerauftrages:

- für den Zahlungspflichtigen (Schuldner):
  - Wenn die Zahlungen eingestellt werden sollen, muss der Dauerauftrag gelöscht werden.
- für das Kreditinstitut:
  - Im Onlinegeschäft entfallen – je nach Geschäftsbedingungen bzw. den ausgehandelten Konditionen – die Provisionen für das Erstellen von Daueraufträgen bzw. Überweisungen.
- für den Zahlungsempfänger (Gläubiger):
  - kann vom Schuldner storniert werden.

Lastschriftverfahren

Bei dem Lastschriftverfahren gestattet der Zahlungspflichtige – über die Kreditinstitute – dem Zahlungsempfänger, von seinem Girokonto Zahlungen für einen bestimmten Zweck abbuchen zu lassen. Formen des Lastschriftverfahrens sind das Einzugsermächtigungsverfahren durch das Erteilen einer **Einzugsermächtigung** an den Zahlungsempfänger und der **Abbuchungsauftrag** durch das Erteilen eines Auftrages an das eigene Kreditinstitut.

Einzugsermächtigungsverfahren:

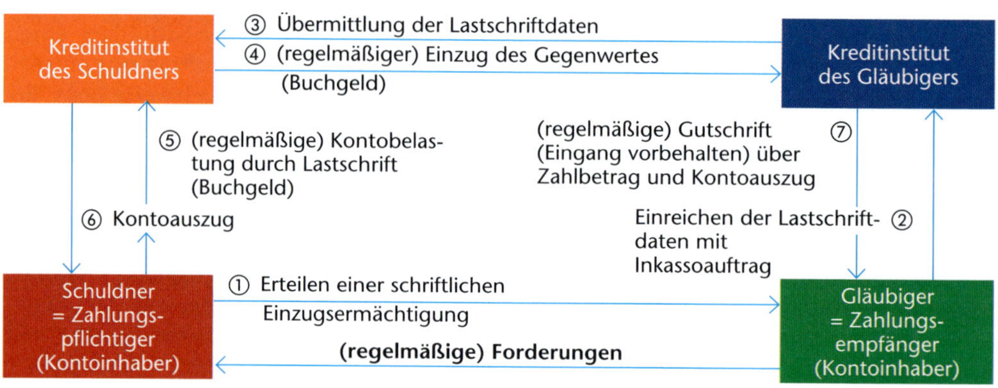

– Die Schritte ⑤ + ⑦ laufen nahezu zeitgleich ab. –

Abbuchungs(auftrags)verfahren:

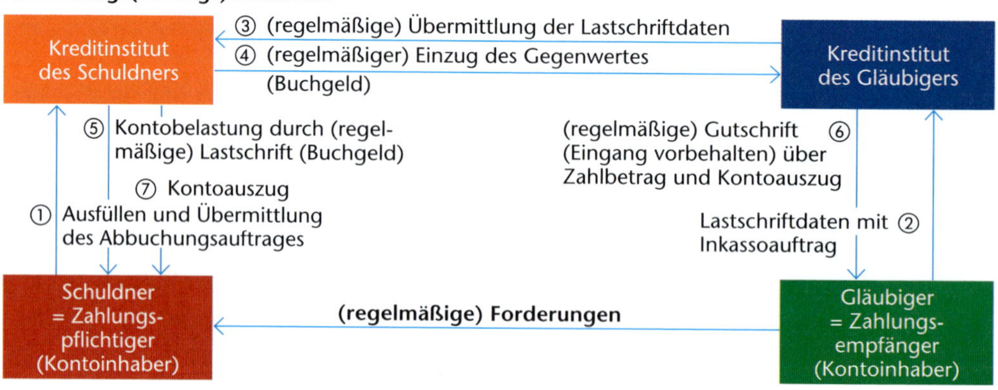

Nach Belastung einer Einzugsermächtigungslastschrift hat der Zahlungspflichtige die Möglichkeit, bei Unklarheiten, z. B. bei der Höhe der ausstehenden Forderung, einer solchen Lastschrift unverzüglich nach Kenntnisnahme (auf dem Kontoauszug), spätestens sechs Wochen nach Zugang der bei Privatpersonen zumeist quartalsweise, bei Unternehmen i. d. R. monatlich erstellten Konto(abschluss)abrechnung bei seiner Bank zu widersprechen (AGB der Kreditinstitute). Bei dem Abbuchungsauftragsverfahren besteht diese Möglichkeit nicht.

Das Einzugsermächtigungsverfahren kann verwendet werden, wenn regelmäßig wiederkehrende Forderungen zu begleichen sind. Die Höhe der Forderungen kann dabei variieren. So kann das Einzugsermächtigungsverfahren beispielsweise beim Begleichen von Telefonrechnungen verwendet werden, die sich i. d. R. aus einem festen Posten (Grundgebühr) und einem variablen Faktor (z. B. in Bezug auf Anzahl, Dauer und Gesprächsentfernung) zusammensetzen. Für Speditionen wäre es zudem möglich, für die Zollbehörden ein Lastschriftverfahren einzuleiten, damit der Zoll sicher sein kann, die Einfuhrabgaben bezahlt zu bekommen, die über ein Aufschubnehmerkonto für sämtliche Abfertigungen in den freien Verkehr lediglich einmal im Monat (zum 15. des Folgemonats aufsummiert) anfallen.

LSL

Das Abbuchungsauftragsverfahren bietet sich für Kreditinstitute an, wenn sie einem Kunden einen Hypothekenkredit eingeräumt haben. Das Kreditinstitut kann sicher sein, Zins und Tilgung nach der Kontobelastung behalten zu können.

Ein Zahlungspflichtiger kann (i. d. R.) zwischen den zuvor beschriebenen Zahlungsarten wählen. Dagegen muss der Zahlungspflichtige allerdings den Arbeits- und Zeitaufwand zum Begleichen der Forderungen gegen die übrigen Vor- und Nachteile abwägen.

Girocard/Geldkarte

Die Girocard wurde im Zuge der Realisierung des einheitlichen europäischen Zahlungsraums SEPA eingeführt. Sie umfasst das PIN-gestützte Bezahlen im Handel („electronic cash-System") und die Bargeldbeschaffung an den Geldautomaten. Als Erkennungszeichen befindet sich das Girocard-Logo auf der Debitkarte und löst damit das EC-Logo ab.

Die Girocard dient:

- zum Bezahlen bei dem Zahlungsempfänger. Der Zahlungsempfänger ist ein Vertragsunternehmen der Kreditinstitute innerhalb Europas.
- zum Geldabheben bei europäischen Kreditinstituten z. B. innerhalb der EU und
- um Überweisungen am Terminal beim eigenen Kreditinstitut zu tätigen sowie Daueraufträge und Lastschriftverfahren einzurichten (s. dort).

Der Karteninhaber einer Girocard kann bei dem Zahlungsempfänger am **POS** (= Point of Sale) innerhalb seines Verfügungsrahmens bargeldlos bezahlen. Hierzu muss der Karteninhaber die Girocard übergeben, damit die Daten des Chips (Kreditinstitut, Kontonummer, Name des Zahlungspflichtigen u. a.) in dem dafür vorgesehenen Gerät eingelesen werden. Der Karteninhaber autorisiert die Zahlung durch die Bestätigung des Zahlbetrages, die Eingabe und Bestätigung der **PIN** (= Persönliche Identifikations-Nummer). Die Prüfung der persönlichen Daten, des Verfügungsrahmens und einer evtl. Sperrung der Karte sowie die Bezahlung erfolgt online. Der Zahlbetrag wird vom Konto des Zahlungspflichtigen umgehend abgebucht und das Kreditinstitut garantiert die Bezahlung.

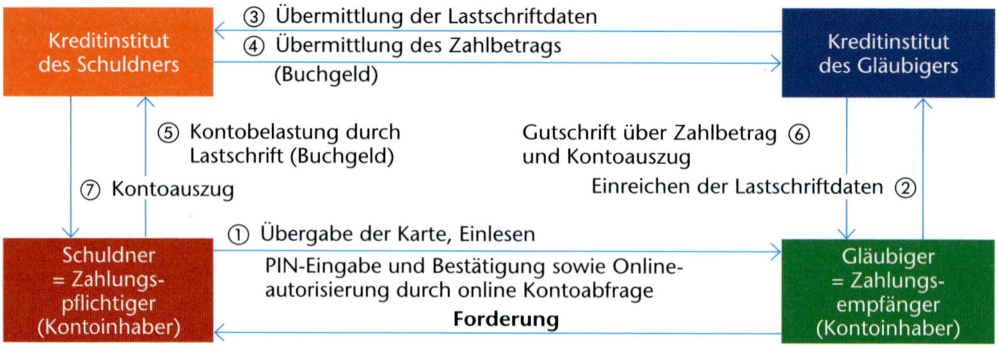

Der Karteninhaber kann außerdem an jedem europäischen ec-Geldautomaten direkt Bargeld innerhalb des Verfügungsrahmens abheben. Hierzu muss der Karteninhaber bzw. der Zahlungspflichtige die Karte in den Automaten stecken und seine PIN eingeben und bestätigen sowie den gewünschten Betrag angeben. Nach Prüfung der Angaben und des Verfügungsrahmens wird der Auszahlungsbetrag sofort ausgegeben (innerhalb einer Woche ist das Abheben von i. d. R. maximal 500,00 € am Tag und 2 500,00 € in der Woche innerhalb der EU einheitlich möglich). Die Prüfung der Daten erfolgt online nach den auf dem Magnetstreifen enthaltenen Daten und der PIN. Zu beachten ist, dass das Abbuchen von Bargeld bei einem fremden Kreditinstitut i. d. R. gebührenpflichtig ist.

Neben dem Girocard-Verfahren wird in der Praxis in immer selteneren Fällen das Elektronische Lastschriftverfahren (ELV) angewandt. Statt der PIN hat der Karteninhaber nach der Rechnungserstellung durch den Zahlungsempfänger eine Unterschrift zu leisten. Mithilfe der im Magnetstreifen gespeicherten Daten wird eine Lastschrift durch ein entsprechendes Gerät erstellt, die durch die Unterschrift des Karteninhabers bzw. Zahlungspflichtigen zur Abbuchung vom Konto autorisiert wird. Das Kreditinstitut übernimmt hierbei keine Garantie zur Zahlung der ausstehenden Forderung. Die Unterschrift des Zahlungspflichtigen weist die Bank lediglich an, den Betrag einzuziehen. Sofern die Zahlung nicht erfolgt, ist das Kreditinstitut durch die Unterschrift dazu verpflichtet, den Namen und die Adresse des Zahlungspflichtigen bekannt zu geben, damit der Gläubiger Schritte gegen den Schuldner einleiten kann, die ihn zur Zahlung veranlassen.

Die **Geldkarte oder die Girocard mit Geldkartenfunktion** ermöglicht dem Karteninhaber ohne Angabe der PIN oder dem Leisten einer Unterschrift am bargeldlosen Zahlungsverkehr teilzunehmen. Als „elektronische Geldbörse" kann der Karteninhaber an jedem innerhalb Deutschlands dafür vorgesehenen Geldkartenterminal bis zur Höhe des Guthabens auf der Karte bezahlen. Nach dem Einstecken der Geldkarte in das Einlesegerät bestätigt der Karteninhaber den Betrag und der Zahlbetrag wird von dem Mikrochip auf der Karte auf das Terminal übertragen, bei dem die Zahlung zu leisten ist. Auf dem Mikrochip verbleibt das Restguthaben. Das Aufladen der Karte erfolgt an Geldkartenladegeräten i. d. R. bei den Kreditinstituten bis zu einem maximalen Betrag von 200,00 €.

Die Geldkarte wird vornehmlich im Zahlungsverkehr mit kleinen Zahlbeträgen verwendet. Die Girocard hingegen ist bis zur Ausnutzung des Verfügungsrahmens, beispielsweise im Einzelhandel oder Reiseverkehr, auch für die Bezahlung größerer Beträge in weiten Teilen der Geschäftswelt akzeptiert. Obgleich eine Umsatzprovision für die Verwendung der Girocard von den Zahlungsempfängern erhoben wird, liegt diese unter der für die Benutzung der Kreditkarte, insbesondere, weil dem Karteninhaber für die Bezahlung kein Kredit vom Zahlungsempfänger gewährt wird.

Kreditkarte

Mithilfe der Kreditkarte zahlt der Zahlungspflichtige eine offene Forderung bargeldlos. Sowohl im In- als auch im Ausland kann der Karteninhaber Waren und Dienstleistungen bis zu einem bestimmten Höchstbetrag auf Kredit erhalten.

Der Karteninhaber gibt die Karte an den Zahlungsempfänger, damit dieser die notwendigen, auf der Karte hochstehenden Daten, wie die Kartennummer, den Namen des Karteninhabers, den Beginn der Gültigkeit der Karte, das Verfallsdatum, durch einen Handdrucker auf eine Kreditkartenrechnung übernehmen kann. Ebenso werden die Daten des Zahlungsempfängers in die Rechnung aufgenommen. Nach dem Ergänzen des Rechnungsbetrages unterschreibt der Zahlungspflichtige den Beleg. (Die Abwicklung über einen PIN – vgl. Zahlung mit der Girocard/Geldkarte – wäre ebenso möglich.)

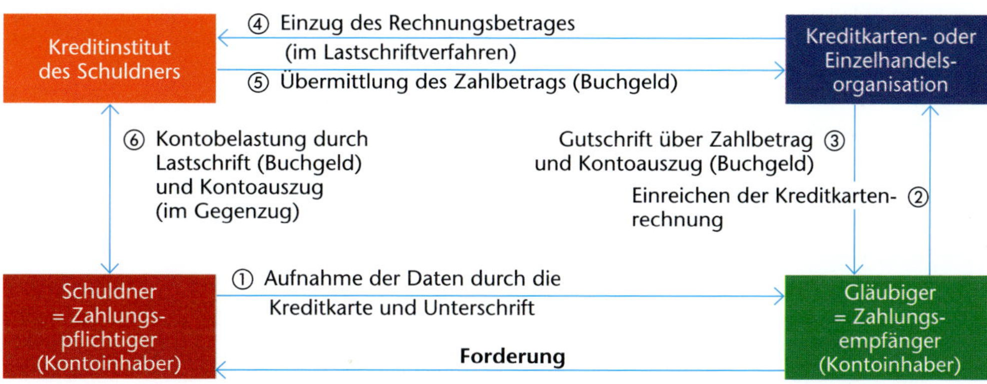

– Eine Kopie der Kreditkartenrechnung erhält der Aussteller, eine Kopie verbleibt dem Zahlungsempfänger (Vertragspartner des Kreditkartenherausgebers), eine Kopie bekommt der Kartenherausgeber. –

Kreditkarten werden vornehmlich von Kreditkartenorganisationen ausgegeben. Der Kreditkartenherausgeber begleicht die ausstehenden Forderungen innerhalb einer vertraglich festgelegten Frist. Von dem Zahlbetrag behält die Kreditkartenorganisation eine vereinbarte Umsatzprovision vom Gläubiger (zwischen drei bis acht Prozent vom Zahlbetrag des Zahlungsempfängers) zurück. Im Gegenzug trägt die Kreditkartenorganisation das Risiko der Nichtbezahlung.

Das Abbuchen aller anfallenden Zahlbeträge erfolgt i. d. R. monatlich. Der Karteninhaber hat (zumeist) neben der einmaligen Gebühr für die Herausgabe der Karte keinerlei Kosten zu tragen.[1]

Die Kreditkarte findet ebenso Verwendung bei Vertragsabschlüssen im **E-Business**. Die Bezahlung erfolgt i. d. R. mit einer Kreditkarte. Hierzu werden lediglich der Name des

[1] *Für den Einsatz im Ausland erheben die Kreditkartenorganisationen im Regelfall eine Gebühr.*

Karteninhabers und die Kartennummer verlangt, aus Sicherheitsgründen wird zumeist zusätzlich ein auf der Rückseite der Kreditkarte befindlicher Sicherheitscode verlangt.

LSL

So werden Kreditkarten auch in Speditionen nicht für den laufenden Zahlungsverkehr verwendet. Zum Teil haben Führungskräfte Kreditkarten, die auf Speditionskonten geführt werden, weil die Reisekostenabrechnung zum einen vereinfacht wird und zum anderen die Auslagen für den Mitarbeiter nicht zu hoch werden. Die von einer **SVG** ausgegebenen Kreditkarten ermöglichen es den Fahrern der Lkws, bei Vertragstankstellen zu tanken. Die Fahrer müssen kein Bargeld mit sich führen bzw. die Rechnungen verauslagen und der Fuhrpark oder die Spedition müssen keine Rohstoffvorräte vorhalten.

Vorteile der Kreditkarte

- für den Kreditkarteninhaber (Schuldner):
  - Die Gewährung eines zinsfreien Kredites für den Zeitraum zwischen Forderungsentstehung und Abbuchung des Zahlbetrages.
  - Die Kreditkarte stellt eine Liquiditätsreserve dar, weil der Inhaber der Karte durch die Gewährung des Kredites bis zur Monatsabrechnung liquide bleibt, sofern die Kreditkarten zur Zahlung anerkannt sind.
  - Außerdem muss kaum Bargeld mitgeführt werden.
  - Es besteht ein geringes Verlustrisiko. Bei Verlust kann eine Karte gesperrt werden. Die Haftung des Karteninhabers vor der Verlustmeldung beläuft sich auf i. d. R. maximal 50,00 €. Nach der Verlustmeldung entfällt die Verpflichtung des Karteninhabers zur Haftung.
  - Geringe Lager- und Transportkosten sowie keine Gefahr des Verzählens.
  - Ein bequemes Zahlungsmittel (Karte und Unterschrift oder PIN) und übersichtliche Abrechnung durch eine detaillierte Aufstellung der Zahlbeträge für den Abrechnungszeitraum.
- für den Zahlungsempfänger (Vertragsunternehmen/Gläubiger)
  - Der Umsatz der Vertragsunternehmen kann gesteigert werden, da die Kunden spontan und z. T. mehr kaufen, als sie sich leisten können.
  - Ebenso wie bei der Barzahlung besteht kein Kreditrisiko, da die Kreditkartenorganisationen das Risiko bei möglicher Nichtzahlung durch den Zahlungspflichtigen tragen, wenn beim Bezahlvorgang eine Autorisierung erfolgte.
  - Der **E-Commerce** (s. dort) wird durch den Einsatz von Kreditkarten teilweise erst möglich, da eine andere Zahlungsform zurzeit häufig nicht vorgesehen ist.

Nachteile der Kreditkarte

- für den Kreditkarteninhaber (Schuldner):
  - Teilweise Entrichtung einer Jahresgebühr an die Kreditkartenorganisation.
  - Um eine Kreditkarte zu erhalten, müssen persönliche Daten wie Familienstand, Einkommen u. a. bekannt gegeben werden.
  - Die Bezahlung mit der Kreditkarte ist lediglich bei Vertragsunternehmen möglich.
  - Die Gefahr mehr Geld auszugeben, als die finanziellen Möglichkeiten durch das Einkommen es erlauben. Der Überblick über das verfügbare Einkommen kann verloren gehen, da die Abrechnung nur einmal im Monat erfolgt.
- für den Zahlungsempfänger (Vertragsunternehmen/Gläubiger):
  - Der Zahlungsempfänger trägt die Kosten des Kreditkarteneinsatzes, weil die Kreditkartenorganisation eine Umsatzprovision in Prozent vom Zahlbetrag einbehält.
  - Im Gegensatz zur Bargeldzahlung besteht durch den Einsatz der Kreditkarte ein höherer Verwaltungsaufwand durch die Abwicklungsformalitäten.

Die Kreditkarte gibt dem Karteninhaber neben der Zahlungsfunktion auch die Möglichkeit der Bargeldabhebung i. d. R. gegen Gebühr bei einem Kreditinstitut am Schalter oder am Geldautomaten.

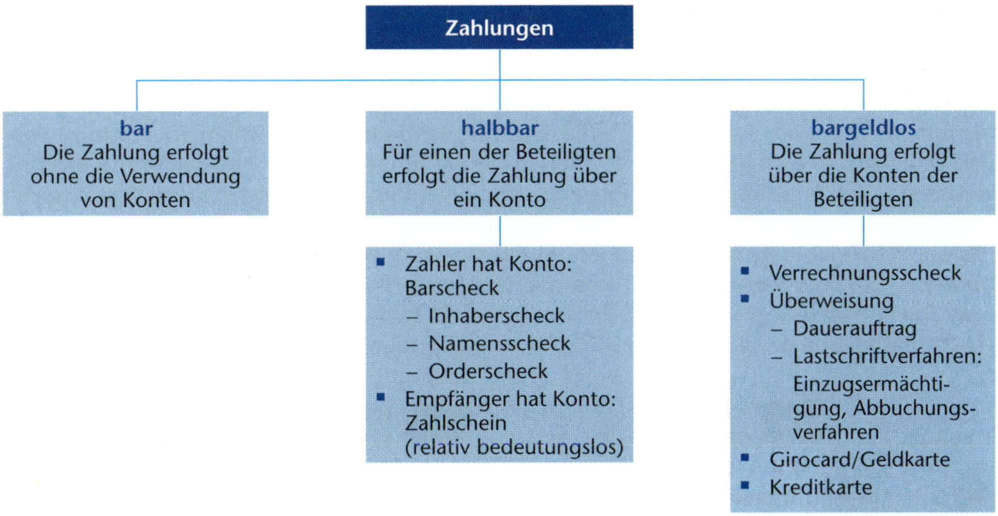

9.2 Single Euro Payments Area (SEPA)

Zur Schaffung eines einheitlichen Zahlungsverkehrsraums als Teil der Entwicklung und Umsetzung eines gemeinsamen Binnenmarktes innerhalb der EU ist seit dem 1. Januar 2008 die Single Euro Payments Area (SEPA) in Kraft.

Ein entscheidender Schritt zur Schaffung eines einheitlichen EU-Binnenmarktes war bereits im Jahr 2002 die Einführung des Euro-Bargeldes.

Die Zahlungsverkehrsmärkte nutzen jeweils eigene technische Standards für den Zahlungsaustausch, so bei den Kontonummern, der Systematik oder dem Datenformat. Zudem bestehen beispielsweise Unterschiede zwischen dem deutschen und dem französischen Lastschriftverfahren. Daraus folgt, dass der Zahlungsverkehr noch heute verstärkt über nationale Dienstleister und sog. Clearinghäuser abgewickelt wird.

Durch das einheitliche SEPA-Format bestehen nunmehr einheitliche Standards für den Euro-Zahlungsverkehr in allen EU-Ländern sowie in Norwegen, Island, Liechtenstein und der Schweiz. Ziel der SEPA ist es, Zahlungen in Euro zunächst in Form von Überweisungen und Lastschriften effizienter, sicherer und kostengünstig abzuwickeln sowie (später) den Kartenzahlungsverkehr zu harmonisieren. Somit wird es praktisch keinen Unterschied zwischen nationalem und grenzüberschreitendem Zahlungsverkehr mehr geben, weil die nationalen Verfahren und Instrumente auslaufen werden.[1] Das SEPA-Format kann lediglich durch die angeschlossenen Banken ausgetauscht werden.

[1] *Eil-, Individual- und Auslandsüberweisungen, also Zahlungen in Fremdwährung und Zahlungen in Nicht-SEPA-Staaten, sind von der SEPA nicht betroffen.*

Die SEPA-Zahlungsverkehrs-Instrumente (SEPA-Überweisung, SEPA-Lastschrift, SEPA-Kartenzahlung) im Binnenmarkt werden von den Banken schrittweise zur Verfügung gestellt werden.

SEPA-Überweisung (SEPA Credit Transfer – SCT)

Die in Deutschland seit 2003 existierende „EU-Standardüberweisung" stellt ein zur SEPA vergleichbar standardisiertes Verfahren zur Abwicklung von Euro-Überweisungen bis 50 000,00 € in andere EU- und EWR-Staaten dar. Die Standards wurden vom EPC (European Payments Council – Europäischer Zahlungsverkehrsrat) weiterentwickelt und werden bereits in der Praxis auf SEPA-Überweisungen angewendet.[1] Mit der SEPA-Überweisung – für die keinerlei Betragsgrenzen gelten – werden Überweisender und Begünstigter und deren Kreditinstitute durch IBAN (International Bank Account Number) und BIC (Business Identifier Code) identifiziert. Es handelt sich dabei um europaweit gültige Kontodaten, die die Kontonummern und die Bankleitzahlen in Deutschland ab 2014 ersetzen. Die Kunden können damit innerhalb des SEPA-Raumes in der Regel bereits nach einem Bankgeschäftstag über den Überweisungsbetrag verfügen.

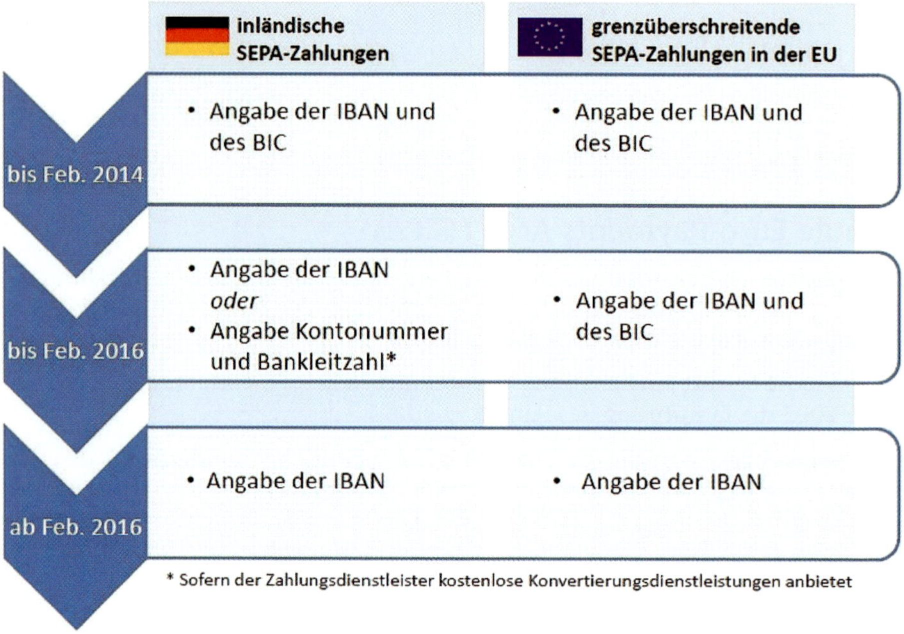

Quelle: https://www.sepadeutschland.de/assetimage_4ff43f004d9fc4184100004f_800wns600.jpg (12.02.2014)

IBAN

Statt einer Kontonummer wird im grenzüberschreitenden Zahlungsverkehr eine Empfänger-Identifikationsnummer angegeben, die das Länderkennzeichen, den Bankcode, die Kontonummer und Prüfziffer beinhaltet (max. 34 Stellen).

Beispiel

In Deutschland wird die IBAN mit 22 Stellen dargestellt: die Länderkennzeichen werden mithilfe der ersten 2 Stellen abgebildet (für Deutschland: DE). Die 2-stellige Prüfziffer dient zur Kontrolle der

---

[1] *Vgl. an SEPA teilnehmende Kreditinstitute auf der Internetseite des European Payments Council.*

Kontonummer und Bankverbindung noch vor Ausführung der Zahlung. Es folgt die 8-stellige Bankleitzahl des Kontoinhabers (Bsp. 200 700 24) sowie von hinten aufgefüllt die Kontonummer (je nach Kreditinstitut bis zu 10 Stellen).

DE 89 200700240 6509887 00 → DE89200700240650988700

BIC

Der SWIFT-Code (Society for Worldwide Interbank Financial Telecommunication-Code) bzw. die Adresse einer Bank wird durch die internationale Bankleitzahl eines Kreditinstituts (BIC) dargestellt. Er besteht aus maximal 11 Stellen: Die ersten 4 Stellen entsprechen der Bankbezeichnung und können frei gewählt werden (Bsp. Deutsche Bundesbank: MARK), die Länderkennung, die dem ISO-Code des jeweiligen Landes entspricht (2 Stellen: für Deutschland: DE). Es folgt die 2-stellige Orts-/Regionsangabe, wie Frankfurt am Main: FF). Die letzten 3 Stellen können für Filialbezeichnungen genutzt werden und sind frei wählbar bzw. können frei bleiben.

Beispiel

MARK DE FF 000 → MARKDEFF000

SEPA-Lastschrift (SEPA Direct Debit – SDD)

Ab 2014 löst die SEPA-Lastschrift das nationale Lastschriftverfahren endgültig ab und es bedarf auch bei dieser Zahlungsform der Anwendung von IBAN und BIC.

Die rechtliche Legitimation für den Einzug von SEPA-Lastschriften stellt das **SEPA-Mandat** dar. Durch die Erteilung des Mandats gibt der Zahler (Schuldner) gegenüber dem Zahlungsempfänger (Lastschrifteinreicher) die Zustimmung, die fälligen Forderungen vom Konto einzuziehen, und gleichzeitig stellt das Mandat die Anweisung an die Bank des Zahlers zur Einlösung und Kontobelastung der Zahlung dar. Das SEPA-Lastschriftmandat enthält eine Mandatsreferenznummer und die Gläubiger-Identifikationsnummer. Die individuelle Gläubiger-Identifikationsnummer (CI = Creditor Identifier) wird an jeden Zahlungsempfänger durch die Deutsche Bundesbank vergeben.

Bei der SEPA-Lastschrift werden die zwei Verfahren SEPA-Basislastschrift (SEPA Core Direct Debit) und SEPA-Firmenlastschrift (SEPA Business to Business Direct Debit) unterschieden. Es gilt für beide Verfahren, dass der Zahlungsempfänger ein festes Fälligkeitsdatum (due date), an dem die Kontobelastung erfolgt, dem Schuldner mitteilen muss und damit der Vorteil für den Zahler in der exakten Liquiditätsplanung besteht.

SEPA-Basislastschrift

Gemäß den rechtlichen Bedingungen zur SEPA-Basislastschrift müssen erstmalige und einmalige Lastschriften fünf Tage vor Fälligkeit bei der Bank des Zahlungspflichtigen eingereicht werden. Bei wiederkehrenden Lastschriften bedarf es lediglich einer Vorlauffrist von zwei Tagen. Der Zahler hat die Möglichkeit, innerhalb von acht Wochen nach Kontobelastung der Lastschrift zu widersprechen. Liegt kein gültiges SEPA-Mandat vor, kann der Schuldner innerhalb von 13 Monaten nach Belastung den Betrag zurückverlangen (vgl. Deutsche Bundesbank: die SEPA-Lastschrift[1]).

[1] *SEPA Deutschland: Die SEPA-Lastschrift, abgerufen unter: https://www.sepadeutschland.de/de/sepa-lastschrift [09.03.2013]*

SEPA-Firmenlastschrift

Die SEPA-Firmenlastschrift gilt nur für den Zahlungsverkehr mit Geschäftskunden und muss einen Tag vor Fälligkeit bei der Bank des Zahlungspflichtigen vorgelegt werden. Hierbei ist es unabhängig, ob es sich um eine einmalige, erstmalige oder wiederkehrende Lastschrift handelt. Bei der Firmenlastschrift besteht bei einer autorisierten Zahlung keine Möglichkeit des Widerspruchs, da die Bank des Zahlers verpflichtet ist, vor der Kontobelastung die Mandatsdaten zu überprüfen (vgl. Deutsche Bundesbank: Die SEPA-Lastschrift[1]).

Vergleich SEPA-Lastschrift und das Einzugsermächtigungsverfahren:

SEPA-Basislastschrift	Nationales Einzugsermächtigungsverfahren
Nutzung innerhalb des SEPA-Raums	Nationale Nutzung
Verwendung von IBAN und BIC	Verwendung der nationalen Kontonummer und Bankleitzahl
Verwendung einer Gläubiger-Identifikationsnummer und Mandatsreferenznummer	–
Vorgabe eines Due Date	Fälligkeit bei Sicht
Mandatsverfall nach 36 Monaten bei Nichtnutzung	Gültigkeit der Einzugsermächtigung bis zum Widerruf
Einreichung der Mandatsinformationen im Datensatz beim Einzug der Lastschrift	Verweis auf Einzugsermächtigung beim Einzug der Lastschrift

Quelle: Deutsche Bundesbank, abgerufen unter http://www.bundesbank.de/Redaktion/DE/Dossier/kerngeschaeftsfelder/sepa.html?notFirst=true&docId=25926 (11.02.2014)

SEPA-Kartenzahlungen (SEPA Cards Framework – SCF)

Generelle Anforderungen bei SEPA-Kartenzahlungen ist es, Zahlungen und Bargeldabhebungen in Euro mit „Allgemeinen Zahlungskarten“ zu vereinfachen. Die Kunden sollen ihre Karte im gesamten Euro-Zahlungsverkehrsraum in gleicher Weise wie im Heimatland verwenden können. Um dies zu erreichen, sind eine weitestgehend technische Standardisierung und einheitliche Sicherheitsanforderungen sowie Zertifizierungsprozesse für Karten und Terminals vonnöten. Zielsetzung für den SEPA-Kartenverkehr ist es, die zurzeit i. d. R. nationale Ausrichtung von Kartensystemen zugunsten internationaler Vernetzung aufzugeben und damit zukünftig die Kartenzahlung und Bargeldabhebungen innerhalb des einheitlichen Zahlungsraumes ebenso schnell und sicher abzuwickeln wie bisher auf nationaler Ebene.

9.3 Exkurs: E-Commerce

Der elektronische Handel findet auf virtuellen Marktplätzen im Internet statt. Das World Wide Web bietet den Unternehmen eine zusätzliche Möglichkeit, ihre Produkte anzubieten. Bei dieser Art der Vertriebspolitik werden Verkaufsformen nach den Beteiligten unterschieden:

[1] *Deutsche Bundesbank: Die SEPA-Lastschrift, abgerufen unter: http://www.bundesbank.de/Redaktion/DE/Standardartikel/Kerngeschaeftsfelder/Unbarer_Zahlungsverkehr/die_sepa_lastschrift.html [09.03.2013]*

Markt- und Transaktionsbereiche des E-Commerce

Anbieter der Leistung	Nachfrager der Leistung Consumer	Business	Administration
Consumer	**Consumer-to-Consumer (c2c)** z. B. Internet – Kleinanzeigenmarkt	Consumer-to-Business (c2b) z. B. Jobbörsen mit Anzeigen von Arbeitsuchenden	Consumer-to-Administration (c2a) z. B. Steuerabwicklung von Privatpersonen (Einkommensteuer etc.)
Business	Business-to-Consumer (b2c) z. B. Arbeitsplatz-, Dienstleistungs- und Warenangebote über Internetforen	Business-to-Business (b2b) z. B. Nutzung einer Frachtenbörse zwischen Verlader und Frachtführern	Business-to-Administration (b2a) z. B. Steuerabwicklung von Unternehmen (Umsatzsteuer etc.), Zollanträge über ATLAS
Administration	Administration-to-Consumer (a2c) z. B. Abwicklung von Unterstützungs- bzw. Transferleistungen	Administration-to-Business (a2b) z. B. öffentliche Ausschreibungen über das Internet	Administration-to-Administration (a2a) z. B. Transaktionen zwischen öffentlichen Institutionen im In- und Ausland

Beispiel

- **Business-to-Business (b2b)** beschreibt als beteiligte Vertragspartner jeweils Unternehmen, die auf nationaler und internationaler Ebene miteinander Geschäfte abschließen. Die Geschäftsanbahnung sowie der Abschluss erfolgen i. d. R. über das Internet. Die Zahlungsart und -bedingungen sind frei vereinbar.
- **Business-to-Consumer (b2c)** beschreibt Geschäftsabschlüsse zwischen Unternehmen und Endverbrauchern auf nationaler und internationaler Ebene. Die Geschäftsanbahnung und der Abschluss erfolgen i. d. R. über das Internet, wobei die Endverbraucher zumeist mit ihrer Kreditkarte (durch Angabe persönlicher Daten und Kartennummer) bezahlen müssen.

Dem wesentlichen Vorteil, Waren und Dienstleistungen überhaupt bekommen zu können, stehen verschiedene Nachteile gegenüber. Ein evtl. langes Suchen nach einem bestimmten Waren- oder Dienstleistungsangebot, vor allem aber auch die Angabe von persönlichen Daten und die Kreditkartennummer im b2c-Geschäft können sich für den Endverbraucher nachteilig auswirken. Insbesondere eine Zahlung vor Lieferung der Waren oder entsprechender Dienstleistungen beinhaltet das Risiko der Nichtlieferung bzw. mangelhafter Waren oder Dienstleistungen. Bei ausländischen Geschäftspartnern kann sich der Käufer zudem nicht immer auf die innerhalb Deutschlands bzw. der EU gesetzlich zugesicherten Gewährleistungsansprüche (siehe dort) verlassen, da diese für den Verkäufer außerhalb der EU teilweise nicht angewendet werden, wenn der Verkäufer seinen Sitz im außereuropäischen Ausland hat.

Das b2b-Geschäft ist vor allem für die Leistungsfähigkeit logistischer Systeme von großer Bedeutung, um die Optimierung des Material-, Waren- und Informationsflusses innerhalb eines Unternehmens und/oder zwischen vertraglich miteinander verbundenen Unternehmen zu gewährleisten. Generelles Ziel ist der reibungslose Ablauf der Distribution von der Beschaffung über die Produktion bis hin zum Absatz und der Entsorgung. Neben der Möglichkeit, die gesamte **Logistik** für ein Unternehmen zu übernehmen, kann ein Spediteur bzw. Logistikdienstleister (vgl. 3PL, 4PL und LLP) einzelne Tätigkeiten, wie z. B. den Absatz für den Kunden, übernehmen.

LSL

Hierzu bietet ein **Extranet** den Kunden die Möglichkeit, über das **Internet** mithilfe eines Zugangscodes auf die eigenen, speditionellen Daten **(Intranet)** bei dem beauftragten Spediteur zurückzugreifen. Beispielsweise werden die Packstücke eines Kunden mit Barcodelabeln versehen. Nach dem Scannen und der Speicherung der Daten im PC hat der Kunde die Möglichkeit, jederzeit festzustellen, wo die letzte **Schnittstelle** und wie der Status der Ware ist. Durch Tracking und Tracing kann ein Kunde die Einhaltung vorgegebener Termine und evtl. Beschädigung oder – teilweise – Verlust der Ware sofort feststellen und darauf reagieren.

LSL

Das Ziel des reibungslosen Waren- und Informationsflusses wird durch ständige Aktualität und Verfügbarkeit von sicheren und zuverlässigen Daten erreicht, die einen effizienteren Einsatz von Transportmitteln und Produktionsstätten ermöglichen. Für Speditionen ergibt sich die Qualitätsverbesserung in Form von Kundenservice. Die Kunden haben beispielsweise die Möglichkeit, im Rahmen des Extranets Statusabfragen zu starten und sich ggf. die notwendigen Dokumente über den eigenen PC ausdrucken zu lassen.

Im Rahmen eines Intranets besteht lediglich für Mitarbeiter des betreffenden Unternehmens die Möglichkeit, auf alle im PC vorhandenen Daten (speditionsbezogene Kundendaten und Statusberichte) zurückzugreifen und diese einem Kunden z. B. fernmündlich mitzuteilen.

LSL

Zudem besteht sowohl für Speditionen und Lkw-Unternehmen als auch für die verladende Wirtschaft die Möglichkeit, über das Internet in **Frachtenbörsen** einerseits zu befördernde Ladungen und andererseits freien Laderaum für die eigenen Bedürfnisse zu suchen bzw. anzubieten. Über das Internet wird somit die Erschließung neuer Kunden möglich. In der Regel werden die (neuen) Geschäftsbeziehungen zwischen den Beteiligten innerhalb der Frachtenbörse angebahnt. Der eigentliche Abschluss des Frachtvertrages und die sich daraus ergebende Zahlungspflicht werden außerhalb der Frachtenbörse vertraglich fixiert. Zumeist bekommen die Teilnehmer einer Frachtenbörse nach der Prüfung bestimmter Voraussetzungen, wie die Bonität des Unternehmens, einen Zugangscode. Die Frachtenbörsen geben ihren Kunden somit die Möglichkeit, über das Internet einen Zugriff auf die internen Daten der Frachtenbörsen, d. h., auf die angepriesenen Produkte bzw. der Platzierung von Ladungen oder Frachtraum zu bekommen. Die Daten der in der Frachtenbörse erscheinenden Produkte werden ständig aktualisiert. Als zusätzlicher Vorteil ergibt sich eine höhere Auswahl an Anbietern und durch das größere Angebot eine größere Transparenz auf dem Markt, somit z. T. eine Kostenreduktion durch niedrigere Frachten.

LSL

Überdies lassen sich weitere Beispiele für die Vernetzung von Unternehmen und Institutionen, die sich im Angebot von Speditionen befinden, heranführen. So die Zusammenarbeit von Zoll, Reedereien, Schiffsmaklern, Kaibetrieben u. a. in der **Seehafenspedition**, z. B. über DAKOSY in Hamburg.

9.4 Zahlungsbedingungen im Binnen- und Außenhandel

Beim Abschluss von Rechtsgeschäften können die Beteiligten die Zahlungsbedingungen individuell vereinbaren. Beispielsweise kann der Verkäufer im Außenhandel bzw. Exporteur und der Käufer bzw. Importeur im Kaufvertrag jeweils die Zahlungsbedingung festlegen. Die Auswahl einer Zahlungsbedingung richtet sich nach den Interessen der Vertragspartner, um auch die Erfüllung des abzuschließenden Rechtsgeschäftes zu bewirken.[1]

[1] *Im Folgenden werden die Zahlungsbedingungen lediglich auf den Kaufvertrag bezogen.*

Interesse ...	... des Verkäufers/ Exporteurs ...	... des Käufers/ Importeurs ...
... am Zahlungszeitpunkt	d. h. Eingang des Kaufpreises so früh wie möglich, um die Mittel nach der Zahlung gewinnbringend zu investieren.	d. h. Zahlung des Kaufpreises so spät wie möglich, um die eigenen Mittel vor der Zahlung möglichst lange gewinnbringend einzusetzen. u. a.
... an der Sicherheit	▪ um das Risiko einer Nicht-Rechtzeitig-Zahlung (Zahlungsverzug) oder der Nichtzahlung nach Annahme der Ware zu vermeiden. ▪ um das Risiko eines Annahmeverzuges oder der Nichtannahme der Ware zu vermeiden.	▪ um das Risiko einer Nicht-Rechtzeitig-Lieferung (Lieferungsverzug) oder Nichtlieferung der Ware zu vermeiden. ▪ um eine mangelhafte Lieferung auszuschließen.
... an der Finanzierung	d. h. vorzugsweise eine kurze Kapitalbindung, um die eigene Liquidität zu gewährleisten und möglichst keine Finanzierungskosten tragen zu müssen.	d. h. vorzugsweise eine kurze Kapitalbindung, um die eigene Liquidität zu gewährleisten und möglichst keine Finanzierungskosten tragen zu müssen.

Die Auswahl der Zahlungsbedingung hängt u. a. ab

- **von der Machtposition der Beteiligten zueinander:**
  Beispielsweise wird der Großkunde (A-Kunde, s. ABC-Analyse; hier: kundenorientiert) eines Logistikdienstleisters seine Interessen dem Logistiker gegenüber eher durchsetzen und die Zahlung nach der Lieferung der Leistung (also ein Zahlungsziel) vereinbaren. Oder beispielsweise verlangt die Post als der Anbieter einer Leistung wie der Briefbeförderung die Zahlung der Briefmarken zumeist im Voraus (Vorauskasse). LSL
- **vom Warenwert:**
  Je größer der Warenwert, desto größer das Interesse der Beteiligten, an der (Vor-)Finanzierung nicht oder so wenig wie möglich beteiligt zu sein. So z. B. beim Bau eines Containerschiffes für 200 Mio. €. Die Werft wird eine solche Summe zum Bau des Schiffes im Regelfall nicht aufbringen können und müsste einen (teuren) Kredit aufnehmen.[1] Der Käufer wird die Summe nicht aufbringen können oder wollen, da das Schiff während der Bauzeit nicht einsetzbar ist und die vorhandenen Mittel bis zur Auslieferung des Schiffes gewinnbringend angelegt werden könnten. Deshalb werden i. d. R. Abschlagszahlungen für bestimmte Bauabschnitte vereinbart.
- **von der Konstellation/vom Zustand der Geschäftsbeziehungen:**
  Sofern die Vertragspartner einander nicht kennen und noch keine Geschäftsbeziehungen pflegen, wird kein Vertrauensverhältnis bestehen. Um die oben benannten Risiken auf beiden Seiten gering zu halten, werden sie sich vermutlich auf eine Zahlungsbedingung einigen, bei der die vereinbarte Leistung, so ein FCL-Container Bier, Zug um Zug, gegen den Kaufpreis von 80 000,00 € getauscht wird (D/P, C/D, L/C, D/A). Im Gegensatz dazu kann sich ein entstehendes Vertrauensverhältnis aufgrund vorhandener oder sich aufbauender Geschäftsbeziehungen zugunsten eines Vertragspartners verändern.

---

[1] *Gerade in diesem Bereich versucht der Staat im Rahmen der europäischen, gesetzlichen Rahmenbedingungen zu bürgen. Bei den Vertragsverhandlungen werden ebenso auch regelmäßige Abschlagszahlungen vereinbart. Diese Teilbeträge tragen zwar zur Finanzierung bei, das eigentliche Problem der Zwischenfinanzierung bleibt jedoch bestehen.*

- **von der Zuverlässigkeit der Beteiligten:**
  Der „Ruf" eines Unternehmens oder eigene Erfahrungen mit einer Unternehmung in Bezug auf die Lieferungs- und Zahlungsmoral werden die Zahlungsbedingung im Interesse des einzelnen Beteiligten beeinflussen. Denn je unzuverlässiger ein Vertragspartner ist, desto größer ist die Gefahr der Nichtlieferung der versprochenen Leistung, so das o. g. Containerschiff oder der FCL-Container Bier, bzw. die verspätete oder Nichtzahlung des vereinbarten Preises, die o. g. 200 Mio. € bzw. die 80 000,00 €.

LSL

- **sowie von anderen Unsicherheitsfaktoren wie politische Risiken und Transferrisiken:**
  – Unter politischen Risiken sind Gefahren zu verstehen, die sich aus der Situation eines Landes ergeben. So wird sich der Verkäufer einer Lebensmittellieferung in einem Kriegsgebiet kaum auf eine Zahlung nach Auslieferung der Ware einlassen, weil er sich nicht darauf verlassen kann, dass die Ware ankommt.[1]
  – Transferrisiken bestehen bei Ländern, deren Währungen nicht konvertierbar sind, d. h., dass der Kaufpreis in einer stabilen Währung wie der USD zu zahlen ist, der Staat aber nicht ausreichend USD zur Verfügung hat. Bei einer Zahlung nach Auslieferung der Lebensmittellieferung könnte der Verkäufer nicht sicher sein, sein Geld zu bekommen.

Im Folgenden werden die gängigen Zahlungsbedingungen zunächst nach den alleinigen Interessen des Verkäufers bzw. Exporteurs über die Berücksichtigung der Interessen für beide Vertragspartner bis hin zu den ausschließlichen Interessen des Käufers bzw. Importeurs erläutert. Zu unterscheiden sind die vorherige, die Zug-um-Zug- und die nachträgliche Zahlung.

MERKE
Grundsätzlich sind zum Begleichen ausstehender Forderungen die oben erläuterten Zahlungsarten (bar, halbbar und bargeldlos) möglich.

9.4.1 Vorauskasse (cash in advance)

Bei der Vorauskasse bzw. Vorauszahlung vereinbaren Käufer und Verkäufer die Zahlung des gesamten Kaufpreises vor der Lieferung (in seltenen Fällen sogar vor Produktionsbeginn) des Kaufgegenstandes.

Durch die **Zahlung im Voraus** wird den **Interessen des Verkäufers** in Bezug auf den **Zahlungszeitpunkt**, die **Sicherheits- und Finanzierungsfunktion** voll entsprochen. Der Zeitrahmen der Vorauszahlung kann zwischen dem eigentlichen Produktionsbeginn und der Auslieferung der Ware liegen, ggf. erfolgt die Auslieferung dann gegen den Einzug einer Nachnahme. Bei entsprechender Machtposition des Verkäufers würde er eine Zahlung vor dem Bau der Produktionsstätte erreichen.

LSL

Gemäß der **ADSp** ist der Spediteur nicht verpflichtet, Frachten, Wertnachnahmen, Zölle, Steuern und sonstige Abgaben sowie Spesen auszulegen, sodass der Spediteur die anfallenden Forderungen im Voraus verlangen kann.

LSL

[1] *In diesem Falle könnte eine Transportversicherung das Risiko des Verlustes gegen eine höhere Prämie übernehmen.*

9.4.2 Anzahlung

Die Anzahlung verlangt vom Käufer die teilweise Zahlung des Kaufpreises vor der Lieferung des Kaufgegenstandes. Die Zahlung des Restbetrages erfolgt gemäß Vereinbarung der Vertragspartner entsprechend einer der wie folgt dargestellten Zahlungsbedingungen.

Zumindest der angezahlte Betrag erfüllt das Interesse des Verkäufers am Zahlungszeitpunkt, an der Sicherheits- und Finanzierungsfunktion.

9.4.3 Wechsel

Mit der Zahlungsbedingung Wechsel einigen sich die Kaufvertragspartner auf die Zahlung des Kaufpreises zu einem späteren, im Wechsel festgelegten Zeitpunkt. Der Gläubiger der Forderung räumt dem Schuldner somit einen zeitlich befristeten Kredit ein. Der Schuldner muss den vereinbarten Kaufpreis erst zu dem im Wechsel benannten Zeitpunkt zahlen. Der Wechsel stellt demnach eine Zahlungsverpflichtung des Schuldners dar, d.h., er fungiert als Zahlungsmittel, mit dem der Käufer dem Verkäufer gegenüber seine Forderung begleicht; die tatsächliche Zahlung des ausstehenden Betrages erfolgt jedoch später.

Es handelt sich um einen **Wechsel an die eigene Order**, weil als Wechselempfänger der Gläubiger eingetragen ist.

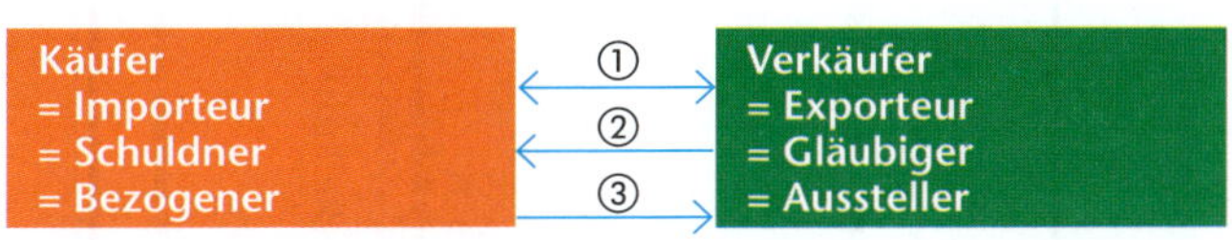

① Kaufvertragsabschluss
② Warenlieferung
③ Zahlungsversprechen per Wechsel

Aufgrund der bestehenden Wechselstrenge, die sich aus dem Wechselgesetz ergibt, hat der Gläubiger jedoch die Möglichkeit, den Wechsel an eine Bank oder eine dritte Person gegen Zahlung weiterzugeben. Damit kann der Gläubiger, unter Abzug des Basiszinssatzes (s.u.), über den niedrigeren Wechselbetrag unverzüglich in bar verfügen.

① Kaufvertragsabschluss
② Warenlieferung
③ Zahlungsversprechen per Wechsel

④ Weitergabe des Wechsels
⑤ sofortige Barzahlung des Wechselbetrages abzgl. (mind.) Basiszins

Will der Aussteller (oder ein anderer Wechselinhaber) bereits vor dem Verfalltag über das Geld verfügen, d.h. vor dem Tag der Auszahlung durch den Schuldner, so kann er den Wechsel durch eine Bank **diskont**ieren lassen. Die Bank gewährt dem Wechselinhaber für die Zeit von der Vorlage des Wechsels bis zum Verfallstag damit einen Kredit. Für diese häufigste Form der Verwendung des Wechsels verlangt die Bank Zinsen. Der Zinssatz ist (mindestens) der von der Europäischen Zentralbank (EZB) festgesetzte Leitzinssatz, auch bezeichnet als Basiszinssatz.

Der Basiszinssatz ist der Zinssatz, zu dem die EZB bereit ist, einen Wechsel aufzukaufen bzw. zu **diskontieren** oder bereits von Banken aufgekaufte Wechsel anzukaufen bzw. zu **rediskontieren**.

LSL

Wechselformular und Bestandteile des Wechsels:

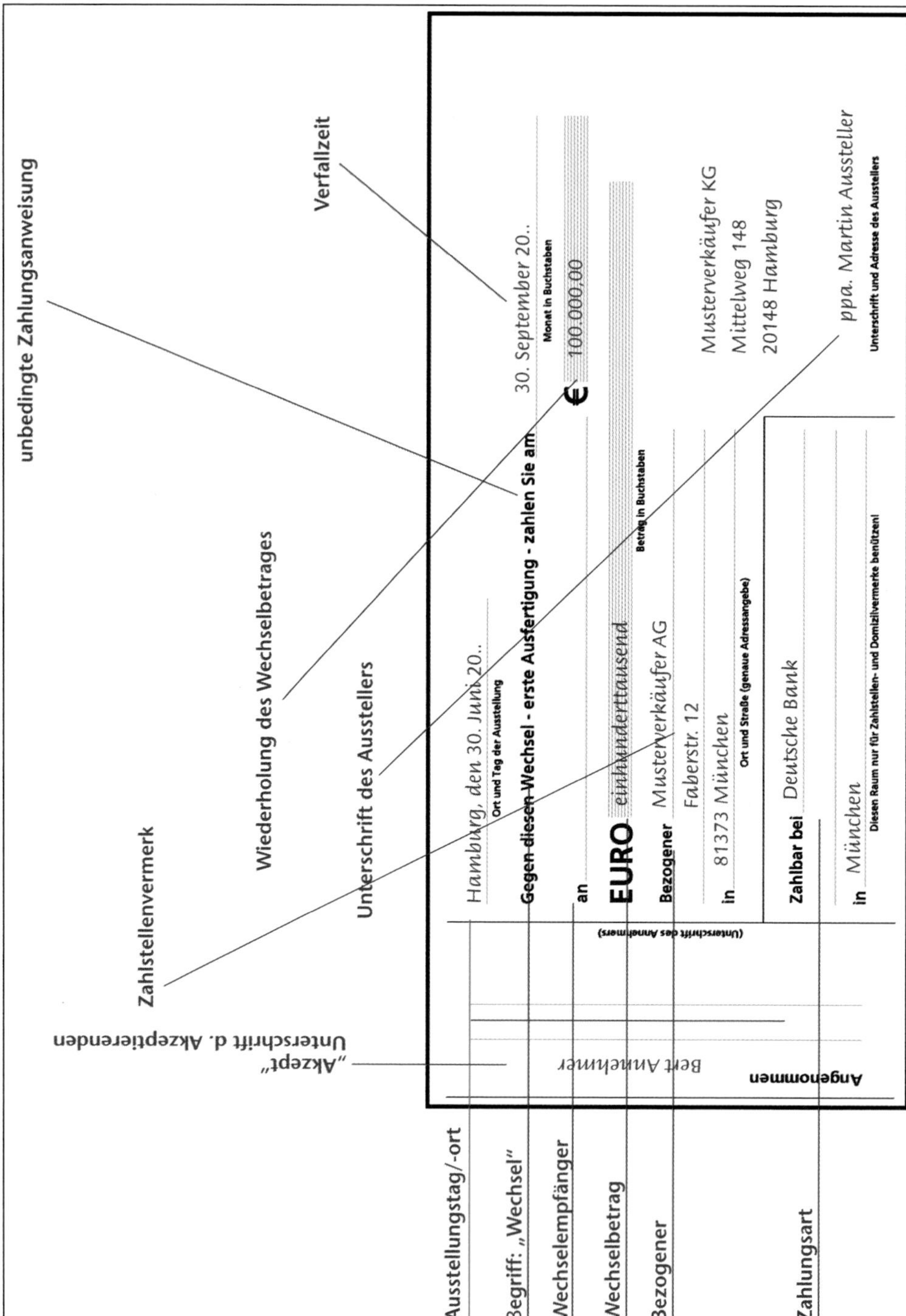

Die Bank zahlt dem Wechselinhaber gegen Übergabe des Wechsels den **Barwert** aus, d. h. den Wert des Wechsels bei der Vorlage. Hierzu wird der Wechselbetrag mit dem Basiszinssatz abgezinst.

Ausstellungstag des Wechsels	Tag der Diskontierung	Verfallstag
z. B. 01.07.20..	z. B. 05.07.20..	z. B. 01.10.20..
	= 5 Tage	= 85 Tage

Daraus folgt in diesem Fall, dass der Barwert des Wechsels der Wechselbetrag abzüglich des Basiszinssatzes für 85 Tage ist.

MERKE

$$\textbf{Barwert} = \text{Wechselbetrag} - \frac{(\text{Wechselbetrag} \cdot \text{Prozentsatz pro Jahr})}{\text{Tage pro Jahr (360)} \cdot \text{Kreditlaufzeit}}$$

Für den im Wechsel benannten Betrag von 100 000,00 € bedeutet das bei einem angenommenen Zinssatz von 5 %:

Beispiel

100 000,00 € – (100 000,00 € · 5 %) / (360 Tage · 85 Tage) = 1 180,56 €
Barwert = 100 000,00 € – 1 180,56 € = 98 819,44 €

Um einen Wechsel diskontieren bzw. rediskontieren zu lassen, muss dieser Wechsel i. d. R. folgende Voraussetzungen erfüllen:

- Der Wechsel hat eine Laufzeit von mindestens 90 Tagen.
- Es handelt sich um einen Waren- bzw. Handelswechsel, d. h., dem Wechsel liegt ein Handelsgeschäft zugrunde.
- Der Wechsel ist an einen Bankplatz gestellt, d. h., der Wechsel wird an einem Ort fällig, an dem auch eine Zentralbank ihren Geschäftssitz hat. Hierdurch wird der Wechsel rediskontfähig, d. h., er kann von einer Zentralbank angekauft werden, damit die Geschäftsbank die Möglichkeit hat, den Wechsel von der Zentralbank ankaufen zu lassen. Die Geschäftsbank bleibt durch die Refinanzierung durch die Zentralbank liquide.

Neben der Übergabe des Wechsels an eine Bank gegen Bargeld kann der Wechselaussteller den Wechsel zum Begleichen eigener Verbindlichkeiten durch Weitergabe des Wechsels an eine dritte Person nutzen. Hierzu stünde anstelle der eigenen Order der Name/die Firma des Wechselnehmers. Der Wechselnehmer ist der Gläubiger des Ausstellers, d. h. der Warenlieferant des vorherigen Verkäufers.

Als Zahlungs-, Kredit- und Sicherungsmittel ist die Urkunde des ausgestellten bzw. **gezogenen Wechsels (= Tratte)** die Aufforderung des Gläubigers (hier Wechselnehmer) an den Schuldner (= Bezogener) oder eine dritte Person (hier der Aussteller, sofern der Bezogene nicht zahlt) den aufgeführten Betrag, an dem benannten Ort, zu dem vorbestimmten Zeitpunkt zu zahlen.

Mit der Unterschrift auf der Wechselurkunde verpflichtet sich der unterzeichnende Schuldner (= Bezogener) spätestens zu dem im Wechsel benannten Termin, den im Wechsel aufgeführten Betrag an den Aussteller oder Wechselnehmer in voller Höhe zu zahlen. Diese Unterschrift wird als **Akzept** bezeichnet. Es handelt sich somit um einen mit einem Annahmevermerk versehenen Wechsel.

Jeder Wechselinhaber hat die Möglichkeit, einen Wechsel an einen eigenen Gläubiger weiterzugeben, um eigene Verbindlichkeiten zu bezahlen. Unter der Voraussetzung, dass die Gläubiger des Ausstellers mit der Zahlung durch einen gezogenen Wechsel einverstanden sind, muss der Aussteller den Wechsel übertragen und übergeben.

LSL

Die Übertragung erfolgt durch ein Indossament, d. h. durch einen Übertragungsvermerk. Der Aussteller als Weitergebender (= Indossant) indossiert den Wechsel zugunsten des Wechselnehmers (= Indossatar).

① Der Aussteller zieht den Wechsel und der Bezogene akzeptiert den Wechsel.

② Der Aussteller zahlt seine Verbindlichkeiten durch Weitergabe des Wechsels (hier ist der Wechselnehmer namentlich benannt).

③ Der Wechselinhaber indossiert und übergibt den Wechsel zur Tilgung seiner Verbindlichkeiten.

④ Der neue Wechselinhaber indossiert und übergibt den Wechsel zur Tilgung seiner Verbindlichkeiten …

Der letzte Indossatar hat im Regelfall die Möglichkeit, den Wechsel durch eine Bank diskontieren zu lassen. Da die Handhabung der Wechselindossierung zeitraubend und umständlich ist, hat sich die sofortige Diskontierung eines Wechsels im Geschäftsleben durchgesetzt. Die Wechselindossierung wird daher kaum verwandt.

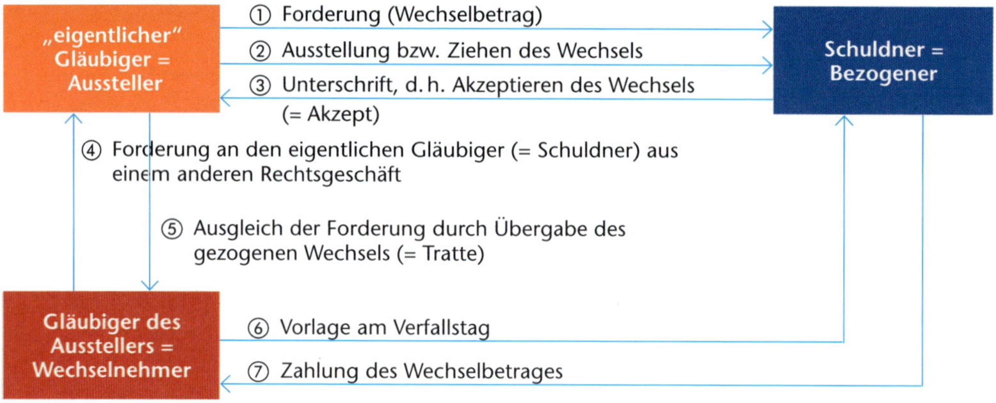

MERKE

Ein Indossament bewirkt, dass alle Rechte und Pflichten aus dem Wechsel auf den Indossater übergehen. Jeder, der einen Wechsel durch ein Indossament weitergibt, haftet den folgenden Wechselinhabern durch die Unterschrift für den Wechsel. Das hat zur Folge, dass ein Wechselinhaber von jedem der zuvor Beteiligten die Auszahlung des Wechselbetrages verlangen kann, sofern der Bezogene den Wechsel am Verfallstag nicht einlöst. (Ein solches Vorgehen macht einen Wechsel für eine Bank umso sicherer, je mehr Unterschriften auf dem Wechsel vorhanden sind.)

Der Wechsel muss dem Bezogenen am Verfallstag bzw. spätestens an einem der beiden folgenden Werktage bis 18:00 Uhr am benannten Ort (zumeist bei einem Kreditinstitut) durch den Wechselinhaber oder durch die von ihm beauftragte Bank zur Zahlung vorgelegt werden[1]. Hält der Wechselinhaber diese Frist nicht ein, so verliert er sein Rückgriffsrecht auf die übrigen im Wechsel benannten Beteiligten.

Der Wechsel hat im internationalen Geschäftsleben stark an Bedeutung verloren. Wenn ein Wechsel verwendet wird, so handelt es sich im Regelfall um den Wechsel an die eigene Order. Im nationalen Wirtschaftsleben spielt der Wechsel lediglich in der Landwirtschaft (z.B. beim Kauf eines landwirtschaftlichen Gerätes vor der Ernte, das erst durch den durch die Ernte erzielten Erlös gezahlt werden kann) eine, wenn auch geringe, Rolle.

Die Gründe bei der Vereinbarung des Wechsels im Kaufvertrag liegen in den gegeneinander abgewägten Interessen der Beteiligten:

Interessen des Verkäufers:	Interessen des Käufers:
nach dem Zahlungszeitpunkt: **Der Exporteur** ▪ kann, sofern das Ausstellungsdatum des Wechsels vor der Produktion des Kaufgegenstandes erfolgt, nach der Diskontierung durch eine Bank relativ schnell über Bargeld verfügen, sodass er nicht zwangsläufig die Vorfinanzierung tragen muss. ▪ muss, sofern das Ausstellungsdatum nach der Herstellung des Kaufgegenstandes liegt, die Kosten der Vorfinanzierung tragen und dem Käufer zusätzlich einen Kredit einräumen. Er kann dennoch relativ schnell über Bargeld verfügen.	**Dem Importeur** ▪ wird gegen das Zahlungsversprechen ein Kredit eingeräumt, sodass er i.d.R. nicht zur Vorfinanzierung des Kaufgegenstandes verpflichtet wird.
nach der Sicherheitsfunktion: Das Risiko der Nichtzahlung oder der verspäteten Zahlung entfällt, da der Importeur als Vorleistung ein Zahlungsversprechen abgibt. Aufgrund der Wechselstrenge ist davon auszugehen, dass der Bezogene zahlt.	Das Risiko der Nichtlieferung und der verspäteten Lieferung sowie einer mangelhaften Lieferung bleibt bestehen, da lediglich der Importeur durch das Zahlungsversprechen in Vorleistung getreten ist, sofern der Wechsel vor der Lieferung gezogen wurde.
nach der Finanzierungsfunktion: Die Kapitalbindung ist dann relativ kurz, wenn der Aussteller den Wechsel diskontieren lässt, um somit gegen den Diskontsatz an Bargeld zu kommen.	Die Kapitalbindung ist relativ kurz, da dem Importeur ein Kredit gewährt wird.

9.4.4 Documents against Payment (D/P)

Die Zahlungsbedingung Zahlung gegen Vorlage von Dokumenten (= Documents against Payment; D/P) ist eine besondere Form der Zahlung im überseeischen Außenhandel. Mit D/P beauftragt der Importeur seine Bank, mit einem Auftrag den ausstehenden Dokumentengegenwert bzw. Rechnungsbetrag (= Inkassoauftrag) gegen Vorlage der im Kaufvertrag benannten Dokumente, i.d.R. ein voller **Satz reiner Originalkonnossemente**, über die Bank des Importeurs einzuziehen. LSL LSL

[1]

Verfalltag	*Mo*	*Do*	*Sa/So*	*Mi = Feiertag*
letzter Vorlegetag	*Mi*	*Mo*	*Mi*	*Mo*
Zahlungstage	*Mo–Mi*	*Do–Mo*	*Mo–Mi*	*Do–Mo*

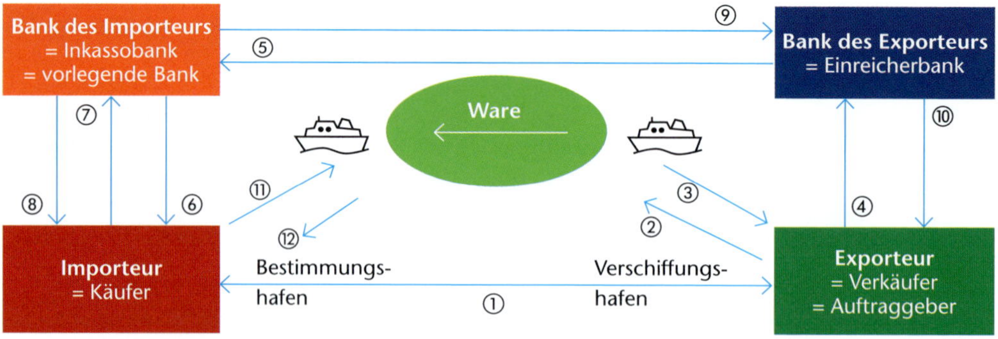

① Abschluss eines Kaufvertrages auf Basis eines D/P-Geschäfts
② Ware (Verschiffung) gegen ...
③ ... B/L durch den Verfrachter und Beschaffung der übrigen Dokumente (Spediteur)
④ Dokumenten(übergabe) und Erteilen eines Inkassoauftrages
⑤ Dokumenten(übergabe) mit einem Inkassoauftrag
⑥ Vorlage der Dokumente (Kopien) zur Prüfung
⑦ Zahlung des Inkassobetrages (= Dokumentengegenwert zzgl. einer Inkassoprovision)
⑧ Aushändigung der Originaldokumente
⑨ Zahlung des Inkassobetrages
⑩ Zahlung des Inkassobetrages
⑪ Dokumenten(übergabe) nach Freistempelung und ...
⑫ ... Tausch gegen die Ware

Bei D/P handelt es sich um ein sog. **Zug-um-Zug-Geschäft**. D.h., nach der Erteilung des Inkassoauftrages erfolgt die Zahlung gegen die Vorlage der im Kaufvertrag vorgeschriebenen Dokumente. Die Schritte laufen nahezu gleichzeitig ab. Die oben unter Schritt 11 und 12 benannten Schritte erfolgen direkt nach der Empfangnahme der Dokumente durch den Importeur.

Documents against Payment wird als Zahlungsbedingung vereinbart, wenn die Geschäftsbeziehungen noch nicht gefestigt sind. Zudem ist die Machtposition des Importeurs dem Exporteur gegenüber größer, da der Importeur die Dokumente erst nach Ankunft der Ware im Bestimmungshafen aufnehmen muss. Die Gründe bei der Vereinbarung im Kaufvertrag liegen also in den gegeneinander abgewägten Interessen der Beteiligten.

Inkassoauftrag:

Einreicher: Schlüter AG
Kaiserstr. 11
22865 Hamburg
040 559 .. ... — Telefon
Hr. V. Erkauf — Sachbearbeiter / Ref.-Nr.

An
Auslandsabteilung

Sie empfangen anbei folgende Dokumente mit der Bitte, gemäß den angekreuzten Weisungen zu verfahren:

Über die Verladung von: Rollmopsverarbeitungsanlage
Empfänger: Importación de Máquinas, Venezuela
per: Seeschiff | am: 28.04.20.. | von: Hamburg | nach: Caracas

Die Dokumente sind zur Inanspruchnahme des Akkreditivs zu verwenden.

A Nr.: — Die Akkreditivspitze wird nicht mehr in Anspruch genommen.
der (Bank) — Es handelt sich um eine Teillieferung.

Ihre Akkreditiv-Nr.	Fälligkeit	Betrag
	28.07.20...	EUR 31.260,80

Nur bei Inkassoaufträgen ausfüllen!
B Die Dokumente sind zum Einzug gemäß den nachstehend genannten Inkassobedingungen bestimmt.

Bezogener: Importación de Máquinas
Vía de Esperanza
9873 Caracas
Venezuela

Inkassobank: El Banco de Venezuela S/A
Calle del Parque
9743 Caracas, Venezuela

Für Vermerke der Bank:

Aussendung per Luftpost — X Einschreiben — Kurierdienst

Inkassospesen:
- Die Aushändigung der Dokumente ist von der Übernahme der Spesen abhängig.
- Ihre Spesen gehen zu unseren Lasten.
- Spesen der Auslandsbank gehen zulasten des Bezogenen.

Die Dokumente sind auszuliefern
X gegen Zahlung bei Sicht
gegen Akzeptierung (einer Tratte / von Tratten per)
Aufnahme der Dokumente kann bis zur Ankunft des Schiffes zurückgestellt werden.
Das Akzept soll bei der Inkassobank zum Einzug bei Fälligkeit verbleiben. Verfalldatum des Akzeptes ist uns mitzuteilen.
....

Protestanweisungen
kein Wechselprotest
Protest bei Nichtakzeptierung
Protest gemäß Entscheidung unseres Vertreters
Bei Schwierigkeiten sind Nachrichten erbeten per Luftpost — telegrafisch / S.W.I.F.T.

Vertreter — im Falle von Schwierigkeiten zu benachrichtigen aber nicht verfügungsberechtigt

Vom Inkassoerlös sind abzuzweigen an:
Bankverbindung: — Kontonummer:

Sonstige Weisungen: (Verhalten bei Nichtaufnahme der Dokumente)

Wir bitten um Gutschrift nach Eingang des Erlöses auf unser EUR-Kto. Fremdwährungskonto **Nr.:**

Hamburg, den 28.04.20.. — Ort, Datum
V. Erkauf — Unterschrift des Empfängers

Interessen des Verkäufers:	Interessen des Käufers:
nach dem Zahlungszeitpunkt: Der Exporteur muss die Herstellung des Kaufgegenstandes vorfinanzieren und erhält den Dokumentengegenwert erst nach Aufnahme der Dokumente durch den Importeur.	Der Importeur trägt weder die Finanzierungskosten zur Herstellung des Kaufgegenstandes noch muss er die Dokumente vor dem Eintreffen der Ware im Bestimmungshafen aufnehmen.
nach der Sicherheitsfunktion: Das Risiko der Nichtzahlung oder der verspäteten Zahlung entfällt nahezu , da i. d. R. ein Zahlungsziel vereinbart ist und die Dokumente i. d. R. nach Ankunft des Seeschiffes aufgenommen werden. Es kann allerdings vorkommen, dass der Käufer nicht zahlt, wenn er beispielsweise das Interesse an der Ware verliert. Das Risiko der Nichtannahme ist relativ gering, da der Importeur die Dokumente gegen Zahlung des Dokumentengegenwertes aufnimmt. Im Falle der (möglichen) Nichtaufnahme der Dokumente müsste der Exporteur allerdings für den Weiterverkauf oder Rücktransport aufkommen. Ihm verbleibt die Verfügungsgewalt.	Das Risiko der Nichtlieferung entfällt, da der Kaufgegenstand nur gegen die Dokumente ausgeliefert wird. Das Risiko der verspäteten Lieferung bleibt bestehen. Das Risiko einer mangelhaften Lieferung ist relativ gering, da zur Erfüllung eines D/P-Geschäfts i. d. R. ein reines (clean on Board) B/L verlangt wird, ist allerdings zumeist nicht vorgeschrieben. Die Prüfung der Ware vor der Abnahme ist nicht möglich.
nach der Finanzierungsfunktion: Die Kapitalbindung ist relativ lang, da die Zahlung durch den Importeur erst nach Aufnahme der Dokumente erfolgt. Das kann auch nach Eintreffen des Seeschiffes stattfinden.	Die Kapitalbindung ist relativ kurz, da die Ware nach der Bezahlung des Kaufgegenstandes bereits auf das Schiff verladen wurde und ggf. erst nach Ankunft im Bestimmungshafen bezahlt werden muss.

LSL

9.4.5 Dokumentenakkreditiv (L/C = Letter of Credit)[1] – Auszug –

LSL

Das **(Dokumenten-)Akkreditiv** ist eine besondere Form der Zahlung im überseeischen Außenhandel. Mit dem Akkreditiv beauftragt der Importeur seine Bank als Eröffnungsbank dem Exporteur als Begünstigten über seine Bank, unter den im L/C benannten Bedingungen wie die Vorlage eines vollen Satzes vom Reeder gezeichneter, reiner Bordkonnossemente, den Dokumentengegenwert (Kaufpreis) z. B. bei Sicht der Dokumente, auszuzahlen.

Im Akkreditiv muss eindeutig angegeben sein, ob das L/C bei Sicht zu zahlen ist, durch hinausgeschobene Zahlung, durch eine Akzeptleistung oder durch Negoziierung benutzbar ist.

LSL

- Die **Zahlung bei Sicht** (der Dokumente) meint die Auszahlung des Rechnungsbetrages, nachdem die verlangten Dokumente vorgelegt und durch die Bank auf die augenscheinliche Richtigkeit der Dokumente überprüft wurde.
- Die **hinausgeschobene Zahlung** (= deferred-payment L/C) beinhaltet einen Zahlungstermin, zu dem die Bezahlung des Rechnungsbetrages erfolgt (Zahlung auf Ziel), nachdem die verlangten Dokumente vorgelegt und durch die Bank auf die augenscheinliche Richtigkeit der Dokumente überprüft wurde.
- Die **Akzeptleistung**, d. h., dass eine Tratte, die vom Begünstigten auf die eröffnende Bank oder einen anderen am L/C Beteiligten gezogen wurde (außer auf die eröffnende Bank selbst), ist zu akzeptieren und zu bezahlen (siehe Wechsel); oder für die **Negoziierung** zu sorgen, nachdem die verlangten Dokumente vorgelegt und durch die Bank auf die augenscheinliche Richtigkeit der Dokumente überprüft wurden.

---

[1] *Die Bestimmungen für Dokumentenakkreditive ergeben sich aus den von der Internationalen Handelskammer herausgegebenen ERA 600, die von allen Beteiligten gleichermaßen anerkannt sind.*

- Die **Negoziierung** bedeutet die Zahlung von Geld gegen eine (Nach-) Sichttratte bzw. gegen Dokumente durch eine (andere als die zuvor benannte) Bank, die zur Zahlung (Negoziierung) ermächtigt ist. Die Negoziierung kann die Diskontierung einer (Dokumenten-)Tratte sein, wodurch der Exporteur sofort über den Akkreditivgegenwert verfügen kann. Die Negoziierung erfolgt ansonsten, nachdem die verlangten Dokumente vorgelegt und durch die Bank auf die augenscheinliche Richtigkeit der Dokumente überprüft wurden. (=„Dokumentenbevorschussung“ im Exportland bis auf einen evtl. Widerruf.)

```
S.W.I.F.T.  MESSAGE MR700/N   SDR: 9855320 1752 DBHAM HAM 2490 468558
                              REC: 9844330 0955 SRI BNDM/SRI 4356 375220
DEUTSCHE BANK AG
PAUL-NEVERMANN-PLATZ 5
D - 22765 HAMBURG                       DATE:            02.01.20..
                                        REF:       8AXXT2/00165/0000310
ISSUE OF A DOCUMENTARY CREDIT
ISSUING BANK:                 COMMERCIAL BANK OF CEYLON LTD.   695781
                              COLOMBO - 1 SRI LANKA
                              ...       ...
SEQUENCE OF TOTAL:            *27:      ...
FORM OF DOC. CREDIT:          *40A:     IRREVOCABLE
DOC. CREDIT NUMBER:           *20:      45368
DATE OF ISSUE:                *31C:     02.01.20..
EXPIRY:                       *31D:     05.02.20..
APPLICANT:                    *50A:     CEYLON SERVICES LTD.
                              *50B:     93HANAPUTIYA SONDRAM ROAD
                              *50C:     COLOMBO 2 SRI LANKA
BENEFICIARY:                  *59A:     BIER - BRAUEREI AG
                              *59B:     LAWAETZSTR. 18
                              *59C:     22844 NORDERSTEDT
AMOUNT:                       *32B:     22.149,00 USD
AVAILABLE WITH/BY             *41D:     ANY BANK WITH NEGOTIATION
DRAFTS AT:                    *42C:     AT 21 DAYS AFTER SIGHT
PARTIAL SHIPMENTS:            *43P:     NOT ALLOWED
TRANSSHIPMENT:                *43P:     PROHIBITED
LOADING ON BOARD/DISPATCH/TAKING IN CHARGE AT/F  *44:    HAMBURG
FOR TRANSPORT TO:                                *44B:   COLOMBO
LATEST DATE OF SHIPMENT:      *44C:     15.01.20..
DESCRIPTION OF MARKS/NUMBERS/GOODS/WEIGHT/MEASUREMENT AND/OR SERVICES:
       *45: BIER -        2300 TRAYS    PREMIUM BEER          18.216,00  kos
            BRAUEREI AG        OF 24    AS PER INVOICE-NO.
            1 to 2300          CANS     PRO 1534916         in 1 X 20 ' CONTAINER
            CEYLON SERVICES Ltd.                            AEOH 205896-2
DOCUMENTS REQUIRED:
     *46A:  SIGNED COMMERCIAL INVOICE IN TRIPLICATE INDICAT. THIS CRED.-NUMB.
            FULL SET LESS ONE (2/THREE) OF CLEAN SHIPPED ON BOARD MARINE B/L
            MADE OUT TO THE RODER OF DEUTSCHE BANK AG, HAMBURG NOTIFY APPLICANT
            AND MARKED "FREIGHT PREPAID" AND INDICATING CREDIT-NO.: 45368
            BENE'S CERT. STATING THAT ONE SET OF THE STIPULATED DOCS. INCLUD.
            ONE ORIG., NOT ENDORSED, B/L AIRMAILED TO THE APPLICANT

     *46B:  CERTIFICATE OF ORIGIN IN 6 COP. AND 1 ORIG. INDICAT. CREDIT NO.
...                           ...      ...
DETAILS OF CHARGES:           *71B:    ALL BANKING CHARGES OUTSIDE GERMANY,
                                       INCLUDING REIMBUSEMENT CHARGES DISCOUNT
CONFIRMATIONS:       *49:     WITH     WITHOUT
INSTRUCTIONS:        *78:     ON RECEIPT OF DOCUMENTS CONFORMING TO
                              THE TERMS AND CONDITIONS OF  THIS CREDIT, WE
                              WILL REMIT PROCEEDS TO THE NEGOTIATING BANK
                              IN ACCORDANCE WITH THEIR INSTRUCTIONS BY T/T
...                           ...
```

Die Banken haben zu prüfen, ob die im Akkreditiv vorgeschriebenen Dokumente mit angemessener Sorgfalt in ihrer äußeren Aufmachung gemäß den L/C-Bedingungen richtig erscheinen. Solche Dokumente, die augenscheinlich nicht den Anforderungen des Akkreditivs entsprechen, werden nicht zur Erfüllung des L/C akzeptiert. Die seit dem 1. Juli 2007 gültigen ERA 600 schreiben den Banken allerdings nicht mehr vor, eine wie im Akkreditiv vorgeschriebene Schreibweise in den zu erstellenden Originaldokumenten genauestens zu übernehmen. Vorgeschrieben ist, dass Abweichungen von den Akkreditivvorschriften (wie der Schreibweise) möglich sind, wenn diese nicht sinnverändernd sind. So könnte gemäß L/C für das Consignee-Feld der Vermerk „to the roder of Deutsche Bank AG, Hamburg“ vorgeschrieben sein. (Gemäß ERA 500 hätte dieser Schreibfehler wie im L/C vorgeschrieben übernommen werden müssen, ansonsten hätte eine Bank die Aufnahme der Dokumente ablehnen können.) Da dieser Vermerk offensichtlich einer falschen Schreibweise entspricht, kann im Consignee-Feld des auszustellenden Konnossementes „to the **order** of Deutsche Bank, **Hamburg**“ (als richtige Schreibweise) eingetragen werden. Eine **sinnverändernd**e Abweichung von den Akkreditivvorschriften wäre die Veränderung des Ortes wie „to the order of Deutsche Bank AG, **Madrid**“, da dies im Widerspruch zu den Akkreditivbedingungen steht, weil die Filiale in Madrid als anderes Unternehmen gilt als die in Hamburg. Eine Bank würde derart sinnverändernd aufgemachte Dokumente nicht akzeptieren und müsste ihr Zahlungsverprechen nicht einlösen.

Befristetes, unwiderrufliches, unbestätigtes Dokumentenakkreditiv:

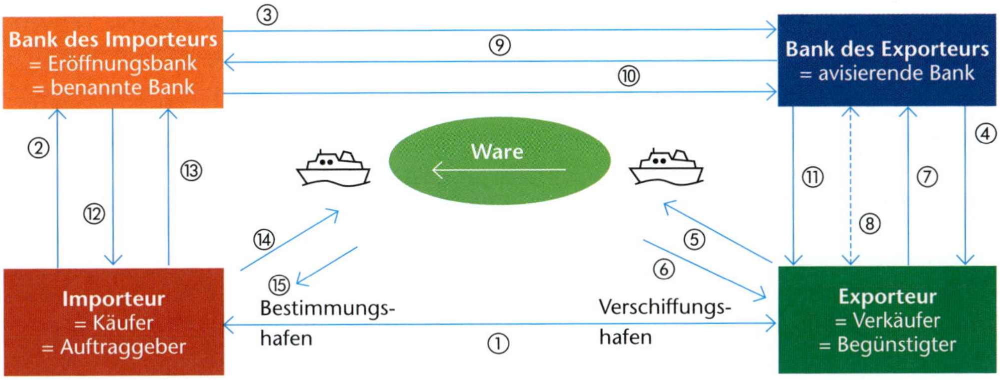

① Abschluss eines Kaufvertrages auf Basis eines L/C-Geschäfts
② Antrag auf L/C-Eröffnung
③ Information über L/C-Eröffnung
④ Avisierung der Eröffnung an den Begünstigten
⑤ Ware (Verschiffung) gegen ...
⑥ ... B/L durch den Verfrachter und Beschaffung der übrigen Dokumente (Spediteur)
⑦ Dokumente(nübergabe)
⑧ Prüfung der Dokumente auf augenscheinliche und sinnhafte Richtigkeit; evtl. Korrektur
⑨ Weitergabe der Dokumente
⑩ Zahlung nach Prüfung der Dokumente auf augenscheinliche und sinnhafte Richtigkeit
⑪ Weiterleitung der Zahlung an den Exporteur
⑫ Übergabe der Dokumente gegen ...
⑬ ... Zahlung
⑭ B/L wird nach Freistempelung/-stellung ...
⑮ ... gegen die Ware getauscht

Die Banken übernehmen keine Haftung für die Form, Vollständigkeit, Genauigkeit, Echtheit und Rechtmäßigkeit der Dokumente. Für die Tätigkeiten im Akkreditivgeschäft erhalten die Banken eine entsprechende Provision.

Dokumente, die im L/C nicht verlangt werden, werden von den Banken ungeprüft und unverbindlich weitergeleitet.

Unbefristetes/befristetes L/C. Ein Akkreditiv enthält im Regelfall ein „latest date of shipment". Bis zu diesem Zeitpunkt (zuvor oder spätestens zum benannten Datum) muss die Verladung an Bord (sofern im L/C ein **Bordkonnossement** verlangt wird) oder zumindest die Übernahme der Ware durch einen Kaibetrieb (sofern ein **Übernahmekonnossement** zur Erfüllung der Akkreditivbedingungen ausreicht) erfolgen. Zudem ist im L/C ein Zeitpunkt benannt, bis zu dem die im L/C geforderten Originaldokumente (im Seeverkehr i.d.R. Master- oder See-/NVOCC- oder FIATA B/L) vom Exporteur bei seiner, der avisierenden, Bank spätestens eingereicht werden müssen, damit das Akkreditivgeschäft nicht platzt bzw. nichtig wird (= Verfallstag/date of expiry). In diesem Zuge ist von einer zeitlichen Befristung des Akkreditivs zu sprechen. Gibt die eröffnende Bank im somit **befristeten L/C** als Verfallsdatum „einen Monat" oder Ähnliches an, fehlt also ein konkretes Datum, so gilt das Datum der Eröffnung durch die eröffnende Bank als erster Tag. Fehlt jegliche Angabe eines Datums, so nehmen Banken die Dokumente nach Ablauf von 21 Tagen nach der Verladung der Sendung nicht mehr oder nur unter Vorbehalt an. LSL

Widerrufliches/unwiderrufliches L/C. Ein **widerrufliches (= revocables) Akkreditiv** gäbe der eröffnenden Bank die Möglichkeit, das bestehende L/C ohne vorherige Nachricht an den Begünstigten zu ändern oder zu annullieren. In diesem Falle müsste die eröffnende Bank jedoch für die Kosten aufkommen, die bei der Erfüllung des L/C gemäß der Akkreditivbestimmungen vor der Nachricht der Änderung oder Annulierung entstehen. Im Normalfall werden daher **unwiderrufliche** (= irrevocable) Akkreditive verwendet. Ein L/C gilt ebenso als unwiderruflich, wenn eine eindeutige Angabe wie unwiderruflich oder irrevocable fehlt.[1]

Bestätigtes/unbestätigtes L/C. Durch die Eröffnung des L/C gibt die Bank des Importeurs ein (abstraktes) Zahlungsversprechen gegen die Einreichung der im L/C bestimmten Dokumente. Das L/C ist (noch) unbestätigt. Aufgrund der Ermächtigung oder eines Auftrags der eröffnenden Bank kann ein unwiderrufliches Akkreditiv durch die Bank des Exporteurs zusätzlich bestätigt (= confirmed) werden. Diese bestätigende Bank verpflichtet sich dann ebenfalls gegen Vorlage der Dokumente zur Zahlung (= 2. [abstraktes] Zahlungsversprechen) bei Sicht, zur hinausgeschobenen Zahlung, der Akzeptleistung oder der Negoziierung.

Beim Akkreditivgeschäft handelt es sich um ein sog. **Zug-um-Zug**-Geschäft.

Befristetes, unwiderrufliches, bestätigtes Dokumentenakkreditiv:

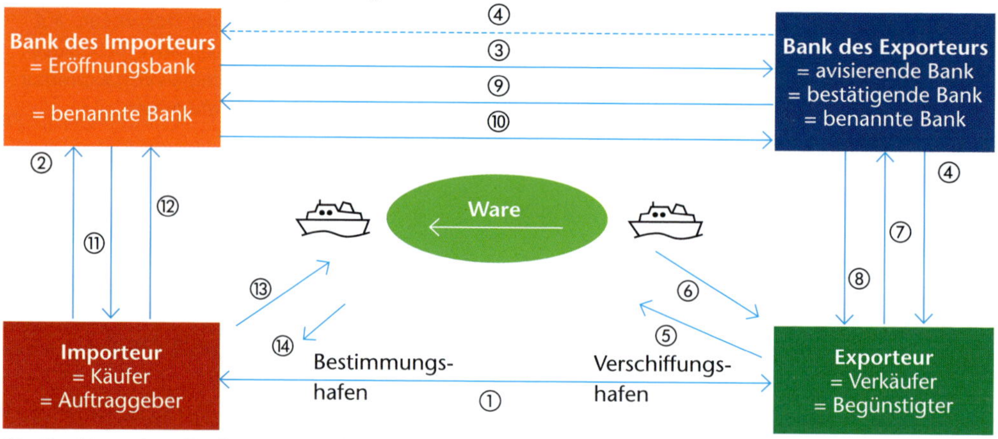

① Abschluss eines Kaufvertrages auf Basis eines L/C-Geschäfts
② Antrag auf L/C-Eröffnung
③ Information über L/C-Eröffnung und Bitte um Bestätigung
④ Bestätigung und Avisierung
⑤ Ware (Verschiffung) gegen ...
⑥ ...B/L durch den Verfrachter und Beschaffung der übrigen Dokumente (Spediteur)
⑦ Dokumente(nübergabe)
⑧ Zahlung nach Prüfung der Dokumente auf augenscheinliche und sinnhafte Richtigkeit
⑨ Weitergabe der Dokumente
⑩ Zahlung nach Prüfung der Dokumente auf augenscheinliche und sinnhafte Richtigkeit
⑪ Übergabe der Dokumente gegen ...
⑫ ... Zahlung
⑬ B/L wird nach Freistempelung/-stellung ...
⑭ ... gegen die Ware getauscht

Das Dokumentenakkreditiv wird häufig als Zahlungsbedingung vereinbart, wenn die Geschäftsbeziehungen neu oder noch nicht gefestigt sind. Die Gründe liegen in den Interessen der Beteiligten:

[1] *Die Änderung eines unwiderruflichen Akkreditivs auf Wunsch des Auftraggebers ist nur mit Zustimmung der beteiligten Banken und des Begünstigten gültig; ein L/C ist gemäß ERA 600 seit dem 1. Juli 2007 nur widerruflich, wenn ein Vermerk wie „widerruflich" oder „revocable" im L/C vermerkt ist.*

Interessen des Verkäufers:	Interessen des Käufers:
nach dem Zahlungszeitpunkt: Der Exporteur muss zwar die Herstellung des Kaufgegenstandes vorfinanzieren, die Zahlung erfolgt jedoch nach der Vorlage der Dokumente, vor der Auslieferung der Güter (auch beim bestätigten L/C).	Der Importeur trägt zwar nicht die Finanzierungskosten zur Herstellung des Kaufgegenstandes, muss allerdings i. d. R. bei der Eröffnung des Akkreditivs einen Liquiditätsnachweis erbringen und die Provision tragen. (Die Provision beim bestätigten L/C ist höher als bei einem unbestätigten L/C.)
nach der Sicherheitsfunktion: Das Risiko der Nichtzahlung oder der verspäteten Zahlung entfällt, da ein Verfallsdatum (date of expiry) und das letzte Verschiffungsdatum (latest date of shipment) vorgegeben ist. Das Risiko der Nichtannahme ist relativ gering, da der Importeur durch die Eröffnung des L/C in Vorleistung getreten ist und im Falle eines unbestätigten L/C die Bank des Importeurs, beim bestätigten L/C zusätzlich die Bank des Exporteurs, ein (abstraktes) Zahlungsversprechen abgegeben hat und somit nach Erhalt und Prüfung der geforderten, ordnungsgemäßen Dokumente zur Zahlung verpflichtet ist.	Das Risiko der Nichtlieferung oder der verspäteten Lieferung ist gering, da die Lieferung u. a. durch das Verfallsdatum und das letzte Verschiffungsdatum zeitlich fixiert ist. Das Risiko einer mangelhaften Lieferung ist relativ gering, da die Bedingungen zur Erfüllung eines L/C i. d. R. ein reines (clean on Board) B/L verlangen. Die Warenprüfung vor der Abnahme ist allerdings nicht möglich.
nach der Finanzierungsfunktion: Die Kapitalbindung ist relativ kurz, sofern die Zahlung bei Sicht vorgesehen ist. Dies setzt voraus, dass der Kaufgegenstand bereits hergestellt ist und der Nachweis erbracht wird, dass die Ware bereits auf ein Schiff verladen wurde.	Die Kapitalbindung ist relativ kurz, da die Ware nach der Bezahlung des Kaufgegenstandes bereits auf das Schiff verladen wurde und lediglich die Transportzeit zur Finanzierung überbrückt werden muss.

Exkurs

praxisrelevante Unterschiede der alten und neuen L/C-Richtlinien (Auszug)

Als Grundlage für die Abwicklung von Dokumentenakkreditiven tragen die ERA (Einheitliche Richtlinien zur Akkreditivabwicklung) dem technischen Fortschritt ebenso Rechnung wie den internationalen Bankenusancen wie unterschiedlichen Standards und Gepflogenheiten sowie der internationalen Rechtsprechung. So enthalten die ERA 600 Regelungen darüber, dass ein Dokument handschriftlich, mit Faksimile, mit perforierter Unterschrift, mit Stempel, durch ein Symbol oder durch eine andere mechanische oder elektronische Methode der Authentisierung unterzeichnet werden kann.

ERA 500	ERA 600 (gültig seit dem 1. Juli 2007)
In einem Akkreditiv sollte ein Vermerk zu un- oder widerruflich sein. In der Praxis hat sich bei Fehlen eines solchen Vermerkes durchgesetzt, dies als unwiderruflich zu werten.	Ein Akkreditiv ist stets unwiderruflich, es sei denn, es ist durch den Vermerk „widerruflich" oder „revocable" als widerruflich aufgemacht.
In der Praxis werden (mit oder ohne Erwähnung der ERA) Akkreditive über S.W.I.F.T. eröffnet.	Die ERA sind bei der S.W.I.F.T.-Eröffnung ausdrücklich als Grundlage zu erwähnen, um diese wirksam einzubeziehen.
Eingereichte Dokumente sind auf ihre augenscheinliche Richtigkeit (ihrer äußerlichen Aufmachung nach) zu prüfen. Daraus folgt, dass lediglich Dokumente akzeptiert werden, die L/C-konform aufgemacht sind, d. h. die L/C-Vorschriften in den Dokumenten buchstaben- bzw. zeichengetreu übernommen worden sind.	Die eingereichten Dokumente sind ihrer äußeren Aufmachung nach zu prüfen. Hierbei haben die Banken allerdings nur noch die Sinnhaftigkeit der Angaben in den eingereichten Dokumenten zu prüfen. Daraus folgt, dass offensichtliche Fehler nicht mehr übernommen werden müssen. Die Daten dürfen allerdings nicht im Widerspruch zu den Anforderungen im Akkreditiv stehen.

ERA 500	ERA 600 (gültig seit dem 1. Juli 2007)
Zur Prüfung der Dokumente stehen der benannten und einer evtl. bestätigenden Bank eine „angemessene Zeit" bzw. „reasonable time" zu (maximal sieben Tage).	Zur Prüfung der Dokumente stehen der benannten und einer evtl. bestätigenden Bank maximal fünf Tage zu; in der internationalen Praxis werden i. d. R. zwei bis drei Tage benötigt.

9.4.6 Cash on Delivery (C/D)

Cash on Delivery (C/D) ist die englische Umschreibung von Kasse gegen Ware und beschreibt den Zug-um-Zug-Austausch von Ware gegen Barzahlung. C/D als internationale Zahlungsbedingung entspricht der Zahlungsbedingung „Nachnahme" im nationalen Güterverkehr, allerdings mit dem Unterschied, dass bei internationalen Geschäften statt der eigentlichen Waren die den Gegenwert darstellenden Wertpapiere wie Konnossemente gegen die Zahlung des Dokumentengegenwertes zuzüglich der vom Exporteur benannten Kosten eingetauscht werden. Im Konnossement wird bereits bei der Ausstellung berücksichtigt, dass das B/L nur gegen die Zahlung der insgesamt anfallenden Kosten (bestehend aus Kaufpreis und evtl. Vorlauf, Seefracht, ggf. Nachlauf u. v. a. m.) durch den Reeder bzw. Verfrachter mit dem Ziel freigestempelt wird, dass die Ware dann gegen das freigestempelte B/L ausgehändigt wird.

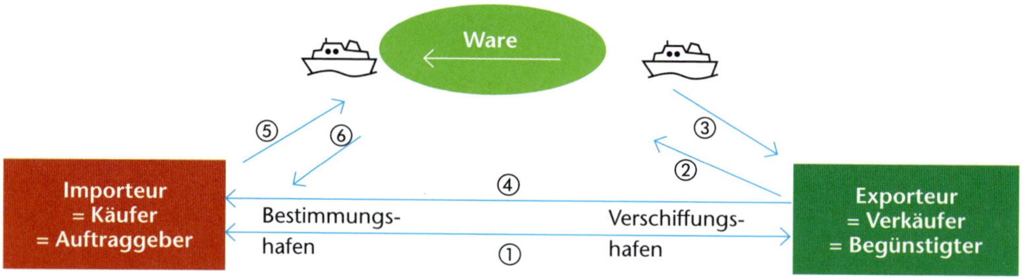

① Abschluss eines Kaufvertrages auf Basis eines C/D-Geschäfts
② Ware (Verschiffung) gegen ...
③ ... B/L durch den Verfrachter, der sich verpflichtet, die Ware nur gegen die Zahlung eines zuvor vom Exporteur benannten Betrages zzgl. evtl. anfallender Kosten wie Fracht auszuliefern (Vermerk im B/L: „freight collect") und Beschaffung der übrigen Dokumente
④ Weitergabe der Dokumente an den Importeur
⑤ Übergabe der Dokumente gegen ...
⑥ ... Zahlung sämtlicher auf dem B/L liegender Kosten und Auslieferung der Ware nach Freistempelung des B/L.

LSL

Die Abwicklung von C/D könnte beispielsweise auch über einen **Seehafenempfangs- bzw. Seehafenimportspediteur** im Bestimmungsland erfolgen. Das B/L wäre auf diesen aufgemacht, der Spediteur könnte die Ware in Empfang nehmen und sie dem Importeur gegen die Zahlung des ausstehenden Betrages ausliefern.

C/D als Zahlungsbedingung wird i. d. R. vereinbart, wenn keine Geschäftsbeziehungen bestehen, der Importeur aufgrund seiner Machtposition eine vorherige Zahlung nicht zulässt, die Zahlungsmoral des Käufers schlecht ist oder die Bedingungen im Importland aufgrund von beispielsweise Transferrisiken oder politischen Risiken keine andere Wahl lassen. Die Gründe für die Verwendung von C/D leiten sich aus den Interessen von Importeur und Exporteur ab:

Interessen des Verkäufers:	Interessen des Käufers:
nach dem Zahlungszeitpunkt: Der Exporteur muss sowohl die Herstellung des Kaufgegenstandes als auch die Kosten bis zum Zeitpunkt der Auslieferung vorfinanzieren.	Der Importeur trägt keinerlei Kosten der Vorfinanzierung, diese werden aber in dem Rechnungsbetrag des Exporteurs einkalkuliert.
nach der Sicherheitsfunktion: Das Risiko der Nichtzahlung entfällt (nahezu), da die Ware nur gegen die Zahlung der zuvor bestimmten Nachnahme ausgehändigt wird. Das Risiko der verspäteten Zahlung bleibt bestehen, da der Importeur den Zahlungszeitpunkt praktisch selbst bestimmen kann. Das Risiko der Nichtannahme ist relativ groß, da der Importeur keine Vorleistung erbracht hat – in diesem Fall entfiele natürlich die Zahlung.	Das Risiko der Nichtlieferung besteht nur, solange der vereinbarte Betrag nicht gezahlt wurde. Das Risiko der verspäteten Lieferung bleibt bestehen, da (häufig) keine Termine fixiert sind. Das Risiko einer mangelhaften Lieferung ist relativ gering, da vom Käufer i. d. R. ein reines B/L verlangt wird. Die Warenprüfung vor der Abnahme ist allerdings nicht möglich.
nach der Finanzierungsfunktion: Die Kapitalbindung ist relativ lang, da die Zahlung erst bei der Auslieferung des Kaufgegenstandes (B/L-Vorlage) erfolgt.	Die Kapitalbindung ist relativ kurz, da die Bezahlung des Kaufgegenstandes bei der Auslieferung der Ware (Vorlage des B/L) erfolgt.

Zu C/D wäre zudem „**cash against documents**“ (**c. a. d.**) abzugrenzen. Bei c. a. d. erfolgt die Zahlung gegen die Aushändigung der Dokumente. Erst dann kann der Importeur die Dokumente gegen die Ware tauschen. Die Abwicklung von c. a. d. kann direkt über einen Spediteur erfolgen. Die Warenabnahme könnte beim Reeder bzw. dem entsprechenden Schuppen erfolgen.

9.4.7 Documents against Acceptance (D/A)

Die Zahlungsbedingung Dokumente gegen Akzept (= Documents against Acceptance; D/A) ist eine besondere Form der Zahlung im überseeischen Außenhandel. Mit D/A beauftragt der Importeur seine Bank, den ausstehenden Dokumentengegenwert bzw. Rechnungsbetrag in Form eines Akzeptes, gegen Vorlage der im Kaufvertrag benannten Dokumente, i. d. R. ein voller Satz Originalkonnossemente, über die Bank des Importeurs anzunehmen. Durch das Akzept gewährt der Exporteur dem Importeur einen befristeten Kredit. Dem Importeur steht jedoch die Möglichkeit offen, das Akzept von einer Bank diskontieren zu lassen oder eigene Verbindlichkeiten mithilfe des Akzeptes zu bezahlen (siehe Wechsel).

Bei D/A handelt es sich um ein sog. Zug-um-Zug-Geschäft.

Die Gründe bei der Vereinbarung von D/A im Kaufvertrag liegen in den gegeneinander abgewägten Interessen der Beteiligten:

Interessen des Verkäufers:	Interessen des Käufers:
nach dem Zahlungszeitpunkt: Der Exporteur muss die Herstellung des Kaufgegenstandes vorfinanzieren und erhält den Dokumentengegenwert in Form eines Akzeptes, wodurch er dem Importeur einen Kredit einräumt.	Der Importeur trägt weder die Finanzierungskosten zur Herstellung des Kaufgegenstandes noch muss er die Dokumente vor dem Eintreffen der Ware im Bestimmungshafen aufnehmen. Er erhält zusätzlich ein Zahlungsziel in Form eines Kredites eingeräumt.

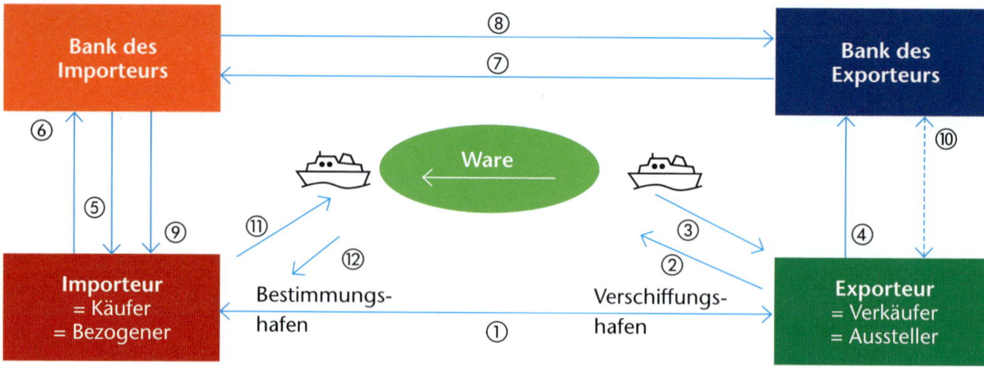

① Abschluss eines Kaufvertrages auf Basis eines D/A-Geschäfts, Exporteur stellt den Wechsel aus und leitet ihn an den Importeur weiter.
② Ware (Verschiffung) gegen ...
③ ... B/L durch den Verfrachter und Beschaffung der übrigen Dokumente (Spediteur)
④ Dokumente(nübergabe)
⑤ Importeur akzeptiert den Wechsel
⑥ Importeur übergibt den Wechsel an seine Bank mit der Vorschrift, das Akzept nur gegen die augenscheinlich richtigen Dokumente auszuhändigen.
⑦ Aushändigung der Originaldokumente zur Prüfung (siehe oben)
⑧ Nach der Prüfung der Dokumente (siehe oben) erfolgt die Akzeptübergabe
⑨ Aushändigung der Originaldokumente
⑩ Evtl. Diskontierung durch die Bank
⑪ Dokumente(nübergabe) nach Freistempelung und ...
⑫ ... Tausch gegen die Ware

Interessen des Verkäufers:	Interessen des Käufers:
nach der Sicherheitsfunktion: Das Risiko der Nichtzahlung oder der verspäteten Zahlung entfällt, da der Exporteur als Vorleistung einen Wechsel akzeptieren muss und insofern eine Vorleistung erbringt. Das Risiko der Nichtannahme ist relativ gering, da der Importeur die Dokumente nur gegen das Akzept erhält. Im Falle der Nichtaufnahme der Dokumente müsste der Exporteur allerdings für den Weiterverkauf oder Rücktransport aufkommen. Ihm verbleibt die Verfügungsgewalt.	Das Risiko der Nichtlieferung entfällt, da der Kaufgegenstand nur gegen die Dokumente ausgeliefert wird. Das Risiko einer mangelhaften Lieferung ist relativ gering, da zur Erfüllung eines D/A-Geschäfts i. d. R. ein reines (clean on Board) B/L verlangt wird. Die Prüfung der Ware vor der Abnahme ist nicht möglich.
nach der Finanzierungsfunktion: Die Kapitalbindung ist relativ lang, da dem Importeur ein Kredit gewährt wird. Der Exporteur könnte den Wechsel diskontieren lassen, um schneller an Bargeld heranzukommen (vgl. Wechsel).	Die Kapitalbindung ist relativ kurz, da dem Importeur ein Kredit eingeräumt wird.

Exkurs – B/L-Garantie:

Im Grundsatz gilt, dass beim Fehlen von Dokumenten, wie den im Akkreditiv vorgeschriebenen Konnossementen, der Importeur das Vorliegen der geforderten Dokumente abzuwarten hat, auch wenn die Ware bereits im Importland angekommen ist und theoretisch hätte abgenommen werden können.

Sofern der Importeur vorzeitig (vor dem Eintreffen der notwendigen Dokumente) in Besitz der Ware kommen möchte, kann er vom Frachtführer (hier: dem Verfrachter bzw. der Reederei)[1] die Freigabe der Konnossemente und letztlich die Herausgabe der Ware nur verlangen, wenn er bereit ist, der Reederei eine Konnossementsgarantie in Höhe von i.d.R. mindestens 150% des Warenwertes zu geben. D.h. der Importeur sichert die Reederei durch ein Verpflichtungsschreiben (der Konnossements- bzw. B/L-Garantie) vor dem Risiko ab, dass sich eine andere Person mit den Original-Dokumenten als rechtmäßiger Eigentümer der Ware (bzw. stellvertretend ein legitimierter Spediteur) ausweisen und die Freigabe der Dokumente verlangen könnte. Die im Grundsatz unbefristete B/L-Garantie erlischt, sobald die Original-Dokumente der Reederei vorgelegt werden, weil hiermit ebenfalls das obig beschriebene Risiko entfällt.

LSL

Für den Fall, dass ein Exporteur sich die Lieferung der Ware (bei FOB, CFR und CIF nach Überschreiten der Schiffsreling) mit einem vollen Satz Konnossementen (z.B. mit dem Vermerk „shipped on board") hat bestätigen lassen und diese vom Reeder gezeichneten Original-Konnossemente verloren gehen, muss er dennoch für die ordnungsgemäße Abwicklung eines Akkreditivs Sorge tragen, und von der Reederei Ersatzkonnossemente besorgen.

LSL

Aufgrund der kassatorischen Klausel[2] kann ein Berechtigter für jedes der ausgestellten Original-Konnossemente des vollen Satzes (i.d.R. 3/3) die Freigabe verlangen. Um sich vor dem Risiko zu schützen, dass ein Anspruch auf die Freigabe der Ware mehrfach erfolgt (z.B. durch eines der ursprünglich ausgestellten Konnossemente und der Ersatzdokumente), wird die Reederei eine Neuausstellung von Konnossementen nur in Betracht ziehen, wenn ihr vom Exporteur eine B/L-Garantie vorgelegt wird. Zum Erhalt der Ersatzdokumente geht der Exporteur der Reederei gegenüber also eine direkte Verpflichtung (in Schriftform – B/L-Garantie) ein, in der er sich zur Zahlung der anfallenden Kosten verpflichtet, die aus dem Umstand entstehen, dass die Reederei Ersatzkonnossemente ausgestellt hat.[3]

Die B/L-Garantie ist im Grundsatz in der Höhe unbeschränkt und unbefristet. In der Praxis wird, da ein voller Satz zumeist aus drei von dreien besteht, häufig der dreifache Warenwert akzeptiert. Die B/L-Garantie erlischt, sobald die verloren gegangenen Konnossemente an die Reederei zurückgegeben wurden.

9.4.8 Zahlung auf Ziel

Bei der Zahlung auf Ziel vereinbaren die Kaufvertragspartner die Zahlung des Kaufpreises nach Lieferung des Kaufgegenstandes. Im Regelfall erhält der Käufer eine Rechnung, auf der ein Zeitraum angegeben ist, innerhalb dessen der Kaufpreis ohne Abzug zu zahlen ist. Zudem kann der Verkäufer einen Skonto gewähren, um eine frühere Zahlung durch den Käufer zu bewirken (siehe 8.2.2 Lieferantenkredit); beispielsweise die Zahlung innerhalb von 30 Tagen ohne Abzug. Der Käufer müsste innerhalb eines wesentlich kürzeren Zeitraumes zahlen, um den Preisnachlass gewährt zu bekommen; z.B. 2% Skonto bei Zahlung innerhalb von acht Tagen.

---

[1] *Dies ist prinzipiell auch auf den Flug- und Lkw-Verkehr übertragbar.*

[2] *Nachdem das zeitlich erste, lückenlos indossierte, vom Berechtigten nach Zahlung der anfallenden Kosten wie Seefracht, THC/LCL-Service-Charges usw. – vom Spediteur mit Legitimationsstempel versehene – Original-B/L bei der Rederei eingereicht und freigegeben wurde, verlieren die übrigen Originale ihre Gültigkeit.*

[3] *Ergänzend tritt die Bank des Exporteurs als Mitverpflichtete mit ein. Da die Bank ihre Verpflichtung begrenzt, wird sie (i.d.R.) nach ca. 2 Jahren aus ihrer Haftung entlassen. Die Bank wird intern einen Avalkredit (gegen Gebühren) buchen.*

LSL

Die AGB der Lkw-Frachtführer, die Allgemeinen Geschäftsbedingungen für den Güterkraftverkehr (VBGL) (§ 39)[1], und die **ADSp** (Ziffer 18) der Spediteure sehen für ihre Kunden vor, sofort nach Rechnungserhalt, spätestens jedoch nach zehn bzw. dreißig Tagen zu zahlen. Danach gerät der Schuldner sofort, ohne vorherige Mahnung in den Zahlungsverzug.

Sowohl der Zahlungszeitpunkt als auch die Sicherheits- und Finanzierungsfunktion decken die Interessen des Käufers voll ab.

ZUSAMMENFASSUNG

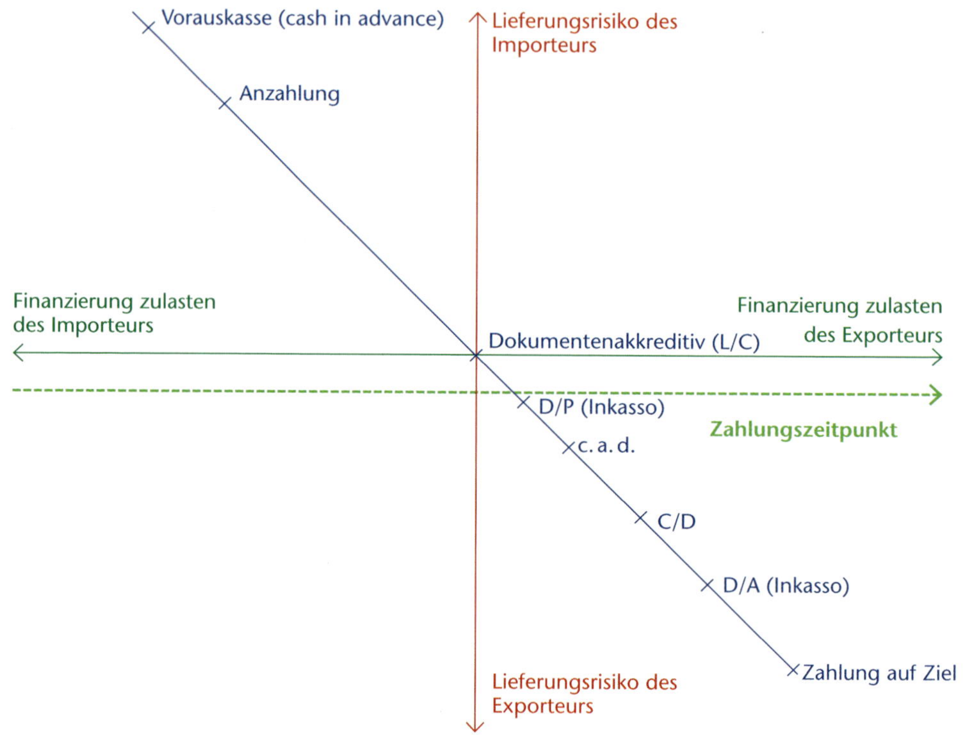

[1] *§ 39 Verzug, Aufrechnung*
(1) Zahlungsverzug tritt ein, ohne dass es einer Mahnung oder sonstigen Voraussetzung bedarf, spätestens 10 Tage nach Zugang der Rechnung oder einer gleichwertigen Zahlungsaufstellung, sofern der Verzug nicht nach Gesetz vorher eingetreten ist. Für die Verzugszinsen gilt § 288 BGB.
(2) Ansprüche auf Standgeld, auf weitere Vergütungen und auf Ersatz sonstiger Aufwendungen, die bei der Durchführung eines Vertrages nach diesen Bedingungen entstanden sind, werden vom Unternehmer schriftlich geltend gemacht. Für den Verzug dieser Ansprüche gilt Absatz 1 entsprechend.
(3) Mit Ansprüchen aus einem Vertrag nach diesen Bedingungen und damit zusammenhängenden Forderungen aus unerlaubter Handlung und aus ungerechtfertigter Bereicherung darf nur mit fälligen, dem Grunde und der Höhe nach unbestrittenen oder rechtskräftig festgestellten Forderungen aufgerechnet werden.
Quelle: Auszug aus Vertragsbedingungen für den Güterkraftverkehrs-, Speditions- und Logistikunternehmer – (VBGL) in der Fassung vom 27. Januar 2003

Bearbeitungsvorschläge

1. a) Sie erhalten eine Kundenanfrage hinsichtlich der Zahlungsbedingung bei einem Auslandsgeschäft mit China. Es handelt sich um einen 20´-Container Fertigprodukte mit einem Warenwert von 500 000,00 €. Ihr Kunde verkaufte seine Produkte bisher lediglich innerhalb Europas. Er gibt an, dass er sich sicher sein möchte, dass der Kunde die Ware auf jeden Fall abnimmt und er selbst seine Zahlung erhält. Von beiden Kaufvertragsparteien sind bereits die Zahlungsbedingungen Vorauskasse, Anzahlung, C/D und Zahlung auf Ziel ausgeschlossen worden.
Geben Sie begründet an, welche Lieferbedingung Sie Ihrem Kunden raten würden. LSL

b) Beschreiben Sie den Ablauf der von Ihnen benannten Zahlungsbedingung sowie den eigentlichen Ablauf der Seehafenexportspedition.

c) Beraten Sie Ihren Kunden überdies über eine geeignete Lieferbedingung in Bezug auf Dispositions-, Risiko- und Gefahrenübergang.

2. Erläutern Sie, was unter b2b und unter b2c zu verstehen ist.

3. a) Unterscheiden Sie zwischen Barzahlung, halbbarer Zahlung und bargeldloser Zahlung.

b) Erläutern Sie anhand von Beispielen die Anwendung

a) eines Verrechnungsschecks,
b) einer Überweisung,
c) eines Dauerauftrages,
d) eines Lastschriftverfahrens,
e) einer Einzugsermächtigung,
f) einer Girocard/Geldkarte,
g) einer Kreditkarte,
h) eines Barschecks.

4. Benennen Sie für die folgenden Zahlungssituationen eine mögliche Zahlungsform und begründen Sie, warum diese Zahlungsform am vorteilhaftesten ist.

a) Zahlung einer Eingangsrechnung
b) Zahlung der Miete für das Lager
c) Zahlung der GEZ-Gebühren
d) Zahlung Seefracht beim Reeder
e) Zahlung der Telefonrechnung
f) Zahlung eines Zeitungsabonnements
g) Zahlung von Benzin an einer (fremden) Tankstelle
h) Zahlung der Kaigebühren

5. Erläutern Sie den Ablauf der folgend benannten Zahlungsbedingungen und beschreiben Sie, warum der Im- bzw. Exporteur diese bevorzugt bzw. akzeptiert.

a) Vorauszahlung
b) Wechsel
c) L/C
d) D/A
e) Anzahlung
f) D/P
g) C/D oder c. a. d.
h) Zahlung auf Ziel

6. Erläutern Sie die folgenden Begriffe aus dem Akkreditiv auf Seite 355: LSL

a) transshipment prohibited
b) to the order of ...
c) clean B/L
d) shipped on board
e) in triplicate
f) full set
g) partial shipment prohibited
h) Notify

7. Unterscheiden Sie das L/C nach

a) widerruflich und unwiderruflich,
b) befristet und unbefristet,
c) bestätigt und unbestätigt.

8. Ergänzen Sie das B/L auf der Folgeseite gemäß dem L/C auf Seite 357f.

9. Legen Sie dar, was unter SEPA zu verstehen ist.

page 2

BILL OF LADING
FOR COMBINED TRANSPORT OR PORT TO PORT SHIPMENT

NEGOTIABLE

SHIPPER

B/L NO.:

SHIPPERS REFERENCE:

CONSIGNEE

WALL-LINE
N.V.O.C.C.

NOTIFY ADRESS (carrier not to be responsible for failure to notify)

PLACE OF RECEIPT (Applic. only when is used as a combined B/L)

PRE-CARRIAGE BY

PLACE OF DELIVERY (Applic. only when is used as a combined B/L)

OCEAN VESSEL

PORT OF LOADING
HAMBURG

PORT OF DISCHARGE

MARKS AND NOS.:

QUANTITY AND TYPES OF PACKAGES, DESCRIPTION OF GOODS
SAID TO CONTAIN:

GROSS WEIGHT
kos

MEASUREMENT
cbm

er ~~CLEAN~~ SHIPPED ON BOARD
DATE:

ORIGINAL

ABOVE PARTICULARS ARE DECLARED BY SHIPPER

SHIPPERS DECLARED VALUE:
(SEE CLAUSE 7(1) AND 7(2)

TOTAL NO. OF CONTAINERS:
RECEIVED BY THE CARRIER

PACKAGES RECEIVED BY THE CARRIER

MOVEMENT

RECEIVED in apparent good order and condition (unless otherwise noted herin) the total number of Containers or other packages or units indicated opposite * for transportation from the place of receipt or the port of loading whichever applicable, to the port of discharge or the place of delivery, wichever applicable, subject of the terms hereof. One original Bill of Lading must be surrended duly endorsed in exchange for the goods or delivery order. On presentation of this document (duly endorsed) to the carrier by or on behalf of the Holder, the rights and liabilities arising, in accordance with the terms hereof shall (without prejudice to any rule of common law or statute rendering them binding on the Merchant) become binding in all respects, between the carrier and Holder as though the contract evidenced hereby had been made between them.

FREIGHT AND CHARGES	PRE	COL
ORIGIN LAND FREIGHT		
ORIGIN TRANSPORT ADD.		
ORIGIN WHAREFAGE		
ORIGIN THC / LCL		
SEAFREIGHT		
DESTINATION THC / LCL		
DESTINATION WHAREFAGE		
DESTINATION LAND FREIGHT		

APPROPIATE COLUMNS TO BE MARKED (x)

IN WITNESS WHEREOF THE NUMER OF ORIGINALS BILLS OF LADING OPPOSITE ALL OF THIS TENOR AND DATE HAS BEEN SIGNED, ONE OF WHICH BEING ACCOMPLISHED THE OTHERS TO STAND VOID.

FREIGHT PAYABLE AT:

DATE AND PLACE OF ISSUE:

NUMBER OF ORIGINAL Bs/L

SIGNATURE (as carrier):
WALL-LINE Ltd.
Großmannstr. 253
20539 Hamburg

10 Insolvenz

LERNSITUATION

Die Auszubildende Karen Meckel von der Wall GmbH – Spedition & Logistik unterhält sich in der Pause mit ihren Mitschülern über die neuesten Schlagzeilen in der Logistikzeitschrift. Nun ist es amtlich: Die Spedition Hans Weller GmbH, bei der ihre Mitschülerin Cordula als Auszubildende beschäftigt ist, meldet Insolvenz an. Das Unternehmen ist mit über 4,5 Mio. EUR überschuldet und begründet die Pleite mit Fehlinvestitionen sowie Managementfehlern in den vergangenen Jahren. Ab sofort bangen laut dem Zeitungsartikel 124 Mitarbeiter um ihren Arbeitsplatz. Darüber hinaus haben in den letzten Wochen weitere Speditions- und Logistikunternehmen unter anderem aufgrund des hohen Konkurrenzkampfes und dem damit verbundenen Kundenverlust einen Insolvenzantrag gestellt.
Karen ist geschockt: Im Zuge des schlechten Zahlungsverhaltens einiger Großkunden der Wall GmbH und der derzeitigen konjunkturellen Krise, welche sich im sinkenden Auftragsvolumen in ihrer Abteilung Lkw-International widerspiegelt, befürchtet sie, dass die Wall GmbH – Spedition & Logistik auch kurz vor der Insolvenz stehen könnte.

Aufgaben:

1. Stellen Sie die in der Lernsituation aufgezeigten Beweggründe für eine Insolvenz heraus und ordnen Sie diese den innerbetrieblichen und außerbetrieblichen Gründen zu.
2. Geben Sie jeweils zwei weitere Aspekte an, die ebenfalls zu einer Unternehmenskrise führen können.
3. Erläutern Sie, inwieweit der Auftragsrückgang durch die Kunden der Wall GmbH eine Kettenreaktion mit sich bringt, die bis zur Zahlungsunfähigkeit der Spedition führen kann.

Die Entwicklung der Unternehmensinsolvenzen in Deutschland zeigte ihren bisherigen Höchststand im Jahr 2003 mit 39 470 Insolvenzfällen. Im Jahr 2013 meldeten die deutschen Amtsgerichte 26 300 Unternehmensinsolvenzen. Dies entspricht einem Rückgang von 8,4 % im Vergleich zum Jahr 2012 und lässt sich auf ein solides Wirtschaftswachstum zurückführen. Trotz des positiven Trends belaufen sich die durch die Insolvenzen maßgeblich verursachten Schäden für die Gläubiger auf ca. 26,9 Mrd. € für das Jahr 2013.[1]

Werden die Unternehmensinsolvenzen nach Wirtschaftsbereichen aufgesplittet, zeigt sich, dass insbesondere der Dienstleistungssektor, der Handel und das Baugewerbe besonders stark betroffen sind. Nach Einschätzung des Kreditversicherers EulerHermes haben Speditions- und Logistikdienstleistungen ein erhöhtes Insolvenzrisiko aufgrund der konjunkturellen Situation in der Branche zu tragen, sodass im Jahr 2013 deutschlandweit ca. 520 Speditions- und Logistikunternehmen die Insolvenz anmelden mussten.[2]

---

[1] *Vgl. Creditreform Wirtschaftsforschung: Insolvenzen in Deutschland, 2013, abgerufen unter: http://www.creditreform.de/aktuelles/news-list/detail/news-detail/insolvenzen-in-deutschland-2013.html (11.02.2014)*

[2] *Vgl. EulerHermes: Insolvenzprognose Deutschland: Etliche Branchen in 2013 insolvenzgefährdet., abgerufen unter: http://www.eulerhermes.de/mediacenter/Lists/mediacenter-documents/euler-hermes-insolvenz-prognose-deutschland-01-2013.pdf (11.02.2014)*

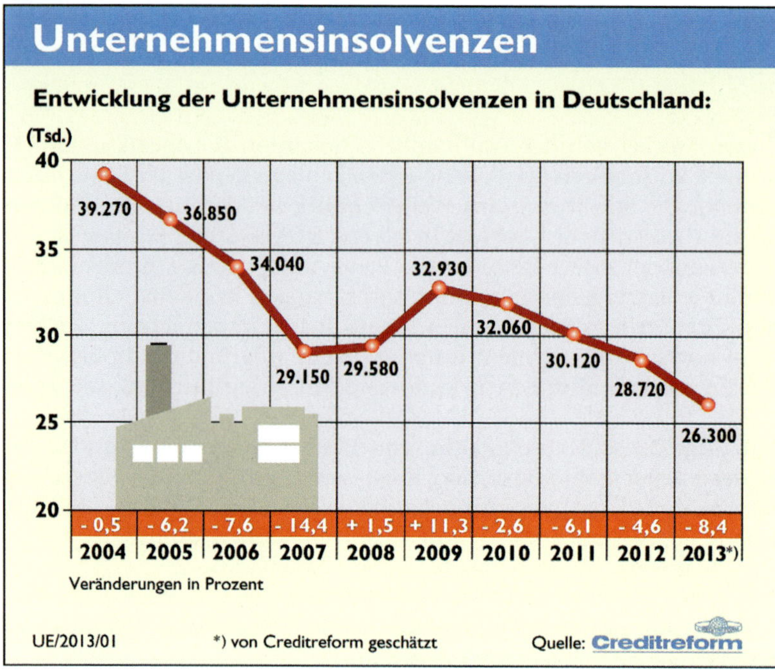

Quelle: Creditreform: Entwicklung der Unternehmensinsolvenz, 2013, unter http://www.creditreform.de/aktuelles/news-list/details/news-detail/insolvenzen-in-deutschland-2013.html (24.02.2014)

10.1 Ziele und Eröffnungsgründe für ein Insolvenzverfahren

Die Rechtsgrundlage für eine Insolvenz stellt die **Insolvenzordnung** (kurz InsO) dar[1]. Hierbei wird die Verbraucherinsolvenz von der Unternehmensinsolvenz unterschieden. Während die Verbraucherinsolvenz für natürliche Personen gilt, die keiner oder nur einer geringfügigen selbstständigen wirtschaftlichen Tätigkeit nachgehen, tritt die Unternehmensinsolvenz, auch Regelinsolvenz genannt, für alle Unternehmensschuldner natürlicher und juristischer Personen des privaten Rechts ein (vgl. InsO, § 11, § 304).

Das **Ziel des Insolvenzverfahrens** ist
- die gemeinschaftliche Befriedigung der Gläubiger aus dem Vermögen des Schuldners durch den Erlös der Unternehmensverwertung oder
- die Erstellung eines Insolvenzplans zum Erhalt und Fortführen des Unternehmens. Dem Schuldner soll hiermit die Möglichkeit gegeben werden, sich von seinen restlichen Schulden zu befreien (vgl. InsO, § 1).

Allgemein ist eine Insolvenz durch Zahlungsunfähigkeit, drohende Zahlungsunfähigkeit oder Überschuldung gekennzeichnet. Diese drei Voraussetzungen stellen jeweils einen Eröffnungsgrund für das Insolvenzverfahren dar.
- Die **Zahlungsunfähigkeit** ist in der Regel der häufigste Grund für die Eröffnung eines Insolvenzverfahrens und liegt vor, wenn der Schuldner seinen fälligen Zahlungspflichten nicht mehr nachkommen kann bzw. die Zahlungen eingestellt hat (vgl. InsO § 17).

---

[1] *Insolvenzordnung (InsO) vom 05.10.1994, zuletzt geändert durch Art. 19 des Gesetzes vom 20. Dezember 2011*

- Bei der **drohenden Zahlungsunfähigkeit** sieht der Schuldner sich voraussichtlich nicht in der Lage, die bestehenden Zahlungspflichten zum Zeitpunkt der Fälligkeit erfüllen zu können. Die zu erwartenden Einnahmen und Ausgaben des Schuldners lassen darauf schließen, dass er mit großer Wahrscheinlichkeit zahlungsunfähig wird. In diesem Fall kann der Insolvenzantrag nur vom Schuldner selbst gestellt werden (vgl. InsO § 18).
- Die **Überschuldung** kann lediglich von juristischen Personen als Insolvenzgrund angegeben werden und liegt vor, wenn die Verbindlichkeiten durch das Aktivvermögen des Schuldners nicht mehr gedeckt werden, jedoch eine positive Fortführungsprognose für das Unternehmen vorliegt (InsO § 19).[1]

10.2 Ablauf des Regelinsolvenzverfahrens

1. Antrag auf Eröffnungsverfahren:
   Damit ein Insolvenzverfahren in die Wege geleitet werden kann, bedarf es eines Insolvenzantrags beim zuständigen Amtsgericht. Dieser Antrag muss schriftlich erfolgen und kann sowohl vom Schuldner selbst als auch vom Gläubiger gestellt werden (vgl. InsO, § 13). Anschließend überprüft das Insolvenzgericht, ob der Insolvenzantrag begründet ist und damit eine der Voraussetzungen (Zahlungsunfähigkeit, drohende Zahlungsunfähigkeit oder Überschuldung) vorliegt. In diesem Verfahren wird ein vorläufiger Insolvenzverwalter durch das Insolvenzgericht gestellt. Dieser hat die Aufgabe:
   - zu prüfen, ob das Vermögen des Schuldners die Kosten des Verfahrens deckt,
   - das Unternehmen bis zur Entscheidung über die Eröffnung des Insolvenzverfahrens fortzuführen und
   - das Vermögen des Schuldners zu sichern und zu erhalten (vgl. InsO, § 22).

   Parallel dazu kann das Insolvenzgericht ein Verwaltungs- und Verfügungsgebot aussprechen, sodass lediglich der vorläufige Insolvenzverwalter über das Vermögen bestimmen darf. Hierzu muss der Schuldner ihm Einsicht in alle Bücher und Geschäftspapiere geben.
   Sollte das Vermögen voraussichtlich nicht ausreichen, um die Kosten des Verfahrens zu decken, wird die Eröffnung des Insolvenzverfahrens mangels Masse abgelehnt und das Unternehmen in der Regel liquidiert (vgl. InsO, § 22, § 26).

2. Einleitung des Insolvenzverfahrens:
   Die Eröffnung des Insolvenzverfahrens wird öffentlich bekannt gemacht und im Handelsregister sowie Grundbuch hinterlegt. Im Eröffnungsbeschluss werden die Gläubiger aufgefordert, alle Forderungen innerhalb einer bestimmten Frist dem Insolvenzverwalter anzumelden. Das gesamte Vermögen des Schuldners dient als Insolvenzmasse und damit zur Befriedigung der Gläubiger. Auch enthält der Beschluss den Berichtstermin für die Gläubigerversammlungen (vgl. InsO § 28, § 29). Beim Berichtstermin wird der Insolvenzverwalter über die wirtschaftliche Lage des Schuldners Auskunft geben und darlegen, inwieweit das Unternehmen des Schuldners im Ganzen bzw. in Teilen erhalten werden kann. Gleichzeitig werden auch die daraus resultierenden Auswirkungen für die Gläubiger aufgezeigt. Die Gläubiger bestimmen bei diesem Termin, ob das Unternehmen stillgelegt/verwertet oder weitergeführt und ggf. ein Insolvenzplan vom Schuldner oder Insolvenzverwalter ausgearbeitet werden soll (vgl. InsO, §156, §174).

[1] *GründerZeiten Informationen zur Existenzgründung und -sicherung: Insolvenz und Neustart Nr. 14, Mai 2009: 10.*

3. Insolvenzplanverfahren: Maßnahme zur Befriedigung der Gläubiger
Entscheiden sich die Gläubiger für einen Insolvenzplan, ergeben sich nach der Insolvenzordnung folgende Insolvenzplanmöglichkeiten, über die die Gläubiger bestimmen.
   - **Sanierungsplan**
     Das Unternehmen wird unter Auflagen, z. B. Stilllegung von Unternehmensbereichen, Straffung der Produktpalette oder Personalabbau, weitergeführt. Ziel ist es, durch Fortführung die Wiederherstellung der Leistungsfähigkeit und die Befriedigung der Gläubiger aus den Erträgen zu erlangen.
   - **Übertragungsplan**
     Der Insolvenzplan sieht vor, dass das Unternehmen im Ganzen verkauft wird und die Gläubiger aus den Erlösen bedient werden. Der Investor hat die Möglichkeit, das Unternehmen zu sanieren oder es aufzulösen.
   - **Liquidationsplan**
     Hierbei verständigen sich die Gläubiger darauf, das Vermögen, welches der Schuldner vor und während des Insolvenzverfahrens erlangt hat, zu verwerten und den Erlös unter ihnen aufzuteilen. Die Durchführung der Veräußerung wird nicht wie beim Regelverfahren unter 2. durch die Insolvenzordnung geregelt, sondern durch die Gläubiger festgelegt.[1]

10.3 Ablauf des Verbraucherinsolvenzverfahrens

Das Verbraucherinsolvenzverfahren unterscheidet sich grundlegend vom Regelinsolvenzverfahren. Um einen Antrag auf die Eröffnung eines Insolvenzverfahrens stellen zu können, muss der Schuldner nachweisen, dass eine außergerichtliche Schuldenbereinigung mit den Gläubigern fehlgeschlagen ist (vgl. InsO, § 305). In einem Schuldenbereinigungsplan legt der Schuldner seine Vermögenswerte wie auch Schulden offen und zeigt den Gläubigern einen angemessenen Vorschlag zur Bereinigung seiner Schulden auf. Stimmen die Gläubiger dem ihnen vorgelegten Schuldenbereinigungsplan zu, ist das Verfahren beendet; sollten sie dagegen stimmen, werden die Unterlagen zum Gericht weitergeleitet und es kommt bei Aussicht auf Erfolg zum gerichtlichen Schuldenbereinigungsplan (vgl. InsO, § 307). Binnen einer Frist erhalten die Gläubiger die Möglichkeit, über den gerichtlichen Schuldenbereinigungsplan abzustimmen. Bei einer mehrheitlichen Zustimmung ist das Verfahren abgeschlossen, ansonsten erfolgt das vereinfachte Verbraucherinsolvenzverfahren (vgl. InsO, § 311).

Innerhalb des Verbraucherinsolvenzverfahrens stellt das Gericht einen Treuhänder, der die Vermögenswerte des Schuldners veräußert und an die Gläubiger verteilt. Da in der Regel diese Vermögenswerte die Schulden nicht decken, kann der Schuldner im Zuge des Insolvenzverfahrens eine Restschuldbefreiung beantragen (vgl. InsO, § 314, § 301).

---

[1] *Vgl. Brennecke, Harald: Der Insolvenzplan – Sanierungsinstrument in der Insolvenz, 2007, abgerufen unter http://www.brennecke.pro/Rechtsinfos/Unternehmenssanierung/Insolvenzplan (25.02.2014)*

ZUSAMMENFASSUNG

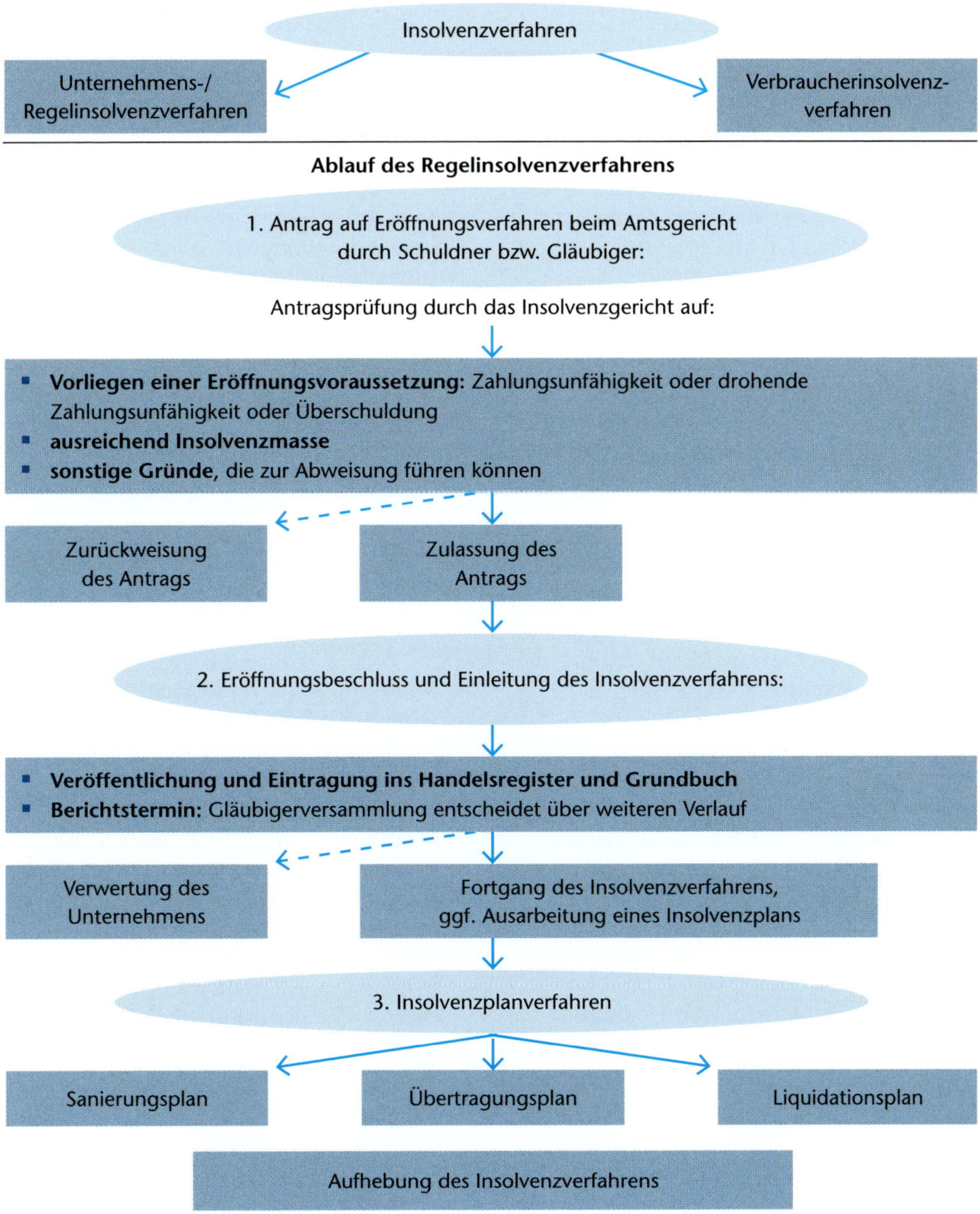

(vgl.: BMWi: Ablauf des Regelinsolvenzverfahrens[1])

[1] *Bundesministerium für Wirtschaft und Technologie (BMWi): Ablauf des Regelinsolvenzverfahrens, abgerufen unter: http://www.existenzgruender.de/imperia/md/content/pdf/publikationen/uebersichten/krisenvorbeugung/06_uebersicht.pdf [09.03.2013]*

11 Der zugelassene Wirtschaftsbeteiligte (ZWB)

LSL

LERNSITUATION

Als LLP (Lead Logistics Provider) befasst sich die Wall GmbH – Spedition & Logistik – für ihre Kunden neben der Beratung, Planung und Steuerung der gesamten Lieferkette (Supply-Chain) als sog. 4PL-Provider (Fourth Party Logistics Provider) auch mit dem operativen Geschäft bei der **Ein- und Ausfuhr von Waren**.
Im Rahmen der Beratung, Planung und Steuerung ist die Wall GmbH vornehmlich mit dem Organisations-, Technologie- und Beziehungsmanagement beschäftigt.
Verunsichert durch Veröffentlichungen der Europäischen Kommission (siehe rechte Seite), sieht die Wall GmbH Handlungsbedarf für das operative Geschäft. Denn die Kunden der Wall GmbH werden verlangen, auch zukünftig die Vorzüge der **vereinfachten Zollverfahren** nutzen zu können. Deshalb will die Wall GmbH sicherstellen, als zugelassener Wirtschaftsbeteiligter anerkannt zu werden.

Aufgaben

1. Klären Sie inhaltlich die Abkürzungen LLP und 4PL-Provider sowie die Begriffe Organisations-, Technologie- und Beziehungsmanagement.
2. Erläutern Sie, warum die Wall GmbH beim operativen Geschäft Handlungsbedarf sieht, wenn Sie die Ausführungen der Europäischen Kommission mit einbeziehen.
3. Beschreiben Sie, aus welchen Gründen die Verlader (Kunden der Wall GmbH) verlangen werden, dass der für sie zuständige Spediteur bzw. Logistikdienstleister ein zugelassener Wirtschaftsbeteiligter ist.

DER ZUGELASSENE WIRTSCHAFTSBETEILIGTE

1. DAS KONZEPT

Die sogenannte Sicherheitsänderung des Zollkodex der Gemeinschaft sieht unter anderem die Schaffung eines zugelassenen Wirtschaftsbeteiligten vor. In den Rechtsvorschriften ist vorgesehen, dass die Zollbehörden verlässlichen, in der Europäischen Gemeinschaft niedergelassenen Wirtschaftsbeteiligten den Status eines „zugelassenen Wirtschaftsbeteiligten" verleihen.
(...)

2.2. Welche Vorteile kann der zugelassene Wirtschaftsbeteiligte erwarten?

Gemäß Artikel 5a (2) kann der zugelassene Wirtschaftsbeteiligte von den folgenden Vorteilen entweder einzeln oder in Kombination profitieren:

- **im Rahmen der Zollvorschriften vorgesehene Vereinfachungen**, beispielsweise zugelassener Versender, zentralisierte Zollabfertigung und Befreiung von der Pflicht zur Sicherheitsleistung, nachstehend „Zollvereinfachungen" genannt; sowie
- **Erleichterungen in Bezug auf die Zollkontrollen im Zusammenhang mit der Sicherheit**, beispielsweise geringerer Risikowert für zugelassene Wirtschaftsbeteiligte als für einen normalen Einführer und gegenseitige Anerkennung des Status, basierend auf internationalen Abkommen über Zusammenarbeit im Zollbereich, nachstehend „Sicherheitserleichterungen" genannt.

(...)

Der zugelassene Wirtschaftsbeteiligte (ZWB; engl.: authorized economic operator = **AEO**) stellt einen verlässlichen bzw. „sicheren" am Wirtschaftsleben Beteiligten dar. Derzeit wird auf nationaler Ebene (in Deutschland) einem verlässlichen Wirtschaftsbeteiligten gestattet, an vereinfachten Zollverfahren teilzunehmen. Die EU hat beschlossen, dieses System auf EU-Ebene zu verallgemeinern und demjenigen Wirtschaftsbeteiligten, der die Sicherheitsvorschriften erfüllt, als sicheres Mitglied in der Lieferkette Vorteile zu gewähren.

Bei dem Konzept des zugelassenen Wirtschaftsbeteiligten handelt es sich um ein neues Vorhaben (Umsetzung seit dem 1. Januar 2008; gemäß Vo (EG) Nr. 648/2005 und Vo (EG) Nr. 1875/2006), das zusammen mit der Sicherheitsänderung in den Zollkodex der Gemeinschaft eingeführt wurde. Mit der Sicherheitsinitiative geht die Vereinfachung und die Verschlankung des Zollrechts ebenso einher wie die Reduzierung auf drei Kernzollverfahren (Einfuhr, Ausfuhr und Nichterhebungsverfahren) sowie die Intensivierung der IT-gestützten Zollabwicklung (so durch die Harmonisierung der Anforderungen an die elektronischen Voranmeldungen bei Einfuhr, Ausfuhr und Transit)[1] und eine gemeinsame Risikoanalyse durch die Einführung eines (automatischen) Risikomanagements.

Zukünftig werden nur Speditionen und Logistikdienstleister, die ZWB sind und bestimmte Supply-Chain-Security-Standards (SCSS) einhalten, an den drei Kernzollverfahren des E-Customs teilnehmen können und somit die Erleichterungen bei den Zollabwicklungen erhalten. Zudem werden sie dem Druck der Verlader gerecht werden wollen, die die Vorzüge der Erleichterung weiterhin nutzen wollen.

Sicherheitsinitiative

Neben der Vereinfachung des Welthandels und aufgrund des erhöhten Bedarfs an Sicherheit innerhalb der internationalen Lieferkette (= Supply-Chain; auch Wertschöpfungs- bzw. Versorgungskette) soll der Schutz der Supply-Chain vor Terrorismus stehen. Darin enthalten ist die EU-weite Harmonisierung der Sicherheitskontrollen, auch unterstützt durch die ab dem 1. Juli 2009 verbindlichen, frühzeitigen sicherheitsspezifischen Informationen zu ein- und ausgehenden Warenbewegungen über die EU-Außengrenzen durch eine **elektronische Vorabanzeige** aller ein- bzw. ausgehenden Waren bei der Eingangs- bzw. Ausgangszollstelle (mittels des Import-Control-Systems – ICS – und des Export-Control-Systems – ECS).

Voranmeldefristen beim Import[2]

- Seeverkehr
  - Containerfracht: mind. 24 Std. vor Verladen im Abgangshafen
  - Bulk Cargo: mind. 4 Std. vor Verbringen in die EU
  - Transport < 24 Std.: mind. 2 Std. vor Verbringen in die EU
- Luftverkehr
  - Kurzstrecke (< 4 Std.): zum Zeitpunkt des Abhebens
  - Langstrecke (≥ 4 Std.): mind. 2/4 Std. vor Eintreffen in EU (1. Flughafen)

Supply-Chain

Manufacturer (Hersteller)
▼
Exporter (Exporteur)
▼
Forwarder (Spedition und Logistikdienstleister)
▼
Warehouse keeper (Lagerhalter)
▼
Customs agent (Zolldeklarant)
▼
Carrier (Transporteur)
▼
Customs agent (Zolldeklarant)
▼
Warehouse keeper (Lagerhalter)
▼
Forwarder (Spedition und Logistikdienstleister)
▼
Importer (Importeur)

[1] *Derzeit ist die Vernetzung aller EU-Zollstellen noch problematisch, da die EU-Mitgliedstaaten zzt. auf der Basis unterschiedlicher IT-Lösungen arbeiten und eine einheitliche Codierung noch nicht vorliegt.*

[2] *Bei mehreren EU-See- oder -Flughäfen ist die SumA für sämtliche für die EU bestimmten Waren am ersten Anlauf(flug)hafen zu erstellen. (Bei Abgabe einer schriftlichen Voranmeldung verlängern sich alle angegebenen Fristen unter 24 Stunden auf vier Stunden.)*

- Bahn-/Binnenschiffsverkehr
  Mindestens 2 Stunden vor Eintreffen in EU (1. Ankunftspunkt)
- Lkw-Verkehr
  Mindestens eine Stunde vor Eintreffen in EU (1. Ankunftspunkt)

Voranmeldefristen beim Export[1]

▪ Seeverkehr	
– Containerfracht:	mind. 24 Std. vor Verladen im Abgangshafen
– Bulk Cargo:	mind. 4 Std. vor Verlassen der EU
▪ **Luftverkehr**	mind. 0,5 Std. vor dem Abheben
▪ **Bahn-/Binnenschiffsverk.**	mind. 2 Stunden vor Verlassen der EU
▪ **Lkw-Verkehr**	mind. 1 Stunde vor Verlassen der EU

11.1 Voraussetzungen zum ZWB

Die Bewilligungskriterien zum ZWB werden im Artikel 5a (2) des neuen Zollkodex (ZK neu) geregelt und umfassen:

- **eine angemessene Einhaltung der Zollvorschriften:** Die angemessene Einhaltung der Zollvorschriften führt als erstes Kriterium zur Akkreditierung als Zollvertreter. Die Merkmale zur Einhaltung der Zollvorschriften ergeben sich aus der Durchführungsverordnung des Zollkodex (ZK-DVO), die durch einen Fragenkatalog (zu Unternehmensorganisation/-funktion, zu Mitarbeitern mit zollspezifischen Kenntnissen u.a.) mit „erläuternden Vorschriften" abgefragt werden. Zudem wird die derzeitige dezentrale Beteiligtenbewertung (DEBBI, siehe unten) zur Bewertung herangezogen. Voraussetzung ist, dass keine schwerwiegenden oder wiederholten Rechtsverletzungen seitens des Antragstellers, der Verantwortlichen im Unternehmen oder der Geschäftsleitung bzw. des gesetzlichen Vertreters in Zollangelegenheiten vorliegen. Der Prüfungszeitraum umfasst die letzten drei Jahre (ansonsten anhand der verfügbaren Informationen) seit Antragstellung.
- **ein zufriedenstellendes Buchhaltungssystem:** Als zweites Kriterium muss das System der Buchhaltung des Antragstellers den allgemein anerkannten Prinzipien der Buchführung in den Mitgliedstaaten entsprechen und Zollkontrollen vereinfachen helfen. Die Zollaufzeichnungen und ggf. die Transportaufzeichnungen müssen dem Zoll physisch oder elektronisch zugänglich gemacht werden. Ferner muss im System des Antragstellers zwischen Gemeinschafts- und Nichtgemeinschaftswaren unterschieden werden und ein zufriedenstellendes Archivierungsverfahren, das vor Datenverlusten geschützt ist, vorhanden sein. Außerdem ist das System des Antragstellers durch entsprechende informationstechnische Maßnahmen so zu schützen, dass ein Eindringen von Unbefugten verhindert und die Aufzeichnungen gesichert werden.
- **die Zahlungsfähigkeit des Antragstellers:** Der Antragsteller hat als drittes Kriterium seine Zahlungsfähigkeit für die letzten drei Jahre nachzuweisen, d.h., er muss aufzeigen, dass seine Bonität ausreichend ist, um anstehende Verpflichtungen erfüllen zu können. Bestehen Konzernverflechtungen, so wird beispielsweise die Solvenz der Muttergesellschaft in die Bewertung einbezogen.
- **angemessene Sicherheitsstandards:** Angemessene Sicherheitsstandards, um als EU-ansässiger Antragsteller „regulated agent" zu werden, sind als viertes Kriterium u.a. dadurch nachzuweisen, dass die verwendeten Gebäude aus Materialien (auch Sicher-

[1] *Für Deutschland werden zu den bestehenden Fristen keine zusätzlichen eingeführt. (Bei Abgabe einer schriftlichen Voranmeldung verlängern sich die angegebenen Fristen auf mindestens vier Stunden.)*

heitseinrichtungen) bestehen, die ein rechtswidriges Betreten ebenso wie rechtswidriges Eintreten verhindern. Dies beinhaltet auch geeignete Zugangskontrollen, die Unbefugten den Zugang zu Versandbereichen, Laderäumen und Verladerampen verwehren. Es müssen außerdem Maßnahmen ergriffen werden, die vor Einbringen, Austausch und Verlust von Waren schützen, die einfuhr- bzw. ausfuhrbeschränkte Waren von anderen Waren unterscheiden lassen sowie eine eindeutige Feststellung der Handelspartner (zur Sicherung der internationalen Lieferkette) zulassen.[1]

DEBBI (dezentrale Beteiligtenbewertung)

DEBBI (ab Version 7.0 in ATLAS enthalten) ist Bestandteil des Risikomanagements der deutschen Zollverwaltung.
In DEBBI werden die Bereiche Einfuhr (E), Ausfuhr (A), Marktordnung (M) und sonstiges (S) bewertet, wobei die Gültigkeit der Bewertung auf 12 Monate beschränkt ist.

Bewertungsziffer:	0	1	2	3
Erläuterung:	keine Bewertung	zuverlässig oder geringes Risiko	mittleres Risiko	hohes Risiko

Der größte Teil der zollbeteiligten Unternehmen wie Anmelder, Empfänger, Verwahrer, Hauptverpflichteter, wird zurzeit nicht bewertet. Von den bewerteten Unternehmen ist der weitaus größte Teil (ca. 73 %) als zuverlässig bzw. mit geringem Risiko eingestuft. Knapp ein Viertel der bewerteten Unternehmen stellen ein mittleres und ca. 4 % ein hohes Risiko dar.

Derzeit muss der Zoll bei ungünstigen Bewertungsziffern nicht zwangsläufig intensiv prüfen (z. B. Beschau). Die Bewertungsziffern sind jedoch zur Zulassung zum ZWB verbindlich.[2]

11.2 ZWB-Bewilligungsverfahren

Der Status als ZWB wird von den Zollbehörden des betreffenden Landes verliehen und von den Zollbehörden aller Mitgliedstaaten anerkannt; unter bestimmten Voraussetzungen (ZK-DVO) wird es möglich sein, die Bewilligung auf einen oder mehrere Mitgliedstaaten zu beschränken. Grundsätzlich muss das Verständnis eines „sicheren" Wirtschaftsbeteiligten jedoch in der Gemeinschaft gleich sein. Das Bewilligungsverfahren gliedert sich in folgende Schritte:

- **Antragstellung.** Der Antragsteller, der grundsätzlich seinen Sitz in der EU hat, stellt i. d. R. einen schriftlichen Antrag auf Zulassung zum ZWB bei der Zollbehörde des Mitgliedstaates, in dem die Hauptbuchhaltung geführt wird und den Zollbehörden zugänglich ist. Die erteilende Zollstelle erhält zum Nachweis der Bewilligungsvoraussetzungen alle erforderlichen Informationen von einer zentralen Stelle des beantragenden Unternehmens bzw. von einer Kontaktperson. Ergänzende Informationen kann die Zollstelle bis zu 30 Tage nach Antragstellung nachverlangen.
- **Erteilung der Bewilligung.** Das Zertifikat, das den ZWB akkreditiert, ist von den Zollbehörden innerhalb von 90 Tagen (Verlängerung von 30 Tagen möglich) nach Antragstellung auszustellen und tritt zehn Tage nach Ausstellung in Kraft. Das grundsätzlich in allen Mitgliedstaaten der EU gültige Zertifikat ist unbegrenzt gültig, wobei eine erfolgreich zu bestehende Überprüfung mindestens alle drei Jahre zu erfolgen hat, eben-

[1] Evtl. wird die Bewertung „0" zur Akkreditierung zum ZWB ausreichen.
[2] Sicherheitssensible Positionen werden gesondert geprüft.

so bei wesentlichen Gesetzesänderungen sowie bei ernsten Hinweisen, dass die Zulassungskriterien nicht mehr erfüllt werden.

- **Aussetzung der Bewilligung.** Die Bewilligung zum ZWB kann von den Zollbehörden ausgesetzt werden, sofern die Bewilligungsvoraussetzungen nicht mehr erfüllt sind, so bei einem hinreichend begründeten Verdacht auf eine zollrechtliche Straftat. Der ZWB ist vor der Aussetzung zu informieren und hat einen Anspruch darauf, angehört zu werden. Ohne Reaktion des ZWB wird die Bewilligung zunächst für 30 Tage ausgesetzt, in denen der ZWB entsprechend Abhilfe schaffen kann.
  Besteht eine Gefahr, die die Sicherheit der Bürger, der öffentlichen Gesundheit oder der Umwelt bedroht, erfolgt eine sofortige Aussetzung der Bewilligung zum ZWB.
  Infolge der Aussetzung der Bewilligung werden die ZWB-bezogenen Vereinfachungen gestrichen. Davon unberührt sind Vereinfachungen, die unabhängig von der ZWB-Bewilligung erteilt wurden.
- **Widerruf der Bewilligung.** Die Bewilligung zum ZWB wird (zehn Tage nach Kenntniserhalt der relevanten Umstände) widerrufen, sofern keine Nachbesserung nach der Aussetzung erfolgt ist bzw. bei einer rechtsgültigen Verurteilung für schwere Zollrechtsverletzungen; ferner, wenn der ZWB einen Antrag auf Widerruf stellt.
  Eine erneute Bewilligung kann erst nach Ablauf einer dreijährigen Sperrfrist erfolgen. Eine kürzere Sperrfrist ist lediglich bei der Verletzung bestimmter Sicherheitsaspekte wie falsche Schlösser o. Ä. vorgesehen.
  Besteht eine Gefahr, die die Sicherheit der Bürger, der öffentlichen Gesundheit oder der Umwelt bedroht, erfolgt eine sofortige Aussetzung der Bewilligung zum ZWB.

11.3 ZWB-Varianten

Es wird grundsätzlich drei Varianten eines ZWB geben:

- Der **ZWB für zollrechtliche Vereinfachungen** (AEO C) gestattet dem ZWB die Teilnahme an den vereinfachten Zollverfahren, wie zugelassener Versender, zentralisierte Zollabfertigung und Befreiung von der Pflicht zur Sicherheitsleistung.
- Der **ZWB für Sicherheit** (AEO S) (secure trader) ist relevant bei Zollkontrollen; so kann sich aus dem ZWB ein geringerer Risikowert für zugelassene Wirtschaftsbeteiligte als für einen normalen Einführer ergeben. Die Vorzüge der Teilnahme an zollrechtlichen Vereinfachungen wie der Verkürzung von Voranmeldefristen entfallen. Dies stellt im Prinzip ein Gütesiegel dar.
- Der **ZWB für Sicherheit und zollrechtliche Vereinfachungen** (AEO F) setzt sich aus den obigen zusammen. Um uneingeschränkt am Wirtschaftsleben teilnehmen zu können, werden die an der Supply-Chain beteiligten Unternehmen diesen ZWB favorisieren.

ZUSAMMENFASSUNG

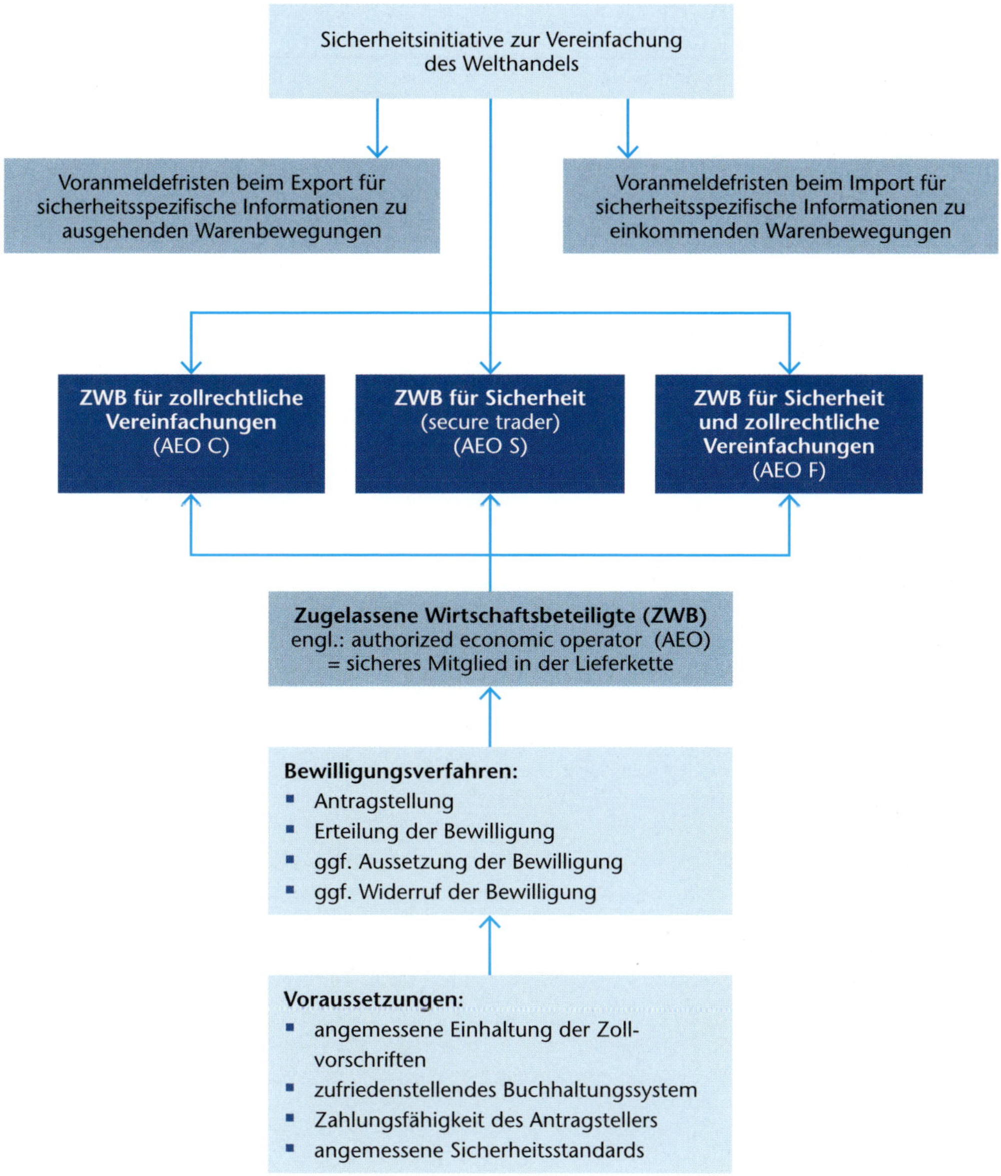

Bearbeitungsvorschläge

Stellen Sie für Ihr eigenes Unternehmen fest, inwiefern die Bewilligungsvorschriften zum ZWB durch Ihr Unternehmen erfüllt werden.

Übungsaufgaben

1. Erläutern Sie, was unter der Sicherheitsinitiative zu verstehen ist.
2. Benennen und erklären Sie die Voraussetzungen, um ZWB zu werden.
3. Stellen Sie das Bewilligungsverfahren zum ZWB dar.
4. Unterscheiden Sie einen ZWB für Sicherheit (AEO F) von einem ZWB für zollrechtliche Vereinfachungen.

12 AGB und Verbraucherschutz

LERNSITUATION

Der Auszubildende der Wall GmbH – Spedition & Logistik – Mark Köhler hat zu Beginn seiner Ausbildung eine Lebensversicherung abgeschlossen, um seine spätere Altersversorgung besser abzusichern. Bei Abschluss des Versicherungsvertrages hat Mark Köhler sich keine Gedanken über die Laufzeit oder andere Vertragsinhalte gemacht. Ihm war lediglich eine möglichst niedrige monatliche Prämie und eine möglichst hohe Auszahlung am Ende der Laufzeit wichtig. Das hat Mark Köhler erreicht: Er zahlt eine monatliche Prämie von 35,00 € und es ist ihm ein vermutlicher Auszahlungsbetrag von 50 000,00 € in Aussicht gestellt worden. Nachdem die Versicherung jetzt ungefähr zwei Jahre läuft, bekommt Mark Köhler von dem Versicherer eine Mitteilung über die Änderung der allgemeinen Geschäftsbedingungen (AGB), die bereits Bestandteil der Versicherung seien. Mark Köhler kann sich noch daran erinnern, dass der Vertreter damals von den gültigen AGB gesprochen hat, die u. a. besagen, wann und wie die Versicherungsgesellschaft beispielsweise zahlen müsse.

Mark wird stutzig und liest sich die neuen AGB durch und vergleicht sie mit den alten:

AGB – Auszug **neu** –

(1) Diese allgemeinen Geschäftsbedingungen gelten durch Zustimmung des Versicherungsnehmers. Bei bereits zuvor abgeschlossenen Versicherungsverträgen treten diese automatisch in Kraft.
(2) ...
(3) Die Auszahlung der Versicherungssumme erfolgt am Ende der Laufzeit und nur im Erlebensfall des Versicherungsnehmers, sofern dieser nachweisen kann, dass er/sie bei gutem Gesundheitszustand ist und den Versicherungsbetrag nur für sich selbst verwendet.
(4) Nebenabsprachen sind in keinem Falle wirksam.
(5) ...

AGB – Auszug **alt** –

(1) Diese allgemeinen Geschäftsbedingungen gelten durch Zustimmung des Versicherungsnehmers. Bei bereits zuvor abgeschlossenen Versicherungsverträgen muss der Versicherungsnehmer ersatzweise zustimmen, damit diese nachträglich gelten.
(2) ...
(3) Die Auszahlung der Versicherungssumme erfolgt am Ende der Laufzeit und im Erlebensfall des Versicherungsnehmers oder im Falle des Ablebens (Todesfall) an eine dritte, vom Versicherungsnehmer benannte Person.
(4) Nebenabsprachen bedürfen der Schriftform.
(5) ...

Aufgaben

1. Stellen Sie fest, welche Änderungen sich aus den neuen AGB ergeben.
2. Erläutern Sie, ob die neuen AGB durch das Zusenden Gültigkeit erlangt haben.
3. Stellen Sie begründet dar, ob Sie sich auf diese Änderungen einlassen müssten.

In Unternehmen wie z. B. auch Speditionen kommt es täglich zu einer Vielzahl von Vertragsabschlüssen, wobei jeder einzelne Vertrag im Normalfall einzeln und im vollen Umfang abgefasst werden müsste. Dabei sind sämtliche Interessen beider Vertragsparteien zu berücksichtigen. So beispielsweise die Belange von Käufer und Verkäufer, Auftraggeber und Spediteur, Spediteur und Lkw-Unternehmer oder Reederei u. v. a. m.

Hierzu werden die **Allgemeinen Geschäftsbedingungen (AGB)** und der Verbraucherschutz unterschieden. In diesem Zusammenhang soll vornehmlich auf den einseitigen Handelskauf eingegangen werden, da beim zweiseitigen Handelskauf die Vertragspartner als gleichwertig betrachtet werden und nicht dem besonderen Schutz der Verbraucher unterliegen. So beispielsweise beim Abschluss eines Speditionsvertrages zwischen zwei Kaufleuten, bei dem die **ADSp** automatisch gelten. Ein Verbraucher ist auf die ADSp als AGB der Spediteure ausdrücklich hinzuweisen (§ 305 BGB).

LSL

12.1 AGB

Aufgrund der Vielzahl von Vertragsabschlüssen zwischen einer Unternehmung und (hier) den Endverbrauchern und des dafür notwendigen Arbeits- und Zeitaufwands sind die vertraglichen Bedingungen vereinheitlicht worden **(AGB)**. Das heißt, dass bei einem Vertragsabschluss die Inhalte und die rechtlichen Belange **nicht** jedes Mal neu ausgehandelt und formuliert werden müssen, sondern im Interesse eines reibungslosen und weniger zeit- und arbeitsaufwendigen Geschäftsablaufs in einheitlichen Vertragsbedingungen als allgemeingültige Klauseln vom Verkäufer vorformuliert werden. Dabei beinhalten die AGB typische und regelmäßig wiederkehrende Problemstellungen des Geschäftsverkehrs wie z. B.:

- Lieferbedingungen (Kosten-, Gefahren- und Dispositionsübergang)
- Zahlungsbedingungen
- Erfüllungsort und Gerichtsstand
- Verpackungskosten
- Haftung
- evtl. die Lieferzeit
- evtl. Eigentumsvorbehalt
- Beförderungskosten
- Gewährleistungsansprüche

Für rechtliche Sachverhalte, die nicht in den AGB berücksichtigt sind, gelten – für die jeweiligen Vertragspartner, die Verwender der AGB – die gesetzlichen Bestimmungen des BGB (bei Verträgen mit Konsumenten; § 305 BGB) und des HGB (bei Verträgen unter Kaufleuten).

MERKE

Bei den AGB handelt es sich um ein immer wieder verwendbares Vertragswerk, das im Regelfall nur durch schriftliche Ergänzungen, im beidseitigen Einvernehmen der Vertragspartner – Verwender der AGB –, abgeändert werden kann.

Die AGB werden zumeist als **Kleingedrucktes** bezeichnet, weil diese in klein gedruckter Form – zumeist – auf der Rückseite der in Schriftform ausgearbeiteten Verträge zu finden sind (Ausnahme: auf Konnossementen auf der ersten Seite). Die AGB finden in nahezu jedem Wirtschaftszweig Verwendung, wie z. B. in Banken, Versicherungen, Reiseveranstaltern, verladende Wirtschaft wie Groß-, Außen- und Einzelhandel sowie bei Spediteuren (ADSp), Lkw-Unternehmern (VBGL) u. v. a. m.

Gefahren der AGB

Wegen der Vielzahl der zu berücksichtigenden inhaltlichen Punkte sind die AGB zumeist sehr umfangreich. Sie werden alleine aus diesem Grunde vom Kunden häufig nicht durchgelesen. Die AGB werden mit den Kunden nicht einzeln ausgehandelt und sind demnach vom Konsumenten als Ganzes zu akzeptieren. Da in Deutschland Vertragsfreiheit herrscht, werden die AGB durch einen Hinweis auf die AGB (vor bzw. spätestens bei Vertragsabschluss) Bestandteil des Vertrages. Sofern die AGB insgesamt oder Teile der AGB gegen geltendes Recht verstoßen, sind sie als Ganzes oder in Teilen unwirksam. Z. B. liegt die Haftung des Spediteurs bei Selbsteintritt bei 8,33 SZR. In „seinen“ ADSp könnte ein Spediteur hierfür 1 SZR als Haftungshöchstgrenze festlegen. Das würde allerdings gegen den § 431 HGB verstoßen (= AGB-fest), sodass zumindest diese Klausel unwirksam wäre.

LSL

Von großer Bedeutung ist auch, dass Individualabreden (= einzelvertragliche Vereinbarung) ihre Gültigkeit im Regelfall nur erlangen, wenn diese schriftlich niedergelegt wurden (= allgemeine Klausel in den AGB; § 305b BGB). Hieraus entstand im Laufe der Zeit eine einseitige Verlagerung der Risiken vom Unternehmen auf den Konsumenten, weil das „Kleingedruckte“ nicht mehr ausgehandelt wurde und die Einschränkungen des BGB keine rechtliche Handhabe gegen die AGB darstellten.[1] Die Verbraucher wurden in ihren gesetzlich gewährten Rechten eingeschränkt, so wurden den Unternehmen in den AGB kurzfristige Preiserhöhungen ermöglicht, Gewährleistungsansprüche eingeschränkt oder die Haftung der Unternehmung für grobes Verschulden ausgeschlossen.

MERKE

Zum einen wurden die AGB oft nicht gelesen und zum anderen wegen der komplizierten, unverständlichen Formulierungen beim Lesen nicht verstanden. Deshalb wurden die AGB nicht angezweifelt oder im Rahmen der möglichen Individualabrede auf Drängen des Käufers abgeändert.

Gesetzliche Regelungen zu den AGB

Damit der einzelne Verbraucher als wirtschaftlich schwächerer Partner bei Vertragsabschlüssen geschützt wird, seine Rechtssicherheit gestärkt und die Gerechtigkeit zwischen den Vertragspartnern gewährleistet wird, ist am 1. April 1977 das „Gesetz zur Regelung des Rechts der Allgemeinen Geschäftsbedingungen“ (= AGB-Gesetz) in Kraft getreten. Dieses AGB-Gesetz ist durch das am 1. Januar 2002 in Kraft getretene neue Schuldrecht in den § 305 ff. BGB ersetzt worden. Die Bestimmungen des AGB-Gesetzes finden sich im Wesentlichen im BGB wieder. Da bestimmte Klauseln in den AGB verboten sind, werden die Konsumenten vor unangemessener Benachteiligung durch die AGB geschützt. Das heißt, dass diese Klauseln, auch wenn sie in den AGB stehen, keine Rechtsgültigkeit erlangen. In diesen Fällen ist das BGB **AGB-fest**.

Für den einseitigen Handelskauf schreibt das BGB zum Schutz der Nichtkaufleute vor, dass

- die AGB nicht automatisch Bestandteil des Vertrages werden, sondern der Nichtkaufmann bzw. die Privatperson ausdrücklich auf die AGB hinzuweisen ist. Normalerweise werden die AGB bei Angeboten auf der Rückseite abgedruckt, wobei auf der dann ersten Seite ein deutlicher Hinweis auf die AGB vorhanden sein muss. Fehlt dieser Hinweis, so gelten automatisch die Bedingungen des BGB.

  Bei so umfangreichen AGB wie den ADSp reicht ein **ausdrücklicher Hinweis** auf die Bedingungen aus, sofern der Kunde die Möglichkeit hat, Einblick in die Bedingungen zu nehmen (§ 305 BGB),
  - sofern der genaue Wortlaut der ADSp bzw. AGB dem Kunden leicht zugänglich gemacht wird. So, wenn die AGB im Verkaufsraum für jedermann ersichtlich, verständlich und leserlich (ohne Lupe beispielsweise) ausgehängt sind.
  - wenn der Kunde sich mit den AGB einverstanden erklärt. Ansonsten könnte er die AGB durchstreichen und an Stelle der AGB die Regelungen des BGB als Vertragsgrundlage festlegen. (Dies stellt allerdings einen neuen Antrag dar, dem der andere Vertragspartner zustimmen müsste.)

---

[1] *Seit dem 1. Januar 2002 ist u. a. aus diesem Grund ein neues, den Endverbraucher schützendes Schuldrecht in Kraft getreten (s. Pflichtverletzung des Kaufvertrages, Schuldrecht).*

Für den einseitigen Handelskauf schreibt das BGB zum Schutz der Nichtkaufleute vor, dass

- keine „überraschenden Klauseln" enthalten sein dürfen (§ 305c BGB). So kann ein Verkäufer einen Käufer durch die AGB nicht verpflichten, statt einer bestellten Küche in Weiß eine andere Küche abzunehmen, weil die bestellte nicht mehr lieferbar ist, oder den Käufer mit dem Kauf der Küche gleichzeitig zum Kauf einer Esszimmereinrichtung verpflichten. Überraschend meint, dass die AGB von den normalerweise zu erwartenden Inhalten abweichen, also untypische sind. Darauf kann der Verwender der AGB sich nicht berufen.
- Nebenabsprachen bzw. -abreden Vorrang vor den AGB haben (§ 305b BGB). Dabei ist zu berücksichtigen, dass i. d. R. in den AGB festgeschrieben ist, dass Nebenabsprachen schriftlich festgehalten werden müssen.

Zudem enthält das AGB-Gesetz eine Reihe an verbotenen Klauseln (§§ 10, 11 AGBG, §§ 306–309 BGB), wie beispielsweise:

- eine Verkürzung der Gewährleistungspflicht des Verkäufers unter die im BGB vorgeschriebenen zwei Jahre,
- einen Ausschluss der Haftung bei grobem Verschulden des Verkäufers,
- Ausschluss von Gewährleistungsansprüchen, wie z. B. Ausschluss des Rechts auf Rücktritt und/oder des Rechts auf Schadensersatz bei verspäteter Lieferung

MERKE
Das AGB-Gesetz schreibt im § 9 vor, dass niemand durch die AGB unangemessen benachteiligt werden darf. Unklarheiten, die nicht durch das BGB geklärt werden, werden im Zweifel über Gerichte geklärt.

ADSp

LSL

Die Gründe für die Verwendung der ADSp liegen für die (bei der Ausgestaltung der ADSp) Beteiligten u. a. in ihrer übersichtlichen Zusammenfassung der Vorschriften im Speditionsgewerbe, in denen u. a. die gesetzlichen Vorschriften (allgemein gültig) zusammengefasst sind, wodurch die Verträge nicht immer wieder neu ausgehandelt werden müssen. Zudem wird die Haftung des Spediteurs durch ADSp und HGB über die Speditionsversicherung abgedeckt. Gleiches gilt beispielsweise für die VBGL der Lkw-Unternehmer.

Um die Rechte der Endverbraucher zu schützen, ist auf die ADSp beispielsweise spätestens bei Abschluss eines Speditionsvertrages ausdrücklich hinzuweisen und individuell zu vereinbaren. Generell sind die Haftungsgrundsätze hervorzuheben.

Weitere Verbraucherschutzgesetze

Dies sind u. a. das Verbraucherkreditgesetz, die Preisabgabenverordnung und das Überweisungsgesetz sowie das Produkthaftungsgesetz.

12.2 Verbraucherschutz

Da im Geschäftsverkehr sowohl Unternehmen untereinander als auch mit Privatleuten Verträge abschließen, sind vor allem die Rechte der Konsumenten zu schützen. Der Verbraucherschutz versucht also die Rechte der Verbraucher zu berücksichtigen. Die Verbraucher haben im Regelfall eine schwächere Position den Unternehmen gegenüber, weil der Verbraucher beispielsweise

- seine gesetzlichen Rechte kaum kennt, d. h., die zuvor beschriebenen Gewährleistungsansprüche nicht einzuschätzen weiß;

- zumeist kleine Mengen kauft und
- oft wenig rational in seinem Kaufverhalten handelt, d. h., zu Spontankäufen neigt und somit an rechtliche Belange erst im Schadensfalle denkt.

Um seine Rechte von vornherein zu sichern, sollte der Konsument sein Verhalten an folgenden Regeln orientieren:

Planung	→	Information	→	Kauf
▪ Bedarf erkennen und in Abhängigkeit von den finanziellen Möglichkeiten nach der Dringlichkeit ordnen. ▪ Einkaufszeitpunkt berücksichtigen, z. B. Saisonartikel nicht in der Saison kaufen. ▪ Spontane Vertragsabschlüsse vermeiden.		▪ Qualität und Preise sowie Liefer- und Zahlungsbedingungen, Gewährleistung, Garantie, Kulanz und z. B. auch Kundendienst und Ähnliches vergleichen. ▪ Verbraucherschutzinstitutionen wie Verbraucherzentralen, Zeitschrift „Stiftung Warentest" usw. als Informationsquelle in Anspruch nehmen.		▪ Nach der Informationsauswertung die für den Konsumenten am vorteilhaftesten erscheinende Sache erwerben. ▪ Sonderangebote bzw. Schlussverkäufe o. Ä. ausnutzen. ▪ Rabatte aushandeln und zu diesem Zweck evtl. größere Mengen einkaufen. ▪ Skonto ausnutzen.

Verbraucherinformationen

Von den Herstellern unabhängige Verbraucherschutzverbände wie die Verbraucherzentralen und unabhängige Verbraucherzeitschriften wie die „Stiftung Warentest" dienen den Konsumenten zur Informationsfindung, damit sie als Verbraucher einen möglichst umfangreichen Preis- und Leistungsvergleich vorliegen haben, um sich somit die notwendige Markttransparenz zu verschaffen. Dazu gehören neben Qualitäts-, Preis- und Leistungsvergleich u. a. auch die Auswertung der AGB und die sog. Konsumentenfallen, bei denen die Kunden leichtgläubig den Versprechungen des anderen Vertragspartners, z. B. dem Verkäufer, Glauben schenken.

MERKE

Ein Konsument ist den anbietenden Unternehmen in seiner Position gleichwertig, wenn er aufgrund der Planung, Information und des sich anschließenden Kaufs über die entsprechende Markttransparenz verfügt, d. h., sich ausreichend informiert und gemäß seiner Belange kritisch ausgewertet hat.

Widerrufsrecht

Der Käufer ist bei Abzahlungsgeschäften (= Ratenkauf), bei Haustürgeschäften oder Kreditverträgen schriftlich auf sein Widerrufsrecht, d. h. vom Vertrag zurücktreten zu können, hinzuweisen. Nach Vertragsabschluss hat der Nichtkaufmann dann die Möglichkeit, den Vertrag innerhalb einer Woche zu widerrufen.

Der Käufer hat diesen Anspruch auf Widerruf allerdings nicht,

- wenn der Kunde den Vertreter selbst bestellt hat,
- bei Verträgen, die notariell beglaubigt sind,
- bei Geschäften bis zu einem Wert von ca. 40,00 € und
- beim Abschluss von Versicherungsverträgen.

ZUSAMMENFASSUNG

AGB

Beschreibung:
- einseitig vorformulierte Vertragsbedingungen, in denen die Belange des Nichtkaufmannes nicht berücksichtigt oder vernachlässigt werden
- für jeden Wirtschaftsbereich unterschiedlich ausgestaltete AGB

Bedeutung:
- Vereinfachung der Vertragsabschlüsse (Rationalisierungseffekt bei immer gleichen Verträgen) begrenzt die Vertragsverpflichtungen des Kaufmanns und schränkt die Rechte des Nichtkaufmanns ein.

Inhalt:
Vereinbarung über z. B.:
- Lieferbedingungen
- Zahlungsbedingungen
- Erfüllungsort
- Gerichtsstand
- Eigentumsvorbehalt
- Lieferzeit
- Haftung
- Gewährleistung
- Verpackung
- Beförderung

BGB (§ 305 ff.) zur Regelung der Rechte des Nichtkaufmanns beim einseitigen Handelsgeschäft. Die AGB werden nur Vertragsbestandteil,
- wenn der Nichtkaufmann ausdrücklich auf die AGB hingewiesen wurde, diese leicht erreichbar, verständlich und lesbar sind und der Nichtkaufmann den AGB zustimmt.
- Überraschende Klauseln in ihrer Gültigkeit ausgeschlossen sind.
- Beachte, dass Individualabreden Vorrang haben. (Aus Beweisgründen ist i. d. R. die Schriftform vorgeschrieben.)

Grundsatz:
Der Nichtkaufmann bzw. der Verbraucher darf nicht unangemessen benachteiligt werden.

Durch das Zusammenspiel von AGB-Gesetz und Selbstschutz des Konsumenten verbessert sich die Position des Konsumenten, sodass er seine Rechte für sich selbst am vorteilhaftesten bzw. sinnvollsten wahren kann.

Durch Verbraucherinformationen verschafft sich der Verbraucher Markttransparenz, wodurch er seine Stellung gegenüber den Unternehmen stärkt.

Der Verbraucher schützt sich am besten selbst, wenn er nach dem Grundsatz

Planung → **Information** → **Kauf**

handelt.

Verbraucherschutz

Bearbeitungsvorschläge

1. Die Geschäftsführerin der Wall GmbH – Spedition & Logistik, Frau Seeding, hat sich – privat – ein neues Sofa gekauft, das ihr am heutigen Tag zugestellt werden sollte. Ihr Sohn hat das Sofa stellvertretend angenommen. Am Abend der Anlieferung musste Frau Seeding feststellen, dass es sich nicht um das von ihr bestellte handelt. Statt schwarzem Leder ist das Sofa weiß und hat einen Plastikbezug. Zudem ist das Sofa an der Rückseite provisorisch geflickt.

   Nach Rücksprache mit dem Möbelhaus verweist dieses nur auf die AGB:

   > – Auszug –
   > (1) ...
   > (2) Sofern das bestellte Möbelstück nicht innerhalb der vereinbarten Lieferfrist durch den Lieferanten zu liefern ist, hat der Käufer das ihm durch das Möbelhaus zugestellte als Ersatz zu akzeptieren. Ein Rücktritt vom Kaufvertrag ist ausgeschlossen.
   > (3) Der Kunde hat die Gefahr des zufälligen Untergangs ab Übernahme beim Hersteller zu tragen.
   > (4) Bei einem durch den Kunden nur sofort nach der Anlieferung festgestellten Mangel behält sich das Möbelhaus vor, das entsprechende Möbelstück mindestens dreimal nachzubessern, bevor der Kunde eine Minderung in Anspruch nehmen kann. Rücktritt und Schadensersatz sind ausgeschlossen.
   > (5) ...

   a) Geben Sie begründet an, wie sich Frau Seeding besser auf den Kauf hätte vorbereiten können.

   b) Stellen Sie für obige AGB begründet fest, welche der Klauseln nicht den gesetzlichen Bestimmungen entsprechen.

   c) Schreiben Sie die AGB so um, dass sie den gesetzlichen Bestimmungen entsprechen könnten.

   d) Geben Sie an, welche Möglichkeiten Frau Seeding hat.

2. Nehmen Sie die ADSp zur Hand und überprüfen Sie, ob die Bedingungen die rechtlichen Belange der Verbraucher gemäß den gesetzlichen Grundlagen angemessen berücksichtigen, und begründen Sie, warum die ADSp im Umgang mit Privatleuten ausgeschlossen sind.

Lernfeld 14
Marketingmaßnahmen entwickeln und durchführen

1 Marketing

LERNSITUATION

Es ist Montagmorgen. Im Konferenzzimmer der Geschäftsleitung der Wall GmbH – Spedition & Logistik findet die monatliche Hauptabteilungsleiterkonferenz statt. Haupttagesordnungspunkt ist heute die Umsatzentwicklung der letzten Monate. Herr Schohler, Abteilungsleiter der Controllingabteilung, berichtet, dass die Umsatzzahlen im Vergleich zum gleichen Zeitraum des letzten Jahres drastisch gesunken sind. Eine gemeinsame Analyse ergibt folgendes Ergebnis:

Wall GmbH
Spedition & Logistik

Wall GmbH – Spedition & Logistik, Großmannstraße 253, 20539 Hamburg

Gesprächsnotiz: **Gesprächspartner:** Hauptabteilungsleiter gem. beiliegender Anwesenheitsliste

☐ zur Kenntnisnahme ☐ zur Erledigung ☐ zur Ablage

Position: ______________

Datum: 12. Aug. 20..

LSL

Tagesordnungspunkt 1: Dimain GmbH schaltet weiteren Spediteur ein

Die Importgesellschaft für Dekorationsartikel, Dimain GmbH: Auftragsumfang: Komplette Importabwicklung aus Fernost bis zur Auslieferung an die Endkunden in ganz Deutschland. Auftragsvolumen 500 TEU von Juli bis Dezember des vergangenen Jahres, 200 TEU im gleichen Zeitraum dieses Jahres.
Bei einer internen Analyse der Ursachen stellt sich heraus, dass, Gerüchten zufolge, der neue Geschäftsführer einen anderen Spediteur, mit dem er schon Jahre zuvor zusammengearbeitet hat, zunehmend einsetzt. Es wird vermutet, dass das gesamte Geschäft schließlich über diesen Spediteur abgewickelt werden soll.

Tagesordnungspunkt 2: Auftragsrückgang bei Opoc

Der Hauptabteilungsleiter der Lkw-Abteilung, Herr Flicker, berichtet, dass der Großkunde, die Opoc AG, für den bisher die Verteilung von Spirituosen, Honig und Gewürzen für ganz Deutschland übernommen wurde, einen merklichen bzw. spürbaren Auftragsrückgang zu verzeichnen hat. Für diesen Großkunden wurden extra acht zusätzliche Wechselbrücken angeschafft. Die Medien berichten, dass die Opoc AG Finanzprobleme hat und der Vorstand in unlautere Machenschaften verwickelt sein soll und eine ausstehende Übernahme durch einen Großkonzern nicht abzusehen ist.

Tagesordnungspunkt 3: Kundenpflege

Alle Hauptabteilungsleiter sehen generell die Notwendigkeit, mehr Kundenpflege zu betreiben, weil mit zunehmender Konkurrenz und einer Verschärfung des Wettbewerbs zu rechnen ist. Darüber hinaus sieht es so aus, als wenn vereinzelt Kleinkunden auf bestimmte Relationen weniger mit der Wall GmbH zusammenzuarbeiten scheinen.

Frau Jakubeit, Abteilungsleiterin der Marketingabteilung, wird beauftragt, sich geeignete Maßnahmen zur Verbesserung der Umsatzsituation zu überlegen und ihre Ergebnisse auf der nächsten Hauptabteilungsleiterkonferenz vorzustellen.

Aufgaben

Sie sind Mitarbeiter/-innen der Marketingabteilung. Die Abteilungsleiterin, Frau Jakubeit, ruft Sie als Mitarbeiter/-innen ihrer Abteilung zusammen.

1. Stellen Sie die Problemlage der Wall GmbH dar, indem Sie die einzelnen problematischen Sachverhalte herausfiltern, für die es eine Lösung zu finden gilt.
2. Ziehen Sie aus den dargestellten Sachverhalten entsprechende Schlüsse und überlegen Sie, wie Sie auf die unterschiedlichen Problemlagen grundsätzlich reagieren könnten.
3. Die Wall GmbH entschließt sich, den Speditions- und Logistikmarkt zu erforschen, um bedarfsgerecht auf Kundenwünsche zu reagieren. Analysieren Sie die Marktsituation in Ihrer Region und finden Sie heraus,

   a) welche Produkte das Angebot der Speditions- und Logistikbranchen dominieren und

   b) welche Produkte speziell in den letzten Jahren die Produktpalette erweitert haben.

   Ziehen Sie dazu vor allem Erkundigungen in Ihrem Ausbildungsbetrieb ein. Im nachfolgenden Sachtext erhalten Sie Hinweise zum methodischen Vorgehen.
4. Die Grundprinzipien des Verkaufens sind immer die gleichen. Überlegen Sie anhand Ihres eigenen alltäglichen Kaufverhaltens, welche Faktoren beim Kauf eines Produktes bzw. einer Dienstleistung entscheidend sind.
5. Stellen Sie Erkundigungen an, wie der Verkauf bzw. der Vertrieb von Produkten bzw. Speditionsdienstleistungen in Ihrem Ausbildungsunternehmen organisiert ist. Beschreiben Sie dann die grundsätzliche Organisationsform (z. B. im Rahmen der Aufbauorganisation) Ihren Mitschülern und geben Sie die grundsätzlichen Tätigkeiten in diesem Bereich wieder.

Nach der Klärung der Problemlagen beschließen Sie, in die konkrete Umsetzungsphase einzutreten. Um ein umfassendes Maßnahmenpaket zu beschließen, machen Sie sich zunächst sachkundig.

Der Verkehrsmarkt ist heute einem harten Wettbewerb ausgesetzt und verlangt mehr Leistung, Wissen, Schnelligkeit und Flexibilität. Die Kunden werden anspruchsvoller und kritischer. Transport und Logistikangebote gleichen einander immer mehr. Das hat zur Folge, dass einzelne Anbieter immer beliebiger austauschbar werden. Daher spielt der Bereich des Marketings in Speditionen eine immer bedeutendere Rolle im Kampf um jeden Kunden. Die Aufgabe des Marketings besteht darin, die Bedürfnisse der Kunden zu erkennen und diese durch optimale Problemlösungen besser als die Konkurrenz zu befriedigen. Marketing bedeutet konsequente Kundenorientierung und ist Basis des Unternehmenserfolges.

MERKE

Marketing ist eine entwickelte Konzeption, die darauf abzielt, z. B. speditionelle Dienstleistungen am Markt abzusetzen (zu verkaufen), sodass Kundenbedürfnisse optimal befriedigt werden und die Umsätze der Spediteure gewährleistet bzw. gesteigert werden können.

1.1 Marktforschung

Um Entscheidungen im Rahmen geplanter Marketingaktivitäten bedarfsorientiert zu gestalten, gilt es, aktuelle Marktinformationen zu gewinnen, um Marktchancen und -risiken einschätzen zu können. Werden die Informationen eher unsystematisch und zufällig gewonnen, wird diese Art des Vorgehens als **Markterkundung** bezeichnet.
Eine erforderliche systematische Untersuchung von Produkten (wie Tracking und Tracing), Zusammenhängen (z.B. Auftragsabwicklung und Sendungsverfolgung) und Verhaltensweisen am Markt (z.B. das Abfragen von Statusmeldungen), um eine Marktprognose abgeben zu können, bezeichnet man als **Marktforschung**. Sie ist in der Regel der erste Schritt aller Marketingaktivitäten. Marktforschung ist vor allen Dingen aus dem Bereich der Konsumgüterindustrie bekannt und hat in der Speditions- und Logistikbranche lange Zeit eher eine untergeordnete Rolle gespielt. Dabei geht es bei der Marktforschung insbesondere darum, die eigenen Produkte an den Bedürfnissen des Marktes zu orientieren bzw. auszurichten.
Die nachfolgenden Darstellungen geben einen Überblick über Möglichkeiten der Marktforschung und sind grundsätzlich als branchenunabhängig anzusehen, aber am ehesten für die Speditions- und Logistikbranche anwendbar.

Gegenstand der Marktforschung

Zunächst gilt es zu klären, welche Fragen mithilfe der Marktforschung beantwortet werden sollen und inwieweit diese Fragen durch die Marktforschung beantwortet werden können. Allgemeine Informationswünsche sollten in möglichst konkrete Fragen gekleidet werden. Geht es beispielsweise darum herauszufinden, wie es um das Image eines Unternehmes steht, könnten daraus konkret abgeleitete Fragestellungen entwickelt werden, z.B. nach dem Preis-Leistungs-Verhältnis des aktuellen Jahres im Vergleich zu dem vor drei Jahren oder inwieweit die Marktstellung des Unternehmens durch Produktinnovationen (bzw. durch welche neuen Produkte) gegenüber der vor drei Jahren behauptet bzw. verbessert werden konnte.

Mögliche Vorgehensweisen

Grundsätzlich unterscheidet die Marktforschung zwei unterschiedliche Vorgehensweisen der Datenbeschaffung, die **Primärforschung** und die **Sekundärforschung**. Als Primärforschung werden alle Maßnahmen bezeichnet, die dazu dienen, Datenmaterial aus einer Hand, also durch neu durchgeführte Erhebungen zu erlangen. Dies können z.B. Befragungen, Beobachtungen oder Experimente sein. Beobachtungen und Experimente spielen in der Speditions- und Logistikbranche keine Rolle und finden eher im Bereich der Konsumgüterindustrie Anwendung.
Sekundärforschung – auch als **Desk Research** bezeichnet – greift auf bereits vorhandene Daten, die sowohl betriebsintern als auch betriebsextern frei verfügbar sind, zurück. Das können sowohl vorliegende Verbraucheranalysen von Forschungsinstituten als auch interne Umsatzstatistiken sein. Während die Primärforschung wesentlich aufwendiger und kostenintensiver ist, bietet sie für das auftraggebende Unternehmen allerdings einen bedeutenderen Erkenntnisgewinn, da die Untersuchungen des Marktes auf die konkreten Fragestellungen des entsprechenden Unternehmens zugeschnitten sind.

1.1.1 Primärforschung

Die Wahl der Methode zur Datenerhebung ist im Rahmen der Primärforschung abhängig von der Fragestellung bzw. den Fragestellungen, die es am Markt zu erforschen gilt, beispielsweise die Fragen nach den Gründen von Kundenabwanderungen zu anderen Anbietern, nach generellen Umsatzeinbrüchen oder veränderten Kundenanforderungen oder Kundenwünschen. Andererseits kann aus Kostengründen die Wahl der Erhebungsinstrumente begrenzt sein. So können beispielsweise veränderte Anforderungen und Wünsche von (Groß-)Kunden von diesen direkt geäußert und daraufhin in das Produktangebot mit aufgenommen werden. Beispiele dafür sind Tracking-und-Tracing-Systeme oder ein 24-Stunden-Service.

Methoden der Primärforschung

- **Gruppendiskussion**

  Gruppendiskussionen dienen zu Beginn eines Marktforschungsvorhabens der Klärung. Unter Leitung eines Moderators werden sechs bis zehn Teilnehmer aus einer Zielgruppe (z. B. aus der verladenden Wirtschaft) eingeladen. Der Moderator gibt als Diskussionsleiter anhand eines zuvor erarbeiteten Leitfadens bestimmte Themengebiete vor, zu denen sich die Diskussionsteilnehmer äußern sollen. Dabei ist es Aufgabe des Moderators, die Diskussion im Sinne eines Erkenntnisinteresses zu leiten. Dabei geht es auch darum, den Teilnehmern kontroverse Argumentationsweisen zu „entlocken“ und eine konstruktive Diskussion herbeizuführen. Im Sinne der Marktforschung soll auf diese Weise ermittelt werden, welchen Argumenten unschlüssige Kandidaten besonders zugänglich sind. Diese Diskussionen werden in der Regel auf Video aufgezeichnet und anschließend durch Sichtung des Videomaterials ausgewertet, um so das Ausmaß der variierenden Antworten feststellen zu können.

  Die Diskussion soll die Meinungsbildung im alltäglichen, informellen Gespräch widerspiegeln. Wird die Gruppe sehr unterschiedlich zusammengesetzt, können auf diese Weise besonders gut unterschiedliche Sichtweisen deutlich werden. Bei einer gleichartigen Zusammensetzung der Gruppe können dadurch gegenseitige Beeinflussungen erkannt werden. Die Ergebnisse einer solchen Gruppendiskussion lassen sich zwar nicht quantifizieren, liefern jedoch Informationen über mögliche Problemstellungen nicht vollends durchdachter bzw. neuer Produkte und die Umsetzung eines Produktes am Markt.

- **Befragungen**

  Für Befragungen werden in der Regel standardisierte, auf das jeweilige Unternehmen abgestimmte Fragebögen verwendet. Das heißt, der Interviewer stellt seine Fragen entsprechend vorgegebener Formulierungen in einer festgelegten Abfolge. Befragungen lassen sich grundsätzlich entweder **persönlich**, **telefonisch** oder **schriftlich** durchführen.

  Persönliche Befragungen bieten den Vorteil, dass dem Befragten Abbildungen, Muster oder Grafiken vorgelegt werden können und so fundierte Antworten ermöglicht werden können; allerdings sind persönliche Befragungen meist sehr kostenintensiv und beanspruchen viel Zeit.

  Telefonische Befragungen gewinnen zunehmend an Bedeutung und werden in der Regel von einem zentralen Punkt (z. B. einem Callcenter) aus durchgeführt. Die Vorteile sind vor allen Dingen darin zu sehen, dass auf aktuelle Belange Bezug genommen werden kann. Die Kosten telefonischer Befragungen sind relativ gering und außerdem in nahezu unbegrenzter Reichweite durchführbar. Allerdings lassen sich komplexere Fragestellungen am Telefon schwer erörtern.

  Schriftliche Befragungen erfolgen durch Zusendung der Fragebögen per Post, Zeitung oder Zeitschrift. Sie sind vergleichsweise kostengünstig und außerdem in hoher Auflage durchführbar, jedoch ist die Rücklaufquote in der Praxis relativ gering. Erklärungsbedürftige Fragen können nicht erörtert werden und vor allen Dingen kann nicht kontrolliert werden, wer den Fragebogen ausgefüllt hat – der Chef selbst oder wurde seine Sekretärin damit beauftragt?

MERKE

Tipps für die Frageformulierung:

- einfache Fragen formulieren (möglichst wenig praxisfremde Fachbegriffe verwenden);
- Verwendung von Verben statt Substantiven;
- komplizierte Sachverhalte in viele kurze, einfache und leicht verständliche Fragen gliedern;
- keine Nebensätze oder Verschachtelungen in den Fragestellungen, eine einfache Grammatik verwenden.

Ist die Entscheidung gefallen, kundenrelevante Daten im Rahmen der Primärforschung erheben zu wollen, ist zu klären, in welchem Umfang und wie die gewünschten Daten erhoben werden sollen.

Grundsätzliche Erhebungsformen

- **Vollerhebung:** Bei einer Vollerhebung werden alle – die Gesamtheit möglicher Kunden – befragt. Die Ergebnisse sind genau und zuverlässig. Eine Vollerhebung bietet sich an, wenn es sich um eine kleine Menge der zu untersuchenden Elemente (z. B. Kunden) handelt. Ist die Menge zu groß oder sind mit der Untersuchung unverhältnismäßig hohe Kosten und erheblicher Zeitaufwand verbunden, könnte man sich für eine Teilerhebung entscheiden.
- **Teilerhebung:** Bei einer Teilerhebung wird eine Stichprobe aus der Gesamtheit (im Beispiel, die Kunden) gezogen, die möglichst repräsentativ für die Grundgesamtheit ist. Handelt es sich beispielsweise um eine relativ gleichartige Kundenstruktur (z. B. Exporteure für den südamerikanischen Markt), können per Zufallsverfahren Kunden bzw. potenzielle Kunden ausgewählt und befragt werden. Ist die zu befragende Guppen in ihrer Zusammensetzung eher unterschiedlich (z. B. Kunden für die Verkehre Export See nach Fernost, Luftfracht nach Amerika und den gewerblichen Güterkraftverkehr über die trockene Grenze), muss die Stichprobe der Befragten so gewählt werden, dass sie ein repräsentatives Ergebnis in Bezug auf die Grundgesamtheit widerspiegelt. Jede Aussage, die auf einer Stichprobenerhebung beruht, birgt eine gewisse Unsicherheit (Antworten wurden z. B. nicht ehrlich oder vollständig gegeben oder die Stichprobe war zu klein, um repräsentativ zu sein).

  Je größer der Umfang einer Stichprobe, desto zuverlässiger das Ergebnis, aber umso höher die Kosten.

  Wie viele Personen befragt werden, hängt natürlich entscheidend von den zur Verfügung stehenden Mitteln (Kosten und/oder Zeit) ab. In der Regel geht man davon aus, dass bei einem Stichprobenumfang von 1 000 Befragten das Kosten-Nutzen-Verhältnis am günstigsten ist.[1]

Auswertung der Daten

Zur Auswertung der Daten werden verschiedene Vorgehensweisen und statistische Verfahren, auf die sich Marktforschungsinstitute spezialisiert haben, genutzt. In diesem Zusammenhang gilt, dass grundsätzlich Ergebnistabellen hergestellt werden, die zum größten Teil auf Häufigkeitsauszählungen beruhen. Das heißt, gleichartige Antworten werden zu Gruppen/Kategorien zusammengefasst und den abgefragten Merkmalen gegenübergestellt. Geht es um die Erfassung und Auswertung detaillierter Daten, um einen detaillierten Erkenntnisgewinn über bestimmte Sachverhalte erlangen zu können, sei wiederum an Marktforschungsinstitute verwiesen.

---

[1] *vgl. Päpst, Lothar M. und Wipki, Bernd (Hrsg.): Marketing in der Logistik, Deutscher Verkehrsverlag 2003*

1.1.2 Sekundärforschung/Desk Research

Wird Sekundärforschung betrieben, gilt es zunächst festzustellen, welche Daten (unternehmensinterne oder externe Daten bzw. Datenquellen) sich für die Beantwortung der zu erforschenden Fragestellung eignen. Außerdem ist zu klären, inwiefern diese Daten – sofern vorhanden – genutzt werden können oder datenrechtlich geschützt sind.

1.1.2.1 Interne Sekundärforschung

Viele Informationen können aus unternehmensinternen Datenquellen gewonnen werden. Eine große Bedeutung haben Außendienstberichte. Sie geben Aufschluss über die Anzahl der Kundenbesuche und Abschlüsse, Reklamationen oder Anregungen der Kunden. Darüber hinaus geben aus dem Bereich des Rechnungswesens die Umsatz- oder Absatzstatistiken Aufschluss über nachgefragte Produkte bzw. deren Anteil am Gesamtumsatz, Auftragsentwicklungen, häufig bediente Relationen oder hinsichtlich des Kundenpotenzials, der Stellung des Kunden in der Kundenstruktur. Dazu werden die unterschiedlichen Kunden, beispielsweise durch eine ABC-Analyse, verglichen.

Kundenorientierte ABC-Analyse

Die Ressourcen eines Unternehmens sind in der Regel begrenzt. Daher wird es in vielen Unternehmen als sinnvoll erachtet, zunächst die „wertvollen" bzw. profitablen Kunden zufriedenzustellen. Um ihre Rentabilität sicherzustellen, trennen sie profitable Kunden von unprofitablen Kunden. Kunden mit einem hohen Wert (die sogenannten Key-Accounts) sollen gebunden werden. Ein häufig angewandtes Instrument zum Erkennen der profitabelsten Kunden ist die Kunden-ABC-Analyse.

Die ABC-Analyse ist eine Möglichkeit, um eine große Anzahl von Daten zu klassifizieren. Sie wurde von der Firma General Electric im Jahre 1951 entwickelt und teilt Objekte bzw. Untersuchungsgegenstände wie Material, Lieferanten oder Kunden je nach ihrer wirtschaftlichen Bedeutung für das eigene Unternehmen ein. In abfallender Reihenfolge A, B oder C ergibt sich eine Reihenfolge der Wichtigkeit.

Bei der Kunden-ABC-Analyse werden in der Regel die aktuellen Umsätze aller Kunden in einer Periode, meist ein Jahr, untersucht. Je nach Höhe ihrer Umsätze werden die einzelnen Kunden in die Kundenkategorie (A) sehr wichtige, (B) wichtige oder (C) weniger wichtige Kunden eingeordnet. Die Ergebnisse der Analyse können Hinweise liefern, ob und in welcher Intensität die verschiedenen Kunden betreut werden sollen. A-Kunden werden mit individuelleren Kundenbindungsstrategien umworben als C-Kunden, die möglicherweise sogar aufgegeben werden.

Untersuchungen haben gezeigt, dass von ca. 10000 Kunden insgesamt 45 Kunden für einen Anteil von ca. 75% des Gesamtumsatzes verantwortlich sind (A-Kunden), 1500 Kunden machen ca. 20% des Gesamtumsatzes (B-Kunden) aus und die übrigen sind mit lediglich ca. 5% am Gesamtumsatz beteiligt. Diese Ergebnisse hängen natürlich von der entsprechenden Branche ab.

Angenommen die fünf größten Kunden ergeben 30% des Gesamtumsatzes. Wenn von diesen fünf Kunden nur ein einziger wegfallen würde, hätte das Unternehmen mit starken wirtschaftlichen Folgen zu kämpfen. Für sie werden verstärkt Marketingmaßnahmen eingesetzt, um sie als Kunden zu halten. B-Kunden sollen und können zu A-Kunden aufsteigen; hier werden „kundenbezogene" Marketingmaßnahmen empfohlen, da nicht ausgeschlossen ist, dass sie durch Wachstum zu A-Kunden werden. Gegenüber C-Kunden werden einfache und kostengünstige Marketingmaßnahmen angedacht, weil sie nicht maßgeblich am Gesamtumsatz beteiligt sind.

Schwierigkeiten treten immer dann auf, wenn die Umsatzunterschiede zwischen den einzelnen Kunden nur gering sind oder eine Geschäftsbeziehung gerade erst entsteht. Gerade dann scheint es ungeeignet, die Kategorisierung eines Kunden allein vom Umsatz abhängig zu machen. Daher kann die Kunden-ABC-Analyse nur beschränkt als Controllinginstrument eingesetzt werden, da sie nur eine Größe, den Umsatz, betrachtet. Neben den obigen quantitativen Merkmalen gilt es, auch qualitative Merkmale wie das Entwicklungs- oder Innovationspotenzial oder die Treue eines Kunden zu betrachten. Zufriedene Kunden können als Meinungs- oder Imageführer durch positive Mundpropaganda beitragen, neue Kunden für das Unternehmen zu gewinnen. Das heißt, erst nach sorgfältiger Einschätzung kann eine Entscheidung getroffen werden, ob eine Kundenbeziehung abgebrochen oder weitergeführt werden sollte.

1.1.2.2 Externe Sekundärforschung

Das Einbeziehen von externen Quellen zur Beantwortung der zu erforschenden Fragestellungen sind ausgesprochen vielseitig, z. B. frei verfügbare Marktstudien. Viel Datenmaterial lässt sich durch die statistischen Ämter oder den jeweiligen Branchenverband, wie den DSLV für Spediteure und Lkw-Frachtführer, gewinnen, ebenso aber auch durch die Auswertung von Berichten in Fachzeitschriften, von Veröffentlichungen der Verlage (z. B. „ABC der deutschen Wirtschaft“, „Wer liefert was?“ oder „Wer gehört zu wem?“), Kundenverzeichnissen oder Messeberichten oder frei verfügbaren Datenbanken, wie Branchenverzeichnisse oder Telefonbücher, aber auch branchenspezifische Zusammenfassungen von Unternehmen wie das „Quer“ für Spediteure oder das „Who is Who“ im Groß- und Außenhandel. Die Auswahl der Datenquellen richtet sich nach der zu erforschenden Ausgangsfrage.

Sind die Marktdaten erforscht, gilt es, ein geeignetes Instrumentarium für die Marketingaktivitäten am Markt zu entwickeln, gezielt einzusetzen und miteinander so zu kombinieren, dass durch optimale Abstimmung ein größtmöglicher Verkaufserfolg herbeigeführt werden kann.

1.2 Marketinginstrumente

Zur Realisierung der Unternehmens- bzw. Marketingziele stehen unterschiedliche Marketinginstrumente zur Verfügung. Die klassischen Marketinginstrumentarien sind **die Produktpolitik, die Preispolitik, die Kommunikationspolitik und die Distributionspolitik**, die in der Speditionsbranche eine unterschiedlich starke Rolle spielen.

1.2.1 Produktpolitik

LSL

Die Produktpolitik nimmt eine zentrale Rolle im Marketingmix ein, denn das Produkt ist das Leistungsergebnis eines Unternehmens, um die Probleme bzw. Bedürfnisse der Kunden zu befriedigen. Das Leistungsangebot, seien es Güter oder Dienstleistungen, muss kontinuierlich an den Bedürfnissen des Absatzmarktes orientiert und entsprechend

LSL

optimiert werden. So bieten Speditionen heute neben ihren speditionsüblichen Tätigkeiten umfassende logistische Problemlösungen an.

Produktpolitik kann in unterschiedlicher Weise betrieben und unterschieden werden:

- **Produktdifferenzierung:** Produktdifferenzierung heißt, eine bereits angebotene Produktgruppe zu erweitern. Ziel ist es, Sonderwünschen der Nachfrager gerecht zu werden. Zum Beispiel bietet ein Schokoladenhersteller, der bisher Schokoladenriegel herstellte, Schokoladeneis in gleicher Geschmacksrichtung an.
- **Produktdiversifikation:** Das Produktprogramm wird durch neue, andersartige, bisher nicht angebotene Produkte erweitert. Ziel ist es, das Unternehmerrisiko zu streuen, indem sich der Betrieb auf mehrere Bereiche konzentriert. Zum Beispiel bietet ein Schokoladenhersteller auch Kosmetikartikel an.
- **Produktvariation:** Ein bereits angebotenes Produkt wird verändert, indem die Vorzüge des alten Produktes erhalten bleiben, Kaufanreize dann aber durch physische oder funktionale bzw. ästhetische Eigenschaften oder durch die Änderung des Produktnamens geschaffen werden.
- **Produkteliminierung:** Ein bisher angebotenes Produkt wird aus der Produktpalette herausgenommen, weil die damit verbundenen Kosten bzw. dessen Beitrag zur Deckung der Fixkosten nicht mehr gewährleistet ist. (Das Produkt ist überholt und findet kaum noch Absatz.)

Produktpolitik in der Spedition

Als Produkte bzw. Dienstleistungen einer Spedition können die Abwicklung von Import- und Exportsendungen, Sammelladungsverkehre, die Behandlung von Gefahrgut, umfassende Logistikdienstleistungen, Verpackungen oder die Bedienung in bestimmten Relationen u.v.a.m. zum „Produktsortiment" gehören, die permanent den Bedürfnissen des Absatzmarktes, also der Verladerschaft, angepasst werden müssen:

- **Produktdifferenzierung:** Ein Bedürfnis der Kunden besteht beispielsweise darin, jederzeit über den Verbleib und den Zustand ihrer Sendungen informiert zu sein. Diesen Kunden kann über ein Extranet bzw. Internet Zugriff auf diese Daten gegeben werden, sofern der Spediteur über ein Tracking-und-Tracing-System verfügt und die Ergebnisse der Schnittstellenkontrollen in das System stellt.
- **Produktvariation:** Spediteure bieten Kunden z.B. Just-in-time-Lieferungen an, die es den Kunden ermöglichen, auf eine eigene Lagerhaltung zu verzichten und zudem die Sendungen bei Bedarf abzurufen und zu nutzen.
- **Produktdiversifikation:** Ein Speditionsunternehmen könnte sich entschließen, ein weiteres Standbein durch die Gründung einer Exportgesellschaft für z.B. pharmazeutische Produkte zu schaffen.
- **Produkteliminierung:** Eine Spedition entschließt sich, ihr Dienstleistungsangebot im See-Export in eine bestimmte Relation einzustellen, weil es sich dabei um ein Kriegs- oder Krisengebiet handelt oder sie starkem Konkurrenzdruck nachgeben muss.

1.2.2 Preispolitik

Der Preis eines Gutes oder einer Dienstleistung wird von verschiedenen Faktoren beeinflusst. So spielen externe Faktoren wie Angebot und Nachfrage, konjunkturelle Lage, die Zahl der Mitbewerber, das Kundenverhalten oder gesetzliche Einflüsse eine Rolle. Interne Faktoren wie Kosten, Bedarfsentwicklung oder die Marketingstrategie beeinflussen ebenfalls die Preisgestaltung.

MERKE
Der Preis ist einerseits das Entgelt für eine Leistung und andererseits der Maßstab für eine Kaufentscheidung. Daher müssen Preise so gewählt sein, dass einerseits die notwendigen Erträge erzielt werden können und andererseits das Produkt bzw. die Leistung konkurrenzfähig bleibt.

Die Preispolitik umfasst alle Maßnahmen der Bildung und Veränderung eines Preises, Preisfeststellung und die Differenzierung von Preisen sowie die Festlegung von Verkaufskonditionen. Im Hinblick auf die Verkaufskonditionen spielt die Rabattpolitik eine besondere Rolle.

Grundsätzlich kann die Preispolitik der Unternehmung unter dem Gesichtspunkt einer mengenmäßigen, räumlichen, zeitlichen oder personellen Preisdifferenzierung stattfinden. Das Ziel besteht immer darin, eine möglichst große Ausschöpfung des Marktpotenzials zu erreichen.

Bei der **mengenmäßigen Preisdifferenzierung** werden je nach nachgefragter Menge unterschiedliche Preise angeboten. Es handelt sich damit praktisch um einen Mengenrabatt.

Bei der **räumlichen Preisdifferenzierung** werden je nach abgegrenztem Verkaufsgebiet (z. B. Städte, Länder oder Regionen) in Abhängigkeit der Marktsituation Produkte zu unterschiedlichen Preisen angeboten. Den Hintergrund dabei spielen die unterschiedlichen Rahmenbedingungen, z. B. hinsichtlich Einkommen oder Wettbewerbssituation.

Bei der **zeitlichen Preisdifferenzierung** werden in Abhängigkeit von zeitabhängigen Nachfrageschwankungen (z. B. Tageszeit, Wochenablauf oder Jahresablauf) Produkte zu unterschiedlichen Preisen angeboten. Diese finden sich wieder in Frühbucherrabatten, Abend- und Nachttarifen, Sommertarifen etc.

Bei der **personellen Preisdifferenzierung** werden aufgrund von z. B. Alter, Beruf oder Familienstand unterschiedliche Käufergruppen gebildet, denen verschiedene Preise für Produkte gewährt werden. Dabei spielen auch soziale oder wirtschaftliche Gesichtspunkte eine Rolle spielen.

Rabatte werden am häufigsten zur Preisdifferenzierung eingesetzt. Man versteht darunter einen prozentualen Nachlass auf einen festgelegten Preis, der an bestimmte Bedingungen geknüpft ist. Dabei wird eine Vielzahl von Rabatten unterschieden, wie Mengenrabatte, Einführungsrabatte, Saisonrabatte, aber auch Treue- oder Jubiläumsrabatte.

Skonti sind Preisnachlässe, die für das unverzügliche Begleichen der Rechnung gewährt werden. Sie werden auch als Barzahlungsrabatte bezeichnet, die dazu dienen sollen, die Liquidität des Verkäufers zu verbessern, und Kosten, die durch nicht beglichene Außenstände entstehen, zu vermeiden.

Da die Preisspielräume immer kleiner werden, gewinnen die Zahlungsbedingungen für die Kunden zunehmend an Bedeutung. Grundsätzlich gibt es die Vorauszahlung, Zahlung bei Übergabe, Vereinbarung eines Zahlungszieles und im Außenhandel das Akkreditiv (documents against payment und documents against acceptance). Je attraktiver die Zahlungsbedingungen für den Kunden sind, um so eher kann eine Kaufentscheidung herbeigeführt werden.

Preispolitik in der Spedition

Preispolitik in einer Spedition umfasst demnach alle Maßnahmen, die den Absatz speditioneller Dienstleistungen durch die Preisgestaltung beeinflussen.

Grundlage eines jeden Spediteurs bei der Bestimmung des Preises für eine bestimmte Leistung ist zunächst seine Kalkulationsgrundlage (z. B. die Bestimmung eines Preises je 100 kg und je km aufgrund seiner Lkw-Kalkulation), d. h. die Kalkulation seiner Kosten zuzüglich einer Gewinnmarge.

Es gilt festzustellen, zu welchem Preis kostendeckend gearbeitet wird und ab welchem Auftragsvolumen mit einem Auftrag mehr Gewinn erzielt werden kann (Break-even-Point-Analyse)[1]. Jeder Spediteur, der Preisverhandlungen führt, sollte für sich einen Idealpreis und eine absolute Preisuntergrenze festlegen.

Je größer das Auftragsvolumen, umso geringer kann ein Preis je Stück (je t, km oder je Palette oder Container) angeboten werden. Die Fixkosten (wie beispielsweise Gehälter, Strom oder Instandhaltung) können durch einen höheren Umsatz auf eine höhere Stückzahl verteilt werden. Außerdem können die variablen Stückkosten dadurch sinken, dass Leistungen (z. B. Laderaum) billiger eingekauft werden können, da auch der Carrier seine Fixkosten auf eine höhere Stückzahl verteilen kann.

Prämien- und Bonusprogramme

In der Speditions- und Logistikbranche sind Vielfliegerprogramme im Luftverkehr, Bonusmeilenprogramme u. v. a. m. denkbar. Prämien- und Bonusprogramme sind so lange erlaubt, wie sie keine übertriebene Anlockung darstellen. Das heißt, wird ein Frachtauftrag nur deshalb erteilt, weil damit Bonusmeilen gesammelt werden können und andere Faktoren wie Termineinhaltung vernachlässigt werden, wird die Grenze des Zulässigen überschritten. Diese gesetzlichen Regelungen sollen den Kunden vor Täuschungen bei der Preisbemessung schützen. Preise dürfen nicht zulasten des Kunden verschleiert werden. Es gelten die Grundsätze der **Preiswahrheit** und der **Preisklarheit.** Bei der Gewährung von Sonderkonditionen, wie dem Angebot kostenloser Testsendungen, ist zu beachten, dass ein kostenloses Testangebot tatsächlich dem Erprobungszweck dienen muss und darüber hinaus in dem Testangebot kein solcher wirtschaftlicher Vorteil liegen darf, dass eine unsachliche Anlockung von diesem Testangebot ausgeht.

1.2.3 Kommunikationspolitik

Die Kommunikationspolitik zielt darauf ab, Einstellungen, Kenntnisse oder Verhaltensweisen der Marktteilnehmer, in erster Linie potenzieller Kunden, zu beeinflussen. Dazu stehen unterschiedliche Maßnahmen zur Verfügung, deren Ziel es ist, ein Produkt bekannt zu machen und dessen Verkauf zu fördern. Im Rahmen der Kommunikationspolitik können Maßnahmen der **Werbung**, der **Salespromotion** und der **Public Relations** unterschieden werden.

---

[1] *Der Break-even-Point (BEP) beschreibt das Auftragsvolumen, bei dem der Gewinn und der Verlust gleich null sind. Wird ein Auftrag darüber hinaus erledigt, wird ein Gewinn erzielt.*

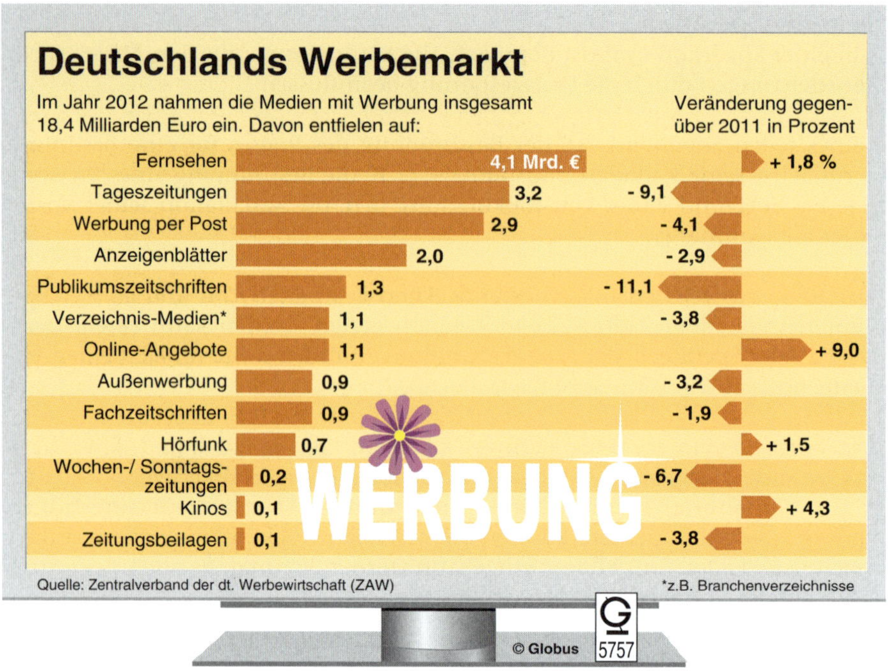

1.2.3.1 Werbung

Die Werbung im klassischen Sinne dient der planmäßigen Beeinflussung von Käufern bzw. potenziellen Käufern. Dazu werden Nachrichten erzeugt, die als Mittel der Verhaltenssteuerung eingesetzt werden.

Bevor eine Werbeaktion gestartet wird, muss jedoch zunächst ein **Werbeplan** erstellt werden, der folgende Fragen zu klären hat:

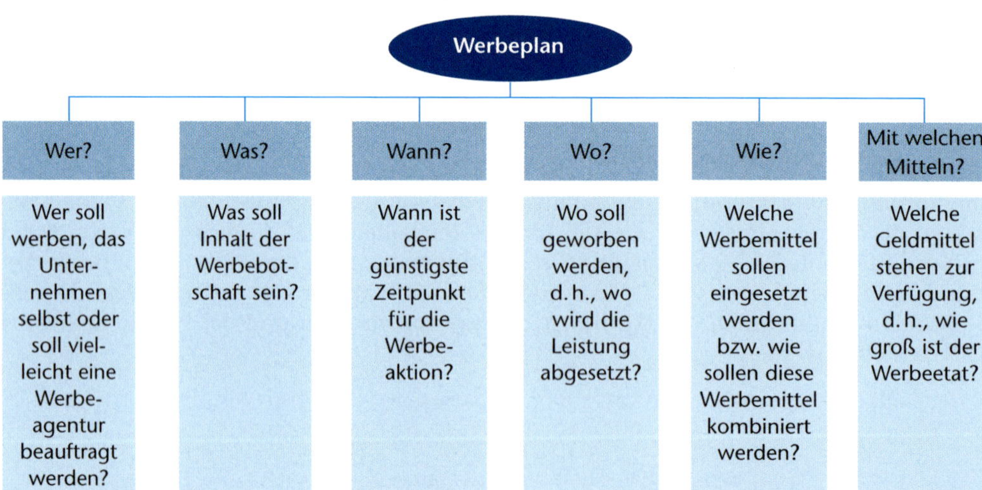

Jedem Werbenden stehen eine Vielzahl von Werbemitteln zur Verfügung. (Die folgende Darstellung stellt lediglich eine Auswahl dar.)

Übersicht über wichtige Werbemittel

Grafische Werbemittel	Werbeveranstaltungen	Ausstattungen
▪ Anzeigen in Zeitungen, Zeitschriften und Illustrierten ▪ Kataloge, Handzettel, Prospekte ▪ Werbeplakate, an Plakatsäulen, Plakatwänden, Fahrzeugen ▪ Lichtwerbung an Häusern, Dächern, Schaufenstern ▪ Werbebriefe (Mailings) ▪ Werbung auf Internetseiten/ Suchmaschinen u. a. m.	▪ Werbevorträge im Rahmen von Betriebsbesichtigungen ▪ Radio-oder Fernseh-Spots ▪ Werbefilme u. a. m.	▪ Ausstattungen von Geschäfts-, Verkaufs- und Ausstellungsräumen, Vitrinen oder Schaufenstern, Konzert- oder Sporthallen ▪ Verkaufsshops u. a. m.

Unternehmen beschränken sich i. d. R. nicht auf ein Werbemittel, sondern werden **unterschiedliche** Werbemittel einsetzen, so wie es die verschiedenen Maßnahmen im Rahmen der Kommunikationspolitik, Werbung, Salespromotion und Public Relations zu kombinieren gilt.

Die Vielfältigkeit der einzusetzenden Maßnahmen ist u. a. abhängig vom Werbebudget. Jede Werbemaßnahme muss vor dem Hintergrund entwickelt werden, welches die Zielgruppe dieser Werbemaßnahme ist, um dann die geeigneten Werbemittel auszuwählen. Jede Werbebotschaft, egal, ob Plakatwerbung oder ein Werbebrief (Mailing), sollte jedoch nach dem sogenannten **AIDA-Konzept** aufgebaut sein.

MERKE
A = (Attention) Aufmerksamkeit
I = (Interest) Interesse schaffen
D = (Desire) Drang zum Kauf wecken
A = (Action) Kauf

Durch die Werbemaßnahme soll zunächst die Aufmerksamkeit des Umworbenen geweckt werden, um so das Interesse an dem angebotenen Produkt zu wecken. Schließlich soll der Wunsch verspürt werden, das Produkt unbedingt kaufen zu wollen, was letztlich zum Kauf führen soll.

Werbemaßnahmen in der Spedition

Die beste Werbemaßnahme eines Unternehmens ist der hohe Standard seiner Leistungen. Dennoch setzen auch Speditionsunternehmen gezielt Werbemaßnahmen ein, wobei die Zielgruppe der Werbeaktionen i. d. R. weniger die Endverbraucher als vielmehr Unternehmen sind, die in erster Linie die Kunden bzw. Nachfrager von Speditionsleistungen sind. Aus diesem Grund setzen Speditionen i. d. R. keine (sog.) Konsumentenwerbung, wie Rundfunk- oder TV-Spots ein, genauso wie Speditionen kaum in Tageszeitungen Anzeigen schalten werden. Speditionen erstellen Prospekte, in denen sie ihr Unternehmen darstellen, oder schalten Anzeigen in Fachzeitschriften (Verkehrsfachzeitschriften wie die DVZ, die Verkehrs Rundschau u. a.). Auch bieten sich Betriebsbesichtigungen für ausgewählte Besuchergruppen an.

Wichtig ist die Kombination mit Maßnahmen der Verkaufsförderung und Maßnahmen der Öffentlichkeitsarbeit.

1.2.3.2 Salespromotion

Salespromotion wird auch als Verkaufsförderung bezeichnet und unterschiedlich definiert. Im Wesentlichen versteht man darunter Aktionen, die Werbemaßnahmen durch zusätzliche Kaufanreize unterstützen sollen. Dazu gehören Muster und Proben, Messen usw.

Salespromotion in der Spedition

In Unternehmen wie Speditionen werden Werbemittel, wie Kugelschreiber, Kalender, Landkarten, Uhren, Taschen, T-Shirts, Miniatur-Lkws oder Schiffe u. v. a. m. mit dem entsprechenden Firmenlogo verwendet. Besonders beliebt sind auch die sogenannten „Kundenverwöhnprogramme", wie Saisonkarten für den favorisierten Fußballverein oder besonders begehrte Musical-Karten u. v. m.

1.2.3.3 Public Relations

Public Relations wird auch als Öffentlichkeitsarbeit bezeichnet. Sie dient der Imageförderung des gesamten Unternehmens. Ziel ist es, durch die Pflege der Beziehungen zur Öffentlichkeit, Meinungen zu schaffen und Vertrauen zu gewinnen bzw. zu erhöhen. Maßnahmen sind beispielsweise Pressekonferenzen, Betriebsbesichtigungen, Vorträge, Firmenevents, Broschüren u. v. a. m.

Public Relations in der Spedition

Mittel der Public-Relations-Arbeit in Speditionen sind beispielsweise die Veröffentlichungen von Artikeln in der Fach- und Wirtschaftspresse sowie die Stellungnahmen zu verkehrs- oder wirtschaftspolitischen Maßnahmen. Außerdem werden Verkehrs- und Logistikmessen, Buchbeiträge, Vorträge zur Darstellung des Unternehmens genutzt. Die Darstellung des Unternehmens mit seinen Geschäftssparten und seiner Firmenphilosophie sowie der Geschäftsleitung bzw. den Mitarbeitern durch die Gestaltung einer Homepage ist heute üblich und auch bei kleinen und mittelständischen Speditionen immer mehr eine Selbstverständlichkeit.

Qualitätssicherung als eine Maßnahme der Public Relations (PR) in der Spedition
Die Bedeutung von Qualität als Wettbewerbs- und Werbefaktor wird seit den Erfolgen japanischer Unternehmen auf angestammten westlichen Märkten neu diskutiert. Unterschiedliche Formen von Qualität bzw. Qualitätsmanagement werden in Unternehmen vertreten und dennoch ist allen klar, dass Qualität die beste Werbemaßnahme ist. Unterschiedliche Auffassungen von Qualität sollen durch einen einheitlichen Standard definiert werden, indem sich Unternehmen betriebsinternen Normierungen verschreiben, bekannt als sogenannte ISO-Normen (International Organization for Standardization).
Können Unternehmen nachweisen, dass sie festgelegte Arbeitsverfahren zur Qualitätssicherung einhalten, erhalten sie ein Zertifikat, das ihnen dies dokumentiert. Diese Zertifizierungen stellen für viele Unternehmen eine Zugangsberechtigung zu bestimmten nationalen oder internationalen Märkten dar. Damit ein Unternehmen ein Zertifikat gemäß der **ISO-9000-Normenreihe** erhält, muss es ein Qualitätssicherungssystem nachweisen und die Arbeitsprozesse dokumentieren, die dafür entscheidend sind, dass ein Produkt und eine Dienstleistung gemäß vereinbarter Spezifikationen geliefert wird. Ein unabhängiges Institut überprüft, ob das Unternehmen die dokumentierten Verfahrensweisen einhält. Die ISO-Zertifizierung gibt dem Kunden die Sicherheit, dass ein dokumentiertes Qualitätssicherungssystem vorliegt, dass bestimmte Normen, beispielsweise bei der Bearbeitung von Aufträgen, eingehalten werden.
Kundenbedarf und Kundenzufriedenheit müssen permanent ermittelt und ausgewertet werden sowie Schlussfolgerungen für den Qualitätssicherungsprozess daraus gezogen und erforderliche Maßnahmen daraus abgeleitet werden.

Heutige überarbeitete Versionen der Normenstandards geben auch der Mitarbeiterzufriedenheit ein neues Gewicht. Dazu gehören bedarfsgerechte Schulungen und Weiterbildungsmöglichkeiten der Mitarbeiter und vor allem die Einbeziehung der Mitarbeiter in einen kontinuierlichen Verbesserungsprozess.
Nach ISO-Normen zertifizierte Speditionsunternehmen dokumentieren damit ihr Qualitätsbewusstsein und die Einhaltung für alle nachvollziehbarer Qualitätssicherungsverfahren.
Diese Form der Qualitätssicherung dient im Rahmen der Public Relations als Dokumentation einer qualitätsorientierten Unternehmensphilosophie und verspricht im Sinne einer Werbemaßnahme qualitativ hochwertige Produkte bzw. Dienstleistungen.

Verhalten am Telefon

Gerade für einen Spediteur ist das Telefon die Visitenkarte des Unternehmens und ein wichtiges Instrument im Rahmen der PR, denn durch jedes Telefongespräch präsentiert sich ein Unternehmen nach außen.
Dazu können die folgenden Tipps hilfreich sein:

- Das Telefon sollte nicht öfter als dreimal klingeln.
- Anschließend sollte ein Telefonat mit der Nennung des Firmennamens, dem eigenen Namen und einem freundlichen Gruß beginnen.
- Hat man den Namen des Gesprächsteilnehmers nicht verstanden, sollte nachgefragt werden. Dabei sollten allerdings Redewendungen wie *„Wie war noch der werte Name?"* vermieden werden. Richtig wäre eine Frage wie: *„Wie ist Ihr Name?"*
- Den Kunden mit dem Namen ansprechen. Dadurch fühlt sich dieser aufgewertet.
- Die Stimme erreicht die Gefühlswelt eines Zuhörers. Die eigene Botschaft wirkt glaubwürdiger, wenn sie freundlich, deutlich und verbindlich übermittelt wird. *Der Kunde „hört"* ein mürrisches Gesicht.
- Die Sprache sollte kundengerecht gewählt werden. Übertriebenes Hantieren mit Fachvokabular kann unangemessen sein. Der Kunde fühlt sich als unwissend und somit abgewertet.
- Grundsätzlich sollte selbst dem schwierigsten Kunden gegenüber eine positive Einstellung zum Ausdruck kommen.
- Wütende Anrufer gilt es zu besänftigen. Die Gesprächssituation wird von Gefühlen überlagert. Inhalte spielen häufig eine untergeordnete Rolle:
  Zunächst gilt es, den Kunden erst einmal erzählen zu lassen, danach das Verständnis für die Gefühle des Kunden auszudrücken, um dann herauszufiltern, was nicht den Absprachen oder den Vorstellungen des Kunden entspricht bzw. ob es sich vielleicht nur um ein Missverständnis handelt. Dazu gilt es, dem Kunden rückzumelden, was seiner Schilderung entnommen wurde („Habe ich Sie richtig verstanden, dass Sie ...?"), um anschließend Wunschlösungen bzw. Lösungsmöglichkeiten des Kunden zu erfragen. Unter Umständen muss gemeinsam ein Kompromiss gefunden und eingegangen werden. Schließlich ist dafür zu sorgen, dass Absprachen auf alle Fälle eingehalten werden.
- Enthusiasmus und Überzeugungskraft sollten bei jedem Telefonat spürbar sein. Glaubt man selbst nicht an seine Aussagen am Telefon, fällt es schwer, andere davon zu überzeugen.
- Jedes Telefongespräch sollte ergebnisorientiert und partnerschaftlich geführt werden.
- Es sollte in einem normalen Unterhaltungston gesprochen werden, denn wer schreit, hat zumeist Unrecht und die sachliche Ebene des Gesprächs wird vernachlässigt.

1.2.3.4 Sponsoring und Product Placement

Sponsoring ist ein Instrument der Kommunikationspolitik mit wachsender Bedeutung und bezieht die unterschiedlichsten gesellschaftlichen Bereiche ein. Ziel ist es in erster Linie, den Bekanntheitsgrad bzw. das Image eines Unternehmens im Bewusstsein möglicher Kunden zu halten oder zu verbessern.

Sponsoring umfasst die Planung, Organisation, Durchführung und Kontrolle sämtlicher Maßnahmen zur Bereitstellung von Geld und/oder Sachen durch ein Unternehmen für bestimmte Organisationen oder Personen aus dem sozialen, sportlichen oder kulturellen Bereich. Unternehmen versprechen sich davon, potenzielle Kunden in einem attraktiven, nicht kommerziellen Umfeld anzusprechen und dadurch der Ablehnung von Marketingmaßnahmen zu begegnen.

Product-Placement wird oft als „Schleichwerbung" bezeichnet. Dabei werden Produkte werbewirksam im Kino, auf DVD und in Fernsehprogramme integriert. Sie sind als Requisiten in den Filmen deutlich erkennbar. So sah man James Bond lange mit einem BMW fahren und Thomas Gottschalk aß gerne die „Goldbären" von Haribo in seiner Sendung. Ziel ist es, das Image eines Produktes aufzubauen oder zu erhöhen. Dabei soll der werbliche Charakter bei der Präsentation der Produkte für den Zuschauer nicht offensichtlich sein.

1.2.4 Distributionspolitik

Distribution bedeutet Verteilung. Bei der Distributionspolitik geht es darum, den Weg zu wählen, auf dem das Produkt oder die Dienstleistung am besten an den Kunden zu bringen bzw. zu vermitteln ist, d.h., geeignete Vertriebswege zu wählen. Distributionspolitik im klassischen Sinne befasst sich mit der Frage, wie das richtige Produkt, zur richtigen Zeit, im richtigen Zustand und in der richtigen Menge und am richtigen Ort zum Abnehmer kommt.

Die Distributionspolitik in der Spedition

Speditionelle Dienstleistungen werden zu 80% über ein **Verkaufsgespräch** bzw. durch Kundenakquisition verkauft. Gerade in der Speditionsbranche bedeutet verkaufen auch immer eine persönliche Beziehung zum Kunden herzustellen. Aus diesem Grund kann das Verkaufsgespräch als Maßnahme der Distributionspolitik unter der Fragestellung, *wie bringe ich als Spediteur meine Dienstleistung am besten an den Kunden*, gesehen werden. Ebenso ist das Verkaufsgespräch als Werbemaßnahme zu betrachten, die mit Maßnahmen der Verkaufsförderung und z.T. auch mit der Öffentlichkeitsarbeit kombiniert wird.

Im Gegensatz zu indirekten Verkaufsinstrumenten, wie Briefen, Prospekten und Inseraten ist das (direkte) Verkaufsgespräch die beste Möglichkeit, auf einen Kunden einzugehen.

Aufgrund seiner besonderen Bedeutung wird eine Ausbildung im Führen von Verkaufsgesprächen immer bedeutender.

1.2.4.1 Verkaufsgespräch

Neben dem Ermitteln spezifischer Kundenbedürfnisse geht es darum, dem Kunden auf dessen Markt Wettbewerbsvorteile zu verschaffen. Das Gespräch mit dem Kunden sollte daher nie an ein aufgesetztes Rollenspiel erinnern, sondern ein vertrautes Gespräch in freundschaftlicher Atmosphäre sein, sodass auch ein Dritter diese verbindende Kraft nicht so schnell zu stören vermag.

Der Verkäufer muss lernen, den Kunden als Menschen zu sehen. Die Einstellung „Kunde, du bist mir egal, Hauptsache, du schickst mir deine Sendungen" ist längst überholt.

Der Verlader erwartet eine kompetente Beratung, um sein eigenes Unternehmen erfolgreicher zu machen. Verlader und Verkäufer sind häufig aufgrund ihres Arbeitspensums unter Zeitdruck. Kostenersparnisse und Zeitvorteile sind entscheidende Einkaufskriterien.

Deshalb werden die folgenden Punkte immer wieder zur Beachtung empfohlen:

- **Ziele festlegen**
  Jedes Verkaufsgespräch hat zum Ziel, einen neuen Kunden zu gewinnen oder einen Kunden weiterhin von einem Angebot zu überzeugen. Dabei ist zuvor zu prüfen, ob die Kapazitäten und Fähigkeiten im Unternehmen vorhanden sind, den Kundenwünschen gerecht zu werden, kann z. B. ein bestimmtes Frachtaufkommen gehandelt bzw. umgeschlagen werden. Vielleicht kann ein Ziel (erfolgreicher Verkaufsabschluss) durch viele kleine gesetzte Teilziele erreicht werden, wie z. B. Sympathie erzeugen, Kontaktaufnahme mit unterschiedlichen Personen unterschiedlicher Abteilungen, Kennenlernen der Kundenphilosophie, Leistungspräsentationen durchführen oder Konflikte (z. B. bei Reklamationen) zufriedenstellend zu lösen. Von dem festgelegten Ziel hängt der weitere Gesprächsverlauf ab. Es ist hilfreich, das Verkaufsgespräch zuvor gedanklich durchzuführen und möglicherweise Gesprächsstrategien aufzubauen.
- **Informationen über den Kunden sammeln**
  Je mehr ein Spediteur über den Kunden bzw. dessen Unternehmen im Voraus weiß, umso leichter ist es, seine Bedürfnisse zu analysieren. Natürliches und offenes Auftreten helfen dabei (eine Informationsbeschaffung könnte über die Handelskammer, Wirtschaftsverbände, Fachzeitschriften, Geschäftsberichte, persönliche Gespräche, eigene Kundenunterlagen und -kontrakte u. a. m. erfolgen).
  Bestehen bereits Geschäftsbeziehungen, ist es wichtig, Informationen über den Verlauf der Geschäftsbeziehungen zu sammeln, über die Entwicklung von Aufträgen (Mengen, Destinationen, Häufigkeit) oder Problemstellungen herauszufiltern, um Problemlösungen zu finden und evtl. Verantwortlichkeiten zu klären.

MERKE
Natürlichkeit und Offenheit sowie echtes Interesse erzeugen Sympathie.

- **Einstieg in das Verkaufsgespräch**
  Phrasen wie „Ihre Büros sind aber schön“ oder „Das ist aber ein schönes Gelände“ sind Standardeinstiege, die von den meisten Kunden auch als solche erkannt werden. Daher ist es häufig besser, aus dem Bauch heraus ein Gespräch einzuleiten. Ihr Interesse an dem Gesprächspartner muss echt sein. Interessieren Sie sich für den Menschen, der vor Ihnen steht, halten Sie Augenkontakt, bleiben Sie ehrlich und Sie selbst, entdecken Sie den Kunden und freuen Sie sich auf das Gespräch.

Körpersprache

Aussehen, Haltung, Mimik und Gestik wird zwangsläufig als erster Eindruck der Persönlichkeit wahrgenommen. Die eigene Körpersprache, die i. d. R. unbewusst ist, kann auf unterschiedliche Gesprächspartner unterschiedliche Wirkung haben. So werden beispielsweise:

- Hände in den Taschen allgemein als schlechte Manieren interpretiert,
- verschränkte Arme und ein angespannter Gesichtsausdruck als Verschlossenheit ausgelegt,
- eine zurückgelehnte Haltung häufig einer herablassenden Art zugeschrieben.

MERKE
Die Körpersprache ist immer im Zusammenhang mit dem gesprochenen Wort zu betrachten. Freundliche Mimik, offene Körperhaltung, wirkungsvolle Gesten unterstreichen verbale Aussagen.

Genauso sind nonverbale Äußerungen des Gesprächspartners zu beachten, die je nach Emotionalität unterschiedlich stark ausgeprägt sein können, Ihnen jedoch Interesse oder Desinteresse signalisieren können.

Fragetechniken

Kommunikation wird geprägt von der eigenen Persönlichkeit, der Ausstrahlung, der Begeisterungsfähigkeit, dem gesprochenen Wort, dem Ausdruck der Körpersprache und der Fähigkeit des Zuhörens. Die Kommunikationsfähigkeit eines Verkäufers ist die wichtigste Grundlage eines Verkaufsgespräches. Um Informationen zu erhalten, um Auskunft über die Bedürfnisse des Kunden zu bekommen bzw. Lösungsmöglichkeiten entwickeln zu können, muss der Verkäufer mit dem Kunden in den Dialog treten. Durch geschickt gestellte Fragen lässt sich ein Dialog aufbauen, der dazu führt, Wissen über den Kunden zu erlangen. Die Umsetzung dieses Wissens, d.h. das Erkennen der Bedürfnisstruktur des Kunden und das Abdecken der Bedürfnisse mit speditionellen Leistungen, sollte den Kunden zum Kauf der Leistung bewegen.

Die wichtigsten Fragetechniken, mit denen Bedürfnisse und Kaufmotive erschlossen werden können, sind:

- **Die emotionale Frage**
  Emotionale Fragen zielen auf das Empfinden bzw. die Gefühle des Gesprächspartners ab. Zum Beispiel: *„Was hat Ihnen an unserem Angebot besonders gefallen?“*
  Emotionale Fragen sind für den Gesprächspartner unverbindlich. In der Regel gibt der Gesprächspartner eine emotionale Antwort darauf. Diese Form der Fragestellung eignet sich besonders für den Beginn eines Gespräches, um mit dem Gesprächspartner ein gewisses Vertrauensverhältnis aufzubauen.
- **Die aufschließende Frage**
  Durch aufschließende Fragen kann gerade in schwierigen Gesprächssituationen der Dialog mit dem Gesprächspartner durch die Art der Fragestellung geöffnet werden.
  Stellen Sie sich beispielsweise folgende Situation vor: Sie besuchen einen Kunden, von dem Sie wissen, dass er mit seinem bisherigen Spediteur Schwierigkeiten hat. Würden Sie den Kunden direkt darauf ansprechen, könnte dieser verschlossen darauf reagieren, da man Probleme ungern zugibt oder nicht gerne über andere spricht.
  Verallgemeinern Sie das Problem, indem Sie von Ihren Erfahrungen erzählen, wird sich der Gesprächspartner eher öffnen, da das Problem allgemein besprochen wird und er sich mit dieser Angelegenheit nicht mehr alleine fühlt.
  Zum Beispiel: *„Von vielen Verladern hören wir, dass immer wieder Sendungen nicht rechtzeitig zur Abholung bereitstehen.“ Oder: „Immer wieder erzählen uns Kunden, wie wichtig eine rechtzeitige Avisierung der Waren ist.“*
- **Die offene Frage**
  Offene Fragen sind die sogenannten „W-Fragen“: wer, was, wie, wo, warum, womit, weshalb, wann. „W-Fragen“ sollen in erster Linie Informationen liefern.
  Zum Beispiel: *„Wie hoch ist Ihr Ladungsaufkommen im Monat?“*
  Sie geben Auskunft und lassen eine frei formulierte Antwort zu. Eine Antwort mit Ja oder Nein ist nicht möglich. Sie soll den Gesprächspartner dazu verleiten, aussagekräftige/-fähige Antworten zu geben.
- **Die geschlossene Frage**
  Durch eine geschlossene Frage erfährt der Gesprächspartner, ob er verstanden wurde. Die Antwort ist hier stark eingegrenzt und hat entweder ein „Ja“ oder ein „Nein“ zur Folge.
  Zum Beispiel: *„Gefällt Ihnen mein Vorschlag?“*
  In Verkaufsgesprächen sollte mit dieser Frageform vorsichtig umgegangen werden, denn steht erst einmal ein „Nein“ im Raum, kann eine negative Gesprächssituation entstehen.
- **Die Suggestivfrage**
  Die Suggestivfrage soll die Meinung bzw. Aussage des Gesprächspartners beeinflussen. Zum Beispiel: *„Sie sind doch auch der Meinung, dass ... ?“ Oder: „Sie stimmen mit mir doch*

sicherlich darin überein, dass gerade für Ihre hochwertigen Güter ein sicherer Transport oberste Priorität haben sollte."
Der manipulative Charakter dieser Art von Fragestellungen kann schnell durchschaut werden, vor allem, wenn sie in einer plumpen Form gestellt werden. Zu beachten ist, dass sich der Gesprächspartner nicht als unterlegen vorkommt.

Analyse der Kundenbedürfnisse

Bei der Bedarfsanalyse geht es darum, herauszufinden, was der Kunde wünscht, aber auch Meinungen, Sichtweisen und Entscheidungsmotive zu erfragen. Durch gezielte Fragen können Sie sich die Informationen verschaffen, die zur Unterbreitung eines Angebotes, das maßgeschneiderte Leistungen und Lösungen vorschlägt, benötigt werden.

Die Bedarfsanalyse umfasst daher nicht nur die Frage „Wie viele Sendungen haben Sie pro Jahr?", denn dann kommt das Gespräch schnell auf Konditionen und zum Schluss wird nur noch über den Preis gesprochen. Um ein umfangreiches Leistungsangebot abgeben zu können, geht es daher auch um Fragen:

- nach dem Unternehmen bzw. Unternehmenszielen,
- nach Einstellungen des Gesprächspartners,
- nach Mitbewerbern bzw. Erfahrungen mit Mitbewerbern,
- nach Prozessen, die für die Kaufentscheidung notwendig sind,
- zu den Anforderungen, die Kunden an den Gesprächspartner stellen,
- zur wirtschaftlichen Lage des Unternehmens,
- zu den Anforderungen, die an einen Spediteur gestellt werden,
- nach Entscheidungskriterien für die Auswahl eines Spediteurs,
- nach der Zufriedenheit mit bisherigen Lösungen u. v. a. m.

Aus der Analyse der Bedürfnisse erkennt man die Motivation eines Kunden, die zu einem erfolgreichen Abschluss führen kann.

Äußert der Kunde beispielsweise, dass Eilzustellungen von Ersatzteilen nicht schnell genug zugestellt werden, verbirgt sich hinter dem Bedürfnis einer pünktlichen und schnellen Zustellung der Wunsch nach Zuverlässigkeit und der Ausschluss von Verzögerungen. Dementsprechend können Angebote präsentiert werden (z. B. einen 24-Stunden-Service).

Preisgespräche

Der Preis ist normaler Bestandteil eines Leistungsangebotes. Dennoch sollte er nicht im Zentrum eines Verkaufsgespräches stehen.

Der Verlader wird dann einen höheren Preis akzeptieren, wenn ihm der Nutzen ersichtlich, für ihn optimal und auf seine spezifischen Belange zugeschnitten ist.

MERKE

Ein Kunde ist bereit, für den von ihm wahrgenommenen Nutzen einen angemessenen Preis zu zahlen. Aus Sicht des Kunden muss sein Nutzen sichtbar höher sein als die ihm dadurch entstehenden Kosten.

Dazu sind die folgenden Argumentationslinien hilfreich:

- dem Kunden erklären, wie ähnlich gelagerte Probleme gelöst wurden, was sie den Kunden gekostet und was sie ihm genutzt haben;

- eine Preisfrage zu Beginn eines Gespräches, durch Wiederholungen oder Gegenfragen verschieben, um zunächst Informationen und Bedürfnisse herauskristallisieren zu können;
- Preise überzeugend darstellen:
  - Der Preis sollte mit Überzeugung vorgebracht werden, um zu signalisieren, dass dieser Preis gerechtfertigt ist.
  - Preise sollten nie allein für sich genannt werden, sondern Kosten und Nutzen sollten immer miteinander verglichen werden. Leistungsmerkmale sollten ins Zentrum des Gesprächs gerückt werden.
    Zum Beispiel: *„Wir übernehmen die Sendung von dem Gewicht für 132,00 € als Komplettpreis von Haus zu Haus, alles inklusive bei einer Laufzeit von 24 Stunden. Wir können die Sendung morgen früh abholen und die Sendung ist am nächsten Morgen bei Ihrem Kunden. Sie brauchen sich um nichts zu kümmern."*

Abschluss eines Verkaufsgespräches

Zum Abschluss eines Verkaufsgespräches gilt es, den erläuterten Nutzen, der dem Kunden im Laufe des Verkaufsgespräches dargelegt wurde, zusammenzufassen. Auf diese Weise werden die unterschiedlichen Argumente in Erinnerung gebracht. Ziel ist es, eine Einigung zu erreichen. Benötigt der Kunde noch Zeit, um eine Entscheidung zu fällen, ist dies nur natürlich und sagt nichts über die Qualität eines Verkaufsgespräches aus. Dann sollte die Zustimmung eingeholt werden, nach einer gewissen Zeit noch einmal anrufen zu dürfen, um die Verhandlungen konsequent zu Ende führen zu können. Ein Auftrag darf nicht verloren gehen, weil ein Konkurrent sich ernsthafter um einen Kunden bemüht.

Mit nachfassenden Gesprächen können zusätzliche Informationen gewonnen und unschlüssige Kunden können zu einer Entscheidung veranlasst werden. Andererseits sollte sich ein Kunde auch nicht bedrängt fühlen.

Mögliche Fragestellungen für nachfolgende Gespräche:
- Wurden alle Punkte im Angebot berücksichtigt?
- Wo sehen Sie noch Interessen unberücksichtigt?
- Wie gefällt Ihnen unser Angebot?
- Welche Aussichten haben wir, einen Auftrag zu bekommen?

1.2.4.2 Präsentationstechniken

Durch Präsentationen sollen Personen bzw. Personengruppen Informationen übermittelt werden, die vorgetragen und durch visuelle Unterstützung plausibler bzw. unterstrichen werden sollen.

Vorüberlegungen

- Wer ist die Zielgruppe bzw. wie setzt sich die Zielgruppe zusammen (Alter, Vorbildung, Einstellung zum Thema usw.)?
- Welche Ziele verfolge ich mit meiner Präsentation (überzeugen, informieren, sich selbst positiv darstellen usw.)?
- Was soll Inhalt meiner Präsentation sein? Das heißt, es ist zu überlegen, welche Informationen ausgewählt werden und welche Kernaussagen sie enthalten. Stellen Sie eine Gliederung auf und formulieren Sie deren Überschrift als Fragen (z. B.: Was haben Sie als Speditionsunternehmen davon?). Das erregt mehr Aufmerksamkeit.
- Wie soll präsentiert werden? Das heißt, die Form der Präsentation muss festgelegt werden. Es muss überlegt werden, welche Medien, z. B. Stellwand, Flipchart, Over-

headprojektor (OHP), online und/oder über einen Beamer, z. B. mithilfe von PowerPoint, für die Präsentation eingesetzt werden sollen.

Der Erfolg einer Präsentation hängt entscheidend davon ab, wie es gelingt, die Teilnehmer fachlich, aber auch von Ihrer Person zu überzeugen.

Allgemeine Hinweise zum Vortrag

- Vor jeder Präsentation sollte überlegt werden
  - wie die Zuhörer motiviert werden können,
  - wie die Spannung der Zuhörer immer wieder gehoben werden kann,
  - wie die Zuhörer immer wieder mit einbezogen werden.
- Bevor mit der Präsentation begonnen wird, sollte mit den Teilnehmern Blickkontakt aufgenommen werden, um die Teilnehmer gleich zu Beginn mit einzubeziehen. Lächeln hilft dabei.
- Fühlt sich der Präsentierende zu Beginn unsicher, hilft es, zunächst einen Teilnehmer anzuschauen, der einem besonders vertraut ist und dann, nach und nach, den gesamten Teilnehmerkreis einzubeziehen.
- Laut und deutlich sprechen.
- Möglichst frei sprechen, Spickzettel (z. B. in Form von Karteikarten) sind erlaubt.
- Bei jeder Präsentation ist auf ein gepflegtes Äußeres zu achten. Der Präsentierende sollte sich auf alle Fälle in seiner Kleidung wohl fühlen, das gibt Sicherheit.
- Erläuterung der Ausführungen in kurzen verständlichen Sätzen.
- Während des Vortrages nicht hin und her laufen. Das schafft Unruhe.
- Stets in die Richtung der Teilnehmer sprechen. Nicht zur Wand (Stellwand oder Flipchart), nur so ist man gut verständlich.

Jede Präsentation lässt sich in eine Einleitung, einen Hauptteil und einen Abschluss gliedern.

Einleitung

1. Begrüßung der Teilnehmer.
2. Vorstellung der eigenen Person.
3. Nennung des Themas und Ziels der Präsentation.
4. Kurze Bekanntgabe der Vorgehensweise (Grobgliederung) der Präsentation.

Hauptteil

- Immer auf den Gliederungspunkt bzw. Aspekt zeigen, der gerade thematisiert wird. Der Redebeitrag kann auf diese Weise auch visuell nachvollzogen werden und die Teilnehmer fragen sich nicht „Wo ist er/sie denn gerade?“
- Fallen Fachbegriffe nicht ein, sind diese einfach zu umschreiben, für die Zuhörer unbekannte Begriffe sind verständlich zu erläutern.
- Bei Fragen der Teilnehmer gilt es, auf Verständnisfragen unbedingt einzugehen. Fragen signalisieren Interesse der Teilnehmer. Handelt es sich um Fragen, die mit diesem Thema nichts zu tun haben, sollte freundlich aber bestimmt auf einen späteren Zeitpunkt, z. B. bei einer Abschlussdiskussion verwiesen werden.
- Es gibt sogenannte ‚Killerphrasen‘, mit denen Teilnehmer versuchen Ausführungen zunichtezumachen, z. B. *„Das hat doch alles für die Praxis überhaupt keine Bedeutung“*. Handelt es sich dabei um eine unsachliche Äußerung, sollte diese am besten ignoriert werden. Könnte eine berechtigte Frage dahinter stecken, sollte auf einen späteren Zeitpunkt verwiesen werden, z. B. die Pause oder die Abschlussdiskussion. Solche Äußerungen dürfen nicht dazu führen, dass man sich aus dem Konzept bringen oder gar die Präsentation zerstören lässt.

Abschluss

- Zum Abschluss gilt es, die wesentlichen Punkte der Ausführungen **kurz** zusammenzufassen.
- Wenn gewünscht, sollte zu einer abschließenden Diskussion bzw. zur Klärung von Fragen aufgefordert werden.
- Für die Abschlussdiskussion sollte ein Zeitrahmen festgelegt werden.
- Zunächst einmal ist jeder Beitrag ernst zu nehmen.
- Durch sachliches Nachfragen kann am besten herausgefunden werden, wo das Problem liegt.
- Durch scharfes Formulieren von Fragen sollte man sich nicht persönlich angegriffen fühlen, sondern sachlich reagieren. Nach Abschluss der Veranstaltung kann man sich abreagieren.
- Ein persönlicher Dank an die Teilnehmer sollte formuliert werden.

Visualisierung

Durch die Visualisierung soll ein Redebeitrag mit bildhaften Darstellungen optisch dokumentiert, untermalt oder verstärkt werden. Informationen werden so leichter erfassbar, Wesentliches kann verdeutlicht, die Aufmerksamkeit der Teilnehmer konzentriert werden und dient den Teilnehmern als Orientierungshilfe (den ‚roten Faden' zu behalten) oder ergänzt die Ausführungen.
Grundsätzlich ist jeder bei seiner Visualisierung völlig frei. Eine Visualisierung dient auch immer als Strukturierungshilfe.

- **Gestaltungselemente**

Textgestaltung

Grafiken, Symbole ...

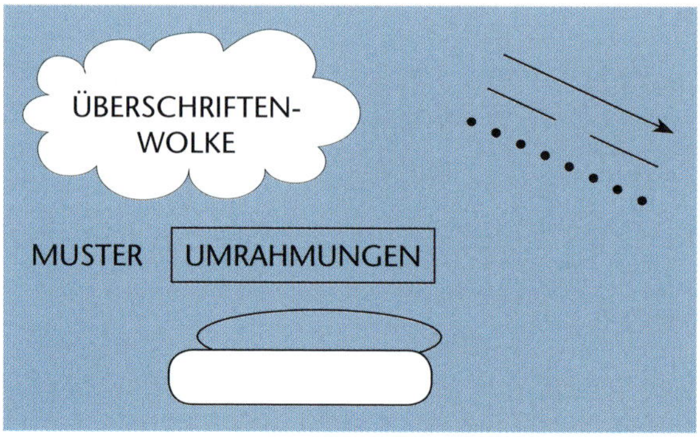

Fotos, Karikaturen, Clip-Arts

- **Diagramme**

Kurvendiagramme: Kurvendiagramme dienen der Darstellung von Entwicklungsabläufen (z. B. Umsatz- oder Kostenentwicklung oder Entwicklung von Marktanteilen).

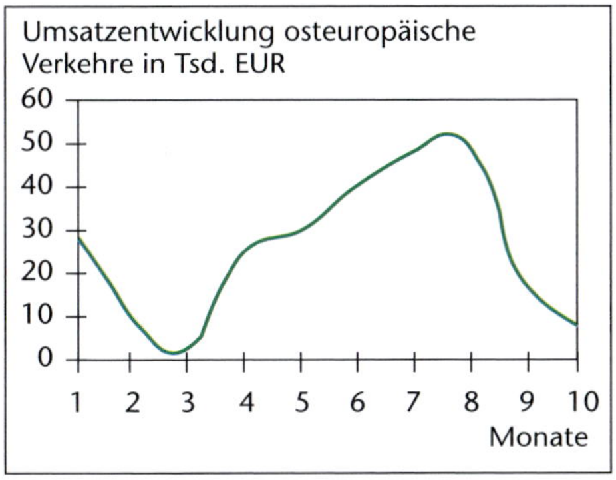

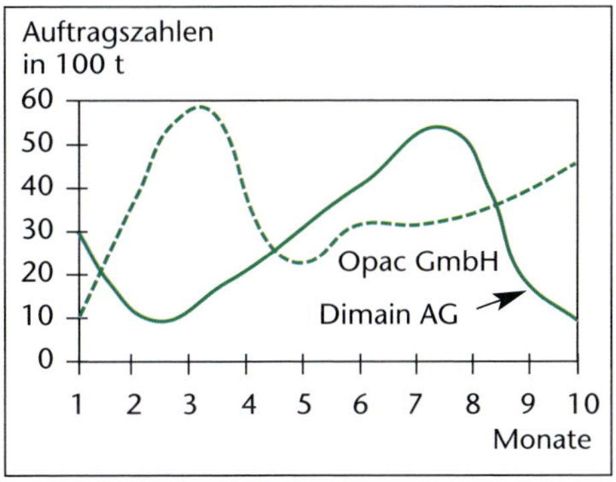

Jede Achse und jede Kurve muss bezeichnet sein. Die horizontale Achse (Abszisse) dient i. d. R. der Darstellung eines zeitlichen Ablaufs, während die vertikale Achse (Ordinate) Mengen darstellt.

Überschriften und Quellenangaben sind stets anzugeben.

Balken- und Säulendiagramme: Balken- und Säulendiagramme dienen der Gegenüberstellung von Werten, z. B. Umsätzen, Transportaufkommen usw.

Zunächst ist zu entscheiden, ob die gewünschten Aussagen durch absolute Zahlen oder Prozentwerte deutlicher werden. Der Abstand zwischen den Säulen/Balken sollte kleiner als die Säulenbreite sein.

Auf gleiche Strichstärke und Säulen-/Balkenbreite achten. Die Säulen und Balken sollten möglichst beschriftet werden.

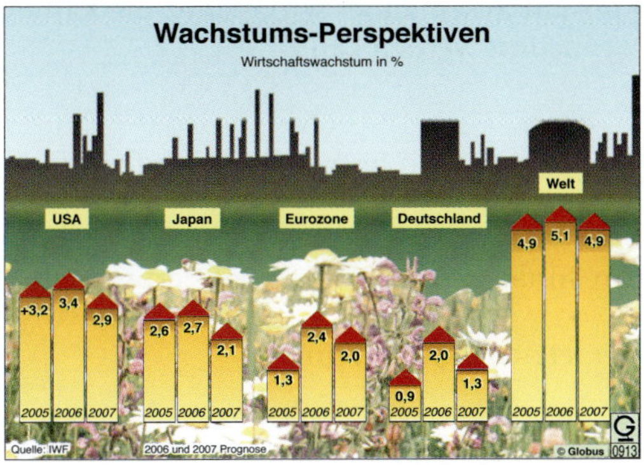

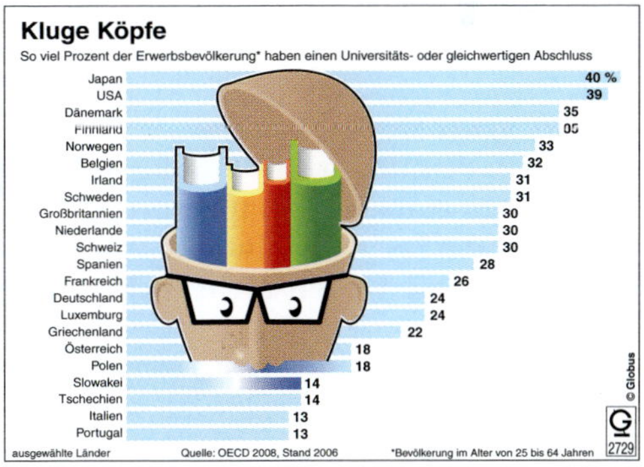

Überschriften und Quellenangaben sind stets anzugeben.

Kreis-/Tortendiagramme: Kreis-/Tortendiagramme dienen dem Vergleich von Teilmengen, z. B. Marktanteilen, anteilige Kosten oder Gewinnverwendung.

Die Teile der Gesamtmenge müssen in Prozentwerte umgerechnet werden (360 Grad entspricht 100 %). Teilmengen müssen ausreichend groß dargestellt werden können, damit sie lesbar bleiben. Die Bezeichnung der Teilmengen möglichst in das jeweilige Kreissegment schreiben.

Organigramme/Ablauf- und Aufbaudiagramme: Organigramme dienen der Darstellung von Abläufen oder Strukturen, so z. B. dem Aufbau von Unternehmen (siehe dort), dem Ablauf von Arbeitsprozessen oder dem Aufbau von Dateien. Es lassen sich Reihenfolgen, gleichzeitig ablaufende Tätigkeiten oder Zeitbedarfe grafisch darstellen.

Die in der jeweiligen Organisation gebräuchlichen Symbole sind zu nutzen. Zu verwenden sind einfache oder normierte Symbole. Überschriften und Quellenangaben nicht vergessen.

Stellwand mit Metaplanpapier
Die Stellwand eignet sich sowohl für die Darstellung einer vorbereiteten Präsentation als auch für ein begleitendes Entwickeln während eines Vortrages oder während einer Moderation.

Auf der Stellwand werden mithilfe von Stecknadeln Packpapierbogen befestigt, um eine geeignete Unterfläche für Beschriftungen oder für die Entwicklung von Sachverhalten durch Karten (Metaplankarten), z. B. Rechtecke, Ovale oder Kreise, zu bieten. Packpapier und Karten werden mit dicken Filzstiften beschriftet. Die Karten sind in unterschiedlichen Farben und Abmessungen erhältlich.

Beschriftung der Metaplankarten
Bei der Beschriftung der Karten sollte beachtet werden,
- dass die Karten in Groß- und Kleinbuchstaben beschriftet werden, so sind sie auch von einiger Entfernung zu erkennen.
- Außerdem sollten auf ihnen lediglich Stichworte und maximal ein Gedanke bzw. Themenbegriff vermerkt werden und der gesamte Platz auf der Karte für eine maximal dreizeilige Beschriftung genutzt werden.
- Für Überschriften sind weiße Karten (Neutralität) zu benutzen und zusammengehörige Aspekte sind in der gleichen Farbe darzustellen.
- Die Schrift sollte eher eng und blockartig anstatt auseinander sein, damit die Kartenbeschriftung auch von weiterer Entfernung erkannt werden kann.

Gestaltung der Metaplanwände
- Auf den Plakaten sollen nur die wichtigsten Kernaussagen festgehalten werden.
- Es sollten einfache Formulierungen und
- stichwortartige Aufzählungen ausgewählt werden.
- Als Richtlinie sollten nicht mehr als sieben Inhaltspunkte pro Visualisierung dargestellt werden.
- Sicherzustellen ist die Lesbarkeit auch in der letzten Zuhörerreihe.

Flipchart
Auf einem Flipchartständer befindet sich ein Papierblock (Maße: 70 cm × 100 cm). Das Papier wird mit Filzstiften beschriftet. Informationen können vorbereitet und nach und nach aufgedeckt werden, indem die Blockblätter nach und nach umgeschlagen werden. Sachverhalte können spontan, z. B. um Diskussionsinhalte zu erläutern, entwickelt werden. Die vorbereiteten Materialien lassen sich wieder verwenden. Dadurch steht genug Schreibfläche zur Verfügung. Dabei ist zu beachten:
- groß und nicht zu eng schreiben,
- sauber schreiben,

- beschriebene Blätter können als „roter Faden“ verwendet werden,
- dicke Filzstifte verwenden,
- Erläuterungen am Chart geben, nicht vom Publikum abwenden.

MERKE
Grundsätzlich gilt für Präsentationen: Klar ist immer, was dem Zuhörer klar ist, nicht, was ihm klar sein müsste!

1.2.4.3 Vertriebsorganisation

Die Organisation des Vertriebes der speditionellen Dienstleistungen ist in Unternehmen unterschiedlich gestaltet. Generell ist es Aufgabe des Vertriebes, bestehende Kundenbeziehungen zu pflegen bzw. Neukunden zu gewinnen. Wie und wer im Einzelnen dafür zuständig ist, hängt nicht allein von der Größe des Unternehmens oder dessen Kundenstruktur ab, sondern auch von dessen Aufbauorganisation und verfolgter Managementlehre, die unterschiedliche Organisationslösungen anbieten. Aus einer Vielzahl von gegebenen Organisationslösungen können im Folgenden lediglich generelle Aussagen über mögliche Formen der Vertriebsorganisation im Überblick betrachtet werden.

In kleinen Speditionsbetrieben ist der Verkauf bzw. das Akquirieren von Kunden bzw. deren Betreuung immer noch „Chefsache“. Dadurch erhält der Verkauf eine klare Weisungsbefugnis.

Sind die Betriebe nicht mehr ganz so klein, werden aus den Aufgaben des Verkaufs kleinere Einheiten gebildet. Generell besteht die Vertriebsorganisation dann aus der Verkaufsleitung, dem Verkaufsaußendienst und dem Verkaufsinnendienst. Der Außen- und Innendienst legen der Verkaufsleitung Rechenschaft ab, die sich dann letztendlich bestimmte Entscheidungen vorbehält.

Die Aufgabenteilung zwischen **Verkaufsaußendienst** und **Verkaufsinnendienst**, deren Aufgaben jedoch von Unternehmen zu Unternehmen ganz unterschiedlich organisiert sein können, verwischt sich mehr und mehr.

Innendienst
Zu den klassischen Aufgaben des Innendienstes gehört es, die Arbeit der Verkäufer im Außendienst vorzubereiten, zu unterstützen und nachzubereiten.

Generell kümmert sich der Innendienst um **Terminabsprachen** bzw. das Ankündigen von Verkaufsbesuchen oder entsprechende Terminbestätigungen, **Organisation der Besuche**, sei es das Buchen von Reisetickets oder Hotels. Er bereitet Besuche vor, indem er möglichst viele **Informationen über einen Kunden** beschafft, damit der Außendienstverkäufer sein Verkaufsgespräch entsprechend darauf einstellen kann (gerade bei Neukunden von besonderer Wichtigkeit). Ebenso wäre die Bonität (Zahlungsfähigkeit) sowie die Zahlungsmoral potenzieller Kunden zu prüfen.
Häufig gehört die **Angebotskalkulation** dazu bzw. die Beschaffung entsprechender Daten. Möchte ein Kunde beispielsweise einen festen Übernahmesatz für die gesamte Distribution in Norddeutschland vereinbaren, sind entsprechend durchschnittliches Ladeaufkommen, Frachtraten usw. zu kalkulieren und mit der Disposition abzustimmen bzw. mit der Frachtabrechnungsabteilung Abrechnungsmodi zu vereinbaren. So weiß der Verkäufer im Außendienst, was das Unternehmen in der Lage ist, zu leisten und wann entsprechende Grenzen erreicht sind. Auch gehört es zu den Aufgaben des Innendienstes,

„mitgebrachte“ **Aufträge zu erfassen** und entsprechend weiterzuleiten, **Verträge aufzusetzen**, aber auch entsprechende **Beschwerden der Kunden weiterzuleiten**, und die Kundendaten zu pflegen, so ist festzustellen, wer in welchem Unternehmen Ansprechpartner ist bzw. wer wofür zuständig ist usw.

Außendienst

Vorrangigste Aufgabe der Verkäufer im Außendienst ist das Führen von Verkaufsverhandlungen mit bestehenden Kunden und möglichen Neukunden, um Vertragsverhandlungen vorzubereiten oder abzuschließen. Dazu kommen häufig die Kontrolle der Aufträge bzw. das Entgegennehmen von Reklamationen und das Erstellen von Verkaufsberichten.

Die Organisation des Außendienstes hängt maßgeblich von den Produkten des Unternehmens ab. Im Speditionsbereich sind ganz unterschiedliche Organisationsstrukturen vorzufinden, wie

- der **gebietsbezogene Verkauf**, d. h., der Verkäufer vertritt das gesamte Leistungsprogramm des Unternehmens in einem vorgegebenen Verkaufsgebiet. So ist ein Verkäufer möglicherweise für das Gebiet Norddeutschland, ein weiterer für das Gebiet Süddeutschland zuständig oder ein Verkäufer bedient das Rhein-Main-Gebiet. Ebenso ist es denkbar, dass zwei Verkäufer für unterschiedliche Gebiete Spaniens zuständig sind usw.
- der **produktbezogene Verkauf**, d. h., ein Verkäufer vertreibt nur einige wenige Produkte oder gar nur ein Produkt. Geht es beispielsweise um Seeverkehre oder Projektverladungen oder den Umgang mit bestimmten Gefahrstoffen, wird der darauf spezialisierte Verkäufer die Verkaufsverhandlungen führen. Denkbar wäre demzufolge auch, dass ein Verkäufer die Kunden besucht, die z. B. Exporte nach Südamerika betreiben. Der Verkäufer wäre zum einen entsprechend auf die Gepflogenheiten in Südamerika, die dortigen Sitten und Gebräuche spezialisiert, zum anderen sind Besonderheiten im Hinblick auf Muster- und Konsulatsvorschriften zu beachten und dementsprechend in das Leistungsangebot einzubinden;
- der **kundenorientierte Verkauf**, d. h., ein Verkäufer ist auf die Bedürfnisse bestimmter Kunden spezialisiert und übernimmt speziell deren Betreuung. Damit ist der Verkäufer zugleich für die Besorgung der Abwicklung zuständig und Ansprechpartner für die speziellen und generellen Belange des Kunden. Der Verkäufer kann im Rahmen seiner Befugnisse auf die Kundenwünsche eingehen und auf spezielle Aufträge flexibel und zeitnah reagieren.

In der Praxis sind in der Regel nur Mischformen der Verkaufsorganisation zu finden, da eine klare Abgrenzung häufig nicht möglich ist. Im Rahmen von logistischen Gesamtlösungen, die heute auf spezielle Kundenbedürfnisse zugeschnitten sind, bieten Verkäufer die gesamte Leistungspalette ihres Speditions- und Logistikunternehmens an, sodass eine strikte Trennung nach Produkten heute kaum noch möglich ist.

So organisiert z. B. ein Projektteam, in Abstimmung mit seinem Kunden, die europaweite Verteilung von Druckern und lässt eigens zu diesem Zweck eine Lagerhalle bauen. Zusätzlich werden für diesen Kunden Druckerpatronen auf diesem Lager produziert. Das heißt, dieses Projektteam bietet ein Produkt im Rahmen eines ganzheitlichen Logistikkonzeptes an. Darin eingebunden können somit der gewerbliche Güterkraftverkehr, der Import, die Lagerung und andere speditionsübliche und -unübliche Tätigkeiten sein.

Das „A und O“ einer funktionierenden Verkaufsorganisation ist ein vernetztes Arbeiten von Verkaufsaußendienst und Verkaufsinnendienst. Durch moderne Organisationsstrukturen ist eine solche Trennung kaum noch möglich. Viele Aufgaben des Innendienstes werden heute von den Verkäufern selbst vor Ort wahrgenommen oder sie werden durch die Mitarbeiter der entsprechenden Abteilung direkt unterstützt. Wichtige Informationen werden so gebündelt und darüber hinaus werden natürlich Kosten gespart.

Weitere Form der Vertriebsorganisation

Auf Grundlage einer kundenorientierten ABC-Analyse (siehe dort) werden innerhalb des Unternehmens Stellen geschaffen, die sich nur um die wichtigsten bzw. ertragreichsten Kunden, die sogenannten A-Kunden, kümmern und in der Regel als deren Ansprechpartner fungieren. Bei diesen Stellen/Funktionen wird von **Key-Account-Managern** gesprochen. Wesentliche Aufgabe von Key-Account-Managern ist es, nicht nur die wichtigsten Kunden zu betreuen und zu beraten, sondern auch deren Bedürfnisse und Markttrends aufzuspüren und damit Einfluss auf die strategische Ausrichtung des Unternehmens zu nehmen.
Key-Account-Manager sind sowohl als Stabsstellen als auch innerhalb der Linie der Aufbauorganisation eines Unternehmens angesiedelt und finden sich dort sowohl in der leitenden als auch auf der ausführenden Ebene eines Unternehmens wieder.

Eine wichtige Ergänzung zum Key-Account-Manager sind **Produktmanager**. Produktmanager sind dafür verantwortlich, alle Marketingaktivitäten auf ein bestimmtes Produkt zu planen, durchzuführen und zu kontrollieren bzw. auszuwerten. Die enge Zusammenarbeit mit dem Key-Account-Manager ist besonders deshalb sinnvoll, da ein Produkt vor allen Dingen dann gut positioniert werden kann, wenn es den Bedürfnissen der Kunden entspricht. Produktmanager sind wie die Key-Account-Manager in unterschiedlichen Hierarchieebenen zu finden.

Marketingaktivitäten können außerdem durch **Projektteams** erfolgen. Projektteams werden entweder zeitlich begrenzt gebildet oder arbeiten als permanente Teams zusammen. Beide Formen arbeiten auch unternehmensübergreifend zusammen, z.B. Kunden, Lieferanten und externe Berater.[1]
So sind beispielsweise im Sinne eines ganzheitlichen Logistikkonzeptes die Kunden beteiligt, die ihre Erwartungen, die Auftragsvolumen, Belieferungsorte, -zeiten und vieles mehr mit den Projektgruppenmitgliedern der Spedition detailliert abstimmen. Diese unterbreiten Vorschläge, zeigen Grenzen auf u.v.a.m. Zudem werden zur Vertragsgestaltung möglicherweise externe Anwälte hinzugezogen.

[1] *Päbst, Lothar M./Wipki, Bernd (Hrsg.): Marketing in der Logistik, Deutscher Verkehrs-Verlag 2003*

ZUSAMMENFASSUNG

Marketing

Gezielt entwickelte Konzeption zur Gestaltung des Absatzes der speditionellen und logistischen Dienstleistungen, entsprechend den Bedürfnissen der Kunden sowie der Gewährleistwung bzw. Steigerung der Umsätze.

INSTRUMENTE

Marktforschung

systematische Untersuchung des Marktes, mit dem Ziel, aktuelle und zukünftige Trends aufzuspüren

- Primärforschung
  - Gruppendiskussion
  - Befragungen
    - persönlich
    - telefonisch
    - schriftlich
- Sekundärforschung
  - intern
    - z. B. ABC-Analyse
  - extern

Marktgestaltung

gezielte Einflussnahme auf den Markt durch unterschiedliche Instrumentarien

Marketing-Mix: Abstimmung der Maßnahmen

Produktpolitik

- Produktgestaltung entsprechend den Bedürfnissen des Marktes
  - Differenzierung
  - Diversifikation
  - Variation
  - Eliminierung

Preispolitik

- Bildung und Veränderung des Preises sowie Variierung und Festlegung der Verkaufskonditionen

Kommunikationspolitik

- Produkt bekannt machen und Verkauf fördern
  - Werbung
  - Salespromotion
  - Public Relations, z. B.
    - Qualitätssicherung
    - Verhalten am Telefon

Distributionspolitik

- Wahl des Weges, auf dem das Produkt am besten zum Kunden gelangen kann, z. B. Verkaufsgespräch
- Vertriebsorganisation (Vertriebsleitung, Innen- und Außendienst)

Präsentationstechniken

Gestaltung des Vortrages

- Überlegte Strukturierung
- Lebendige Gestaltung
- Raum für Diskussionen

Ablauf
- Einleitung
- Hauptteil
- Schlussteil

Medieneinsatz:

- Stellwand
- OHP
- Flipchart
- Beamer

- Gestaltungselemente
- Diagramme
  - Kurvendiagramme
  - Balken-/Säulendiagramme
  - Kreis-/Tortendiagramme

MERKE
Die Ideallösung ist sicher dann gefunden, wenn das Unternehmen von sich sagen kann: „Unsere Firma ist eine große, alle Bereiche umfassende Verkaufsabteilung, von der Unternehmensleitung bis zum letzten Fahrer."

Bearbeitungsvorschläge

Marketingkonzeptionen zur Lernsituation

- Bilden Sie vier Gruppen.

1. Erarbeiten Sie in zwei Gruppen Vorschläge für ein Marketingkonzept bzw. Maßnahmen, die sich im Falle der Importgesellschaft der Dimain GmbH anbieten.
2. Entwickeln Sie in zwei Gruppen ein mögliches Vorgehen im Falle der Opoc AG.
3. Alle vier Gruppen präsentieren ihre Lösungsvorschläge auf der nächsten Hauptabteilungsleiterkonferenz (Klassenplenum).

   Beachten Sie dabei unbedingt, dass Sie angeben, welches Ziel Sie verfolgen, und begründen Sie Ihre vorgeschlagenen Marketingmaßnahmen und warum sich die von Ihnen vorgeschlagenen Maßnahmen besonders für Ihre Zielverfolgung eignen.
4. Entscheiden Sie im Klassenplenum über die Kriterien für eine erfolgreiche Präsentation und geben Sie anschließend begründet an, welche Präsentation Sie am meisten überzeugt hat.

Übungsaufgaben

1. Üben von Verkaufsgesprächen

Die Firma Cogadat AG lagert bei der Wall GmbH Seifen, Geschirrspülmittel, Waschpulver und Shampoos ein. Die unterschiedlichen Artikel werden von der Firma Hanse-Transport KG angeliefert, da diese über keine eigenen Lagerflächen verfügt. Die Wall GmbH kommissioniert die Ware, bevor die Hanse-Transport KG die Weiterleitung in das Bundesgebiet und das europäische Ausland übernimmt. Es handelt sich dabei um tägliche An- und Auslieferungen von insgesamt ca. 40 Tonnen.

Herr Jansen, zuständig für das Lager und Frau von Blumenfeld, Abteilungsleiterin der Logistikabteilung überlegen gemeinsam, ob es nicht an der Zeit wäre, direkt an die Cogadat AG heranzutreten und ein Angebot auch für die Verteilung ins Bundesgebiet anzubieten. In den Unterlagen des zuständigen Verkäufers der Wall GmbH, der vor drei Monaten das Unternehmen verlassen hat, finden sie eine Gesprächsnotiz, der sie entnehmen, dass die Wall GmbH bereits die Abwicklung der Transporte angeboten hat, der Auftrag aber nicht erteilt wurde, da die Hanse-Transport KG die Wall GmbH um 0,50 € je Lademeter unterbieten konnte.

Auch bei einer erneuten Preiskalkulation stellen die beiden Abteilungsleiter für Lager und Logistik fest, dass zu dem Preis der Hanse-Transport KG nicht angeboten werden kann. Dennoch wollen sie nichts unversucht lassen. Die Wall GmbH beabsichtigt, erneut Gespräche mit der Cogadat AG aufzunehmen.

1. Simulieren Sie in einem Rollenspiel ein Verkaufsgespräch mit Herrn Clasen und Herrn Knutsen der Cogadat AG sowie mit der Wall GmbH.

Bilden Sie zwei Gruppen:
Gruppe 1: Bereiten Sie das Verkaufsgespräch für die beiden Mitarbeiter der Wall GmbH vor.
a) Entwickeln Sie einen Argumentationsstrang, indem Sie überlegen, wodurch ein höherer Preis gerechtfertigt werden könnte. Gehen Sie auch auf das Unternehmen der Wall GmbH im Allgemeinen ein, z. B. der Unternehmensphilosophie. Für Informationen, die Ihnen fehlen, treffen Sie Annahmen. Ihrer Kreativität sind dabei keine Grenzen gesetzt.
b) Entwickeln Sie aus Ihren Ergebnissen Rollenbeschreibungen für die Mitarbeiter der Wall GmbH.
Gruppe 2: Bereiten Sie die Rollen der Mitarbeiter der Cogadat AG, Herrn Clasen und Herrn Knutsen, vor, indem Sie überlegen, welche Argumente diese vorbringen könnten, die es unmöglich machen
a) einen höheren Preis zu zahlen und einem Spediteur zu kündigen, mit dem sie seit 5 Jahren erfolgreich zusammengearbeitet haben.
b) Entwickeln Sie aus Ihren Ergebnissen Rollenbeschreibungen für die Mitarbeiter der Cogadat AG.
2. Führen Sie das Verkaufsgespräch durch, indem Sie für beide Gesprächsparteien jeweils zwei Leute bestimmen, die bereit sind, die Rollen zu übernehmen.

3. Die Beobachter des Verkaufsgespräches sollten sich, um eine ausreichende Auswertung zu gewährleisten, folgende Beobachtungsschwerpunkte zum Ziel machen:
   - Körpersprache: Mimik, Gestik
   - Fragetechniken: Welche Formen von Fragen werden gestellt und führen diese zum gewünschten Ziel?
   - Wie werden die Kundenbedürfnisse analysiert?
   - Wie könnte die Motivation des Kunden für einen Geschäftsabschluss erschlossen werden?
   - Wurde ein schlüssiger Argumentationsstrang verfolgt?
   - Wie wurde mit Einwänden des Kunden umgegangen?
   - Konnte ein höherer Preis überzeugend dargestellt werden?
   - Wie wurde das Gespräch abgeschlossen?

   Teilen Sie die Beobachtungsschwerpunkte auf. Es ist schwierig, auf alles gleichzeitig zu achten.
4. Werten Sie das Gespräch aus, indem Sie zunächst die Beteiligten aus ihren Rollen berichten lassen.
   - Was waren angenehme bzw. unangenehme Situationen?
   - Was lief gut?
   - Was lief nicht so gut?
5. Die Beobachter berichten ihre Beobachtungen. Werten Sie diese gemeinsam aus.
6. Entwickeln Sie für die Aspekte, die bei dem geführten Verkaufsgespräch verbesserungswürdig sind, Verhaltensalternativen.
7. Stellen Sie die Verhaltensalternativen erneut in einem Rollenspiel dar. Üben Sie beispielsweise das Stellen offener Fragen.
   Stellen Sie fest, welchen alternativen Verlauf das Verkaufsgespräch dadurch genommen hätte.
8. Erstellen Sie eine Gesprächsnotiz, die zum einen die Ergebnisse des Gespräches und zum anderen Vermerke enthält, was bei einem nächsten Besuch bei der Colgodat AG zu beachten ist.

2. Verhalten am Telefon

1. Sammeln Sie Situationen über schwierige Gesprächssituationen am Telefon, die möglicherweise aus Ihrer Berufspraxis stammen.
2. Entscheiden Sie sich im Plenum für drei Situationen, die Sie in einem Rollenspiel darstellen wollen.
3. Entwickeln Sie für diese drei Gesprächssituationen den Gesprächsverlauf in seinen wesentlichen Aussagen und erstellen Sie dafür eine Rollenbeschreibung.
4. Stellen Sie die Telefongespräche dar.
5. Erarbeiten Sie Aspekte, die zu einer Eskalation bzw. zu einer Verschärfung der Gesprächssituation geführt haben.
6. Entwickeln Sie anschließend Verhaltensalternativen, die deeskalierend wirken können.
7. Spielen Sie die Verhaltensalternativen durch, indem Sie die drei Gesprächssituationen erneut in einem Rollenspiel durchspielen.

Lernfeld 15
Speditionelle und logistische Geschäftsprozesse an wirtschaftlichen Rahmenbedingungen ausrichten

1 Preisbildung und unterschiedliche Marktformen

LERNSITUATION

Die Auszubildenden der Wall GmbH – Spedition & Logistik sitzen beim internen Unterricht und bekommen die Aufgabe, folgende Situationsdarstellung zu klären:

→ Obgleich Speditionen heutzutage dazu neigen, sich zusammenzuschließen (vgl. Kooperation und Konzentration), gibt es zzt. viele Speditionen, die ihre Diensteistungen anbieten, und darauf verteilt viele Kunden, die speditionelle Dienste nachfragen.

→ Unter der Voraussetzung, dass es keine Beschränkungen für Speditionen gäbe, um auf dem Markt zu agieren und speditionelle Leistungen anzubieten, könnten neue Speditionen ständig in den Markt eintreten.

→ Des Weiteren sei unterstellt, dass das Angebot aller Speditionen in Qualität, Schnelligkeit, Service, Abwicklung etc. völlig identisch ist, es also egal wäre, bei welcher Spedition Dienstleistungen in Anspruch genommen werden.

→ Als Voraussetzung soll ferner gelten, dass neue Anbieter (Speditionen) den marktüblichen Preis für speditionelle Leistungen kennen und somit wissen, welchen Preis Kunden für die Speditionsleistungen zu zahlen bereit sind, so z. B. 20,00 € für eine Zollabfertigung oder 15,00 € für eine B/L-Erstellung. LSL

Neue Speditionen stellen häufig fest, dass sich eine große Nachfrage entwickelt, wenn sie den marktüblichen Preis stark unterbieten – pro Zollabfertigung z. B. 10,00 €, die Erstellung von B/L 7,50 €. Die Folge ist, dass die Kapazitäten in Form von Personal, Lager, Equipment etc. nicht ausreichen, um die große Anzahl an Aufträgen zu erfüllen. Zudem können diese Speditionen kaum kostendeckend arbeiten, da sie die gleichen Kosten haben wie die anderen Speditionen, die ihre Dienstleistungen zu einem höheren Preis anbieten. Im umgekehrten Fall, wenn die Speditionen wesentlich mehr als den marktüblichen Preis verlangen – Zollabfertigung 40,00 €, B/L-Erstellung 30,00 € –, bleibt die Nachfrage nahezu aus und die vorgehaltenen Kapazitäten bleiben zum großen Teil ungenutzt, wodurch die neuen Speditionen wiederum ihre Kosten nicht decken können und mit Verlust arbeiten.

Aufgaben

1. Stellen Sie die Problemstellung heraus und erklären Sie, warum der marktübliche Preis der sinnvollste ist.
2. Legen Sie dar, warum die in der Lernsituation dargestellten Voraussetzungen (→) in der Realität nicht immer erfüllt sind.
3. Nennen Sie Gründe dafür, dass – in der Realität – bei niedrigen Preisen nicht alle Kunden zugunsten des günstigeren Spediteurs abwandern und bei höheren Preisen nicht alle wegbleiben.
4. Erläutern Sie, welche Voraussetzungen Speditionen erfüllen müssen, um in den Speditionsmarkt eintreten zu können.
5. Beschreiben Sie, aus welchen Gründen eine neue Spedition auf den Markt drängt und warum einige Kunden von ihren ursprünglichen Speditionen auf das Angebot der neuen Spedition eingehen.

Ein Markt ergibt sich aus dem Aufeinandertreffen von Angebot und Nachfrage. Die Aufgabe eines Marktes ist, einen Ausgleich, ausgedrückt in einem angemessenen Preis, durch das Angebot und die Nachfrage zu finden. Ein Markt ist beispielsweie die (Wertpapier-) Börse, bei der Wertpapiere ver- und gekauft werden. Je größer die Nachrage nach einem Wertpapier ist, desto knapper wird dieses Wertpapier und desto höher ist der Preis (und umgekehrt). Ebenso verhält es sich mit anderen Sachen auf dem Wochen- oder im Supermarkt, auf dem Arbeits- und dem Immobilien- sowie z.B. auch auf dem Finanzmarkt und im Speditionsgewerbe wie beim Einkauf von Frachtraum u.v.a.m.

MERKE
Für das Geschehen auf dem (jeweiligen) Markt ist u.a. ausschlaggebend, wie viele Anbieter und wie viele Nachfrager aufeinandertreffen.

1.1 Marktformen

Marktformen lassen sich nach der Anzahl der Anbieter und Nachfrager differenzieren:

viele Anbieter viele Nachfrager ↓ **sämtliche Speditionen** sämtliche Speditionskunden ↓ **Polypol**	**wenige (starke) Anbieter** viele Nachfrager ↓ **Mineralölgesellschaften** Autofahrer ↓ **Angebots-Oligopol**	**ein Anbieter** viele Nachfrager ↓ **Staat (Polizei)** Bürger (Sicherheit) ↓ **Angebots-Monopol**
viele Anbieter wenige Nachfrager ↓ **Landwirte (Milch)** Molkereien ↓ **Nachfrage-Oligopol**	**wenige Anbieter** wenige Nachfrager ↓ **Kranhersteller** Reedereien ↓ **zweiseitiges Oligopol**	**ein Anbieter** wenige Nachfrager ↓ **OPEC** Erdölnachfrager (Staaten) ↓ **beschränktes Angebots-Monopol**
viele Anbieter ein Nachfrager ↓ **Straßenbauunternehmer** Staat ↓ **Nachfrage-Monopol**	**wenige Anbieter** ein Nachfrager ↓ **Rüstungsguthersteller** Staat ↓ **beschränktes Nachfrage-Monopol**	**ein Anbieter** ein Nachfrager ↓ **Minenräumfahrzeug-hersteller** Staat ↓ **zweiseitiges Monopol**

Je nach der Stärke der Anbieter bzw. der Nachfrager ist bei einer Marktform von Angebotsorientierung bzw. Nachfrageorientierung zu sprechen. So beispielsweie im Angebotsoligopol, bei dem wenige starke und mächtige Anbieter (Mineralölgesellschaften) den vielen (in Bezug auf die Preisfindung machtlosen) Nachfragern (Autofahrern) gegenüberstehen (= Angebotsorientierung). Entsprechend verhält es sich z.B. beim Nachfrageoligopol mit wenigen starken Nachfragern (Molkereien) und vielen, auf die Abnahme ihrer Milch angewiesenen Anbietern (Landwirte) (= Nachfrageorientierung). Demnach findet Wettbewerb nur in dem Maße statt, wie dies die vorliegende Marktform zulässt und inwiefern andere (mögliche) Marktteilnehmer in diesen Markt (sinnvollerweise) eintreten können.

- So ist es auf einem **geschlossenen Markt** keinem anderen Marktteilnehmer möglich, aufgrund von gesetzlichen, technischen oder finanziellen Hindernissen, in den Markt einzutreten.
  - So obliegt es dem Staat beispielsweise, Zölle und Steuern zu erheben. Der Markteintritt einer dritten Person zum Einzug von Steuern und Zöllen ist verboten. Ebenso ist es einem Unternehmen, das Werkverkehr betreibt, untersagt, unternehmensfremde Rückladungen aufzunehmen, zu transportieren und abzusetzen.
  - Um eine CEMT- bzw. ITF-Genehmigung zu bekommen, ist ein sog. „green lorry" vorzuweisen. Entspricht der Lkw nicht den technischen Anforderungen (geringe Schadstoffemission) oder erfüllt der Lkw-Unternehmer die üblichen Zugangsvoraussetzungen zum Erlangen der Erlaubnis nicht, ist ein Marktzutritt in diesem Bereich nicht möglich.
  - Um einem neuen Großkunden die Übernahme logistischer Leistungen anbieten zu können, muss der Spediteur die Kapazitäten (Lager, Lkw, Personal, Fachwissen u.v.a.m.) vorhalten und ggf. hohe Investitionen tätigen, damit diese Kapazitäten vorgehalten werden können.
- Auf einem **offenen Markt** können jederzeit neue Anbieter bzw. Nachfrager in den Markt eintreten, da weder gesetzliche noch technische Beschränkungen bestehen oder finanzielle Hindernisse unüberbrückbar sind. Wenn beispielsweise ein Lkw-Unternehmer die Berufszugangsvoraussetzungen erfüllt und ihm eine Erlaubnis erteilt wird, kann der Unternehmer seine Dienste auf dem deutschen Markt anbieten.

Die Wettbewerbsposition eines Marktteilnehmers steht in Abhängigkeit zu seiner Macht dem anderen Marktteilnehmer gegenüber. Ist die Position des Anbieters beispielsweise so groß, dass ein Wettbewerb nur eingeschränkt stattfindet, so kann z. B. die OPEC als bestimmendes Element der Erdölfördermenge bei bestehender Nachfrage den Preis nahezu alleine festlegen. Die Möglichkeiten der Nachfrager, auf andere Anbieter – wie gasbetriebene Fahrzeuge – umzusteigen, sind begrenzt.

Nachfrageverhalten

Das Nachfrageverhalten beschreibt die Handlungsweise von Konsumenten beim Erwerb von Sachen oder Rechten in Abhängigkeit von bestimmten **Kriterien** wie

- dem **Bedürfnis** nach der Sache bzw. dem Recht: Je größer der Wunsch nach der Sache/dem Recht ist, desto höher ist das Bedürfnis/die Dringlichkeit, dieses Gut zu erwerben und desto größer ist die Wahrscheinlichkeit, einen hohen Preis zu zahlen. Dabei ergibt sich die Rangfolge der Bedürfnisse nach den individuellen (subjektiven) Wünschen eines Konsumenten. So kann der Wunsch eines Verbrauchers nach einem Eigenheim höher bewertet werden als das Bedürfnis nach ausgiebigen und teuren Fernreisen. Das führt dann dazu, dass aufgrund des Erwerbs des Eigenheimes Einschränkungen beim Reisen in Kauf genommen werden.
- dem **Preis** der Sache bzw. des Rechts: Ein Preis-Leistungs-Vergleich der angebotenen Güter führt im Regelfall zur Auswahl des für den Verbraucher günstigsten Angebotes – stets in Abhängigkeit von der Qualität der Leistung, d. h., das Preis-Leistungs-Verhältnis muss für den Verbraucher stimmen. Im Grundsatz gilt jedoch, dass je kostspieliger ein Gut ist, desto geringer ist die Nachfrage **und** je preiswerter ein Gut ist, desto größer ist die Nachfrage. Diese Reaktion der Nachfrager wird als **Preiselastizität der Nachfrage** bezeichnet. So ist die Nachfrage bei steigenden (hohen) Grundstückspreisen geringer als bei sinkenden (niedrigen) Grundstückspreisen.

- dem **Preis**, der mit der Anschaffung des Gutes in Zusammenhang stehenden anderen Güter: Vorausgesetzt, die Preise für den Bau eines Hauses sinken nicht und gleichen die gestiegenen Grundstückspreise somit nicht aus, so wird auch die Nachfrage nach Häusern sinken, weil die vorhandenen Mittel nicht ausreichen, um die gestiegenen Preise (für Grundstück und Haus) zu finanzieren.
- der **Höhe des verfügbaren Einkommens**: Je höher das Einkommen, desto größer ist das Bedürfnis der Verbraucher nach höherwertigen und teureren Gütern, sodass sich die Schwerpunkte bei den Bedürfnissen der Verbraucher verändern. Ein relativ geringes Einkommen erlaubt einem Verbraucher beispielsweise den Kauf eines Grundstückes mit 150 m^2, ein höheres Einkommen ein Grundstück mit 1 500 m^2. Die Befriedigung der Bedürfnisse steht in engem Zusammenhang mit dem begrenzt zur Verfügung stehenden Einkommen. Der Konsument wird sein Einkommen i. d. R. so aufteilen, dass er möglichst viele Wünsche erfüllt. (Stiegen nun die Preise – s. oben –, so würde ein besser Verdienender ein kleineres Grundstück, ein weniger gut Verdienender wohl keines kaufen.)
- dem **zukünftig zu erwartenden Preisanstieg oder der zu erwartenden Verknappung der Sache bzw. des Rechts**: Unter der Voraussetzung, dass der Konsument davon ausgeht, dass der Preis des Gutes in der Zukunft steigt oder der Vorrat knapp wird, wird sich der Konsument möglicherweise zu einem früheren Termin (als dem beabsichtigten) zum Kauf entschließen.

Angebotsverhalten

Im Regelfall wird die Handlungsweise der Anbieter von den zu erwartenden Gewinnen bestimmt. Um einen (möglichst hohen) Gewinn zu erreichen, müssen die Anbieter sowohl die vermutlich realisierbaren (möglichst hohen) Preise als auch die zu erwartenden (möglichst niedrigen) Kosten berücksichtigen.

MERKE

Gewinn (Verlust) = Umsätze – Kosten

- Die zu erwartenden Gewinne[1] hängen neben den Kosten ebenso von den auf dem Markt realisierbaren **Preisen** ab. Dabei gilt, dass je höher der erzielbare Preis für ein Gut ist (in Abhängigkeit zu den anfallenden Kosten), desto mehr Anbieter werden dieses Gut in einer möglichst großen Stückzahl produzieren und absetzen wollen. Je geringer jedoch der erzielbare Preis für das Gut ist, desto weniger Interesse haben Anbieter, dieses Produkt zu produzieren (= **preiselastisches Angebot**). So z. B., wenn ausreichend Ladungen mit hohen Frachten vorhanden sind, werden viele Unternehmer auf den Markt drängen, weil die Gewinnerwartungen hoch sind. Wenn hingegen die Anzahl der Unternehmer bei gleichbleibendem Ladungsaufkommen sehr hoch ist, werden kaum neue Unternehmer auf den Markt drängen, weil der Preis sinkt. Vorhandene Unternehmer werden ihre Kapazitäten abbauen, weil sie ohne Ladung annehmen zu können, fixe Kosten hätten (s. dort), die nicht über Einnahmen abzudecken wären. Sie würden Lkws (und Personal) abbauen, um die vorhandenen Einnahmen lediglich den notwendigen Kosten gegenüberstellen zu müssen. In der Folge könnten sie Gewinne realisieren.

[1] *Anfallende Steuern sollen an dieser Stelle unbeachtet bleiben.*

- Die für die Herstellung des Gutes notwendigen finanziellen Mittel für Rohstoffe, Vorprodukte, Dienstleistungen etc. werden als **Kosten** bezeichnet. Dabei werden die insgesamt anfallenden Kosten in variable und fixe Kosten unterteilt: **Variable Kosten** (K_{var}) sind Kosten, die in Abhängigkeit von dem produzierten Gut entstehen, d.h. für Speditionen in Abhängigkeit von der Anzahl der Speditionsaufträge. Zur Abwicklung eines Auftrages könnten beispielsweise Telefoneinheiten, Formularvordrucke u.Ä. zählen. Diese Kosten fallen nur an, wenn ein Auftrag vorliegt.

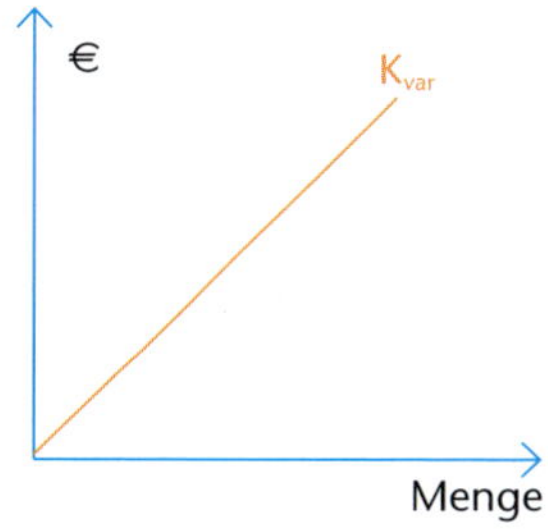

- **Fixe Kosten** (K_{fix}) sind Kosten, die unabhängig von der Anzahl an Aufträgen anfallen. Dies können Telefongrundgebühren, Miete für Lager und Büro, Personalkosten u.v.a.m. sein. Sie fallen immer an, auch wenn kein Auftrag vorliegt. Diese Kosten dienen dazu, die Betriebsbereitschaft sicherzustellen.

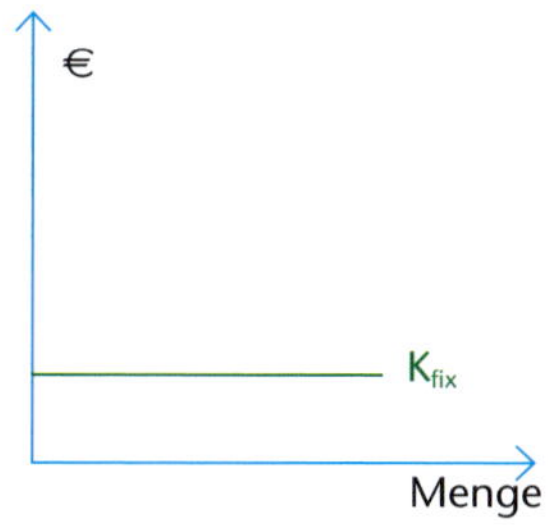

- Die **Gesamtkosten** (K_{ges}) ergeben sich als Summe aus den variablen und den fixen Kosten.
  $K_{ges} = K_{var} + K_{fix}$

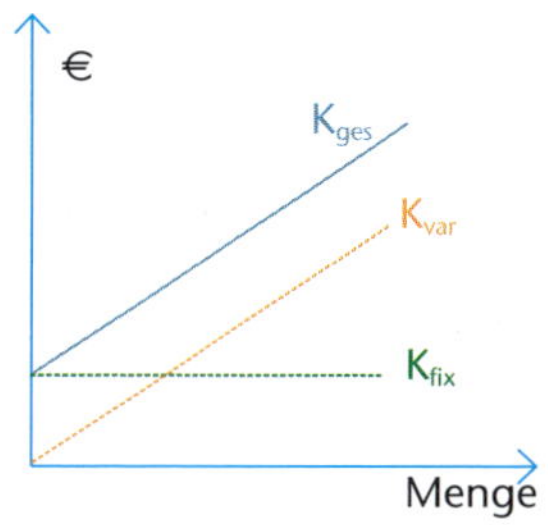

STK

- Obgleich die variablen Kosten pro Stück konstant bleiben, verringern sich die fixen Kosten mit steigender Produktionsmenge, d.h. je größer die Produktionsmenge bzw. je mehr Speditionsaufträge, desto geringer die fixen Kosten pro Stück bzw. pro Auftrag (= **Gesetz der Massenproduktion**):

  $$\textbf{Stückkosten } (K_{Stck}) = \frac{\text{fixe Kosten}}{\text{Menge}} + \text{variable Kosten pro Stück}$$

  D.h., bei angenommenen fixen Kosten von 50 000,00 € ergibt sich ein Durchschnittswert von 10,00 € bei 5 000 Aufträgen, aber lediglich 5,00 € bei 10 000 Aufträgen.

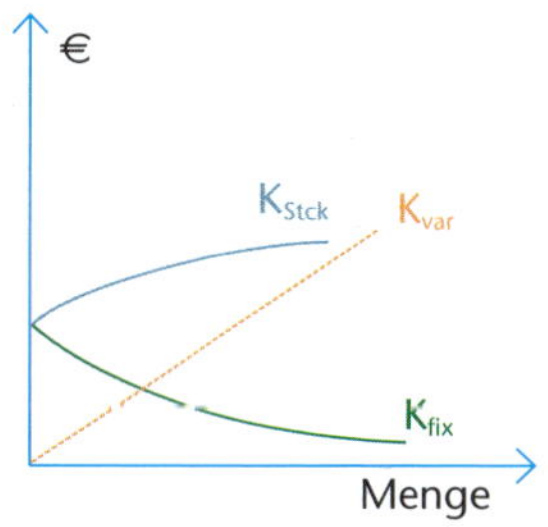

STK

1.2 Preisbildung auf vollkommenem und unvollkommenem Markt

Der Preis für ein Gut entsteht durch das Angebot und die Nachfrage auf einem Markt.

Preisbildung auf vollkommenem Markt

Vollkommener Markt liegt vor, wenn es keine Wettbewerbsbeschränkungen gibt. Einen vollkommenen Markt gibt es nicht, weil auf einem Markt stets Beschränkungen vorherrschen. Es handelt sich bei dem vollkommenen Markt um ein Modell (modellhafte Vorstellung), damit der Zusammenhang von Angebot und Nachfrage leichter nachvollzogen werden kann. Ein **vollkommener Markt** läge vor, wenn folgende **Voraussetzungen** gleichermaßen erfüllt wären:

- Die Marktteilnehmer verhalten sich **rational**. Das heißt, die Anbieter streben nach Gewinnmaximierung und die Nachfrager nach Nutzenmaximierung.
- Der Preis eines Gutes kann von keinem der Anbieter allein bestimmt werden, weil sie sich in der Marktform des Polypols befinden und sämtliche Anbieter die **gleiche Marktposition** haben.
- Die angebotenen Güter sind völlig **gleichartig**, d. h., es bestehen keine Unterschiede zwischen den Produkten der unterschiedlichen Anbieter in Qualität, Größe etc.
- Keiner der Marktteilnehmer bevorzugt einen anderen, d. h., die Nachfrager haben keinen Grund, einen bestimmten Anbieter zu bevorzugen. Sie haben **keine Präferenzen**.
- Es gibt **keinen räumlichen Unterschied** zwischen Angebot und Nachfrage, d. h., dass sich Anbieter und Nachfrager an einem Ort befinden.
- Es gibt **keinen zeitlichen Unterschied** zwischen Angebot und Nachfrage, d. h., Angebot und Nachfrage bestehen zum gleichen Zeitpunkt.
- Es besteht eine **völlige Markttransparenz** seitens der Anbieter und der Nachfrager. Das heißt, dass jeder Anbieter weiß, welche Menge an Gütern die Nachfrager zu welchem Preis kaufen wollen, und dass jeder Nachfrager weiß, welche Menge an Gütern die Anbieter zu welchem Preis verkaufen wollen.
- Die Anbieter und die Nachfrager sind in der Lage **auf Veränderungen sofort** zu **reagieren**. So können die Anbieter sofort, ohne jegliche Hindernisse die Herstellung von Gütern aufnehmen, erweitern, verringern oder einstellen.

Preisbildung auf unvollkommenem Markt

Diese liegt vor, wenn mindestens eine der zuvor benannten Voraussetzungen nicht erfüllt ist:

LSL

- Die Marktteilnehmer verhalten sich nicht zwingend rational. D. h., einer der Anbieter könnte seinen Schwerpunkt auf Service legen, obwohl dadurch der Gewinn gemindert wird (z. B. durch Tracking und Tracing). Für einen Nachfrager könnte ein solcher Service oder das Aussehen eines Gutes den Ausschlag zum Kauf geben.
- Die Marktposition der Anbieter auf einem Markt ist im Regelfall nicht identisch (z. B. große, mittlere und kleine Unternehmen), sodass einer der Anbieter – der Anbieter mit der größten Macht auf dem Markt – den Preis maßgeblich bestimmen kann.
- Die Güter verschiedener Anbieter unterscheiden sich in Qualität, Größe, Kundenanforderungen etc.
- Aufgrund persönlicher Präferenzen bevorzugen die Marktteilnehmer einen bestimmten Anbieter oder Nachfrager – so könnten sie markenorientiert sein.
- Im Normalfall befinden sich Anbieter und Nachfrager nicht am selben Ort, sodass eine räumliche Distanz zu überbrücken ist.
- Angebot und Nachfrage bestehen nicht zwingend zum selben Zeitpunkt – so könnte ein Produkt bereits produziert/hergestellt werden, erst danach wird dafür geworben und damit der Bedarf, der zur Nachfrage führen kann, geschaffen.

LSL

- Aufgrund eines häufig großen Angebotes und der unterschiedlichen Güter und Dienstleistungen besteht häufig keine Markttransparenz, d. h., dass nicht immer sämtliche verfügbaren Produkte bekannt sein müssen.
- Anbieter produzieren i. d. R. aufgrund zukünftiger Erwartungen – z. B. durch Marktforschung –, sodass sie die Herstellung ihrer Produktpalette daraufhin planen müssen und somit nicht sofort mit der Produktion von Gütern oder Dienstleistungen beginnen können.

MERKE
Die in der Realität vorkommenden Märkte sind unvollkommene Märkte, da die Voraussetzungen des vollkommenen Marktes häufig nicht erfüllt sind.

Preisbildung

Bei der Marktform des **Monopols** bestimmt der alleinige Anbieter bzw. der alleinige Nachfrager den Preis so lange, bis der jeweils andere Marktteilnehmer nicht mehr bereit ist, den Preis zu bezahlen – weil das Gut zu teuer wird – oder das Gut zu diesem Preis zu produzieren – weil die beim Monopolisten entstehenden Kosten die Einnahmen beispielsweise übersteigen –, bis ein Konkurrent in den Markt eintritt – und somit eine Konkurrenzsituation entsteht – oder der Staat in die Preisbildung eingreift und damit den Preis des Gutes für den Monopolisten vorschreiben könnte.

Bei der Preisbildung im **Oligopol** wird der Preis maßgeblich durch die anfallenden Kosten, die Reaktionen der Konkurrenten und der Nachfrager als Marktgegenseite beeinflusst. Es besteht allerdings die Gefahr der Preisabsprachen, ruinöser Konkurrenz und der Preisführerschaft.

Im Folgenden soll nur die Preisbildung im **Polypol** dargestellt werden, um den grundlegenden Preisfindungsmechanismus aufzuzeigen. Dabei werden die Voraussetzungen für einen vollkommenen Markt als gegeben angenommen:

Bei der Preisbildung bzw. Preisfindung im Polypol geht es darum, den (Markt-)**Preis** (= **Gleichgewichtspreis**, p_G) zu finden, den die Anbieter benötigen, um ihren Gewinn zu maximieren und den Preis, den die Nachfrager bereit sind, für ein bestimmtes Gut zu bezahlen. Das ist bei der Menge erreicht (**Gleichgewichtsmenge**, M_G), bei der Angebot und Nachfrage übereinstimmen.

Beispiel
Bei der Auftragsabwicklung der Seehafenimportspedition (z. B. für THC, Verzollung und Transport von A nach B):

Preis in €	Angebotsmenge (Auftragszahl)	Nachfragemenge (Auftragszahl)	Gleichgewichtsmenge (Umsatz)	Überhang an Nachfrage bzw. Angebot
200,00	50	90	50	40 (ÜaN)
300,00	60	80	60	20 (ÜaN)
400,00	**70**	**70**	**70**	./.
500,00	80	60	60	20 (ÜaA)
600,00	90	50	50	40 (ÜaA)

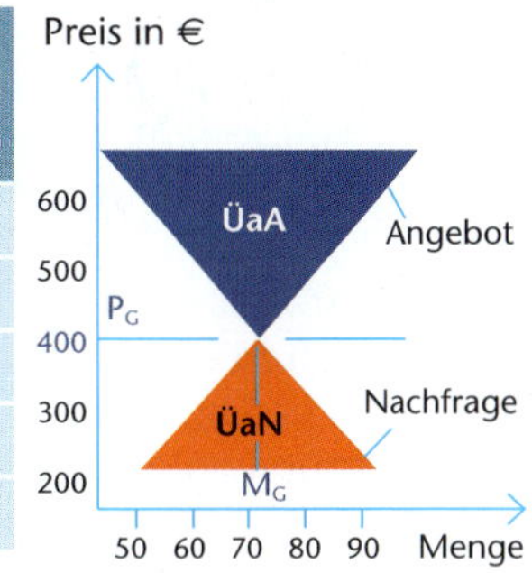

LSL

Aus dem Beispiel wird deutlich, dass bei einem angenommenen Preis von 200,00 bzw. 300,00 € mehr Nachfrager bereit sind, zu diesem Preis dieses Produkt nachzufragen (= Nachfrageüberhang, ÜaN). Die Anbieter bemerken schnell, dass eine höhere Nachfrage besteht. Um höhere Gewinne zu erzielen, würden die Anbieter den Preis erhöhen und andere Anbieter (die bei dem zuvor niedrigeren Preis nicht kostendeckend hätten produzieren können) würden in den Markt eintreten, bis der Bedarf gedeckt wäre. Der Nachfrageüberhang wäre gedeckt, P_G und M_G wären erreicht.

Würden die Anbieter jedoch von einem zu erzielenden Preis von 500,00 oder 600,00 € ausgehen, wären nur 60 bzw. 50 Nachfrager bereit, diesen Preis zu zahlen (= Angebotsüberhang, ÜaA). Die Anbieter würden einen Teil ihrer Produktion nicht mehr zu diesem Preis absetzen können. Sie müssten den Preis senken, um weitere Aufträge zu erhalten und die Kosten für die vorgehaltenen Kapazitäten in Form von z. B. Arbeitskräften decken zu können. Anbieter, die nicht kostendeckend arbeiten können, müssten aus dem Markt wieder austreten oder Kapazitäten abbauen. Der Angebotsüberhang könnte so abgebaut werden, bis P_G und M_G erreicht sind.

Lediglich bei einem Preis von 400,00 € könnte die Angebotsmenge (M_G) (kostendeckend) auf dem Markt abgesetzt werden, die (zu diesem Preis, p_G) nachgefragt wird. Daraus folgt, dass auf dem Markt nur die Nachfrager verbleiben, die bereit sind, den Angebotspreis zu bezahlen, und nur die anbietenden Unternehmen, die ihre Auftragsbearbeitung kostendeckend zum Gleichgewichtspreis absetzen können und wollen.

Aus dem Beispiel zur Preisbildung lassen sich ebenso auch die **Funktionen des Marktpreises** ableiten:

- Ein Nachfrageüberhang signalisiert den Unternehmen, in dieses Gut oder in diese Dienstleistung zu investieren, um durch die Produktion höhere Gewinne zu erwirtschaften (= **Signalfunktion**). Die Produktionskapazitäten werden erweitert oder vorhandene verlagert.
- Unternehmen, die nicht kostendeckend arbeiten und dadurch evtl. eine schlechtere Produktqualität anbieten müssen, finden nicht mehr genug Abnehmer und verlassen den Markt (= **Ausschaltungsfunktion**). Eine bestehende Konkurrenzsituation bewirkt, dass Unternehmen nach besseren und günstigeren Produktionsmethoden streben.
- Beim Gleichgewichtspreis und bei der Gleichgewichtsmenge stimmen Angebot und Nachfrage überein. Der Markt ist von Überhängen befreit (= **Markträumungsfunktion**).
  - Ein Nachfrageüberhang wird beseitigt, indem die Preise und die Produktion des Gutes bzw. der Dienstleistung erhöht werden.
  - Ein Angebotsüberhang wird beseitigt, indem die Preise und die Produktion des Gutes bzw. der Dienstleistung gesenkt werden.

Markteingriffe des Staates

Die Preisbildung auf einem oder mehreren Märkten kann durch den Staat beeinflusst werden, um z. B. die Grundversorgung der Bevölkerung zu sichern (Preise für die Briefzustellung werden derzeit staatlich festgesetzt) oder den Verbrauch eines Gutes beispielsweise in eine bestimmte Richtung zu lenken (Verringerung des Energieverbrauchs durch die Öko-Steuer). Um in die Preisbildung einzugreifen, stehen dem Staat verschiedene Möglichkeiten offen, obgleich diese Eingriffe eine Ausnahme darstellen:

- Der Staat setzt den Preisbildungsprozess außer Kraft, d. h., er gibt Fest-, Mindest- oder Höchstpreise vor, die von den Anbietern einzuhalten sind.
  - **Festpreise** werden zur Vereinheitlichung vorgeschrieben, so die Gebührenordnung für Ärzte, Rechtsanwälte, Architekten u. v. a. m.
  - **Mindestpreise** dienen den Anbietern, ihr Existenzminimum zu sichern. So beispielsweise bei einer Überproduktion von Obst oder Getreide. Um die Anbieter durch den Verfall der Preise in ihrer Existenz nicht zu gefährden, setzt der Staat einen zumeist über dem Gleichgewichtspreis liegenden Mindestpreis fest.
  - **Höchstpreise** dienen dem Schutze der Nachfrager, d. h., sie dürfen nicht übervorteilt werden und die Grundversorgung wird gesichert, so z. B. bei einer möglichen Verknappung des Heizöls bzw. der Energie. Der Staat könnte einen Höchstpreis ansetzen, um die Versorgung der Bürger zu sichern.

- Der Staat verändert die sozialen Rahmenbedingungen, d. h., der Staat gewährt Steuererleichterungen bzw. Steuererhöhungen, Subventionen und Transferzahlungen, um Angebot und Nachfrage zu regulieren. Aufgrund der veränderten Rahmenbedingungen durch den Staat ergibt sich der Gleichgewichtspreis in einer anderen Höhe als ohne diese Einflussnahme.
  - **Steuererleichterungen/-erhöhungen** führen dazu, den Preis künstlich niedrig oder hoch zu halten. Steuererleichterungen wie die Ermäßigung der Steuerbelastung zur Altersvorsorge führen dazu, dass der Absatz dieses Gutes (Rentenversicherungen – siehe dort) steigt. Steuererhöhungen wie die Öko-Steuer führen dazu, dass der Energieverbrauch bzw. der Absatz dieser Güter wie Benzin sinkt.
  - **Subventionen** können dazu dienen, bestimmte Produkte bezahlbar zu machen, so wird die Aluminiumindustrie subventioniert, wodurch der Verbrauch von Alufolie für den Verbraucher möglich wird. Zum anderen können durch Subventionen Arbeitsplätze geschaffen oder gesichert werden, so konnte beispielsweise die Werftindustrie konkurrenzfähig bleiben, weil der Staat den Werften Subventionen gewährt hat.
  - **Transferzahlungen** wie Sozialhilfe oder Arbeitslosengeld dienen dazu, das Existenzminimum einzelner Mitglieder der Gesellschaft zu gewährleisten.

ZUSAMMENFASSUNG

Die Marktform steht in Abhängigkeit von der Anzahl der Anbieter und der Nachfrager			
	viele Anbieter	wenige Anbieter	ein Anbieter
viele Nachfrager	Polypol	(Angebots-)Oligopol	(Angebots-)Monopol
wenige Nachfrager	(Nachfrage-)Oligopol	(zweiseitiges) Oligopol	(beschr. Angebots-) Monopol
ein Nachfrager	(Nachfrage-)Monopol	(beschr. Nachfrage-) Monopol	(zweiseitiges) Monopol

↓

Die Preisbildung erfolgt in Abhängigkeit zur Marktform und zum Verhalten von Anbieter und Nachfrager – in der Realität – auf unvollkommenen Märkten.

↓

Angebotsverhalten

Gewinnmaximierung der Anbieter

G_{max} = Erlös – Kosten

= $(P \cdot x) - (K_{var} \cdot x + K_{fix})$

=>
- möglichst hoher Preis
- möglichst geringe Kosten

Nachfrageverhalten

Nutzenmaximierung der Nachfrager nach
- Bedürfnis
- Preis bzw. Preis-Leistungs-Verhältnis
- Preis anderer Güter
- verfügbarem Einkommen
- Zukunftserwartungen

Ohne staatliche Eingriffe ergibt sich der Marktpreis bzw. Gleichgewichtspreis aus Angebot und Nachfrage, wenn die Angebotsmenge und die Nachfragemenge, also die Gleichgewichtsmenge, gleich sind.

STK

Bearbeitungsvorschläge

1. Ermitteln Sie tabellarisch und grafisch den Gleichgewichtspreis und die Gleichgewichtsmenge für folgende Daten, unter der Voraussetzung, dass die Kriterien eines vollkommenen Marktes erfüllt sind:

   Spedition Ahrens GmbH kann die Export-See-Abwicklung von Hamburg nach Guayaquil in Ecuador für 80,00 € anbieten, Spedition Behrens GmbH für 90,00 €, Spedition Clerens GmbH für 100,00 €, Spedition Dehrens GmbH für 110,00 €, Spedition Ehrens GmbH für 120,00 €.

   Die Spedition Ahrens GmbH hat eine Kapazität von 20 Aufträgen am Tag, Behrens GmbH von 30, Clerens GmbH von 40, Dehrens GmbH von 50, Ehrens GmbH von 60.

   Bei einem Preis von 80,00 € ergibt sich eine Nachfrage von 100 Aufträgen, bei 90,00 € 80 Aufträge, bei 100,00 € 60 Aufträge, bei 110,00 € 40 Aufträge und bei 120,00 € 20 Aufträge.

   a) Geben Sie begründet an, welche Anbieter und welche Nachfrager den Markt zuerst verlassen.

   b) Beschreiben Sie die Kriterien eines vollkommenen Marktes und legen Sie dar, warum in der Realität unvollkommene Märkte vorherrschen.

   c) Erläutern Sie in diesem Zusammenhang das Angebotsverhalten und das Nachfrageverhalten der Marktteilnehmer.

   d) Klären Sie, was unter einem Nachfrage- und einem Angebotsüberhang zu verstehen ist, und geben Sie an, wodurch diese beseitigt werden können.

2. Stellen Sie begründet den Unterschied zwischen einem offenen und einem geschlossenen Markt dar.

3. Erläutern Sie die Auswirkungen staatlicher Eingriffe auf die Preisbildung wie beispielsweise die Maut-Gebühren für Lkws auf den deutschen Autobahnen.

4. Geben Sie an, warum der Preis bei geringerer Stückzahl höher ist als bei größerer Produktionsmenge.

5. Erläutern Sie die Behauptungen „Je höher der Preis, desto größer der Angebotsüberhang“ und „Je niedriger der Preis, desto höher der Nachfrageüberhang“.

6. Kennzeichnen Sie ein Monopol, Oligopol und ein Polypol und unterscheiden Sie in Angebots- und Nachfrageorientierung.

7. Geben Sie begründet an, in welcher Marktform sich Speditionen befinden.

2 Wirtschaftspolitik und Arbeitsmarktpolitik

LERNSITUATION

Die Wall GmbH – Spedition & Logistik hatte geplant, zwei ihrer Lkws am Ende der Abschreibungsfrist durch neue, umweltschonendere Lkws zu ersetzen. Als nun die Zeit für die Investitionsentscheidung gekommen ist, ist sich Herr Flicker nicht mehr sicher, ob er diese Investition tätigen soll, da es Anzeichen für eine Verschlechterung der Konjunkturlage gibt. Die Auftragslage der Wall GmbH hat sich in den letzten Monaten zunehmend verschlechtert. Deshalb stehen einige Entlassungen an, da nicht mehr genügend Arbeit für alle vorhanden ist. Die wirtschaftliche Lage der Wall GmbH wird zusätzlich bestätigt durch führende Wirtschaftsforschungsinstitute, die eine gesamtwirtschaftliche Konjunkturabschwächung prognostizieren. Auch von der Bundesregierung ist keine Hilfe zu erwarten, da sie ihren Sparkurs (Haushaltskonsolidierung) fortsetzen und konjunkturfördernde Maßnahmen nur in ganz geringem Maße einsetzen will, eventuell einige Beschäftigungsprogramme, damit die Arbeitslosigkeit nicht noch weiter anwächst.

Aufgaben

1. Begründen Sie, warum Herr Flicker die geplante Investition verschieben will.
2. Beschreiben Sie die Auswirkungen, wenn sich auch weitere Speditionen entscheiden würden, ihre Investitionsentscheidungen zu verschieben.
3. Erläutern Sie den Zusammenhang der wirtschaftlichen Situation der Wall GmbH – Spedition & Logistik und der volkswirtschaftlichen Entwicklung.
4. Erläutern Sie die gesamtwirtschaftlichen und persönlichen Folgen der steigenden Zahl von Entlassungen von Arbeitnehmern.

2.1 Wirtschaftspolitik

Die volkswirtschaftliche Lage eines Landes ist ständigen Veränderungen unterworfen. Es gibt Phasen, die entweder durch eine gute Wirtschaftslage (hoher Beschäftigungsstand, gute Auftragslage, steigende Einkommen, hohe Nachfrage nach Gütern und Dienstleistungen) oder durch eine schlechte Wirtschaftslage (hohe Arbeitslosigkeit, schlechte Auftragslage, geringe Nachfrage nach Gütern und Dienstleistungen) gekennzeichnet sind.

In einer Volkswirtschaft besteht nicht allgemein eine gute Wirtschaftslage, nur weil z. B. in einer Spedition viel zu tun ist, sondern dann, wenn viele Unternehmen viel zu tun haben. Um festzustellen, wie die wirtschaftliche Lage einer Volkswirtschaft aussieht, werden gesamtwirtschaftliche Daten benötigt. Diese Daten werden **Konjunkturindikatoren** genannt und durch Statistiken (z. B. Zahl der Arbeitslosen) sowie Unternehmensbefragungen (z. B. Auftragseingänge, Lagerbestände, Kreditnachfrage) ermittelt.

Als Maßstab für die wirtschaftliche Entwicklung einer Volkswirtschaft wird das **reale Bruttoinlandsprodukt (BIP)** verwendet.

MERKE

Das BIP ist der Wert aller Güter und Dienstleistungen, die in einer Volkswirtschaft in einem Jahr hergestellt wurden.

Dabei wird zwischen dem nominalen und dem realen BIP unterschieden.

- Das nominale BIP wird berechnet, indem die Güter und Dienstleistungen mit den Marktpreisen des jeweiligen Jahres bewertet werden. Es zeigt die Wirtschaftsleistung eines Landes einschließlich der jährlichen Preisveränderungen.
- Das reale BIP wird berechnet, indem die Güter und Dienstleistungen mit den Preisen eines Basisjahres bewertet werden. Es zeigt die Wirtschaftsleistung eines Landes unter Ausschaltung der Preisveränderungen.

Die ständigen Auf- und Ab-Bewegungen in einer Volkswirtschaft (Aktivitäten) werden als **Wirtschaftsschwankungen** bezeichnet. Ohne diese Schwankungen gäbe es für alle Wirtschaftssektoren (private Haushalte (Verbraucher), Staat, Unternehmen) eine langfristige Planungssicherheit für ihre Investitions- bzw. Sparentscheidungen. Letztlich hängt die Entscheidung, ob eine Investition getätigt oder ob gespart werden soll oder nicht, vor allem von den Zukunftserwartungen der einzelnen Wirtschaftssektoren ab. Somit stellt sich beispielsweise einem Unternehmen die Frage, ob das Risiko der Investition auch in wirtschaftlich schlechten Zeiten tragbar ist.

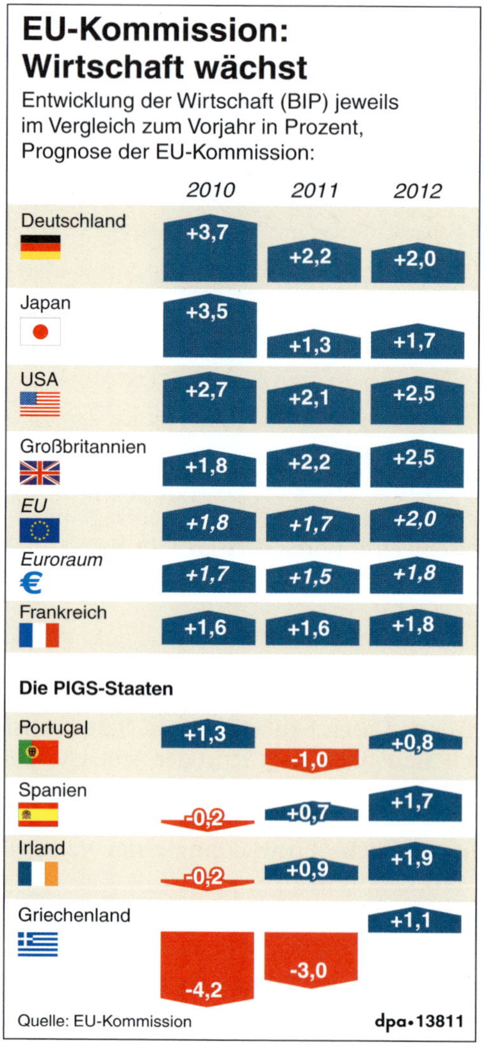

2.1.1 Konjunkturverlauf

Je nach Dauer der Wirtschaftsschwankungen werden diese in verschiedene Arten unterschieden: saisonale Schwankungen, strukturelle Schwankungen und Konjunkturschwankungen.

Saisonale Schwankungen (kurzfristig). Saisonale Schwankungen entstehen durch jahreszeitliche Veränderungen der wirtschaftlichen Aktivitäten, z. B. Urlaubszeit, Weihnachtszeit.

Strukturelle Schwankungen (langfristig, Kondratieff-Wellen). Bei den strukturellen Schwankungen werden die Schwankungen in der Weltkonjunktur betrachtet. Der Anfang eines jeden weltweiten Aufschwungs entsteht durch eine bahnbrechende (weltverändernde) Erfindung. So die Erfindung des Automobils zu Beginn des 20. Jahrhunderts oder die Informationstechnologie und deren Anwendungen gegen Ende des 20. Jahrhunderts.

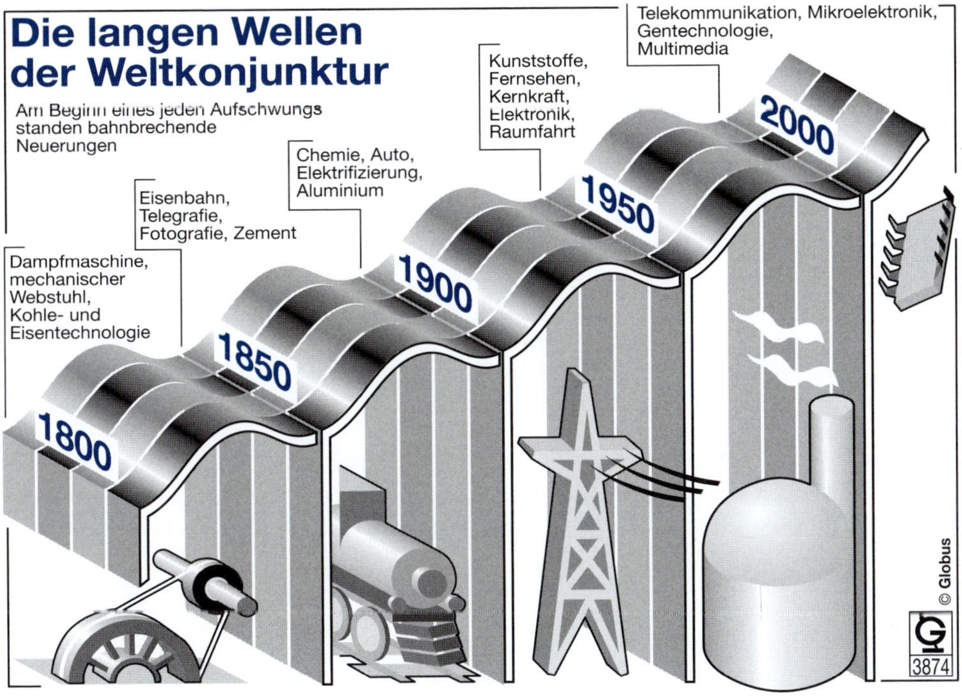

Konjunkturschwankungen (mittelfristig). Dieses sind regelmäßig wiederkehrende wellenförmige Schwankungen im realen Wirtschaftswachstum (BIP), deren Ursache in der mangelnden Übereinstimmung von Angebot und Nachfrage liegt. Sie dauern i. d. R. zwischen drei und zehn Jahre.

Die wirtschaftlichen Schwankungen verlaufen wellenförmig, wobei ein Abschwung immer weniger tief verläuft als der vorherige. Bei einer langfristigen Betrachtung der Konjunkturverläufe ist festzustellen, dass es zu einem ständigen Wachstum – wenn auch in unterschiedlicher Höhe – in einer Volkswirtschaft kommt. Bei einer langfristigen Betrachtung des realen BIP steigt dieses wertmäßig stetig an. Diese steigende Tendenz lässt sich als Mittelwert aus den gesamtwirtschaftlichen Schwankungen erkennen und wird als **Wachstumstrend** oder **Wachstumspfad** bezeichnet.

Mittelfristige Konjunkturschwankungen werden auch als **Konjunkturzyklus** bezeichnet. Ihr wellenförmiger Verlauf wird in vier Phasen eingeteilt, deren Stärke und Zeitdauer unterschiedlich sein können.

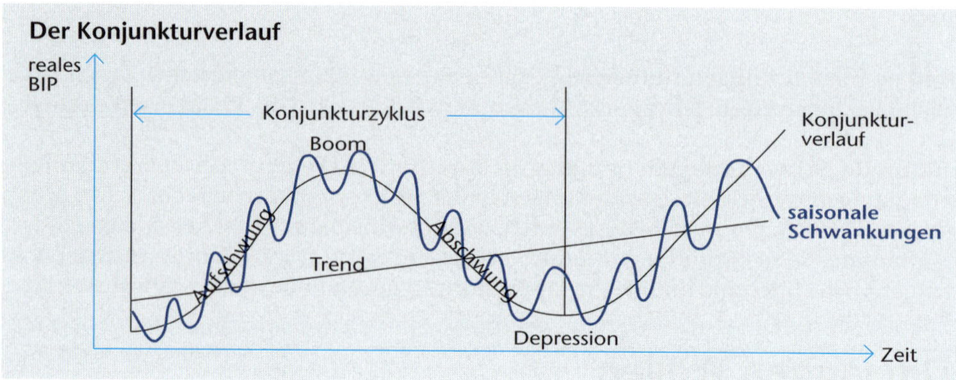

Die Zeitspanne von einem Wellental zum nächsten entspricht einem Konjunkturzyklus.

Zu beachten ist, dass es saisonale Schwankungen in jeder Konjunkturphase gibt.

Phase I: Aufschwung oder Expansion

Während der Phase des Aufschwungs nehmen die wirtschaftlichen Aktivitäten zu, da die Wirtschaftssubjekte optimistische Zukunftserwartungen haben. Aufgrund der niedrigen Preise und Zinsen steigt die Produktion, weil die Investitionen wieder lohnend werden. Somit kommt es zu einem Beschäftigungsanstieg, Arbeitslosigkeit wird abgebaut und die Staatsausgaben sinken. Durch den Abbau der Arbeitslosigkeit steht den privaten Haushalten wieder mehr Einkommen zur Verfügung, welches wiederum zu einer steigenden Konsumgüternachfrage führt.

Die ständig steigende Nachfrage nach Konsumgütern (nachgefragt von den Verbrauchern) und Produktionsgütern (nachgefragt von den Unternehmen) kann so lange befriedigt werden, wie es möglich ist, die Produktion zu steigern. Sind jedoch die Produktionskapazitäten, bei gleichbleibender oder steigender Nachfrage, nahezu vollständig ausgelastet, führt dieses zu steigenden Preisen. Zunächst steigen die Preise in der Investitionsgüterindustrie und schließlich in der Konsumgüterindustrie, weil die jeweils nachgefragten Güter durch die steigende Nachfrage knapper werden.

Phase II: Hochkonjunktur oder Boom

Während der Hochkonjunktur ist eine Zunahme der wirtschaftlichen Aktivitäten kaum noch möglich, da die Unternehmen an ihre Produktionsgrenzen gelangt sind. Steigende Nachfrage kann nur noch zu Preissteigerungen führen. Die hohen Preise und der hohe Beschäftigungsstand führen zu hohen Einkommensforderungen. Diese Lohn- und Gehaltserhöhungen können aber nur zeitverzögert realisiert werden, sodass die Nachfrage aufgrund der noch mangelnden Kaufkraft bei steigenden Preisen wieder sinkt. Die Zukunftserwartungen der Wirtschaftssubjekte werden zunehmend pessimistisch.

Phase III: Abschwung oder Rezession

Aufgrund des Nachfragerückgangs in der Investitionsgüterindustrie kommt es zum Abbau der Beschäftigtenzahl und einer geringeren Auslastung der Produktionskapazitäten, welches einen Einkommensrückgang der privaten Haushalte und schließlich einen weiteren Nachfragerückgang in der Konsumgüterindustrie zur Folge hat. In der Abschwungphase haben die Unternehmen einen Absatzrückgang, welcher wiederum Umsatz- und Gewinneinbußen der Unternehmen zur Folge hat. Die Preise sinken und die Zukunftserwartungen der Wirtschaftssubjekte sind zunehmend pessimistisch.

Phase IV: Tiefstand oder Depression

Aufgrund der hohen Arbeitslosigkeit und der niedrigen Einkommen gibt es kaum Nachfrage, die Produktionskapazitäten sind nicht ausgelastet, die Lager überfüllt, die Preise sinken. Deshalb gehen in der Tiefstandphase viele Unternehmen in Insolvenz. Die Gewinnerwartungen sind gering. Zudem sinken auch die Zinsen. Daraus folgt, dass auch bei niedrigen Zinsen eine kaum spürbare Investitionstätigkeit vorhanden ist. Die Zukunftserwartung der Wirtschaftssubjekte ist depressiv.

Letztlich stellen jedoch die niedrigen Zinsen sowie die niedrigen Lohnkosten die Voraussetzungen für die Produktion dar, um wieder einen neuen Aufschwung in Gang zu setzen.

In der Konjunkturforschung wird versucht, eine Erklärung für die Konjunkturschwankungen zu finden. Zum einen sollen die Ursachen für die wirtschaftlichen Schwankungen gefunden werden, um so eventuelle Gegenmaßnahmen entwickeln zu können. Zum anderen sollen diese Schwankungen prognostiziert werden, um eine größere Planungssicherheit für die Wirtschaftssektoren zu schaffen. Allerdings gibt es bislang keine allgemein gültige und akzeptierte Erklärung.

2.1.2 Ziele der Wirtschaftspolitik

Um die negativen Folgen von Konjunktureinbrüchen (z. B. hohe Arbeitslosigkeit, viele Betriebsschließungen) und Konjunkturüberhitzungen (z. B. starker Preisanstieg, Überproduktion) zu vermeiden, wird ein nahezu gleichbleibender Konjunkturverlauf angestrebt. Dazu wurde im Jahre 1967 das Stabilitätsgesetz verabschiedet, in dem die wirtschaftspolitischen Ziele verankert sind.

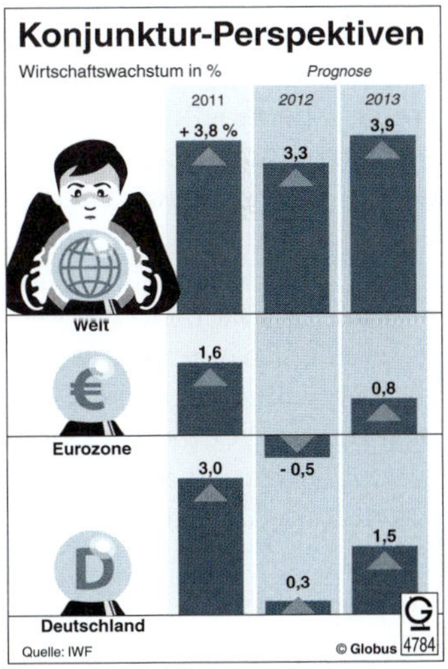

MERKE

Bund und Länder haben ein gesamtwirtschaftliches Gleichgewicht anzustreben, indem sie gleichzeitig für ein angemessenes Wirtschaftswachstum, einen hohen Beschäftigungsstand, ein stabiles Preisniveau und ein außenwirtschaftliches Gleichgewicht sorgen, um somit einen gesicherten Wohlstand für alle zu schaffen.

- Ein **angemessenes Wirtschaftswachstum** bedeutet, dass das reale Bruttoinlandsprodukt um ca. 3 % pro Jahr steigen soll.
- Ein **hoher Beschäftigungsstand** bedeutet, dass die Arbeitslosenquote (Verhältnis von Arbeitslosen zu nicht selbstständig Beschäftigten – Arbeitnehmern) nicht mehr als 1 % betragen soll.
- Die **Preisniveaustabilität** bedeutet, dass die durchschnittlichen Preise für Güter und Dienstleistungen nicht bzw. geringfügig steigen.

- Ein **außenwirtschaftliches Gleichgewicht**, das heißt z. B., dass der Export von Gütern und Dienstleistungen und der Import von Gütern und Dienstleistungen (und der damit verbundene Devisenfluss) ausgeglichen sein sollte.

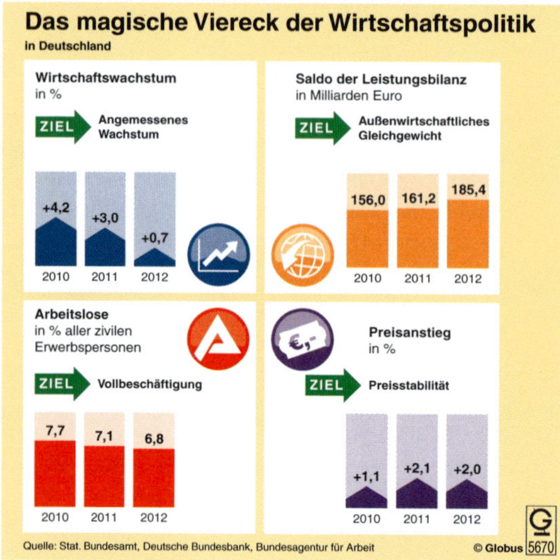

Diese wirtschaftspolitischen Ziele sind nur teilweise miteinander vereinbar. Unmöglich ist, sie gleichzeitig zu erfüllen. Sie werden als „magisches Viereck" bezeichnet, weil die gleichzeitige Zielerfüllung nur durch ein Wunder oder eben durch magische Kräfte erreichbar ist.

Beziehungen zwischen den wirtschaftspolitischen Zielen: Zielkonflikte und Zielharmonien

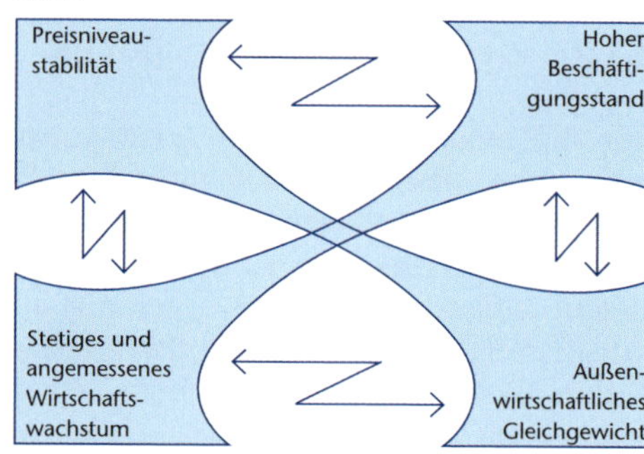

Zielkonflikte treten insbesondere bei den Zielen Beschäftigungsstand und Preisniveaustabilität bzw. Wirtschaftswachstum und Preisniveaustabilität auf. Beispielsweise versucht der Staat Arbeitslosigkeit abzubauen, indem er Beschäftigungsprogramme auflegt und nachfragesteigernde Maßnahmen, wie verstärkte staatliche Bautätigkeit, ergreift. Eine mögliche Folge kann ein höherer Beschäftigungsstand sein. Das führt zu Lohn- und Gehaltssteigerungen, die wiederum nachfragesteigernd bei den privaten Haushalten und kostensteigernd bei den Unternehmen wirken. Steigende Nachfrage und steigende Kosten führen zu Preissteigerungen; Preisniveaustabilität ist nicht mehr gewährleistet. Aufgrund der Preissteigerungen werden die Produktion und damit die Exportgüter teurer, es wird weniger exportiert. Bei gleichbleibenden Importen und sinkenden Exporten verringert sich das außenwirtschaftliche Gleichgewicht (= Außenbeitrag).

MERKE

Bei der Zielverfolgung hoher Beschäftigungsstand wird das Ziel Wirtschaftswachstum positiv, hingegen die Ziele Preisniveaustabilität und außenwirtschaftliches Gleichgewicht negativ beeinflusst.

Zielharmonien bestehen bei den Zielen Wirtschaftswachstum und hoher Beschäftigungsstand sowie bei den Zielen Preisniveaustabilität und außenwirtschaftliches Gleichgewicht.[1]

---

[1] *Vgl. hierzu Lernfeld 15, Kapitel 3.2.*

Zusätzlich zu den genannten vier wirtschaftspolitischen Zielen sollen außerdem noch eine gerechte Einkommens- und Vermögensverteilung sowie ein schonender Umgang mit der Umwelt angestrebt werden (magisches Sechseck). Hierbei tritt insbesondere ein Zielkonflikt zwischen Wirtschaftswachstum und schonendem Umgang mit der Umwelt auf. So wird für eine Steigerung des Wirtschaftswachstums vermehrt Energie eingesetzt, was wiederum zu Rohstoffverbrauch und Schadstoffausstoß, also Umweltbelastung, führt.

Da im Stabilitätsgesetz keine Angaben über das wichtigste Ziel oder das vorrangig zu verfolgende Ziel stehen, wird letztlich dasjenige Ziel vorrangig verfolgt, das in der aktuellen wirtschaftlichen Situation als am eher gefährdetsten betrachtet wird.

2.1.3 Wirtschaftspolitische Maßnahmen des Staates (Fiskalpolitik)

Unter Fiskalpolitik werden alle wirtschaftspolitischen Maßnahmen des Staates zur Beeinflussung bzw. zur Vermeidung von konjunkturellen Schwankungen verstanden. Dabei hat der Staat die Möglichkeit, durch Veränderung seiner Einnahmen- bzw. Ausgabenpolitik die Wirtschaft im Sinne der Wirtschaftsziele zu beeinflussen. Das antizyklische Eingreifen des Staates (entgegengesetzt zum Konjunkturzyklus) in die Wirtschaft nennt man **Globalsteuerung**. Dabei will der Staat erreichen, dass die Gesamtnachfrage nach Gütern und Dienstleistungen in depressiven Entwicklungsphasen steigt bzw. umgekehrt in Hochkonjunkturphasen sinkt. In Boomphasen erhöht der Staat deshalb seine Einnahmen und vermindert seine Ausgaben, um eine konjunkturdämpfende Wirkung zu erzielen; in Rezessionsphasen vermindert der Staat seine Einnahmen und erhöht seine Ausgaben, um eine konjunkturfördernde Wirkung zu erzielen.

- Unter **Einnahmepolitik** werden alle Maßnahmen verstanden, die die Variation der Staatseinnahmen betreffen. Staatliche Einnahmequellen sind Steuern, Zölle, Beiträge, Gebühren und schließlich staatliche Erwerbseinkünfte, wie aus staatlichen Beteiligungen an privatwirtschaftlichen Unternehmen wie z. B. bei der Post AG oder der Lufthansa AG. LSL
  Während der Boomphase sollen die Staatseinnahmen erhöht werden, z. B. durch Erhöhung der Einkommensteuer/Körperschaftssteuer für ein Jahr oder durch eine Verschlechterung der Abschreibungsmöglichkeiten, indem z. B. der maximale degressive Abschreibungssatz von 20 % auf 18 % pro Jahr gesenkt wird. Das zusätzlich eingenommene Geld darf dann vom Staat nicht ausgegeben werden, sondern soll zur Schuldentilgung oder zur Bildung einer Konjunkturausgleichsrücklage verwendet werden.
  In einer Rezessionsphase sollen die Staatseinnahmen gesenkt werden, z. B. indem die Einkommens- bzw. Körperschaftssteuer gesenkt werden oder indem besondere Anreize zur Förderung der Investitionstätigkeit geschaffen werden, so z. B. durch die Schaffung von Sonderabschreibungsmöglichkeiten. Damit der Staat trotz der fehlenden Einnahmen seinen Ausgabenverpflichtungen nachkommen kann, sollen diese entweder durch die Auflösung der Konjunkturausgleichsrücklage oder durch Kreditaufnahme finanziert werden.
- Unter **Ausgabenpolitik** werden alle Maßnahmen verstanden, die die Variation der Staatsausgaben betreffen. Staatsausgaben bestehen in dem Bezahlen von bezogenen Gütern und Dienstleistungen, Transferzahlungen (z. B. Sozialhilfe, Kindergeld), Subventionen, Zins- und Tilgungszahlungen für aufgenommene Kredite sowie für Investitionen wie Straßenbau.
  In der Boomphase sollen die Staatsausgaben gesenkt werden, so z. B. indem öffentliche Bauvorhaben verschoben werden oder Subventionszahlungen ausgesetzt werden. Auch die hier eingesparten Mittel sollen entweder zur Schuldentilgung oder zur Bildung von Konjunkturausgleichsrücklagen verwendet werden.

Während der Rezessionsphase sollen die Staatsausgaben erhöht werden, indem z. B. die öffentliche Bautätigkeit verstärkt wird oder die Löhne und Gehälter der Staatsbediensteten angehoben werden. Die vermehrten Staatsausgaben sollen durch die Auflösung der Konjunkturausgleichsrücklagen bzw. durch eine Neuverschuldung finanziert werden.

Probleme der Fiskalpolitik

- **Maßnahmenkombination.** Hierbei hat der Staat zu entscheiden, welche Maßnahmenkombination in der jeweiligen wirtschaftlichen Situation am besten wirkt. Hinzu kommt, dass eine Entscheidung darüber getroffen werden muss, welche gesellschaftlichen Gruppen, z. B. mittelständische Speditionen, von den Maßnahmen am stärksten betroffen sein werden bzw. profitieren sollen und können. Die Gefahr ist groß, dass gerade diejenigen Gruppen von den Maßnahmen profitieren, die die stärkste politische Einflussnahme ausüben (Lobbyisten), z. B. Wirtschaftsverbände wie der Deutsche Industrie- und Handelskammertag (DIHK). Unpopuläre Maßnahmen wie z. B. eine Steuererhöhung werden i. d. R. nicht vor Wahlen durchgeführt, aus Angst, Wählerstimmen zu verlieren.
- **Maßnahmendosierung.** Der Staat hat zu entscheiden, in welchem Umfang die Maßnahmen zur Konjunkturbelebung bzw. -abschwächung erfolgen sollen. Dabei stellt sich das Problem, ob eine zweiprozentige Einkommensteuererhöhung und die damit verbundene Senkung der Nachfrage zur gewünschten Konjunkturabschwächung führen wird oder ob dafür eine Einkommensteuererhöhung von z. B. 10 % erforderlich wäre.
- **Zeitliche Verzögerung.** Der Staat hat zu entscheiden, zu welchem Zeitpunkt die Maßnahme ergriffen werden soll. Greift der Staat erst ein, wenn die entsprechende Konjunkturphase erreicht ist, ist davon auszugehen, dass von der Maßnahmenergreifung bis zur gewünschten Wirkung zu viel Zeit vergeht und dadurch die Gefahr besteht, dass die Maßnahme prozyklisch wirkt, d. h., Konjunkturschwankungen werden dadurch verstärkt, nicht geglättet.

2.2 Arbeitsmarktpolitik

Auf dem Arbeitsmarkt bieten die Menschen ihre Arbeitskraft bzw. bestimmte Arbeitsleistungen an, die von den Unternehmen, Verbänden oder dem Staat nachgefragt werden. Das Arbeitsangebot bedeutet somit **Angebot an Arbeitsleistungen** und damit gleichzeitig Suche nach Arbeitsplätzen. Umgekehrt bedeutet die Arbeitsnachfrage durch Unternehmen **Nachfrage nach Arbeitsleistungen** und somit die Bereitstellung von Arbeitsplätzen. Das Zusammenspiel von Angebot und Nachfrage auf dem Arbeitsmarkt ist aber eine sehr komplexe Angelegenheit. Der Arbeitsmarkt ist nämlich kein einheitlicher Markt, sondern er teilt sich in eine sehr große Anzahl von Teilarbeitsmärkten auf. So kann er z. B. nach Berufen, Regionen, Branchen oder Qualifikationen o. a. aufgeteilt werden. Es kann somit keineswegs davon ausgegangen werden, dass immer vor Ort genau die passenden Arbeitsplätze angeboten werden, für die das entsprechend qualifizierte Personal zur Verfügung steht (Stichwort: Flexibilität und Qualifikation). In Hamburg z. B. suchen sich die Unternehmen immer häufiger Auszubildende aus den Nachbarbundesländern, insbesondere den neuen Bundesländern. Übersteigt das Angebot an Arbeitsleistungen die jeweilige Nachfrage, herrscht in einem Land, einer Region oder in einer Stadt Arbeitslosigkeit.

Die **Arbeitslosenquote** misst das Verhältnis von registrierten Arbeitslosen zu den abhängigen Erwerbspersonen. Nach den Kriterien der Arbeitsmarktstatistik werden nur diejenigen Personen als **arbeitslos** geführt, die

- keine Beschäftigung haben (weniger als 15 Wochenstunden);
- Arbeit suchen (sich bemühen, ihre Arbeitslosigkeit zu beenden);
- dem Arbeitsmarkt zur Verfügung stehen;
- arbeitslos gemeldet sind.

Nach dieser Definition sind laut Bundesagentur für Arbeit nicht alle erwerbsfähigen Hilfebedürftigen als arbeitslos zu zählen.

a) Beschäftigte Personen, die mindestens 15 Stunden pro Woche arbeiten und wegen zu geringem Einkommen nach dem Sozialgesetzbuch bedürftig sind und aus diesem Grund Arbeitslosengeld II erhalten, werden nicht als arbeitslos gezählt.
b) Erwerbsfähige hilfsbedürftige Personen, die keine Arbeit aufnehmen können, da sie kleine Kinder erziehen oder Angehörige pflegen, erhalten Arbeitslosengeld II; auch sie werden nicht als arbeitslos gezählt, da sie nicht verfügbar sind.

Demnach erhält Arbeitslosengeld, wer

- arbeitslos ist;
- die Anwartschaftszeit erfüllt hat; diese ist erfüllt, wenn der Betroffene in den letzten drei Jahren vor der Arbeitslosmeldung und der eingetretenen Arbeitslosigkeit mindestens zwölf Monate in einem Versicherungspflichtverhältnis gestanden hat;
- sich persönlich arbeitslos gemeldet hat.

Das Arbeitslosengeld I wird grundsätzlich 12 Monate gezahlt. Die Anspruchsdauer erhöht sich bei Arbeitslosen, die vor dem 1. Januar 2008

- das 50. Lebensjahr vollendet haben, auf 15 Monate,
- das 55. Lebensjahr vollendet haben, auf 18 Monate,
- das 58. Lebensjahr vollendet haben, auf 24 Monate. Voraussetzung sind Versicherungszeiten zwischen 30 und 48 Monate.

Empfänger von **Arbeitslosengeld II** können erst mit 63 Jahren in Rente geschickt werden, allerdings auch gegen ihren Willen. Verbunden sind damit lebenslange Abschläge von der Rente bis zu **7,20%**. Die neue Regelung hat die Ende 2007 ausgelaufene sogenannte 58er-Regelung ersetzt, die eine vorzeitige Zwangsverrentung von Langzeitarbeitslosen verhinderte. Ohne eine solche Nachfolgeregelung hätten ALG-II-Bezieher bereits ab 60 Jahren in Rente verwiesen werden können und zwar mit einem Abschlag von bis zu 18%. Dies wird durch die Neuregelung nun abgemildert. ALG-II-Bezieher, die älter als 58 sind, tauchen in der Arbeitslosenstatistik nicht mehr auf, wenn ihnen innerhalb von zwölf Monaten keine sozialversicherungspflichtige Arbeit angeboten werden kann.

Das Arbeitslosengeld II wird seit dem 1. Juli 2008 bundeseinheitlich pro Monat berechnet wird für maximal 6 Monate bewilligt.

Erwerbspersonen sind alle Personen, die eine Tätigkeit ausüben, um damit Geld zu verdienen. Nicht dazu zählen Personengruppen wie Kinder, Schüler, Hausfrauen, Rentner.

Erwerbspersonen werden unterschieden in:

- *abhängige Erwerbspersonen*: Arbeiter, Angestellte, Beamte (AN)
- *selbstständige Erwerbspersonen*: Unternehmer, Freiberufler, Ärzte, Anwälte (für Handlungen selbst verantwortlich, nicht weisungsgebunden)

Problembereiche der Arbeitslosenstatistik

Die Erfassung der Arbeitslosigkeit (Anwendung der Formel zur Bestimmung der Arbeitslosigkeit) ist nicht ganz unumstritten und keineswegs international gleich. Das bedeutet, dass die Arbeitslosenquoten in verschiedenen Ländern nicht ohne Weiteres miteinander verglichen werden können. Im Gegensatz zu Deutschland ist es in anderen Ländern üblich, die Zahl der Arbeitslosen nicht auf die abhängigen Erwerbspersonen zu beziehen, sondern auf die Erwerbspersonen insgesamt, sodass die Arbeitslosenquote entsprechend niedriger ausfällt, je nachdem wie hoch der Anteil der Selbstständigen an den Erwerbspersonen ist.

Andererseits wird in der offiziellen Statistik auch nicht die **verdeckte Arbeitslosigkeit** erfasst. Hierunter fallen z. B. alle Personen, die sich bei der Arbeitsagentur trotz Arbeitslosigkeit nicht erfassen lassen, da

- sie die Suche nach einer Arbeit aufgegeben haben;
- sie die Beschäftigungschancen auf dem Arbeitsmarkt als zu gering einschätzen und nicht zwingend auf einen Arbeitsplatz angewiesen sind (z. B. erwerbslose Frauen);
- der Arbeitsmarkt nicht die gewünschten Rahmenbedingungen bietet (z. B. Teilzeitarbeit u. Ä.);
- kein Anspruch auf Arbeitslosengeld besteht;
- ein sozialer Abstieg nicht eingestanden wird.

Das Schicksal, arbeitslos zu werden, kann beinahe *jeden* treffen. Während es aber für diejenigen, die schon auf eine lange Betriebszugehörigkeit zurückblicken können, oder diejenigen Arbeitnehmer(innen), die kurz vor dem Ruhestand stehen, die Möglichkeit einer sozialen Abfederung gibt, wirkt sich für alle anderen und insbesondere für die Jugendlichen, die entweder keine Ausbildungsstelle finden oder nach der Ausbildung nicht übernommen werden (können), die Arbeitslosigkeit ganz besonders schwerwiegend aus.

Bei den Arbeitsagenturen waren im Juni 2013 2,86 Millionen Erwerbspersonen als Arbeit suchend registriert. Die Statistik weist aber nicht aus, dass die Zahl der verdeckten Arbeitslosen kaum geschrumpft ist. Die verdeckten Arbeitslosen (1,6 Millionen) sind diejenigen arbeitswilligen Personen, die sich in Kurzarbeit, Arbeitsbeschaffungsmaßnahmen, Umschulungen und Vorruhestand befinden. Wird diese Zahl zu den öffentlich als arbeitslos Registrierten hinzugezählt, dann liegt die

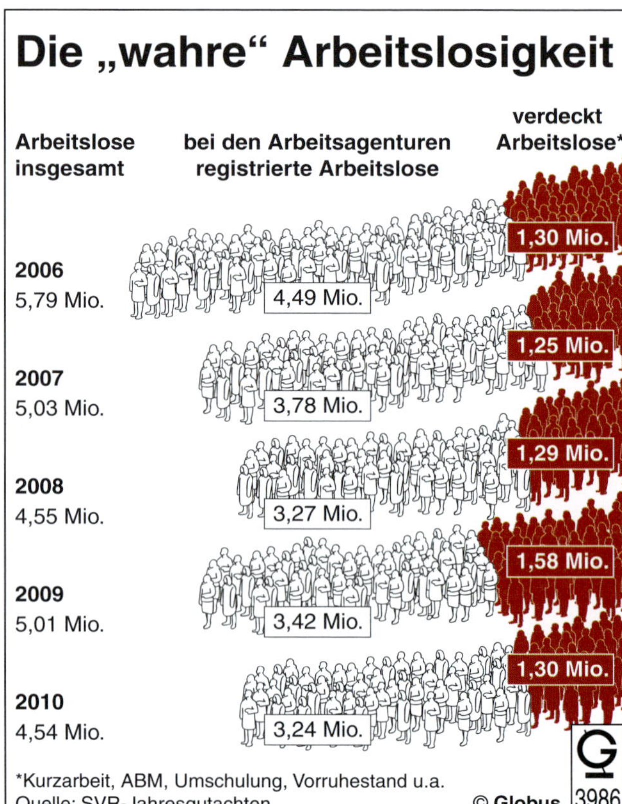

Zahl der Arbeitslosen bei insgesamt rund fünf Millionen. Hinzu kommt noch die sogenannte stille Reserve, also Frauen und Männer, die gerne eine Beschäftigung aufnehmen möchten, sich jedoch aus den verschiedensten Gründen bei den Arbeitsagenturen nicht als Arbeit suchend melden und somit in keiner offiziellen Statistik geführt sind.

Neue Arbeitslosenstatistik

Seit dem 1. März 2005 wird zu den herkömmlichen veröffentlichten Arbeitslosenzahlen eine weitere monatliche Arbeitslosenzahl durch das Statistische Bundesamt (Destatis) bekannt gegeben, die nach dem Konzept der ILO (International Labour Organisation) ermittelt wird. Mit dieser Statistik werden erheblich weniger Arbeitslose ausgewiesen, weil andere Erfassungskriterien angewendet werden.

Der entscheidende Unterschied beider Methoden besteht in der Definition der Arbeitslosigkeit. Nach ILO gilt als arbeitslos derjenige, der weniger als eine Stunde pro Woche gearbeitet hat. Bei der Bundesagentur für Arbeit gilt wie oben erwähnt jemand als arbeitslos, wenn er weniger als 15 Stunden pro Woche gearbeitet hat. Die neue, erweiterte Arbeitslosenstatistik könnte in der Bevölkerung zur Verwirrung führen, hat aber seit der Einführung in der Praxis kaum eine Rolle gespielt. Der Hauptvorteil dieser ILO-Methode soll in der besseren internationalen Vergleichbarkeit mit anderen Ländern, z. B. Schweden, Finnland, den USA und Japan führen.

2.2.1 Ursachen der Arbeitslosigkeit

- **Friktionelle Arbeitslosigkeit**
  Eine gewisse Anzahl von Menschen ist ständig auf der Arbeitssuche, z. B. nach einem Ausbildungsabschluss, aufgrund einer angestrebten beruflichen Veränderung oder nach einem Arbeitsplatzverlust aufgrund des natürlichen Wandels der Wirtschaft, bei dem Unternehmen täglich aus dem Markt ausscheiden, während andere gegründet werden. Je nachdem, wie glatt der Strukturwandel in einer Volkswirtschaft vonstattengeht, liegt die friktionelle Arbeitslosigkeit ungefähr zwischen ein und drei Prozent des Erwerbspersonenpotenzials.
- **Saisonale Arbeitslosigkeit**
  Die Arbeitslosigkeit schwankt im Zeitablauf eines Jahres sehr stark (z. B. Winterarbeitslosigkeit am Bau), Arbeitslosigkeit durch Freisetzungen in Saisonbetrieben (z. B. Bademeister). Die saisonale Arbeitslosigkeit tritt in Branchen auf, deren Produktion und/oder Nachfrage jahreszeitlichen Schwankungen unterworfen ist (z. B. Landwirtschaft, Touristik, Baugewerbe).
- **Technologische Arbeitslosigkeit**
  Sie ist das Ergebnis von Rationalisierungsmaßnahmen (z. B. automatisierte Anlagen, verstärkter Einsatz von EDV-Anlagen).
- **Konjunkturelle Arbeitslosigkeit**
  Sie entsteht durch die Abschwächung der Konjunktur. Ein allgemeiner Rückgang oder eine Stagnation der Wirtschaftstätigkeit (branchenübergreifend) wird häufig durch Schlüsselindustrien oder durch ausländische Wirtschaftsprobleme ausgelöst. Die Unternehmen drosseln ihre Produktion und müssen Arbeitskräfte entlassen.
- **Demografische Arbeitslosigkeit**
  Der Altersaufbau (z. B. geburtenstarke Jahrgänge) beeinflusst die Arbeitsmarktsituation ebenso wie z. B. die inzwischen selbstverständliche Tatsache, dass immer mehr Frauen erwerbstätig sind.
- **Strukturelle Arbeitslosigkeit**
  Eine strukturelle Arbeitslosigkeit ist oftmals auch die Folge mangelnder Flexibilität auf dem Arbeitsmarkt. So sollten die Lohnunterschiede zwischen den Regionen und den

Branchen den veränderten Verhältnissen auf den Gütermärkten Rechnung tragen. Die Löhne in der Werftindustrie dürften z. B. nicht so stark steigen wie in der Computerindustrie. Und in Problemregionen, wo die Arbeitslosigkeit besonders hoch ist (z. B. in vielen Teilen der neuen Bundesländer), müssten sie niedriger sein als anderswo. Ferner können staatliche Sozialleistungen dazu führen, dass das Interesse der Arbeitslosen, sich aktiv um die Aufnahme einer neuen Beschäftigung zu bemühen, reduziert wird.

Ein technischer Fortschritt und eine zunehmende internationale Arbeitsteilung (Globalisierung) können bewirken, dass ganze Branchen nicht mehr wettbewerbsfähig sind, Unternehmen aus dem Markt ausscheiden und damit auch die Beschäftigten ihren Arbeitsplatz verlieren. Ein arbeitslos gewordener Bergarbeiter oder Werftarbeiter wird jedoch nicht ohne Weiteres einen freien Arbeitsplatz in der Computerindustrie in einer anderen Region in Deutschland antreten können. Selbst wenn er zu einem entsprechenden Wohnortwechsel bereit wäre, bleibt immer noch das Problem, dass seine Qualifikation nicht mehr zu den Anforderungen des Arbeitsmarktes passt.

Die *strukturelle Arbeitslosigkeit* stellt sich als das größte Problem dar und ist auch am schwierigsten zu bekämpfen, da es sich hier noch mehr als bei der technologischen Arbeitslosigkeit um grundlegende Veränderungen im Wirtschaftsgeschehen handelt, die mit staatlichen bzw. politischen Mitteln kaum zu bewältigen sind.

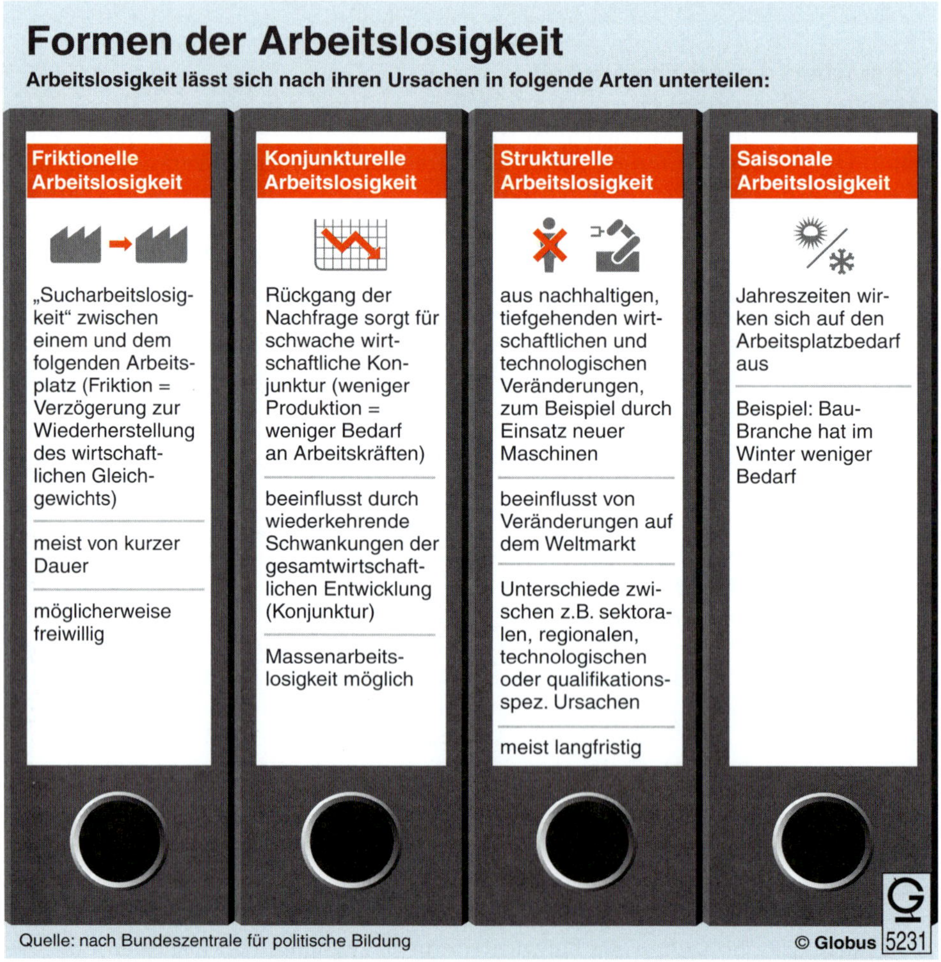

2.2.2 Maßnahmen gegen die Arbeitslosigkeit

Arbeitslose sind in Deutschland durchschnittlich länger ohne Arbeit als in anderen Ländern. Das hat vor allem zwei Gründe: Der deutsche Arbeitsmarkt war bisher nicht dynamisch genug und die Vermittlung Arbeitsuchender auf freie Stellen war zu umständlich und zu langwierig. Mit den sogenannten Hartz[1]-Gesetzen versucht die Bundesregierung, Abhilfe zu schaffen.

Das Gesetzespaket Hartz I–IV (1. bis 4. Gesetz für moderne Dienstleistungen am Arbeitsmarkt) zur Arbeitsmarktreform lehnt sich an die Vorschläge der Hartz-Kommission an, ohne die Ergebnisse „eins zu eins" umzusetzen. Das Ziel der Hartz-Gesetze ist die Vermeidung und der Abbau der Arbeitslosigkeit. Die Reform enthält in einer Kurzübersicht folgende Eckpunkte:

Hartz I (in Kraft seit 01.01.2003)	▪ Zeitarbeit ▪ Personal-Service-Agenturen (PSA)
Hartz II (in Kraft seit 01.01. bzw. 01.04.2003)	▪ Minijobs ▪ Ich-AG
Hartz III (in Kraft seit 01.01.2004)	▪ Umbau der Bundesanstalt für Arbeit (BA) und neuer Name: „Bundesagentur für Arbeit" ▪ Reform der arbeitsmarktpolitischen Instrumente
Hartz IV (seit 01.01.2005 in Kraft)	▪ Zusammenlegung von Arbeitslosenhilfe und Sozialhilfe = Arbeitslosengeld II

Hartz I

Jede Arbeitsagentur hat die Einrichtung mindestens einer **Personal-Service-Agentur** sicherzustellen. Die Personal-Service-Agentur muss ausschließlich von der Arbeitsagentur vermittelte Arbeitslose in einem vereinbarten Umfang einstellen und beschäftigen. Der Lohn richtet sich nach der Qualifizierung des Arbeitnehmers. Zwischen der Personal-Service-Agentur und dem eingestellten Arbeitslosen werden sozialversicherungspflichtige Arbeitsverhältnisse begründet. Die Dauer des Arbeitsvertrages sollte zwölf Monate nicht überschreiten. Die Arbeitnehmer unterziehen sich dabei einer Kombination aus Zeitarbeit (= Verleih der Arbeitskraft an andere Unternehmen), Coaching und Qualifizierung. Der Verleiheinsatz dominiert (Arbeit vor Bildung).

Aufgabe der Personal-Service-Agentur ist insbesondere, eine Arbeitnehmerüberlassung zur Vermittlung von Arbeitslosen in Arbeit durchzuführen sowie ihre Beschäftigten in verleihfreien Zeiten zu qualifizieren und weiterzubilden. Innerhalb der verleihfreien Zeiten werden die Arbeitnehmer mit der Absicht betreut, ihre Vermittlungsaussichten auch durch Fort- und Weiterbildung zu verbessern.

Im Gegensatz zu den gewerblichen Arbeitnehmerüberlassern steht für die Personal-Service-Agentur nicht der dauerhafte Einsatz im Verleih und die wiederholte Überlassung an unterschiedliche Betriebe im Vordergrund, sondern die frühestmögliche Eingliederung in die Entleihbetriebe oder in andere Unternehmen.

[1] *Nach Peter Hartz, VW-Vorstandsmitglied und Leiter der Kommission zur Reform des Arbeitsmarktes.*

Weitere Eckpunkte:

- Schnellvermittlung
  Wem gekündigt wird oder wer selbst kündigt, muss dies sofort der Arbeitsagentur mitteilen, d.h. unverzüglich nach Bekanntwerden der Kündigung. Andernfalls werden pro Arbeitstag der Arbeitslosigkeit 7,00 bis 50,00 € vom Arbeitslosengeld abgezogen – maximal 30 Tagessätze. Verstärkt mobil sein müssen Arbeitslose ohne familiäre Bindungen. Spätestens ab dem vierten Monat der Arbeitslosigkeit ist bei ihnen ein Umzug zur Aufnahme einer Beschäftigung zumutbar. Wer eine angebotene Arbeit ablehnt, muss die Unzumutbarkeit nachweisen; ansonsten muss er mit einer Kürzung der Bezüge rechnen.

- Bildungsgutscheine
  Arbeitnehmer, bei denen die Arbeitsagentur die Notwendigkeit einer Weiterbildung festgestellt hat, erhalten einen sogenannten Bildungsgutschein. Dieser muss innerhalb von drei Monaten bei einem zugelassenen Träger eingelöst werden. Durch die Bildungsgutscheine sollen die Vermittlungschancen verbessert werden.

- Lebensalter (Ältere)
  Wenn Arbeitslose ab einem Lebensalter von 50 Jahren schlechter bezahlte Tätigkeiten annehmen, erhalten sie staatliche Zuschüsse. Arbeitgeber, die Arbeitslose über 55 Jahre einstellen, sind für diesen Mitarbeiter von ihrem Beitrag zur Arbeitslosenversicherung befreit.

- Kapital für Arbeit
  Kleine und mittlere Betriebe können zinsverbilligte Kredite von bis zu 100000,00 € erhalten, sobald sie nachweisen können, dass sie Arbeitslose eingestellt haben.

Hartz II

Die für die Beschäftigten abgaben- und steuerfreie Verdienstgrenze beträgt seit dem 01.01.2013 450,00 €. Die Abgaben in Höhe von pauschal 25 Prozent auf den Verdienst werden nur vom Arbeitgeber entrichtet, bei 450-€-Jobs in Haushalten fallen nur 12% an Abgaben an. Die neuen **Minijobs** können auch als Zuerwerb genutzt werden. Von 451,00 bis 850,00 € steigt die Höhe der fälligen Sozialabgaben stufenweise an. Bis zu einem Betrag von 510,00 € kann der private Arbeitgeber die Aufwendungen für die Minijobs von der Steuer absetzen.

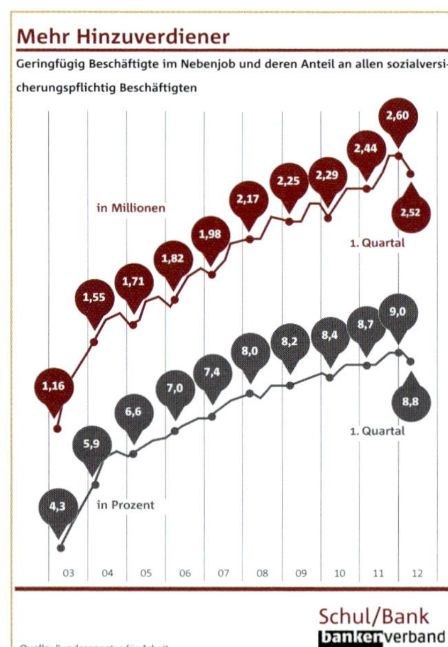

Quelle: Bundesverband deutscher Banken (Hrsg.), Berlin, Schul|Bank – Wirtschaft für den Unterricht 10/2012

Die Zahl der Arbeitnehmer in Deutschland, die neben ihrer Hauptbeschäftigung sich noch etwas über einen Minijob hinzu verdienen, nimmt zu. Im Jahre 2012 war es nach Angaben der Bundesagentur für Arbeit jeder elfte Beschäftigte. Damit hat sich die Zahl der Zweitjobs seit dem Jahr 2003 mehr als verdoppelt: von 1,16 Mio. im Jahr 2003 auf 2,5 Mio. im Jahr 2012. Der Anteil der Nebenjobber unter Männern und Frauen mit einer sozialversicherungspflichtigen Beschäftigung ist entsprechend von 4,3 auf 8,8 Prozent gestiegen.

Die **„Ich-AGs“** sollten zur Verminderung der Schwarzarbeit und der Arbeitslosigkeit führen. So wurden ehemals Arbeitslose, die eine selbstständige Tätigkeit aufnahmen, drei

Jahre lang von der Arbeitsagentur gefördert. Die Förderung der Ich-AG ist zum 30.06.2006 ausgelaufen.

Hartz III

Die Bundesanstalt für Arbeit wird zur „**Bundesagentur für Arbeit**" umbenannt. Durch neue Strukturen und Vereinfachungen im Leistungsrecht soll sie sich auf ihre Hauptaufgabe, die Vermittlung von Arbeitslosen, konzentrieren können. Als zentrale Anlaufstelle für die Betreuung und Vermittlung werden flächendeckend Jobcenter eingeführt, die unter dem Dach der Bundesagentur arbeiten. Die doppelte Zuständigkeit von Arbeits- und Sozialamt wird abgeschafft. Ein Vermittler soll künftig 75 Arbeitsuchende betreuen statt wie bisher 350. Erwerbsfähige Sozialhilfeempfänger sollen übergangsweise wie bisher von den Kommunen betreut werden.

Das Leistungs- und Förderrecht für die Arbeitslosenversicherung wird vereinfacht. Rund 3000 Stellen sollen damit innerhalb der neuen Bundesagentur für die Vermittlung umgelegt werden, um den so neu entstandenen Arbeitsaufwand bewältigen zu können.

Hartz IV

Kernpunkt ist die Zusammenlegung von Arbeitslosen- und Sozialhilfe zum neuen **Arbeitslosengeld II**. Damit sollen das Nebeneinander von zwei unterschiedlichen Systemen abgeschafft und erwerbsfähige Sozialhilfeempfänger in die aktive Arbeitsvermittlung eingebunden werden. Als erwerbsfähig gilt jeder, der mehr als drei Stunden pro Tag arbeiten kann.

Das Arbeitslosengeld II liegt auf Höhe der Sozialhilfe und beträgt pauschal in Deutschland 391,00 € monatlich. Die Regelleistung für volljährige Partner innerhalb einer Bedarfsgemeinschaft beträgt 353,00 €. Um finanzielle Härten abzufedern, soll bisherigen Arbeitslosenhilfeempfängern ein auf zwei Jahre befristeter Zuschlag gezahlt werden. Die Kriterien, welche Arbeit als zumutbar gilt, werden verschärft. Prinzipiell gilt jetzt jede legale Arbeit als zumutbar. Dies gilt insbesondere für Langzeitarbeitslose, die somit jede legale Arbeit, auch unter dem Tariflohn, annehmen müssen. Von den Arbeitslosen wird mehr Eigeninitiative und Eigenverantwortung verlangt. Wer Jobangebote ausschlägt, muss erhebliche finanzielle Kürzungen von bis zu 30% in Kauf nehmen. Jugendlichen Arbeitslosen bis 25 Jahre kann die Unterstützung bei unbegründeter Ablehnung einer Beschäftigung ganz gestrichen werden. Unverheiratete, unter 25 Jahre alte Langzeitarbeitslose werden in die Bedarfsgemeinschaft ihrer Eltern einbezogen. Das bedeutet, dass bei der Berechnung der Ansprüche der Kinder das Einkommen und Vermögen der Eltern berücksichtigt wird. Auch wird das Kindergeld als Einkommen angerechnet. Und es gibt nur noch 80 statt bisher 100% der Regelleistung 313,00 €.

Die Dauer des Anspruchs auf Arbeitslosengeld wird grundsätzlich auf zwölf Monate beschränkt. Für Arbeitslose, die vor dem 01.01.2008 das 50. Lebensjahr vollendet haben, erhöht sich die Anspruchsdauer auf 15 Monate. Ebenso erhöht sich für Arbeitslose, die vor dem 01.01.2008 das 58. Lebensjahr vollendet haben, die Anspruchsdauer auf 24 Monate.

Seit dem 01.01.2014 ist der Regelsatz auf 391,00 € erhöht worden. Berücksichtigt wird ein prozentual an der Inflation und der Lohnentwicklung orientierter Aufschlag. Eine Neuberechnung des Regelsatzes war notwendig geworden, nachdem das Bundesverfassungsgericht moniert hatte, dass die bisherige Berechnung nicht transparent genug wäre. Die Bundesregierung führte mit der letzten Erhöhung ein Bildungspaket für Kinder von ALG-II-, Sozialhilfe und Sozialgeld-Empfängern oder Wohngeldempfängern ein. Monatlich stehen jedem Kind 26,00 Euro für ein Mittagessen in der Schule oder in der Tagesstätte und zehn Euro für Vereinsbeiträge zu. Lernförderung erhalten Schüler, die das Lernziel nicht erreichen oder deren Versetzung gefährdet ist. Es werden die Kosten übernommen, die sich an den ortsüblichen Preisen für Lernförderung ausrichten. Einen Anspruch aus dem Bildungspaket haben Kinder und Jugendliche bis zu einem Alter von 25 Jahren. Leistungen zum Mitmachen in Kultur, Sport und Freizeit erhalten nur Kinder, die noch nicht 18 Jahre alt sind.

Monatlicher Regelsatz für erwerbsfähige Leistungsberechtigte und ihre Kinder in Euro	
Alleinstehende, Alleinerziehende	391,00
Paare, Bedarfsgemeinschaften	353,00
Erwachsene im Haushalt anderer	313,00
14- bis 17-Jährige	296,00
6- bis 13-Jährige	261,00
unter 6-Jährige	229,00

Quelle: vgl. http://www.bundesregierung.de/ContentArchiv/DE/Archiv17/Artikel/2013/09/2013-09-04-grundsicherung-erhoehnung-regelbedarf-ab-2014.html (Stand: 11.10.2013), abgerufen am 21.05.2014

Mit den Mitteln des Bildungspakets in Höhe von 1,2 Milliarden Euro werden also Schulmaterialien, Freizeitaktivitäten oder Nachhilfe bezuschusst. Die Zielgruppe umfasst ca. 2,5 Millionen Kinder und Jugendliche. Zur Umsetzung des Bildungspakets sollen die Kommunen von 2011 bis 2013 jährlich zusätzlich 400 Millionen Euro erhalten, um damit Schulsozialarbeit oder Mittagessen in Horten zu finanzieren.

Vorhandenes Vermögen wird oberhalb festgelegter Freigrenzen auf das Arbeitslosengeld II angerechnet. Das Schonvermögen, das bei der Hartz IV-Berechnung nicht berücksichtigt wird, beträgt 750,00 € pro Lebensjahr. Ein 50-jähriger Arbeitnehmer darf beispielsweise 37 500,00 € auf dem Konto haben, die er nicht für den laufenden Lebensunterhalt einsetzen muss, hat also trotz dieses Vermögens einen Anspruch auf Hartz IV. Zudem werden selbst genutzte Immobilien nicht mehr als Vermögen berücksichtigt. Verschont bleiben auch Betriebsrenten, die Riester-Rente oder weitere gesetzliche Förderungen zur Rentenversicherung sowie selbst genutztes Wohneigentum.

Jugendarbeitslosigkeit

Die Jugendarbeitslosigkeit ist auf globaler und europäischer Ebene ein weit verbreitetes Phänomen – dies aber mit unterschiedlichen Ausprägungen. Während in Griechenland 62,5 % und in Spanien jeder zweite Jugendliche zwischen 15 und 24 Jahren arbeitslos ist, steht Deutschland mit einer Jugendarbeitslosigkeit von unter 8 Prozent überdurchschnittlich gut da. Die durchschnittliche Jugendarbeitslosigkeit in der EU liegt bei 23,5 %.

Die Arbeitslosigkeit unter Jugendlichen und jungen Erwachsenen ist in aller Regel höher als die Arbeitslosigkeit unter allen Erwerbsfähigen eines Landes. Die Jugendarbeitslosigkeit ist nämlich stark von der gesamtwirtschaftlichen Situation eines Landes abhängig.

Jugendarbeitslosenquote in den Mitgliedsstaaten der Europäischen Union im September 2013 (saisonbereinigt)

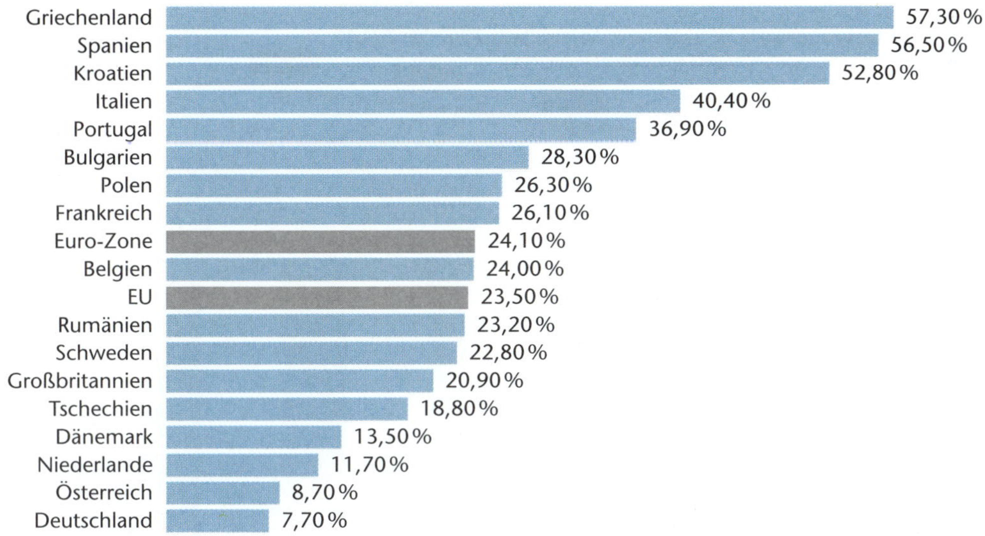

Quelle: statista/Eurostat, Jugendarbeitslosenquote in den Mitgliedsstaaten der Europäischen Union im April 2013, unter: http://de.statista.com/statistik/daten/studie/74795/umfrage/jugendarbeitslosigkeit-in-europa, Zugriff am 12.11.2013

Wenn die Wirtschaft kriselt und das Bruttoinlandsprodukt stagniert oder schrumpft, steigt auch die Arbeitslosenquote der Jugendlichen an.

Die EU hat für die Jahre 2014 und 2015 Sechsmilliarden Euro zur Bekämpfung der Jugendarbeitslosigkeit vorgesehen.

40 Mrd. Euro im Jahr für Hartz IV

Nach Angaben des Arbeitsministeriums wurden von 2005 bis 2013 insgesamt 178,5 Mrd. € für Arbeitslosengeld II und Sozialgeld ausgegeben. Sozialgeld erhalten nichterwerbsfähige Personen, die mit einem erwerbsfähigen Hartz-IV-Empfänger in einem Haushalt leben. Die Kosten für Unterkunft und Heizung summierten sich in den Jahren seit der Einführung von Hartz IV auf 196,8 Mrd. €. Für Leistungen zur Eingliederung, wie Umschulungen und Weiterbildungskurse, wurden 38,8 Mrd. € gezahlt. Die Verwaltungskosten für Hartz IV beliefen sich auf 31,3 Mrd. €. Die Zahl der Hartz-IV-Empfänger ist seit 2005 deutlich gesunken. Die Ausgaben sanken von 25 Mrd. € auf 19 Mrd. €; gleichzeitig sind die Ausgaben für das Wohnen der Langzeitarbeitslosen und deren Familien von 12 Mrd. auf 13,3 Mrd. € gestiegen. Auch die Verwaltungskosten erhöhten sich von 3 Mrd. auf 4,2 Mrd. €. Im Durchschnitt ergeben sich somit jedes Jahr Gesamtkosten von 40 Mrd. €.

Aufstockung von Niedriglöhnen

Seit der Einführung von Hartz IV mussten 60 Milliarden € aufgewendet werden, um Niedriglöhne aufzustocken. Nach den Statistiken der Bundesagentur für Arbeit aus dem Jahr 2013 ist der Anteil der Aufstocker um fast 30 Prozent gestiegen. Damit dient im Hartz IV-System fast jeder dritte Euro dazu, niedrige Löhne aufzustocken, weil diese allein den Lebensunterhalt nicht sichern. Von den 1,3 Millionen Aufstockern sind nur 323 000 in einem Vollzeitverhältnis sozialversicherungspflichtig beschäftigt. Rund eine Million Aufstocker erhalten dagegen den Hartz-IV-Regelsatz, verdienen sich aber noch etwas hinzu, etwa durch Minijobs oder Teilzeitarbeit.

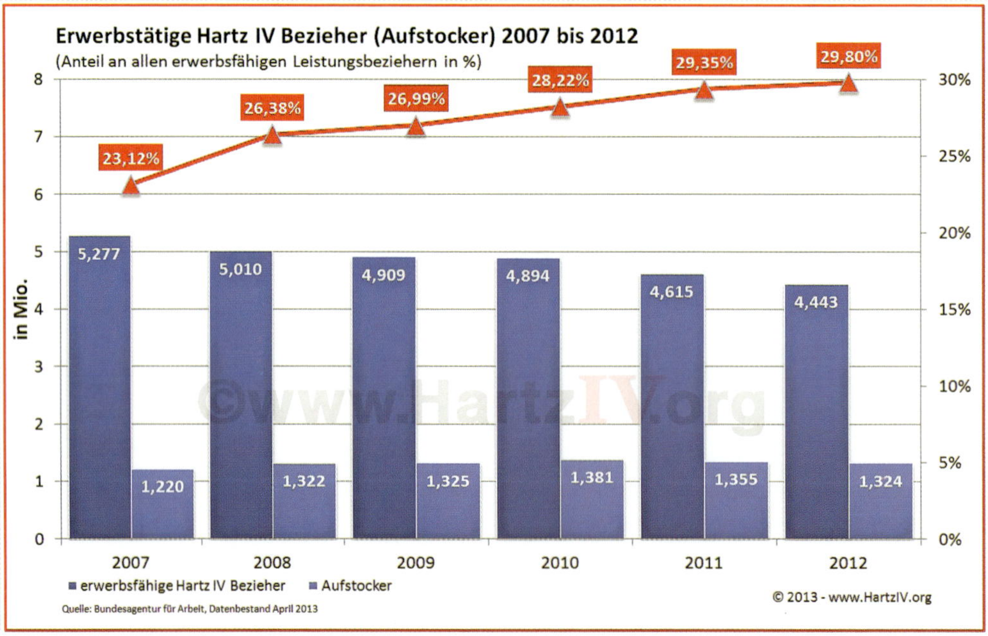

2.2.3 Mögliche negative Folgen aus den Hartz-Gesetzen

- Altersarmut wegen Kürzungen der verfügbaren Mittel auf ein Minimum.
- Bei wirtschaftlich schlechter Lage stehen Arbeitsplätze kaum zur Verfügung, sodass eine Vermittlung in Arbeit schwierig sein dürfte.
- Die Gesetze machen den Einstieg für Langzeitarbeitslose oder ältere Arbeitnehmer nicht zwingend einfacher, zumal ein großes Potenzial an jüngeren Arbeitslosen vorhanden ist.
- Durch den neuen Kündigungsschutz (siehe dort) besteht die Gefahr, erneut arbeitslos zu werden.
- Ein Einstieg unter dem Tariflohn führt zur Verminderung der Lebensqualität und des Lebensstandards. Auch auf die regulären Arbeitnehmer wird ein stärkerer Druck aufgebaut, für weniger Lohn bzw. Gehalt zu arbeiten.

ZUSAMMENFASSUNG

Arten von Wirtschaftsschwankungen

- kurzfristige saisonale Schwankungen
- mittelfristige Konjunkturschwankungen
- langfristige strukturelle Schwankungen

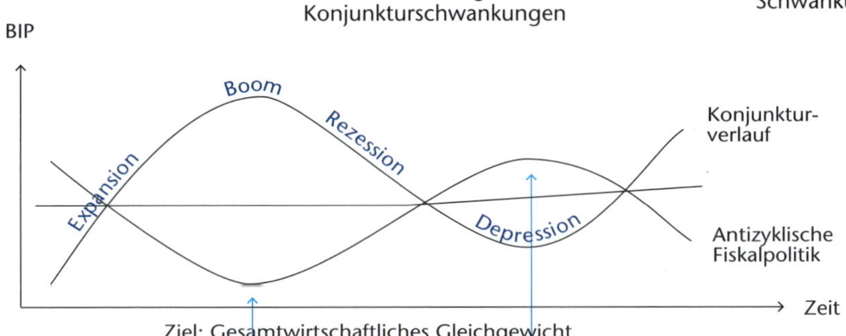

Konjunkturdämpfende Maßnahmen
- Steuererhöhung
- verminderte Subventions- und Transferzahlungen
- Sparförderung
- Abbau von Investitions- und Beschäftigungsprogrammen

Konjunkturfördernde Maßnahmen
- Steuersenkung
- verstärkte Subventions- und Transferzahlungen
- Abbau von Sparförderungsmaßnahmen
- Aufbau von Investitions und Beschäftigungsprogrammen

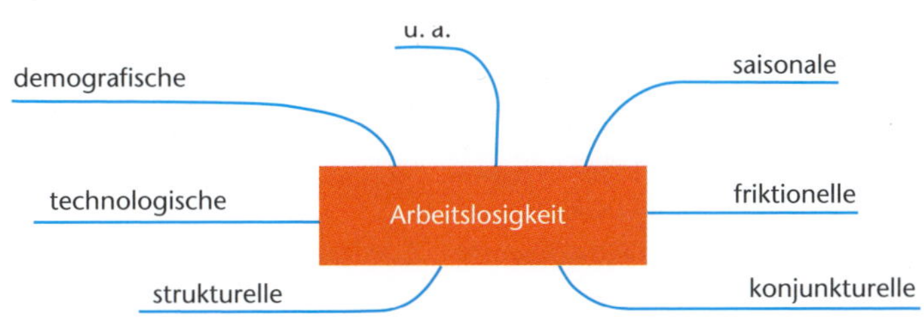

Hartz: vier Gesetze für moderne Dienstleistungen am Arbeitsmarkt

Quelle: HOT 5/2003, Bildungsverlag EINS, S. 11

Bearbeitungsvorschläge

1. Geben Sie begründet an, in welcher Konjunkturphase sich die Volkswirtschaft eines Landes befindet, wenn folgende Situationen gegeben sind.

Situation	Konjunkturphase
1. Unternehmen wie die Wall GmbH nehmen weitere Investitionen vor, obwohl der Zinssatz für die aufzunehmenden Kredite sehr hoch ist.	
2. Unternehmen wie die Wall GmbH müssen im laufenden Geschäftsjahr mit Umsatz- und Gewinneinbußen rechnen, da sie einen Absatzrückgang zu verzeichnen haben.	
3. Unternehmen wie die Wall GmbH bezahlen ihre Arbeitnehmer übertariflich, um eine Abwanderung zu anderen Betrieben zu vermeiden.	
4. Unternehmen wie die Wall GmbH entlassen Mitarbeiter, da aufgrund der immer noch angespannten Wirtschaftslage nur eine geringe Auftragslage zu verzeichnen ist.	
5. Unternehmen wie die Wall GmbH können leichte Preissteigerungen bei ihren Produkten vornehmen, da die Nachfrage nach Gütern und Dienstleistungen unverändert hoch ist.	
6. Unternehmen wie die Wall GmbH verschieben geplante Investitionen, da sie für die nächste Zukunft Umsatzeinbußen erwarten.	

Situation	Konjunkturphase
7. Die privaten Haushalte sparen wieder mehr und fragen weniger Konsumgüter nach, obwohl die Preise sinken.	
8. Viele Mitglieder privater Haushalte finden wieder Arbeit und fragen deshalb mehr Konsumgüter nach.	

2. Beschreiben Sie die verschiedenen Arten von Wirtschaftsschwankungen.
3. Geben Sie an, warum in jeder Konjunkturphase Wirtschaftsschwankungen zu verzeichnen sind.
4. Erläutern Sie, warum es für alle Wirtschaftssektoren eine langfristige Planungssicherheit geben könnte, wenn es keine Wirtschaftsschwankungen gäbe, und welche Vorteile dies hätte.
5. Nennen Sie die vier Ziele des gesamtwirtschaftlichen Gleichgewichts und erklären Sie die Ziele.
6. Stellen Sie den Zielkonflikt zwischen hohem Beschäftigungsstand und Preisniveaustabilität dar.
7. Begründen Sie, ob die folgenden fiskalpolitischen Maßnahmen eine konjunkturfördernde oder konjunkturdämpfende Wirkung haben.

Fiskalpolitische Maßnahme	Wirkung
1. Der Staat erhöht die Körperschaftsteuer.	
2. Der Staat entwickelt Beschäftigungsprogramme.	
3. Der Staat vergibt Sparprämien.	
4. Der Staat bildet eine Konjunkturausgleichsrücklage.	
5. Der Staat tilgt Kredite.	
6. Der Staat gewährt Investitionszulagen für den Kauf von neuen Lkws.	
7. Der Staat streicht Abschreibungsvergünstigungen.	
8. Der Staat erhöht seine Kindergeldzahlungen.	
9. Der Staat gewährt mittelständischen Betrieben Sonderabschreibungsmöglichkeiten.	

8. Beschreiben Sie die Probleme der Fiskalpolitik an jeweils einem Beispiel.
9. In welchen der unten stehenden Fälle handelt es sich um

[1] friktionelle	[4] technologische
[2] strukturelle	[5] saisonale
[3] konjunkturelle	[6] regionale Arbeitslosigkeit?

Fälle

Arbeitslosigkeit durch ...

a) Rationalisierung
b) Wegfall von Märkten
c) Insolvenz einer Unternehmung
d) winterliche Witterungsbedingungen im Baugewerbe
e) Einführung von PC

f) allgemeinen Produktionsrückgang
g) geänderte Bedürfnisse der Nachfrager
h) Produktionsverlagerung ins Ausland

10. Überlegen Sie sich gesetzliche Änderungen, die die Arbeitgeberseite dazu veranlassen könnten, mehr Arbeitsplätze zu schaffen. Gehen Sie bei Ihren Überlegungen auch auf mögliche Gefahren solcher Gesetzesänderungen ein.

11. Beschreiben Sie die folgende Grafik.

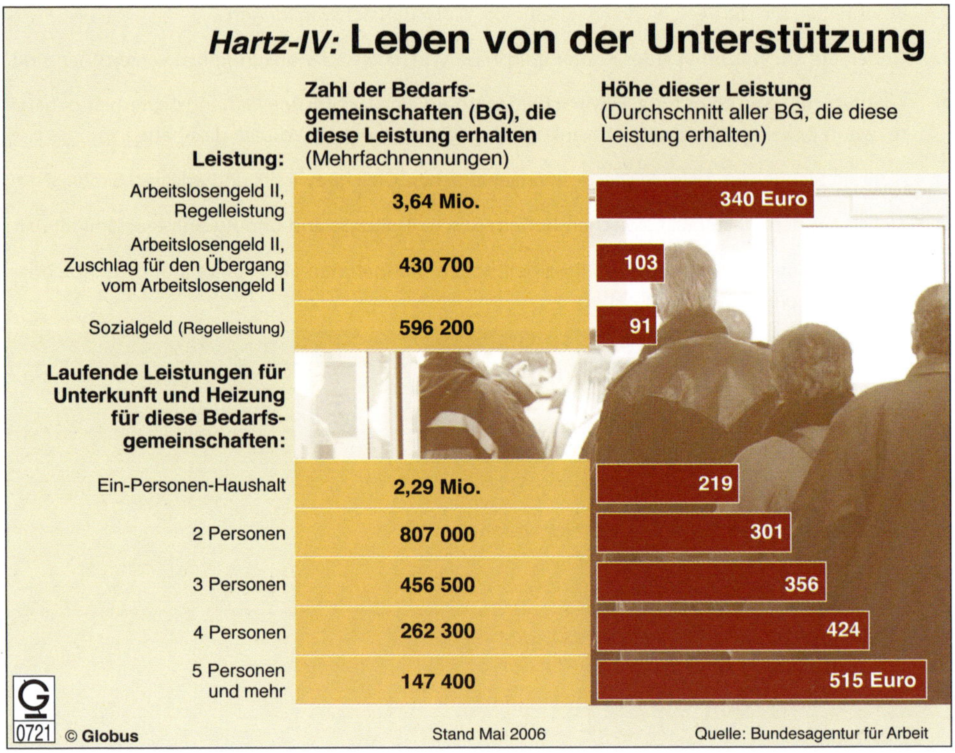

3 Zahlungsbilanz

LERNSITUATION

Exporte an Waren nehmen stark zu – Handelsbilanzüberschuss absehbar?

Der derzeit hohe Wechselkurs der US-amerikanischen Währung (USD) führt weiterhin zur Erhöhung der deutschen Warenexporte. Gleichzeitig verteuern sich die Warenimporte aus den USA mit der Folge, dass mit den vorhandenen finanziellen Mitteln weniger aus den USA importiert werden kann. ...

Exporte an Waren nehmen stark ab – Handelsbilanzdefizit absehbar?

Der derzeitig niedrige Wechselkurs der japanischen Währung (Yen) führt weiterhin zum Rückgang der deutschen Warenexporte. Gleichzeitig verbilligen sich die Warenimporte für Waren aus Japan mit der Folge, dass mit den vorhandenen finanziellen Mitteln mehr aus Japan importiert werden kann. ...

Deutschland – Nettozahler!

Umfragen in Deutschland haben ergeben, dass in der Bevölkerung ein Ungerechtigkeitsgefühl entsteht, das sich darin begründet, dass bei den Bürgern gespart und ihnen immer größere Lasten auferlegt werden und Deutschland andererseits in der EU zu den größten Nettozahlern gehört. ...

Deutsche – das reiselustigste Volk weltweit?

Früher gingen die Reisen der Deutschen vielfach ins Ausland. Heutzutage fahren die Deutschen vor allem kürzer und in weniger weit entlegene Orte. Verreisen Deutsche im Inland, so importieren sie keine Dienstleistungen aus dem Ausland. Angst vor terroristischen Anschlägen verstärkt dieses Verhalten ebenso, wie die dauerhaft hohen Arbeitslosenzahlen. Fraglich bleibt, ob dieses Verhalten für die Außenwirtschaftsbeziehungen Deutschlands positiv oder negativ ist. ...

Deutsche Zahlungsbilanz – Jahresbericht.

Zwei scheinbar gegenläufige Tendenzen – *Warenexporte sind größer als die Warenimporte und Dienstleistungsimporte sind größer als die Dienstleistungsexporte* – führen dazu, dass die deutsche Leistungsbilanz und letztlich die Zahlungsbilanz insgesamt ausgeglichen sind. Die deutsche Zahlungsbilanz, in der sämtliche Transaktionen wie Waren und Dienstleistungen – in Geldeinheiten ausgedrückt – zwischen Deutschland und dem Ausland erfasst werden, gibt an, welche finanziellen Verzahnungen zwischen Deutschland und den übrigen Staaten dieser Welt bestehen. ...

Aufgaben

Erklären Sie die Sachverhalte der einzelnen Zeitungsartikelauszüge, indem Sie die folgenden Aufgabenstellungen bearbeiten:

1. Erläutern Sie mithilfe der obigen Auszüge aus den Zeitungsartikeln, wozu ein hoher USD-Kurs bzw. ein niedriger Yen-Kurs führt.
2. Bei einem hohen Warenexport entsteht ein Handelsbilanzüberschuss, umgekehrt ein Handelsbilanzdefizit. Erklären Sie diesen Sachverhalt.
3. Erklären Sie, was unter dem Begriff Nettozahler zu verstehen ist, und legen Sie dar, wie zum einen das Sparen bei der Bevölkerung und zum anderen das Zahlen an die EU zu vertreten sind.
4. Beschreiben Sie die Auswirkungen eines verringerten Dienstleistungsimports – durch weniger Auslandsreisen bzw. mehr Inlandsreisen – auf Deutschland.
5. Ein hoher Warenexport gleicht i. d. R. einen hohen Dienstleistungsimport aus. Geben Sie begründet an, wodurch ein solcher Ausgleich geschaffen werden kann.
6. Begründen Sie, warum sämtliche Transaktionen – in Geldeinheiten ausgedrückt – zwischen Deutschland und dem Ausland – in der Zahlungsbilanz – erfasst werden müssen und überprüfen Sie Ihre Ergebnisse anhand der Sachdarstellung.

In der Zahlungsbilanz werden alle außenwirtschaftlichen Beziehungen eines Landes wertmäßig – in Geldeinheiten ausgedrückt – festgehalten. Das heißt, in ihr werden wertmäßig alle wirtschaftlichen Vorgänge (Übertragungen von Waren, Dienstleistungen und Kapital) innerhalb eines Jahres[1] zwischen Inländern und Ausländern aufgezeichnet.

Zu den **Inländern** zählen dabei alle Personen, Institutionen oder Einrichtungen, die ihren Sitz im Inland (z. B. in Deutschland) haben, also auch z. B. türkische Staatsbürger, die in Deutschland leben und arbeiten, oder Betriebe, die Ausländern (also nicht Deutschen wie die Esso GmbH als Tochterunternehmen der amerikanischen Exxon) gehören. Daraus folgt, dass **Ausländer** alle Personen, Institutionen und Einrichtungen sind, die ihren Sitz im Ausland haben, wie z. B. japanische Touristen, die ihren Urlaub in Deutschland verbringen.

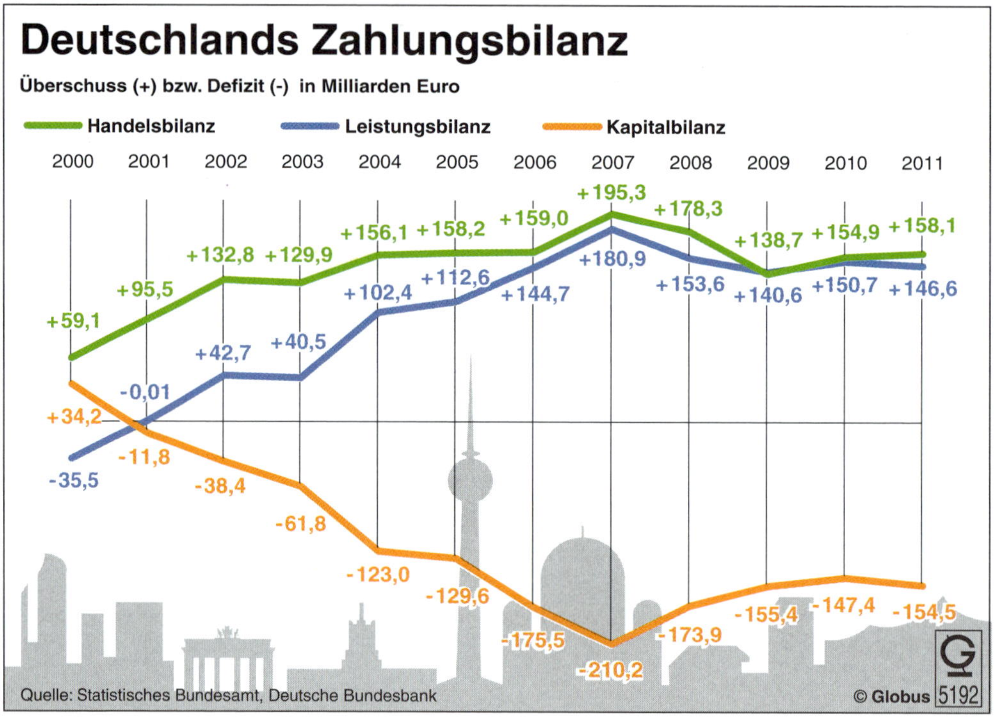

MERKE
Die Zahlungsbilanz liefert umfassende Daten, die als Grundlage für wirtschaftspolitische und geldpolitische Entscheidungen verwendet werden (vgl. unten).

Die Zahlungsbilanz setzt sich aus mehreren Teilbilanzen zusammen. Sie umfasst die Leistungsbilanz (bestehend aus der Handels-, Dienstleistungs- und Übertragungsbilanz sowie der Bilanz der Erwerbs- und Vermögenseinkommen), die Bilanz der Vermögensübertragungen, die Kapitalbilanz, die Devisenbilanz und den Saldo der statistisch nicht aufgliederbaren Transaktionen.

---

[1] *Die Deutsche Bundesbank erstellt gemeinsam mit dem Statistischen Bundesamt monatlich für Deutschland eine Zahlungsbilanz. Außerdem wird am Jahresanfang eine Jahresbilanz vom letzten Jahr erstellt.*

Auf der Aktivseite der Zahlungsbilanz stehen alle Leistungen, die eine Volkswirtschaft für den Außenhandel erbracht hat, d.h. die Leistungen, die das Inland für das Ausland getätigt hat. Diese Leistungen führen zu Zahlungseingängen – Mittelherkunft – (z.B. durch Exporte von Maschinenteilen). Daraus werden die Kapitalquellen, aus denen ausländische Kaufkraft in das Inland fließt, erkennbar.

Die Passivseite der Zahlungsbilanz gibt die Mittelverwendung und somit die Zahlungsausgänge wieder, d.h. die Ausgaben, die das Inland im Ausland tätigt, z.B. durch Importe von T-Shirts.

Die Zahlungsbilanz wird analog zu den betriebswirtschaftlichen Bilanzen nach dem System der doppelten Buchführung (zweimalige Erfassung jeder Transaktion[1] durch Buchung und Gegenbuchung) geführt.

STK

Letztlich muss die Zahlungsbilanz genau wie bei den betriebswirtschaftlichen Bilanzen immer ausgeglichen sein. Die Bedingung dafür ist allerdings, dass alle außenwirtschaftlichen Transaktionen erfasst werden. Da einige Transaktionen nicht erfasst oder nicht eindeutig zugeordnet werden können bzw. Ermittlungsfehler auftreten, erfolgt der Ausgleich eines Zahlungsbilanzungleichgewichts über eine Hilfskonstruktion. Alle nicht erfassten Transaktionen werden dabei als Restposten in einer Summe als Saldo der statistisch nicht aufgliederbaren Transaktionen geführt. Dieser Teilbereich der Zahlungsbilanz wird auch als Restpostenbilanz bezeichnet.

3.1 Teilbilanzen der Zahlungsbilanz

Handelsbilanz

A Handelsbilanz	P
Warenexporte, z.B. deutsche Autos nach Japan	Warenimporte, z.B. amerikanische Jeans nach Deutschland

In der Handelsbilanz werden alle Warenexporte und Warenimporte eines Landes innerhalb eines Jahres erfasst. Die Warenexporte (z.B. Export von Autos) und somit die Forderungen, die das Inland an das Ausland stellt, stehen auf der Aktivseite. Das Inland bekommt im Gegenzug zur Warenlieferung Devisen vom Ausland. Die Geldmenge im Inland erhöht sich entsprechend. Die Warenimporte (z.B. Import von Bananen) und somit die Verbindlichkeiten, die das Inland gegenüber dem Ausland hat, stehen auf der Passivseite. Geld aus dem Inland fließt in das Ausland, die Geldmenge im Inland sinkt.
Da die Importe nie die gleiche Höhe haben wie die Exporte, bestehen zwei Möglichkeiten:

Exporte > Importe → **aktive** Handelsbilanz

oder

Importe > Exporte → **passive** Handelsbilanz

Eine passive Handelsbilanz haben häufig landwirtschaftlich orientierte Länder. Sie führen landwirtschaftliche Produkte aus (z.B. Kaffee, Weizen, Bananen) und müssen i.d.R. teurere Industriegüter wie z.B. Maschinen oder Autos einführen.

[1] *Transaktionen entsprechen den Geschäftsvorfällen in der Buchführung, z.B. Verkauf von deutschen Maschinenteilen nach Hongkong für 150 000,00 € auf Ziel, Buchung: Handelsbilanz an Kapitalbilanz.*

Somit verfügen Industrieländer i. d. R. über eine aktive Handelsbilanz, so auch Deutschland durch den Export von hoch entwickelten Fertigprodukten, dessen Außenhandelssaldo seit 1952 stets positiv ist.
Der Vorteil einer aktiven Handelsbilanz besteht darin, dass in den exportorientierten Wirtschaftszweigen die Arbeitsplätze und somit auch das Einkommen gesichert werden. Als großer Nachteil erweist sich der verstärkte Devisenzufluss, denn dieser führt zur sogenannten importierten Inflation, wenn das Geld nämlich im Inland bleibt.

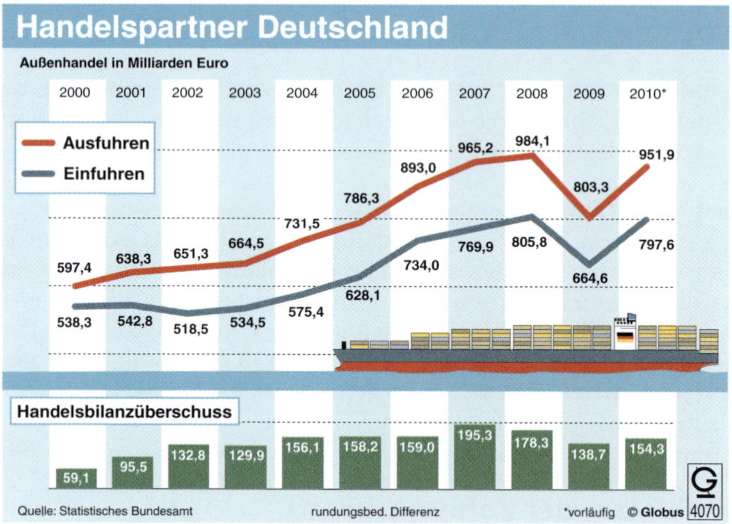

MERKE
Bei einer Inflation gibt es ein Ungleichgewicht zwischen Geldmenge und Gütermenge, die Geldmenge ist größer als die Gütermenge, somit sinkt die Kaufkraft, der Inländer muss mehr Geld für dasselbe Gut bezahlen.

Dienstleistungsbilanz

A Dienstleistungsbilanz	P
Dienstleistungsexporte, z. B. Australier lässt sich in Deutschland die Haare schneiden	Dienstleistungsimporte, z. B. Deutscher geht in der Türkei in ein Restaurant zum Essen

In der Dienstleistungsbilanz werden alle Dienstleistungsimporte und -exporte eines Landes innerhalb eines Jahres erfasst. Wie bei der Handelsbilanz stehen auf der Aktivseite der Dienstleistungsbilanz die Dienstleistungsexporte und auf der Passivseite die Dienstleistungsimporte. In der Dienstleistungsbilanz werden u. a. Auslandsreisen und Transportdienstleistungen erfasst. Ein New Yorker Geschäftsmann beauftragt beispielsweise einen deutschen Reeder in Hamburg, seine in Deutschland gekauften Waren[1] nach New York zu verschiffen. Die Leistung bzw. Tätigkeit des deutschen Reeders ist ein Dienstleistungsexport, der Wert dieser Dienstleistung ist die vom New Yorker Geschäftsmann zu zahlende Frachtrate.

Traditionell ist die deutsche Dienstleistungsbilanz passiv. Aufgrund der Auslandsreisen der Bundesbürger und der damit verbundenen Ausgaben für z. B. Hotel, Essen und Besichtigungen werden mehr Dienstleistungen von Deutschen im Ausland in Anspruch genommen als von Ausländern in Deutschland.

---

[1] *Die in Deutschland gekauften Waren werden in der Handelsbilanz auf der Aktivseite erfasst.*

Der Saldo aus der Handels- und Dienstleistungsbilanz ergibt den **Außenbeitrag**, der i.d.R. positiv für Deutschland ist. Somit ist der Überschuss der Handelsbilanz deutlich höher als das Defizit in der Dienstleistungsbilanz.

Übertragungsbilanz oder Bilanz der laufenden Übertragungen

Als Übertragungen werden Leistungen **ohne** direkte Gegenleistung, sogenannte unentgeltliche Leistungen, bezeichnet, die **häufiger** vorgenommen werden. Beispielsweise überweist eine russische Arbeitnehmerin einen Teil ihres Gehaltes an ihre Familie nach Kaliningrad. Für diese Geldübertragung bekommt sie keine direkte wirtschaftliche Gegenleistung, sie schenkt ihrer Familie das Geld.

A Übertragungsbilanz	P
Zahlungseingänge aus laufenden Übertragungen, z.B. Deutscher bekommt Rente aus Norwegen	Zahlungsausgänge aus laufenden Übertragungen, z.B. UNO-Beiträge

In der Übertragungsbilanz werden auf der Aktivseite Übertragungen von unentgeltlichen Leistungen von Ausländern an Inländer erfasst. Auf der Passivseite werden Übertragungen von unentgeltlichen Leistungen von Inländern an Ausländer erfasst.

Außer den Geldübertragungen von ausländischen Arbeitnehmern in ihre Heimatländer zählen zu den unentgeltlichen Leistungen u.a. die Entwicklungshilfe, Wiedergutmachungszahlungen, z.B. an die Holocaustüberlebenden, Mitgliedsbeiträge, z.B. an die UNO, EU, NATO.

Da in Deutschland die Einnahmenseite der Übertragungsbilanz im Gegensatz zur Ausgabenseite eher gering ist (die Übertragungsbilanz ist seit 1953 immer passiv), wird die Übertragungsbilanz auch Schenkungsbilanz genannt. Allerdings ist dieser fast einseitige Geldtransfer durchaus positiv für Deutschland, denn mit diesem Geld können wieder Waren aus Deutschland gekauft werden, wodurch der Export gestärkt wird.

Deutschland ist ein exportorientiertes Land und hat dadurch mehr Einnahmen aus den Exporten als Ausgaben durch die Importe. Somit wird eine mögliche – wie oben beschrieben – importierte Inflation (Geldmenge > Gütermenge) gemindert, da das „überflüssige Geld" wieder aus dem Inland ins Ausland transferiert wird.

Bilanz der Erwerbs- und Vermögenseinkommen (Einkommensbilanz)

A Bilanz der Erwerbs- und Vermögenseinkommen (Einkommensbilanz)	P
Zahlungseingänge durch Einkommen aus dem Ausland, z.B. Deutscher erhält Dividendenzahlung aus seinen Microsoftaktien	Zahlungsausgänge durch Einkommen an das Ausland, z.B. Kanadier erhält Dividendenzahlung aus seinen VW-Aktien

Die Bilanz der Erwerbs- und Vermögenseinkommen erfasst auf der Aktivseite

- Arbeitsentgelte der im Ausland arbeitenden Inländer aus unselbstständiger Arbeit sowie
- Dividenden und Gewinne aus ausländischen Kapitalanlagen, die Inländer durch Investitionen im Ausland erzielen, wie z.B. Zinserträge in den USA.

Umgekehrt erfasst die Passivseite der Bilanz der Erwerbs- und Vermögenseinkommen

- Arbeitsentgelte der im Inland arbeitenden Ausländer aus unselbstständiger Arbeit sowie
- Dividenden und Gewinne aus inländischen Kapitalanlagen, die Ausländer durch Investitionen im Inland erzielen, wie z.B. Zinszahlungen an die USA.

Die Bilanz der Erwerbs- und Vermögenseinkommen ist in den letzten Jahren in Deutschland überwiegend aktiv, was vor allem auf den Aufbau von Auslandsvermögen der Deutschen und die damit verbundenen steigenden Zinserträge zurückzuführen ist.

Bilanz der Vermögensübertragungen

A	Vermögensübertragungsbilanz P
Zahlungseingänge aus Vermögensübertragungen, z. B. Japaner schenkt Deutschem Geld	Zahlungsausgänge aus Vermögensübertragungen, z. B. Franzose erbt von deutscher Tante Geld

In der Vermögensübertragungsbilanz werden **Einmal**zahlungen ohne Gegenleistung erfasst, die nur Einfluss auf das Vermögen der beteiligten Länder haben. Dazu zählen z. B. Erbschaften, Schenkungen oder Schuldenerlasse. Dabei stehen auf der Aktivseite alle Zahlungseingänge, die Inländer aus dem Ausland erhalten, z. B. erbt ein Deutscher von einem reichen Onkel aus Amerika 1 000 000,00 USD. Somit stehen auf der Passivseite der Vermögensübertragungsbilanz alle Zahlungsausgänge, die Ausländer aus dem Inland erhalten, z. B. schenkt ein Deutscher seinem irischen Freund zur Hochzeit 1 000,00 €.

Kapitalbilanz

A	Kapitalbilanz P
Kapitalimporte und Auslandsverbindlichkeiten (= Forderungen vom Ausland), z. B. Kreditaufnahme in den USA	Kapitalexporte und Auslandsforderungen (= Verbindlichkeiten vom Ausland), z. B. Kauf von Microsoftaktien

In der Kapitalbilanz (auch Kapitalverkehrsbilanz) wird der gesamte Kapitalverkehr (Im- und Export von Kapital) zwischen dem In- und dem Ausland erfasst. Dazu zählen:

- Forderungen aus Verkäufen von Waren und Dienstleistungen.
  Die Forderungen des Inlandes gegenüber dem Ausland nehmen zu. Dies entspricht einem Kapitalexport;
- Verbindlichkeiten aus den Käufen von Waren und Dienstleistungen. Die Verbindlichkeiten des Inlandes gegenüber dem Ausland nehmen zu. Dies entspricht einem Kapitalimport;
- Direktinvestitionen (wie z. B. der Kauf eines Ferienhauses auf Mallorca durch einen Deutschen – Kapitalexport – oder der Kauf eines Ferienhauses auf Sylt durch einen Franzosen – Kapitalimport);
- Wertpapieranlagen (ein Deutscher kauft Aktien von Microsoft – Kapitalexport – oder ein Japaner kauft Aktien von VW – Kapitalimport);
- Kreditverkehr (ein japanischer Unternehmer nimmt einen Kredit bei einer deutschen Bank auf, weil dort die Zinsen niedriger sind – Kapitalexport –, oder ein deutscher Unternehmer nimmt einen Kredit bei einer ausländischen Bank auf, weil dort die Zinsen niedriger sind – Kapitalimport).

Auf der Aktivseite der Kapitalbilanz steht der gesamte Kapitalimport (empfangene Kredite und Auslandsverbindlichkeiten) eines Landes, auf der Passivseite der gesamte Kapitalexport (gegebene Kredite und Auslandsforderungen) eines Landes.

Devisenbilanz (Veränderung der Währungsreserven zu Transaktionswerten)

A	Devisenbilanz P
Abnahme an Gold und Devisen, z. B. Verkauf von USD	Zunahme an Gold und Devisen, z. B. Ankauf von Yen

In der Devisenbilanz werden die Veränderungen der Währungsreserven (Gold und Devisen) eines Landes festgehalten. In der Devisenbilanz stehen alle Geldtransaktionen, die mit der Zentralbank (in Deutschland die Deutsche Bundesbank) getätigt werden. Auf der Aktivseite werden alle Abnahmen durch den Verkauf an Gold- und Devisenbeständen erfasst, auf der Passivseite werden alle Zunahmen durch den Ankauf an Gold- und Devisenbeständen erfasst.

3.2 Zahlungsbilanzungleichgewichte (Leistungsbilanzungleichgewichte)

A	Leistungsbilanz	P
A	Handelsbilanz	P
A	Dienstleistungsbilanz	P
A	Bilanz der laufenden Übertragungen	P
A	Bilanz der Erwerbs- und Vermögenseinkommen	P

Wie bereits erwähnt, ist die Zahlungsbilanz immer ausgeglichen. Ungleichgewichte in den einzelnen Teilbilanzen, insbesondere in der Leistungsbilanz, führen dazu, dass häufig von einer unausgeglichenen Zahlungsbilanz gesprochen wird.

MERKE
Die Zahlungsbilanz gilt dann als ausgeglichen, wenn der Saldo der Leistungsbilanz gleich null ist, d. h. alle Einnahmen aus Warenexporten, Dienstleistungsexporten, erzielten Einkommen und erhaltenen Übertragungen sind in der Summe gleich den Ausgaben aus Warenimporten, Dienstleistungsimporten, geleisteten Einkommen und gezahlten Übertragungen.

Hat die Leistungsbilanz einen **Überschuss** (auch aktive oder positive Leistungsbilanz genannt), dann sind die Einnahmen größer als die Ausgaben. Die gesamte Produktion (das Angebot an Gütern und Dienstleistungen) dieses Landes ist größer als die Nachfrage durch die Inländer nach Inlands- und Auslandsprodukten. Es wird mehr exportiert als importiert. Somit sparen die Inländer und bilden Auslandsvermögen. Ein Zahlungsbilanzüberschuss fördert die Beschäftigung in der Exportgüterindustrie, gleichzeitig führt der Zahlungsbilanzüberschuss zu Inflationstendenzen, da die Geldmenge aufgrund des Devisenzuflusses aus dem Ausland steigt.

Zum Abbau dieses Überschusses bestehen zwei Möglichkeiten: Zum einen muss mehr importiert und zum anderen weniger exportiert werden. Um dieses zu erreichen, können von der Regierung wirtschaftspolitische Maßnahmen zur Steigerung der Binnennachfrage ergriffen werden, beispielsweise durch Steuersenkungen (erhöht i. d. R. die Nachfrage, da den Menschen mehr Geld – höheres Einkommen – zur Verfügung steht). Zusätzlich können Zölle gesenkt oder ganz aufgehoben werden, was zu einer Verbilligung von Importgütern führt. Außerdem könnte es zu einer Aufwertung der eigenen Währung kommen, sodass Inlandsgüter im Ausland teurer werden und der Export somit sinkt bzw. gezielt verringert wird. Umgekehrt führt eine Aufwertung dazu, dass mehr Güter importiert werden, da sie (relativ) billiger werden.

MERKE
Ein Zahlungsbilanzüberschuss bewirkt tendenziell Inflationsgefahr, da die Geldmenge im Inland steigt. Gleichzeitig aber verbessert sich die Beschäftigungssituation aufgrund der steigenden Nachfrage.

Neben wirtschaftspolitischen Maßnahmen können von der Zentralbank auch geldpolitische Maßnahmen zum Überschussabbau ergriffen werden, indem sie die Geldmenge erhöht, z.B. durch den Ankauf von Wertpapieren oder die Senkung der Mindestreserveeinlage, und die Zinssätze senkt, um z.B. Kredite zu verbilligen, damit die inländische Nachfrage nach Gütern gesteigert wird (vgl. unten).

Von einer passiven oder negativen Leistungsbilanz ist dann zu sprechen, wenn die Leistungsbilanz ein **Defizit** aufweist. Die Ausgaben für Güter und Dienstleistungen sind größer als die Einnahmen. Das Inland fragt mehr Produkte nach, als es selbst produziert. Es wird insgesamt mehr importiert als exportiert. Als Folge daraus nehmen die Währungsreserven dieses Landes ab, Auslandsvermögen wird aufgelöst, zusätzlich kommt es zu Kapitalimporten, da z.B. verstärkt Kredite im Ausland nachgefragt werden.

Zum Abbau dieses Defizits bestehen zwei Möglichkeiten: Zum einen muss weniger importiert und zum anderen mehr exportiert werden. Importminderung und Exportsteigerung kann dadurch erzielt werden, dass inländische Güter relativ zum Ausland billiger werden und somit das inländische Preisniveau sinkt. Eine Senkung des inländischen Preisniveaus wird i.d.R. durch eine Dämpfung der Binnennachfrage erzielt, beispielsweise durch Steueranhebungen (mindert i.d.R. die Nachfrage, da den Menschen weniger Geld – Einkommen – zur Verfügung steht).

Um dies zu erreichen, können von der Regierung wirtschaftspolitische Maßnahmen zur Senkung des Preisniveaus ergriffen werden. Eine Senkung des inländischen Preisniveaus bewirkt, dass inländische Produkte (relativ zu ausländischen Produkten) billiger werden, sodass deutsche Exportgüter preisgünstiger werden. Zusätzlich können Zölle erhoben und Importkontingente eingeführt werden, was zu einer Verteuerung von Importgütern führt. Weiterhin könnte es zu einer Abwertung der inländischen Währung kommen, sodass Inlandsgüter im Ausland billiger werden und der Export somit steigt. Umgekehrt führt eine Abwertung dazu, dass weniger Güter importiert werden, da sie aufgrund der abgewerteten Währung (relativ) teurer werden.

MERKE

Ein Zahlungsbilanzdefizit bewirkt tendenziell Arbeitslosigkeit, weil als wirtschaftspolitische Maßnahme die Nachfrage gedämpft wird, sodass weniger Arbeitskräfte benötigt werden. Gleichzeitig aber bleibt das Preisniveau stabil, da die Geldmenge im Inland reduziert wird.

Neben wirtschaftspolitischen Maßnahmen können von der Zentralbank auch geldpolitische Maßnahmen zum Defizitabbau ergriffen werden, indem sie die Geldmenge senkt, z.B. durch den Verkauf von Wertpapieren oder die Erhöhung der Mindestreserveeinlage. Zudem könnte die Zentralbank die Zinssätze anheben, um z.B. Kredite zu verteuern, damit die inländische Nachfrage nach Gütern gemindert wird.

Problematisch ist diese Wirtschaftspolitik, da sie die Arbeitslosigkeit und somit die Einkommenssituation der Bevölkerung in einem Land verschlechtert. Dies ist insbesondere in Zeiten hoher Arbeitslosigkeit kaum durchsetzbar. Fraglich bleibt, ob eine Senkung der Importgüternachfrage durchzusetzen ist, vor allem dann, wenn diese Importgüter nicht durch Inlandsgüter ersetzt werden können.

Die Leistungsbilanz der Bundesrepublik weist in den letzten Jahren – nach Leistungsbilanzdefiziten in den 1990er Jahren – insgesamt wieder einen Überschuss auf. Dieser ist auf den konjunkturell bedingten Rückgang der Waren- und Dienstleistungsimporte zurückzuführen. Die Leistungsbilanzdefizite in den 1990er Jahren sind aufgrund der Wiedervereinigung entstanden. Einerseits wurden verstärkt Güter importiert, weil die Nachfrage nach Westprodukten aus den neuen Bundesländern sehr hoch war und nicht nur aus westdeutschen Produktionen befriedigt werden konnte. Andererseits sanken die Exporte, weil die Absatzmärkte in Osteuropa wegen der fehlenden Devisen „wegbrachen" und somit die Nachfrage nach deutschen Exportgütern sank.

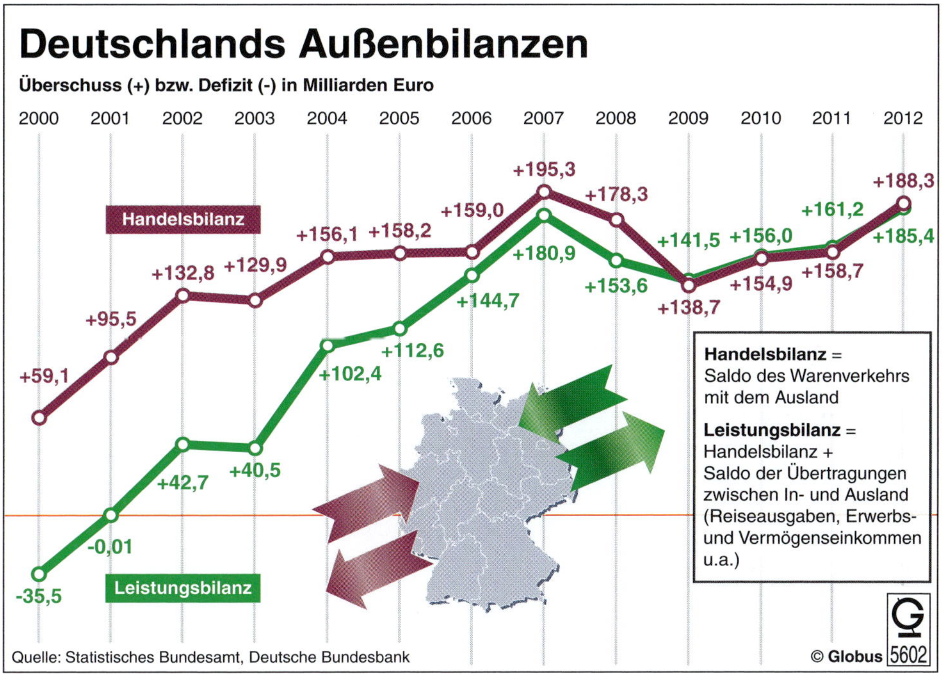

3.3 Unausgeglichene Zahlungsbilanz (Leistungsbilanz) und Wechselkurssysteme

Die konkreten Auswirkungen von Zahlungsbilanzungleichgewichten sind insbesondere vom Wechselkurssystem[1] eines Landes abhängig.
Liegt im Inland ein Zahlungsbilanzüberschuss vor, dann ist das Devisenangebot größer als die Devisennachfrage. Dieses führt bei **flexiblen Wechselkursen** dazu, dass die Inlandswährung aufgewertet und die ausländische Währung abgewertet wird. Somit werden die Inlandsprodukte für die Ausländer teurer, was wiederum eine sinkende Exportnachfrage nach sich zieht. Umgekehrt werden ausländische Produkte für Inländer billiger, sodass die Importe steigen und schließlich der Zahlungsbilanzüberschuss abgebaut wird.

Allerdings ist dieser Automatismus in der Realität nicht zwingend, so kann es z. B. sein, dass die Exportnachfrage nicht sinkt, weil die Ausländer auf ein Gut nicht verzichten können und somit bereit sind, den höheren Preis zu bezahlen. Ebenso kann es sein, dass die Nachfrage nach Importgütern nicht steigt, weil die Inländer die angebotenen Güter nicht oder nicht vermehrt nachfragen.

---

[1] *Zu den Wechselkurssystemen siehe auch Lernfeld 15, Kapitel 4, S. 459 ff*

MERKE
In einem System mit flexiblen Währungskursen werden Zahlungsbilanzungleichgewichte i. d. R. automatisch ausgeglichen.

In einem System mit **festen Wechselkursen** kann es nicht zu einem automatischen Zahlungsbilanzausgleich kommen, da es keine automatischen Wechselkursanpassungen auf dem Devisenmarkt gibt. Eine Wechselkurskorrektur kann nur durch eine von den Regierungen beschlossene Auf- oder Abwertung erfolgen.

Gibt es in einem Land mit festen Wechselkursen z. B. ein Zahlungsbilanzdefizit, dann führt die steigende Devisennachfrage dazu, dass die Zentralbank durch Stützungskäufe die eigene Währung stabilisieren und die fehlenden Devisen gegen Inlandswährung verkaufen muss, sodass die Geldmenge im Inland sinkt. Eine sinkende Geldmenge führt zu Zinssteigerungen und wegen fehlender Investitionen evtl. zu Beschäftigungsrückgängen. Hat die Zentralbank ihre Devisenbestände aufgezehrt, dann muss sie sich Devisen über internationale Kredite beschaffen. Auf lange Sicht nimmt so die internationale Verschuldung eines Landes so stark zu bis hin zur Zahlungsunfähigkeit.

ZUSAMMENFASSUNG

Aktiva — ZAHLUNGSBILANZ — Passiva

A — 1. LEISTUNGSBILANZ — P

A — 1a HANDELSBILANZ	P
Warenexport	Warenimport

A — 1b Dienstleistungsbilanz	P
Dienstleistungsexport	Dienstleistungsimport

A — 1c Bilanz der laufenden Übertragungen	P
Empfangene laufende Übertragungen	Geleistete laufende Übertragungen

A — 1d Bilanz der Erwerbs- und Vermögenseinkommen	P
Empfangene Einkommen aus dem Ausland	Geleistete Einkommen an das Ausland

A — **2. Bilanz der Vermögensübertragung**	p
Empfangene Vermögensübertragungen	Geleistete Vermögensübertragungen

A — **3. Kapitalbilanz**	p
Kapitalimporte und Auslandsverbindlichkeiten	Kapitalexporte und Auslandsforderungen

A — **4. Devisenbilanz**	p
Abnahme an Gold und Devisen	Zunahme an Gold und Devisen

Bearbeitungsvorschläge

Wichtige Posten der Zahlungsbilanz **für die Europäische Währungsunion**

Position	**Jahr A**	**Jahr B**
A. Leistungsbilanz	– 25713	– 40439
1. Warenhandel		
Ausfuhr (fob)	1303553	1564144
Einfuhr (fob)	1266047	1544612
Saldo	+ 37506	+ 19534
2. Dienstleistungen		
Einnahmen	473937	516054
Ausgaben	440170	474925
Saldo	+ 33768	+ 41131
3. Erwerbs- und Vermögenseinkommen (Saldo)	6404	467
4. Laufende Übertragungen		
fremde Leistungen	93905	87342
eigene Leistungen	184484	187977
Saldo	– 90581	– 100637
B. Saldo der Vermögensübertragungen und Kauf/Verkauf von immateriellen nicht-produzierten Vermögensgütern	+ 6565	+ 6616
C. Kapitalbilanz (Nettokapitalexport: –)	+ 9977	+ 46574
1. Direktinvestitionen	– 109378	– 46588
Anlagen außerhalb des Euro-Währungsgebiets	– 325268	– 140996
ausländische Anlagen im Euro-Währungsgebiet	+ 215888	+ 94410
2. Wertpapieranlagen	+ 270688	+ 135177
Anlagen außerhalb des Euro-Währungsgebiets	– 84281	– 137951
Aktien	– 46825	– 77046
Anleihen	– 30209	– 104683
Geldmarktpapiere	7247	+ 43776
ausländische Anlagen im Euro-Währungsgebiet	+ 354966	+ 273128
Aktien	+ 111842	+ 124628
Anleihen	+ 123263	+ 145250
Geldmarktpapiere	+ 119862	+ 3252
3. Finanzderivate	+ 37207	+ 8716
4. Übriger Kapitalverkehr (Saldo)	– 193096	– 40553
Eurosystem	– 233231	+ 11820
Staat	+ 1751	+ 26097
Monetäre Finanzinstitute (Ohne Eurosystem)	+ 68489	5469
langfristig	– 21394	+ 41680
kurzfristig	+ 89887	– 47146
Unternehmen und Privatpersonen	– 30105	– 73001
5. Veränderung der Währungsreserven des Eurosystems (Zunahme: –)	+ 4558	– 10180
D. Saldo der statistisch nicht aufgliederbaren Transaktionen	+ 9170	– 12754

Angaben in Mio. €

Quelle: Monatsbericht August 2011, hrsg. v. Deutsche Bundesbank, Frankfurt am Main, S. 68, online unter http://www.bundesbank.de/Redaktion/DE/Downloads/Veroeffentlichungen/Monatsberichte/2011/2011_08_monatsbericht.pdf?__blob=publicationFile (05.03.2014)

In der obigen Grafik sind die Zahlungsbilanzen für die Jahre A und B für Deutschland angegeben. Bearbeiten Sie mithilfe der Zahlungsbilanzen die nachfolgenden Aufgaben:

a) Beschreiben Sie, aus welchen Teilbilanzen die Zahlungsbilanz besteht, und bewerten Sie die in den Teilbilanzen angegebenen Zahlenwerte für das Jahr A und für das Jahr B.
b) Geben Sie an, wie hoch der Außenbeitrag für das Jahr A und für das Jahr B ist.
c) Kennzeichnen Sie aufgrund Ihrer obigen Ergebnisse die wirtschaftliche Situation in Deutschland im Verhältnis zum Ausland.
d) Erläutern Sie anhand eines Beispiels, warum die Dienstleistungsbilanz defizitär ist.

Übungsaufgaben

1. Begründen Sie, warum die Zahlungsbilanz immer ausgeglichen sein muss.

2. Obgleich die Zahlungsbilanz immer ausgeglichen sein muss, wird trotzdem häufig von einer aktiven oder einer passiven Zahlungsbilanz gesprochen.
Erklären Sie diesen Widerspruch.

3. Beschreiben Sie, warum bei einem Zahlungsbilanzüberschuss die Gefahr einer importierten Inflation besteht.

4. Eines der vier wirtschaftspolitischen Ziele zur Erreichung eines gesamtwirtschaftlichen Gleichgewichts ist die Erzielung eines außenwirtschaftlichen Gleichgewichts. Daraus ergibt sich, dass die Leistungsbilanz nahezu ausgeglichen sein soll.
   a) Erläutern Sie, warum diese Zielvorstellung für ein Land wünschenswert ist.
   b) Beschreiben Sie Maßnahmen, die ein Land ergreifen kann, um einen Leistungsbilanzüberschuss auszugleichen.
   c) Stellen Sie zudem dar, welche Maßnahmen ein Land ergreifen kann, um ein Leistungsbilanzdefizit auszugleichen.

5. Benennen Sie die Teilbilanzen, die bei folgenden Transaktionen betroffen sind, indem Sie die entsprechenden Buchungssätze angeben.
   a) Ein Deutscher geht während seines Urlaubs auf den Fidschi-Inseln in einem Restaurant essen.
   b) Ein deutscher Unternehmer importiert Bananen aus Costa Rica.
   c) Ein in Deutschland arbeitender (und lebender) Spanier schickt seiner Familie in Madrid jeden Monat einen Teil seines Gehaltes.
   d) Die deutsche Bundesregierung überweist die Beiträge für die NATO.
   e) Ein Inder bekommt einen Kredit für seine Teppichweberei von der in Deutschland ansässigen Dresdner Bank.
   f) Bayer verkauft Aspirin an einen Apothekengroßhandel in Australien.
   g) Ein chinesischer Reeder organisiert den Transport von Karnevalsartikeln für einen deutschen Geschäftsmann.

4 Wechselkurse

LERNSITUATION

Seehafenimportabteilung der Wall GmbH – Spedition & Logistik. Das Telefon klingelt und Otis Mohrwege, der Auszubildende, nimmt das Gespräch an. Am Telefon ist Herr Brinkmann, von dem Großhändler Brinkmann, Im- & Export, in Hamburg.

Herr Brinkmann: ... Ich habe gerade 30000 T-Shirts, FOB Hongkong gekauft. Die Sendung muss natürlich zu uns nach Hamburg gebracht werden. Dafür hätte ich gerne eine Seefrachtrate.

Otis: Moment bitte, ich frag' kurz meine Kollegin. –
Frau Poker, wie hoch ist die Seefrachtrate von Hongkong nach Hamburg?

Frau Poker: Für einen 20-Fuß-Container ca. 1200,00 USD, für einen 40-Fuß-Container ca. 1400,00 USD.

Otis: Also, für einen 20-Fuß-Container beträgt die Seefrachtrate ca. 1200,00 USD und für einen 40-Fuß-Container ca. 1400,00 USD. Welchen Container benötigen Sie?

Herr Brinkmann: Okay, ich denke, der 20-Fuß-Container ist ausreichend, also faxe ich Ihnen die entsprechenden Daten und Sie erledigen dann den Rest für mich.

Otis: Das schaue ich mir gerne an, vielen Dank.

Das Gespräch ist beendet und Otis wendet sich Frau Poker zu.

Otis: Ich dachte, wir stellen dem Kunden die Rechnung über die Seefracht in Euro zu, wieso habe ich ihm dann die Seefrachtrate in Dollar durchgegeben?

Frau Poker: Im internationalen Seeschiffsverkehr ist die übliche Währung der US-Dollar, abgesehen davon kannst du doch die US-Dollar in Euro umrechnen, oder?

Otis: Ähm, davon habe ich schon gehört ...

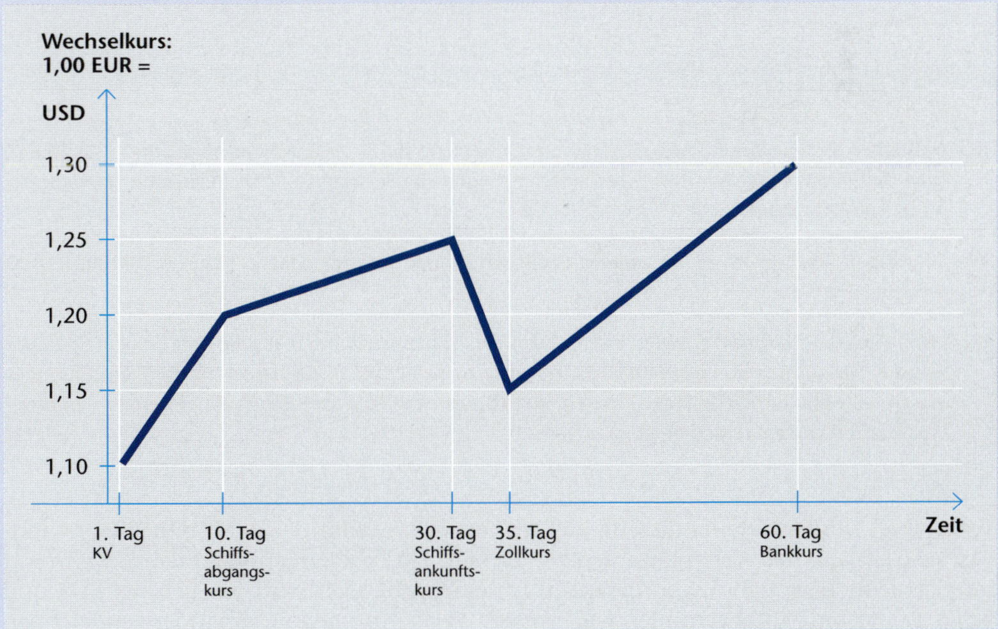

Aufgaben

1. Kennzeichnen Sie zunächst den Dispositions-, Gefahr- und den Kostenübergang bei der Lieferbedingung FOB und grenzen Sie diese Übergänge zu den Lieferbedingungen CFR und CIF Hamburg ab.
2. Beschreiben Sie die Tätigkeitsschritte eines Importseehafenspediteurs bei der Lieferbedingung FOB Hongkong.
3. Unterscheiden Sie einen 20'-Container von einem 40'-Container, indem Sie das Fassungsvermögen (die Kapazität) der beiden Standardcontainer aufzeigen und die Innenmaße der Container benennen.
4. Helfen Sie Otis, unter Zuhilfenahme der obigen Zeichnung, bei der Umrechnung der Seefracht am 10. und am 30. Tag.
5. STK Ermitteln Sie, wie viel EUR der Großhändler Brinkmann, Im- und Export, am Tag des Kaufvertragsabschlusses für ein T-Shirt zu zahlen hätte, wenn Sie davon ausgehen, dass für ein T-Shirt 1,00 USD in Rechnung gestellt wird.
6. Errechnen Sie, wie viel EUR der Großhändler Brinkmann, Im- und Export, an seinen Lieferanten zu zahlen hat, wenn Brinkmann das eingeräumte Zahlungsziel von 60 Tagen ausnutzt.
7. LSL Legen Sie im Einzelnen dar, wie der anzumeldende Zollwert zu berechnen ist, und geben Sie den anzumeldenden Zollwert für obiges Beispiel an.
8. Erklären Sie, was unter einem Zollkurs zu verstehen ist, und geben Sie an, an welchen Stellen Sie einen Zollkurs in Erfahrung bringen können. Benennen Sie in diesem Zusammenhang, für welchen Zeitraum der Zollkurs jeweils festgelegt wird.
9. Stellen Sie den Zollsatz für T-Shirts aus 100 % Baumwolle (gewirkt) fest und rechnen Sie den zu zahlenden Zoll aus.
10. Beschreiben Sie, an welchen Stellen Sie einen Schiffskurs ermitteln können, und kennzeichnen Sie, was unter einem Schiffskurs zu verstehen ist.
11. Berechnen Sie, wie viel EUR der Großhändler Brinkmann für die Seefracht in Höhe von 1 200,00 USD (und alternativ: 1 400,00 USD) zu zahlen hätte, wenn die Seefracht bei Schiffsabgang (Lieferbedingung CFR) zu zahlen wäre.
12. Berechnen Sie, wie viel EUR der Großhändler Brinkmann für die Seefracht in Höhe von 1 200,00 USD (und alternativ: 1 400,00 USD) zu zahlen hat, wenn die Seefracht bei Schiffsankunft (Lieferbedingung FOB) zu zahlen ist.
13. Begründen Sie, warum es an unterschiedlichen Tagen unterschiedliche Kurse (Schiffskurse oder Wechselkurse) gibt.
14. Leiten Sie (u. a.) aus Ihren obigen Ergebnissen die Problemstellungen ab, die sich für eine Spedition wie die Wall GmbH aus schwankenden Wechselkursen ergeben. Beziehen Sie Ihre Ausführungen ebenso auf Ihre berufliche Praxis, indem Sie Beispiele sammeln, bei denen Ihr Unternehmen durch Wechselkursschwankungen beeinflusst wird.

Wenn zwei Länder miteinander Handel treiben, z. B. Deutschland mit den USA, benötigen sie Geld, um die Waren bezahlen zu können. Ein Problem entsteht dann, wenn mit unterschiedlichen Währungen in diesen Ländern gehandelt wird (im Beispiel EUR und USD). Es müssen Mittel gefunden werden, um die Währungen miteinander vergleichbar, d. h. austauschbar zu machen. Dieses Tauschverhältnis zwischen zwei Währungen wird durch deren **Wechselkurs** angegeben. Dadurch können Preise von Ländern unterschiedlicher Währungen vergleichbar gemacht werden.

MERKE
Der Wechselkurs gibt den Preis an, der für die einzutauschende Auslandswährung bezahlt werden muss. Er bestimmt die Menge an ausländischen Währungseinheiten (Gegenwert), die im Gegenzug für eine inländische Währungseinheit gezahlt werden muss (Außenwert einer Währung).
Beispiel: Eurokurs in Dollar: 1,00 EUR = 1,42 USD.

Der Außenwert einer Währung kennzeichnet die Kaufkraft, die die inländische Währung im Ausland hat. Das heißt, der Außenwert drückt in Geldeinheiten aus, welche Menge eines bestimmten Gutes im Ausland mit der inländischen Währung (gegenwärtig) eingetauscht werden kann.

Dem Außenwert einer Währung steht der **Binnenwert** einer Währung gegenüber. Mit ihm wird die Kaufkraft einer Währung im Inland angegeben.

MERKE
Steigt der Wechselkurs einer Währung (z. B. Eurokurs steigt von 1,00 EUR = 1,25 USD auf 1,00 EUR = 1,30 USD), so steigt auch der Außenwert (hier: EUR) dieser Währung und damit die Kaufkraft im Ausland. Bezogen auf das oben Genannte heißt das, ein Inländer kann in den USA für denselben Geldbetrag jetzt mehr Waren einkaufen.

Sinkt der Wechselkurs einer Währung (z. B. Eurokurs sinkt von 1,00 EUR = 1,25 USD auf 1,00 EUR = 1,20 USD), so sinkt auch deren Außenwert (hier: EUR) und damit die Kaufkraft (hier: EUR) im Ausland. Ein Inländer bekommt in den USA für denselben Geldbetrag jetzt weniger Waren für sein Geld.

Bildung von Wechselkursen
Die Bildung von Wechselkursen ist abhängig vom Wechselkurssystem. Grundsätzlich werden zwei Wechselkurssysteme unterschieden: **flexible** und **feste Wechselkurse**; wobei Letztere noch zwischen **absolut festen** und **relativ festen Wechselkursen** unterschieden werden.

4.1 Flexible Wechselkurse

Bei einem System flexibler Wechselkurse bildet sich der Wechselkurs (Preis für die einzutauschende Auslandswährung) auf dem Devisenmarkt (vgl. Preisbildung auf dem Gütermarkt, Lernfeld 15, Kap. 1) bzw. an den Devisenbörsen. Als Devisen werden im Inland die **ausländischen Währungen** bezeichnet. Auf dem Devisenmarkt werden Devisen gehandelt. Die freie Wechselkursbildung, d. h. ohne staatliche Einflussnahme, wird „**Floating**“ genannt.

Ein Gleichgewichtswechselkurs entsteht dann, wenn die Nachfrage nach Inlandswährung (= Devisenangebot) gleich dem Angebot an Inlandswährung (= Devisennachfrage) ist.

Gleichgewichtswechselkurs (GGWK)

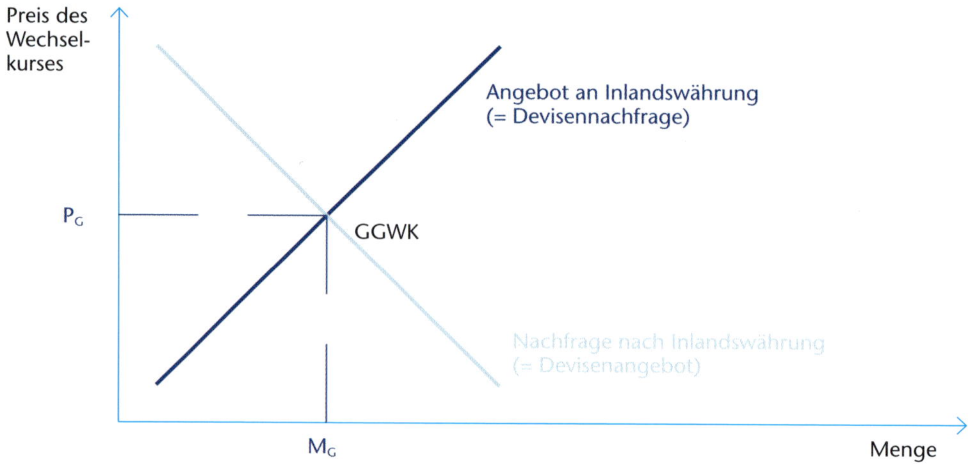

Dieser Gleichgewichtswechselkurs unterliegt ständigen Veränderungen, je nachdem wie hoch die Nachfrage oder das Angebot einer Währung ist. Ein Devisenangebot entsteht hauptsächlich durch Exporte von Gütern und Dienstleistungen, wenn diese in Inlandswährung bezahlt werden müssen, sowie durch Kapitalimporte, z. B. Verkauf von Wertpapieren, die auf Euro lauten.
Umgekehrt entsteht Devisennachfrage hauptsächlich durch Importe von Gütern und Dienstleistungen, wenn diese in Auslandswährung bezahlt werden müssen, sowie durch Kapitalexporte, z. B. Kauf von Dollar.

Beispiel

Für einen Transport von Deutschland nach Amerika muss eine deutsche Spedition, wie die Wall GmbH – Spedition & Logistik die Seefracht zuzüglich aller Zuschläge verauslagen und in Dollar bezahlen. Da sie aber nur über EUR und nicht über USD verfügt, muss sie USD kaufen. Die deutsche Spedition fragt Devisen (USD) nach und bietet dafür im Gegenzug EUR an. Auf der anderen Seite muss es jetzt einen Devisenanbieter geben, der EUR nachfragt und im Gegenzug USD anbietet.

Wechselkurssteigerung (hier: Aufwertung des Euro)

Steigt die Exportnachfrage der US-Amerikaner nach europäischen Gütern stärker an als die Importnachfrage der Europäer nach amerikanischen Gütern in Europa, fragen die US-Amerikaner vermehrt EUR nach und bieten verstärkt USD an (Steigerung des Devisenangebots). Somit verschiebt sich die **EUR-Nachfragekurve** nach rechts (vgl. Darstellung). Zu jedem Kurs werden mehr US-Dollar angeboten, sodass der Wechselkurs des Euro steigt, bis sich das Devisenangebot und die Devisennachfrage decken und ein neuer Gleichgewichtswechselkurs entsteht.
Eine Wechselkurssteigerung des Euro führt dazu, dass sich die europäischen Exporte verteuern. Nun müssen die Kunden für denselben Eurobetrag, der z. B. im Vormonat bei Kaufvertragsabschluss vereinbart wurde, heute mehr US-Dollar bezahlen. Gleichzeitig werden Importe aus den USA billiger, d. h., für einen vor einem Monat in USD abgeschlossenen Kaufvertrag, bei dem 120 000,00 USD vereinbart wurden, hätten bei einem Kurs von 1,00 EUR = 1,20 USD 100 000,00 EUR bezahlt werden müssen. Nach einer Wechselkurssteigerung (1,00 EUR = 1,25 USD) müssen heute nur noch 96 000,00 EUR für 120 000,00 USD bezahlt werden. Da sich die europäischen Produkte für die US-Amerikaner verteuern, werden weniger Produkte nachgefragt, sodass der Export dieser Produkte sinkt. Umgekehrt werden die amerikanischen Produkte für die Europäer billiger, sodass mehr amerikanische Produkte nachgefragt werden, die Importe steigen.

Wechselkurssteigerung (EUR-Aufwertung)

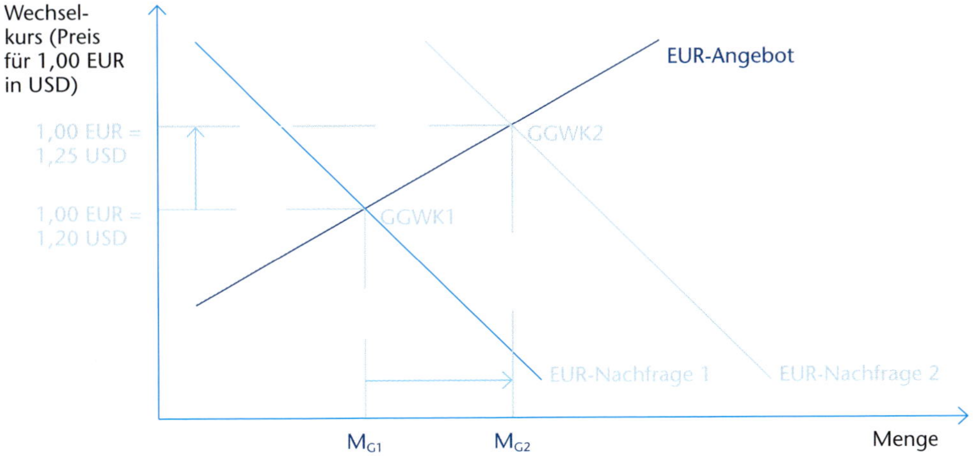

Wechselkurssenkung (hier: Abwertung des Euro)

Steigt die Importnachfrage der Europäer nach amerikanischen Gütern in Europa stärker an als die Exportnachfrage der US-Amerikaner nach europäischen Gütern in die USA, fragen die Europäer vermehrt US-Dollar nach und bieten verstärkt Euro an (Steigerung der Devisennachfrage). Somit verschiebt sich die **EUR-Angebotskurve** nach rechts, zu jedem Kurs werden mehr US-Dollar nachgefragt, sodass der Wechselkurs des Euro sinkt und ein neuer Gleichgewichtswechselkurs entsteht.

Eine Wechselkurssenkung des Euro führt dazu, dass sich die Importe aus den USA verteuern. Nun müssen die Kunden für denselben US-Dollarbetrag mehr Euro bezahlen, gleichzeitig werden Exporte in die USA billiger. Da sich die europäischen Produkte für die US-Amerikaner verbilligen, werden mehr Produkte nachgefragt, sodass der Export steigt. Umgekehrt werden die amerikanischen Produkte für die Europäer teurer, sodass weniger amerikanische Produkte nachgefragt werden, die Importe sinken.

Wechselkurssenkung (EUR-Abwertung)

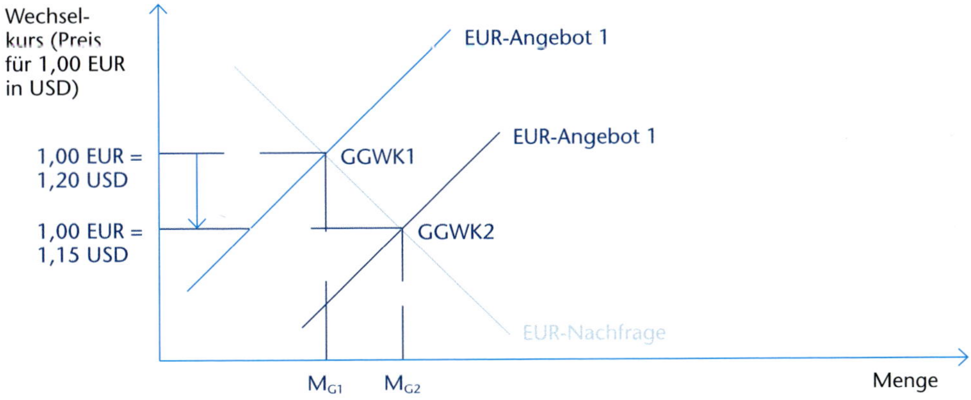

MERKE
Steigt der Kurs der Inlandswährung, sinkt gleichzeitig der Kurs der Auslandswährung.
Sinkt der Kurs der Inlandswährung, steigt gleichzeitig der Kurs der Auslandswährung.

Vorteile flexibler Wechselkurse

Da sich der Wechselkurs frei auf dem Devisenmarkt bildet, müssen die Zentralbanken keine größeren Liquiditätsreserven bereithalten, um ihrer Interventionspflicht nachzukommen. Der größte Vorteil flexibler Währungssysteme liegt vor allem darin, dass es zu einem automatischen Zahlungsbilanzausgleich durch Import- und Exportanpassungen kommt. Gibt es im Inland z. B. ein Zahlungsbilanzdefizit, dann ist das Devisenangebot kleiner als die Devisennachfrage. Das führt dazu, dass die Inlandswährung abgewertet und die ausländische Währung aufgewertet wird. Somit werden die Inlandsprodukte für die Ausländer billiger, was wiederum eine steigende Exportnachfrage nach sich zieht. Umgekehrt werden ausländische Produkte für Inländer teurer, sodass die Importe sinken und schließlich das Zahlungsbilanzdefizit abgebaut wird (siehe Lernfeld 15, Kap. 3.3). Allerdings ist dieser Automatismus in der Realität nicht zwingend; so kann es z. B. sein, dass die Importnachfrage nicht sinkt, weil die Inländer auf dieses Gut nicht verzichten können und somit bereit sind, den höheren Preis zu bezahlen (z. B. für Rohöl).

Preissteigerungen im Ausland und somit eine importierte Inflation sind im Inland nicht von Bedeutung, da diese durch Wechselkursänderungen ausgeglichen werden.

Die Vorteile der flexiblen Wechselkurse sind die Nachteile der festen Wechselkurse.

4.2 Feste Wechselkurse

In einem System fester Wechselkurse wird das Austauschverhältnis der Währungen klar festgelegt. Die Festlegung erfolgt durch den Staat. Entweder wird ein fester Wechselkurs einseitig nur für die eigene Währung (so früher der österreichische Schilling zur Deutschen Mark) oder zweiseitig (bilateral) zwischen zwei Ländern oder aber zwischen mehreren Ländern (multilateral) genau festgelegt.

Absolut feste Wechselkurse

Bei absolut festen Wechselkursen wird das Austauschverhältnis zwischen den beteiligten Währungen genau definiert. Es kann nicht zu Kursschwankungen kommen, überall auf der Welt muss der gleiche Preis für eine Währung bezahlt werden. Dieses System der absolut festen Wechselkurse bestand ungefähr seit 1880 bis zum Ersten Weltkrieg, wobei der Wert einer Währung in Gold festgelegt wurde (Goldstandard). Dem Goldstandard gehörten alle wirtschaftlich bedeutenderen Länder, z. B. das Vereinigte Königreich – heute Großbritannien – oder das Deutsche Reich, an.

Relativ feste Wechselkurse

Bei relativ festen Wechselkursen legen die beteiligten Länder das Austauschverhältnis zwischen den Währungen, also den Wechselkurs, fest. Dieser Wechselkurs wird Devisenleitkurs genannt. Außerdem werden die Währungen an Devisenbörsen im Devisenhandel gehandelt, wobei sich dann ein zweiter Kurs, der sogenannte Devisenmarktkurs, bildet. Zusätzlich wird zum Devisenleitkurs eine Vereinbarung getroffen, inwieweit der Devisenleitkurs vom Devisenmarktkurs abweichen darf, die sogenannte Schwankungsbreite oder Bandbreite. Die Wechselkurse dürfen innerhalb dieser festgelegten Schwankungsbreiten (Bandbreiten) schwanken. Die Schwankungsbreite wird normalerweise als Prozentsatz vom Devisenleitkurs angegeben. Weicht der Devisenmarktkurs so stark vom Devisenleitkurs ab, dass er außerhalb der Schwankungsbreite liegt, müssen die Zentralbanken eingreifen (Interventionspflicht).

Die Zentralbank des Landes mit der starken Währung fragt verstärkt die schwache Währung nach (sie **kauft** die schwache Währung), somit steigt deren Kurs, weil sich die Geldmenge der **ge**kauften Währung verringert und die Geldmenge der **ver**kauften Währung steigt. Die Zentralbank des Landes mit der schwachen Währung bietet verstärkt die starke Währung an (sie **verkauft** die starke Währung), somit sinkt deren Kurs. Liegt ein Wechselkurs dauerhaft außerhalb der vorgesehenen Bandbreiten, dann muss die starke Währung aufgewertet und die schwache Währung abgewertet werden.

MERKE

Aufwertung: Der Kurs der starken Währung wird durch eine Vereinbarung der beteiligten Länder gegenüber der schwachen Währung heraufgesetzt. Als Folge einer Aufwertung kommt es zur Steigerung des Außenwertes der aufgewerteten Währung.

Abwertung: Der Kurs der schwachen Währung wird gegenüber der starken Währung herabgesetzt. Als Folge einer Abwertung kommt es zur Senkung des Außenwertes der abgewerteten Währung.

Ein Beispiel für ein System der relativ festen Wechselkurse ist das zwischen den Eurostaaten und den EU-Ländern, die nicht an der Währungsunion beteiligt sind, z. B. Dänemark (Wechselkursmechanismus II, WKM II).

Beim WKM II können die Länder, die nicht Mitglied beim Eurosystem sind, ihre eigene Währung an den Euro anbinden. Es besteht jedoch kein Zwang. Bei der Standardvereinbarung zwischen den Euroländern und den anderen Mitgliedsstaaten darf der Wechselkurs 15 % nach oben oder unten vom Leitkurs abweichen. Somit hat der Wechselkurs eine Schwankungsbreite von 30 % zwischen den Interventionspunkten.

Bei einem angenommenen Leitkurs von 100 (1,00 EUR = 100,00 GE[1] der ausländischen Währung) ergibt sich folgendes Bild:

Wechselkursschwankungen bei relativ festen Wechselkursen

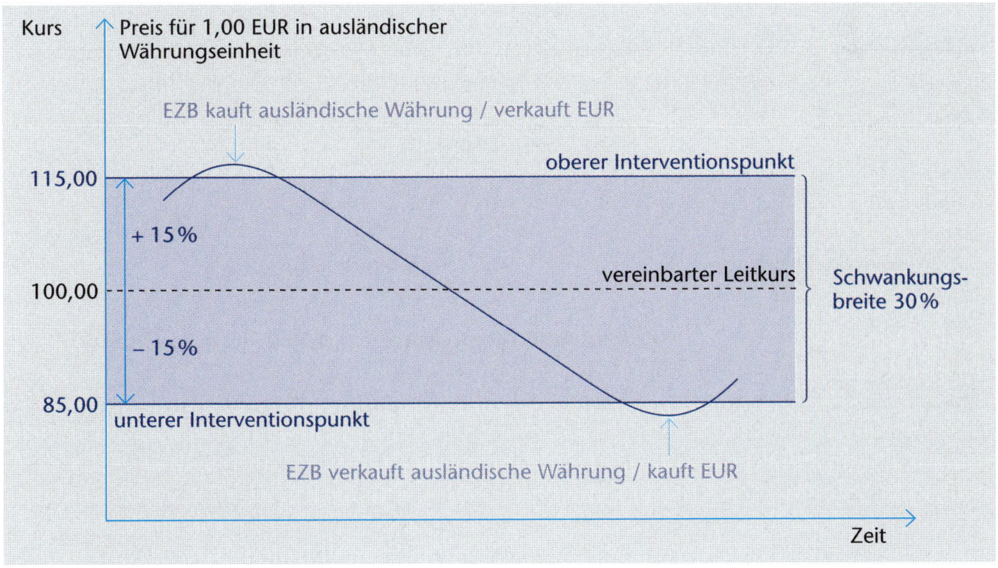

[1] *GE = Geldeinheiten*

Überschreitet die ausländische Währung z. B. den oberen Interventionspunkt, d. h., der Wechselkurs des Euro zum ausländischen Geld steigt, dann muss die Europäische Zentralbank (EZB) bzw. die ausländische Zentralbank intervenieren. Beide Zentralbanken kaufen die ausländische Währung und verkaufen im Gegenzug Euro, sodass die Eurogeldmenge steigt und die Geldmenge der ausländischen Währung sinkt. Dieser Vorgang wird so lange wiederholt, bis sich die ausländische Währung wieder innerhalb der Schwankungsbreiten befindet. Befindet sich die ausländische Währung dauerhaft außerhalb des festgesetzten Leitkurses, dann kann ein neuer Leitkurs vereinbart werden.

Generell können auch andere Schwankungsbreiten, insbesondere kleinere, vereinbart werden (zwischen Dänemark und dem ESZB (siehe oben) wurde z. B. eine Schwankungsbreite von 4,5 % vereinbart).

Systeme relativ fester Wechselkurse können sinnvoll und dauerhaft von Bestand sein, wenn die wirtschaftliche Entwicklung und die wirtschaftspolitischen Zielsetzungen der beteiligten Länder annähernd gleich sind.

Vorteile fester Wechselkurse

Exporteure und Importeure haben eine sichere Kalkulationsgrundlage für den Warenaustausch, somit besteht kein Währungsrisiko für sie. Das zeitliche Auseinanderfallen von Rechnungslegung und -bezahlung ist für sie unerheblich. Letztlich fördern feste Wechselkurse den grenzüberschreitenden Warenverkehr. Somit wirken feste Wechselkurse stabilisierend auf die Exportgüterindustrie und die dort vorhandenen Arbeitsplätze. Es gibt keine Spekulationsgeschäfte aufgrund von Wechselkursschwankungen.

Die Vorteile der festen Wechselkurse sind die Nachteile der flexiblen Wechselkurse (s. dort) und umgekehrt.

ZUSAMMENFASSUNG

Wechselkurs: Tauschverhältnis zwischen zwei Währungen. Er ist der Preis, der für die einzutauschende Währung in inländischen Geldeinheiten bezahlt werden muss.

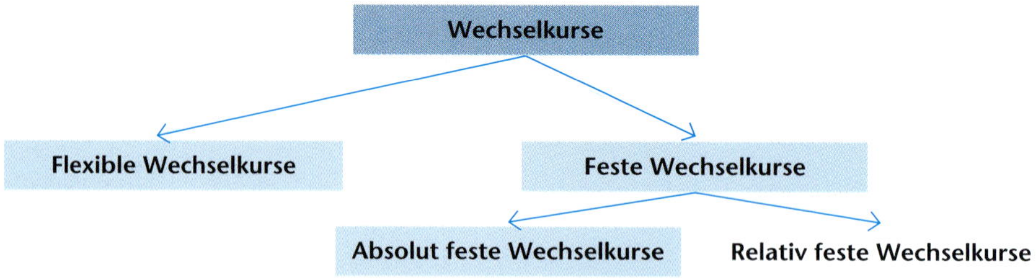

Bearbeitungsvorschläge

Die Schröder Maschinen AG exportiert Maschinenersatzteile im Wert von 100 000,00 EUR an ihren Kunden Wong in Hongkong. Die Seefrachtrate von Hamburg nach Hongkong für einen 20´-Container beträgt 400,00 USD.

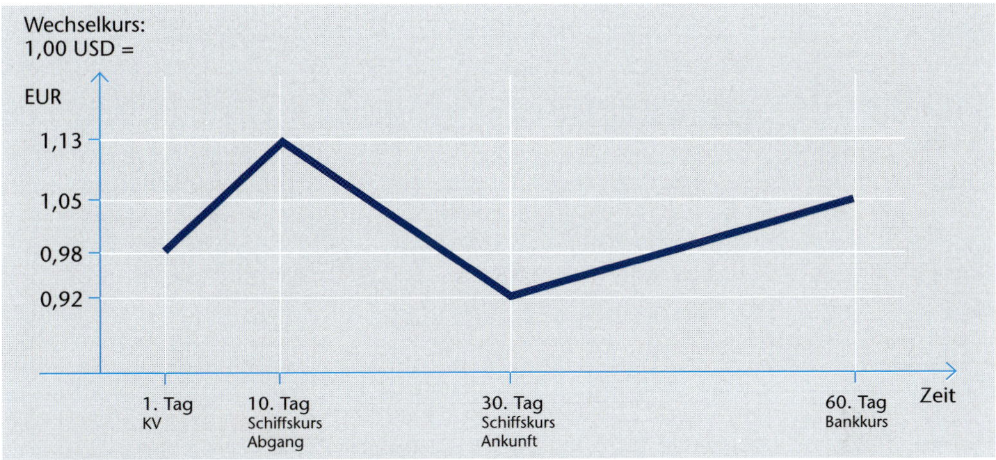

1. Berechnen Sie unter Zuhilfenahme der Zeichnung folgende Werte:
   - USD-Wert der Maschinenersatzteile am Tag des Kaufvertragsabschlusses
   - USD-Wert der Maschinenersatzteile nach Zahlung bei einem Zahlungsziel von 60 Tagen
   - Seefracht bei Schiffsabgang
   - Seefracht bei Schiffsankunft
2. Erläutern Sie, warum die Seefracht für einen 20´-Container von Hamburg nach Hongkong 400,00 USD und von Hongkong nach Hamburg 1 200,00 USD kosten kann.

Übungsaufgaben

1. Erläutern Sie das System der festen und flexiblen Wechselkurse.
2. a) Grenzen Sie die Vorteile fester und flexibler Wechselkurse gegeneinander ab.
   b) Begründen Sie, warum keine eindeutige Entscheidung für die Anwendung des flexiblen oder des festen Wechselkurssystems getroffen werden kann.
3. Kennzeichnen Sie die Auswirkungen von Wechselkursschwankungen auf die tägliche Arbeit eines Spediteurs in einer Export- oder Importabteilung.

4.

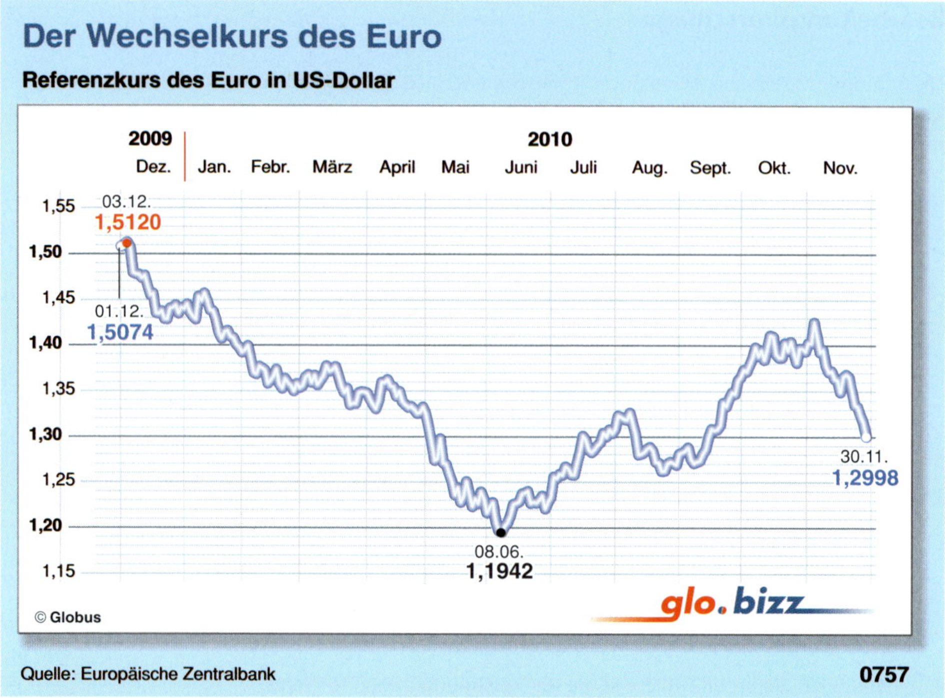

a) Beschreiben Sie die Kursentwicklung des Euro für die Zeit zwischen Dezember 2009 und November 2010.

b) Stellen Sie die Folgen dar, die ein relativ niedriger EUR-Wechselkurs für die deutsche Wirtschaft hat.

c) Stellen Sie die Folgen dar, die ein relativ hoher EUR-Wechselkurs für die deutsche Wirtschaft hat.

5 Die Europäische Union (EU) und das Europäische System der Zentralbanken (ESZB)

LERNSITUATION

Regierungserklärung des französischen Außenministers Robert Schuman vom 9. Mai 1950 über die Vereinigung der deutschen und französischen Kohle- und Stahlindustrie (Schuman-Plan):

„Der Friede in der Welt kann nicht gewahrt werden ohne schöpferische Anstrengungen ... Der Zusammenschluss der europäischen Nationen erfordert, dass der jahrhundertelange Gegensatz zwischen Frankreich und Deutschland aus der Welt geschafft wird: ... Zu diesem Zweck schlägt die französische Regierung vor, die Aktion sofort auf einen begrenzten, aber entscheidenden Punkt zu richten; die französische Regierung schlägt vor, die gesamte französisch-deutsche Kohle- und Stahlproduktion einer gemeinsamen Hohen Behörde (Haute Autorité) zu unterstellen ... Die Zusammenlegung der Kohle- und Stahlproduktion wird unmittelbar die Grundlage gemeinsamer wirtschaftlicher Entwicklung schaffen, als erste Etappe der europäischen Föderation. Die Solidarität der Produktion, die so entstehen wird, wird offenbaren, dass jeder Krieg zwischen Frankreich und Deutschland nicht nur undenkbar, sondern materiell unmöglich sein wird. Die Errichtung dieser mächtigen Produktionsgemeinschaft, die allen offen steht, die an ihr teilnehmen wollen, bezweckt, allen Ländern, die sich in ihr vereinigen, die grundlegenden Elemente der industriellen Produktion zu gleichen Bedingungen zu liefern. Sie wird den Grundstein ihrer wirtschaftlichen Vereinigung legen. Diese Produktion wird der gesamten Welt ohne Unterschied und Ausnahme angeboten als Beitrag zur Hebung des Lebensstandards und zum Fortschritt bei der Arbeit für den Frieden. Hierdurch wird einfach und schnell die Verschmelzung der Interessen verwirklicht werden, die unerlässlich ist für die Errichtung einer wirtschaftlichen Gemeinschaft, und es wird ein Ansatzpunkt gewonnen für eine viel größere und viel tiefer gehende Gemeinschaft zwischen den Ländern, die sich lange in blutiger Uneinigkeit gegenüberstanden."

Quelle: http://europa.eu.int/abc/symbols/9-may/decl.de.htm

Aufgaben

1. Begründen Sie das Zusammengehen der europäischen Staaten von der Montanunion bis hin zur EU.
2. Beschreiben und interpretieren Sie das Schaubild.
3. Erläutern Sie, wodurch sich die starke Wirtschaftskraft der EU ergibt.
4. Leiten Sie mögliche Ursachen für diese Wirtschaftskraft ab.
5. Stellen Sie die Beweggründe der EU-Länder dar, die diese Länder bewogen haben könnten, die EU zu gründen bzw. der EU beizutreten.

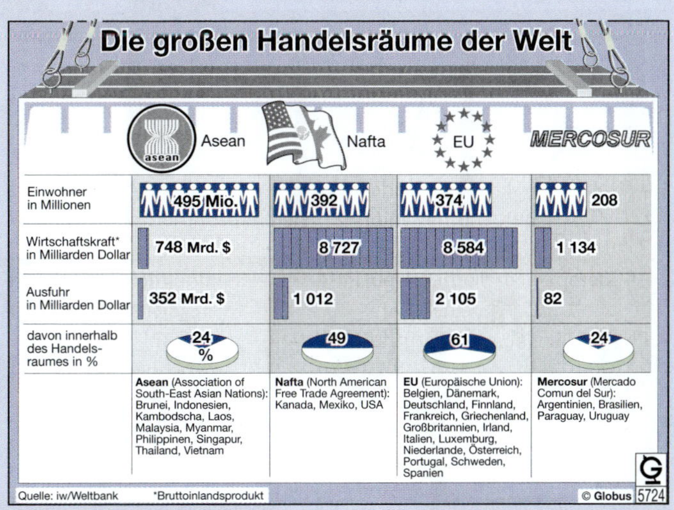

5.1 Die Europäische Union

Die Idee zu einem vereinigten Europa ist nach dem Zweiten Weltkrieg mit der Überlegung entstanden, dauerhaften Frieden zu sichern. Der Weg dorthin soll durch eine wirtschaftliche und soziale Zusammenarbeit der europäischen Staaten gewährleistet werden.

Der Grundstein für die europäische Zusammenarbeit ist mit dem Schuman-Plan 1950 gelegt worden, der die Gründung einer Europäischen Gemeinschaft für Kohle und Stahl (EGKS) zwischen Frankreich und Deutschland vorschlug. Der EGKS, später Montanunion, schlossen sich neben Deutschland und Frankreich auch Italien, die Niederlande, Belgien und Luxemburg (1952) an. Mit der Unterzeichnung der Römischen Verträge 1957 wurde die Gründung der Europäischen Wirtschaftsgemeinschaft (EWG) und die der Europäischen Atomgemeinschaft (EURATOM) beschlossen, die 1958 ihre Arbeit aufnahmen. Aus der Montanunion, der EWG und der EURATOM entstand 1967 durch den Fusionsvertrag die Europäische Gemeinschaft (EG). 1973 schlossen sich Dänemark, Großbritannien und Irland, 1981 Griechenland sowie 1986 Portugal und Spanien der EG an. Diese zwölf Länder gründeten 1992 mit der Unterzeichnung der Maastrichter Verträge die Europäische Union (EU). Der EU traten 1995 Finnland, Schweden und Österreich bei. Im Mai 2004 sind zehn weitere Länder – Ungarn, Polen, Estland, Tschechische Republik, Slowenien, Lettland, Litauen, Malta, Slowakische Republik und Zypern – Mitgliedstaaten der EU geworden. Bulgarien und Rumänien sind im Januar 2007 der EU beigetreten und Kroatien im Juli 2013. Beitrittsverhandlungen werden mit der Türkei, Island (seit Juli 2010) und Serbien (seit 2014) geführt. Zu den Beitrittsbedingungen der EU gehören neben der Garantie für demokratische und rechtsstaatliche Ordnung die Wahrung der Menschenrechte und der Schutz von Minderheiten (Kopenhagener Beitrittskriterien). Die ehemalige jugoslawische Republik Mazedonien hat den Status eines Beitrittskandidaten, allerdings wurden noch keine Beitrittsverhandlungen geführt. In Zukunft müssen Staaten, die einen EU-Beitritt planen, zunächst ein Stabilisierungs- und Assoziierungsabkommen (SAA) mit der EU abschließen. Dadurch sollen die potenziellen Beitrittsstaaten politisch und wirtschaftlich an die EU gebunden werden. Mit Albanien und Montenegro wurde bereits ein SAA unterzeichnet. Diese Länder haben einen Beitrittsantrag gestellt. Mit Bosnien-Herzegowina wurde ebenfalls ein SAA unterzeichnet, jedoch haben sie noch keinen Beitrittsantrag gestellt.

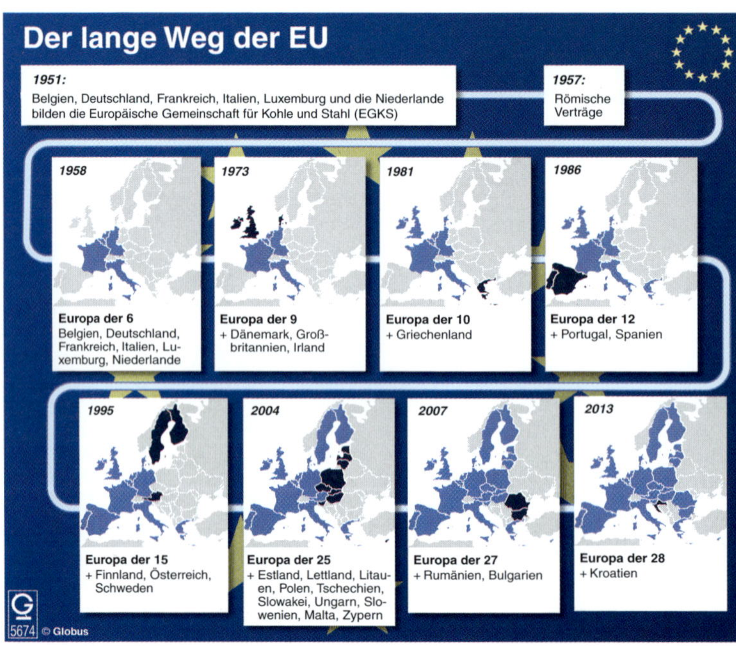

Die Europäische Union

	Beitrittsjahr	Einwohnerzahl 2012 in Mio.	BIP[1] 2011 pro Kopf in Tausend Euro
Belgien	★1958	11,1 Mio.	29,9 Tsd. €
Deutschland	★1958	81,8	30,3
Frankreich	★1958	65,3	27,2
Italien	★1958	60,8	25,1
Luxemburg	★1958	0,5	68,1
Niederlande	★1958	16,7	32,9
Dänemark	★1973	5,6	31,5
Großbritannien	★1973	63,0	27,3
Irland	★1973	4,6	32,3
Griechenland	★1981	11,3	20,1[3]
Portugal	★1986	10,5	19,5[3]
Spanien	★1986	46,2	24,7
Finnland	★1995	5,4	28,8
Österreich	★1995	8,4	32,4
Schweden	★1995	9,5	31,8
Estland	★2004	1,3	16,9
Lettland	★2004	2,0	14,7
Litauen	★2004	3,0	16,6
Malta	★2004	0,4	21,5
Polen	★2004	38,5	16,2
Slowakei	★2004	5,4	18,4
Slowenien	★2004	2,1	21,0
Tschechien	★2004	10,5	20,2
Ungarn	★2004	10,0	16,5
Zypern	★2004	0,9	23,7
Bulgarien	★2007	7,3	11,6
Rumänien	★2007	21,4	11,4[4]
Kroatien	★2013[2]	4,4	15,2

[1]kaufkraftbereinigt, [2]Juli, [3]vorläufig, [4]2010 Quelle: Eurostat

Der Maastrichter Vertrag trat 1993 in Kraft und hat die wirtschaftliche, soziale und letztendlich die politische Union der Mitgliedsländer der Europäischen Union zum Ziel.

Demnach steht die Europäische Union auf drei Säulen:
1. die Europäische Gemeinschaft mit der Verwirklichung eines gemeinsamen Binnenmarktes sowie der Wirtschafts- und Währungsunion (siehe dort),
2. eine gemeinsame Außen- und Sicherheitspolitik und
3. eine Kooperation in der Rechts- und Innenpolitik.

Der gemeinsame Binnenmarkt

Um einen gemeinsamen Binnenmarkt tatsächlich verwirklichen zu können, müssen einige Hindernisse überwunden werden, die durch die sogenannten vier Freiheiten der EU beseitigt werden sollen:

Freiheit Nr. 1: Freier Warenverkehr
In einem gemeinsamen europäischen Markt sollen Handelshemmnisse wie Zölle oder Mengenbeschränkungen innerhalb der EU-Mitgliedsstaaten für alle Wirtschaftszweige aufgehoben werden. Gegenüber Drittländern tritt die EU mit gemeinsamen Zolltarifen auf.

Freiheit Nr. 2: Freier Kapital- und Zahlungsverkehr
Für den freien Kapital- und Zahlungsverkehr gelten weder Beschränkungen bei Zahlungen noch bei Geldanlagen. Somit können innerhalb der Mitgliedsstaaten der EU die besten Renditemöglichkeiten, verbunden mit bestmöglichen Kapitalanlagen, wie z. B. beim Kauf von Immobilien, ausgenutzt werden.

Freiheit Nr. 3: Freier Personenverkehr
Niederlassungs- und Beschäftigungsfreiheit für Arbeitgeber und Arbeitnehmer innerhalb der EU-Staaten. Für die am 01.05.2004 beigetretenen Länder gilt die Beschäftigungsfrei-

heit allerdings erst nach sieben Jahren. Beispielsweise besteht in den nächsten sieben Jahren (nach dem Beitritt 2004) keine freie Arbeitsplatzwahl für einen slowakischen Arbeitnehmer in Deutschland. Genauso wenig kann ein deutscher Arbeitnehmer in den nächsten sieben Jahren seinen Arbeitsplatz frei in der Slowakei wählen.[1] Generell entfallen die Grenzkontrollen, z. B. für den Reiseverkehr.

LSL

Freiheit Nr. 4: Freier Dienstleistungsverkehr (z. B. Transportverkehr)
Alle Dienstleistungsunternehmen können sich innerhalb der EU frei betätigen. Dies hatte und hat für die Transportwirtschaft weitreichende Konsequenzen, z. B. Abschaffung von festen Tarifen bis hin zu einem freien Wettbewerb, Abschaffung von Marktzugangsbeschränkungen für z. B. KEP-Dienste oder Nah- und Fernverkehr, Kabotagefreiheit (zu beachten sind die 2+2- und 2+3-Jahres-Übergangslösungen der Beitrittsstaaten), Harmonisierung des Transportrechts wie HGB, GüKG und infolgedessen die ADSp und VBGL.

Organe der EU

Von den Bürgern der EU-Mitgliedsstaaten wird das **Europäische Parlament** mit Sitz in Straßburg gewählt. Es hat u. a. die Aufgabe, die EU-Kommission zu kontrollieren, des Weiteren Mitentscheidungsbefugnisse bei Haushalts- und Finanzfragen auf EU-Ebene sowie bei der Aufnahme neuer Mitglieder und wirkt darüber hinaus bei der EU-Gesetzgebung mit.

Das gesetzgebende Organ innerhalb der EU ist der **Ministerrat**, der i. d. R. mit den Außenministern bzw. den entsprechenden Fachministern der jeweiligen Mitgliedsländer besetzt ist, die an die Weisungen ihrer Regierungen gebunden sind. Er trifft die regulären Entscheidungen. Allerdings werden die allgemeinen politischen Zielsetzungen der EU vom **Europäischen Rat** festgelegt. In ihm sind die Regierungschefs und der Präsident der Kommission vertreten. Sie treffen sich mindestens zweimal pro Jahr zu diesen Gipfeltreffen, wobei halbjährlich der Vorsitz im Europäischen Rat von einem anderen Mitgliedsland übernommen wird.

Die **EU-Kommission** bildet quasi die Regierung der EU. Ihre Mitglieder werden von den EU-Ländern entsandt. Sie haben das Initiativrecht, Gesetzentwürfe einzubringen. Sie ist für die Durchführung der Ratsbeschlüsse sowie die Anwendung der Vertragsbestimmungen verantwortlich. Die EU-Kommission ist daher berechtigt, die Mitgliedsstaaten bei der Einhaltung bestehenden EU-Rechts zu überwachen. Die EU-Kommission ist allein den Interessen der EU verpflichtet und damit ein überstaatliches Organ, das unabhängig von den Weisungen der nationalen Regierungen agiert.

5.2 Europäische Währungsunion

Für die Realisierung eines gemeinsamen Europas war ein entscheidender Schritt eine enge wirtschaftliche und finanzielle Zusammenarbeit, signalisiert durch eine gemeinsame Währung. Die Gründung der Europäischen Währungsunion (EWU) wurde beschlossen. Alle EU-Länder sollten an einer gemeinsamen Währungsunion teilnehmen dürfen, wenn sie bestimmte Kriterien erfüllen, die die Stabilität der gemeinsamen Währung gewährleisten sollten. Für die teilnehmenden Staaten bedeutete das, auf einen Teil ihrer Souveränität zu verzichten und die Ausübung und Überwachung ihrer Geldpolitik einem übergeordneten Organ, der Europäischen Zentralbank (EZB), zu übertragen. Nicht alle europäischen Mitgliedsstaaten waren dazu bereit. Großbritannien, Schweden und Dänemark sprachen sich dagegen aus und sind heute nicht Mitglied der Währungsunion.

[1] *Für den Einzelfall bestehen Ausnahmeregelungen.*

Die Entwicklung der EWU erfolgte nach einem Dreistufenplan:

- **Erste Stufe** (seit 01.07.1990): Liberalisierung des Kapitalverkehrs – also die Vereinfachung der Zahlung über die nationalen Landesgrenzen hinweg – und verbesserte wirtschaftspolitische Zusammenarbeit wie die Harmonisierung (Angleichung) der nationalen Gesetze auf europäischer Ebene oder der Abbau von Handelshemmnissen wie zuvor unterschiedliche Zollsätze.
- **Zweite Stufe** (seit 01.01.1994): Schaffung des Europäischen Währungsinstituts (EWI), das die Errichtung der EZB vorbereitete, 1998 Einigung über den Teilnehmerkreis an der Währungsunion.
- **Dritte Stufe** (seit 01.01.1999): Die EZB nimmt ihre Tätigkeit auf. Sie ist ab diesem Zeitpunkt für die Geldpolitik im **„Euroland"** zuständig. Außerdem werden die Wechselkurse (z. B. für Deutschland galt 1,00 € = 1,9583 DM) festgelegt und der Euro eingeführt, jedoch zunächst nur als Buchgeld. Ab 01.01.2002 gilt der Euro als Bargeld neben den nationalen Währungen, ab 01.07.2002 als alleiniges gesetzlich gültiges Zahlungsmittel.

Stabilitätskriterien als Teilnahmebedingungen für die EWU

Um sicherzustellen, dass in den beitrittswilligen und beigetretenen Ländern der EWU eine solide wirtschaftliche Grundlage für einen stabilen Euro gewährleistet ist und wird, wurden Stabilitäts- bzw. Konvergenzkriterien festgelegt, die alle Teilnehmerländer erfüllen müssen. Die vier Konvergenzkriterien beziehen sich auf die **Inflationsrate** (der Preisanstieg darf maximal 1,5 % über dem durchschnittlichen Preisanstieg der drei preisstabilsten Länder liegen), das **langfristige Zinsniveau** (dieses darf höchstens 2 % über dem durchschnittlichen Zinssatz der drei preisstabilsten Länder liegen), die **Wechselkursstabilität** (in den letzten zwei Jahren vor der Währungsunion nur Wechselkursschwankungen innerhalb der vom Europäischen Währungssystem festgelegten Bandbreiten) und schließlich die **Finanzlage** des teilnehmenden Staates (die jährliche Neuverschuldung darf maximal 3 % des Bruttoinlandsprodukts und die gesamte Staatsverschuldung darf maximal 60 % des Bruttoinlandsprodukts betragen). Diese Konvergenzkriterien müssen auch von den Ländern eingehalten werden, die in Zukunft der Europäischen Währungsunion beitreten möchten, um wirtschaftliche und finanzielle Stabilität vorab zu signalisieren und zu gewährleisten.

Damit diese Kriterien auf Dauer eingehalten werden, wurde ein Stabilitäts- und Wachstumspakt beschlossen, der die Sicherung der Haushaltsdisziplin der EWU-Länder gewähr-

Vor den Sanktionen liegen fünf Stufen
Das Defizitverfahren der Europäischen Union

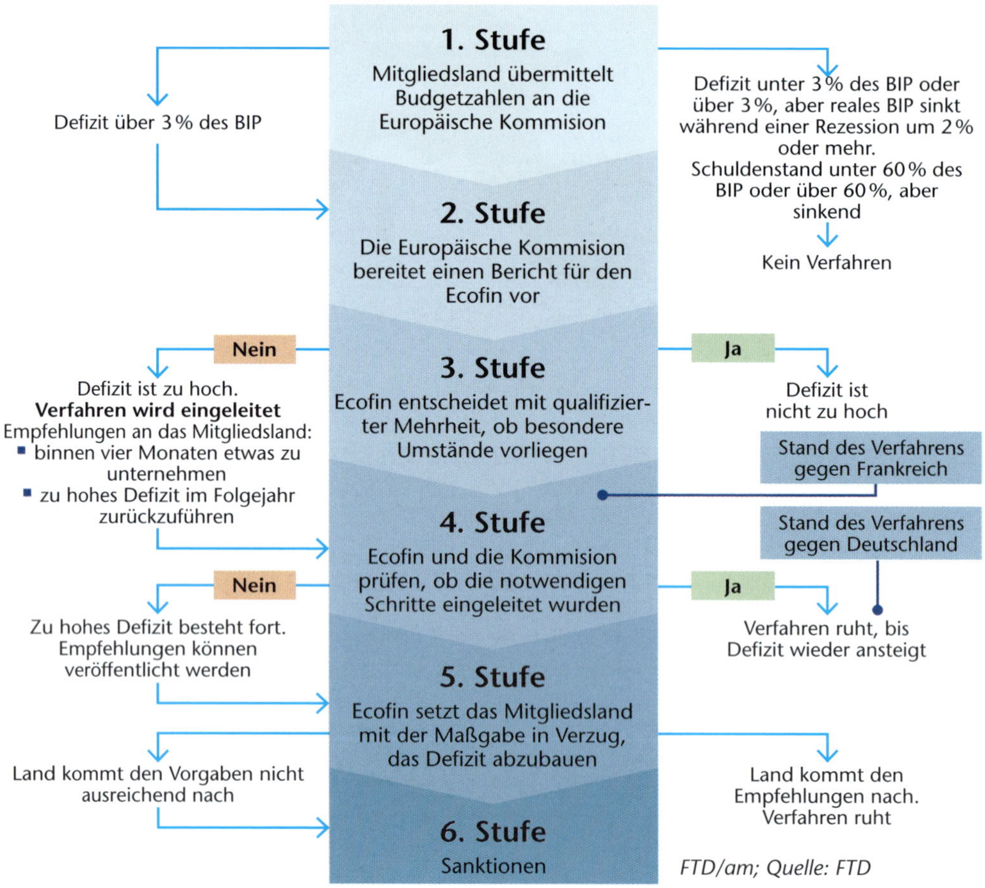

FTD/am; Quelle: FTD

leistet. Überschreitet ein Mitgliedsland dauerhaft die Obergrenze von maximal 3 % für das jährliche Haushaltsdefizit, können Sanktionen (z. B. Bußgelder) verhängt werden.

Europäischer Stabilitätsmechanismus (ESM = Euopean Stability Mechanism)

Der ESM ist eine internationale Finanzinstitution mit Sitz in Luxemburg. Mit dem ESM sollen zahlungsunfähige Mitgliedstaaten der Eurozone finanziell unter Einhaltung von vereinbarten Auflagen mit Krediten der Gemeinschaft durch die Euro-Staaten unterstützt werden. Auch Mitgliedstaaten der EU, die nicht der Eurozone angehören, können dem Vertrag beitreten. Das wesentliche Instrumentarium des ESM sind Notkredite und Bürgschaften. Bisher haben fünf Staaten dieses Instrument in Anspruch genommen (Griechenland, Spanien, Irland, Portugal und Zypern).

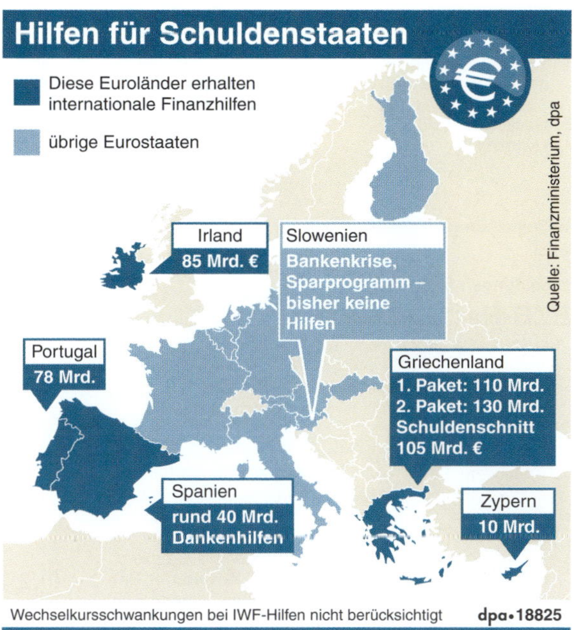

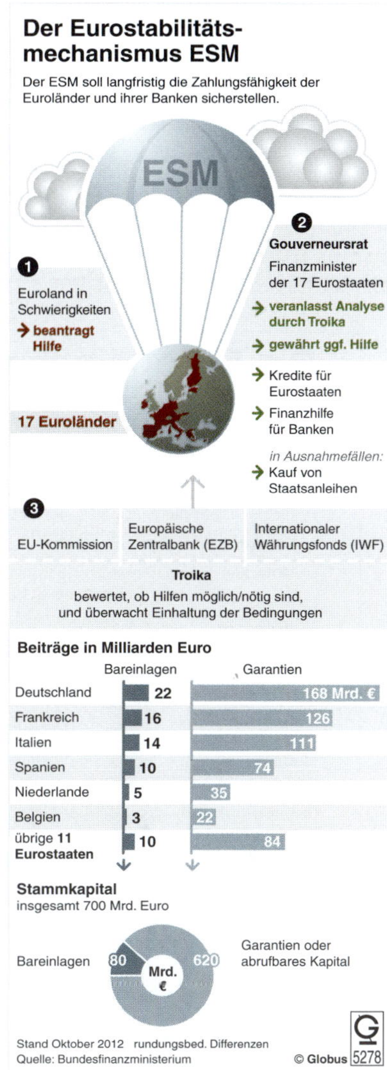

Fünf Euro-Länder erhalten bereits Hilfe. Die Kredite speisen sich aus mehreren Töpfen: Neben dem EFSF/ESM helfen der EFSM und der IWF mit. Im Falle Irlands beteiligen sich sogar Nicht-Euroländer wie Großbritannien und Schweden.

EFSF = Europäische Finanzstabilisierungsfazilität (European Financial Stability Facility)
EFSM = Europäischer Finanzierungsmechanismus (European Financial Stabilisation Mechanism)
IWF = Internationaler Währungsfonds (International Monetary Fund)

5.3 Europäisches System der Zentralbanken (ESZB)

Die Europäische Zentralbank (EZB) und alle nationalen Zentralbanken der 28 EU-Länder bilden das Europäische System der Zentralbanken. Aufgabe der EZB ist es, die Geldpolitik der Länder des Eurosystems zu steuern, d.h. der Länder, die den Euro (€) als gemeinsame Währung eingeführt haben. Dänemark, Litauen, Estland, Lettland (EWS-II-Länder) sowie Großbritannien, Schweden, Ungarn, Polen, Tschechien, Bulgarien, Rumänien haben bislang ihre nationalen Währungen behalten (z.B. dänische Krone, britisches Pfund, schwedische Krone). Ihre Geldpolitik wird von ihren nationalen Zentralbanken bestimmt, die ihre Geldpolitik mit der EZB abstimmen, da sie Teil des ESZB sind. Die Nicht-EWU-Länder haben die Möglichkeit, ihre nationalen Währungen durch den Wechselkursmechanismus II (siehe dort) (WKM II) = EWS-II-Länder an den Euro zu koppeln. Die EWS-II-Länder haben das Ziel, den Euro als nationale Währung einzuführen.

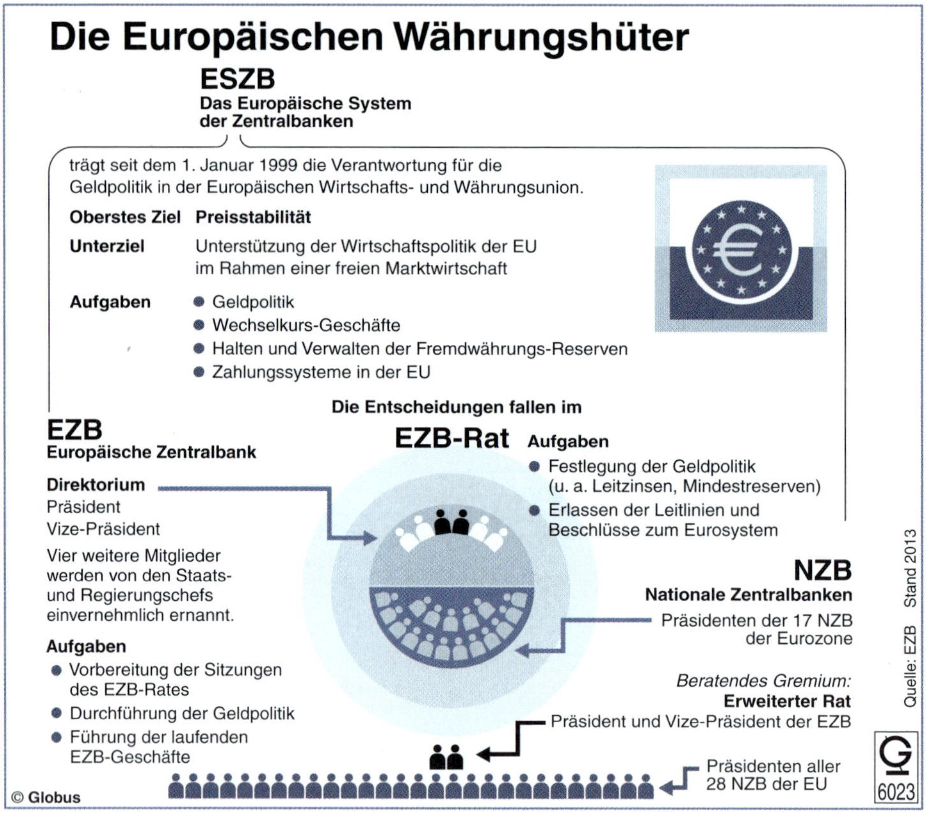

Das ESZB wird durch den EZB-Rat, das EZB-Direktorium und den erweiterten EZB-Rat geleitet:

- Dem **EZB-Rat** gehören alle Präsidenten der nationalen Zentralbanken der derzeit 16 EWU-Länder sowie die Mitglieder des EZB-Direktoriums an. Seine Aufgabe besteht darin, die Geldpolitik des Eurosystems festzulegen, geldpolitische Entscheidungen zu treffen sowie damit verbundene Ausführungsleitlinien zu erlassen.
- Das **EZB-Direktorium** setzt sich zusammen aus dem Präsidenten der EZB und seinem Vizepräsidenten sowie vier weiteren Mitgliedern aus den EWU-Staaten, die von den Regierungschefs ernannt werden. Aufgabe des Direktoriums ist es, die laufenden Geschäfte der EZB zu führen, Weisungen und Beschlüsse des EZB-Rates umzusetzen, den

nationalen Zentralbanken die entsprechenden Weisungen zu erteilen sowie die Sitzungen des EZB-Rats vorzubereiten.

- Den **erweiterten EZB-Rat** bilden der EZB-Präsident, sein Vizepräsident sowie die Präsidenten der derzeit 28 nationalen Zentralbanken der EU. Der erweiterte EZB-Rat wirkt bei der Koordinierung der Geldpolitik zwischen der EZB und den EU-Staaten, die den Euro eingeführt haben, mit, um die Preisstabilität aufrecht zu erhalten, und soll in erster Linie die Aufnahme weiterer Mitgliedsstaaten zum Eurosystem vorbereiten.

Die nationalen Zentralbanken, in Deutschland die Deutsche Bundesbank, setzen die Weisungen der EZB in ihren Ländern dezentral um, sie sind integrativer Bestandteil der EZB und an deren Weisungen gebunden.

Die EZB hat ihren Sitz in Frankfurt am Main. Ihr Präsident ist seit November 2003 der französische Notenbankpräsident Jean-Claude Trichet.

5.3.1 Geldpolitik der EZB

Vorrangigstes Ziel der Geldpolitik ist die Sicherung des Geldwertes und das Erzielen von Preisstabilität. Außerdem gehört die Unterstützung der allgemeinen Wirtschaftspolitik in der EU dazu, soweit die Preisstabilität nicht gefährdet wird. Um dieses Ziel erreichen zu können, darf weder die EZB noch dürfen die nationalen Zentralbanken Weisungen von Organen der EU – wie der EU-Kommission – oder den Regierungen der Mitgliedsstaaten oder anderen Stellen einholen oder entgegennehmen.

Weitere Aufgaben (gem. Art. 105 Abs. 2 EG-Vertrag):

- Geldpolitik der Gemeinschaft festlegen und ausführen, d. h. beispielsweise den Leitzins festlegen;
- Devisengeschäfte durchführen, d. h. in Zusammenarbeit mit den Zentralbanken, die nicht der EU angehören, den Austausch von Währungen gewährleisten;
- Währungsreserven der Mitgliedsstaaten verwalten;
- Genehmigung der Ausgabe von Banknoten (Gelddruck), die als gesetzliches Zahlungsmittel dienen.

Grundlagen für die Gewährleistung der Preisstabilität

Preis(niveau)stabilität ist dann gewährleistet, wenn der Anstieg der Preise für die Lebenshaltung im Währungsgebiet **unter, aber nahe zwei % gegenüber dem Vorjahr** liegt. Die EZB geht davon aus, dass die Geldmengenentwicklung die Preisstabilität beeinflusst. Daher ist es ihr Ziel, die Preisstabilität über die Steuerung der Geldmenge zu erreichen.

Die geldpolitische Strategie der EZB basiert auf zwei Säulen:

- Beurteilung der Wirtschaftslage im Eurogebiet sowie die Auswirkungen auf die Preise,
- Betrachtung der Geldmengenentwicklung (M3)[1].

---

[1] *Zur Geldmenge M3 gehört:*
Bargeldumlauf
+ *Sichteinlagen (Guthaben auf dem Girokonto) und Termineinlagen (angelegtes Geld über eine bestimmte Laufzeit, z. B. 3 Monate zu einem festgelegten Zinssatz wie 2 %) sowie Spareinlagen (Sparbuch) mit einer Kündigungsfrist von 3 Monaten*
+ *Geldmarktfondsanteile (Anteile an Investmentfonds, die zu 100 % in kurzfristigen Anlagen wie z. B. festverzinsliche Wertpapiere mit einer Restlaufzeit von maximal 12 Monaten, investiert werden dürfen)*
+ *von monetären Finanzinstituten (Banken, Sparkassen, Bausparkassen, Geldmarktfonds, EZB, nationale Zentralbanken) ausgegebene Schuldverschreibungen*

Die EZB gibt jedes Jahr einen Referenzwert für das Geldmengenwachstum vor (in Prozentpunkten ausgedrückt), damit zum einen die Wirtschaft mit genügend Liquidität versorgt und zum anderen die Preisstabilität nicht gefährdet wird. Wird dieser Wert überschritten, kann sie Maßnahmen ergreifen, um die Geldmenge wieder zu stabilisieren (z. B. durch Leitzinsregulierung).

Die Geldmengenentwicklung ist in erster Linie abhängig von der Geldschöpfung der Kreditinstitute, die Kredite an ihre Kunden (Nichtbanken) vergeben, vorausgesetzt, die Kunden sind bereit, Kredite aufzunehmen. Dies hängt hauptsächlich von der Zinshöhe ab, die über den Leitzinssatz der EZB bestimmt wird. Außerdem sind Kreditinstitute nur dann in der Lage, Kredite zu vergeben, wenn sie selbst über Geld (z. B. über Sparguthaben ihrer Kunden) verfügen – liquide sind – oder aber sie müssen sich Geld über ihre Refinanzierungsmöglichkeiten beschaffen, d. h., die Banken müssen Geld zu den von der EZB festgelegten Leitzinssätzen bei der EZB aufnehmen. Das Geld können sie dann zu einem höheren Zinssatz weiterverleihen. Auf diese Weise wird die Geldmenge über die Nachfrage nach Krediten durch die Kunden und somit über die Zinshöhe sowie über das Angebot an Krediten durch die Banken und deren Liquidität gesteuert.

MERKE

Beeinflussung der Kreditnachfrage durch Zinsänderungen:
Zinssatz steigt → Kreditnachfrage sinkt → Kreditvolumen sinkt
Zinssatz sinkt → Kreditnachfrage steigt → Kreditvolumen steigt

Beeinflussung des Kreditangebots durch Geldmengenänderungen:
Geldmengenzuführung → Kreditangebot steigt → Zinssatz sinkt → Kreditnachfrage steigt → Kreditvolumen steigt
Geldmengenverminderung → Kreditangebot sinkt → Zinssatz steigt → Kreditnachfrage sinkt → Kreditvolumen sinkt

Die Europäische Zentralbank spielt also bei der Steuerung der Geldmenge die zentrale Rolle. Ihr stehen dafür drei Instrumente zur Verfügung:
- Offenmarktgeschäfte
- ständige Fazilitäten
- Mindestreservesätze

5.3.2 Geldpolitische Instrumente der EZB

Offenmarktgeschäfte

Die EZB kauft/verkauft Wertpapiere für eigene Rechnung von den Geschäftspartnern/an die Geschäftspartner (Banken und Finanzinstitute) auf dem Geld- bzw. Kapitalmarkt (offener Markt) oder gewährt Kredite gegen Verpfändung von Wertpapieren als Sicherheiten. Durch den Verkauf von Wertpapieren schöpft sie dem Geldmarkt Liquidität (Buchgeld[1]) ab, sodass die umlaufende Geldmenge sinkt. Gegensätzliche Wirkungen ergeben sich, wenn die EZB Wertpapiere bei den Geschäftsbanken ankauft. Sie führt dann dem Bankensektor Zentralbankgeld zu, sodass die umlaufende Geldmenge steigt.

Grundsätzlich wird bei den Offenmarktgeschäften zwischen **befristeten** und **definitiven Transaktionen** unterschieden:

---

[1] *Buch- oder Giralgeld: Geld, das auf dem Girokonto für Zahlungszwecke zur Verfügung steht. Dazu zählen Sichteinlagen und durch Kreditinstitute bereitgestellte Mittel, aber keine Sparguthaben.*

- **Befristete Transaktionen:** Kauf bzw. Verkauf von Wertpapieren **mit** Rückkaufvereinbarung, d. h., die Wertpapiere werden nur für die **festgelegte Laufzeit** gekauft/verkauft. Ein Offenmarktgeschäft mit Rückkaufvereinbarung ist ein Pensionsgeschäft, weil diese Wertpapiere nur auf bestimmte Zeit von den nationalen Zentralbanken im Auftrag der EZB gekauft bzw. verkauft werden, sie werden also auf diese genau bestimmte Zeit „in Pension“ gegeben, bevor sie wieder zurückgekauft werden.
- **Definitive Transaktionen:** Kauf bzw. Verkauf von Wertpapieren **ohne** Rückkaufgarantie und somit **ohne** zeitliche Befristung.

Offenmarktgeschäfte werden durchgeführt, um über die Liquidität am Geldmarkt die Zinssätze zu steuern und um Signale hinsichtlich des geldpolitischen Kurses zu geben.

Die Initiative für Offenmarktgeschäfte geht von der EZB aus. Sie entscheidet über die Anwendung des Instruments und der Konditionen, wobei in diesem Rahmen vier verschiedene Instrumentarien unterschieden werden:

- **Hauptrefinanzierungsgeschäfte**
  Hauptrefinanzierungsgeschäfte sind regelmäßige Offenmarktgeschäfte in Form von liquiditätszuführenden befristeten Transaktionen mit einer Laufzeit von **einer Woche**. Das heißt, dass den Geschäftsbanken jeweils für den Zeitraum von einer Woche eine bestimmte Menge an Geld (Liquidität) – gegen Verpfändung von Wertpapieren – zur Verfügung gestellt wird. Diese Geschäfte machen den größten Anteil des Refinanzierungsvolumens der Geschäftsbanken aus.
  Bei den Hauptrefinanzierungsgeschäften werden deren Volumen und deren Mindestzinshöhe festgelegt (vgl. Mengen- oder Zinstender); sie werden wöchentlich durchgeführt. Dabei handelt es sich um Wertpapierpensionsgeschäfte. Sie haben den Vorteil, im Gegensatz zu endgültigen Wertpapierverkäufen, dass den Geschäftsbanken nur für einen genau bestimmten Zeitraum Zentralbankgeld zur Verfügung gestellt wird. Somit kann die EZB wöchentlich auf die Geldmengenentwicklung einwirken, indem sie nach jeder auslaufenden befristeten Transaktion neu entscheidet, ob sie ein neues Hauptrefinanzierungsgeschäft auflegt und in welchem Umfang sie dies veranlasst.
  Der Zinssatz, der von der EZB für Hauptrefinanzierungsgeschäfte festgelegt wird, wird als **Leitzinssatz** bezeichnet und gilt i. d. R. für einen längeren Zeitraum. Veränderungen werden durch den EZB-Rat nur dann vorgenommen, wenn geldpolitische Zielsetzungen, wie die langfristige Preisstabilität, als gefährdet angesehen werden.
- **Längerfristige Refinanzierungsgeschäfte**
  Ebenso wie bei den Hauptrefinanzierungsgeschäften handelt es sich bei den längerfristigen Refinanzierungsgeschäften um eine Kreditgewährung gegen Verpfändung von Wertpapieren. Allerdings haben die längerfristigen Refinanzierungsgeschäfte eine Laufzeit von **drei Monaten** und werden im monatlichen Rhythmus angeboten. Hiermit beabsichtigt die EZB keine geldpolitischen Signale, sondern lediglich die Grundversorgung der Kreditinstitute mit Zentralbankgeld sowie einen Ausgleich von Liquiditätsschwankungen der Geschäftspartner (Banken und Kreditinstitute).
  Durchgeführt werden diese Transaktionen dezentral, d. h. von den nationalen Zentralbanken, und zwar mithilfe von **Standardtenderverfahren** in Form eines Zinstenders (s. dort), damit die Zinshöhe von den Kreditinstituten selbst bestimmt werden kann und somit keine zins- und liquiditätspolitischen Signale von längerfristigen Refinanzierungsgeschäften ausgehen.
- **Feinsteuerungsoperationen und strukturelle Operationen**
  Sowohl Feinsteuerungsoperationen – zum Ausgleich der Auswirkungen unerwarteter Liquiditätsschwankungen auf den Zinssatz – als auch strukturelle Operationen – zur Beeinflussung der allgemeinen Liquiditätslage des Bankensystems zum Eurosystem – sind unregelmäßige Offenmarktgeschäfte, die je nach Geldmarktsituation angeboten

werden. Die Laufzeit dieser Operationen richtet sich nach dem geldpolitischen Bedarf. Sie kommen eher selten zum Einsatz.

Offenmarktgeschäfte werden überwiegend in Form von **Tenderverfahren** (Versteigerungsverfahren) durchgeführt, die i. d. R. allen Geschäftspartnern offen stehen. Zudem können aber auch **bilaterale Geschäfte** (Direktgeschäfte mit einzelnen Geschäftspartnern) durchgeführt werden.

Tender

Bei einem Tenderverfahren wird von der EZB ein Pensionsgeschäft ausgeschrieben, die Geschäftspartner (Banken und Kreditinstitute) geben ein schriftliches Angebot über die Höhe der zu verkaufenden/verpfändenden Wertpapiere und gegebenenfalls über die Zinshöhe ab. Anschließend nimmt die EZB die Zuteilung vor. Das heißt, die EZB gibt das Liquiditätsvolumen des Pensionsgeschäftes – d. h. die zu vergebende Geldmenge – vor. Für die Festlegung der Zinshöhe gibt es zwei Verfahren, den **Mengentender** und den **Zinstender**.

Mengentender	Zinstender
▪ Bei dem Mengentenderverfahren wird die Zinshöhe durch die EZB festgelegt, sodass die Geschäftspartner nur ein Angebot über die Höhe des Betrages des benötigten Geldes nennen müssen, zu dem sie Wertpapiere abgeben wollen. Übersteigen die Angebote das vorgegebene Geschäftsvolumen, bekommt jeder Einzelbieter denselben Prozentsatz zugeteilt.	▪ Bei dem Zinstenderverfahren wird durch die EZB kein Zinssatz vorgegeben, sodass die Geschäftspartner neben der Betragshöhe – des benötigten Geldes – auch den Zinssatz angeben müssen, zu dem sie bereit sind, Geschäfte abzuschließen. Allerdings kann die EZB einen Mindestzinssatz vorgeben. Bei der Zuteilung wird zuerst das höchste Zinsangebot mit dem entsprechenden Betrag angenommen, anschließend bekommt das nächsthöchste Angebot seine entsprechende Zuteilung, so lange, bis das Liquiditätsvolumen ausgeschöpft ist.

Sowohl das Mengen- als auch das Zinstenderverfahren können als Standardtender oder als Schnelltender durchgeführt werden.

Standardtender	Schnelltender
▪ Ein Standardtenderverfahren wird innerhalb von 24 Stunden – Ankündigung, Angebote, Zuteilung – abgewickelt. Die Teilnahme steht allen Geschäftspartnern (Banken und Kreditinstituten) offen. Hauptsächlich kommt dieses Verfahren bei der Durchführung von **Haupt**- und längerfristigen **Refinanzierungsgeschäften** zum Einsatz.	▪ Ein Schnelltenderverfahren wird innerhalb von nur einer Stunde – Ankündigung, Angebote, Zuteilung – abgewickelt. Die Teilnahme steht deshalb nur einer begrenzten Anzahl von Geschäftspartnern offen. Dieses Verfahren wird bei Feinsteuerungsoperationen angewandt.

Ständige Fazilitäten

Die ständigen Fazilitäten entsprechen quasi einem „Girokonto" der Banken bei der EZB. Mit den ständigen Fazilitäten besteht für die Geschäftspartner der EZB jederzeit kurzfristig die Möglichkeit, sich bei der EZB Geld zu leihen **(Spitzenrefinanzierungsfazilität)**. Die Banken überziehen ihr Girokonto gegen Zahlung von Sollzinsen oder legen Geld an **(Einlagefazilität)**. Dafür erhalten die Banken Guthabenzinsen auf ihrem „Girokonto".

Diese Geschäfte haben eine Laufzeit von einem Geschäftstag und kommen auf Initiative der Geschäftspartner zustande.

- **Spitzenrefinanzierungsfazilität**
  Die Spitzenrefinanzierungsfazilität dient dazu, den Geschäftspartnern „**Übernachtliquidität**" zur Verfügung zu stellen. Damit steht den Banken ausreichend Geld für Geschäfte mit einer Laufzeit von einem Tag, den sogenannten Tagesgeldern, zur Verfügung. Ist die Nachfrage nach Tagesgeldern von den Nichtbanken bei den Banken sehr hoch und steht diesen nicht ausreichend Geld für diese Geschäfte zur Verfügung, würde dieses zu steigenden Zinssätzen für Tagesgelder führen. Um diese Schwankungen zu vermeiden, besteht für die Banken die Möglichkeit, sich bei ihrer nationalen Zentralbank kurzfristig Geld zu beschaffen. Die Banken können sich dieses Geld jederzeit von den nationalen Zentralbanken gegen Verpfändung von Sicherheiten zu einem gegebenen Zinssatz beschaffen. Am nächsten Geschäftstag müssen sie diesen Kredit wieder zurückzahlen. Der Zinssatz für die Spitzenrefinanzierungsfazilität entspricht i. d. R. der Obergrenze des Tagesgeldsatzes.

- **Einlagefazilität**
  Die Einlagefazilität bietet den Geschäftspartnern jederzeit die Möglichkeit, ihre Geldüberschüsse bis zum nächsten Geschäftstag bei den nationalen Zentralbanken zu einem gegebenen Zinssatz anzulegen. Der Zinssatz für die Einlagefazilität entspricht i. d. R. der Untergrenze des Tagesgeldsatzes.

Die Zinssätze für die ständigen Fazilitäten und der Zinssatz für Hauptrefinanzierungsgeschäfte sind die Leitzinsen oder Schlüsselzinsen der EZB.

MERKE
Die Geldmarktzinssätze bewegen sich innerhalb eines Zinskanals, der von den Zinssätzen für die Einlagen- und die Spitzenrefinanzierungsfazilität begrenzt wird, wobei sie sich innerhalb des Zinskanals hauptsächlich am Zinssatz für die Hauptrefinanzierungsgeschäfte orientieren.

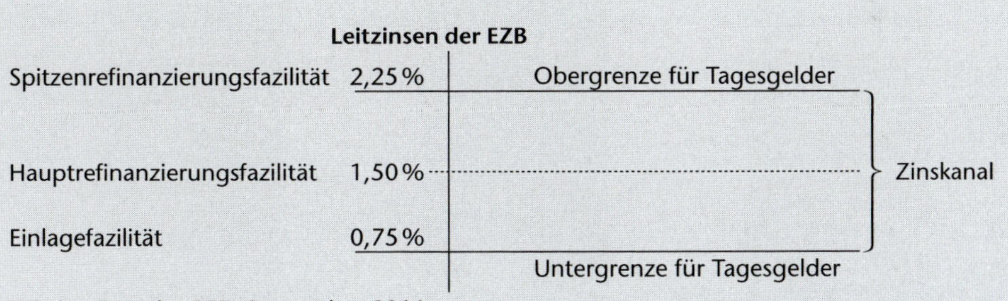

Leitzinssätze der EZB, September 2011

Mindestreserve

Die Geschäftsbanken werden von der EZB verpflichtet, bei den nationalen Zentralbanken ein verzinsliches Guthaben in bestimmter Höhe auf ihrem Konto zu unterhalten. Die Höhe des Guthabens, die sogenannte Mindestreserve, richtet sich nach der Höhe ihrer Nichtbankeneinlagen. Das heißt, ein bestimmter Prozentsatz des den Banken von ihren Kunden zur Verfügung gestellten Kapitals muss hinterlegt werden. Dieses Zentralbankguthaben wird mit dem Zinssatz für Hauptrefinanzierungsgeschäfte verzinst.

Im Rahmen der Mindestreservepolitik werden zur Steuerung der Geldmenge die Mindestreservesätze entweder herauf- oder herabgesetzt.

Legt die EZB steigende Mindestreservesätze fest, wird den Banken Liquidität entzogen und damit sind ihre Möglichkeiten, Kredite zu vergeben, begrenzt. Die Zinsen steigen, die Nachfrage nach Krediten nimmt ab, das Geldmengenwachstum verlangsamt sich.

Beschließt die EZB sinkende Mindestreservesätze, steigt die Möglichkeit der Banken, Kredite zu vergeben, da ihnen Liquidität zugeführt wird. Dies führt zu sinkenden Zinsen, die Nachfrage nach Krediten nimmt zu, sodass dann die Geldmenge schneller anwachsen kann.

Sicherheiten als Grundlage der Geldpolitik der ESZB

Damit die Geschäftspartner die Möglichkeit haben, sich bei der EZB refinanzieren zu können, müssen sie für die aufgenommenen Kredite Sicherheiten stellen.

Dabei werden Sicherheiten der Kategorie eins und zwei unterschieden:

- **Sicherheiten der Kategorie eins** sind z. B. marktfähige Schuldtitel wie z. B. EZB-Schuldverschreibungen, Pfandbriefe, Kommunalobligationen, die für das gesamte Euro-Währungsgebiet gelten und die von der EZB festgelegte Zulassungskriterien erfüllen.
- **Sicherheiten der Kategorie zwei** sind z. B. marktfähige (s. oben) und nicht marktfähige Schuldtitel wie z. B. Aktien, Wechsel, die von den nationalen Zentralbanken festgelegt werden und für die nationalen Finanzmärkte und Bankensysteme von Bedeutung sind.

Die von den Geschäftspartnern gegebenen Sicherheiten werden vom ESZB nur bis zu einem bestimmten Prozentsatz beliehen, d. h., lediglich ein Anteil des Gesamtwertes der Sicherheiten kann beliehen werden. Daraus folgt, dass die Summe der Sicherheiten eines Geschäftspartners größer sein muss als die Summe der in Anspruch genommenen Refinanzierungskredite.

ZUSAMMENFASSUNG

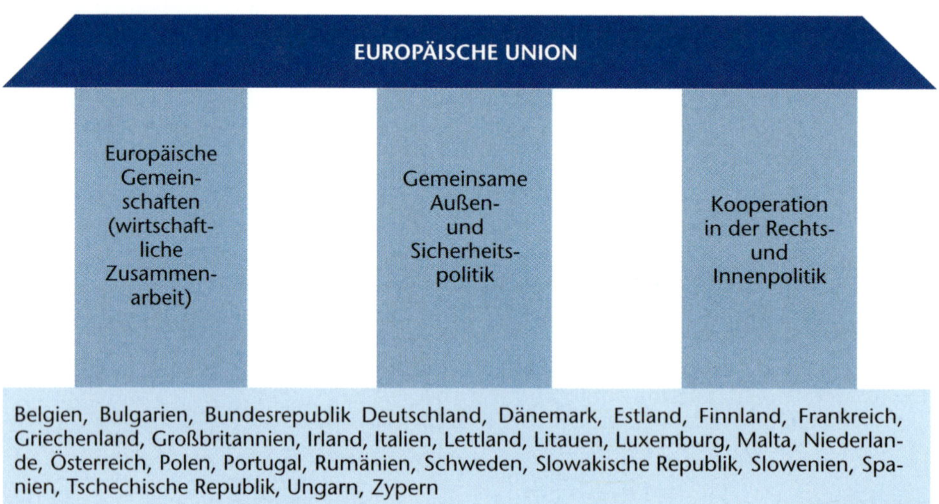

Das ESZB besteht aus der EZB und den 27 nationalen Zentralbanken.

Ziele: Sicherung der Preisstabilität sowie Unterstützung der allgemeinen Wirtschaftspolitik in der EU, soweit nicht die Preisstabilität gefährdet wird.

Organe: EZB-Rat, EZB-Direktorium, erweiterter EZB-Rat

Geldpolitische Operationen des Eurosystems

Geldpolitische Geschäfte	Transaktionsart		Laufzeit	Rhythmus	Verfahren
	Liquiditätsbereitstellung	Liquiditätsabschöpfung			
Offenmarktgeschäfte					
Hauptfinanzierungsinstrument	Befristete Transaktionen	–	Eine Woche	Wöchentlich	Standardtender
Längerfristige Refinanzierungsgeschäfte	Befristete Transaktionen	–	Drei Monate	Monatlich	Standardtender
Feinsteuerungsoperationen und strukturelle Operationen	...	...	...	...	...
Ständige Fazilitäten					
Spitzenrefinanzierungsfazilität	Befristete Transaktionen		Über Nacht	Inanspruchnahme auf Initiative der Geschäftspartner	
Einlagefazilität		Einlagenannahme	Über Nacht	Inanspruchnahme auf Initiative der Geschäftspartner	
Mindestreserve					
Senkung der Mindestreserveeinlagen	Senkung der Mindestreservesätze				
Erhöhung der Mindestreserveeinlagen		Erhöhung der Mindestreservesätze			

Quelle: In Anlehnung an: Deutsche Bundesbank, Geld & Geldpolitik, Ausgabe 2005/2006, S. 63

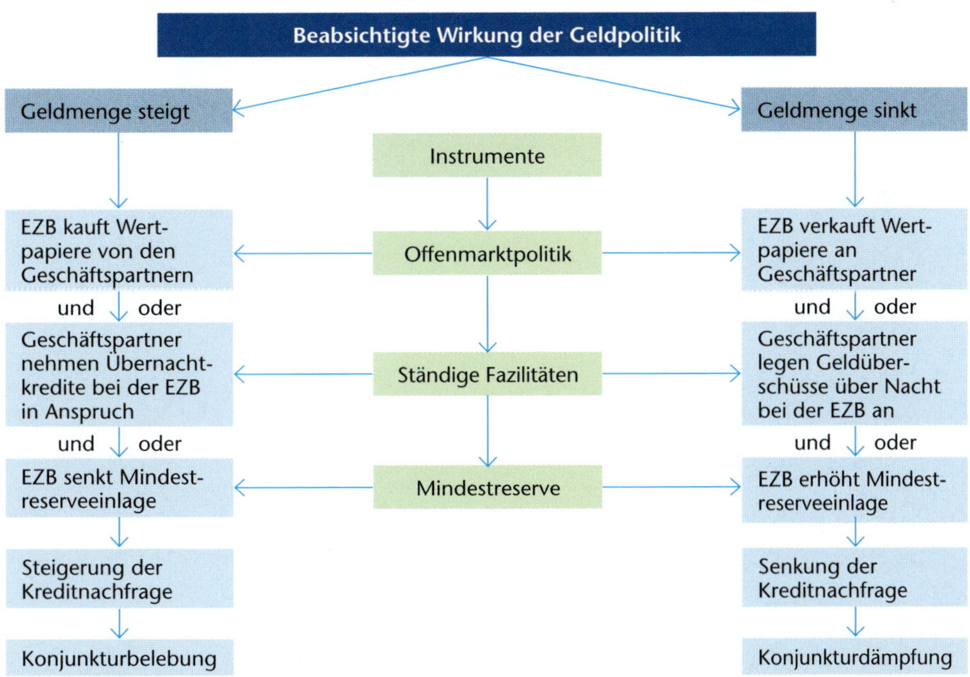

Übungsaufgaben

1. Kennzeichnen Sie die Entwicklung der EU von ihren Anfängen bis hin zur EU der 27 Mitgliedsstaaten.
2. Benennen Sie die drei Säulen der EU.
3. Geben Sie an, was unter dem gemeinsamen Binnenmarkt der EU zu verstehen ist, indem Sie die Freiheiten Nr. 1 bis Nr. 4 im Einzelnen erläutern.
4. Legen Sie dar, was unter der EWU zu verstehen ist, und kennzeichnen Sie den Weg bis zur EWU.
5. Beschreiben Sie die Kriterien zur Teilnahme an der EWU und wenden Sie diese auf einen der Beitrittsstaaten beispielhaft an.
6. Erklären Sie die vorrangigen Ziele der Geldpolitik der EZB.
7. Zu den geldpolitischen Instrumenten der EZB gehören Offenmarktgeschäfte, ständige Fazilitäten und Mindestreservesätze. Erläutern Sie diese geldpolitischen Instrumente anhand von Beispielen.

6 Internationale Handelsbeziehungen

LERNSITUATION

Der Kunde Harry Wegners Bastelladen importiert Bastelmesser mit Kunststoffgriffen und einer feststehenden Klinge aus China. Der Auszubildende Mark Köhler hat heute seinen ersten Arbeitstag in der Seehafen Importabteilung der Wall GmbH – Spedition & Logistik. Seine Aufgaben umfassen neben der eigentlichen Importabwicklung auch die Verzollung. Für den obigen Auftrag erklärt ihm Frau Poker, Sachbearbeiterin in der Seehafenimportabteilung der Wall GmbH, dass die EU bestimmten Ländern Zollpräferenzen, d.h., eine Zollvergünstigung oder eine vollständige Zollbefreiung gewährt. Deshalb ist ein Präferenznachweis in der Zollanmeldung unbedingt anzugeben. Das UZ-Form A ist ein Präferenznachweis, mit dem die Firma Wegner einen niedrigeren Zollsatz oder eine völlige Zollbefreiung erzielen kann. Diese Regelung trifft allerdings nicht auf den Warenverkehr mit Industrieländern zu.
Nach dieser Erläuterung durch Frau Poker fährt Mark mit seiner Arbeit fort.

Aufgaben

LSL

1. Schildern Sie die Abwicklung eines Importauftrages.
2. Legen Sie dar, was unter einer „Verzollung" zu verstehen ist, und geben Sie an, welche anderen Zollverfahren angewendet werden können.
3. Schildern Sie mit Ihren eigenen Worten, wofür ein Präferenznachweis notwendig ist. Erläutern Sie, aus welchen Gründen Länder Zölle erheben.
4. Seit dem Jahr 2002 erfolgt die zoll- und umsatzsteuerrechtliche Abfertigung von Waren im grenzüberschreitenden Verkehr mit dem ATLAS-System. Erläutern Sie, was unter ATLAS zu verstehen ist, und beschreiben Sie den Ablauf.
5. Stellen Sie mittels Zollkodex bzw. EZT die Zolltarifnummer für Bastelmesser mit Kunststoffgriffen fest und geben Sie an, welcher Zollsatz für die dort angegebenen Drittländer festgeschrieben ist.
6. Schildern Sie mit Ihren eigenen Worten, wofür ein Präferenznachweis notwendig ist.
7. Erläutern Sie, aus welchen Gründen Länder Zölle erheben.
8. Für eine Ware aus den USA wird keine Zollvergünstigung gewährt, obwohl ein Ursprungszeugnis vorliegt. Begründen Sie den Sachverhalt.

Damit der Warenverkehr über die Staatsgrenzen hinaus erleichtert und z.T. vergünstigt wird, wurde und wird weltweit ständig versucht, Zölle und sonstige Handelsbarrieren abzubauen. Diesem Ziel haben sich sowohl die Welthandelsorganisation (World Trade Organization – WTO) als auch regionale Handelsabkommen in verschiedenen Regionen der Welt verschrieben.

Einzelne Länder bzw. die EU räumen sich gegenseitig oder einseitig verpflichtend Zollpräferenzen, d.h., Zollvergünstigungen ein, um so den Handel zwischen den Ländern zu verstärken. Deshalb sind **Präferenznachweise** nur im Warenverkehr mit denjenigen Staaten erforderlich, mit denen diese Länder wie die EU oder z.B. die USA und Kanada Freihandels-Präferenz-Abkommen abgeschlossen haben, sowie mit Staaten und Gebieten, die mit diesen Ländern assoziiert sind.

LSL

Welthandelsorganisation (WTO)

Die WTO ist die Nachfolgeorganisation der GATT (General Agreement on Tariffs and Trade – Allgemeines Zoll- und Handelsabkommen) und wurde 1995 gegründet. Der WTO gehören derzeit über 155 Vertragsstaaten an.

Sie verfolgt die Ziele:

- mehr Märkte für den freien Handel zu öffnen (= Liberalisierung des Welthandels),
- Handelshemmnisse, z. B. Zölle, mengenmäßige Beschränkungen bei der Einfuhr usw., weltweit zu beseitigen und bei Handelsstreitigkeiten zwischen den Staaten zu vermitteln,
- das Gleichstellungsgebot ausländischer Waren im Einfuhrland zu wahren,
- einen möglichst uneingeschränkten freien Handel und ein umfangreicheres und präziseres Regelwerk für die internationalen Handelsbeziehungen zu schaffen.

Aufgrund der Arbeit der WTO müssen die USA z. B. den Verkauf mexikanischen Thunfisches zulassen.

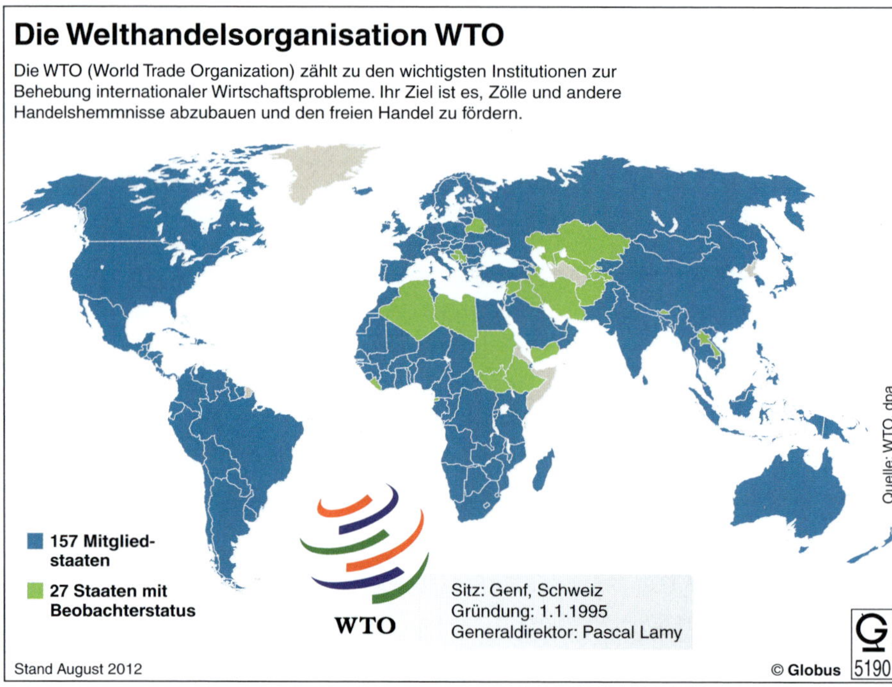

Washingtoner Artenschutzabkommen

Dieses Abkommen regelt die Ein- und Ausfuhr von bestimmten, besonders bedrohten Tier- und Pflanzenarten (z. B. bestimmte Elefantenarten, Nashörner, Schlangen- oder Krokodilarten) bzw. von Produkten, die von diesen Tieren gewonnen werden (z. B. Elfenbeinarbeiten, Portemonnaies, Kleidungsstücke). Der Handel mit diesen Tieren sowie Pflanzen und auch mit den daraus gewonnenen/hergestellten Produkten ist verboten. In äußerst seltenen Ausnahmefällen kann eine Sondergenehmigung erteilt werden.

Europäische Union (EU)

Die Zollunion ist fester Bestandteil der EU, d. h., zwischen den einzelnen Mitgliedsstaaten werden keine Zölle erhoben, zu anderen Ländern (Drittländern) besteht eine gemeinsame Zollgrenze mit gemeinsamen Außenzöllen.

Die 28 Mitgliedsländer sind: Belgien, Bulgarien, Dänemark, Deutschland, Estland, Finnland, Frankreich, Griechenland, Großbritannien, Irland, Italien, Kroatien, Lettland, Litauen, Luxemburg, Malta, Niederlande, Österreich, Polen, Portugal, Rumänien, Schweden, Slowakei, Slowenien, Spanien, Tschechien, Ungarn und Zypern.

European Free Trade Association (EFTA)

Die EFTA wurde 1960 alternativ zur EU gegründet. Zur EFTA zählen die Länder Island, Norwegen, Schweiz und Liechtenstein. Sie erheben untereinander keine Zölle. Im Warenverkehr zwischen der EU und den EFTA-Staaten werden im Rahmen eines Assoziierungsabkommens (mit wenigen Ausnahmen) keine Zölle erhoben.

Europäischer Wirtschaftsraum (EWR)

Seit 1994 ist ein Abkommen zwischen der EU und den EFTA-Staaten in Kraft. Es sieht eine neue Form der Zusammenarbeit zwischen beiden Wirtschaftsgemeinschaften vor, bei dem durch den Nachweis des Ursprungs der Ware aus einem Mitgliedsstaat keine Zölle anfallen.

Weitere Wirtschaftsblöcke

Aufgrund der Bedeutung, die sich aus der wirtschaftlichen Zusammenarbeit ergeben hat, haben sich weltweit auch andere Staaten zu wirtschaftlichen Blöcken zusammengefunden.

North American Free Trade Agreement (NAFTA – Nordamerikanische Freihandelszone – seit 1994)

Die USA, Kanada und Mexiko haben sich die Abschaffung von Handelshemmnissen und Zöllen zum Ziel gesetzt. Neben dem europäischen Wirtschaftsraum ist die NAFTA die weltweit wichtigste Freihandelszone.

Association of South East Asian Nations (ASEAN – Vereinigung südostasiatischer Staaten – seit 1967)

Brunei, Indonesien, Laos, Malaysia, Myanmar, Philippinen, Singapur, Thailand und Vietnam haben das Ziel der politischen, wirtschaftlichen und sozialen Zusammenarbeit.

Mercosur

Der Mercosur ist ein Zusammenschluss lateinamerikanischer Staaten mit dem Ziel, freien Handel miteinander zu betreiben.

Südafrikanische Entwicklungsgemeinschaft (SADC)

Die südafrikanische Entwicklungsgemeinschaft wurde 1992 gegründet. Sie ist eine regionale Organisation und verfolgt u. a. das Ziel, die Kooperation der Mitgliedsländer untereinander zu fördern, um die wirtschaftliche und soziale Entwicklung sowie die kollektive Eigenständigkeit zu stärken, aber auch, um in der Region Frieden und Sicherheit zu schaffen.

Asiatische Freihandelszone

Diese Freihandelszone ist ein wirtschaftlicher Zusammenschluss der Staaten des asiatisch-pazifischen Raumes.

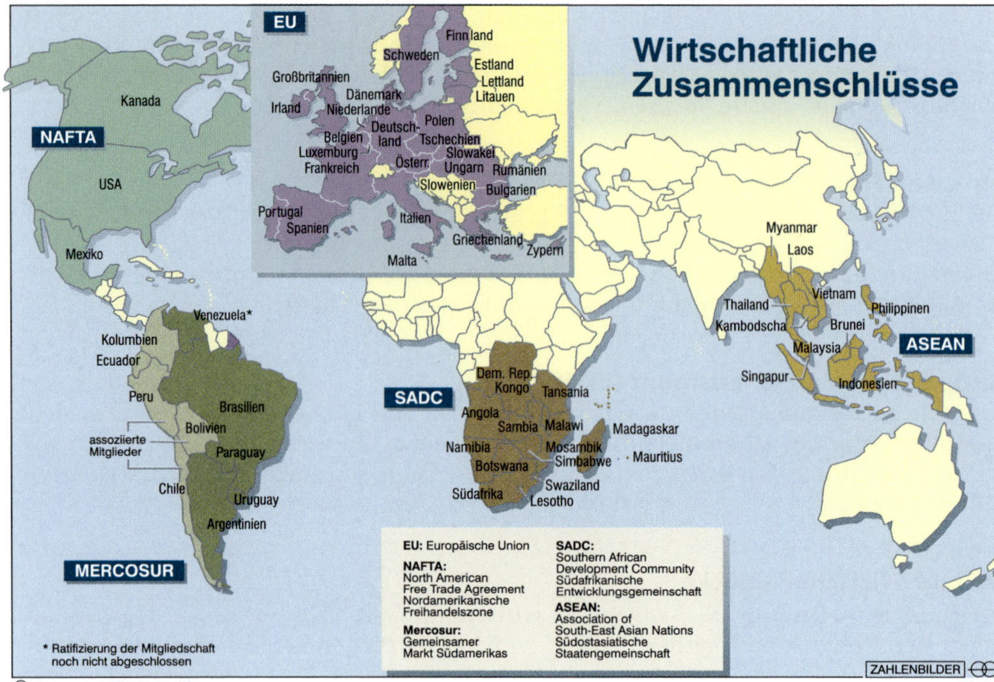

 621 956

Andere internationale (bilaterale und einseitige) Abkommen mit der EU

Die EU hat mit vielen Ländern mit dem Ziel Verträge geschlossen, Handelshemmnisse abzubauen, um so den Warenverkehr zu erleichtern. Dies soll in erster Linie durch die Gewährung von niedrigeren Zöllen oder vollständiger Zollbefreiung erreicht werden.

- Assoziierungsabkommen in Form von wechselseitigen Abkommen für die Ein- und Ausfuhr mit Israel sowie mit den abhängigen überseeischen Ländern und Gebieten (ÜLG) (Präferenznachweis: EUR 1),
- Assoziierungsabkommen mit den Staaten Osteuropas: Bulgarien, Rumänien usw. (Präferenznachweis: EUR 1, EUR 2),
- Assoziierungsabkommen mit der Türkei (= Freiverkehrsprinzip) (Präferenznachweis: A.TR. 1; A.TR. 3),
- Assoziierungsabkommen mit weiteren Staaten wie Ägypten, Israel, Marokko und Tunesien,
- Abkommen über die Gewährung **einseitiger** Zollpräferenzen gegenüber Entwicklungsländern (Präferenznachweis: z. B. zu Form A); oder das Abkommen von Lomé mit Entwicklungsstaaten **A**frikas, der **K**aribik und des **p**azifischen Raums (AKP-Staaten; Präferenznachweis: EUR 1).

Vier große Wirtschaftsräume sind auf den Weltmärkten tonangebend. **Asean**, **EU**, **Nafta** und **Mercosur**. Nach Köpfen gezählt ist Asean der größte Wirtschaftsraum der Welt: Der Zusammenschluss von zehn asiatischen Staaten bringt es auf eine Zahl von 495 Millionen Verbrauchern. Gemessen an seiner jährlichen Wirtschaftsleistung von 748 Milliarden Dollar nimmt sich die asiatische Gemeinschaft jedoch gegenüber der Nafta und der EU wie ein Zwerg aus. So bringt es die Nafta auf eine Wirtschaftsleistung von 8727 Milliarden Dollar, und hinter der EU steckt eine Wirtschaftskraft von 8584 Milliarden Dollar.

Die Bedeutung der jeweiligen Bündnispartner für den Außenhandel ist recht unterschiedlich. Am wichtigsten ist die Gemeinschaft für die Länder der EU, wickeln sie doch über 60 % des Außenhandels untereinander ab. Die Nafta kommt auf 49 %, bei Mercosur und Asean beträgt der Anteil des Handels untereinander 24 %.

Freihandelsabkommen mit diversen Ländern sind in Planung

Angekündigt sind Verhandlungen mit den USA und mit Japan. Mit beiden Ländern will die EU separate Freihandelsabkommen anstreben. Die EU hat vor einiger Zeit ein solches Abkommen mit Südkorea abgeschlossen. Die Exporte der EU-Länder sind im ersten Jahr nach der Verabschiedung um über 30 Prozent gestiegen, in den vollständig liberalisierten Bereichen um mehr als 50 Prozent. Wirtschaftsexperten erwarten durch ein weiteres Freihandelsabkommen mit den USA und auch mit Japan einen wirtschaftlichen Schub von 1 bis 1,5 Prozent.

Der Welthandel eilt von Rekord zu Rekord.

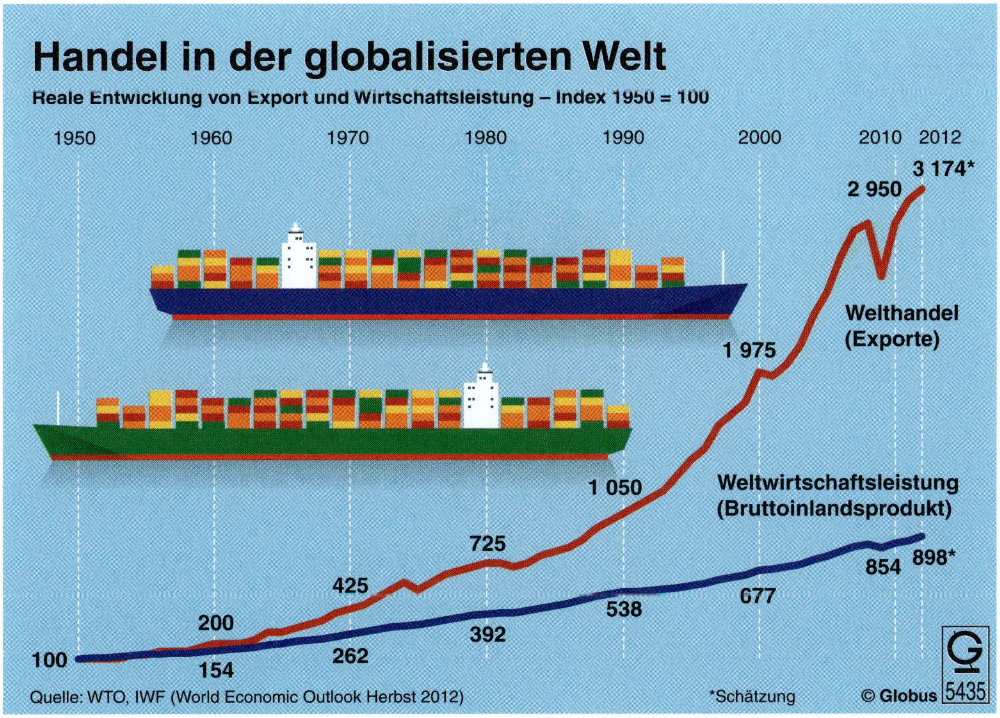

ZUSAMMENFASSUNG

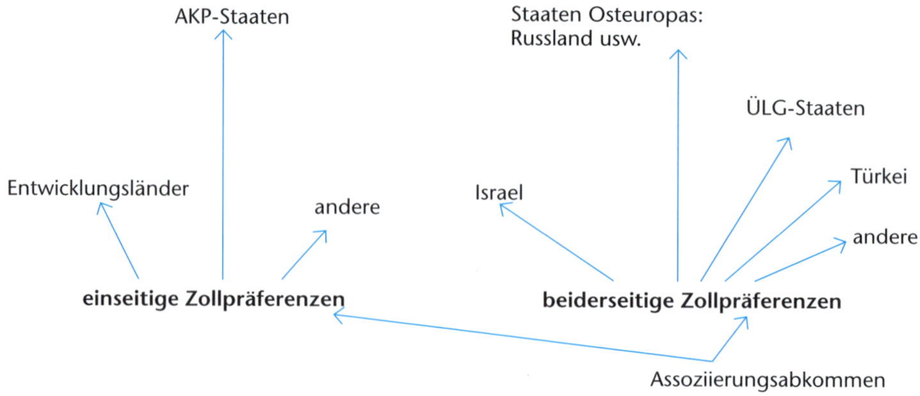

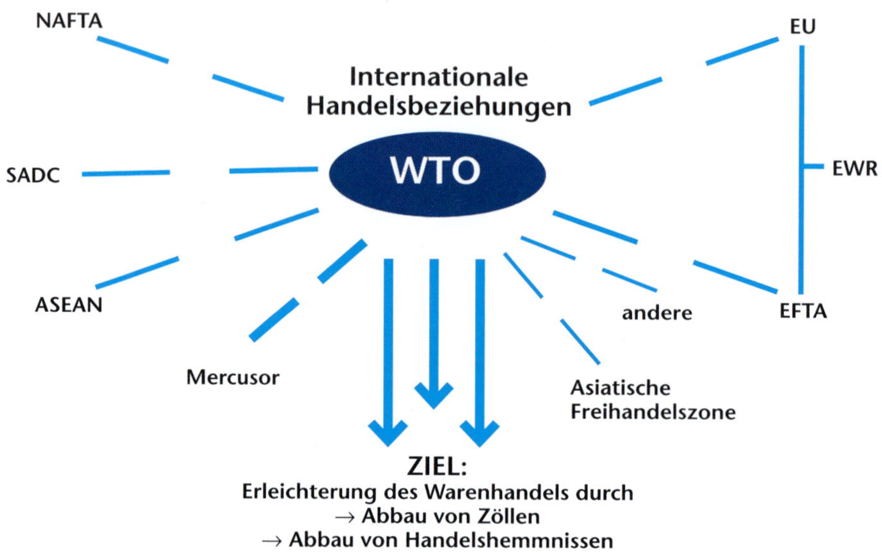

Bearbeitungsvorschläge

1. Sie bekommen den Auftrag, 2000 Kartons T-Shirts mit 25 cbm, einkommend aus China, für den Import abzufertigen. Die T-Shirts sollen für den zoll- und einfuhrumsatzsteuerrechtlich freien Verkehr abgefertigt werden. Erledigen Sie diesen Auftrag zur vollsten Zufriedenheit Ihres Kunden, indem Sie den Ablauf der Importabwicklung ausführlich darstellen.
2. Schildern Sie, weshalb sich Länder aus einer Region zu Handelszonen bzw. Wirtschaftsblöcken zusammenschließen.
3. Erläutern Sie, welche Auswirkungen die Abschaffung bzw. die Einschränkung der Zölle für ein Export- als auch für ein Importland haben kann.

7 Internationale Arbeitsteilung

LERNSITUATION

Ein großer europäischer Automobilhersteller, „Generation Car (GC)“, produziert seit kurzer Zeit auch in Brasilien (Juiz de Fora). Die Beschaffung der Kfz-Zulieferteile erfolgt zu großen Teilen über den Hamburger Hafen. Aufgrund der Tatsache, dass GC in der Vergangenheit vermehrt Probleme mit seinen bisherigen Logistikdienstleistern hatte, ist das Unternehmen stark an neuen Logistikdienstleistern und deren Lösungen interessiert. Die Wall GmbH – Spedition & Logistik hat ein Beschaffungslogistikprojekt speziell für die GC entwickelt und erhält zunächst für drei Monate Versuchsaufträge.

Frau von Blumenfeld, Sachbearbeiterin in der Logistikabteilung der Wall GmbH, muss Stoßfänger von Lieferanten in ganz Europa abrufen und nach Juiz de Fora in Brasilien verschiffen. An die Stoßfänger müssen im Lager der Wall GmbH vor der Verschiffung Scheinwerfer eingebaut werden. Herr Stock, ebenfalls Sachbearbeiter der Wall GmbH, in der Logistikabteilung, ist für den Abruf der Scheinwerfer bei vorgeschriebenen Lieferanten verantwortlich. Beide, Frau von Blumenfeld und Herr Stock, müssen ihren Bedarf und die Lieferung genauestens abstimmen, damit beide Artikel „just in time“ am Lager der Wall GmbH eintreffen und der Einbau der Scheinwerfer in die Stoßfänger wie geplant durch die eigens für diesen Zweck eingestellten Fachkräfte erfolgen kann.

Nach der Schiffsankunft in Brasilien müssen die Stoßfänger, inklusive der eingebauten Scheinwerfer, innerhalb von 24 Stunden in die Produktion gehen. Die Wall GmbH strebt einen Standardvertrag an und Herr Lohmacher, Abteilungsleiter der Logistikabteilung, hat die Weisung erteilt, äußerst sorgfältig, zuverlässig und pünktlich zu arbeiten. Er hat viele Kontrollen in die Auftragsabwicklung eingebaut, sodass kaum Fehler auftreten dürften. Bei Problemen ist sofort mit ihm Rücksprache zu halten.

Aufgaben

LSL

1. Schildern Sie den Ablauf der Exportabwicklung inklusive der Ausfuhrabfertigung.
2. Erläutern Sie Gründe, die Generation Car veranlasst haben können, die Automobilproduktion ins Ausland (Brasilien) zu verlagern.
3. Diskutieren Sie mit Ihrem Nachbarn die Aufgaben bei einem Beschaffungslogistikprojekt. Nehmen Sie die obige Situation als Ausgangsbeispiel.
4. Erläutern Sie, aus welchem Grund die Wall GmbH in Hamburg Scheinwerfer in die Stoßfänger einbauen lässt.

Die internationale Arbeitsteilung findet zwischen verschiedenen Volkswirtschaften statt. Sie beruht vor allem auf Kostenunterschieden z. B. durch unterschiedlich hohe Löhne oder Lohnnebenkosten, die für/bei der Herstellung anfallen, aber auch andere Gründe wie z. B. natürliche, politische oder geografische Gegebenheiten können sie begünstigen.

Die Funktionsweise der internationalen Arbeitsteilung sieht für ein Land vor, anstatt alles selbst zu produzieren, bestimmte Bereiche zu verlagern, wodurch sich Kostenvorteile ergeben. Das heißt, sie exportieren einen Teil der Vorprodukte und importieren dafür beispielsweise die Endprodukte, die sie nur mit vergleichsweise hohen Kosten selbst herstellen können.

MERKE
Das Land, das die geringeren Kosten (= Arbeitsaufwand) für die Produktion eines Gutes aufwendet, spezialisiert sich auf die Produktion dieses Gutes und importiert das Gut, bei dem es selbst höhere Kosten hat.

Beispielsweise kann Costa Rica Bananen billiger produzieren als die USA, die USA können hingegen Mais günstiger produzieren als Costa Rica. Costa Rica produziert nur noch Bananen und exportiert einen Teil davon in die USA. Die USA produzieren nur noch Mais und exportieren einen Teil davon nach Costa Rica.

LSL

Die verschiedenen Volkswirtschaften versuchen i. d. R. möglichst viel zu exportieren. Gleichzeitig versucht eine Vielzahl dieser Volkswirtschaften ihre Importe zum Schutz der einheimischen Wirtschaft zu begrenzen. Das heißt, sie versuchen, den Absatz der einheimischen, häufig kostenintensiv produzierten Güter sicherzustellen, indem Zölle bzw. Schutzzölle erhoben werden, wodurch die importierten Waren neben den (zumeist günstigeren) Produktionskosten mit einem weiteren Kostenfaktor (Zoll) belegt und damit teurer werden. Früher waren Importzölle ein gängiges Mittel, um dieses Ziel zu erreichen. Zurzeit bestehen mengenmäßige Importbehinderungen (Kontingente), um den Schutz der einheimischen Wirtschaft zu gewähren. So gewährt die EU im Rahmen von Kontingenten unter Vorlage des Präferenznachweises UZ-Form A die zollvergünstigte Einfuhr bestimmter Textilien aus China, um die chinesische Textilwirtschaft zu unterstützen. Ist die im Kontingent benannte Menge erreicht, werden keine Zollvergünstigungen mehr gewährt. Erst durch die Gewährung der Zollvergünstigung sind diese Textilien auf dem EU-Markt wettbewerbsfähig. Entfällt die Zollvergünstigung, weil die im Kontingent benannte Menge erreicht ist, sind Textilien mit einem höheren Zollsatz belegt und damit teurer im Verkauf. So kann sichergestellt werden, dass einheimische Textilien am Markt abgesetzt/verkauft werden. (Japan schreibt beispielsweise eine Einfuhrerlaubnis für den Import ausländischer Autos vor; die EU behindert die Einfuhr von landwirtschaftlichen Produkten aus Drittländern).

MERKE
Gründe für die internationale Arbeitsteilung liegen in:
- Lohnkostenunterschieden (z. B. Textilherstellung in Indien),
- technologischen Unterschieden (z. B. Hersteller von Maschinen in Deutschland),
- klimatischen Bedingungen (z. B. Bananenanbau auf Madeira),
- geografischen Bedingungen (z. B. Erdgasgewinnung in Russland).

Arbeitskosten im EU-Vergleich
Im Jahr 2012 lagen die Arbeitskosten der privaten Unternehmen in Deutschland bei 31,00 € je Arbeitsstunde und waren damit um ein knappes Drittel höher als im EU-Durchschnitt (23,59 €). In der Euro-Zone wurden im Schnitt 30,10 € gezahlt. Das deutsche Arbeitskostenniveau rangierte damit innerhalb der EU an achter Stelle. Arbeitskosten setzen sich aus Bruttoverdiensten und Lohnnebenkosten zusammen, wobei letztere vor allem aus den Sozialbeiträgen der Arbeitgeber bestehen. 2012 zahlten die deutschen Unternehmen auf 100 Euro Bruttoverdienst zusätzlich 27 Euro Lohnnebenkosten. Im EU-Ranking lag Deutschand damit auf Rang 16. Besonders aufschlussreich ist ein Blick auf die Entwicklung der Arbeitskosten in den vergangenen Jahren, wird doch an diesen Zahlen deutlich, warum deutsche Unternehmen so wettbewerbsfähig sind. Von 2001 bis 2010 kletterten die Kosten in jedem Jahr langsamer als im EU-Schnitt, alles in allem um 16 Prozent. In Frankreich hingegen erhöhten sich die Arbeitskosten im gleichen Zeitraum um 35 Prozent.

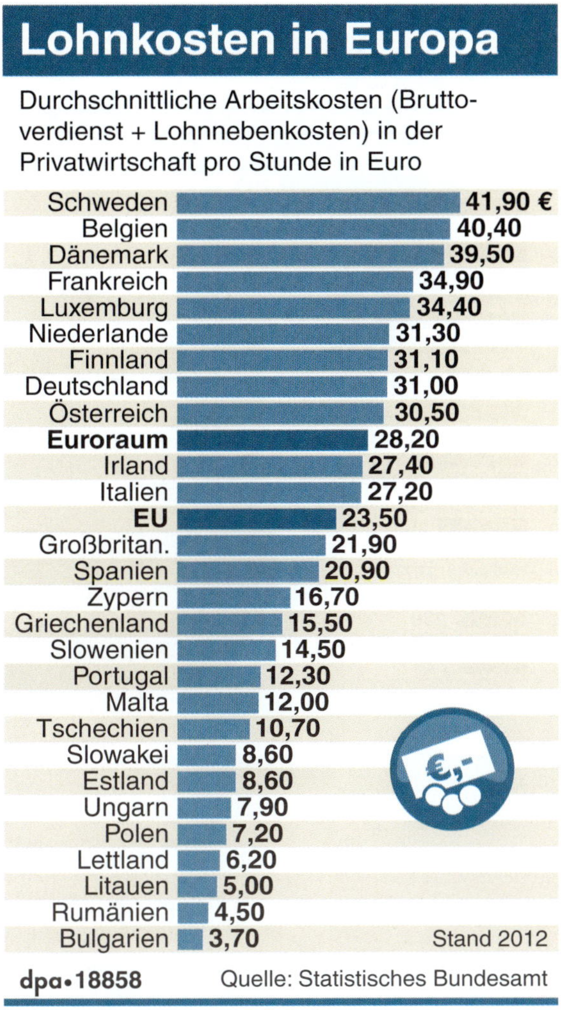

Hauptursache für viele deutsche Unternehmen, Teile ihrer Produktionsstätten in das Ausland zu verlagern, sind die hohen Lohnnebenkosten (= Globalisierung). Die Spezialisierung einer Volkswirtschaft auf die Produktion bestimmter Güter, in Verbindung mit den wirtschaftlichen Beziehungen zu anderen Volkswirtschaften, kann eine bessere und günstigere Güterversorgung sowie eine Erhöhung des Lebensstandards zur Folge haben. Die Exporte steigen an und die Folge ist eine bessere Versorgung der Wirtschaft mit Gütern. Der Spediteur als Spezialist für die Organisation und Durchführung von Gütertransporten ist immer stärker gefordert, für die Wirtschaft entsprechende Konzepte anzubieten.
Beispiel für internationale Arbeitsteilung:

- Kunststoff aus Deutschland wird nach Malta ausgeführt.
- In Malta werden die Spielwaren produziert.
- Wiedereinfuhr der Spielwaren nach Deutschland

China konnte, indem es sein Wirtschaftswachstum auf eine exportorientierte Produktion stützte, große wirtschaftliche Erfolge verbuchen und die USA und Deutschland von den ersten Plätzen verdrängen. Deutschland galt bis zur Wirtschaftskrise im Jahre 2008 als Exportweltmeister und war bis zu diesem Zeitpunkt an erster Stelle der exportierenden Länder.

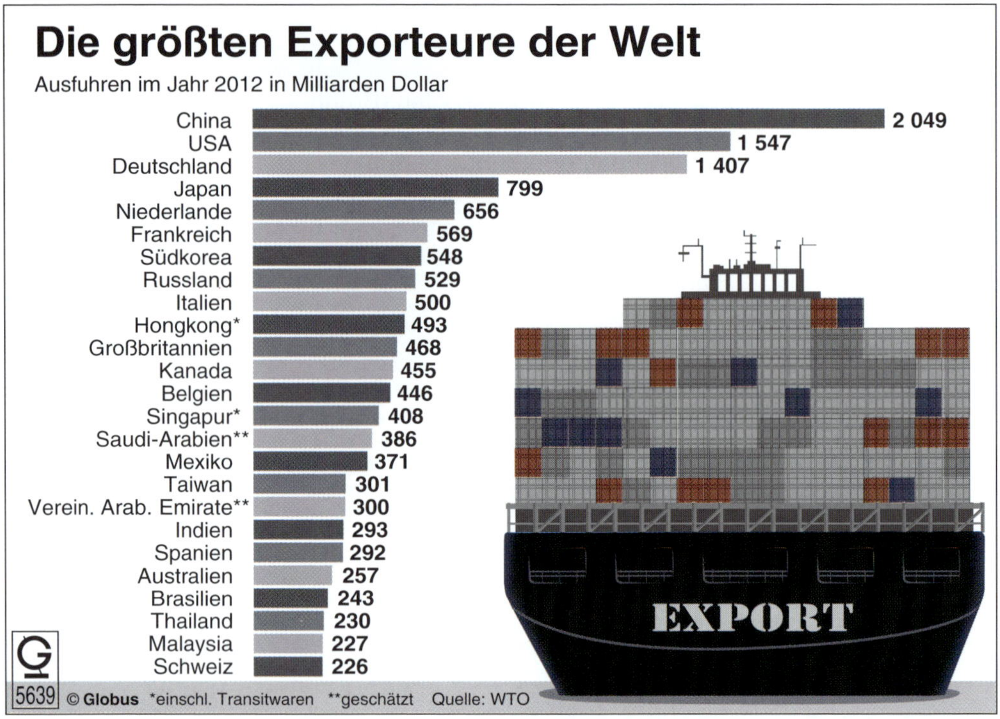

Vorteile der internationalen Arbeitsteilung

- Der Güteraustausch zwischen den Staaten wird erleichtert.
- Die bedarfsgerechte Versorgung der Volkswirtschaften mit verschiedensten Gütern ist möglich.
- Die Tauschfähigkeit mit ausländischen Gütern wird erhöht.
- Die Berücksichtigung individueller Fähigkeiten und Neigungen von Volkswirtschaften wird gefördert.
- Die Verbesserung der Ausschöpfung wirtschaftlicher Leistungsfähigkeiten im in- und ausländischen Waren- und Leistungsverkehr wird erhöht.
- Volkswirtschaften wachsen wirtschaftlich und kulturell enger zusammen.

Nachteile der internationalen Arbeitsteilung

- Die gegenseitige Abhängigkeit der Volkswirtschaften wächst. Insbesondere in Ländern mit hohem Exportanteil wie Deutschland ist der Wohlstand der Bevölkerung und des Landes stark/in großem Maße vom Export abhängig.
- Die Arbeitsteilung schafft im Hinblick auf die Umweltbelastungen eine Reihe von Problemen. So erhöht die Arbeitsteilung den Güterverkehr erheblich.
- Eventuell erfolgt ein Arbeitsplatzabbau durch Rationalisierung bzw. Verlagerung der Produktion.
- Es besteht eine große Abhängigkeit vom wirtschaftlichen Zustand/Geschehen der beteiligten Volkswirtschaften.
- Die Arbeitsplätze im Inland können gefährdet sein, wenn die Produktion deshalb eingestellt wird, weil die entsprechenden Güter aus dem Ausland billiger zu beziehen sind oder Streiks im Ausland, Kriege, politische Veränderungen in anderen Volkswirtschaften (u. a.) die Produktion der eigenen Volkswirtschaft lahm legt/verhindert.

ZUSAMMENFASSUNG

1. Einkauf
Entwurf einer Kollektion

2. Export ins Ausland, z. B. nach Indien/Pakistan

Grenze: EU

Differenzverzollung:

Bei der Wiedereinfuhr der fertigen Ware wird der Zoll für die veredelten Waren um den Betrag gemindert, der als Zoll für die unveredelten Waren zu erheben wäre.

3. Nähen der Kleidung in Indien/Pakistan

4. Kleider und andere Textilien werden wieder in Deutschland eingeführt.

Dieser Vorgang wird als *passive Veredelung* bezeichnet.
Die Ware wird ins Ausland befördert, dort veredelt und anschließend wieder ins Inland importiert (Inland – Ausland – Inland).

Bearbeitungsvorschläge

1. Informieren Sie sich beispielsweise im Internet über weltweit agierende Unternehmen, wie die VW AG, die Daimler-Chrysler AG, die Airbus AG, den Otto Versand u. v. a. m., die internationale Arbeitsteilung betreiben, und beschreiben Sie sowohl das Vorgehen/die Arbeitsweise dieser Unternehmen als auch die Beweggründe für dieses Vorgehen.
2. Beschreiben Sie Gründe für die internationale Arbeitsteilung und geben Sie Beispiele an.
3. Schildern Sie die Auswirkungen, die die internationale Arbeitsteilung auf Spediteure hat.
4. Formulieren Sie Vor- und Nachteile der internationalen Arbeitsteilung für das Verkehrswesen.

8 Kooperations- und Konzentrationsprozesse

LERNSITUATION

Das Auftragsvolumen der Wall GmbH – Spedition & Logistik steigt in der Seehafenimport und -export Spedition stetig an. Insbesondere bei der Importspedition verlangen die Kunden der Wall GmbH verstärkt ein größeres und umfassenderes Angebot bei der Güterabfertigung bis hin zur Auslieferung bei den Endkunden. Insbesondere die geforderten Anlieferungen in jeden Teil Deutschlands stellen die Wall GmbH vor gewaltige Probleme, weil die Verteilung der Importgüter an die jeweiligen Empfänger über sie erfolgen soll. Da die Wall GmbH ihren Hauptsitz in Hamburg und Niederlassungen, z.B. in Bremen, Frankfurt am Main und München hat, kann sie lediglich die Warenverteilung in deren jeweiligen Einzugsgebieten gewährleisten. Allerdings kann die Wall GmbH die Warenverteilung, z.B. in Berlin, Karlsruhe oder Leipzig, nicht ohne die Auftragsvergabe an befreundete Speditionen garantieren. Deshalb arbeitet die Wall GmbH in Berlin mit der Berliner Neuss Internationale Transporte KG, in Leipzig mit der Leipziger Osttransporte OHG und in Karlsruhe mit der Baden-Württembergischen Schnell OHG zusammen, um deren jeweilige Standortvorteile auszunutzen.

Aufgaben

1. Erläutern Sie, warum die Wall GmbH – Spedition & Logistik nicht in der Lage ist, die Warenverteilung in ganz Deutschland zu übernehmen.
2. Begründen Sie, welche Vorteile die Zusammenarbeit mit den jeweiligen Speditionen „vor Ort" bietet.

Kooperation und Konzentration

Unternehmen sind aus den vielfältigsten Gründen bereit zusammenzuarbeiten. Dabei geht die Form der Zusammenarbeit von einem „losen" Zusammenschluss bis hin zur vollständigen rechtlichen und wirtschaftlichenVerschmelzung von zwei oder mehreren Unternehmen. Dabei bedeutet wirtschaftliche Selbstständigkeit, dass ein Unternehmen das Recht behält, alle unternehmenspolitischen Entscheidungen selbst zu treffen. Rechtliche Selbstständigkeit bedeutet, dass ein Unternehmen beim Zusammenschluss seine Firma behält.

LSL

MERKE
Wenn die Unternehmen rechtlich und weitgehend wirtschaftlich selbstständig bleiben, dann besteht eine Kooperation zwischen den Unternehmen. Geben die Unternehmen ihre wirtschaftliche und teilweise oder ganz ihre rechtliche Selbstständigkeit auf, besteht eine Konzentration von Unternehmen.

8.1 Kooperation von Unternehmen

Eine Kooperation von Unternehmen erfolgt auf der Grundlage von vertraglichen Regelungen zwischen den beteiligten Unternehmen. Dabei werden Interessengemeinschaften, Kartelle sowie Joint Venture und Franchising unterschieden.

Joint Venture

Ein **Joint Venture** ist ein Gemeinschaftsunternehmen. Diese spezielle Form der betrieblichen Zusammenarbeit ist auf der horizontalen, vertikalen oder auch diagonalen Kooperationsebene anzutreffen. Dabei vereinbaren mindestens zwei Parteien, wirtschaftliche

Vorhaben unter gemeinsamer Leitung und Kontrolle durch die Gründung eines neuen, rechtlich selbstständigen Unternehmens durchzuführen. Die am Joint Venture beteiligten Unternehmen bleiben wirtschaftlich und rechtlich selbstständig. Diese Unternehmen gründen gemeinsam ein neues Unternehmen und bringen jeweils eine Einlage in dieses Unternehmen ein, um gemeinsame Anschaffungen zu realisieren. Sie vereinbaren die Zusammenarbeit nur für einen bestimmten Teilbereich, beispielsweise den Sammelgutverkehr in bestimmten Relationen wie IDS, der für das einzelne Unternehmen allein nicht oder nur schwer zu bewältigen ist. Hierbei erfolgt die Kapitalaufbringung in der Regel zu gleichen Anteilen. Neben den einzubringenden Kapitalien werden in den Kooperationsvereinbarungen natürlich auch das einzubringende Know-how sowie die Aufteilung der Gewinne und die einzelnen Verpflichtungen der Vertragspartner geregelt.

So vereinbarten mittelständische Sammelgutspediteure als IDS (Interessenverband Deutscher Spediteure), bestimmte Relationen (37) täglich anzufahren, einheitliche Zeitfenster und einen gleichen Service anzubieten. Ebenso besteht die Verpflichtung, das vorhandene Sammelgut nur über die Partner zu versenden.

Franchise-Systeme

Beim Franchising handelt es sich um ein vertikal organisiertes direktes Absatzsystem. Produktionsunternehmen wie Coca-Cola, Salamander, Benetton, McDonald's, Burger King, Schlecker u. v. a. m. vertreiben ihre Erzeugnisse über rechtlich selbstständige Unternehmen. Das heißt, eine Person gründet ein Unternehmen und firmiert unter dem „Markennamen“. Inhaber des Unternehmens bleibt aber der Unternehmensgründer. Diese eigens gegründeten Unternehmen sind sogenannte Franchisebetriebe, die auf der Grundlage eines vertraglichen Dauerschuldverhältnisses arbeiten. Dabei verpflichten sich die Vertragspartner des Franchisings – Franchisegeber und Franchisenehmer – auf Dauer zum Einhalten der Vertragsinhalte. Das System tritt am Markt nach außen einheitlich auf und wird durch ein einheitliches Leistungsprogramm der Systempartner geprägt, so das gleiche Sortiment an Kleidung bei Benetton, die gleichen Hamburger bei McDonald's usw. Die Verbundenheit besteht somit nicht durch eine Kapitalbeteiligung, sondern in der gegenseitigen Verpflichtung aus dem Franchisevertrag. Zum einen verpflichtet sich der Franchisenehmer, nur das zur Verfügung gestellte Produktsortiment zu veräußern, zum anderen verpflichtet sich der Franchisegeber, das Produkt in ausreichender Menge, zur richtigen Zeit und in der vereinbarten Qualität vorzuhalten.

Das **Leistungsprogramm des Franchisegebers ist das Franchisepaket**. Es besteht aus
- einem Beschaffungs-, Absatz- und Organisationskonzept,
- dem Nutzungsrecht an Schutzrechten (der Firma oder bestimmter Marken),
- der Ausbildung des Franchisenehmers und
- der Verpflichtung des Franchisegebers, den Franchisenehmer aktiv und laufend zu unterstützen.

Der Franchisenehmer ist im eigenen Namen und auf eigene Rechnung tätig. Er trägt das volle unternehmerische Risiko. Der Franchisenehmer bleibt selbstständiger Kaufmann i. S. des HGB, obwohl er außen stehenden Dritten gegenüber in einem gewissen Maße wie eine Niederlassung eines Großunternehmens erscheint. Er hat das Recht und die Pflicht, das Franchisepaket gegen Entgelt zu nutzen. Als Leistungsbeitrag liefert er Arbeit, Kapital und Informationen.

Der Franchisegeber stellt dem Franchisenehmer ein komplettes Marketingkonzept zur Verfügung, das dieser gegen ein entsprechendes Entgelt nutzen darf.

Eines der wenigen Beispiele für Franchising aus der Speditionsbranche ist die Spedition Confern mit Sitz in Mannheim (Möbelspedition). Der Confern Möbeltransportbetriebe GmbH gehören europaweit 90 **eigenständige** Speditionsbetriebe an. Die Confern versucht, neue Partner über Franchiseverträge an das Unternehmen zu binden. Als Vorzüge werden dabei – für die Franchisenehmer – der hohe Bekanntheitsgrad benannt, eine optimierte Auslastung der Fernverkehrs-Lkws, ein kostengünstigerer (weil zentraler) Einkauf von z. B. Kartonagen und Berufskleidung. Weiterhin ein Versicherungspool (wie Haftungs- und Transportversicherung) sowie eine Unterstützung bei eventuellen Schadensabwicklungen; außerdem ein überregionales Marketingprogramm, Werbekonzepte und Schulungsangebote.

Die **Vorteile für die Franchisenehmer** bestehen in günstigen Einkaufsbedingungen, die durch den Franchisegeber ausgehandelt werden; ferner sind die entwickelten Marketingkonzepte, Werbehilfen, Unterstützung bei der Standortwahl, Einrichtung und Betreibung von EDV-Systemen sowie Softwarelösungen für das einzelne Unternehmen zum Teil sogar existenzfördernd bzw. existenzsichernd, da das einzelne Unternehmen allein diese genannten Vorhaben und Maßnahmen meist finanziell nicht leisten kann.

Nachteile für den Franchisenehmer können sein, dass z. B. die Abnahmeverpflichtungen für Einrichtungen und Softwarelösungen den eigenständigen Handlungsspielraum mehr einschränken als erwartet, dass die Marketingstrategien und Werbekampagnen nicht mit den Vorstellungen des Franchisenehmers genau übereinstimmen und damit die monatliche Franchisegebühr, z. B. 3 bis 4 % vom Umsatz, als erhebliche finanzielle Belastung gesehen wird.

Damit die Nachteile/Risiken möglichst in Grenzen gehalten werden, sollte der Franchisenehmer vor **Vertragsabschluss** folgende Kriterien prüfen:

- detaillierte Beschreibung des Franchisesystems; darin sollten Firmenzeichen, Markenzeichen und Patente aufgeführt sein;
- Widerrufs- und Rücktrittsrechte, Vertragslaufzeit;
- Nutzungsrechte des Franchisenehmers am Markennamen;
- Beratungs- und Unterstützungsleistungen des Franchisegebers;
- Umfang der Eingriffsmöglichkeiten des Franchisegebers auf den Geschäftsbetrieb des Franchisenehmers.

8.2 Konzentrationsformen bei Unternehmen

Bei einer **Unternehmenskonzentration** werden Unternehmen auf der Grundlage von Kapitalbeteiligungen von anderen Unternehmen übernommen und bilden so einen Konzern oder einen Trust. Unternehmen können sich entweder

- horizontal (Unternehmen derselben Produktionsstufe wie z. B. Seehafenspediteur und Seehafenspediteur),
- vertikal (Unternehmen aufeinanderfolgender Produktionsstufen wie Auftraggeber und Seehafenspediteur) oder
- diagonal (Unternehmen unterschiedlicher Produktionsstufen wie Seehafenspediteur und Hotelier) zusammenschließen.

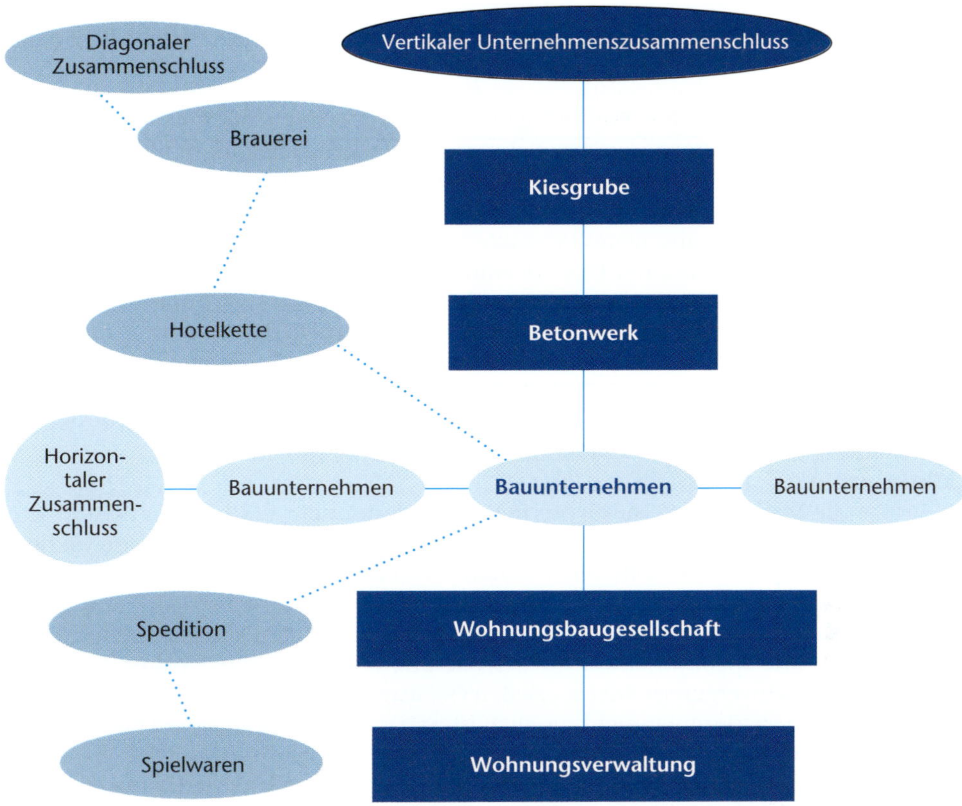

Konzern

Bei einem Konzern geben ein oder mehrere rechtlich selbstständige Unternehmen ihre wirtschaftliche Selbstständigkeit auf. Wirtschaftliche Entscheidungen werden nunmehr unter einer einheitlichen Leitung (Konzernleitung) getroffen. Dabei wird zwischen einem Gleichordnungs- und einem Unterordnungskonzern unterschieden.

- **Gleichordnungskonzern.** Hierbei stehen alle am Konzern beteiligten Unternehmen gleichberechtigt nebeneinander. Das bedeutet, dass die beteiligten Unternehmen eine jeweils gleichmäßige Kapitalbeteiligung an den anderen Unternehmen haben (z. B. Airbus AG).
- **Unterordnungskonzern.** Hierbei beherrscht ein Unternehmen die anderen am Konzern beteiligten Unternehmen. Das bedeutet, dass das beherrschende Unternehmen die Kapitalmehrheit an den angeschlossenen Unternehmen hält (z. B. Post AG und Danzas GmbH).

Fusion

Bei einer Fusion geben zwei oder mehrere Unternehmen ihre wirtschaftliche und rechtliche Selbstständigkeit auf. Sie verschmelzen (fusionieren) zu einem gemeinsamen Unternehmen. Das kann entweder zu einem neuen Unternehmen oder zu einer Eingliederung eines der Unternehmen in das andere Unternehmen führen (z. B. Daimler-Chrysler AG).

Ursachen

Die Kooperation und Konzentration von Unternehmen hat verschiedene Ursachen. Die Unternehmen versprechen sich davon, dem Konkurrenzdruck besser standzuhalten,

Marktmacht zu gewinnen, und somit ihre Wettbewerbsposition zu sichern und auszubauen, sowie eine Gewinn- und Umsatzsteigerung zu erzielen.

- **Konkurrenzdruck:**
  Je mehr Anbieter es für ein Produkt gibt, umso stärker muss sich ein Unternehmen von dem anderen absetzen, um möglichst viele Kunden zu bekommen bzw. zu behalten. Das kann über den Preis (möglichst niedrig), über zusätzlich zu erbringende Leistungen (z. B. durch die Einführung von Sendungsverfolgungssystemen ohne Aufgeld) oder über die Entwicklung neuer Produkte (z. B. die Übernahme von Kaufvertragsaufgaben im Rahmen logistischer Dienstleistungen) erfolgen. Unternehmen kooperieren miteinander, um nicht fortwährend dem Druck ausgesetzt zu sein, ständig neue Produkte entwickeln zu müssen, um ihre Kunden zu halten, da das Konkurrenzunternehmen (mit denen kooperiert werden soll) letztlich eben diese Produkte bzw. Leistungen bereits anbietet. So ist es als einfachste Form der Kooperation unter Speditionen üblich, im Lkw-Sammelgutverkehr als Beilader zu fungieren, wenn die eigene Sammelgutabteilung die vom Kunden verlangte Relation nicht anbietet.
- **Marktmacht:**
  Je größer die Marktmacht eines Unternehmens, desto mehr Einfluss hat dieses Unternehmen. Es kann auf der Beschaffungsseite z. B. den Lieferanten die Preise diktieren und ebenso auf der Absatzseite die Verbraucherpreise bestimmen. Darüber hinaus haben große Unternehmen die Möglichkeit, kleinere Unternehmen so stark unter Druck zu setzen, dass diese sich nicht mehr auf dem Markt behaupten können. Beispielsweise haben bestimmte Speditionen für die Beförderung von bestimmten Waren wie besonders sperrigen Schwergütern oder speziellen Gefahrgütern so viel Know-how aufgebaut, dass es anderen Speditionen nicht möglich ist, mit diesen Speditionen zu konkurrieren.
- **Gewinn- und Umsatzsteigerung:**
  Durch die Zusammenarbeit von Unternehmen können Kostensenkungen erreicht werden, indem sie z. B. kostengünstiger einkaufen. Bei sinkenden Produktionskosten steigt somit der Gewinn. Umsatzsteigerungen können z. B. durch gemeinsame Werbemaßnahmen oder durch Verbesserung des Kundendienstes erreicht werden. Zum Beispiel kann eine als Beilader fungierende Spedition ihren Kunden bedienen und gleichzeitig an der günstigeren Fracht teilhaben, die sammelgutbetreibende Spedition lastet ihren Lkw besser aus und kann den Frachtvorteil ihrerseits an den Beilader weitergeben.

Kooperation und Konzentration bieten nicht nur den Unternehmen Vorteile, sondern sie können auch positive Auswirkungen auf die Gesamtwirtschaft haben. Zum Beispiel bietet die Kooperation von Spediteuren im Sammelgut nicht nur der einzelnen Spedition Gebietshoheit in ihrem Bezirk, sondern sie ist auch in der Lage, Güter im gesamten Bundesgebiet kostengünstig verteilen zu lassen. Somit bleibt der Wettbewerb unter den Speditionen bestehen und der Warentransport wird nicht nur noch von Großspeditionen durchgeführt.

Daneben gibt es aber auch Produkte, die nur von Großunternehmen hergestellt werden können, wie z. B. beim Schiffs- oder Flugzeugbau. Die Erforschung und Entwicklung von neuen Produkten ist oft sehr kosten- und zeitintensiv, sodass diese Arbeit nur von Großbetrieben oder durch die Zusammenarbeit von mehreren Unternehmen realisiert werden kann. So vergehen beispielsweise Jahre von der Erforschung, Entwicklung, Erprobung und schließlich der Verkaufsreife eines Flugzeugs, z. B. Airbus.

Den Vorteilen stehen allerdings auch Nachteile gegenüber. Beispielsweise bedeutet Marktmacht u. a. auch, dass die Unternehmen die Preise diktieren können, insbesondere dann, wenn die am Markt verbleibenden Unternehmen als Oligopolisten oder sogar als Monopolisten auftreten können. Die Verbraucher müssen dann überhöhte Preise bezahlen, der Marktmechanismus, d. h., die Preisbildung über Angebot und Nachfrage ist außer Kraft gesetzt. Dadurch können dann auch Betriebe überleben, die unwirtschaftlich oder nicht mehr rentabel arbeiten.

Deshalb gibt es eine staatliche **Wettbewerbskontrolle**, die aus drei Elementen besteht:
1. **Kartellverbot,**
2. **Missbrauchsaufsicht,**
3. **Fusionskontrolle.**

Kartellverbot

Kartelle sind vertraglich geregelte Vereinbarungen zwischen Unternehmen, die ihre rechtliche und wirtschaftliche Selbstständigkeit behalten. Der Zweck der Kartellbildung besteht darin, den Wettbewerb zum Nachteil von Dritten wie das Verbot der Kartellbildung durch Preisabsprachen bei Ölgesellschaften zum Nachteil der Autofahrer zu verhindern, einzuschränken oder zu verfälschen. **Kartelle sind grundsätzlich durch das Gesetz gegen Wettbewerbsbeschränkungen verboten** (vgl. § 1 GWB).

MERKE
Da jedoch eine Zusammenarbeit von Unternehmen nicht grundsätzlich schlecht ist, sind einige Kartellarten auch vor dem Gesetzgeber wirksam (vgl. §§ 2, 3, 28, 30 GWB). Die Einhaltung des Kartellgesetzes wird von den Kartellämtern überwacht.

Ausnahmen vom Kartellverbot:
1. **Mittelstandskartelle (§ 3 GWB):** Kleinere und mittlere Unternehmen dürfen ohne Anmeldung bzw. Genehmigung beim Bundeskartellamt Kartellvereinbarungen über Rationalisierungen treffen. Dabei müssen sie die Bedingungen erfüllen, dass nur eine minimale Wettbewerbsbeeinträchtigung auf dem Markt erfolgt sowie ihre Wettbewerbsfähigkeit verbessert wird. Falls Rechtsunsicherheit darüber besteht, ob dieses Kartell die Bedingungen des § 3 GWG erfüllt, können die Unternehmen einen Antrag auf Entscheidung durch das Bundeskartellamt stellen (§ 32c GWB).

2. **Sonderregelungen für bestimmte Wirtschaftsbereiche:** Landwirtschaft **(§ 28 GWB)** und Preisbindung bei Zeitungen und Zeitschriften **(§ 30 GWB)**
   In der Landwirtschaft sind Kartellvereinbarungen über die Erzeugung, den Absatz, die Nutzung gemeinschaftlicher Einrichtungen für die Lagerung sowie die Be- oder Verarbeitung von landwirtschaftlichen Erzeugnissen erlaubt. Allerdings dürfen diese Vereinbarungen nur unter den Bedingungen getroffen werden, dass keine Preisbindungen vorliegen und der Wettbewerb bestehen bleibt. Hingegen sind Preisbindungen bei der Sortierung, Kennzeichnung und Verpackung von landwirtschaftlichen Produkten erlaubt.
   Verlage dürfen weiterhin die Preise für Zeitungen und Zeitschriften vorgeben, sodass die Abnehmer dieser Erzeugnisse die Preise an die Käufer weitergeben müssen (Preisbindung).

3. **Legalausnahme (Generalklausel für die Freistellung vom Kartellverbot [§ 2 GWB])**
   Eine Kartellvereinbarung zwischen Unternehmen ist dann erlaubt, wenn
   – die Verbraucher an dem entstehenden Gewinn beteiligt sind,
   – der wirtschaftliche Fortschritt verbessert wird (Effizienzgewinn),

– die kooperierenden Unternehmen sich nicht gegenseitig beschränken,
– der Wettbewerb durch die Vereinbarung nicht ausgeschaltet wird.

Die Prüfung der Voraussetzungen für eine Freistellung vom Kartellverbot erfolgt durch eine Selbsteinschätzung der Unternehmen. Dabei müssen die positiven Effekte einer Vereinbarung für die Verbraucher, für die kooperierenden Unternehmen und für den Wettbewerb insgesamt größer sein als die negative Wirkung der Wettbewerbsbeschränkung. Beantworten die kooperierenden Unternehmen diese Frage mit Ja, dann ist die Kartellvereinbarung auch ohne Genehmigung des Bundeskartellamtes legal (Legalausnahme). Falls Rechtsunsicherheit besteht, können die kooperationswilligen Unternehmen beim Bundeskartellamt einen Antrag auf Prüfung und Entscheidung (den sogenannten Negativtest) stellen. Stimmt die Kartellbehörde der Kartellbildung zu, dann bescheinigt sie den Unternehmen, dass „kein Anlass zum Tätigwerden besteht“. Die Entscheidung gilt bis auf Widerruf.

Missbrauchsaufsicht

Das Kartellamt überwacht die Aktivitäten von marktbeherrschenden Unternehmen. Im Gegensatz zu Kartellen sind diese grundsätzlich erlaubt.

Unternehmen werden als marktbeherrschend betrachtet, wenn sie entweder keine Mitbewerber oder nur wenig Konkurrenz auf einem bestimmten Markt haben. Das bedeutet, dass Unternehmen marktbeherrschend sind,

- wenn ein Unternehmen mindestens einen Marktanteil von einem Drittel besitzt oder
- wenn bis zu drei Unternehmen einen Marktanteil von 50 % besitzen oder
- wenn bis zu fünf Unternehmen einen Marktanteil von zwei Dritteln besitzen.

Allerdings ist der Missbrauch der Marktmacht durch das GWB § 19,4 verboten. Dazu zählen z. B.: überhöhte Preise, Preisfestsetzungen für den Händler (Ausnahme: Tabak, Zeitschriften- und Bücherpreise), ruinöser Wettbewerb, Bezugs- und Liefersperren, geheime Absprachen (sogenannte Frühstückskartelle). Zudem müssen marktbeherrschende Unternehmen das Diskriminierungsverbot (§ 20 GWB) und das Boykottverbot (§ 21 GWB) beachten. So dürfen sie andere Unternehmen weder behindern noch die Gewährung von Vorteilen verlangen. Das Boykottverbot verbietet Unternehmen, andere Unternehmen zu wettbewerbbeschränkendem Verhalten aufzufordern. Ebenso dürfen sie weder Nachteile androhen noch Vorteile einräumen, um andere Unternehmen zu den entsprechenden Verhaltensweisen anzuhalten.

Fusionskontrolle

Die Fusionskontrolle bezieht sich auf solche Unternehmen, die vor dem Zusammenschluss

- im vergangenen Geschäftsjahr einen weltweiten Gesamtumsatz in Höhe von mindestens 500 Mio. Euro oder
- im vergangenen Geschäftsjahr einen inländischen Gesamtumsatz in Höhe von mindestens 25 Mio. Euro erzielt haben (vgl. § 35 [1] GWB).

Fusionen müssen dem Kartellamt unverzüglich gemeldet werden (vgl. § 39 GWB). Dann prüft es, ob durch die Fusion eine marktbeherrschende Stellung erreicht oder verstärkt wird. Es kann dann die Fusion verbieten oder aber auch genehmigen, wenn dadurch eine Wettbewerbsverbesserung für alle Beteiligten eintritt. Außerdem kann der Bundesminister für Wirtschaft eine Fusion genehmigen, wenn dadurch gesamtwirtschaftliche Vorteile entstehen (vgl. § 426 GWB).

ZUSAMMENFASSUNG

Kooperations- und Konzentrationsprozesse werden von den Kartellämtern überwacht und gegebenenfalls verboten.

	Loser Zusammenschluss	wirtschaftliche Selbstständigkeit	rechtliche Selbstständigkeit
Kooperation	Interessengemeinschaft	bleibt bestehen	bleibt bestehen
	Kartell	bleibt teilweise	bleibt bestehen
Konzentration	Konzern	wird aufgegeben	bleibt bestehen
	Fusion	wird aufgegeben	wird aufgegeben
	Enger Zusammenschluss		

Übungsaufgaben

1. Informieren Sie sich inhaltlich über Konferenzen und Outsider im Rahmen der Linienschifffahrt. Stellen Sie dar, warum Konferenzen in gewissem Rahmen als Kartell arbeiten dürfen und worin die Grenzen bestehen.

2. Zwei Softwarehersteller, die Speditionssoftware GmbH aus Hamburg und die Softwareentwicklung für Speditionen aus München, die jeweils Programme für speditionelle Problemstellungen entwickeln, entschließen sich, zusammenzuarbeiten. Sie haben sich noch nicht entschieden, wie die konkrete Zusammenarbeit aussehen soll. Es bestehen drei Möglichkeiten: LSL

a) Sie teilen ihr Absatzgebiet in Nord und Süd auf, nachdem sie den Austausch ihrer Produkte vereinbaren.

b) Sie verschmelzen zu einem Unternehmen.

c) Sie bleiben rechtlich selbstständig, aber geben ihre wirtschaftliche Selbstständigkeit auf und entwickeln gemeinsam ihre Programme weiter, welches von einer gemeinsamen Leitung festgelegt wird.

1. Geben Sie an, wie die Unternehmenszusammenschlüsse in den oben beschriebenen Möglichkeiten benannt werden.
2. Erläutern Sie, welche Vorteile die jeweiligen Arten der Zusammenarbeit den beiden Unternehmen bieten.
3. Beschreiben Sie, welche Nachteile – insbesondere für Speditionen – mit einem Zusammenschluss verbunden sein können.
4. Legen Sie begründet dar, ob diese Arten von Unternehmenszusammenschlüssen erlaubt sind.

3. Erläutern Sie, welche in den folgenden Fällen beschriebenen Vereinbarungen eine Ausnahme vom Kartellverbot beschreiben.

a) Die Spedition Meyer KG beschließt gemeinsam mit der Spedition Müller OHG, dass sie dieselben Preise für ihre Dienstleistungen nehmen.

b) Die Möbelgeschäfte in einer Region vereinbaren, dass sie nur noch ab Werk liefern.

c) Zwei Ölfördergesellschaften vereinbaren, dass sie in den nächsten fünf Jahren nur eine bestimmte Menge Öl fördern wollen.

d) Die Obstbauern einer Region vereinbaren den Verkauf ihrer Erzeugnisse über eine gemeinsame Verkaufsstelle.

4. Erläutern Sie den Unterschied zwischen Joint Venture und Franchising.

5. Begründen Sie, warum es eine staatliche Wettbewerbskontrolle gibt.

9 Verkehrsträgervergleich unter ökologischen Aspekten

LERNSITUATION

Der Versandhandelsbetrieb „Fritz" hat seit kurzer Zeit seine Produktion auf ökologische Textilien umgestellt. Für die Unternehmensleitung der Firma „Fritz" ist es wichtig, dass auch die Beförderung seiner Waren möglichst umweltschonend und umweltbewusst durchgeführt wird. Das Unternehmen möchte in Kürze auch Werbespots mit der umweltfreundlichen Beförderung in Auftrag geben. Die Auszubildende Claire der Wall GmbH – Spedition & Logistik wird damit beauftragt, möglichst viele Informationen über den umweltfreundlichen Einsatz von Verkehrsmitteln zu sammeln und eine Übersicht über externe Kosten darzustellen. Claire kann sich unter dem Begriff externe Kosten so gar nichts vorstellen und stöbert zunächst im Internet.

Aufgaben

1. Erläutern Sie Gründe, die das Versandhandelsunternehmen „Fritz" veranlasst haben können, sich für eine umweltbewusste und umweltschonende Beförderung zu entscheiden.
2. Stellen Sie Kriterien auf, die für einen ökologischen Einsatz eines Verkehrsmittels sprechen.
3. Überlegen Sie, welche externen Kosten bei der Beförderungsleistung entstehen, die aber nicht in die Kostenrechnung des jeweiligen Verkehrsträgers eingehen, sondern von der Gesellschaft getragen werden.

9.1 Verkehrsinfrastruktur

Für die Wettbewerbsfähigkeit einer modernen Volkswirtschaft wie die deutsche ist eine leistungsfähige Verkehrsinfrastruktur von zentraler Bedeutung – dies insbesondere vor dem Hintergrund der EU-Erweiterung (seit dem 1. Juli 2013 wurde die EU auf 28 Mitgliedsstaaten erweitert). Deutschland als zentraler „Punkt" innerhalb Europas wird zunehmend auch Transitland zwischen den Staaten im Osten und weiter im Westen. Schon frühzeitig wurde in Deutschland die öffentliche, d. h. jedermann zu gleichen Bedingungen zugängliche, Verkehrsinfrastruktur als wichtiger Standortfaktor erkannt und entsprechend finanziell gefördert. Im Vordergrund stand zunächst der Verkehrswegeausbau für den Güterkraftverkehr mit dem Lkw. Der steigende Wohlstand in den Städten führte bald zu einer massiven Zunahme des Pkw-Individualverkehrs. Dieser Entwicklung wurde durch einen bevorzugten Ausbau des Straßennetzes Rechnung getragen, der von Streckenstilllegungen im Schienenverkehr, vor allem in ländlichen Gebieten, begleitet wurde. In das Schienennetz wird seit einigen Jahren wieder verstärkt investiert, um eine mögliche Verlagerung des Güterkraftverkehrs auf die Schiene anzuregen.

LSL

Das Straßennetz des überörtlichen Verkehrs (an Autobahnen, Bundes-, Landes- und Kreisstraßen) hat heute eine Länge von etwa 231 000 km, davon entfallen 12 800 km auf Autobahnen. Damit verfügt Deutschland nach den USA über eines der längsten Autobahnnetze der Welt und über das längste in Europa. Im Verlauf des vergangenen Jahrzehnts hat allerdings die Diskussion über die Grenzen einer Ausweitung des Straßennetzes zur Bewältigung des Lkw-Güterverkehrs und des Pkw-Individualverkehrs aufgrund begrenzter finanzieller Mittel der öffentlichen Hand einerseits und der begrenzten Verfügbarkeit von Flächen in einem dicht besiedelten Land wie Deutschland andererseits zugenommen. Im Ergebnis ist festzustellen, dass das jetzige und vor allem das zu erwartende Güteraufkommen – neben dem steigenden Aufkommen des Individualverkehrs – auf den vorhandenen Straßen nicht zu bewältigen sein wird: Es kommt verstärkt zu Verkehrsstaus, es kann ein Verkehrsstillstand, der sogenannte Verkehrsinfarkt, entstehen. Ein Grund, die Lkw-Maut (s. u.) in Deutschland einzuführen, um die Verlagerung der Güterbeförderungen auf die Schiene und/oder auf die Wasserstraße über die Erhöhung der Kosten anzuregen. Ebenfalls ein Grund, um über die Einführung einer Pkw-Maut in Deutschland (seitens der EU) nachzudenken.

Verkehrsmittelbestand und Infrastruktur

Verkehrsinfrastruktur in Deutschland (1 000 km)

Verkehrsinfrastruktur	Tag/Monat	2007	2008	2009	2010
Überörtliches Straßennetz	01.01.	231,4	231,2	231,0	231,0
davon					
Autobahnen	01.01.	12,5	12,6	12,6	12,8
Bundesstraßen	01.01.	40,7	40,4	40,2	39,9
Landesstraßen	01.01.	86,6	86,6	86,5	86,6
Kreisstraßen	01.01.	91,5	91,6	91,6	91,7
Schienennetz (Betriebsstreckenlänge)	31.12.	38,0	37,8	37,9	...
Wasserstraßen	31.12.	7,5	7,5	7,7	...
Rohölleitungen	31.12.	2,4	2,4	2,4	...

... Angabe fällt später an.

Quelle: Statistisches Bundesamt Deutschland: Verkehrsmittelbestand und Infrastruktur

Insgesamt wurden im Jahr 2011 rund 4,8 Mrd. Tonnen Güter per Lkw, Bahn, Binnenschiff, Seeschiff und Rohrleitungen befördert; dabei wurde eine Beförderungsleistung von 655 Mrd. Tonnenkilometer erbracht. Auf deutschen Straßen wurden im Jahr 2011 3,0 Mrd. Tonnen Güter befördert, gefolgt von der Beförderung auf der Schiene mit 374 Mio. Tonnen, dem Seeverkehr mit 292 Mio. Tonnen und der Binnenschifffahrt mit 221 Mio. Tonnen.

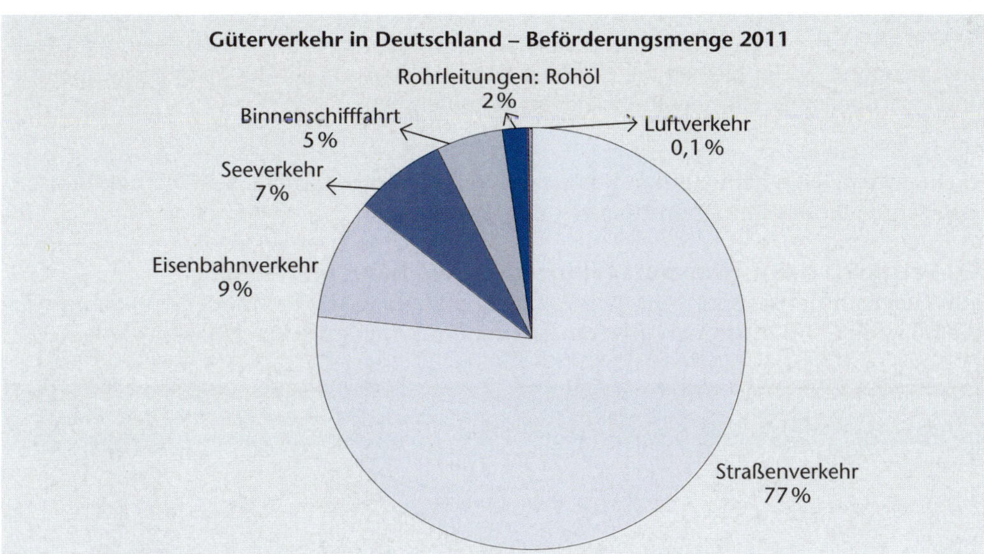

Quelle: Statistisches Bundesamt, Fachserie 8, Reihe 1.2., 2011, Wiesbaden 2012, S. 8

Neben Straßen, Schienen und Binnenwasserstraßen zählen zur Verkehrsinfrastruktur auch Bahnhöfe, Terminals des kombinierten Verkehrs, Flughäfen, Binnenhäfen, Seehäfen und Rohrleitungen, die erst in ihrer Gesamtheit ein modernes Verkehrssystem im nationalen und im internationalen Bereich bilden. So wurde mit dem 1992 eröffneten Main-Donau-Kanal eine durchgehende „nasse" Verkehrsverbindung zwischen der Nordsee und dem Schwarzen Meer geschaffen. Die Bundesregierung hat ein Programm für den Ausbau der Verkehrswege zwischen Ost und West aufgelegt. Demnach sollen bis zum Jahr 2017 die Projekte (17) fertig gestellt werden. Das Projekt wurde 1991 aufgelegt und bevorzugt Ostdeutschland bei Verkehrsinvestitionen. Damit sollte die marode Infrastruktur auf einen Weststandard gehoben werden. Nach Angaben des Ministeriums werden insgesamt 38,8 Mrd. € für neue Straßen, Bahnverbindungen oder den Ausbau von Flüssen ausgegeben.

9.2 Externe Kosten

In den letzten Jahren gewinnt die Umwelt auch unter wirtschaftlichen Gesichtspunkten immer mehr an Bedeutung. Bisher spielten für die verladende Wirtschaft bei der Wahl der Verkehrsmittel die Umweltaspekte eine eher untergeordnete Rolle. Für einen Verlader ist häufig der Beförderungspreis ausschlaggebend. Als weniger wichtig werden die ökologischen Schäden betrachtet, die sich beispielsweise aus dem Lärm oder der Luftverschmutzung durch einen Verkehrsträger ergeben. Diese Frage würde erst dann eine Rolle spielen, wenn sie in die Kalkulation des Beförderungspreises eingehen würde.

Neben den Kosten des Verkehrs, die in der betrieblichen Kalkulation erfasst werden, z. B. Treibstoffverbrauch, Reifenverschleiß usw., entstehen externe Kosten, die von der Gesellschaft zu übernehmen sind, wie z. B. der Bau und die Reparaturen von Straßen, von Gleisanlagen und künstlichen Wasserstraßen. So auch Folgeschäden, wie die Heilbehandlung von Krebs, die von den Krankenkassen übernommen werden.

MERKE
Externe Kosten entstehen durch die Beförderungsleistung. Sie gehen aber nicht unmittelbar in die Kostenrechnung des jeweiligen Verkehrsträgers ein, sondern werden von der Gesellschaft getragen. Somit bleiben die externen Kosten außerhalb der der Beförderungspreisbildung vorausgehenden Kostenermittlung der Unternehmen.

Bei einem Vergleich der externen Kosten der Verkehrsträger Straße, Schiene und Binnenschiff schneidet das Binnenschiff am vorteilhaftesten ab.

CO_2-Vergleich beim Transport (Flugzeug, Lkw, Bahn und Schiff)

Beim Lebensmitteltransport mit dem Flugzeug, dem Lkw, der Bahn oder dem Schiff werden folgende CO_2-Emissionen pro transportiertem Kilogramm auf 1 000 km erzeugt:

Vergleich der Verkehrsmittel	CO_2-Emission in g pro transportiertem Kilogramm Nahrungsmittel auf 1 000 km
Flugzeug	1 000
Lkw	200
Bahn	80
Schiff	35

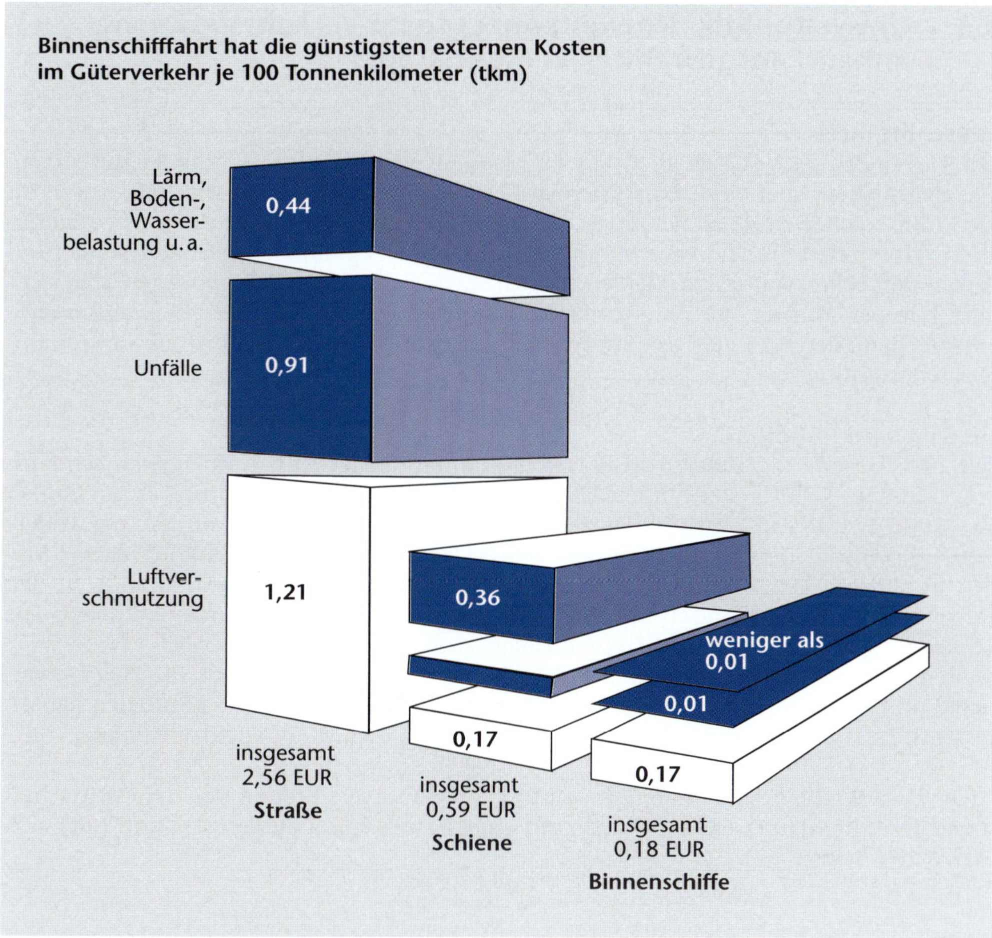

Quelle: Fachwissen für Speditions- und Logistikkaufleute, Heft 19/20 – Der Spediteur und die Binnenschifffahrt, 2011, S. 5.

Der Kauf regionaler Produkte vermeidet lange Transportwege mit dem Flugzeug, dem Lkw, der Bahn oder dem Seeschiff.

Vergleich verschiedener Transportwege	CO_2-Emissionen in g pro Kilogramm Nahrungsmittel
Äpfel vom Bodensee per Lkw	760
Äpfel aus Neuseeland per Flugzeug	5130
Weintrauben aus Chile per Flugzeug	7400
Weintrauben aus Deutschland per Lkw	10

Neben den klimaschädlichen Treibhausgas-Emissionen beim Lebensmitteltransport zum Supermarkt durch oben genannte Verkehrsmittel kommt noch der Anteil an Treibhausgasen hinzu, den wir durch unser Einkaufsverhalten erzeugen. Bei einer Entfernung von 5 km zum Supermarkt verbraucht ein Mittelklassewagen ca. 1500 g klimaschädliche Treibhausgase.

9.3 Umweltpolitik: Umweltkonzepte im Verkehrsgewerbe anhand ausgewählter Verkehrsträger

Seeschifffahrt

Seit kurzer Zeit gibt es bezüglich der Emissionen regionale bzw. nationale Initiativen. Diese versuchen, über ein Rabattsystem auf Hafengebühren und Körperschaftsteuern für Seeschiffe solche Schiffe zu belohnen, die bereits jetzt die erst für die Zukunft verbindlichen verbesserten Emissionswerte besitzen. Zwei bereits praktizierte Rabattsysteme werden in den Häfen Rotterdam (Green Award) sowie Schweden und Norwegen angewendet. Darüber hinaus gibt es konkrete Überlegungen in den Häfen Kaliforniens, entsprechend den dort gültigen Luftreinhaltungsplänen, auch Vorschriften für Seeschiffe zu erlassen.

Green Award in Rotterdam

Seit 1995 betreibt der Hafen von Rotterdam ein auf Sicherheits- und Umweltstandards ausgerichtetes Rabattsystem innerhalb der Hafengebühren. Bisher betrifft es nur Tanker ab 20.000 dwt. Demnächst soll das System auf Bulkcarrier erweitert werden. Ob weitere Schiffstypen integriert werden können, hängt davon ab, wie sich das Rotterdamer Modell in anderen Häfen durchsetzt. Zurzeit wird das Green-Award-System auch in den Tankerhäfen Spaniens, Südafrikas sowie Sullom Voe auf den Shetlands praktiziert. Die Ermäßigungen liegen in den einzelnen Häfen zwischen drei und sieben %.
Weitere internationale Häfen in Belgien (Dünkirchen), in Frankreich (Le Havre, Marseille) und Portugal (Leixoes) diskutieren bereits die Einführung eines ähnlichen Rabattsystems. Deutsche Häfen beabsichtigen derzeit nicht, dieses Modell anzuwenden.

Green Award ist eine unabhängige Stiftung. Sie wurde aus Kreisen der Hafenwirtschaft sowie der Rotterdamer Hafenbehörde mit einem Startkapital ausgerüstet und trägt sich inzwischen selbst.

Schwedens Rabattsystem

Für einen Teil seiner Häfen betreibt Schweden ein Rabattsystem, das allerdings nur für die Emissionen der Schiffsmaschinen, also für Schwefeldioxide und Stickoxide, gilt. Schweden will diese Emissionen innerhalb von fünf Jahren auf 75% senken. Der Anreiz für die Schiffseigner besteht in einem System gestaffelter Revier- und Hafengebühren. Über dieses Anreizsystem erhalten solche Schiffe, die relevante und effektive Umweltschutzmaßnahmen vorweisen können, eine Ermäßigung auf Revier- und Hafengebühren.

Die bereits praktizierten Anreizsysteme in Rotterdam, Schweden und Norwegen sowie die Gebührensysteme in einigen Häfen der USA entstanden aus akuten Problemen in den jeweiligen Häfen bzw. Küstenregionen. Das schwedische Modell, aber auch die Maßnahmen in einigen Häfen der USA, konzentrieren sich hauptsächlich auf Anreize zur Verbesserung der Abgasemissionen, während das Green-Award-Modell auch Maßnahmen zur Umweltverbesserung der Lösch- und Ladevorgänge berücksichtigt.

Port Packages

Im Dezember 1997 hatte die EU-Kommission als Diskussionspapier das „Grünbuch über Seehäfen und Seeverkehrsinfrastruktur“ veröffentlicht. Als Folgemaßnahme legte sie im Februar 2001 das sogenannte **Port Package** und 2005 das **Port Package II** vor, das u.a. aus dem Marktzugang für Hafendienste besteht. Es sollte die Liberalisierung im Hafenbereich (Ladungsumschlag, Fahrgastdienste, Schleppen, Festmachen, Lotsen, Selbstabfertigung u. a.) vorangetrieben werden. Ein Vermittlungsausschuss der EU erarbeitete folgendes Ergebnis:

Die Kompromissfassung des Vermittlungsausschusses sah u. a. vor, dass Reedereien zum Laden und Entladen der Schiffe das an Bord befindliche Personal hätten einsetzen können und somit nicht mehr grundsätzlich auf reguläre Hafenarbeiter angewiesen gewesen wären. Weiter reichende Vorschläge waren bereits im Laufe der Verhandlungen gestrichen und soziale Elemente im Rahmen der „Selbstabfertigung" deutlich verstärkt worden. Auch die Lotsendienste sollten nur unter erweiterten Auflagen und besonderer Berücksichtigung der Sicherheit und des Umweltschutzes einem Wettbewerb ausgesetzt werden können. Für Hafenumschlagsbetriebe waren Beschäftigungsgarantien bis zu 46 Jahren vorgesehen. Hier setzten insbesondere die Bedenken der deutschen Seehafenbetriebe an: Denn nach 46 Jahren sollten die Konzessionen neu ausgeschrieben werden. Die Entschädigung der bisherigen Anbieter im Falle eines Konzessionswechsels sollte ins Ermessen der Mitgliedstaaten gestellt werden und dies hätte zu massiven Eingriffen in Eigentumsrechte an Umschlagseinrichtungen führen können, war die Befürchtung.

Seit Beginn der Verhandlungen war es europaweit immer wieder zu heftigen Protesten der Hafenarbeiter gegen die geplanten Liberalisierungsbestrebungen gekommen. In Deutschland sind rund 4000 Beschäftigte der Hafenwirtschaft dem Aufruf der Vereinten Dienstleistungsgewerkschaft (ver.di) gefolgt und haben sich an mehrstündigen Demonstrationen beteiligt.

Das EU-Parlament hat im November 2003 mit 229 zu 209 Stimmen gegen das Ergebnis des Vermittlungsausschusses gestimmt. Der Grund für die Ablehnung lag vor allem in der Befürchtung, dass die Richtlinie zu Sozialdumping und dadurch zur Verschlechterung der Sicherheit geführt hätte. Trotz dieser Entscheidung wird weiterhin versucht, das Port Package II in der EU zu installieren.

Verminderung der Schadstoffemissionen von Schiffen im Hafen prüfen

In Bezug auf den Schwefelgehalt in Schiffstreibstoffen werden die Grenzwerte mittlerweile deutlich gesenkt. Gemäß dem MARPOL-Abkommen gilt in der Nord- und Ostsee zurzeit ein Grenzwert von 1,5 % Schwefel in Schiffsbrennstoffen. Dieser Grenzwert ist seit 2010 auf 1,0 % gesenkt worden und wird ab 2015 auf 0,1 % gesenkt. Auf Schiffen an Liegeplätzen im Hamburger Hafen dürfen seit 2010 weder zur Strom- noch zur Wärmeerzeugung Schiffskraftstoffe verwendet werden, deren Schwefelgehalt 0,1 % überschreitet. Mit dem geringeren Schwefelgehalt im Brennstoff werden dann nicht nur die Schwefeldioxidemissionen, sondern auch die Feinstaubemissionen erheblich gemindert.

Lkw

Lkw-Hersteller produzieren immer leisere, verbrauchs- und abgasärmere sowie langlebigere und reparaturfreundlichere Lkws. Bei der Lkw-Schadstoffemission wurde in den letzten Jahren eine bedeutende Verringerung erzielt. Die Euronormen für Schadstoffemissionen wurden in den letzten Jahren kontinuierlich verschärft. Das Europa-Parlament hat neue Schadstoffklassen für Lkw beschlossen. Mit der Euro-VI-Abgasnorm müssen Neufahrzeuge ab Ende 2013 über geschlossene Partikelfilter verfügen. Gegenüber der vorherigen Euro-V-Vorgabe sieht die neue Abgasnorm eine Reduzierung der Rußpartikel um zwei Drittel vor. Grenzwerte werden auch für den Ausstoß von Stickoxiden, Kohlenwasserstoff, Kohlenmonoxid und Ammoniak gesetzt, nicht aber für den CO_2-Ausstoß. Nach derzeitigem Stand der Technik ist die Einhaltung der Grenzwerte für Euro VI nur mit einem geschlossenen Dieselrußpartikelfilter zu erreichen.

Euronormen für Schadstoffemissionen

Schadstoff	EU 0	EU 1	EU 2	EU 3	EU 4	EU 5	EU 6
HC[2]	2,4	1,1	1,1	0,66	0,46	0,46	0,13
CO[1]	11,2	4,5	4,0	2,1	1,5	1,5	1,5
NOx[3]	14,4	8,0	7,0	5,0	3,5	2,0	0,4
PM[4]	0,7	0,36	0,15	0,1	0,02	0,02	0,01

Quelle: Johannes Wiesinger: Abgaswerte (Euro Einstufungen) vom 05.10.2013, unter http://www.kfztech.de/kfztechnik/motor/abgas/abgaswerte.htm (25.02.2014)

Green Lorry

Ab 2014 müssen neue LKW über 2610 kg in der Europäischen Union deutlich strengere Abgasgrenzwerte einhalten als heute. Der Euro VI-Standard löst die Euro-V-Norm ab dem 1.9.2014 für die Typzulassung und ab dem 1.1.2015 für die Zulassung und den Verkauf von neuen Fahrzeugtypen ab. Die Änderungen der Abgaswerte im Vergleich zu Euro-V sind erheblich: Der Ausstoss von Stickoxiden (NOx) muss um 80 Prozent, der von Feinstaubpartikeln um 66 Prozent und der von Kohlenwasserstoff (CO) um 70 Prozent verringert werden. Die Verordnung schreibt außerdem vor, dass die Hersteller wichtige Informationen, etwa über On-Board-Diagnosesysteme, sowie Reparatur und Wartungshinweise, offen legen müssen.

Die Europäische Konferenz der Verkehrsminister (CEMT) entschied bereits 1974 über die Einführung eines multilateralen Kontingents für den internationalen Straßengüterverkehr. Die CEMT-Genehmigungen werden in Deutschland jeweils für ein Kalenderjahr ausgegeben. CEMT-Genehmigungen, die nur mit lärm- und schadstoffarmen Lkws nach bestimmten Normen eingesetzt werden dürfen (Green Lorry), enthalten den Aufdruck eines grünen Sattelkraftfahrzeuges mit der Aufschrift „CEMT ECMT". CEMT-Genehmigungen für die sog. „supergrünen" Lkws werden nur erteilt, wenn die Lastkraftwagen bestimmte Höchstwerte bei Lärm- und Abgasemissionen nicht überschreiten und zusätzlich noch eine Reihe technischer und Sicherheits-Mindestanforderungen erfüllen. Das Nachweisblatt über die Erfüllung der technischen Voraussetzungen eines lärm- und schadstoffarmen Lkw sowie die Nachweisblätter über die Erfüllung der technischen und Sicherheitsnormen für verkehrssichere und weniger umweltbelastende Kraftfahrzeuge sind stets mitzuführen. Im Neuverteilungsverfahren können Inhaber einer Erlaubnis für den gewerblichen Güterkraftverkehr oder einer Gemeinschaftslizenz bis zu 10 CEMT-Jahresgenehmigungen beantragen.

Lkw-Maut

Autobahnnutzungsgebühren werden eingeführt, um die Finanzierung der Infrastruktur – Neubau von Straßen und deren Instandhaltung – zu gewährleisten.

Mit der Systemumstellung weg von der alleinigen Steuer- und Eurovignettenfinanzierung, d.h. einer zeitabhängigen Autobahnnutzungsgebühr, und hin zu einer stärkeren nutzerorientierten Finanzierung beim Lkw durch die Einführung einer Maut – einer streckenbezogenen Autobahnnutzungsgebühr – sowie dem Beibehalten der Lkw-bezogenen Steuer soll das Gewerbe entlastet und folgende Ziele erreicht werden:

- durch eine verursachergerechte Anlastung der Wegekosten den Lkw stärker an der Finanzierung der Infrastruktur zu beteiligen;
- mit der Einführung der Lkw-Maut sollen mehr Güterbeförderungen von der Straße auf die Bahn und auf das Binnenschiff verlagert werden;

---

[1] CO = Kohlenmonoxid in g pro Kilowattstunde
[2] HC = Kohlenwasserstoff in g pro Kilowattstunde
[3] NOx = Stickoxide in g pro Kilowattstunde
[4] M = Rußpartikel in g pro Kilowattstunde

- die Lkw-Maut bringt zusätzliche Einnahmen, die für den Erhalt und den weiteren Ausbau der Verkehrswege in Deutschland dringend erforderlich sind. Die Mehreinnahmen sollen u. a. für den Ausbau von Straße, Schiene und Wasserstraßen verwendet werden.

Investitionen mit Mautmitteln über die VIFG 2008
insgesamt 2,59 Mrd. €

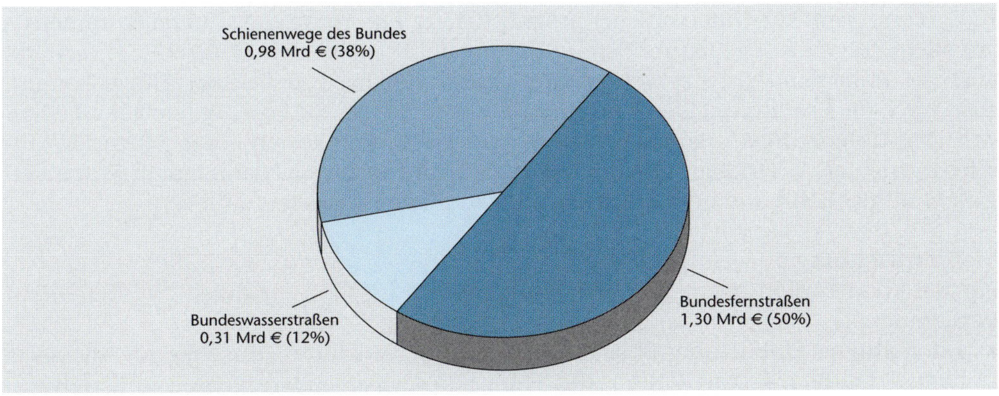

Quelle: eigene Darstellung, Zahlen nach Klaus Stratmann: Maut soll Straßen finanzieren, unter http://www.handelsblatt.com/politik/deutschland/unterhaltung-der-verkehrsinfrastruktur-maut-soll-strassen-finanzieren/2959120.html (25.02.2014)

Mit der Einführung der streckenbezogenen Lkw-Maut übernimmt die Verkehrsinfrastrukturfinanzierungsgesellschaft mbH (VIFG) gemäß § 2 VIFG-Gesetz die Verteilung von Mitteln aus der Lkw-Maut und den zur Verfügung stehenden Schifffahrtsabgaben zur Finanzierung von Verkehrsinfrastrukturmaßnahmen des Bundes (Straße, Schiene, Wasserstraße). Die Mittel werden aus dem Bundeshaushalt bereitgestellt.

Die VIFG soll Gewähr dafür bieten, dass die Mauteinnahmen nach Abzug der Kosten für Betrieb, Überwachung und Kontrolle des Mautsystems in vollem Umfang der Verkehrsinfrastruktur zur Verfügung stehen. Die Einnahmen aus der Lkw-Maut werden überwiegend für die Straße und zu 38 % für die Bahn und zu 12 % für die Bundeswasserstraßen veranschlagt.

Die Lkw-Maut fällt für alle schweren Lkws (ab 12 t) an, die auf den Autobahnen in Deutschland fahren. Das betrifft sowohl in- als auch ausländische Lkws. Somit leisten deutsche und ausländische Nutzer von Autobahnen gleichermaßen einen Wegekostenbeitrag. Wettbewerbsverzerrungen zulasten der deutschen Lkws werden dadurch reduziert, weil andere Länder nur ausländische Lkws zu Zahlungen zwingen.

Die Maut beträgt durchschnittlich 17 Cent pro Kilometer. Bei einem 40-Tonner mit einer Fahrleistung von 100 000 km kommt es zu einer Nettobelastung von jährlich 12 400,00 €. Zieht man die Kosten der bisherigen Eurovignette in Höhe von 1 400,00 € davon ab, bleibt eine jährliche Belastung von 11 000,00 €. Das bedeutet eine Erhöhung der Kosten für den Betrieb eines Lkw von 9 %.

Beispiele für die Teuerungen (bei einer durchschnittlichen Mauthöhe von 0,17 € je km):
- ein Kilo Bananen: etwa 1,4 Cent,
- ein Becher Joghurt: etwa 0,5 Cent,
- eine Einbauküche (10 000,00 €): etwa 15,30 €.

Die Verteuerung des Gütertransportes per Lkw bedeutet in letzter Konsequenz, dass der Preis für die meisten Güter steigt, die per Lkw transportiert werden, denn die Transportkosten sind im Güterpreis enthalten. Um Wettbewerbsvorteile bzw. Kostenvorteile zu erhalten, müssen die Kosten so niedrig wie möglich gehalten werden. Die Unternehmen werden aus diesem Grund auf andere Transportalternativen ausweichen, wenn dies dadurch erreicht werden kann. Von staatlicher Seite gewünscht ist eine Verlagerung auf die Schiene und auf die Wasserstraßen. Diese ist aber, insbesondere im Hinblick auf die vom BAG (Bundesamt für Güterverkehr) prognostizierte Erhöhung des Güteraufkommens – vor allem durch die sogenannte Osterweiterung der EU –, bei dem Deutschland verstärkt auch als Transitland genutzt werden wird, kaum denkbar bzw. leistbar. Hinzu kommt, dass durch die Erweiterung der EU, zumindest mittelfristig, die kostengünstiger arbeitenden Lkw-Unternehmer – geringere Lohn- und Lohnnebenkosten – der neuen EU-Mitgliedsstaaten auch den deutschen Markt nutzen und spätestens dann einem Kostenvergleich mit der Bahn und dem Binnenschiff standhalten werden.

Mautentrichtung
Für die Mautentrichtung stehen ein automatisches und zwei manuelle Verfahren zur Verfügung:

- automatische Einbuchung über ein im Lkw fest verbautes Fahrzeuggerät, die sogenannte **On-Board Unit (OBU)**. Mit Hilfe von GPS-Satellitensignalen und weiteren Ortungssensoren erkennt die OBU die gefahrenen mautpflichtigen Streckenabschnitte und berechnet auf Basis der Fahrzeugdaten (Achszahl und Schadstoffklasse) und den entsprechenden Mautsätzen die zu entrichtende Maut. Die Informationen werden an ein Rechenzentrum weitergeleitet, wo dann die Abrechnung erstellt wird. Die Maut kann im Prepaid-Verfahren vorab oder über verschiedene Postpaid-Zahlungsweisen im Nachgang bezahlt werden. Bei Bezahlung mittels Lastschrift ist eine Sicherheit beim zuständigen Zahlungsdienstleister zu hinterlegen.
- Manuelle Einbuchung
  - über Mautstellen-Terminals
    Die 3500 Terminals sind an Tankstellen, Auto- und Rasthöfen sowie an Grenzübergängen und im angrenzenden Ausland zu finden. Der Fahrer muss vor dem Befahren der Autobahn dort einen Mautbeleg lösen und diesen während der Fahrt mitführen.
  - Internet
    Vor dem Befahren der Autobahn muss ein Mautbeleg über das Internt gelöst werden. Der Fahrer muss den Mautbeleg nicht mitführen, jedoch die Buchungsnummer angeben können.

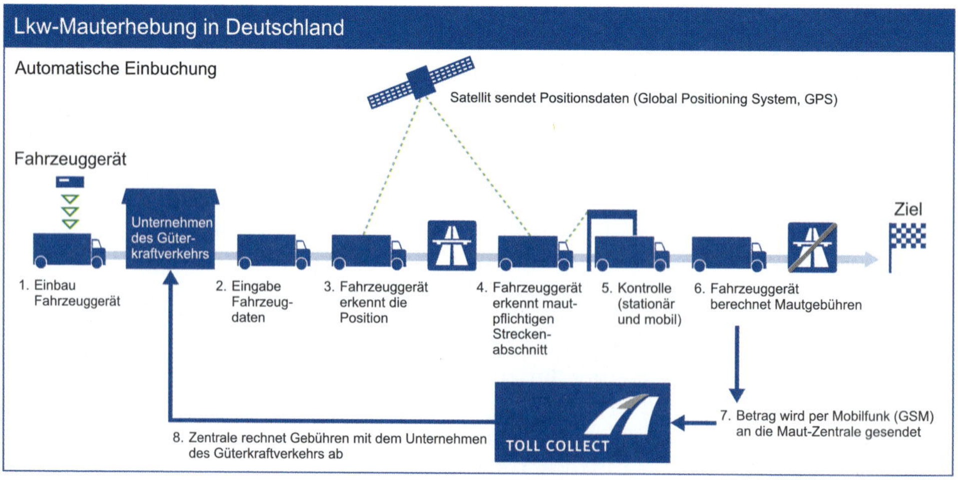

Zur Überwachung der Mautentrichtung hat das BAG fast 900 Mitarbeiter neu eingestellt. Außerdem hält der Betreiber ein automatisches Kontrollsytem vor, das „Mautsünder“ erfasst und deren Daten an das BAG weiterleitet.

Mauthöhe

Die Mauthöhe richtet sich nach der Schadstoffklasse, der Achszahl des Lkw und der Länge der mautpflichtigen Strecke. Jedes Fahrzeug wird aufgrund seiner Schadstoffklasse den drei Kategorien A, B oder C zugeordnet. Die Gebührenordnung soll unter anderem Lkw-Halter, die bei ihren Fahrzeugen auf hohe Umweltstandards setzen, belohnen.

Derzeit gültige Mauthöhen			
Kategorie A	**Euro 5 und 6** (S6, S5, EEV Klasse 1)	3 Achsen	0,141 €
		4 Achsen	0,155 €
Kategorie B	**Euro 4** (S4, S3 mit PMK 2, 3 oder 4)	3 Achsen	0,169 €
		4 Achsen	0,183 €
Kategorie C	**Euro 3** (S3 ohne PMK, S2 mit PMK 1, 2, 3 oder 4)	3 Achsen	0,190 €
		4 Achsen	0,204 €
Kategorie D	**Euro 0 bis 2** (S2 ohne PMK, S1 und Fahrzeuge, die keiner Schadstoffklasse angehören)	3 Achsen	0,274 €
		4 Achsen	0,288 €

Quelle: Verkehrsrundschau 38/2012, S. 21

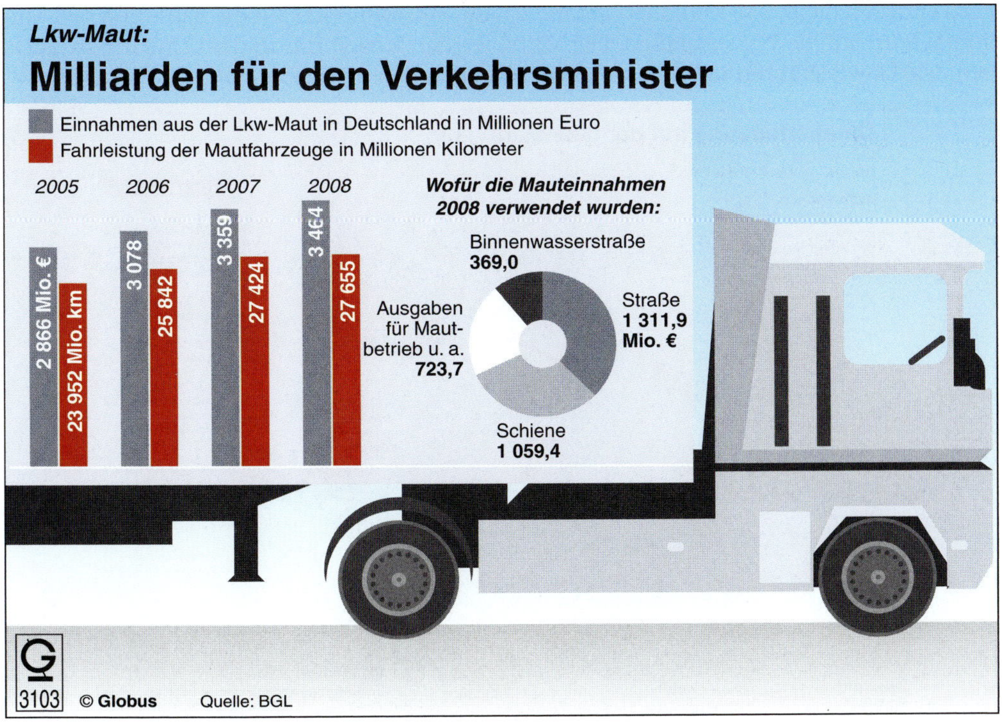

Von der Maut gehen 3 Cent/km an das Betreiberkonsortium, der Rest an den Bund. Wie aus der Grafik zu ersehen ist, geht Toll Collect von 700 Mio. € Einnahmen aus, der Bund von 2,1 Mrd. €. Erzielt der Bund mit der EU eine Einigung über Ausgleichszahlungen an deutsche Lkw-Unternehmer, fließen etwa 2,7 Mrd. € dem Finanzminister zu (3,4 Mrd. € minus 0,7 Mrd. € für das Betreiberkonsortium Toll Collect). Vertraglich garantiert sind 600 Mio. € jährlich für die Betreiber.

Die Aufgabenverteilung stellt sich wie folgt dar:

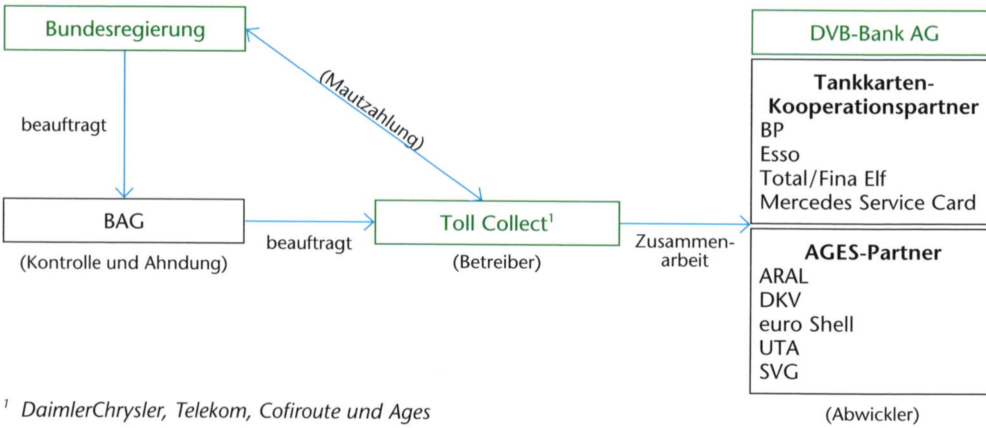

[1] *DaimlerChrysler, Telekom, Cofiroute und Ages*

Durch mehrfaches Verschieben des Starttermins, von Ende 2003 auf Anfang 2005, gingen den Betreibern und dem Bund bereits fest einkalkulierte Mauteinnahmen verloren. Weil der verspätete Start der Lkw-Maut große Löcher in den Verkehrshaushalt riss, musste die Bundesregierung die für 2004 aus Mauteinnahmen vorgesehenen Ausgaben für Straße, Schiene und Wasserstraßen zunächst jeweils zur Hälfte sperren. Von insgesamt gut einer Milliarde Euro entfielen dabei 530 Millionen auf die Straße, 390 Millionen auf die Bahn und 125 Millionen Euro auf die Wasserstraßen. Die Mittel werden zurzeit nur in dem Umfang freigegeben, wie Lkw-Gebühren in Form von Steuern und anderen Abgaben hereinkommen.

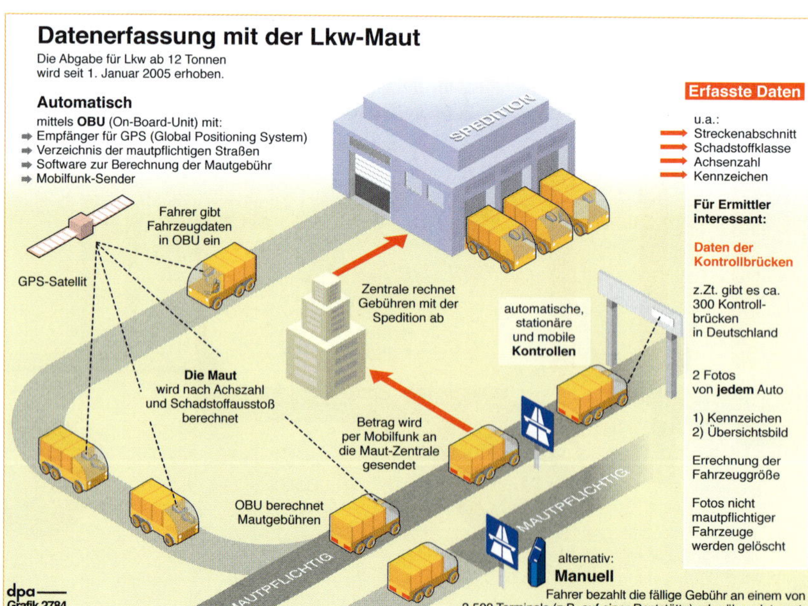

Während Deutschland eine weltweit einzigartige Technik anstrebt, lösen die Schweiz und Österreich das Problem günstig und dazu funktionstüchtig.

In Österreich werden seit dem 1. Januar 2004 alle Lkws ab 3,5 Tonnen zulässigem Gesamtgewicht auf Autobahnen und Schnellstraßen ohne Probleme zur Kasse gebeten. Die Mauterhebung basiert auf der sogenannten Mikrowellen-Nahbereichskommunikation. Sie ist als mittelfristige Lösung für einen europäischen Mautdienst im Richtlinienentwurf der EU-Kommission vorgesehen. Mittelfristig bedeutet das, dass sie bis zum Jahr 2012 eingesetzt werden soll. Erst dann müsse nach Vorstellung der EU-Kommission ein satellitengestütztes System eingesetzt werden.

Mautsysteme: Gemeinsamkeiten und Unterschiede

	System	Abgabepflichtiges Netz	Kategorien	Technologie
Deutschland	distanzabhängig für Lkws ab 12 Tonnen	alle Autobahnen; mit der Option, andere Straßen einzubeziehen	Anzahl Achsen, Emissionsklassen	duales Erhebungssystem, GPS/GSM, manuelle Einbuchung via Internet oder am Mautterminal
Schweiz	distanzabhängig für Lkws ab 3,5 Tonnen; seit 1. Januar 2001	alle Straßen	Gesamtgewicht, Emissionsklassen	Mikrowellentechnologie DSRC Tachograf, GPS, Chipkarte
Österreich	distanzabhängig für Lkws und Busse ab 3,5 Tonnen; ab 1. Januar 2004	alle Autobahnen	Anzahl Achsen	DSRC mit Einbaugerät keine manuelle Option
Italien	distanzabhängig für alle Fahrzeuge	Autobahnen + Konzessionäre	insgesamt 5 Kategorien: 2 für 2-achsige Fzg.; 3 für 3- und mehr-achsige Fzg.	Mikrowellentechnologie DSRC (italienische Norm)
Frankreich	distanzabhängig für alle Fahrzeuge	Autobahnen + Konzessionäre	Profil und Anzahl Achsen	Mautstationen mit Schranken Mikrowellentechnologie DSRC (europäische Norm)
England	in Planung; distanzabhängige Schwerverkehrsabgabe für Lkws ab 3,5 Tonnen; Ausschreibung 1. Quartal 2004	noch offen	noch offen	noch offen

In der Schweiz hat sich das Mautsystem schon im Alltag bewährt. Die Schweiz hat ihr Mautsystem vor einiger Zeit ohne Probleme eingeführt. Mit ihrer leistungsabhängigen Schwerverkehrsabgabe hat die Schweiz ein anerkanntes System geschaffen. Dieses System ist einfach und preiswert. Einfach, weil es auf der bewährten Mikrowellenfunktionstechnologie beruht, und preiswert, weil nur fünf % der Einnahmen für die Verwaltung aufgewandt werden. Dagegen belaufen sich die Verwaltungskosten der Mautsysteme in Frankreich und Italien auf 15 % und in Deutschland sind es sogar 20 bis 25 %.

Folgende Übersicht zeigt die streckenabhängige Straßenbenutzungsgebühr in Euro je km:

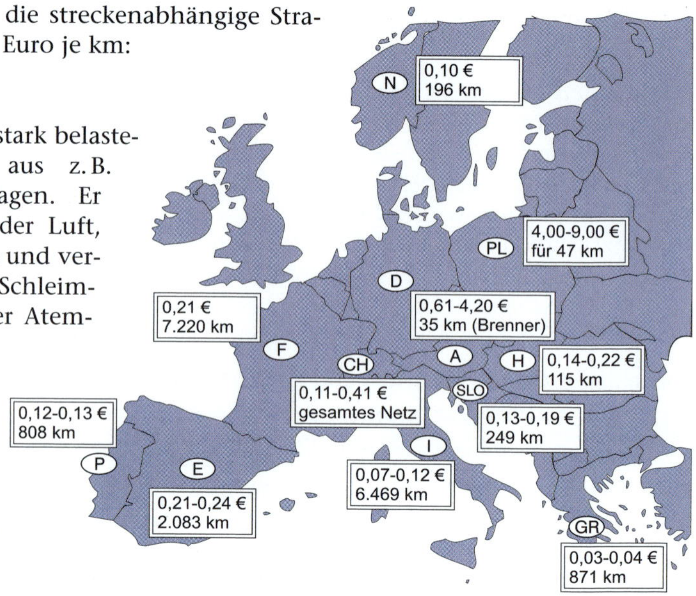

Smog-Verordnung

Smog meint jede Art von stark belasteter Luftverschmutzung aus z. B. Auto- und Industrieanlagen. Er führt zu einer Trübung der Luft, vermindert die Sichtweite und verursacht Reizungen der Schleimhäute, der Augen und der Atemwegsorgane, erhebliche Atemwegsbeeinträchtigungen, eine Verminderung der körpereigenen Abwehr gegenüber Krankheitserregern sowie Herz-Kreislauf-Probleme.

Wintersmog entsteht unter ungünstigen Ausbreitungsbedingungen überwiegend in Ballungsgebieten und ist allgemein durch hohe Schadstoffkonzentration in der Atemluft (insbesondere Schwefeldioxid und Staub, Stickoxide, Kohlenmonoxid und Kohlenwasserstoff) gekennzeichnet. Durch strengere Luftreinhaltemaßnahmen oder Anlagenstilllegungen, vor allem in den neuen Ländern treten winterliche Smogperioden in Deutschland seit Anfang der 1990er-Jahre abgeschwächt und insgesamt selten auf.

Sommersmog bildet sich dagegen am Rande oder weit entfernt von Ballungsgebieten aus. Unter starker Sonneneinstrahlung bilden sich Photooxidantien, gemessen als Ozon (O_3), die in erster Linie auf die Emissionen der Vorläufersubstanzen Stickoxide und Kohlenwasserstoffe aus dem Kraftfahrzeugverkehr zurückgehen. Ozon wird bei Anwesenheit von Staub und Stickstoffmonoxid (NO) schneller abgebaut und wird deshalb im Stadtkern in relativ niedrigeren Konzentrationen gemessen. Die Verbindung von starker Sonneneinstrahlung im Winterhalbjahr als Voraussetzung für die Ozonbildung mit den für Wintersmog typischen Schadstoffen aus Industrie- und Haushaltsfeuerungen sowie hohem Verkehrsaufkommen kennzeichnet den Großstadt-Smog im südlichen Europa. Zum Schutz bestimmter, besonders belasteter Regionen, wie z. B. Großstädte, wird bei Anhalten einer solchen Wetterlage ein Smog-Alarm in drei Stufen bekannt gegeben. So wurden auf der Basis des Bundesimmissionsschutzgesetzes in den einzelnen Ländern Smog-Verordnungen erlassen, die der Luftreinhaltung dienen sollen.

Smog-Alarm in drei Stufen:

- Vorwarnstufe
  Mit dem Ausruf der Vorwarnstufe wird die Bevölkerung gebeten, freiwillig auf öffentliche Verkehrsmittel umzusteigen. Ein Fahrverbot für Autos tritt noch nicht in Kraft. Die Vorwarnstufe wurde eingerichtet, um Bürgern, Behörden und Unternehmen zu ermöglichen, den Smog zu vermindern, hinauszuzögern oder sich rechtzeitig auf eine drohende Luftverschmutzung einzustellen.
- Alarmstufe 1
  Mit dieser Stufe tritt in den von den einzelnen Bundesländern genannten Smog-Sperrbezirken ein zeitlich beschränktes Fahrverbot für Kraftfahrzeuge ein. Diese

Maßnahme soll einem weiteren Ansteigen der Schadstoffbelastungen entgegenwirken. Betriebe müssen daneben ihre Feuerungsanlagen auf schadstoffärmere Brennstoffe umstellen.

- Alarmstufe 2
  Dies ist die höchste Alarmstufe, in der jetzt alle Möglichkeiten zur Schadstoffminderung in den Smog-Gebieten ausgeschöpft werden. Der individuelle Kraftfahrzeugverkehr in den Sperrbezirken ist verboten. Daneben werden auch Verbote für die Produktion in bestimmten stark schadstoffemittierenden Unternehmen ausgesprochen, damit die hohen Schadstoffkonzentrationen nicht weiter ansteigen.

Ausnahmegenehmigungen vom Fahrverbot können bei den zuständigen Behörden in den einzelnen Bundesländern beantragt werden, wenn die in den entsprechenden Smog-Verordnungen genannten Bedingungen erfüllt sind. Eine Ausnahmegenehmigung kann auch im Voraus beantragt werden, damit z. B. ein Lkw weiterhin eingesetzt werden kann.

Ozon-Gesetz
Ozon ist eine unbeständige, gasförmige Verbindung aus drei Sauerstoffatomen, O_3, und somit ein starkes Oxidationsmittel. Ozon hat einen typischen kräftigen Geruch und ist giftig. Schon geringe Konzentrationen bewirken eine starke Reizung der Schleimhäute und Störungen des Zentralnervensystems. Auch Pflanzen werden durch Ozon geschädigt. Ozon entsteht u. a. in den höheren Luftschichten (Ozonschicht). Es gelangt nur in Spuren durch atmosphärische Transportvorgänge in erdnahe Schichten. Bei starker Sonneneinstrahlung kommt es auch in der Atmosphäre durch luftchemische Reaktionen aus Stickoxiden und Kohlenwasserstoffen zur Ozonbildung mit möglichen Schadwirkungen bei Mensch, Pflanze und Materialien.

Bei dem Ozon-Gesetz, das seit Mitte 1995 besteht, handelt es sich um einen Paragrafen des Bundes-Immissionsschutzgesetzes (§§ 40a–e). Diese Bestimmungen dienen der Bekämpfung erhöhter Ozonkonzentrationen. Bei Erreichen eines Grenzwertes von 240 Mikrogramm Ozon pro Kubikmeter Luft dürfen die Bundesländer Fahrverbote für nicht-schadstoffarme Kraftfahrzeuge erlassen. Das Ozon-Gesetz enthält aber auch u. a. folgende Regelungen:

- Eine generelle Ausnahme vom Fahrverbot gilt für Kraftfahrzeuge mit geringem Schadstoffausstoß. Darunter fallen Fahrzeuge mit Katalysator, aber auch Nutzfahrzeuge, die die Anforderungen der Euro-I- und der Euro-II-Norm erfüllen.
- Ausnahmen sind auch Fahrten für besondere Zwecke. Hierunter fallen insbesondere Beförderungen des öffentlichen Personennahverkehrs, des Taxen- und Mietwagenverkehrs, der Transport verderblicher Güter und die Fahrten von Pendlern zu und von der Arbeitsstätte sowie Fahrten zum und vom Urlaubsort.
- Für Fahrten, die nicht schon generell freigestellt sind, kann die Straßenverkehrsbehörde im Einzelfall Ausnahmen zulassen, soweit dies im öffentlichen Interesse liegt, dies insbesondere zur Aufrechterhaltung des Produktionsablaufs oder zur Versorgung der Bevölkerung mit lebensnotwendigen Gütern und Dienstleistungen dient.

Umweltzonen in den Innenstädten
Seit Januar 2012 gelten in vielen Städten neue Regeln für Umweltzonen. In Berlin, Bremen, Hannover, Leipzig, Frankfurt am Main, Krefeld, München, Osnabrück und Stuttgart dürfen nur noch Autos mit einer grünen Feinstaubplakette und einer zulässigen Gesamtmasse bis zu 3,5 Tonnen die Innenstädte befahren. Fahrzeuge mit einer roten oder gelben Feinstaubplakette müssen draußen bleiben. Zurzeit gibt es in mehr als 55 deutschen Städten Umweltzonen.

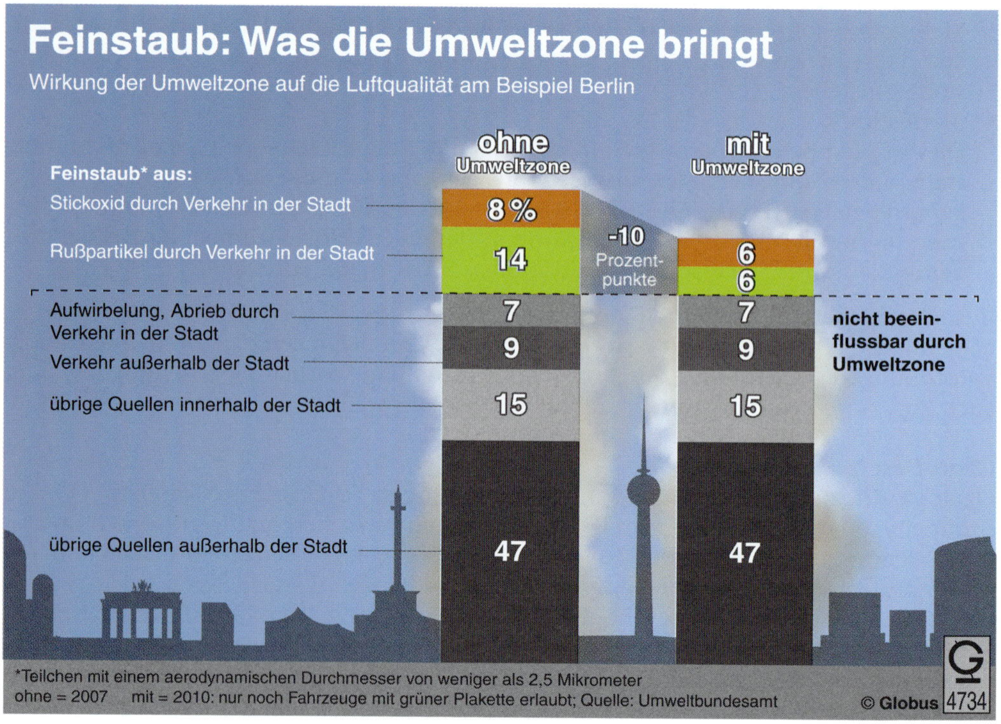

Alternative Verkehrsmittel

Durch eine Verlagerung der Beförderungen auf Verkehrsmittel mit niedrigerem Energieverbrauch, z. B. vom Lkw auf die Bahn oder das Binnenschiff, ließe sich ein großer Anteil des bisherigen Energieanteils einsparen und damit die Schadstoffbelastung insgesamt reduzieren.

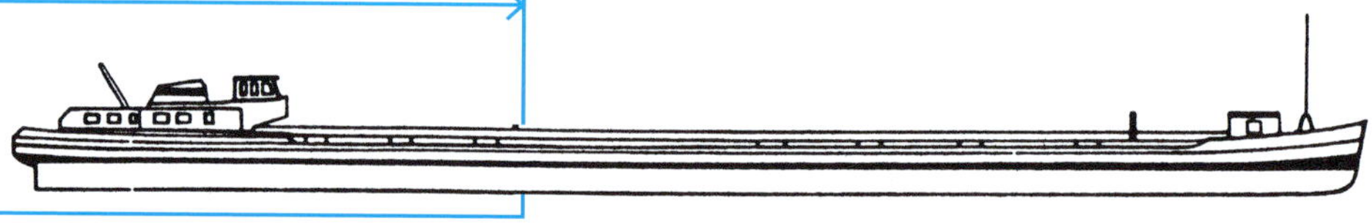

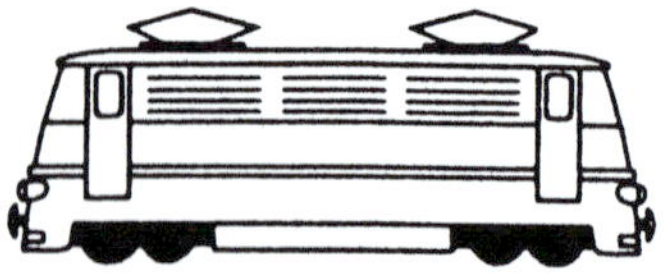

Wissenschaftliche Untersuchungen haben ergeben, dass die Bahn für die gleiche Beförderungsleistung 20% mehr Energie als das Binnenschiff, der Lkw sogar das Zweieinhalbfache in Tonnen pro gefahrenen Kilometer verbraucht.

Mangelnde Anschlussmöglichkeiten, wie z.B. Anschlussgleise, verhindern aber häufig eine solche Verlagerung. Selbst wenn im kombinierten Verkehr befördert wird, werden noch Lkw-Fahrten für den Vor- und Nachlauf benötigt.

Dennoch wird durch weitere Maßnahmen (Mautgebühren, Erhöhung der Energiesteuern oder durch die Einführung von Staukosten) versucht, die Güterbeförderung von der Straße auf andere Verkehrsmittel zu verlagern.

Bei der Bahn haben die Güterwagen eine Tragfähigkeit zwischen 25 t und 100 t. Durch die Zusammenstellung der Güterwagen zu Güterzügen können große Gütermengen kostengünstig befördert werden. Maßgebend für die Zugbildung ist die maximal zulässige Zuglänge von 700 m. Somit befördert der normale Güterzug ca. 1200 t. Darüber hinaus sind bestimmte Güterzüge in der Lage, 5000 t Güter zu befördern. Zum Vergleich können Lkw-Einheiten je nach Bauweise 24 t–26 t Güter befördern. Um die gleiche Beförderungsleistung des normalen Güterzuges zu erreichen, sind danach 48 Lkws à 25 t erforderlich. Beim Binnenschiff, Typ Europa-Schiff, reicht dagegen die Transportkapazität aus, um bis zu 1350 t Güter zu befördern.

Das Flugzeug bietet bei der Güterbeförderung einen großen Zeitvorteil. So kann ein 110-Tonnen-Jumbo-Frachter für die Strecke New York–Hamburg siebenmal für diese Strecke hin und zurück eingesetzt werden, ehe ein Containerschiff einen Weg in sieben Tagen über den Atlantik zurückgelegt hat. Die per Flugzeug im Welthandel beförderten Mengen bleiben natürlich hinter denen zurück, die per Seeschiff befördert werden, aber der wertmäßige Anteil ist extrem hoch, er liegt je nach Markt über 30%. Durch die Luftfrachtbeförderung ist eine kurze Laufzeit gesichert, sie garantiert einen höheren Kapitalumschlag, einen geringeren Finanzbedarf und spart Zinsverluste bei hohem Warenwert. Der Umweltgedanke spielt bei der Luftfrachtbeförderung von bestimmten Gütern keine Rolle, wichtiger ist – z.B. um Produktionsengpässe zu vermeiden oder um eine Konventionalstrafe bei Lieferfristüberschreitungen zu umgehen – die Schnelligkeit der Beförderung.

ZUSAMMENFASSUNG

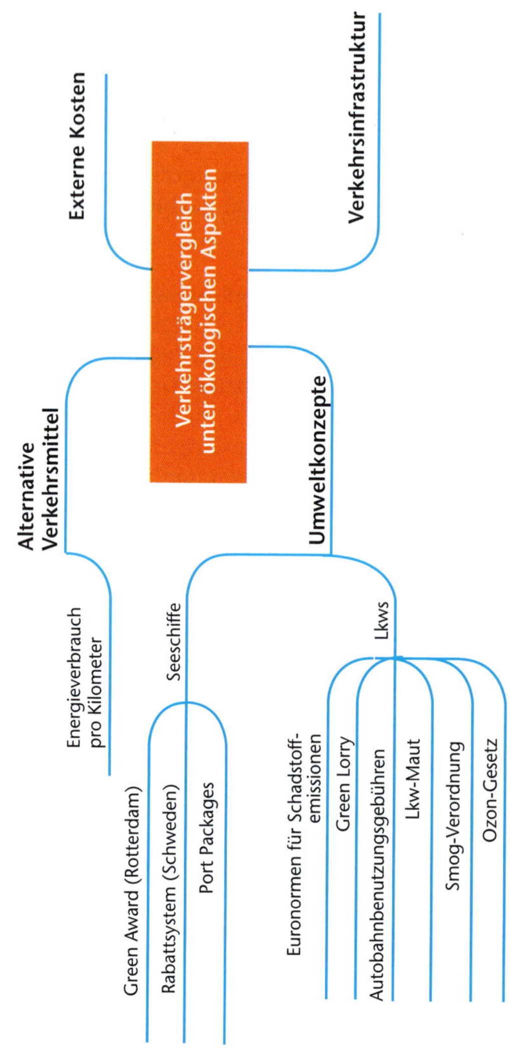

Bearbeitungsvorschläge

1. Erläutern Sie die Beweggründe für die zunehmende Bedeutung der ökologischen Aspekte.
2. Schildern Sie die Auswirkungen dieser ökologischen Aspekte auf die Arbeit des Speditionsgewerbes.
3. Stellen Sie fest, was unter EURO V – EURO VI zu verstehen ist.
4. Unterscheiden Sie die Maut von der Vignette.
5. Beschreiben Sie begründet die Auswirkungen der Mauteinführung auf das deutsche Verkehrswesen.

Bildquellenverzeichnis

Bank-Verlag GmbH, Köln: S. 327, 330, 332

Bergmoser + Höller Verlag AG, Aachen: S. 488

BITKOM – Bundesverband Informationswirtschaft, Telekommunikation und neue Medien e. V., Berlin: S. 34

Bundesverband der Deutschen Volksbanken und Raiffeisenbanken e. V. (BVR), Berlin: S. 337, 339

Bundesverband deutscher Banken e. V., Berlin, Schul|Bank: S. 438

dpa Infografik GmbH, Hamburg: S. 37, 97, 131, 134 (3x), 155, 161, 166 (2x), 167, 172, 173, 396, 407.3–4, 426, 427, 429, 430.1, 434, 436, 440, 446, 448, 450, 455, 468, 469, 470, 471, 473, 475.1–2, 476, 486, 489, 493, 494, 513, 514, 518

Fotolia Deutschland GmbH, Berlin: S. 13 (Yuri Arcurs), 20 (Andreas Rodriguez), 124 (Ideeah Studio), 159 (yanlev), 218.1 (GRAPHIC), 218.2 (gilles lougassi), 218.3 (Stenzel Washington), 218.4 (Thaut Images), 406 (scusi), 519.1 (Marco2811), 519.2 (Addi30)

MEV Verlag GmbH, Augsburg: S. 128

Stéffie Becker, Unkel: S. 90, 98 (2x), 195, 322 (4x), 323 (2x), 495 (4x)

Toll Collect GmbH, Berlin: S. 512

Verband der Vereine Creditreform e. V., Neuss: S. 368

Sachwortverzeichnis

C

D

E

H

I

J

K